JN438888

마한·진한의 정치와 사회

마한·진한의 정치와 사회

이현혜 지음

일조각

책을 펴내며

코로나19로 바깥 활동을 접고 집에 갇힌 지 벌써 2년이 다 되어 간다. 뉴스 첫머리를 장식하는 확진자 숫자를 보며 넋 놓고 기다리기에는 나의 남은 시간이 너무 아깝다는 생각이 문득 들었다. 넘어진 김에 쉬어 간다고 했던가? 그동안 발표한 마한 백제국과 진한 사로국 관계 글들을 근간으로 삼아 책을 엮기로 하였다. 이는 어차피 더 이상 미룰 수 없는 숙제이기도 하였다. 그런데 작업을 시작하면서 갈등에 빠졌다. 발표 당시의 시간성을 훼손하지 않기 위해 원본에 충실해야 할지 지금의 생각대로 고쳐 써야 할지 한참을 망설였다. 결국은 최대한 원형을 유지하되 고고학자료를 많이 활용한 글은 업데이트하는 쪽으로 방향을 정하였다. 그리고 부족한 부분은 짧게나마 새 글로 보완하기로 하였다.

2000년대 이후 삼한 관계 연구는 문헌연구자들보다 고고학자들의 것이 더 많다. 4세기 백제 국가나 신라 국가의 형성 과정에 대한 연구도 비슷한 추세이다. 그만큼 이 시기의 연구에서 고고학자료의 중요성이 나날이 높아져 간다는 반증이다. 특히 서해안 고속도로, 호남선 고속철도, 혁신도시 건설 사업 등이 진행되면서 백제 지역의 고고학자료는 폭발적으로 늘어났다고 해도 과언이 아니다. 고고학자들의 활발한 연구 성과가 있었기에 삼한 소국의 구체적인 모습에 한 걸음 더 다가가고, 삼한에서 백제·신라 국가로의 발전 과정에 대한 이해를 조금이나마 진전시킬 수 있었다.

I부에서는 삼한 소국 형성의 토대가 되었던 초기철기시대 읍락집단을 다루었다. 1장은 이들이 삼한 소국의 읍락과 어떻게 다른지를 설명하는 데 주력하였다. 읍락집단 수장의 권력 기반이 종교적인 권위에 바탕한 것임을 논

증하기 위해 고고학자료와 민족지자료를 두루 뒤졌다. 그중 샤먼의 무복 자료는 2003년 미국 하버드대학교 고고인류학 전문도서관인 토저도서관 Tozzer Library에서 복사한 것이라 사진 상태가 좋지 않다. 아쉽지만 내용 파악에는 지장이 없을 것 같다. 2장은 초기철기시대 충청·전라 지역에서 크게 번성하던 읍락집단과 청동기들이 기원전 2세기 말부터 급격히 쇠퇴하는 이유에 대한 것이다. 이 해묵은 의문을 풀기 위해 청동기 원료 산지에 주목하였고 위만조선 우거왕 대에 일어난 중국과 서남해안을 잇는 교역로 경색이 중요 원인이라는 결론에 도달하였다. 청동기에 함유된 납의 동위체비를 분석한 과학자들의 연구 성과가 많은 힘이 되었다. 이는 삼한 소국 형성의 여명기 내지는 삼한 소국으로 넘어가는 분기점을 찾는 작업이기도 하다.

II부에서는 마한 사회의 형성과 마한 백제국이 성장하여 백제 국가에 이르는 과정을 다루었다. 마한은 진·변한에 비해 영역이 넓고 소국 수도 많고 문화 성격도 복합적이다. 그 때문에 '마한론'이라 부를 정도로 마한의 개념이나 존속 기간 등을 두고 새로운 견해들이 이어지고 있다. 1장에서는 마한의 기원과 정치적 성장 과정을 다루었다. 마한의 문화적 정체성과 다양성도 함께 다루고 싶었으나 그러지 못하여 못내 아쉽다. 이를 위해서는 고고학자료들을 종합, 정리하여 마한의 지역별 문화상을 밝혀 나가야 한다. 이러한 작업은 앞으로의 과제로 남겨 두기로 한다.

2장과 3장에서는 백제국의 초기 중심지와 하남 이주 시기, 그리고 『삼국사기』에 나오는 마한과 백제국의 상호 관계에 대한 인식을 다루었다. 백제국 형성의 주도 세력이나 초기 백제국의 중심지에 대해서는 아직도 많은 부분이 의문으로 남아 있다. 주요 원인은 기원전 1세기~기원후 2세기에 해당하는 고고학자료의 부족과 공백이다. 그뿐만 아니라 서울·경기 지역의 3세기 이후의 주거지와 무덤 자료들조차도 문헌기록과 일정한 괴리가 있다. 하지만 조금씩 축적되고 있는 중부 지방의 고고학적 성과를 통해 3세기 백제국의 문화적 토대와 정치적 위상을 그려 볼 수 있어서 그나마 다행이라 생각한다.

4장에서는 3세기 고이왕 대(234~286) 백제국의 정치·사회적 통합 수준에 대한 기존의 견해를 재검토하였다. 고이왕 대는 연맹왕국(부체제)을 확립한 것이 아니라 마한 지역에서 가장 우세한 소국연맹체의 맹주국 지위를 확립한 단계였다. 고이왕 대는 신라의 내물마립간이 아니라 진한 사로국의 미추왕(262~284)과 비슷한 발전 단계로 이해하는 것이 역사의 실상에 가깝다. 진晉 본국에 보낸 견사 기록과 서남부 지방을 능가하는 경상도 지역의 목곽묘와 부장품 자료들이 이를 뒷받침한다.

고고학자료는 때때로 후대에 윤색되거나 부회된 문헌기록의 함정에서 벗어나는 계기를 제공한다. 백제 지역에서 연거푸 쏟아져 나온 4세기 말~5세기 대의 금동관모와 금동신발들이 특히 그러하다. 백제 중앙 정부가 하사한 이들 위세품은 복속 지역에서 실시된 간접 통치의 산물이자 연맹왕국 단계의 상징적 유물이다. 연맹왕국 시기의 신라 지역에서도 그 양상은 별반 다르지 않다. 이러한 고고학자료들을 근거로 근초고왕 대(346~375)가 중앙집권적 고대국가 단계였다는 기존의 설에 대해 합리적 의심을 품게 되었다. 그리하여 5장에서 백제 근초고왕 대는 신라 내물마립간 대(356~402)와 비슷한 연맹왕국 단계였다는 결론에 이르렀다. 근초고왕과 내물마립간의 중국 견사, 두 지역에서 동일하게 나타나는 4세기 대의 고고학적 변화들은 당시 백제와 신라의 정치·사회적 발전 수준에 큰 차이가 없음을 시사한다.

6장은 근초고왕 남정(369) 이후의 영산강 유역 옹관묘 사회와 백제 중앙 정부와의 관계에 대한 것이다. 이 문제에 대해서는 그동안 많은 연구 업적들이 축적되었으나 연구자들 사이에 견해차가 커서 최근까지도 평행선을 달리는 형국이다. 오래전에 발표한 글이지만 기본 생각은 크게 바뀌지 않아 그대로 실었다. 영산강 유역의 정치체들도 4세기 이후 몰아닥친 북방으로부터의 물리적 위협에 직면하여 통합과 체제 개혁을 요구받았다. 그러나 이들은 소국 통합과 새로운 정치체제 확립에 실패한 것으로 보인다. 여기에다 왜와 백제 두 세력이 긴밀하게 손잡는 상황이 전개되자 그들이 취할 수 있는 선택지는 많지 않았다. 결국 그들은 백제의 통제권 안에 들어가서 타협과 견제를 통해 생존 전략을 모색해 나갔다.

Ⅲ부에서는 진한 사로국의 구성과 신라 국가로의 성장 토대를 살폈다. 신라의 고대국가 형성사의 출발점은 사로국 6촌이다. 1장에서는 신라 건국 신화에 나오는 6촌이라는 정치체가 후대에 부회된 허구적인 존재가 아니라 역사적 실체임을 논증하였다. 경주 일대에서 조사된 목관묘·목곽묘 자료와 출토 유물들은 6촌의 존재를 뒷받침하기에 충분하다. 6촌은 사로국에만 국한되는 것이 아니라 진한 지역 소국 읍락의 공간적 분포 상태나 성장 과정을 파악하는 디딤돌이 될 수 있다. 2장에서는 석씨昔氏 이사금시대를 중심으로 사로국이 진한소국연맹체의 가장 우세한 맹주국으로 성장하는 배경을 철 생산, 농업생산력 발달, 교역로 확보 등을 통해 설명하였다.

마한 백제국과 백제, 진한 사로국과 신라는 죽순과 대나무의 관계로 비유된다. 죽순이 자라서 대나무가 된 것은 분명하지만 죽순과 대나무는 엄연히 다른 존재이다. 그 분기점을 어디로 잡느냐 하는 것도 중요한 문제이다. 하지만 보다 근본적인 의문은 마한소국연맹체와 진한소국연맹체가 백제와 신라라는 질적으로 다른 새로운 정치조직체로 탈바꿈하는 내적·외적 원인이다. 고분, 성곽, 토기, 위세품 등의 고고학적 자료는 이러한 변화의 결과물이다. 우리는 지금 결과물을 토대로 변화의 현상을 추적하고 시기를 추정하는 작업을 진행하고 있다. 앞으로 이러한 논의가 적극적으로 진전되어 체제 변화의 속도와 메커니즘을 밝혀 한국 고대국가 형성사의 핵심 과제들을 하나씩 해결해 나갈 수 있기를 기대한다.

부록으로 '원삼국시대론'과 옥저 관련 논고를 실었다. 본문과는 다른 맥락이지만 두 편 모두 삼한과 시간대를 공유하는 주제이다. 삼한은 고고학계의 시대 구분 용어로 원삼국시대에 해당한다. 원삼국시대라는 용어에 대해서는 아직도 이견이 있지만 지금은 고고학 전공자들 사이에 나름대로 공감대가 형성되고, 용어의 편의성도 인정되어 널리 사용되고 있다. 원삼국시대라는 용어가 제시된 초기 단계의 상황과 고심의 흔적을 되짚어 보는 것도 연구사적 의미가 있을 것 같아 원래의 논고를 그대로 싣고 김원룡 선생님의 친필 메모도 덧붙였다.

3세기의 옥저는 함경도 해안에서 두만강 하류 일대에 자리 잡고 있던 정치체로 삼국 중심의 한국 고대사 체계에서 크게 주목받는 존재는 아니었다. 대개 고구려에 복속된 고구려의 일부로 인식하는 정도였다. 그런데 중국 연구자들이 고고학자료와 문헌기록을 무리하게 접합시켜 옥저의 시간적·공간적 범위를 크게 확대하였다. 기원전 4·5세기 이래 두만강 유역에서 수분하綏芬河 유역, 러시아 연해주 일대에 걸쳐 분포한 단결-크로우노프카문화를 옥저족이 남긴 옥저문화로 명명한 것이다. 이처럼 새로이 만들어진 옥저상은 역사적 실체와는 거리가 멀다. 옥저의 기원과 문화적 토대를 검토하여 실종된 옥저를 제자리에 돌려놓아야 할 의무가 있다. 한국 고대사의 외연을 확대하는 것은 바람직하지만 어떤 이유에서라도 사실에 근거하지 않은 역사상을 만들어 내는 것은 경계해야 한다.

끝으로 수요가 많지 않은 전공 서적을 기꺼이 출간해 주신 일조각 김시연 대표께 깊은 감사를 드린다. 그리고 필자보다 더 치밀하게 참고 문헌들을 점검하고 구석구석 빈틈없이 교정을 진행해 준 강영혜 과장께도 진심으로 감사한다. 이 책에는 독자의 이해를 돕기 위해 원색의 유적·유물 사진들이 다수 실려 있다. 이화여자대학교 오영찬 교수, 한림대학교 심재연 박사와 국립중앙박물관 구문경 학예연구관이 합심하여 여러 기관에 흩어져 소장되어 있는 좋은 사진들을 구해 주었기에 가능하였다. 이 자리를 빌려 큰 고마움을 전한다.

2022년 3월

이현혜

차례

한반도 초기철기시대의 사회와 문화

마한에서 백제로의 발전

진한에서 신라로의 발전

부록

I부
한반도
초기철기시대의
사회와 문화

1장
초기철기시대 정치체 수장의 성격

1. 초기철기시대의 정치체

한반도의 초기철기시대는 철기가 일부 사용되기 시작하였으나 실제로는 세형동검문화細形銅劍文化(한국식동검문화)로 불리는 수준 높은 청동기문화가 만개한 시기였다. 그 중심 연대는 기원전 3세기~기원전 2세기이며 지역에 따라 하한下限이 더 내려가기도 한다. 중국의 문헌기록에 나오는 조선朝鮮, 진번眞番, 임둔臨屯, 진국辰國(중국衆國) 등은 세형동검문화를 선도적으로 이끌어가거나 향유한 대표적인 정치체政治體들이다.[1] 당시 중국 혼강渾江 유역과 한반도 각지에는 이들 외에도 뒷날 고구려, 삼한三韓의 구성인자로 계승, 발전하게 되는 수많은 정치체들이 성장하고 있었다.

이들의 실체를 부각시키는 데 기여한 것은 고고학자들이 발굴 조사한 세형동검 관련 유물, 유적들이다. 이 자료들은 삼한 시기의 고고학자료가 거

1 정치체란 용어는 polity의 번역으로 고고학계에서 고대의 정치·사회적 단위를 가리키는 용어의 하나로 사용하고 있다. polity 개념에 대한 소개와 설명은 이희준의 논고를 참고하였으며, 이 글에서는 기존의 정치집단이란 용어를 대신하여 정치·경제·사회적으로 독자적인 기능을 가지는 단위집단이란 뜻으로 이를 사용하였다. 이희준, 2000, 「대구지역 고대 정치체의 형성과 변천」, 『영남고고학』 26, pp.88~89.

의 없던 시절에는 삼한 소국小國의 구성이나 형성 과정을 추론하는 간접적인 자료로 널리 활용되었다. 다행히 1990년대 이후 중남부 지방을 중심으로 삼한시기 고고학자료들이 급격히 증가하여 삼한 연구의 새로운 지평이 열리기 시작하였다. 동시에 이러한 자료들에 힘입어 초기철기시대 정치체의 구성이나 성격 등을 삼한 시기와 비교하고 양자의 발전 관계를 설명하는 작업이 가능하게 되었다. 하지만 아직도 초기철기시대의 정치체를 칭하는 용어, 이들과 삼한 소국의 차이, 그리고 전자에서 후자로의 변화 과정 등 기본적인 사항들이 논쟁 중에 있거나 의문으로 남아 있다.

그 중요 원인의 하나로 고고학자료의 불균형과 불연속성을 지적할 수 있다. 즉 초기철기시대와 삼한 시기의 고고학자료들은 대다수가 분묘 자료이며, 집단 간의 위계 관계를 살필 수 있는 취락 자료들은 아주 부족하다. 또한 중남부 지방의 경우, 세형동검문화기의 자료는 충남·전라 지역에 집중된 반면 삼한 시기의 자료는 경상도 지역에 집중되어 있어 통시적인 고찰을 어렵게 하고 있다. 다른 하나는 초기철기시대 정치체들 간에도 인적·물적 규모가 다양하였고, 정치·경제적 성장 수준이나 사회 복합도의 편차가 크기 때문에 공통 요소를 추출하는 것이 쉽지 않다는 것이다.

이러한 제약에도 불구하고 이 장에서는 한반도 일대의 초기철기시대 정치체가 가지는 공통 요소를 찾아보려고 한다. 이를 위해 먼저 초기철기시대 정치체를 칭하는 용어 문제를 살펴보고, 다음으로 이 단계 정치체 수장首長의 성격을 검토하고자 한다. 특히 정치체의 결속 기반에 대한 이해를 높이기 위해 정치체 수장의 종교직능자로서의 성격에 주목하고자 한다. 그리고 지역별 문화 수준의 편차와 자료적 특성을 고려하여 초기 고구려 지역, 충남·전라 지역, 경상도 지역으로 나누어 논의를 전개할 것이다. 이러한 시도는 한국 고대사의 전개 과정에서 초기철기시대 정치체가 차지하는 정치·문화사적인 위치를 자리매김하기 위함이다. 그리고 삼한 소국 읍락邑落과 계기적 발전 관계에 있는 초기철기시대 정치체를 검토하여 삼한 소국 성립의 역사적 의미를 재확인하는 효과를 기대한다.

2. 초기철기시대 정치체에 대한 용어

지금까지 한반도에서 출토된 초기철기시대의 청동기 유물들은 거의가 무덤 부장품이다. 부장된 청동기의 종류도 다양하고 수량도 한두 점에서 십 수 점이 넘는 것까지 있다. 그러나 청동기의 형태나 수량에 상관없이 이들은 공통적으로 각 지역에 성립되어 있었던 대소 정치체와 수장의 존재를 반영하는 자료들이다. 예를 들면 대동강 유역, 황해도, 함경도 일대와 충남·전라 지역에 분포하는 기원전 2세기경의 초기철기시대 유물, 유적들은 문헌에 나오는 조선朝鮮, 진번眞番, 임둔臨屯, 진국辰國(중국衆國) 시기의 것이다.[2]

이러한 초기철기시대의 정치체들은 기원전 108년 위만조선衛滿朝鮮의 멸망과 중국 군현郡縣의 설치라는 정치적 파동을 거치면서 한漢의 군현으로 편제되거나 삼한 소국으로 통합되었다. 한군현漢郡縣은 초기에 낙랑군樂浪郡에 11개, 임둔군臨屯郡에 15개, 진번군眞番郡에 15개의 현縣이 설치되어 현도군玄菟郡을 제외한 위만조선 세력권 안에 41개 현이 설치되었다. 중남부 지방에서는 이 단계의 개별 정치체들이 다수 통합되어 보다 확대된 정치체로 성장하였는데, 조금씩 시차가 있기는 하지만『삼국지三國志』위서魏書 동이전東夷傳에 나오는 50여 개 삼한 소국의 대부분은 이러한 변화의 산물이다. 이처럼 삼한 소국을 구성하는 대소 읍락들은 초기철기시대의 정치체와 계기적 발전 관계에 있지만 양자는 서로 구분되는 존재이다.

개념상으로 초기철기시대의 '읍락집단'과 삼한 읍락의 중요한 차이는, 전

2 예컨대 함경도 함흥 이화동유적, 황해도 송산리유적, 충남 부여 합송리유적, 충남 당진 소소리유적 등은 기원전 2세기경 임둔, 진번, 진국 지역 내의 중요 정치체 수장의 무덤으로 유물 내용이 유사하여 이들의 문화 수준과 교류 관계를 짐작케 한다.

자는 그 자체로서 독립된 정치체이고 후자는 삼한 소국이라는 보다 확대된 정치체의 구성단위의 하나로 편제된 존재라는 것이다. 일단 소국의 일부로 편제되면 '읍락집단'의 독자성은 약화되고 그들 간에 새로운 형태의 관계가 발생한다. 인구도 연 0.1~0.2% 증가율을 적용하면 기원전 3세기 중엽경부터 기원후 3세기 중엽까지 2~4배 정도 늘어난다. 여기에다 고조선 멸망, 위만조선 멸망 등으로 인한 주민 이동을 고려하면 변화의 폭은 더 커질 수도 있다. 그러므로 초기철기시대의 개별 정치체를 삼한 소국의 읍락과 구분하면서도 양자의 계기적 관계를 시사할 수 있는 용어가 필요하다.[3]

여호규는 초기 고구려 지역의 경우 기원전 2세기 중엽 이래 압록강, 혼강 일대에서 초기철기문화와 적석묘積石墓 문화를 배경으로 다수의 독자적인 정치체가 성장하였는데 『삼국사기三國史記』 고구려본기高句麗本紀에 나오는 '나집단那集團'들이 이에 해당된다고 한다. 이러한 '나집단'들은 한군현의 영향력 행사에 대응하여 집단 간 통합을 진전시켜 '나국那國'을 형성하게 되는데 고구려본기에 '○○국'으로 칭한 정치체들이 이에 해당된다는 것이다.[4] 이처럼 초기 고구려사에서 초기철기시대의 정치체는 '나집단' 또는 '곡집단谷集團'으로,[5] 다수의 '나집단'들로 구성된 독자적인 정치체는 '나국那國'으로 구분되고 있다. 그냥 '국國'이라 부르지 않고 '나국'이라 한 것은 고구려 지역의 초기철기시대의 정치체로 설정된 '나那'라는 정치체와[6] 복수의 '나'들이 통합된 보다 확대된 정치체를 구분하는 동시에 양자의 관계를 나타내려는 의도인 것 같다. 그리고 임기환은 압록강, 혼강 일대의 '나국'은 삼

3 인구에 관한 이 같은 추정은 정치체에 대한 이해를 돕기 위한 것일 뿐이지 여기에 결정적인 의미를 부여할 필요는 없다. 때로는 양적 변화가 질적 변화를 유도하는 변수가 되기도 하지만 『삼국지』 동이전 단계에 이르러서도 동일한 성격의 정치체들이라도 규모가 다양한 것으로 나타나기 때문이다.

4 여호규, 1992, 「고구려초기 나부통치체제의 성립과 운영」, 『한국사론』 27, 서울대학교 국사학과, pp.30~42.

5 임기환, 1995, 「고구려 집권체제 성립과정의 연구」, 경희대학교 박사학위논문, p.23·121.

6 나那라는 용어는 음이 노奴와 통하고 지地 혹은 내[川]나 천변川邊의 평야를 지칭하는 것으로, 나那란 명칭이 붙은 집단은 천변이나 계곡을 근거로 자리한 일정한 지역집단을 가리키는 것으로 해석된다. 三品彰英, 1953, 「高句麗の五族について」, 『朝鮮學報』 6, pp.16~24.

한 소국에, '나집단'은 삼한 소국의 읍락에 대응하는 정치체로 파악하였다.[7] 이처럼 고구려사에 있어서도 다수의 초기철기시대 정치체가 통합되어 확대된 정치체를 '국'이라 칭함으로써 삼한 소국이나 일본 열도의 30여 개 소국과 접합점을 갖게 되었다.

반면 이청규는 "국國은 일정한 우두머리가 지배하는 지역집단 혹은 정치체" 또는 "어느 정도 집단의 통합을 유지하고 대표하는 개인이 존재하는 정치체" 등으로 '국' 개념을 확대하였다. 그리고 한반도에서 '국'을 칭할 수 있는 정치체의 등장 시점을 다뉴경多紐鏡 부장묘가 출현하는 초기철기시대로 보았다. 즉 여러 정치체 중에서도 수장의 무덤에 다뉴경과 청동기를 부장하는 정치체를 '국'으로 칭할 수 있으며, 이러한 '국'의 출현 시기는 지역마다 다른 것으로 파악하였다.[8] 이에 앞서 권오영도 기원전 4세기~기원전 2세기경 중서부 지방을 중심으로 분포한 초기철기시대의 이형동기異形銅器류가 부장된 무덤들을 진국辰國 단계의 '여러 국(중국衆國)'의 존재를 반영하는 유물·유적으로 파악하였다.[9]

이청규의 견해에 대해, 이희준은 '국'의 개념을 신축적으로 보는 것에도 장점이 있고 '국'의 형성 과정을 수장묘首長墓의 통시적 변화로부터 추론하는 방식이 명쾌한 점도 있으나 '국'의 구조가 구체적으로 어떤 것인지에 대한 설명이 분명하지 않음을 지적하였다. 그는 삼한 읍락의 취락 분포에 대한 기존의 견해들을 검토하고 이를 심화 발전시켜 삼한 읍락 취락 분포 정형 모델을 제시하였다.[10] 이에 따르면 이청규가 말하는 '국'은 삼한 소국의 '읍락'과 유사한 것이므로 초기철기시대 정치체를 '국'으로 칭하는 것은 문제가 있다고 하였다.[11]

7 임기환, 1995, pp.30~31.

8 이청규, 2000, 「'국'의 형성과 다뉴경부장묘」, 『선사와 고대』 14, p.28.

9 권오영, 1996, 『삼한의 국에 대한 연구』, 서울대학교 박사학위논문, pp.31·41.

10 이희준, 2000, 「삼한 소국 형성 과정에 대한 고고학적 접근의 틀」, 『한국고고학보』 43, pp.120~130.

11 이희준, 2002, 「초기 진·변한에 대한 고고학적 논의」, 노중국 외, 『진·변한사연구』, 경상북도·계명대학교 한국

이러한 견해 차이는 문헌기록과 초기철기시대 정치체의 성격에 대한 이해 차이에서 비롯된다. '국'을 칭하는 입장에서는 기원전 2세기경 진번 옆에 위치하면서 한漢과 통교하고자 하였으나 위만조선이 가로막아 뜻을 이루지 못한 정치체의 실체를 진국이 아니라 중국衆國, 즉 '여러 국'으로 해석하였다. 진국설을 취할지 중국설을 취할지는 당시 정치체의 실체에 대한 이해와 관련이 있다. 만약 한반도 중남부 지방에 임둔, 진번과 유사한 존재를 상정한다면 진국을 부인할 이유가 없다.[12] 그리고 다 알다시피 중남부 지방에서 출토되는 세형동검 관계 유물·유적의 숫자나 수준은 진번, 임둔 지역에 앞설지언정 조금도 뒤지지 않는다. 충남·전라 지역의 농경 조건이나 대외 교류 등의 여건 역시 마찬가지이다. 그럼에도 불구하고 이 지역의 정치체들만이 한漢과의 교섭에서 예외적인 형태를 취하였을 것 같지 않다. 그러므로 진국의 시공간적 범위나 구체적 성격은 앞으로의 연구 과제로 남겨야겠지만 중남부 지방에도 진번, 임둔에 대비될 만한 정치체의 존재가 상정될 수 있다. 이럴 경우 중남부 각지의 개별 정치체 하나하나를 굳이 '국'으로 부를 이유는 없다.

중국의 문헌기록에 나오는 '국'들은 중국과의 교섭 과정에서 직간접적인 경로를 통해 개별 정치체로 파악된 존재들일 뿐이다. 『한서漢書』 서역전西域傳에서 100호가 채 안 되는 작은 규모의 집단에 대해서도 단환국單桓國, 겁국劫國 등으로 국이란 용어를 사용하고 있음을 들어 중국에서 주변 집단에 대해 국이라고 부를 때는 어느 정도의 지역적인 통합을 유지하고 그 통합을 대표하는 개인이 명확하게 존재하는 사회를 지칭하는 것에 불과하다는 지적이 있다.[13] 다시 말하면 중국 문헌기록에서의 '국'은 일정한 규모나 발전 단계에 도달한 정치체만을 지칭하는 것이 아니다. 따라서 『사기史記』의 '진국

학연구원, pp.157~159.

12 『史記』 朝鮮列傳, "以故滿得兵威財物 侵降其旁小邑 眞番臨屯皆來服屬"이란 구절에 대한 당唐 사마정司馬貞의 주註에 "索隱曰 東夷小國 後以爲郡"이라 하여 진번, 임둔을 동이東夷 소국小國으로 칭하기도 하였다.

13 권오영, 1996, p.34, 주 58.

辰國'과 『삼국지』 동이전 삼한의 소국이 '국'이란 용어로 표기되었다고 해서 사회 발전 수준이나 성격이 비슷하였을 것이란 추정도 성립하지 않는다. 이런 입장이라면 정치체의 실체를 추구함에 있어서 문헌기록의 '국'이라는 용어에 크게 구애될 필요가 없다고 생각할 수도 있다. 하지만 정치체의 단계별 발전 과정을 인정할 경우, 초기철기시대의 정치체를 '국'으로 칭한다면 삼한 소국의 '국'과 혼동되어 자칫 양 단계의 변화가 희석될 우려가 있다.

이와 달리 초기철기시대의 정치체를 읍락으로 부른다면 나름대로의 편의성은 있다. 우선 삼한 소국을 구성한 읍락이 독립된 정치체로 성립되는 것은 초기철기시대이므로 읍락이라는 용어는 양자의 계기적 발전 관계를 시사하는 장점이 있다. 그러나 성립 단계의 읍락과 삼한 소국의 읍락 사이에는 시차가 있고 규모나 성격 문화 기반도 다르다. 그러므로 양자의 혼동을 피하려면 '초기철기시대의 읍락', '삼한 소국의 읍락' 등으로 구분해야 한다. 이러한 번거로움을 피하기 위해 본서에서는 초기철기시대의 정치체를 합당한 용어를 찾을 때까지 잠정적으로 '읍락집단邑落集團'으로 부르고자 한다. '읍락집단'은 삼한 소국 형성 이전 단계의 독자적인 정치체로 존속할 때의 읍락을 가리키며, 비슷한 발전 단계에 있던 고구려 나那집단과의 연계도 고려될 수 있어 '읍락사회邑落社會'보다는 나을 것 같다. 읍락이라는 용어는 한조韓條에 국한되지 않고 『삼국지』 동이전 곳곳에서 사용되고 있어 삼한 시기의 것을 읍락으로 칭하는 것이 여러모로 적합하다.

3. 초기철기시대 '읍락집단' 수장의 성격

지금까지 '읍락집단'에 대해서는 서로 간의 결합 관계 내지는 위계 관계에 관심이 집중되어 왔다. 김종일은 충청·전라 지역에서 출토된 청동기 유물들을 구성과 수량에 따라 1등급, 2등급, 3등급으로 나누었으나 기본적으로 권위와 권력의 정당성을 제의와 신화를 바탕으로 확보하고 있다는 점에서 세 그룹을 동질적이고 독립적인 존재로 보았다.[14] 즉 '읍락집단'들은 대소 간에 차이가 상당히 크지만 그러한 차이에도 불구하고 서로 동질적이며 각각 독자적인 정치체로 존속하였다는 것이다. 이에 대해 권오영은 김종일 분류의 3등급 유적은 개별 취락의 우두머리 무덤으로, 2등급 유적은 읍락의 우두머리 무덤으로, 1등급 유적은 다수의 읍락이 결집된 '국'의 수장의 무덤으로 해석하였다. 국의 수장은 각종 의기류의 독점에서 보듯이 제의권을 장악함으로써 여타 '읍락집단'에 영향력을 행사하였을 것으로 보았다. 즉 국읍國邑적 존재의 대두를 언급하면서 '읍락집단'들을 통합하는 보다 확대된 조직체의 가능성을 시사하였다.[15] '읍락집단' 간의 위계 관계에 대해서는 앞으로 나올 취락 자료의 분석을 통해 해결의 실마리를 찾아가야 할 것이다. 그리고 '읍락집단'들을 통합시키는 메커니즘으로 상정된 제의권祭儀圈에 대해 좀 더 구체적인 설명이 필요하다. 이 문제는 당시 정치체 수장의 권력 기반에 대한 이해와도 밀접한 관련이 있기 때문이다.

정치체의 통합 기반과 관련하여 '읍락집단'과 삼한 소국의 읍락을 비교할 때 먼저 주목되는 것은 수장의 권력 성격이다. '읍락집단' 간 위계화 문제와는 달리 수장의 권력 성격에 대해서는 연구자들 사이에 근본적인 견해 차이가 없는 것 같다. 청동의기青銅儀器, 무기 등을 근거로 이를 소유하거나 무덤에 부장할 수 있었던 인물은 정치·군사적 지배권을 비롯하여 제사장의 기능을 가진 지배자이다.[16] 정경희는 청동기시대의 엘리트는 한 손에는 검, 한 손에는 거울을 든 사제=지배자, 사제=왕으로 표현하기도 한다.[17] 또한 김종일은 청

14 1등급 유적은 청동기 수량이 8점 이상이고 청동기 구성이 이형동기, 동경, 무기를 고루 갖춘 것, 2등급 유적은 동경과 무기로 구성된 것, 3등급 유적은 무기류만으로 구성되거나 수량이 2~3개 이하인 것을 말한다. 김종일, 1994, 「한국 중서부지역 청동유적·유물의 분포와 제의권」, 『한국사론』 31, 서울대학교 국사학과, pp.26~30·63~65.

15 권오영, 1996, p.41.

16 이현혜, 1984, 『삼한사회형성과정연구』, 일조각, p.122.

17 정경희, 1990, 『한국고대사회문화연구』, 일지사, p.46.

동기 유물의 주인, 특히 이형동기를 제작·사용·부장하였던 사람들은 우리나라에서 사제왕司祭王의 성격을 띠고 등장하는 최초의 존재이며 해당 정치체는 제의祭儀 중심지 혹은 의례 중심지로서 기능하였던 것으로 해석한다.[18] 그리고 권오영도 이들이 하나의 단위정치체로 결집되고 기능할 수 있는 가장 중요한 요소의 하나는 제의이며 수장이 사제적 성격을 보유하는 것이 삼한의 국과 다른 점이라 하였다.[19] 이러한 견해들은 용어나 표현상의 차이는 있으나 초기철기시대의 '읍락집단'을 다스리던 수장은 종교직능자로서[20] 정치, 군사, 경제 등 세속적인 권한을 함께 행사하였던 것으로 요약된다.

종교직능자가 처음 출현한 것은 구석기시대이며 식량 생산 단계에 접어들면서 보다 전문적인 종교직능자가 출현하였고, 사회가 발달하고 복합도가 증가하면서 종교직능자의 기능도 분화하고 다양해졌다.[21] 그리고 종교직능자는 초자연적 영역과의 교류 방법 내지 종교 과업의 내용 등을 기준으로 샤먼형과 사제형 또는 공수형과 무공수형 등으로 분류되나 실제에 있어서는 양자의 경계가 애매할 때가 많고 공통점도 많다고 한다.[22] 한국에도 불교 수용 이전부터 이어져 온 종교적 믿음과 관행이 있어 이를 토착종교 등으로 부른다.[23] 이는 샤머니즘으로 불리는 원시종교 내지는 신념체계belief system의 범주에 속하는 것으로 이해되는데 '읍락집단'의 수장은 바로 이러한 원시종교의 종교적 과업을 수행하는 존재이다.

그런데 한국 고대국가의 왕들도 초기에는 국가의 통치자인 동시에 여러

18 김종일, 1994, p.56.

19 권오영, 1996, p.41.

20 종교학이나 인류학에서는 종교공동체의 중심에서 초자연적 세계와 인간세계를 교류시키는 특수한 기술이나 지식을 바탕으로 일정한 종교적 과업을 수행하는 사람들을 총칭하여 종교전문가religious specialist, 종교직능자religious practitioner, 종교기능인religious functionary 등으로 번역한다고 한다. 서영대, 1991, 「한국고대 신관념의 사회적 의미」, 서울대학교 박사학위논문, p.218.

21 서영대, 1991, pp.219~224; Michael James Winkelman, 1992, 『Shamanism, Priests and Witches: a crosscultural study of magico-religious practitioners』, Tempe: Arizona State University, pp.39~44.

22 서영대, 1991, pp.219~224; Michael James Winkelman, 1992, pp.55~65.

23 서영대, 1991, p.1.

형태의 제의를 주관하는 종교직능자로서의 면모를 보이며 이들은 무공수형에 가깝고 사제왕king priest으로 부를 수 있다고 한다.[24] 더욱이 이사금尼師今 시기의 신라왕들은 무적巫的 사제왕으로서 입신入神 체험을 통해 최고신과 통하고 곡령穀靈으로서 지상의 풍요를 약속하고 신적인 권능으로 적을 위협하고 복종시킬 수 있으며 이로써 여러 집단을 하나로 묶을 수 있는 권위를 가진 존재라는 것이다.[25] 이렇게 되면 단군檀君과 초기철기시대 '읍락집단'의 수장, 삼한 소국의 주수主帥 등이 모두 사제왕의 성격을 지닌 존재로 파악되어 시대의 흐름에 따른 성격 차이나 변화 과정이 드러나지 않는다. 이는 삼한 시기에 이르러 진행되던 제정분리祭政分離 과정에 대한 검토가 부족하기 때문이다. 그러므로 '읍락집단'의 수장이 어떤 성격의 종교직능자였는지 그리고 이들이 삼한 소국 성립 이후 어떻게 변화해 갔는지 살펴보아야 한다.

초기 고구려 지역

고구려 지역의 경우 문헌기록에서도 '읍락집단' 수장의 존재가 일부 나타난다. 『삼국사기』 고구려본기 시조始祖 동명성왕東明聖王조에 부여로부터 남하하던 주몽朱蒙이 모둔곡毛屯谷에 이르러 마의麻衣를 입은 사람, 납의衲衣를 입은 사람, 그리고 수조의水藻衣를 입은 사람을 만났는데 이들에게 각각 극씨克氏, 중실씨仲室氏, 소실씨少室氏의 성姓을 내리고 그 재능을 헤아려 일을 맡기고 그들과 함께 졸본천卒本川에 이르러 도읍을 정하고 나라를 세웠다는 기록이 있다.[26] 그리고 유리명왕琉璃明王이 기산箕山 들판에서 사냥을 하다가 이인異人을 얻었는데 그의 겨드랑이에 새 깃이 달려 있었다. 그를 조정에 등용하여 우씨羽氏 성을 주고 왕녀와 혼인시켰다는 기록이 있다.[27] 고구려에서는 건국 초기 주몽, 유리명왕, 대무신왕大武神王 대에 영역 내 각종 수장층을

24 서영대, 1991, p.228.
25 나희라, 2003, 『신라의 국가제사』, 지식산업사, p.118.
26 『三國史記』 高句麗本紀, 始祖 東明聖王 원년조.
27 『三國史記』 高句麗本紀, 琉璃明王 24년 9월조.

통합하여 왕권 중심의 지배 신분층으로 편성하는 과정에서 성씨를 사여하였는데, 성씨를 받은 자들은 독자성을 가진 대수장층, 예속성을 띠는 등질적인 읍락의 수장층, 그리고 특수한 직능을 가진 집단의 수장층으로 구분된다고 한다.[28] 또한 문헌기록에 나오는 모둔곡, 기산 등의 지명을 가지는 이러한 집단의 실체는 초기철기시대 이래 압록강, 혼강 일대에 형성되어 있던 개별 정치체들로서 나집단 또는 곡집단으로 불리는데 이들은 삼한 지역의 '읍락집단'과 유사한 성격의 정치체로 파악되고 있다.[29] 다시 말하면 모둔곡 출신 3인이나 기산에서 만난 이인異人은 주몽에게 통합된 초기철기시대 '읍락집단'의 수장들이다.

그런데 모둔곡 3인을 무당으로 보고 이들이 입은 마의, 납의(승려들이 입는 검은색의 옷), 수조의를 무복巫服으로 추정한 견해가 있다.[30] 이러한 추정은 대마가 상복을 만들 때 이용되며 일본에서도 의식을 주재하는 자에게 삼베옷을 입히는 예가 있고, 단옷날 춤추는 무당이 대나무로 만든 허리띠에 해초와 여러 색의 천을 매단다는 등의 민속자료를 근거로 하였다. 『삼국지』 동이전에 고구려인들은 공식 모임에서는 비단옷을 입고 금은으로 장식한다고 하였으며,[31] 『위서魏書』 고구려전에도 고구려인들은 포백布帛이나 가죽으로 만든 옷을 입었다고 하므로[32] 마의, 납의, 수조의는 일반 의복과 다른 특별한 것임이 분명하다. 모둔곡 3인이 주몽을 만났을 때 특이한 옷을 입고 있었다는 것은 단순히 문화 기반이나 생활양식을 달리하는 집단임을 뜻한다기보다 그들이 지닌 어떤 기능을 상징하는 것이다. 예컨대 부정씨負鼎氏를 받은 자가 철제 솥으로 상징되는 특정 기술 내지는 전문성과 관련된 집단인 것처럼 마의, 납의, 수조의 역시 어떤 직능을 상징하는 것으로 볼 수 있다.

28 김광수, 1983, 「고구려 건국기의 성씨 사여」, 『김철준박사화갑기념사학논총』, 지식산업사, pp.964~966.
29 임기환, 1995, p.31.
30 이옥, 1984, 『고구려 민족형성과 사회』, 교보문고, pp.170~171.
31 "其公會衣服皆錦繡金銀以自飾".
32 "衣布帛及皮".

이와 관련하여 겨드랑이에 날개가 달려 있어 우씨羽氏 성을 내렸다는 기록을 샤먼의 의상과 연계시켜 우씨를 무격巫覡으로 추정한 견해가 주목된다.[33] 민족지 자료를 통해 널리 알려진 대로 시베리아나 몽골 지역 샤먼의 무복 중에는 다양한 형태로 새를 상징하는 요소가 표현된 것이 있다. 핀란드 국립박물관The National Museum of Finland에 소장된 타타리안Tatarian 샤먼의 무복은 어깨 부분을 새 깃으로 장식하여 새의 날개를 사실적으로 표현하였다(그림 Ⅰ-1-1). 몽골Mogol 샤먼의 무복에도 어깨에 날개가 있으며, 야생 사슴 가죽으로 만든 시베리아 응가나산Nganasan 샤먼의 무복은 새를 상징하기 위해 소매와 겨드랑이, 아랫단에 술 모양 장식을 달았다(그림 Ⅰ-1-2).[34] 그러므로 우씨 성을 받은 이인은 '읍락집단' 수장인 동시에 제의 거행 시 새 날개 장식이 달린 무복인 우의羽衣를 입던 종교직능자로 추정된다.

이처럼 우의가 깃털이나 날개 장식을 한 무복을 상징하는 것이라면 마의, 납의, 수조의도 제의와 관련된 복식일 가능성이 높다. 참고로 남미 아마존Amazon강 유역에 사는 쿠베오Cubeo 인디언 샤먼이 장례의식에 입는 무복은 나무껍질로 만든 것이어서 흥미롭다(그림 Ⅰ-1-3).[35] 무복의 재료나 구성, 형태는 지역별·종족별 생태계나 사회경제적 상태에 따라 다양하다. 그러나 무복은 샤먼을 수호하는 정령을 상징화한 것이며, 무복이나 무복에 달린 장식물에는 주술적인 의미가 담겨 있다는 점에서는 서로가 통한다.[36]

무엇보다 종교직능자로서 무적 성격을 뚜렷하게 보여 주는 것은 '읍락집단' 통합의 주체인 주몽이다. 『동국이상국집東國李相國集』 동명왕편東明王篇

33 기산箕山이란 곳도 단순한 사냥터가 아니라 고구려의 신성 지역의 하나였을 것으로 추정하였다. 서영대, 1991, pp.201~202.

34 G. N. Graceva, 1996, 「A Nganasan Shaman Costume」, 『Shamanism in Siberia』, selected reprints edited by Vilmos Dioszegi, Mihaly Hoppal, Budapest: Akademiai Kiado, p.81, 그림 1.

35 G. Reichel-Dolmatoff, 1987, 『Shmanism and Art of the Eastern Tukanoan Indians』, Leiden: E. J. Brill, p.22, 도판 XVII.I.

36 Bo Lönnqvist, 1976, 「Problems concerning the Siberian Shaman Costume」, 『Ethnologia Fennica』 vol 6, Helsinki: Seurasaarisaatio, pp.5~11.

그림 Ⅰ-1-1
타타리안 샤먼의 무복
출처: Bo Lönnqivist, 1976

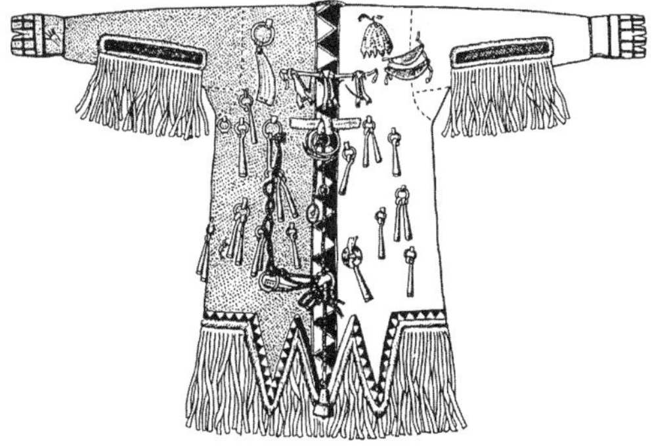

그림 Ⅰ-1-2
응가나산 샤먼의 무복
출처: G. N. Gračeva, 1996

그림 Ⅰ-1-3
쿠베오 인디언 샤먼의 무복
출처: G. Reichel-Dolmatoff, 1987

에 나오는 주몽신화를 보면 주몽은 천제天帝의 후예로서 보통 사람과 다른 초월적인 능력의 소유자이다. 그는 비류국沸流國을 항복시키는 과정에서 흰 사슴을 잡아 저주의 주문을 외워 비류국 왕도가 빗물에 잠기게 하거나 채찍으로 물에 금을 그어 다시 물이 줄어들게 하는 등 주술적인 능력을 가진 존재로 그려져 있다. 시조에게 부여된 이러한 이미지는 신성화 작업이나 신화화의 산물인 동시에 그들이 행하였던 종교직능자로서의 역할을 반영한다. 즉 주몽을 포함한 한국 고대의 초기 왕들은 종교직능자로서 무공수형(사제형)에 속한다는 견해와[37] 이러한 주몽의 능력은 위대한 샤먼으로서의 능력을 말해 주는 것이란 견해 등이 이를 뒷받침한다.[38] 종교직능자로서의 구체적인 유형에 대해서는 견해 차이가 있지만 공통적으로 주몽을 종교직능자로서 무적 성격이 강한 존재로 파악하고 있다. 이처럼 읍락 통합의 이념적 기반으로서, 주몽의 종교직능자로서의 주술적 능력이 일반 '읍락집단' 수장보다도 뛰어났음을 주장하는 것은 물리적인 힘 못지않게 복속된 세력들을 지배하고 통솔하는 데 효과적이었다는 뜻이다.

고고학자료상으로도 중국 집안集安시 오도령구문五道嶺溝門 유적을 비롯하여 단동丹東 지구, 환인桓仁 지역과 집안 지역에서 다뉴경多紐鏡(청동거울), 동검銅劍, 동모銅鉾, 소량의 연계燕系 철기를 부장한 무덤들이 확인되고 있는데,[39] 고구려본기에 등장하는 '읍락집단'은 이러한 무덤을 남긴 집단들과 밀접한 관계가 있다. 그러므로 문헌기록에서 초기 고구려 지역 '읍락집단' 수장이 무적 성격이 강한 종교직능자의 모습으로 나타나는 것은 이러한 고고학자료를 고려할 때 쉽게 이해될 수 있다.

초기 고구려 지역의 '읍락집단' 수장, 즉 종교직능자의 또 다른 특징은 그들이 농경제의와 밀접한 관련을 가진다는 점이다. 수렵사회와 달리 농경사

37 서영대, 1991, p.228.

38 장지훈, 1997, 「고대국가의 통치이념에 대한 일고찰」, 『제40회 전국역사학대회 발표요지—역사와 도시—』, 전국역사학대회 준비위원회, p.104·105.

39 여호규, 1997, 「1~4세기 고구려 정치체제연구」, 서울대학교 박사학위논문, p.22, 도표와 관련 문헌 참조.

회에서 우의는 농경의례와 관련되어 있다. 곡모穀母는 새의 형상을 띠며, 우의는 새, 곡물, 곡령穀靈, 알 등 곡모신앙과 융합되어 있다고 한다.[40] 그리고 평양 천도 이후의 것이지만 『수서隋書』 고려전高麗傳에도 우의는 농경제의와 결합되어 있다. 매년 초에 패수浿水가에 모여 놀이를 하는데 왕이 요여腰輿를 타고서 우의羽儀(衣)[41]를 늘어놓고 관람하며 행사가 끝나면 왕이 의복을 강물에 넣은 후 사람들이 두 편으로 나뉘어 물을 뿌리거나 돌을 던지면서 쫓고 쫓기는 놀이를 한다는 내용이 나온다. 이는 농경제의 마지막 단계에서 모의전模擬戰을 하고 이로써 풍흉을 점치는 습속을 표현한 것이다.[42] 그러므로 『삼국사기』 고구려본기의 우씨와 『수서』 고려전의 우의는 농경제의와 관련된 종교직능자의 면모와 복식을 상징하는 것이다.

고구려 주몽신화에서도 새는 농경과 관련되어 있다. 『동국이상국집』 동명왕편에 주몽이 부여에서 내려올 때 신모神母가 준 오곡 종자를 가지고 오는 것을 잊어 버렸는데 신모가 비둘기로 하여금 맥자麥子를 주몽에게 전해 주게 하였다는 내용이 그것이다. 여기서 신모는 여신으로 맥류麥類 경작과 관련된 농업신이며,[43] 주몽에게 곡식 종자를 가지고 날아온 비둘기는 신모의 화신이거나 신모의 사자로 해석되고 있다.[44] 이처럼 초기 고구려 지역에서도 '읍락집단' 수장들이 종교직능자로서 농경제의를 주관하는 것이 중요 임무의 하나임을 알 수 있다.

40 三品彰英, 1973, 『古代祭政と 穀靈信仰』, 東京: 平凡社, pp.128~136.

41 "每年初 聚戲於浿水之上 王乘腰輿 列羽儀以觀之 事畢 王以衣服入水"라는 기록으로 미루어 羽儀는 羽衣의 오기로 생각된다. 해당 구절이 『北史』 高麗傳에는 "王以衣入水"로 되어 있다.

42 金關恕, 1987, 「總論」, 『彌生文化の硏究』 8, 金關恕·佐原眞 編, 東京: 雄山閣出版株式會社, p.10.

43 김철준, 1975, 『한국고대사회연구』, 지식산업사, p.40.

44 동남아시아에서 조사된 농경 관련 전설들은 일반적으로 곡종穀種을 새 또는 천녀天女가 가져다 주는 내용으로 되어 있으며, 여기에 우의羽衣형 테마가 결합되어 우의형 곡모穀母 전설이 나타난다고 한다. 三品彰英, 1973, p.128.

충청·전라 지역

충청·전라 지역에는 초기철기시대의 청동기를 부장한 무덤들이 밀집 분포한다. 중요 유적의 편년에 대해서는 견해 차이가 있으므로 〈표 Ⅰ-1-1〉을 참고한다. 이들은 각급 '읍락집단' 수장의 무덤이며, 그중에는 무기 이외에 청동의기靑銅儀器를 동반하는 것이 많다. 그리고 다른 지방에 비해 청동거울(다뉴경), 청동방울(동령), 동탁銅鐸, 원개형동기圓蓋形銅器, 방패형동기, 검파형동기劍把形銅器 등 청동의기의 형태와 종류도 다양하고 풍부하다.[45] 그리고 청동의기의 구성이나 종류도 시간의 흐름에 따라 변화하는 모습을 보인다. 이러한 청동의기의 검토를 통해 이 단계의 '읍락집단' 수장 내지는 종교직 능자의 성격을 살펴보고자 한다.

청동의기들은 소리를 내는 것, 빛을 반사하는 것, 그리고 그 자체가 숭배 대상이 되는 것으로 분류될 수 있다. 민족지 조사 자료에 의하면 청동거울은 한국 무속인들의 무구나 동북아시아와 시베리아 샤먼들의 무복 장식물로 널리 사용되었다. 한국 무당들은 방울과 거울은 악령을 물리치고 선신善神을 불러온다고 믿었고, 혁철족赫哲族 샤먼은 무복의 머리, 가슴 등에 여러 개의 거울을 달아 방울과 함께 소리를 내고 빛을 발하여 벽사초신辟邪招神한다고 한다. 또한 거울이 반사하는 빛을 통해 밤낮으로 세상에서 일어나는 각종 일들을 투시할 수 있고 죽은 사람의 영혼을 볼 수 있다는 것이다.[46] 즉 거울은 그 자체가 숭배 대상이라기보다 그것을 지니는 사람에게 절대적인 영력靈力을 주는 것으로 믿었다. 그러므로 무덤에 다뉴경을 부장한 주인공은 다른 제의도구가 발견되지 않더라도 최소한 소속 집단 내에서 이러한 능력을 가진 자로 인정받고 그러한 역할을 수행하였던 인물로 생각된다. 그리고 이러한 존재들이 초기철기시대 '읍락집단' 수장의 일반적인 모습이었을 것이다.

45 한반도 출토 청동의기, 특히 이형동기에 대해서는 다음 논문 참조. 이건무, 1992, 「한국청동의기의 연구」, 『한국고고학보』 28.

46 甲元眞之, 1987, 「鏡」, 『彌生文化の硏究』 8, 金關恕·佐原眞 編, 東京: 雄山閣出版株式會社, pp.44~52.

표 Ⅰ-1-1 충청·전라 지역 초기철기시대 중요 유적 편년표

유적명 \ 연구자	한수영(2017)	조진선(2005)	이희준(2011)
대전 괴정동유적 충남 아산 남성리유적	B. C. 3세기 전반~후엽	B. C. 3세기 전엽~중엽	B. C. 4세기
전남 화순 대곡리유적 전남 함평 초포리유적	B. C. 3세기 후엽~ B. C. 2세기 중엽	B. C. 3세기 후엽~ B. C. 2세기 전엽	B. C. 3세기 전반
충남 부여 합송리유적 충남 당진 소소리유적		B. C 2세기 초~말	B. C. 3세기 후반
전남 완주 갈동유적 전남 완주 신풍리유적 가 지구	B. C. 2세기 전엽~말엽		
경북 경주 입실리·구정동유적 대구 팔달동 90호			B. C. 2세기
전남 나주 구기촌유적	B. C. 2세기 말엽~ B. C. 1세기 전반		

* 본서 41쪽 주 67번 자료들을 참조하여 정리하였다.

일반적으로 종교 의례를 거행할 때 소리 나는 제의도구가 사용되는데 청동방울, 동탁, 원개형동기 등이 이에 속한다. 현재 발견된 원개형동기는 모두 금이 가거나 깨진 상태로 발견되어 꼭지에 고리를 매어 징같이 두드려 소리를 내는 의기로 사용되었을 것으로 추정되고 있다.[47] 소리 나는 제의도구들은 종류가 다양하며 기능적으로는 종교직능자가 엑스터시 상태에 들어가거나 엑스터시 상태를 지속하는 데 도움을 준다. 한국 무속에서는 방울을 흔들거나 거울을 두드리는 소리에 의해 악령을 물리치고 선신을 불러온다고 믿었고 두드리는 소리는 신의 소리라고 믿었다고 한다.[48] 동탁과 방울은 시기와 분포 지역을 달리하지만 소리 나는 도구라는 공통점을 가진다. 아메리카 인디언의 샤먼은 딸랑이rattle를 사용한다. 이 종류의 제의도구들은 거울과 마찬가지로 종교직능자 개인의 소지물로 그들에게 주술적 능력을 부여하는 것으로 믿어졌다.

47 국립중앙박물관·국립광주박물관, 1992, 『한국의 청동기문화』, p.101.
48 甲元眞之, 1987, p.45.

청동의기 중에는 신상神像으로 추정되는 것이 있다. 방패형동기와 검파형동기가 그것으로, 이 종류의 청동기는 대부분 충남 지역에서만 출토되었다. 2015년에는 전북 군산시 옥구읍 선제리 적석목관묘에서도 검파형동기 3점이 출토되었는데 만경강 하구 지역이지만 거리상으로는 금강 하구 지역과도 아주 가깝다.[49] 청동기시대의 암각화를 근거로 송화섭은 방패형동기와 검파형동기는 검파형암각화[50]의 상징적 의미를 계승하여 제작된 신상동기로 해석하였다.[51] 경주 석장동 금장대, 포항 칠포리, 남원 대곡리의 검파형암각화는 검파형동기의 형상을 닮았고(그림 Ⅰ-1-4~그림 Ⅰ-1-6 참조), 영주 가흥동 암각화는 아산 남성리 출토 방패형동기와 형태가 비슷하다.[52] 특히 경주 석장동 금장대 바위그림 중 (나)면 4번 검파형(방형기하문) 그림은 높이가 23cm로[53] 대전 괴정동(23.6cm), 충남 예산 동서리(24.5cm), 충남 아산 남성리(25.4cm) 출토 검파형동기와[54] 크기까지 비슷하다. 검파형동기와 방패형동기는 청동기 제작 기술의 보급으로 암각화인들의 신념체계와 상징이 청동기로 형상화된 것이다. 그리고 검파형암각화가 상징하는 것이 무엇인지 의문이지만 상징문양들을 새겨 놓은 바위와 그 주변은 신성 지역 내지는 제의 거행 장소였을 것이다.

검파형동기와 방패형동기 중에는 표면에 손, 사슴, 새, 농경 장면을 새긴 것이 있다. 이 문양들은 청동의기에 부여된 상징과 기능을 엿볼 수 있는 자료들이다.[55] 농경문청동기로 불리는 전傳 대전 출토 방패형동기의 한 면에는 농

49 구유형 목관을 안치한 적석목관묘에서 검파형동기 3점, 동검 10여 점, 동부 1점 등 다양한 청동기와 흑색마연토기 1점, 점토대토기 1점 등 토기류와 소옥 100여 점이 출토되었다. 전북문화재연구원, 2017, 「군산 선제리 108-16번지 유적」, 한국문화재재단, 『2015년도 소규모 발굴조사 보고서』 Ⅷ.

50 연구자에 따라 방패형암각화(장명수), 방형기하문(오춘성) 등으로 다르게 부르고 있다.

51 검파형동기, 방패형동기는 여신상을 조형한 신상동기로 해석하였다. 송화섭, 1995, 「삼한사회의 종교의례」, 『한국고대사연구 10: 삼한의 사회와 문화』, p.82.

52 장명수, 2000, 「한국선사시대 암각화 신앙의 전개양상」, 『한국암각화연구』 2, 한국암각화학회, p.37.

53 오영춘, 2000, 「경주 금장대 바위그림의 분석」, 『한국암각화연구』 2, 한국암각화학회, pp.76~77.

54 국립중앙박물관·국립광주박물관, 1992, pp.92~95.

55 청동기 문양에 대해서는 다음 논문 참조. 김양옥, 1981, 「한반도 청동기시대 문양의 연구—새와 사슴문양을 중심으로—」, 『한국고고학보』 10·11, pp.25~31.

그림 Ⅰ-1-4
검파형동기(대전 괴정동 출토)
출처: 국립중앙박물관 e뮤지엄

그림 Ⅰ-1-5
남원 대곡리 암각화 문양
출처: 울산대학교 반구대암각화유적보존연구소, 2014, 『울주 천전리 암각화』

그림 Ⅰ-1-6
경주 석장동 암각화 문양
출처: 울산대학교 반구대암각화유적보존연구소, 2014

그림 Ⅰ-1-7
농경문청동기의 새 문양
출처: 국립중앙박물관·국립광주박물관, 1992

경 장면이 새겨져 있고 다른 한 면에는 새 그림이 새겨져 있다(그림 Ⅰ-1-7). 이것은 샤먼이 농경제의 시 사용한 무구였을 것으로 추정되기도 하고,[56] 새는 농경신의 사자로서 보조 역할을 수행하는 신조神鳥로 농경문청동기는 현수懸垂한 신상동기라는 해석도 있다.[57] 특히 아산 남성리 출토 변형 방패형동기는 사지를 벌리고 선 신, 초인超人 또는 여신을 형상화한 것으로 신주神主적 존재 또는 신상으로 추정되기도 한다.[58] 일본 야요이시대彌生時代 제의 연구에 의하면, 새는 조령祖靈이 화한 것 또는 봄철 조령을 실어 오는 역할을 하는 것으로 믿었다. 조령은 곡령이기도 하여 조령의 임재에 의해 만물은 새로이 활력을 얻고 벼도 부활하여 싹이 난다고 믿었다. 그리고 조령은 사람의 모습을 띠기도 하는데 곡령으로 간주될 경우 날개 달린 사람의 형태로 묘사된다는 것

56 이건무, 1992, p.194.
57 송화섭, 1995, p.65, 주 40.
58 김원룡, 1983, 「예술과 신앙」, 『한국사론』 13 상, 국사편찬위원회, p.343; 송화섭, 1995, p.82.

이다. 그리하여 농경의례를 주관할 때 사제는 새로 분장하였을 것으로 추정되기도 한다.[59] 이러한 견해들을 종합하면 방패형동기는 농경 생산과 풍요를 주관하는 것으로 믿어진 조령, 곡령을 상징하는 신상으로 이해된다.

다음으로 충남 아산 남성리 석관묘에서 3점의 검파형동기가 출토되었는데 그중 하나에 사슴 문양이 새겨져 있다(그림 Ⅰ-1-8). 사슴은 선사시대 문양 자료에서 흔히 등장하는 동물의 하나이다. 경북 경주 지역에서 출토된 것으로 전하는 견갑형동기肩甲形銅器에는 사슴 두 마리와 호랑이 한 마리가 새겨져 있다. 그리고 경북 영천에서 출토된 1세기경의 청동기 유물 중에 청동으로 주조한 사슴 머리가 있다. 일본 야요이시대의 동탁 중에는 사슴이 묘사된 것이 20여 점이 넘고, 사슴이 새겨진 토기는 이보다 훨씬 많다고 한다.[60] 경주 출토 견갑형동기에 새겨진 사슴 두 마리는 모두 뿔이 크게 묘사되어 있고 한 마리의 등에는 화살 같은 것이 꽂혀 있다. 이와 달리 아산 남성리 출토 검파형동기의 사슴은 뿔이 조그맣게 표현되어 있어 오히려 일본 동탁의 사슴 모습에 가깝다.[61]

수렵사회에서 사슴을 비롯한 동물 문양은 수렵제의와 관련 있다.[62] 고구려에서 사슴은 제의를 거행할 때 바치는 희생 제물로 나타난다. 『동국이상국집』 동명왕편에 시조 동명왕이 흰 사슴을 사냥하여 해원에 거꾸로 매달아 놓고 제의를 거행하여 비류국의 왕도를 물에 잠기도록 했다거나, 『삼국사기』에 3월 3일에 낙랑樂浪의 언덕에서 수렵대회를 열고 돼지, 사슴을 잡아 하늘과 산천에 제사 지냈다는 기록이 그것이다.[63]

이와 달리 일본에서 사슴은 농경의 풍요, 토지 정령과 관련된 것으로 해석

59 金關恕, 1987, p.8~10.

60 春成秀爾, 1993, 「角のない鹿」, 『考古論集-潮見浩先生退官記念論文集-』, 潮見浩先生退官記念事業會, pp.446~454.

61 국립중앙박물관·국립광주박물관, 1992, pp.99~97.

62 A. L. Siikala, 1984, 「Finnish Rock Art, Animal Ceremonialim and Shamanic Worldview」, ed. Mihály Hoppál, 『Shamanism in Eurasia』, Göttingen: Edition Herodot, p.75.

63 『三國史記』 雜志 1, 祭祀조.

그림 Ⅰ-1-8
검파형동기 사슴 문양(충남 아산 남성리유적 출토)
출처: 국립중앙박물관·국립광주박물관, 1992

그림 Ⅰ-1-9
검파형동기 손 문양(충남 예산 동서리유적 출토)
출처: 국립중앙박물관·국립광주박물관, 1992

되고 있다. 하루나리 히데지春成秀爾는 『풍토기風土記』의 기록을 근거로 고대 일본에는 초여름[初夏]에 사슴을 사냥하여 그 피를 묘대苗代에 넣거나 벼 종자에 적시는 습속이 있었으며, 동탁에 그려진 사슴 대다수가 뿔이 없는 것은 사슴뿔이 아직 돋지 않는 계절, 즉 파종, 전식田植 등 농사가 시작되는 초여름의 사슴 모습을 충실히 묘사한 것으로 해석하였다. 그리고 사슴의 피는 토지를 모체로 하여 생육하는 벼에게 원기를 주는 영력을 가진 것으로 믿었으며 또한 피를 뿌린 농경지는 그 냄새로 인해 사슴의 접근을 막아 사슴이 어린 싹을 잘라 먹는 피해를 막는 효과도 있었을 것이라고 하였다. 그리하여 봄 내지는 초여름의 예축豫祝의례에서 이러한 동탁을 울린 것으로 추정하였다.[64] 일반적으로 인정하듯이 일본 야요이시대의 농경기술이 한반도 청동기시대 농경기술의 영향을 강하게 받은 것이라면 농경제의도 함께 전해졌을 가능성이 높다. 그러므로 야요이시대 청동의기에 새겨진 사슴에 대한 해석을 참고한다면 사슴 문양이 새겨진 검파형동기는 수렵제의보다 농경제의와 관련된 것으로 보는 것이 합리적이다. 이처럼 이형동기의 핵심인 방패형동기, 검파형동기가 농경제의와 관련된다는 것은 당시 최고 종교직능자의 종교활동에서 농경제의가 중요한 부분을 차지하고 있음을 말해 준다.

이형동기 중에는 주술적인 성격을 표현한 것이 있다. 충남 예산 동서리 석관묘에서도 3점의 검파형동기가 출토되었는데 그중 한 점의 검파형동기에 오른손 문양이 새겨져 있다(그림 Ⅰ-1-9). 손은 구석기시대 바위그림을 비롯하여 아메리카대륙의 신상, 티베트의 종교화, 그리스나 이집트의 신화, 에스키모족의 무복 등 세계 각지에서 널리 나타나는 모티브이며, 오른손, 왼손, 양손이 상징하는 내용도 아주 다양하다. 티베트 종교화에도 손과 발이 그려진 것이 있는데 이것은 샤머니즘적 전통을 반영한 것으로 구체화되지 않은 어떤 신성한 존재, 또는 사제, 샤먼의 표시로 해석되고 있다. 그리고 샤머니즘

64 春成秀爾, 1993, pp.469~471.

적 사유에서 손은 수호 정령을 상징하는 것이라는 해석도 있다.[65] 만약 검파형동기에 새겨진 손이 수호 정령을 상징한다면 이 동기는 질병, 재해, 악령 등 각종 위험으로부터 자신들을 안전하게 지켜 준다고 믿었던 어떤 존재를 상징한 것으로 볼 수 있다. 이렇게 보면 대전 괴정동유적, 예산 동서리유적, 아산 남성리유적, 군산 선제리유적에서 검파형동기가 각각 3개씩 세트로 나오는 것은 우연이 아니다. 아마도 3점의 검파형동기들은 나름대로 생산의 풍요, 집단의 안전, 질병 예방과 치료 등 각종 기원을 비는 종교활동의 대상물들이었을 것이다.

이러한 기원은 집단 구성원 모두에게 해당되므로 방패형동기와 검파형동기는 공공성이 강해 보인다. 다시 말하면 검파형동기, 방패형동기가 매장된 유구는 특정 개인의 무덤 유구 이상의 의미를 가진다. 특히 농경제의는 조상령 숭배와 밀접하게 결합되어 있어 이러한 무덤의 주인을 자기네 집단의 조상 또는 조상의 상징으로 숭배하거나 그의 권위와 직무를 계승한 사람들에게 있어서 이곳은 중요한 장소로 기능할 수 있다. 검파형동기가 나온 유구들은 모두 야트막한 언덕이나 산 중턱에 위치하며 주변에 아무런 다른 매장 시설이 없는 단독 무덤이라는 공통점을 가진다.[66] 그리고 부장된 청동기의 숫자도 월등히 많고 종류도 다양하다. 이러한 풍부한 청동의기의 존재는 다양한 제의활동과 이를 필요로 하고 뒷받침할 수 있는 사회경제적 역량이 축적된 결과이다. 만약 생전에 무덤의 주인이 탁월한 능력을 지닌 인물로 인정받고 강력한 권위를 행사하였다면 그의 무덤은 함께 부장된 청동의기들과 더불어 읍락 구성원 모두가 경외하는 중요한 장소가 될 것이다.

65 Viach. Vs. Ivanov, 1978,「On the Type of Archaic Signs in Art and Pictography」,『Soviet Anthropology and Archaeology』 winter-spring 1977-78, vol.XVI, no.3-4, New York: M. E. Sharpe, Inc., pp.86~105. 예컨대 시베리아 지역의 에벤키Evenki족과 응가나산Nganasan족 샤먼의 무복에 손이 그려져 있거나 금속제 손 모양 펜던트가 달려 있는데 이것은 어깨를 지켜 주는 또는 샤먼의 뼈를 보호하는 정령을 나타낸 것이라고 한다.

66 이은창, 1968,「대전괴정동 청동기문화의 연구」,『아세아연구』 11-2, 고려대학교 아세아문제연구소; 한병삼·이건무, 1977,『남성리석관묘』, 국립중앙박물관; 지건길, 1978,「예산동서리석관묘 출토 청동일괄유물」,『백제연구』 9, 충남대학교 백제연구소, pp.152~153.

요컨대 청동의기를 부장한 무덤유구는 당시의 제의체계 안에서 '읍락집단'을 단일정치체로 결속시키는 이념적 구심점이 될 수 있다. 집단마다 제의체계나 발달 정도가 다를지라도 집단 결속력의 중요 기반이 실제적이든 의제적이든 조상령 숭배와 결합되어 있다는 것은 이 단계의 중요 특징이기 때문이다. 이는 '읍락집단'들이 크기의 대소에 상관없이 독자성이 강한 정치체로 존속하는 바탕이 여기에 있었다는 뜻이다.

대전 괴정동 계통 청동의기 다음으로 기원전 3세기 후엽~기원전 2세기 전엽에는 화순 대곡리 계통의 청동의기류가 유행한다.[67] 검파형동기, 방패형동기로 특징지어지는 대전 괴정동 계통의 신상형동기는 보이지 않고 각종 방울로 구성된 제의도구 세트가 수장급 무덤에 부장된다(그림 Ⅰ-1-10 참조). 전남 화순 대곡리와 전남 함평 초포리가 대표적 유적이며[68] 세문경(그림 Ⅰ-1-11 참조) 이외에 방울세트는 팔주령八珠鈴, 쌍두령雙頭鈴, 간두령竿頭鈴, 조합식 쌍두령 등으로 구성된다. 앞에서 살펴본 검파형동기를 참고하면 방울들도 용도와 상징이 각각 달랐던 것으로 생각된다. 예컨대 방울들 중에는 나무 등으로 만든 신상이나 신주에 장착한 것도 있고 흔들어 소리를 내는 데 사용된 것도 있다. 방울 종류의 청동의기가 등장하면서 제의도구의 분포권도 영산강 유역으로 확대된다. 이러한 변화의 이면에는 보다 발달된 청동기 제작 기술을 가진 집단의 등장 또는 이들과의 접촉 등이 상정된다. 그리고 구체적인 내용은 알 수 없지만 제의 내용이나 형식, 종교적 관념에서도 중요한 변화가 있었을 것으로 짐작된다. 다만 세형동검, 청동거울, 다량의 제의도구 부장과 단독 무덤이라는 중요 요소가 그대로 이어지고 있는 것으로 보아 종교직능자로서의 '읍락집단' 수장의 성격과 위상은 이어졌던 것으로 생각된다.

67 한수영, 2017, 「완주 신풍유적을 중심으로 본 초기철기문화의 전개양상」, 『호남고고학보』 56; 조진선, 2005, 『세형동검문화의 연구』, 학연문화사; 이희준, 2011, 「한반도 남부 청동기~원삼국시대 수장의 권력 기반과 그 변천」, 『영남고고학』 58.

68 조유전, 1984, 「전남 화순 청동유물일괄 출토유적」, 『윤무병박사회갑기념논총』, 통천문화사; 이건무·서성훈, 1988, 『함평초포리유적』, 국립광주박물관.

그림 Ⅰ-1-10
각종 청동방울
(전 충남 덕산 출토, 팔주령 12.2cm, 간두령 14.9cm)
출처: 국립중앙박물관·국립광주박물관, 1992

그림 Ⅰ-1-11
세문경(전 충남 논산 출토, 지름 21.2cm)
출처: 국립중앙박물관·국립광주박물관, 1992

그런데 뒤를 이어 세형동검 관련 유물에 주조철기鑄造鐵器가 동반되는 무덤들이 나타나면서 변화의 조짐을 보인다. 주조철기의 등장 시점에 대해서는 편년 차이가 있으나 대부분의 연구자들이 금강 유역, 만경강 유역을 중심으로 기원전 2세기에 주조철기문화가 크게 유행한 것으로 본다(그림 Ⅰ-1-12, 그림 Ⅰ-1-13 참조).[69] 주조철기의 등장이라는 고고학자료상의 변화가 함축하는 의미는 차치하고, 일단 이 시기의 무덤에서는 이전 시기에 성행하던 각종 방울류 제의도구가 크게 줄어든다. 괴정동계 제의도구는 충남 부여 합송리유적에서 동탁 2개, 원개형동기 1점이 함께 출토되었을 뿐이다.[70] 부여군 세도면 청송리유적에서도 철기는 확인되지 않지만 방울류 제의도구로 간두령만 남아 있다.[71]

금강 유역뿐 아니라 만경강 유역의 상황도 비슷하여 간두령을 제외한 여타 방울류 제의도구는 사라진다. 전남 완주 신풍리유적은 발굴 조사된 토광묘만 가·나 지구 합하여 81기나 된다.[72] 이 가운데 주조철기가 부장된 무덤은 12기이다. 반면 간두령이 부장된 것은 가 지구 54호 토광묘 1기에 불과하다.[73] 54호 토광묘에는 주조철기 2점 이외에는 세형동검, 세문경도 없이 동사銅鉈 1점과 간두령 1쌍만 부장되었을 뿐이다. 54호 토광묘는 가 지구 토광묘들 중에서 묘광이 가장 크고(묘광 길이 381×너비131cm) 입지도 유적군 중에서 가장 높은 곳에 위치하여 우월함을 나타낸다. 54호 토광묘가 이 일대의 '읍락집단'을 관장하던 수장이자 종교직능자의 무덤인 것은 분명하나 그가

69 기원전 2세기 초~기원전 2세기 말(조진선, 2005); 기원전 2세기 전엽~기원전 2세기 말(한수영, 2017); 기원전 3세기~기원전 2세기 중엽(김상민, 2019,「호남지역 철기문화 중심 세력의 성격과 특성」,『전북지역 고대 정치세력과 가야 학술대회』 발표문, 전북사학회·우석대학교 산학협력단 주최, p.62); 김진영, 2018,「영산강유역 철기 수용과 배경」,『호남고고학보』 59, p.133.

70 이건무, 1990,「부여 합송리유적 출토 일괄유물」,『고고학지』 2, 한국고고미술연구소, p.27.

71 2015년 9월 국립부여문화재연구소에서 공사 중 파괴된 묘광을 발굴, 수습하였는데 간두령 1점, 세문경 1점, 동검, 동모, 동부, 동과편, 동착, 동사편, 검파두식 등 각종 청동기와 관옥, 석촉 등이 수습되었다. 발굴 조사자는 함평 초포리유적 단계로 추정하였다. 국립부여문화재연구소, 2017,『부여 청송리유적』.

72 호남문화재연구원, 2014,『완주 신풍유적』 I, II.

73 김상민, 2019. 김상민은 기원전 2세기 전엽~기원전 2세기 중엽경으로 편년하였다.

그림 Ⅰ-1-12
주조철기(충남 부여 합송리유적 출토)
출토: 국립부여박물관 e뮤지엄

그림 Ⅰ-1-13
청동기와 주조철기
(전남 완주 갈동 유적 출토)
출처: 국립전주박물관, 2009

발휘하던 종교적 권위나 영향력은 이전 단계와 같지 않다.

다만 종교직능자의 전통적인 부장품의 하나인 세문경은 여전히 유행한다. 신풍리유적 가·나 지구의 81기 토광묘 중에서 7기 토광묘에서 세문경이 부장되었고 지표 수습품까지 합해 10여 점의 세문경이 출토되었다.[74] 세문경의 출토 증가 현상은 신풍리유적처럼 주조철기가 나오는 군집 무덤 유적에서 두드러진다. 전남 완주 갈동유적 역시 토광묘 군집 유적으로 그 일부인 17기만 조사되었는데 5호, 7호 무덤에서 각각 1점씩 세문경이 출토되었다.[75] 근래 전주, 완주 일대가 이러한 주조철기와 세문경 밀집 분포 지역으로 떠오르고 있다.[76] 이는 세문경 제작과 공급 능력의 문제를 넘어서 세문경 소유나 세문경 부장에 대한 어떤 관념상의 변화마저 시사한다. 예컨대 세문경 부장 위치를 보면 피장자의 머리나 가슴 등 신체 부위에 올려놓는 대신 묘광 벽에 붙여서 세워 놓거나(신풍리 가 지구 35호 토광묘) 거울을 깨뜨려 묘광 구석(신풍리 가 지구 31호)에 흩뿌리거나 작은 파편만을 목관 상면(신풍리 나 지구 21호)에 부장한다. 그리고 세문경 부장 무덤들이라고 해서 묘광의 크기나 입지 면에서 별다른 우월성을 보이지도 않는다. 이는 종교직능자의 권위와 위상이 달라지기 시작하였음을 뜻한다.

이처럼 유력자의 무덤 부장품에서 청동제 의기류의 비중이 양적·질적으로 크게 감소된 반면, 도끼, 끌, 작은 손칼 등 실용적인 철제 공구류가 큰 비중을 차지한다. 신풍리 가 지구 54호분 출토 주조철부는 피장자의 토광을 팔 때 사용한 것을 무덤에 묻은 것으로 밝혀졌다.[77] 갈동유적에서도 주조철기와 청동기가 함께 부장된 것은 9호 토광묘 하나인데 그것도 동사, 동부와 같은

74 한수영, 2017.
75 호남문화재연구원, 2005, 『완주 갈동유적』; 호남문화재연구원, 2009, 『완주 갈동유적 (II)』.
76 한수영, 2017, p.13.
77 묘광 벽면에 남아 있는 괭이 자국 흔적이 부장한 철부의 너비와 동일하다. 호남문화재연구원, 2014, 『완주 신풍유적』 I, p.187.

공구뿐이다.[78] 유력자의 무덤 부장품이 제의도구 중심에서 성능이 우수한 공구류 중심으로 변화한 것이다.

부장품의 양과 구성이 무덤 주인의 사회·경제적 위상을 반영하는 것이라면 이러한 추세는 '읍락집단' 안에서 주조철기라는 새로운 금속기를 소유하던 새로운 유력자의 부상을 의미한다. 갈동유적을 보면 묘광의 크기에 있어서도 세문경이 부장된 무덤(5호, 7호 토광묘)보다 주조철기만 3점 부장된 6호 토광묘가 상대적으로 더 크다[79]. 그들은 종교적 권위에 절대적인 비중을 두던 이전 시기의 읍락 수장과 대비되는 존재들로서 실용적이고 세속적인 힘을 나타내고 있다. 이처럼 한반도 서남부 지방에서는 주조철부로 대표되는 철기문화가 확산되는 속에서 각종 청동제 제의도구는 점차 사라지고 종교직능자의 위상에도 변화가 진행되었다.

더욱이 기원전 1세기 이후 단조철기문화가 널리 확산되면서 이러한 변화 양상은 더욱 뚜렷해진다. 근래 서남부 지방에서 단조로 만들어진 철부, 철검, 철모, 판상철부 등 보다 발달된 철기문화 유적들이 속속 발견되고 있다. 전남 나주 구기촌유적(전남문화재연구원, 2016), 전남 함평 신흥동유적(대한문화재연구원, 2016) 등이 주목받고 있는데,[80] 이들 유력자 무덤에서는 다수의 단조철기들이 출토되었으나 청동제 방울류는 물론이고 세문경의 흔적마저 보이지 않는다. 이는 '읍락집단' 수장의 권력 기반의 무게 중심이 종교적 권위에서 정치·경제적 측면으로 옮겨 갔음을 뜻한다.

경상도 지역

기원전 2세기 후엽 이후가 되면 경상도 지역이 세형동검 관련 청동기 제작의 새로운 중심지로 부상한다. 금호강 유역, 경주 일대를 중심으로 갑자기

78 갈동 3호에서 철겸과 동촉 3점이 공반되나 이들은 모두 전형적인 세형동검 관련 유물은 아니다.

79 5호 토광묘: 257×76~82×42~52, 7호 토광묘: 231×67~75×14~36, 6호 토광묘: 329×142~166×143(숫자는 묘광 길이×너비×깊이, 단위는 cm). 호남문화재연구원, 2009.

80 이 단계의 철기 문화 유적에 대해서는 다음 자료 참조. 김진영, 2018, pp.129~130, 표2; 김상민, 2019, p.52, 표.

목관묘 유적의 숫자가 크게 늘어나고 동검, 동모 등 청동기가 다량으로 쏟아져 나온다. 수량은 많지만 청동무기는 실용성이 줄어들고 거의 대부분 철기를 동반하고 있다. 흥미로운 것은 충청·전라 지역과 달리 이러한 청동기의 급격한 증가와 유행이 각종 철기 보급과 맞물려 있다는 사실이다. 그리하여 단조철기까지 보급되고 있음에도 간두령을 비롯하여 모양이 조금 달라진 각종 방울류 청동기들이 나타난다.

경주 죽동리유적, 경주 입실리유적, 대구 신천동유적이 대표적인데 청동기 표면에 철기의 녹 자국이 진하게 남아 있고 입실리유적에서는 실제로 판상철부도 확인되었다. 그런데 이 세 유적 모두에서 청동무기와 함께 간두령이 각 2개씩 나왔다.[81] 특히 입실리유적에서는 세문경, 간두령 이외에 병부동령, 닻 모양 동령 등 청동방울까지 나온다.[82] 이처럼 경주, 대구 지역에서는 방울류와 동탁이 간두령이 사라진 이후에도 상당 기간 남아 있었다. 동탁류 또는 청동방울의 부장은 무덤 주인의 종교활동의 중요 흔적이다(그림 Ⅰ-1-14).

또한 충청·전라 지역과 달리 금호강 유역과 경주 지역 목관묘에서는 방울류 이외에 복식에 달았던 것으로 생각되는 청동제 장식품이 출토된다. 청동단추 장식은 간두령이 나온 죽동리유적에서 24점이나 출토되었다.[83] 입실리유적 출토품에도 청동단추가 있다.[84] 죽동리보다는 늦은 시기이지만 금호강 유역의 경북 영천 어은동유적에서도 청동단추 장식이 47점이나 출토되었다(그림 Ⅰ-1-15). 이러한 청동 장식은 무복과 같은 특수한 복식과 관련이 있을 것

81 입실리유적에서는 세문경과 함께 다수의 간두령이 나온 것으로 전해졌으나 입실리 출토품은 1기 이상의 유구 출토품이 합해진 것으로 현재 남아 있는 간두령은 2점이다. 국립중앙박물관·국립광주박물관, 1992, pp.104~105; 하진호, 2019, 「경주 사라리 유적」, 『목관묘로 본 사로국의 형성과 전개-1 유적 사례 발표-』, 국립경주문화재연구소, pp.109~112.

82 입실리유적에서는 동탁 3점, 죽동리유적에서는 동탁 1점, 대구 신천동유적에서는 동탁 2점 등이 출토되었다. 이상 경상도 지역에서 출토된 청동 유물·유적 자료는 다음을 참조한다. 국립중앙박물관·국립광주박물관, 1992, pp.49~65·106~108.

83 한병삼, 1987, 「월성 죽동리출토 청동기일괄유물」, 『삼불김원룡교수정년퇴임기념 논총 I: 고고학편』, 일지사.

84 최진녕, 2019, 「경주 탑동 목관묘」, 『목관묘로 본 사로국의 형성과 전개—1 유적 사례 발표—』, 국립경주문화재연구소, p.109.

청동방울

소동탁

그림 Ⅰ-1-14
각종 방울과 소동탁(경주 입실리·조양동·구정동 유적 출토)
출처: 국립중앙박물관 e뮤지엄

그림 Ⅰ-1-15
영천 어은동유적 출토 청동단추
출처: 국립중앙박물관·국립광주박물관, 1992

으로 생각된다. 중국 심양沈陽 정가와자鄭家窪子유적에서 장화에 장식한 것으로 추정되는 청동단추 장식이 다량 출토되었는데, 청동거울, 원개형동기 등 종교직능자와 관련된 유물이 압도적으로 많아 샤먼의 장화를 연상시킨다고 한다.[85] 요컨대 경주 죽동리유적, 경주 입실리유적, 대구 신천동유적은 진한 소국 형성 이전 시기 경주, 대구 지역에 형성되어 있었던 '읍락집단' 수장의 무덤들이다. 이들의 부장품은 다량의 의기화된 청동제 무기, 청동방울과 동탁, 철기, 그리고 청동단추 장식 등의 유물 조합을 특징으로 한다. 이러한 유물 구성은 이 지역의 '읍락집단' 수장들이 단조철기 보급 이후에도 여전히 종교직능자의 과업을 병행하고 있었음을 말해 준다.

그러나 정치·사회적 발전이 진행되어 '읍락집단'들이 통합되고 진한 소국이라는 보다 확대된 정치체가 등장하게 되면 읍락 수장의 종교직능자로서의 활동에도 변화가 일어난다. 국읍國邑 주수主帥와 읍락 수장은 종교직능자의 역할에서 점차 벗어나고 종교직능자의 활동도 종교적 과업에 따라 분화된다. 문헌기록을 통해 나타나는 사로국斯盧國 초기의 국읍 주수들은 고구려 주몽처럼 그때까지도 종교직능자의 면모를 완전히 탈피하지 않았다. 사로국의 혁거세赫居世(기원전 57~기원후 3), 남해南解(4~23), 유리儒理(24~56), 탈해脫解(57~79), 그리고 구야국狗邪國의 수로首露를 주술적인 능력을 가진 사제왕으로 파악하기도 한다.[86] 혁거세가 죽은 후 하늘로 올라갔다가 7일 만에 유체가 흩어져 땅에 떨어졌다거나, 벌휴이사금伐休尼師今이 풍운을 보고 미리 점을 쳐서 수재, 한재, 농사 풍흉을 미리 알았다거나, 탈해가 토함산에서 종자 백의를 벌하기 위해 그의 입에 표주박을 붙였다 떨어지게 한 것 등 이들은 모두 초능력을 가진 인물로 묘사되어 있다. 탈해와 수로의 경쟁 기사에

85 무덤 입지도 영천 어은동유적과 마찬가지로 강에 면한 낮은 구릉 지대 경사면에 자리 잡고 있다고 한다. 김원룡, 1976,「심양정가와자 청동시대묘와 부장품—예맥 퉁구스의 청동전기문화—」,『동양학』 6, 단국대학교 동양학연구소, pp.140~150.

86 나희라, 2003, p.110~116.

서도 수로의 초능력이 탈해를 누른 것으로 나온다.[87]

혁거세와 수로는 원래 경주 지역과 김해 지역의 '읍락집단' 수장으로서 주변의 여러 '읍락집단'들을 통합하여 사로국과 구야국을 성립시킨 인물 또는 그 상징이다. 이들이 무적 성격이 강한 인물로 나타나는 배경은 다양하겠지만[88] 적어도 이것이 이전 시기 '읍락집단' 수장의 종교직능자로서의 모습을 반영하는 것은 분명하다. 그리고 소국 성립 초기에는 국읍 주수나 읍락 수장들도 종교직능자의 과업에서 완전히 벗어나지 않았다. 기원후에도 유력자의 무덤에 청동거울이 부장되고 소량이지만 동탁이 부장된 까닭이다. 비록 한경漢鏡이지만 청동거울의 대부분이 무덤 주인의 가슴에 놓여져 있는 것도 우연이 아니다. 그러나 시간이 지나면서 방울은 읍락 수장의 무덤 부장품에서 사라진다.

3세기 중엽경의 기록인『삼국지』동이전 한조에 보면 삼한 소국에는 국읍 주수 이외에 천군天君이라는 종교직능자가 따로 있었다. 그리고 독립된 종교활동 공간인 소도蘇塗가 존재하였고 북과 방울로 대표되는 제의도구는 소도에 세워진 대목大木 위에 걸렸다. 이러한 제정분리 과정은 점진적으로 진행되었을 것이다. 소국 성립 초기에는 읍락 간의 통합과 유대는 주로 대외교섭이나 경제적인 측면에서 이루어졌다. 그러나 통합력의 진전에 따라 통합의 기반이 이념적인 측면까지 확대되고 제도화되어 갔다. 혁거세나 수로 같은 국읍의 시조를 초자연적인 능력을 가진 존재로 부각시켜 공동의 시조로 숭배하고 뛰어난 능력의 소유자였음을 내세워 이념적 통합을 이끌어 내고 합리화하였다.

87 『三國遺事』 紀異 1, 脫解王조; 紀異 2, 駕洛國記조. 이 밖에 후대에 불교적인 색채가 가미된 것이기는 하지만, 연못에 살고 있던 독룡毒龍이 번개와 비를 내려 4년 동안 오곡五穀이 익지 못하게 하자 수로왕이 주술로 금하려 하였으나 능히 하지 못하여 부처님께 청하여 설법을 한 후에야 나찰녀羅刹女가 오계를 받아 재해가 사라졌다는 기록도 전한다(『三國遺事』 塔像 4, 魚山佛影조).

88 탈해의 사제왕적 성격은 야장冶匠의 무적 성격에서 비롯되며 남해는 차차웅(무당을 뜻함)이라는 칭호에서 나타나듯이 종교직능자 출신이다.

하지만 국읍의 시조가 소국 전체의 시조로 격상된 이후에도 각 읍락의 수장들은 자신들의 조상에 대한 제의권을 가지고 있었다. 사로국을 구성한 6개의 읍락, 즉 육촌六村이 각각의 시조 설화를 가지고 있고 이것을 기록에 남겼다는 사실이 이를 뒷받침한다. 그러나 언젠가부터 국읍에서는 천군을 세워 천신 제사를 거행함으로써 읍락별 제의보다 상위의 제의 체계를 확립하였다. 국읍의 천신 제사는 읍락보다 상위의 새로운 신격神格의 필요에 의해 도입된 제도로 해석되고 있다.[89] 이러한 제의 체계의 변화 속에서 읍락 수장의 활동과 기능도 변화하였다. 병자 치료, 사령死靈과의 교류, 점복占卜, 예언 등 무적 성격이 강한 각종 종교활동은 종교직능자가 전담하게 된다. 그리고 종교직능자의 종류도 서로 달라 공수형은 치병治病 등 개인적인 문제 해결에 힘쓰는 데 비해 무공수형은 풍요와 다산 기원 등 주로 사회적 문제 내지는 공동체 문제를 다루었다고 한다.[90]

고고학자료를 통해 종교활동 전담자의 무덤을 분별해 내기는 어렵다. 제정분리가 이루어진 이후에도 종교직능자의 정치·사회적 위상은 여전히 높았기 때문이다. 그리고 소도의 대목 위에는 북과 방울이 걸려 있다고 했지만 소도 자체의 공간적 형상에 대한 이미지조차 불확실하다. 북은 샤먼의 말이라고[91] 할 정도로 핵심적인 제의도구이나[92] 민족지 자료에서만 확인될 뿐 삼한 지역에서 고고학자료로 확보된 것은 아직 없다. 다만 여기에서는 고고학자료를 통해 제정분리 초기 단계의 종교활동을 전문으로 하는 인물의 모습을 찾아보고자 한다.

우선 기원후 1세기 전반경으로 편년되고 있는 경북 영천 어은동유적과 대

89 金關恕, 1987, pp.8~9; 나희라, 2003, p.108. 천신은 지고신至高神이라는 관념을 갖고 있었기 때문에 천군이 소국 안의 제사 체계에서 최고의 신에 대한 제사를 독점한 것으로 보았다.

90 서영대, 1997, 「한국 고대의 종교직능자」, 『한국고대사연구』 12, p. 214.

91 Mircea Eliade, 1964, 『Shamanism; Archaic Techniques of Ecstasy』, translated by Willard R. Trask, New York: Bollingen Foundation, p.233.

92 Michael Oppitz, 2003, 「A Drum in the Min Shan Mountains」, 『Shaman』 vol.11. No.1-2, Budapest: Molnar & Kelemen Oriental Publishers, p.115.

구 평리동유적이 주목된다. 두 유적에서는 한경漢鏡과 방제경倣製鏡이 다량 출토되었는데 그 종류와 시기가 서로 비슷하다. 영천 어은동유적은 금호강 남안 구릉지에 위치하는데 빗물로 토사가 흘러내린 구덩이에서 우연히 발견되었다고 하므로 유물이 파괴되거나 흩어졌을 가능성은 적다. 그런데도 검이나 창 같은 무기는 한 점도 없다. 반면 비슷한 시기의 다른 유력자 무덤에 비해 청동거울의 부장량이 탁월하게 많다. 한경이 3점, 방제경이 무려 12점이나 된다. 한경, 방제경은 이미 종교직능자의 전유물은 아닐지라도 수입 한경이나 방제경을 특별히 선호하는 것은 단절된 세문경에 대한 전통 관념의 잔존이 분명하다. 경주 조양동 5호분에서 세문경 제작 단절 후 한경이 유입되기 이전 조잡한 다뉴소문경多鈕素文鏡을 만들어 대체했던 것도 같은 맥락이다. 더욱이 이렇게 많은 양을 영천 어은동유적 한 곳에 집중 부장하였다는 것은 무덤 주인의 종교적 활동과 직접적인 관계가 있다.[93]

더욱이 어은동유적에서는 각종 단추형 장식이 42점이나 출토되었는데 혁대, 장화 등 복식에 부착하였던 것들이다. 간두령이 나온 죽동리유적의 예에 비추어 이들은 무복과 관련된 부장품이라 생각된다.[94] 그리고 청동제 사슴머리(높이 3.2cm) 조각과 청동제 말 조각, 와형蛙形 청동단추 5점[95] 등 동물을 모티브로 하는 장식품이 나왔는데 이들 역시 복식 관련 장식물로 호부護符로 추정되기도 한다(그림 Ⅰ-1-16, 그림 Ⅰ-1-17).[96] 사슴은 앞서 살펴본 대로 아산 남성리에서 나온 검파형동기의 표면에도 새겨져 있다. 그리고 개구리와 관련해

93 영천 어은동유적은 무적 성격이 강한 종교직능자의 무덤이거나 만약 무덤이 아니라면 종교직능자가 사용하던 무복巫服을 비롯한 도구 일습을 매장한 유구로 추정된다. 시베리아 투바Tuva족 샤먼의 장례의식에 대한 조사 자료 중에 무복 등을 주검과 별도로 매장하는 예가 있다. M. B. Kenin-Lopsan, 1996, 「The Funeral Rites of Tuva Shamans」, ed. Vilmos Diószegi · Mihály Hoppál, 『Shamanism in Siberia』, Budapest: Akadémiai Kiadó, pp.145~149.

94 경산, 경주, 대구 등지 목관묘에서도 청동단추 장식이 1~2점 출토되는 경우가 있는데 이를 무복과 연관 짓기는 어렵다.

95 경주 탑동 1호 무덤에서도 8점의 청동단추가 출토되었는데 이 중 4점이 와형인데 영천 어은동 출토품보다 약간 크다.

96 김원룡, 1983, p.310.

그림 Ⅰ-1-16
와형 청동단추 장식(경북 영천 어은동유적 출토, 크기 0.8cm)
출처: 국립중앙박물관 e뮤지엄

그림 Ⅰ-1-17
사슴 모양 청동기(경북 영천 어은동유적 출토, 높이 3.2cm)
출처: 국립중앙박물관 e뮤지엄

서는 부여의 해부루왕이 늙도록 아들이 없어 산천에 제사하며 후사를 구하였는데, 큰 돌 아래에서 금색의 개구리 모양[蛙形]을 한 어린아이[小兒]를 얻어 그를 금와金蛙라 이름하고 태자로 삼았다는 설화가 있다.[97]

그런데 어은동유적에서는 방울, 동탁류의 소리 나는 전통적인 제의도구가 전혀 보이지 않는다. 그 대신 눈에 띄는 유물은 다량의 청동환이다(그림 Ⅰ-1-18). 출림 튀르크Chulym Turk족 샤먼은 특별한 무복이나 북은 없지만 구리나 철제 둥근 고리를 꿰어 소리 나는 도구로 사용한다. 고리의 크기는 직경 7cm 정도이고 수량은 9개, 12개, 20개, 60개 등으로 다양하며 강한 샤먼일수록 더 많이 가진다고 한다(그림 Ⅰ-1-19).[98] 어은동유적에서 출토된 8개의 청동환도 직경 7.2cm로 크기와 형태가 이것과 흡사하여 흥미롭다. 이러한 청동환은 영남 지방 목관묘유적 곳곳(경주, 대구, 경산, 포항, 밀양 등)에서 1~2점씩 출토되어 단순 장신구로 간주되고 있다. 한두 점의 소량일 경우 장신구일 가능성이 높다. 그러나 중국인들이 생활 용구로 사용하던 청동거울이 진·변한 지역에서 세문경을 대신하여 유력자의 권위나 능력의 상징물이 되고, 서북한 지방에서 차마구 장식용으로 사용되던 동탁이[99] 남부 지방에서는 무구로 전용되듯이 청동환의 쓰임새도 단순 장신구만으로 국한시킬 수 없다. 이를 간접적으로 뒷받침하는 것이 대구 평리동유적이다. 이 유적의 출토품 구성을 보면 청동거울 6점(한경 1점, 방제경 5점),[100] 동탁 4개, 원형동기 2점 등 전통적인 종교활동과 관련된 물품이 압도적으로 많다. 그런데 여기에서도 동일 규격의 동환이 무려 20여 개나 출토되었다.[101] 이러한 사실들을 종합해 보면 영천 어은동유적은 무적 성격이 강한 종교직능자의 무덤일 것이다.

97 『三國史記』 高句麗本紀, 始祖 東明聖王조.

98 E. L. Elova, 1996, 「On the Shamanism of the Chulym Turks」, ed. Vilmos Dioszegi, Mihály Hoppál, 『Shamanism in Siberia』, Budapest: Akadémiai Kiadó, pp.137~139.

99 평양 상리 유적에서 동탁은 각종 차마구 부속과 함께 나온다.

100 한경과 방제경 상당수가 어은동 출토품과 거의 동일하다.

101 국립중앙박물관·국립광주박물관, 1992, pp.60~61. 경주 사라리 130호분에서도 어은동 출토품과 비슷한 청동환이 12개 출토되었는데 목관 가장자리 부분에 아래위로 포개진 채로 출토되어 팔에 착용한 상태로 보기 어렵다.

그림 Ⅰ-1-18
청동환(경북 영천 어은동유적 출토)
출처: 국립중앙박물관·국립광주박물관, 1992

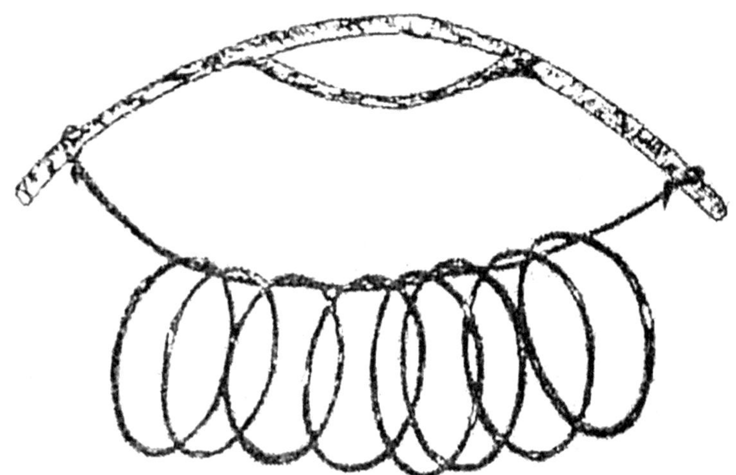

그림 Ⅰ-1-19
출림 튀르크족 샤먼의 딸랑이 무구
출처: E. L. Elova, 1996

영천 어은동유적과 대비되는 것으로 영천 용전리유적이 있다.[102] 용전리유적은 기원전 1세기 후엽경의 유적으로 시간적으로는 어은동유적보다 약간 앞서지만[103] 두 유적의 직선거리는 4km에 불과하여 서로 비교할 만한 대상이다. 두 유적은 출토 유물의 구성이 크게 다르다. 용전리유적도 단독 무덤인데 같은 시기의 어느 무덤보다도 탁월하게 많은 양의 유물이 출토되었다. 철부만 해도 무려 46점이나 되고, 철모(그림 Ⅰ-1-20), 철과도 13점이나 된다. 철제 유물이 70여 점이 넘어 전체 유물의 41%나 차지한다. 반면 청동거울은 한경 조각 1점뿐이다. 동탁이 3점 있고 어은동 출토품과 비슷한 청동단추 장식도 3~4점 있지만 존재감이 미미하다. 오히려 청동제 노기弩機나(그림 Ⅰ-1-21) 오수전五銖錢과 같은 낙랑계 물품의 존재가 더 두드러진다. 이러한 유물 구성으로 미루어 볼 때 용전리유적의 주인은 새로운 기술과 정보력를 바탕으로 부와 권력을 행사하던 인물이다. 용전리와 어은동 두 유적은 영천 지역 소국[104]의 세속적 권력자와 종교직능자의 모습을 보여 주는 사례이다.

유형상으로 어은동유적과 용전리유적의 중간 정도 되는 것으로 경주 탑동 1호묘가 주목된다. 탑동 1호에서는 한경 1점, 방제경 1점이 출토되었는데 한경은 영천 어은동과 동일한 것(일광경日光鏡)이고 방제경은 영천 어은동유적과 대구 평리동유적의 것과 동일한 시기

그림 Ⅰ-1-20
영천 용전리유적 출토 철모
출처: 경상북도, 2016,『신라 천년의 역사와 문화 자료집 1—사로국시기—』

102 국립중앙박물관, 2007,『영천 용전리유적』.
103 영천 어은동유적을 기원 전후경으로 편년하는 견해도 있다. 심현철, 2019,「경산 임당유적-부 영천어은동유적-」,『목관묘로 본 사로국의 형성과 전개-1 유적 사례 발표-』, 국립경주문화재연구소, p.132.
104『삼국사기』에는 골벌국骨伐國으로 그 이름이 전한다.

그림 Ⅰ-1-21
영천 용전리유적 출토 금동제 노기
출처: 국립중앙박물관, 2007, 『영천용전리유적』

에 제작된 것이다(방사선계).[105] 묘광의 규모도 대형에 속하고(묘광 길이 296×너비 144×깊이 49cm), 구릉 정상부에 일정한 묘역을 충분히 확보하여 우월성을 보이고 있어 유력자의 무덤이 분명하다. 그런데 이곳에는 철제 무기와 공구가 골고루 부장되었지만 20여 점이 채 되지 않아 용전리유적에 크게 못 미친다. 반면 청동단추 장식이 8점 출토되었는데 거북이 모양(2점), 곰 모양(1점), 개구리 모양 등 모두 동물을 모티브로 하였다. 특히 어은동 출토품과 같은 와형 단추 장식 4점은 청동환(4점) 안에서 출토되었다. 청동거울을 비롯한 이러한 유물 구성은 아직도 종교적 과업을 병행하던 유력자의 존재를 시사한다.

이처럼 제정분리 과정은 지역마다 다양한 과정을 거쳐 정착된 것으로 보인다. 그리고 3세기 중엽경에는 삼한 소국의 종교직능자의 주된 활동 공간인 소도가 나타난다. 소도는 별읍別邑이라고 기록되어 있듯이 일반 촌락과는 구분되어 있었다. 소도의 대목에 걸어 둔 북과 방울은 제의 거행 시 사용하던 도구로 그 자체가 숭배 대상은 아니다. 북은 샤먼의 상징으로 종교직능자에게는 중요한 의미를 지니는 물건이며 민족지 자료에 의하면 제의 주재자가 이를 보관하고 관리한다.[106] 그런데 이것을 소도에 두었다는 것은 소도가 종교활동 전담자의 중요 활동 공간이라는 뜻이다. 소도에서 숭배된 신격이나 주재자에 대해서는 견해가 다양하

105 최진녕, 2019.
106 Michael Oppitz, 2003, pp.118~120.

다.[107] 그러나 방울이라는 제의도구가 상징하듯이 소도는 초기철기시대 '읍락집단'의 종교활동의 전통을 이어 가던 곳이다.

4. 맺는말

이상에서 한국 초기철기시대 정치체 수장의 종교직능자로서의 면모를 살펴보았다. 이는 정치체 수장의 권력 성격을 통해 초기철기시대 정치체의 특성을 밝혀 보려는 노력의 하나이다. 이러한 시도를 하게 된 것은 초기철기시대의 '읍락집단'과 계기적 발전 관계에 있는 삼한 소국의 읍락과의 차이를 구체화하기 위한 것이다.

한반도에서의 초기철기시대는 세형동검으로 특징지을 수 있는 발달된 청동기문화의 토대 위에 철기가 사용되기 시작한 시기이다. 이 시기의 정치체 수장들은 무덤에 청동의기들을 부장함으로써 그들의 핵심적 권력 기반이 종교직능자로서의 권위에 있음을 말해 준다. 그러나 그들의 종교직능자로서의 성격이 그 이전 시기와 비교하여 어떻게 다른지, 그리고 삼한 소국 성립 이후 어떻게 변화해 갔는지 의문이다. 뿐만 아니라 이들이 종교직능자로서 어떤 유형에 속하는지도 의문이다. 예컨대 '읍락집단' 통합 주체로 등장한 주몽의 초능력이라든가 동물로 자유롭게 변신하는 탈해와 수로의 변신술은 종교직능자의 유형 구분에서 shaman과 witch의 경계를 넘나든다. 이는 민족지 자료를 기초로 하는 priest, shaman, witch 등의 종교직능자의 유형 구분을 고대사회에 그대로 적용하는 데 상당한 한계가 있음을 말해 준다.[108] 그리하여 이 장에서는 무巫 또는 무적巫的 존재는 사제와 대비되는 무라기보다

107 소도에 관한 구체적인 논고들은 나희라, 2003, p.104·주 108·주 109 참고.
108 Michael James Winkelman, 1992, pp.32~33.

주술적magic 성격을 가진 원시종교의 종교직능자라는 뜻으로 사용하였다.[109]

이러한 기준에서 보면 고구려 지역에서도 초기 주몽집단에 통합된 '읍락집단'의 수장들은 무적 성격이 강한 종교직능자의 모습을 나타낸다. 각종 의복으로 상징된 무복은 종교직능자의 다양한 기능과 유형을 나타낸 것이다. 그중에서도 우의, 우씨 관련 기록은 고구려 지역에서도 농경제의가 그들의 중요 임무의 하나임을 말해 준다. 앞으로 압록강, 혼강 일대의 초기철기시대 유물, 유적에 대한 자료 증가와 분석이 이루어진다면 초기 고구려 지역 '읍락집단' 수장의 종교직능자의 모습이 좀 더 구체적으로 드러날 것이다.[110]

반면 충청·전라 지역에서는 종교활동과 관련된 청동의기들이 풍부하게 출토되어 초기철기시대의 종교직능자의 존재를 직접적으로 보여 준다. 청동제 의기들은 기능과 상징이 다양하다. 청동거울은 주술적 능력을 부여해 주고 방울은 각종 정령과의 교류를 가능하게 한다고 믿었다. 이 같은 다량의 청동의기를 무덤에 부장한 사람들은 각종 종교활동을 주관하고 종교적 권위를 바탕으로 '읍락집단'을 다스리던 인물들이었다.

가장 이른 단계에 속하는 청동의기는 검파형동기와 방패형동기이다. 이는 신상형 동기로 생산의 풍요, 집단의 안전, 질병 예방과 치료 등 각종 기원을 비는 종교활동의 대상물이다. 특히 검파형동기에 새겨진 손 그림은 수호정령을 상징한 것으로 당시 사람들의 종교활동의 주술적 측면을 보여 준다. 그리고 사슴, 새, 농경 그림에서 알 수 있듯이 방패형동기, 검파형동기는 농경제의와 깊은 관련이 있고, 당시 종교직능자의 임무 중에서 농경제의가 핵심 부분을 차지하였다. 또한 농경제의는 조상령 숭배와 결합되어 있으며 농경제의를 통한 조상령 숭배는 '읍락집단'들이 독자성이 강한 정치체로 존속하는 이념적 기반이었다. 기원전 3세기 후엽 이후 신상형 동기가 사라지

109 종교직능자가 되는 방법이라든가 종교 과업과 목적, 그리고 수행 과정에서의 ecstasy, trance 유무 등의 기준이 있겠으나 이를 밝힐 정도의 구체적인 작업은 현재로서는 어렵다.

110 이후석, 2021, 「혼강유역 세형동검문화의 특징과 네트워크의 변천—통화 만발발자 유적 출토 청동유물 검론—」, 『고고학』 20-1, 중부고고학회, p.115, 혼강유역 세형동검문화 주요 유적 및 출토 유물 현황표 참조.

고 방울류 제의도구 세트가 널리 유행하는데, 제의 형식이나 내용 면에서 일정한 변화가 있었던 것으로 추정된다. 그러나 종교직능자로서의 '읍락집단' 수장의 위상이나 권위가 달라지지는 않았다.

그런데 기원전 2세기 전엽~말엽에 금강, 만경강 유역을 중심으로 주조철기문화가 확산된다. 이와 함께 방울류 제의도구는 쇠퇴하고 세문경과 간두령만 남다가 종국에는 간두령마저 사라지고 세문경만 남는다. '읍락집단' 내부에 주조철기를 배경으로 하는 새로운 유력자가 등장하면서 종교직능자로서의 읍락 수장의 권력 기반도 이전과 같지 않았다. 더욱이 기원전 1세기 이후 단조철기가 확산되는 시기에 이르면 충청·전라 지역 유력자의 무덤에서 세문경마저 사라진다. '읍락집단' 수장의 권력 기반이 급속히 바뀌고 있었던 것이다.

반면 경상도 지역에서는 기원전 2세기 말엽부터 청동기 출토량이 급격히 늘어나는데 거의 대부분 단조철기를 동반한다. 조금씩 형태가 달라지기는 했지만 방울, 동탁과 같은 제의도구들도 함께 나온다. 그리고 무복을 연상시키는 청동 장식품들도 새로이 등장한다. 이처럼 경상도 지역에서는 철기문화의 보급이 널리 이루어지던 시기에도 종교직능자가 여전히 강한 힘과 지위를 유지하였다. 그리하여 소국 성립 초기에는 종교직능자의 역할에서 완전히 벗어나지 못한 읍락 수장들도 적지 않았다. 그러나 통합도가 높아지면서 국읍 주수나 읍락 수장이 행사하던 종교직능자의 역할은 분리 위임되고 핵심 제의도구인 방울과 북은 소도의 대목大木으로 옮겨 갔다.

종교직능자의 기능 분화와 전문화의 진행은 사회가 발전하고 복합도가 증가한 결과이며 삼한 소국 읍락과 초기철기시대 '읍락집단'의 중요한 차이점이다. 이런 점에서 영천 용전리유적과 영천 어은동유적은 제정분리 초기 단계의 종교직능자의 역할에서 벗어난 읍락 수장과 종교 과업 전담자의 모습을 보여 주는 사례이다.

참고문헌

국립경주박물관, 2007, 『영천 용전리유적』

국립전주박물관, 2009, 『마한, 숨쉬는 기록』

국립중앙박물관·국립광주박물관, 1992, 『한국의 청동기문화』, 범우사

권오영, 1996, 『삼한의 국에 대한 연구』, 서울대학교 박사학위논문

김광수, 1983, 「고구려 건국기의 성씨 사여」, 『김철준박사화갑기념사학논총』, 지식산업사

김상민, 2019, 「호남지역 철기문화 중심 세력의 성격과 특성」, 『전북지역 고대 정치세력과 가야 학술대회』 발표문, 전북사학회·우석대학교 산학협력단 주최

김양옥, 1981, 「한반도 청동기시대 문양의 연구—새와 사슴문양을 중심으로—」, 『한국고고학보』 10·11

김원룡, 1976, 「심양정가와자 청동시대묘와 부장품—예맥 퉁구스의 청동전기문화—」, 『동양학』 6, 단국대학교 동양학연구소

김원룡, 1983, 「예술과 신앙」, 『한국사론』 13 상, 국사편찬위원회

김종일, 1994, 「한국 중서부지역 청동유적·유물의 분포와 제의권」, 『한국사론』 31, 서울대학교 국사학과

김진영, 2018, 「영산강유역 철기 수용과 배경」, 『호남고고학보』 59

김철준, 1975, 『한국고대사회연구』, 지식산업사

나희라, 2003, 『신라의 국가제사』, 지식산업사

대한문화재연구원, 2016, 『함평 신흥동유적』 IV

서영대, 1991, 「한국고대 신관념의 사회적 의미」, 서울대학교 박사학위논문

______, 1997, 「한국 고대의 종교직능자」, 『한국고대사연구』 12

송화섭, 1995, 「삼한사회의 종교의례」, 『한국고대사연구 10: 삼한의 사회와 문화』

심현철, 2019, 「경산 임당유적—부 영천어은동유적—」, 『목관묘로 본 사로국의 형성과 전개—1 유적사례 발표—』, 국립경주문화재연구소

여호규, 1992, 「고구려초기 나부통치체제의 성립과 운영」, 『한국사론』 27, 서울대학교 국사학과

______, 1997, 「1~4세기 고구려 정치체제연구」, 서울대학교 박사학위논문

오영춘, 2000, 「경주 금장대 바위그림의 분석」, 『한국암각화연구』 2, 한국암각화학회

울산대학교 반구대암각화유적보존연구소, 2014, 『울주천전리 암각화』, 울산대학교

이건무, 1990, 「부여 합송리유적 출토 일괄유물」, 『고고학지』 2, 한국고고미술연구소

______, 1992, 「한국청동의기의 연구」, 『한국고고학보』 28

이건무·서성훈, 1988, 『함평초포리유적』, 국립광주박물관

이옥, 1984, 『고구려 민족형성과 사회』, 교보문고

이은창, 1968, 「대전괴정동 청동기문화의 연구」, 『아세아연구』 11-2, 고려대학교 아세아문제연구소

이청규, 2000, 「'국'의 형성과 다뉴경부장묘」, 『선사와 고대』 14
이현혜, 1984, 『삼한사회형성과정연구』, 일조각
이후석, 2021, 「혼강유역 세형동검문화의 특징과 네트워크의 변천—통화 만발발자 유적 출토 청동유물 검론—」, 『고고학』 20-1, 중부고고학회
이희준, 2000, 「대구지역 고대 정치체의 형성과 변천」, 『영남고고학』 26
______, 2000, 「삼한 소국 형성 과정에 대한 고고학적 접근의 틀」, 『한국고고학보』 43
______, 2002, 「초기 진·변한에 대한 고고학적 논의」, 노중국 외, 『진·변한사연구』, 경상북도·계명대학교 한국학연구원
______, 2011, 「한반도 남부 청동기~원삼국시대 수장의 권력 기반과 그 변천」, 『영남고고학』 58
임기환, 1995, 「고구려 집권체제 성립과정의 연구」, 경희대학교 박사학위논문
장명수, 2000, 「한국선사시대 암각화 신앙의 전개양상」, 『한국암각화연구』 2, 한국암각화학회
장지훈, 1997, 「고대국가의 통치이념에 대한 일고찰」, 『제40회 전국역사학대회 발표요지—역사와 도시—』, 전국역사학대회 준비위원회
전남문화재연구원, 2016, 『나주 구기촌·덕곡유적』
정경희, 1990, 『한국고대사회문화연구』, 일지사
조유전, 1984, 「전남 화순 청동유물일괄 출토유적」, 『윤무병박사회갑기념논총』, 통천문화사
조진선, 2005, 『세형동검문화의 연구』, 학연문화사
지건길, 1978, 「예산동서리석관묘 출토 청동일괄유물」, 『백제연구』 9, 충남대학교 백제연구소
최진녕, 2019, 「경주 탑동 목관묘」, 『목관묘로 본 사로국의 형성과 전개—1 유적 사례 발표—』, 국립경주문화재연구소
하진호, 2019, 「경주 사라리 유적」, 『목관묘로 본 사로국의 형성과 전개—1 유적 사례 발표—』, 국립경주문화재연구소
한병삼·이건무, 1977, 『남성리석관묘』, 국립중앙박물관
한병삼, 1987, 「월성 죽동리출토 청동기일괄유물」, 『삼불김원룡교수정년퇴임기념 논총 I: 고고학편』, 일지사
한수영, 2017, 「완주 신풍유적을 중심으로 본 초기철기문화의 전개양상」, 『호남고고학보』 56
호남문화재연구원, 2005, 『완주 갈동유적』
______, 2009, 『완주 갈동유적 (II)』
______, 2014, 『완주 신풍유적』 I, II

……

甲元眞之, 1987, 「鏡」, 『彌生文化の研究』 8, 金關恕·佐原眞 編, 東京: 雄山閣出版株式會社
金關恕, 1987, 「總論」, 『彌生文化の研究』 8, 金關恕·佐原眞 編, 東京: 雄山閣出版株式會社
三品彰英, 1953, 「高句麗の五族について」, 『朝鮮學報』 6
______, 1973, 『古代祭政と 穀靈信仰』, 東京: 平凡社

春成秀爾, 1993,「角のない鹿」,『考古論集—潮見浩先生退官記念論文集—』, 潮見浩先生退官記念事業會

……

Lönnqvist, Bo, 1976,「Problems concerning the Siberian Shaman Costume」,『Ethnologia Fennica』vol 6, Helsinki: Seurasaarisaatio

Eliade, Mircea, 1964,『Shamanism; Archaic Techniques of Ecstasy』, traslated by Willard R. Trask, New York: Bollingen Foundation

Elova, E. L., 1996,「On the Shamanism of the Chulym Turks」,『Shamanism in Siberia』, selected reprints edited by Vilmos Dioszegi, Mihaly Hoppal, Budapest: Akademiai Kiado

Gračeva, G. N., 1996,「A Nganasan Shaman Costume」,『Shamanism in Siberia』, selected reprints edited by Vilmos Dioszegi, Mihaly Hoppal, Budapest: Akademiai Kiado

Reichel-Dolmatoff, G., 1987,『Shmanism and Art of the Eastern Tukanoan Indians』, Leiden: E. J. Brill

Ivanov, Viach. Vs., 1978,「On the Type of Archaic Signs in Art and Pictography」,『Soviet Anthropology and Archaeology』winterspring 1977-78, vol.XVI, no.3-4, New York: M. E. Sharpe, Inc.

Kenin-Lopsan, M. B., 1996,「The Funeral Rites of Tuva Shamans」, ed. Diószegi, Vilmos·Hoppál, Mihály,『Shamanism in Siberia』, Budapest: Akadémiai Kiadó

Oppitz, Michael, 2003,「A Drum in the Min Shan Mountains」,『Shaman』vol.11. No.1-2, Budapest: Molnar & Kelemen Oriental Publishers

Siikala, A. L., 1984,「Finnish Rock Art, Animal Ceremonialim and Shamanic Worldview」, ed. Hoppál, Mihály,『Shamanism in Eurasia』, GÖttingen: Edition Herodot

Winkelman, Michael James, 1992,『Shamanism, Priests and Witches: a crosscultural study of magico-religious practitioners』, Tempe: Arizona State University

2장

충청·전라 지역 초기철기시대의 청동기 생산 활동

1. 한반도의 세형동검문화

금속제 무기와 의기儀器는 지배자의 존재를 나타낸다. 그리고 청동기·철기의 소유와 생산, 교역 양상의 변화는 그 사회의 정치·경제·사회적 변화를 감지할 수 있는 중요 지표가 된다. 한반도 서북 지방의 고조선古朝鮮 사회는 기원전 4세기 말 이래 요동遼東 지방으로부터 밀려오는 철기 문화와 주민 이동의 물결 속에서 세형동검문화細形銅劍文化(한국식동검문화)라는 독자적인 청동기 문화를 꽃피웠다. 이 시기를 한국고고학에서는 초기철기시대로 부른다. 한반도의 세형동검문화는 기원전 2세기 초엽에 또 한 차례 확대 발전 과정을 거쳤고, 그 파장은 일본열도에까지 미쳤다. 이후 조선朝鮮, 진번眞番, 임둔臨屯과 같은 이 시기의 중요 정치체와 주민들은 기원전 108년 한군현漢郡縣 설치로 큰 전환기를 맞이하였다. 중부 이남 지방의 초기철기시대의 정치체들도 서북 지방에서 밀려오는 정치·문화적 파동 속에서 해체와 통합의 과정을 거쳐 삼한三韓의 소국小國으로 성장하였다.

그러므로 세형동검문화 쇠퇴기의 각종 양상에 대한 종합적 이해가 선행되어야만 삼한으로의 이행 과정이 체계적으로 설명될 수 있다. 경상도 지역에서는 세형동검의 의기화 과정을 비롯하여 진한辰韓·변한弁韓으로의 변화 과정을 연구할 수 있는 자료들이 다수 축적되었다. 이를 토대로 기원전 2세기 말 이후 약 한 세기 동안 경상도 지역에서는 묘제, 토기, 철기, 외래 문물 등 각 부문에 걸쳐 큰 변화가 있었음이 밝혀졌고 이러한 물질문화의 변화상을 통해 '진·변한 소국의 등장', '진한·변한의 형성' 등 중요 과제에 대한 논의들이 심도 있게 진행되었다.[1] 이와 달리 충청·전라 지역에서는 일찍부터 번성하던 세형동검문화와 선진적인 주조철기鑄造鐵器문화가 기원전 2세기 후반 어느 시점부터 갑작스러운 변화 양상을 보이면서 쇠퇴한다. 그리하여 이 지방에서는 진국辰國에서 마한馬韓으로의 전환기에 대한 문제들이 공백기 내지는 의문으로 남게 되었다.

특히 기원전 2세기 말 이래 세형동검 관련 청동기 유물·유적의 핵심 분포 지역이 충청·전라 지역에서 경상도 지역으로 바뀌는 현상에 대해 많은 연구자들이 의문을 가지고 있다. 그러나 지역별로 자료 조사가 골고루 이루어지지 못하고 일부 지역에 편재된 때문일 것으로 추정할 뿐 더 이상 납득할 만한 설명이 없었다. 그러나 자료 출토의 확률적인 측면에서 볼 때 조사 활동의 편재 이외에 다른 사정이 작용했을 가능성은 없었을까 하는 의문이 든다. 다행히 근래 충청·전라 지역에서도 기원전 2세기 후반 이후 단계의 유물·유적 조사 자료가 늘어나 유적 조사의 편재 때문만이 아님을 뒷받침하고 있다.[2]

이 장에서는 충청·전라 지역에서 청동기 유물 출토량이 감소하는 것은 청동기 생산량이 줄어든 데 원인이 있다고 보고 생산량 감소의 원인과 배경을

1 영남고고학회·구주고고학회, 2000, 『고고학으로 본 변·진한과 왜』; 이성주, 2000, 「기원전 1세기대의 진·변한 지역」, 『전환기의 고고학 III—역사시대의 여명—』, 제24회 한국상고사학회 학술발표회 요지; 이희준, 2002, 「초기 진·변한에 대한 고고학적 논의」, 노중국 외, 『진·변한사연구』, 경상북도·계명대학교 한국학연구원; 이재현, 2002, 『변·진한사회의 고고학적 연구』, 부산대학교 박사학위논문.

2 한수영, 2015, 「전북지역 초기철기시대 분묘 연구」, 전북대학교 박사학위논문; 김상민, 2020, 『동북아 초기철기문화의 성립과 고조선』, 서경문화사.

고찰하고자 한다. 먼저 충청·전라 지역 세형동검문화의 전개 과정을 일별하여 청동기 생산량 감소 추세를 확인하고자 한다. 그리고 생산량 감소가 원료 공급과 밀접한 관련이 있다는 전제 아래 충청·전라 지역의 청동기 제작 과정에서 한반도 바깥 지역에서 생산된 금속 원료가 사용되었는지 여부를 확인하고자 한다. 끝으로 기원전 2세기 후엽 위만조선衛滿朝鮮과 주변 정치체와의 교섭 관계 변화를 통해 청동기 원료를 포함한 물자 교역 활동에 장애가 발생하였을 가능성을 검토하고자 한다. 이러한 시도는 진국辰國 및 기원전 2세기의 서남부 지방 정치체의 쇠퇴 과정을 살펴 마한으로의 전환기에 대한 이해를 높이기 위한 것이다.

2. 충청·전라 지역 세형동검문화의 전개 과정

충청·전라 지역은 한반도 세형동검문화의 양대 중심지의 하나이다. 세형동검문화 단계의 읍락집단邑落集團을 다스리던 수장首長은 무적巫的 성격이 강한 종교직능자로서 정치, 군사, 경제 등 세속적 권한을 함께 행사하던 존재였다.[3] 종교적 권위는 이 시기 정치체들이 사회 통합을 유지하는 가장 중요한 권력 기반이었다. 수장급 인물의 무덤에 청동무기와 함께 각종 의기儀器가 큰 비중으로 부장되어 있는 것이 이를 뒷받침한다. 청동의기는 소리를 내는 것(동탁, 동령), 빛을 반사하는 것(청동거울), 그리고 그 자체가 신앙 대상이 되는 것(검파형동기, 방패형동기) 등 다양하다. 세형동검문화 I기에는 검파형, 방패형 등의 신상형 청동의기가 주류를 이루며 청동이라는 소중한 금속 재료의 절대 다수를 의기 제작에 투입하였다. 세형동검문화 II기 전반이 되면 신상형 동기는 보이지 않고 각종 방울로 구성된 제의도구 세트가 크게 유

3 이건무, 1992,「한국 청동의기의 연구」,『한국고고학보』28; 이현혜, 2003,「한국 초기철기시대의 정치체 수장에 대한 고찰」,『역사학보』180.

행한다.[4] 이전 시기와 달리 의기 못지않게 읍락집단 수장 1인의 무덤에 부장되는 청동무기의 수량도 10여 점 이상으로 크게 늘어난다. 그리고 동검, 동과銅戈, 동모 등 청동무기 제작에 투입되는 청동의 비중이 높아진다. 전남 함평 초포리유적이나 충남 부여 구봉리유적이 대표적이다.

그런데 세형동검문화 II기 후반 어느 시점부터 수장 무덤의 부장품에서 주조철기가 등장하는데 방울류 의기가 사라지고 청동의기의 비중이 급격히 줄어든다. 그리고 청동제 무기 부장도 동검이나 동모 한두 점에 불과한 경우가 대부분이다. 충남 부여 합송리유적, 전북 장수 남양리유적, 충남 당진 소소리유적, 충남 논산 원북리유적 등이 이에 해당된다.[5] 이 유적들에서는 여전히 청동무기와 세문경細文鏡이 부장품의 중심을 이루고 있다. 그러나 합송리유적에서 나온 동탁銅鐸 2점을 제외하고는 이전 단계에 크게 번성했던 각종 방울류 청동의기는 1점도 보이지 않는다.

주조철기 보급이 확대되면서 청동무기의 부장 수량은 더욱 현저하게 줄어든다. 2003년 8월 전북 완주군 이서면 반교리 갈동에서 중심 연대가 기원전 2세기 대로 편년되는 토광묘 4기가 조사되어 충청·전라 지역에서의 세형동검문화 쇠퇴기의 양상을 이해하는 데 많은 시사점을 던져 주었다. 가장 이른 시기로 편년된 1호 토광묘에서는 세형동검과 동과 용범鎔范(거푸집)이 출토되었고(그림 I-2-1, 그림 I-2-2), 2호와 3호 토광묘에서는 중국 북경北京 연하도燕下都유적, 평북 영변 세죽리 등지에서 출토되는 전국계戰國系 주조 철겸鐵鎌(낫)이 각각 1점씩 출토되었다. 3호와 4호 토광묘에서는 주조 철부鐵斧가

4 세형동검문화 시기 구분의 기준은 이건무·서성훈 안을 따른 것이며, 이들은 II기를 동령류와 철기 동반 여부에 따라 전반과 후반으로 구분하였다. 이후에 나온 조진선의 안은 이건무의 II기 후반(주조철기 동반)을 III기로 분리 구분하였다. 이건무·서성훈, 1988, 『함평초포리유적』, 국립광주박물관, pp.52~53; 국립중앙박물관·국립광주박물관, 1992, 『한국의 청동기문화』, 범우사; 조진선, 2005a, 『세형동검문화의 연구』, 학연문화사.

5 이건무, 1990, 「부여 합송리유적 출토 일괄유물」, 『고고학지』 2, 한국고고미술연구소; 지건길, 1990, 「장수 남양리 출토 청동기·철기 일괄유물」, 『고고학지』 2, 한국고고미술연구소; 이건무, 1991, 「당진 소소리 유적출토 일괄유물」, 『고고학지』 3, 한국고고미술연구소; 윤덕향, 2000, 『남양리 발굴조사보고서』, 전라북도 장수군·전북대학교 박물관; 중앙문화재연구원, 2001, 『논산 원북리유적』.

그림 Ⅰ-2-1
완주 갈동 1호 토광묘 출토 세형동검 용범
출처: 호남문화재연구원, 2005, 『완주 갈동유적』

그림 Ⅰ-2-2
완주 갈동 1호 토광묘 출토 동과 용범
출처: 국립전주박물관, 2009, 『마한, 숨쉬는 기록』

각 1점씩, 그리고 3호 토광묘에서는 평양 정백동 부조예군묘夫租薉君墓에서 출토된 것과 유사한 동촉 3점이 출토되었다. 이후 갈동유적에 대한 추가 발굴로 전체 17기의 토광묘가 조사되었는데 청동제 무기는 세형동검 1점, 동모 1점, 동촉 3점이 전부이다. 철제 공구류가 10점이나 나온 것과 대비를 이룬다.[6]

완주 신풍리유적 역시 비슷한 추세를 보여 주는 대표적 유적이다. 가·나지구를 합쳐 전체 81기에 달하는 토광묘 군집군이 조사되었는데 가지구 57기 토광묘에서 출토된 청동무기는 동검 3점, 동과 1점에 불과하다. 나지구

6 호남문화재연구원, 2005, 『완주 갈동유적』; 호남문화재연구원, 2009, 『완주 갈동유적(II)』.

24기 토광묘 출토품 중에서도 청동무기로는 동검 2점, 동과 1점이 전부이다. 반면 주조철기는 17점이 넘는다.[7] 요컨대 기원전 2세기 후반 어느 시점부터 무덤에 부장되는 청동무기의 수량이 크게 감소한다.

갈동을 포함한 완주, 전주, 익산 일대는 세형동검 관련 청동기가 집중 출토된 지역의 하나이다.[8] 갈동유적에서 남쪽으로 1km 떨어진 덕동 유물 산포지에서도 동착銅鑿 용범이 수습되어[9] 완주, 전주, 익산 일대는 청동기 제작이 활발하게 이루어지던 곳으로 알려져 있다.[10] 그럼에도 불구하고 무엇 때문에 기원전 2세기 후반 이후 청동무기의 제작이 눈에 띄게 줄어드는지 의문이 아닐 수 없다.

이러한 충청·전라 지역의 세형동검 관련 청동기 유물의 변화 추세는 다른 지방과는 상당히 다르다. 일반적으로 철기가 보급된다고 해서 청동기의 수요가 일시에 줄지는 않는다. 예컨대 서북 지방이나 경상도 지역을 보면 철제 무기, 철제 공구가 보급된 뒤에도 동검과 동모는 전통적인 권위의 상징물로서 상당 기간 존속한다.[11] 특히 청동무기가 사라지기 전에 철검, 철모鐵鉾, 철과鐵戈와 같은 철제 무기가 등장하면서 청동무기는 의기화儀器化 과정을 거친다. 경상도 지역이나 일본열도의 경우 의기화된 청동무기와 실용적인 철제 무기가 공존하다가 철제 무기가 주류를 이루면서 청동무기가 사라진다.

그런데 특이한 것은 충청·전라 지역에서 출토되는 기원전 2세기대의 철기는 도끼, 끌 등 철제 공구류에 국한되고 철제 무기는 보이지 않는다. 그리고 청동무기가 의기화 과정을 거치지도 않고 급격히 감소한다. 다만 세문경

7 호남문화재연구원, 2014, 『완주 신풍유적』 I, II, III.

8 청동기 출토 중요 유적으로 익산 다송리, 익산 오금산, 익산 평장리, 익산 용제리, 익산 신동리, 전주 여의동, 전주 효자4지구, 완주 상림리 등이 있다. 호남문화재연구원, 2005, pp.22~23, 표 1 참조.

9 호남문화재연구원, 2005, p.69.

10 호남문화재연구원, 2014, 『완주 신풍유적』 II, 그림 4.

11 부조예군묘(정백동 1호분)가 좋은 예이다. 기원전 1세기 대로 편년되는 이 무덤 부장품 중에는 다수의 금속제 유물 이외에 철제 단검, 철제 검 3점, 철극鐵戟, 철모 등 발달한 철제 무기와 함께 세형동검 1점, 동모 1점이 함께 들어 있다. 리순진, 1964, 「부조예군 무덤에 대하여」, 『고고민속』 4, p.35.

의 제작이 이어질 뿐이다. 철제 공구류가 일부 보급된다고 해도 철검, 철모 같은 철제 무기가 대체품으로 보급되지 않는 한 동검, 동과와 같은 청동무기의 생산이나 수요가 급격히 줄어들 수는 없다. 그렇다고 충청·전라 지역의 집단들이 청동무기를 단기간에 포기할 만큼 철제 무기 확산을 주도한 것은 더더욱 아니었다. 오히려 기원전 1세기에 이르면 선진적인 철제 무기 제작과 보급의 중심지는 경상도 지역으로 바뀐다. 충청·전라 지역에서도 단조 철검, 철모가 일부 사용되기 시작하지만 수량은 경상도 지역에 비할 바가 아니다. 뿐만 아니라 이 단계에는 청동기조차 동반되지 않는다.[12] 이러한 현상이 자료의 미발견 때문인지 수장 권력에 대한 관념상의 변화 때문인지 아직 분명하지 않다. 이처럼 충청·전라 지역에서는 청동무기에서 철제 무기로의 전환 과정 내지는 과도기적 시기에 대해 의문이 많다.

어쨌든 출토량이 크게 감소한 것은 청동기 생산량이 그만큼 줄어들었다는 뜻이다. 이 장에서는 청동기 출토량이 줄어드는 것은 청동기 생산 활동의 위축이 주요 원인일 것이라는 전제 아래 그 배경이 무엇인지 검토해 보고자 한다. 청동기 생산 감소에 영향을 미칠 수 있는 중요 요소로 기술의 단절, 원료 부족, 철기 보급으로 인한 수요 감소, 관념상의 변화 등을 상정해 볼 수 있다. 청동기 제작 기술을 가진 집단이 어떠한 이유에 의해서 다른 지역으로 이주해 버리거나 장기간 청동기 제작을 중단하면 기술 단절이 일어날 수 있다. 또는 철기 보급에 밀려 청동기의 실용성이 떨어져 수요가 줄고 생산 활동이 쇠퇴할 수 있다. 그러나 앞서 살펴본 대로 충청·전라 지역에서 청동 무기 출토량이 줄어드는 것을 주조철기 보급의 영향만으로는 설명할 수 없다. 따라서 무엇인가 청동기 생산에 영향을 줄 수 있는 제작 환경상의 변화를 상정하지 않을 수 없다.

이런 관점에서 주의를 끄는 것이 세형동검과 동과 용범을 부장한 갈동 1

12 김상민, 2020, p.254 표 참조; 김진영, 2018, 「영산강유역 철기 수용과 배경」, 『호남고고학보』 59, pp.129~130.

호 토광묘의 존재이다. 세형동검 용범은 앞면에 세형동검이 새겨져 있는데 여러 차례의 주물로 인해 암질의 결정체가 탈락되어 있다고 한다.[13] 현재까지 한반도에서 출토된 세형동검 관련 청동기 용범 자료들은 소수를 제외하고는 대부분 정식 발굴을 거쳐 출토된 것이 아니어서 정확한 유구를 알 수 없다.[14] 중국 동북 지방 청동기 용범 출토 유구 일람표를 보면 유구 성격이 불명한 것이 가장 많고, 유물 포함층, 폐기 구덩이, 주거지 등에서 나온 것이 무덤에서 나온 것보다 훨씬 많다.[15] 성격이 불명한 유구의 상당 부분이 무덤이라기보다 생활 유적과 관련된 문화층일 가능성이 높으므로 용범의 무덤 부장이 일반적인 현상은 아니다. 갈동유적에서 여러 차례 사용 흔적이 있는 용범이 주거지나 작업장, 저장고와 같은 생활 유적에서 발견되지 않고 분묘에 매납되었다는 것은 예사로운 일은 아니다. 이는 무덤 주인이 청동기 제작과 관련된 인물임을 나타내는 것 이상의 상황을 반영하는 것일 수 있다. 예컨대 용범의 분묘 매납은 청동기 제작을 잠정적으로 중단하거나 포기하는 등의 상황을 상징적으로 나타내는 것은 아닐까?

기술 단절과 수요 감소 이외에 청동기 생산 감소에 직접적인 영향을 미칠 수 있는 것은 원료 수급이다. 어떤 사정으로 원료의 일부라도 제대로 확보하지 못할 경우, 기존의 청동기를 녹여 재활용하거나 이것도 여의치 않으면 청동기 제작을 포기할 수밖에 없다. 하지만 내부적으로 전통적인 청동기 수요가 강하게 남아 있다면 교역을 통해 문제 해결을 시도하거나 제한적이나마 철로 청동을 대체하려는 노력이 이루어졌을 법하다. 그러나 지금까지 충청·전라 지역의 기원전 2세기 말 이후의 청동기 출토 양상을 볼 때 다른 지역의

13 호남문화재연구원, 2005, p.29.

14 조진선, 2005b, 「한반도 출토 청동기시대 용범—숭실대 소장 국보 제231호 용범 일괄유물을 중심으로—」, 『한국의 청동기 제작과 용범』, 숭실대학교 한국기독교박물관 제2회 매산기념강좌, p.101.

15 오강원, 2005, 「중국 동북지역의 청동기 제작과 용범」, 『한국의 청동기 제작과 용범』, 숭실대학교 한국기독교박물관 제2회 매산기념강좌, pp.64~86.

청동기가 적극적으로 유입되지는 않았다.[16] 따라서 충청·전라 지역에서의 청동기 유물의 감소 현상은 수요 감소나 기술상의 문제라기보다 다른 데서 원인을 찾아야 할 것 같다. 그 하나는 청동기 공급 핵심 집단의 이주이고 다른 하나는 원료 부족으로 인한 생산 활동의 위축이다. 전자의 가능성에 대해서는 다음 기회로 미루기로 하고 이 장에서는 후자의 가능성을 먼저 검토하고자 한다.

3. 세형동검 관련 청동기의 원료 산지

중국 고대 청동기를 분석한 히라오 요시미츠平尾良光 등은 "중국에서는 진秦이 기원전 220년에 통일되어 교통이랑 물자의 유통이 번성하게 되었다고 말하지만 이미 기원전 2000년경 산동山東반도 근처로부터 낙양洛陽에 이르는 약 500km의 길을 통해 사람들은 청동을 운반해 왔고, 기원전 1500년경에는 사천성四川省으로부터 황하 중류 지역까지 1,500km 이상의 길을 사람들은 청동 재료와 함께 활발하게 왕래하였다. 집단과 집단의 전쟁 혹은 각지의 문화나 도시 등의 성쇠를 청동이라고 하는 재료의 자연과학적 해석을 통해 드러내 보일 수 있을 것 같다."고 하였다.[17] 어쩌면 한반도 세형동검 관련 수많은 청동기 성분 중에도 멀리서 이동된 각종 형태의 금속 재료들이 포함되었을 가능성이 있다.

만약 충청·전라 지역 세형동검 관련 청동기의 각종 원료가 중부 이남 지방에서 확보된 것이라면 급격한 공급 감소나 단절 현상이 일어날 확률은 상대적으로 낮다. 반면 금속 원료의 일부라도 서북 지방 또는 그보다 더 먼 곳

16 전북 익산 평장리에서 출토된 동모 1점이 경상도 지역으로부터 유입된 것으로 추정되고 있으며, 전傳 충남 논산 출토 동과(편) 중에 경상도 지역에서 많이 출토되는 혈구에 기하학적 문양이 있는 형식의 것이 있으나 제작지는 불확실하다. 국립중앙박물관·국립광주박물관, 1992, p.48·78.

17 平尾良光 編, 2001,『古代 東アジア青銅の流通』, 東京: 鶴山堂, p.138.

에서 생산된 것을 사용해 왔다면 교역 환경의 변화에 따라 원료 수급에 문제가 생길 수도 있다. 그러므로 충청·전라 지역에서 사용한 청동기 제작 원료 중에 외부로부터의 교역에 의존하는 것이 있었는지 확인할 필요가 있다.

연鉛 산지

청동기는 구리와 주석을 기본으로 하되, 주조 시 유동성을 좋게 하고 용융 온도를 낮추기 위해서 또 값비싼 주석을 얻기 어려워서 대신 납을 첨가하였다고 한다. 한반도에서 출토된 세형동검 관련 청동기 성분 분석 자료를 보면 대부분 구리, 주석, 납을 섞은 삼원합금으로 만들어졌다.[18] 일본인 마부치 히사오馬淵久夫와 히라오 요시미츠는 청동기 성분 중에 연(납)이 5% 이상[19] 함유된 것은 인위적으로 연을 넣은 것으로 간주하여, 청동기 원료의 산지를 밝히는 하나의 방법으로 청동기에 함유된 연의 동위체비를 분석하였다.[20] 이들은 일본에서 출토된 야요이시대彌生時代 전기~중기 전반의 한반도계 세문경, 세형동검, 동탁, 동과 등의 연동위체비는 A식도[21] 위에서 라인 D(한반도계 유물 라인)를 따라 분포한다는 사실을 밝히고, 이들 청동기 제작에는 한반도산 연이 사용되었을 것으로 추정하였다. 그리고 A식도 위에서 영역 A는 전한경前漢鏡의 연동위체비가 분포하는 영역으로 화북산華北産 연을 사용한 것이고, 영역 B는 후한後漢, 삼국三國의 청동경青銅鏡의 연동위체비가 분포하는 영역으로 화남산華南産 연을 사용한 것으로 추정하였다(**그림 Ⅰ-2-3, 그림 Ⅰ-2-4 참조**).

18 국립중앙박물관·국립광주박물관, 1992, p.139; 강형태·정광용·조상기·이문형, 2003, 「논산시 원북리 토광묘 유적 출토 청동기의 과학분석」, 『한국상고사학보』 39, p.20·24.

19 馬淵久夫·平尾良光, 1987, 「東アジア鉛鑛石の鉛同位体比」, 『考古學雜誌』 73-2, pp.78~79. 함유된 연이 1% 미만의 미량일 경우 구리, 주석의 원광석에 부수된 것으로 연동위체비는 연이 아니라 원광석 산지를 가리킨다. 5%보다 적은 3% 이상 납을 함유한 것은 의도적으로 첨가한 것으로 보는 견해도 있다(강형태·정광용·이기길, 2002, 「납동위원소비법에 의한 영광 수동유적 청동기의 산지추정」, 『호남고고학보』 15, p.11).

20 연(납)은 질량수가 204, 206, 207, 208 네 종류의 동위체가 있으며 그 혼합비율(동위체비)이 산지에 따라 다르며 청동기에 포함된 연의 동위체비를 대비시키면 화북의 연, 화남의 연, 한반도의 연 등으로 동정된다는 것이다. 平尾良光 編, 1999, 『古代青銅の流通と鑄造』, 東京: 鶴山堂, pp.31~38.

21 Pb207/Pb206을 x축으로 하고, Pb208/Pb206을 y축으로 하는 평면.

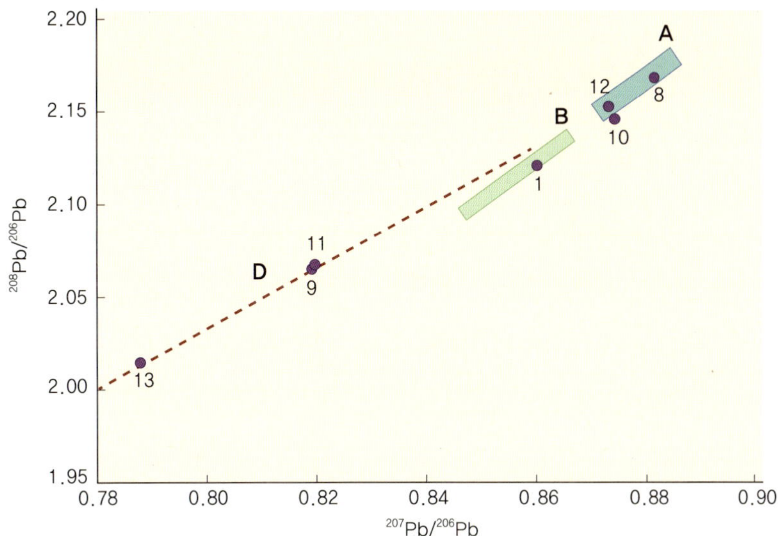

그림 Ⅰ-2-3

한국 출토 청동기 연동위체비 분포(A식도)(1: 전 충남 조치원 마형대구, 8: 전북 익산 용제리 세형동검, 9·11: 전 전남 세형동검, 10: 전 전남 세형동검, 12: 전 전남 동령, 13: 전남 완주 상림리 중국식동검)

출처: 平尾良光 編, 2001

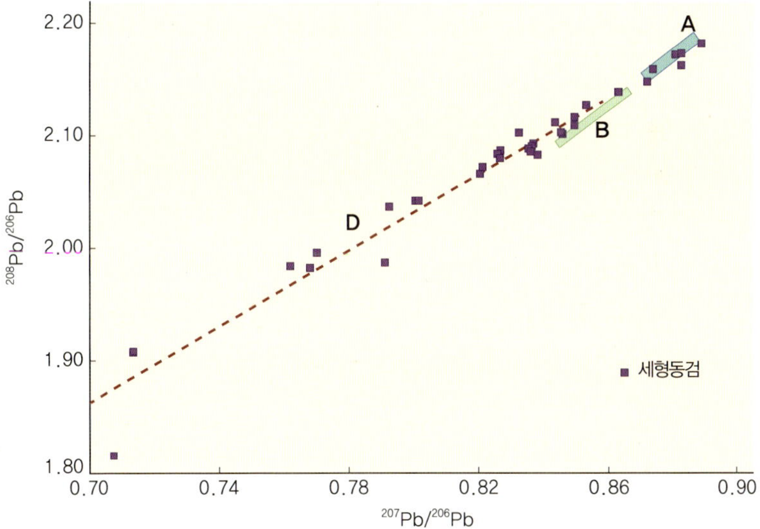

그림 Ⅰ-2-4

일본 출토 세형동검 연동위체비(A식도)

출처: 平尾良光 編, 1999

표 Ⅰ-2-1 세형동검문화기 청동기 연 산지 추정표

종류	출토지	영역	연 산지 추정				참고 자료
			馬淵·平尾	김규호 외	강형태 외	新井宏	
세형동검	대전 문화동	A			중국 북부	영역 A: 요령성 산동성	주 23
세문경	논산 원북리 나-토-6	A			중국 요령성		강형태 외, 2003
세형동검	충북 청원 문의면	A			중국 북부		정광용 외, 2002
동포	전북 익산 다송리	A	화북				주 25
세형동검	전북 익산 용제리	A		요령성*			이인숙, 1991
동령	(전) 전남	A		화북			馬淵·平尾, 1993
세형동검	(전) 전남(II)	A		화북			馬淵·平尾, 1993
세형동검	(전) 경상도(BII)	A	화북				馬淵·平尾, 1990
세형동검편	충남 서천 화산리				중국 남부		주 27
세형동검	대전 탄방동	D			경북	라인 D: 중국 운남	주 23
동모	대전 탄방동				불확실		주 23
세형동검	(전) 전남(I)	D		경북			주 25
세형동검	(전) 전남(III)	D		경북			주 25
세형동검	논산 원북리 나-토-6	D	한반도	-	경북		강형태 외, 2003
동부**	논산 원북리 나-토-1				한국? 중국 남부?		강형태 외, 2003
세형동검	논산 원북리 다-토-1	C			일본		강형태 외, 2003
세형동검	(전) 경상도(BIb)	D	한반도				馬淵·平尾, 1990

* 이인숙, 1991.
** 한국 남부산과 중국 남부산 방연광 지역이 겹치는 곳에 위치하며, 한국산일 경우 경북 장군 광산의 방연광일 확률이 높다고 한다(출처: 강형태 외, 2003).
*** 영역 C는 〈그림 Ⅰ-2-6〉 참조.

A식도 위에서의 영역 구분과 각 영역에 속하는 연 산지에 대해서는 이론이 있고,[22] 연동위체비 분석 방법에 있어서도 마부치와 히라오의 판별 방법을 보완하여 다변수분석법에 의한 방연광方鉛鑛의 분포도를 활용하기도 한다.[23] 〈표 Ⅰ-2-1〉은 한반도에서 출토된 세형동검 관련 청동기의 연동위체

22 新井宏, 2000, 「鉛同位体比による青銅器の鉛產地推定をめぐって」, 『考古學雜誌』 85-2.

23 강형태·정광용·조상기·이문형, 2003; 이강승·강형태·정광용, 2001, 「대전 문화동·탄방동·비래동 유적 출토 청동기의 성분조성과 납동위원소비」, 『고고학지』 12, 한국고고미술연구소; 정광용·강형태·우종윤, 2002, 「금강유역 세형동검의 과학분석(I)—청원 문의면 수습 세형동검—」, 『호서고고학』 6·7합집.

비 분석 결과에 대한 연 산지 추정 결과이다.

〈표 Ⅰ-2-1〉을 보면 충청·전라 지역에서 출토된 세형동검문화 I기, II기에 속하는 청동기의 연동위체비는 라인 D에 속하는 것, 영역 A에 속하는 것, 일본산 방연광 영역에 속하는 것, 원산지가 불확실한 것 등이 섞여 있다. 그리고 아직은 분석 자료가 부족하여 전체 상황을 파악할 수는 없으나 영역 A, 즉 화북산 연이 섞인 것이 의외로 많다. 대전 문화동 출토 동검,[24] 전북 익산 다송리 출토 동포銅泡,[25] 익산 용제리 출토 동검,[26] 충북 청원 문의면 출토 동검,[27] 전傳 전라도 출토 동검 1점,[28] 충남 논산 원북리 출토 세문경이 그러하다.[29] 대전 문화동 출토 세형동검은 요령식동검에 가까운 고식 동검이며,[30] 익산 다송리 동포는 석관묘에서 조문경粗紋鏡과 동반 출토된 세형동검문화 I기 유물이다. 전傳 전남 출토 방울과 익산 용제리 동검은 세형동검문화 전성기의 것이며, 논산 원북리 세문경은 철기가 동반된 상대적으로 늦은 시기의 것이다.[31] 이 밖에도 군산 관원리유적과 군산 선제리유적, 익산 오룡리유적 등에서도 중국 북부 지방 방연석을 이용한 청동기가 확인되었다.[32]

그리고 일본 기타큐슈北九州 출토 야요이시대 전기 말~중기 전반에 속하

24 이강승·강형태·정광용, 2001. 문화동, 탄방동 출토 청동기는 구리+주석+납의 합금이며 비율은 대략 7:2:1로 납 함량이 9% 이상이다.

25 馬淵久夫·平尾良光, 1993,「青銅器の鉛同位体比の解釋について」,『古文化談叢』30, p.1150; 金奎虎·李午憙, 2001,「韓國で出土した資料の鉛同位体比」, 平尾良光 編,『古代東アジア青銅の流通と鑄造』, 東京: 鶴山堂, p.70.

26 이인숙, 1991,「익산 용제리 출토 세형동검편의 분석 자료」,『한국상고사학보』5, p.320. 구리, 주석, 납을 주원료로 제작된 것으로 요령성 단동현 청성자靑城子의 방연광과 가장 유사한 수치를 보인다고 한다.

27 정광용·강형태·우종윤, 2002, p.579; 강형태·정광용·류기정, 2002,「서천 화산리고분 동검편의 성분조성과 납동위원소비」,『호서고고학』6·7합집.

28 金奎虎·李午憙, 2001.

29 강형태·정광용·조상기·이문형, 2003, pp.25~26.

30 이강승·강형태·정광용, 2001. 석관묘 출토품이며, 기원전 4~기원전 3세기 세형동검 초기 단계의 것이다.

31 전영래, 1975,「익산 다송리청동유물출토묘」,『전북유적조사보고』5, 전주시립박물관; 김원룡, 1968,「익산군 이제출토 청동일괄유물」,『사학연구』20; 중앙문화재연구원, 2001.

32 최미라, 2014,「초기철기시대 청동유물의 제작기법 및 산지추정—전북지역을 중심으로—」, 공주대학교 석사학위논문; 이나경, 2014,「완주 상림리 동검의 특징」,『완주 상림리 청동검의 재조명』, 국립전주박물관·한국청동기학회 학술세미나 자료집, p. 66에서 재인용; 배채린·박수경·조남철, 2017,「군산 선제리 유적 출토 금속유물의 보존처리 및 과학분석」,『2015년도 소규모 발굴조사보고서 Ⅷ』, 한국문화재재단, p.258.

는 한반도계 세형동검, 동탁 중에서도 연동위체비가 영역 A에 속하는 유물들이 적지 않게 확인된다. 후쿠오카시福岡市 요시다케히와타吉武樋渡 K-75 옹관, 요시다케타카키吉武高木 K-116호 옹관, 요시다케타카키 1호, 4호 목관묘 출토 세형동검, 지쿠시 니시오다筑紫 西小田 3지점 109호 옹관, 지쿠시 기타무라筑紫 北牟田 12호 목관묘 출토 세형동검들이 그 예이다.[33] 마부치와 히라오 등은 이러한 자료를 근거로 당시 한반도와 기타규슈에 중국 북부산 연이 이미 유입되었던 것으로 해석하였다.[34] 아라이 히로시新井宏는 영역 A의 연 산지를 중국 화북 지방으로 추정한 마부치와 히라오 등의 견해에 대해 의문을 제기하고 산동성 내지는 요령성일 가능성을 시사하였다.[35] 어쨌든 충청·전라 지역에서 출토되거나 제작된 각종 청동기에 중국산 연鉛 성분이 포함된 것은 분명하다. 세형동검문화 전성기에 충청·전라 지역에서 청동기를 제작할 때 중국산 원료를 일부 사용하였다는 것은 중요한 사실이다. 이러한 원료가 어떤 형태로 어떤 경로를 거쳐 충청·전라 지역에까지 유입되었는지 아직은 밝혀지지 않았지만 만약 대외 교섭 관계가 원활하지 못하여 물자 흐름이 막힌다면 이것이 청동기 제작 활동에 직접적인 영향을 미치는 요인이 될 수 있다.

그 나머지 충청·전라 지역 출토 세형동검 관련 청동기 다수가 〈표 I-2-1〉에서 보이듯이 라인 D에 오른 것으로 판명되었다. 그리고 일본 기타규슈 지방을 중심으로 야요이시대 전기 말부터 한반도계 청동기문화가 본격적으로 유입되는데[36] 연동위체비 분석을 실시한 한반도계 세형동검, 세문경, 세형동모, 세형동과의 75% 이상이 라인 D에 속하는 것으로 나타났다.[37] 야요이시대 중기 초두의 후쿠오카시 요시다케타카키 3호 토광묘에서 출토된 5

33 平尾良光 編, 1999, pp.198~200.
34 馬淵久夫·平尾良光, 1990, 「福岡縣出土青銅器の鉛同位体比」, 『考古學雜誌』 75-4, p.2·6.
35 新井宏, 2000, pp.13~14·16.
36 小田富士雄, 1989, 「輸入青銅器」, 『彌生文化の研究』 6, 東京: 雄山閣出版, p.36.
37 平尾良光 編, 1999, pp.198~200.

점의 청동기(세형동검 2점, 동과, 동모, 세문경) 모두가 라인 D를 따라 분포한다.[38] 바꾸어 말하면 라인 D는 일본에서 출토된 한반도계 청동기 연동위체비가 분포하는 라인으로(그림 Ⅰ-2-4 참조) 마부치와 히라오 등은 이를 한반도산 연을 사용한 것으로 추정하였다.[39] 그러므로 라인 D에 오른 청동기의 연 산지 문제는 한반도 충청·전라 지역의 청동기 원료 산지 추정과 직접 관련이 있다.

한국 연구자들은 라인 D에 오르는 전 전남 출토 세형동검 2점이 경북 제1연화광산 방연광을,[40] 대전 탄방동 출토 세형동검과 논산 원북리 출토(나 지구 토광묘 6호) 세형동검이 경북 제2연화광산 방연광을 사용했을 것으로 해석하였다.[41]

이와 달리 마부치와 히라오 등의 한반도산 연鉛설에 대해 아라이 히로시는 한반도 남부에 라인 D에 오르는 연광석鉛鑛石이 있다는 설은 아직 검증되지 않은 근거 없는 주장이라고 비판하면서, 중국 사천성四川省 삼성퇴三星堆 유적 출토 청동기를 비롯하여 하남성河南省, 강서성江西省에서 출토된 고대 중국 청동기의 연동위체비 분석치 중에 라인 D에 오르는 것이 있다는 것(그림 Ⅰ-2-5 참조), 운남성雲南省 연광산의 연동위체비가 라인 D와 잘 합치한다는 사실(그림 Ⅰ-2-6 참조) 등을 근거로 일본 야요이시대 청동기에 중국 운남성산 연이 일부 혼입되었을 가능성이 높다고 주장하였다.[42]

아라이 히로시의 비판에 대해 히라오 요시미츠 등은 라인 D는 유물의 연동위체비 분포로부터 설정된 것으로 연광석의 연동위체비 분포로부터 설정된 것은 아니라고 하였다. 라인 D는 '세문경, 세형동검의 연동위체비가 분포하는 라인'임이 분명하고 이들 '한반도계 청동기'를 '한반도산 연'으로 치환한 데서 초래된 혼란이기 때문에 연동위체비 분석은 청동기 원료 추정 방

38 小田富士雄, 1989, p.39; 馬淵久夫·平尾良光, 1990, p.14.
39 平尾良光 編, 1999, pp.37~38·198~200; 馬淵久夫·平尾良光, 1990, p.2·14.
40 金奎虎·李午憙, 2001.
41 강형태·정광용·조상기·이문형, 2003, pp.25~26.
42 新井宏, 2000, pp.9~11.

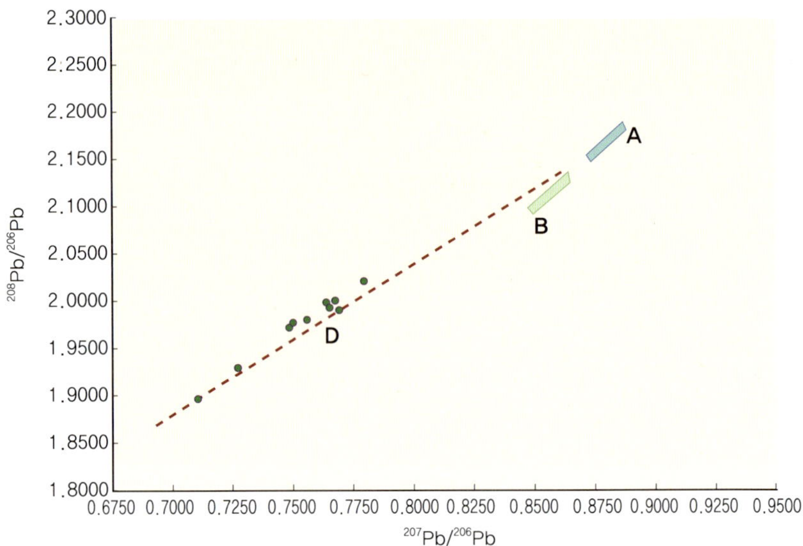

그림 Ⅰ-2-5
중국 강서성 신간대양주新幹大洋洲 상묘商墓 출토 청동기 연동위체비(마부치의 표현 형식-A: 화북의 연, B: 화남의 연, D: 한반도의 연)
출처: 新井宏, 2000

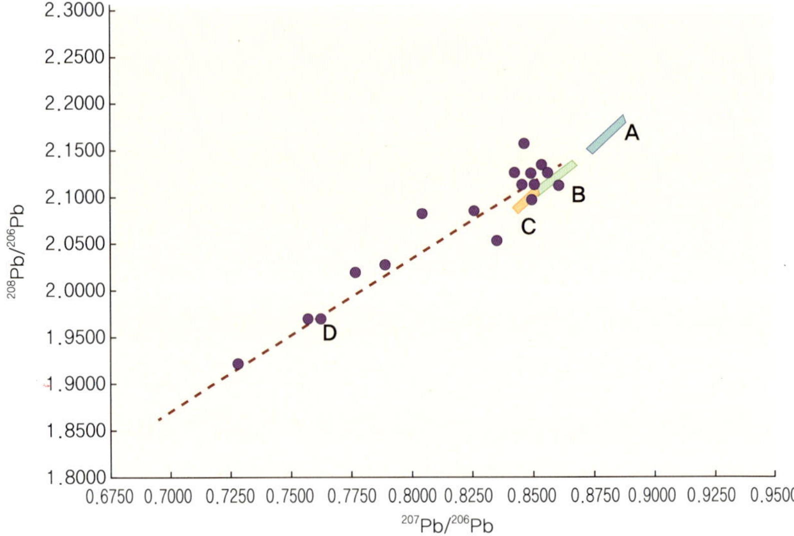

그림 Ⅰ-2-6
중국 운남성 연광산의 연동위체비(마부치의 표현 형식-A: 화북의 연, B: 화남의 연, C: 일본산 연, D: 한반도의 연)
출처: 新井宏, 2000

법으로는 여전히 유효하며 마부치와 히라오의 '한반도산 연鉛 원료설'과 마찬가지로 아라이 히로시의 '운남산 연 원료설' 역시 가설에 불과하다고 반박하였다.[43]

그러나 라인 D의 분포 영역이 아주 길고 아라이 히로시가 지적하였듯이 왼쪽 하단은 중국 고대 청동기나 운남성 연광산 연동위체비 분포 영역과 일부 겹치는 것도 사실이고(그림 Ⅰ-2-5, 그림 Ⅰ-2-6 참조), 오른쪽 상단을 연장하면 중국산 연의 영역과 겹치는 부분도 있다. 더욱이 금속 재료가 귀한 시대에는 파손되거나 용도가 달라진 청동기를 녹여서 반복 활용하거나 새로운 재료를 혼입하여 희석하는 일이 많은데 이 경우 연동위체비에 변화가 일어난다는 것이다.[44] 그러므로 현재까지 실시된 연동위체비 분석 자료만으로는 라인 D에 오른 청동기들의 연 산지를 구체적으로 밝히는 데는 한계가 있어 보인다. 즉 라인 D로 포괄된 한반도산 청동기의 연 산지를 일괄하여 한반도에 국한시켜 해석하기는 아직 이른 것 같다. 영역 A(화북산)와 영역 B(화남산)가 일정 범위에 밀집된 것과 달리 라인 D는 그 범위가 길기 때문에 그중에는 중국산 연도 일부 혼입되었을 가능성이 있다는 주장은 이 장의 논지와 관련하여 유의미하다. 요컨대 이러한 복잡한 분석과 주장들을 통해 한국산 세형동검 관련 청동기 제작에 사용된 원료의 형태와 원료 산지가 다양하고 유통 경로도 단순하지 않음을 알 수 있다.

원료의 형태

특히 원료 산지와 관련하여 가장 궁금한 것은 청동기 제작 원료가 어떠한 형태로 이동되었는가 하는 것이다. 동광석銅鑛石과 납, 주석 등이 별개의 산지로부터 이동되어 오는 경우, 1차 제련과 합금 과정을 거친 청동괴의 형태

43 井上洋一 外, 2002, 「東京國立博物館所藏彌生時代青銅器の鉛同位体比」, 『MUSEUM』 577, 東京國立博物館研究誌, pp.12~13.
44 新井宏, 2000, p.11.

로 이동되는 경우, 또는 화폐와 같은 완제품 청동기 상태로 이동되는 경우 등이 있다.[45] 이 가운데서 완제품 청동기 상태로 이동되는 경우를 하나의 가능성으로 상정해 보고자 한다. 이때 주목되는 것이 완주 상림리 출토 중국식동검이다.

완주 갈동유적과 신풍리유적에서 직선거리 2km 내에 위치하는 완주 상림리에서 26점이나 되는 중국식동검(도씨검桃氏劍)이 한꺼번에 출토되었다.[46] 상림리 중국식동검에 대해서는 수입품이라는 견해도 있었고,[47] 무기와 교역품 양자의 조건을 충족시키는 유물이라는 견해도 있었다.[48] 지금은 중국검을 모방하여 한반도에서 제작한 것이라는 견해가 우세하다.[49] 또한 출토지와 형식은 분명하지 않으나 한반도 서북 지방(평양 부근으로 추정)에서 중국식동검으로 추정되는 석제 용범 조각이 발견되기도 하였다.[50] 2014년에 발표된 상림리 출토 중국식동검의 정밀 검토 결과를 보면 26점 모두 다른 용범으로 제작되었고, 무게, 형태, 사용흔 여부 등이 서로 달라서 동일 규격품은 하나도 없다고 한다. 그중에는 사용 흔적이 있는 것도 있지만 주조 결함이 있는 것, 훼손이 가해진 것, 주조 시 만들어진 지느러미가 제거되지 않은 것 등 다수가 비실용적인 것으로 보고 있다.[51] 그리고 한반도의 다른 지역에서는 한두 점의 중국식동검이 산발적으로 발견되는 데[52] 비해 상림리에서는 다량의 중국식동검이 한꺼번에 매납되었다. 상림리 같이 26점이 일괄로 발견된 예는

45 菅谷文則, 2000,「自然銅の考古學」1,『古代學研究』150, pp.60~63. 청동기 원료의 수입 형태는 합금된 청동괴 상태의 것(주周 대의 동병銅餠, 청동기 완제품 형태, 동전 등)과 구리, 주석, 연의 덩어리로 수입된 것 등이 있다고 한다.

46 전영래, 1976,「완주 상림리출토 중국식동검에 관하여-춘추말전국초 중국청동기문화의 남한유입문제-」,『전북유적조사보고』6, 전주시립박물관.

47 권오영, 1988,「고고자료를 중심으로 본 백제와 중국의 문물교류」,『진단학보』66, p.182.

48 정상석, 2001,「금강유역 세형동검문화의 발전과 도씨검」,『한국고대사연구』22, p.76, 81.

49 이건무·서성훈, 1988, p.38; 국립전주박물관·한국청동기학회, 2014.

50 梅原末治·藤田亮策, 1947,『朝鮮古文化綜鑑』1, 京都: 養德社, p.73, 유물번호 180.

51 이나경, 2014.

52 이건무, 2014,「한국 청동기문화와 중국식동검」,『완주 상림리 청동검의 재조명』, 국립전주박물관·한국청동기학회 학술세미나 자료집.

중국식동검이 번성한 중국에서도 찾아볼 수 없다고 한다.

이러한 점들을 근거로 상림리 동검은 청동기 제작 장인 집단의 제사 행위의 결과물로 남은 매납 유구라는 해석이 있다.[53] 이와 달리 상림리 중국식동검은 청동 재료로 명도전 같은 퇴장 유적일 가능성이 있다는 견해도 있어 주목된다.[54] 만약 상림리 출토 중국식동검이 무기가 아닌 비실용적인 것이라면 이들이 청동기 제작 원료의 한 형태로 사용되고 교역되었을 가능성은 없을까? 경상도 지역에서 철기 제작이 널리 확산될 때 단조철부가 실용적인 공구로 사용되고 철기 제작 재료로 유통되기도 하다가 형태가 발전하여 철정으로 제작되어 수십 매씩 무덤에 부장된 것을 볼 수 있다.

상림리 중국식동검 26점 중 3점에 대해 연동위체비 분석이 실시되었고 이들 모두가 라인 D에 오른 것으로 밝혀졌다.[55] 일본 출토 중국식동검 가운데 상림리 출토품과 동일한 유절병有節柄 형식의 중국식동검 2점의 연동위체비 분석 결과가 있다(그림 I-2-7). 그 하나는 후쿠오카현 아마기시甘木市 출토 중국식동검인데 영역 A, 즉 중국 북부 지방 연을 사용한 것으로 판명되었다. 다른 하나는 전傳 미쿠모三雲 출토품으로 마부치와 히라오는 처음에는 이를 중국 남부 지방 연(영역 B)을 포함한 것으로 해석하였으나[56] 후에 라인 D, 즉 한반도산 연으로 수정하였다.[57]

그런데 흥미롭게도 일본에서 출토된 한반도계 청동기 중에 상림리 중국식동검 2점과 연동위체비 수치가 거의 같은 청동기들이 다수 확인된다. 오이타현大分縣 히타시日田市 후키아게吹上 1호 목관묘 출토 검파두식劍把頭飾과[58] 후

53 강인욱, 2016, 「완주 상림리 유적으로 본 동아시아 동검문화의 교류와 전개–동주식검(東周式劍)의 매납과 청동기 장인의 이주를 중심으로–」, 『호남고고학보』 54.

54 이건무, 2014, p.16.

55 馬淵久夫·平尾良光, 1990, p.389; 馬淵久夫·平尾良光, 1989, 「完州上林里出土中國式銅劍の原料について」, 『明治大學考古學博物館報』 No.5.

56 馬淵久夫·平尾良光, 1990, p.5.

57 平尾良光 編, 1999, p.199.

58 平尾良光 編, 1999, p.84.

쿠오카시 요시다케타카키 K-100호 옹관 출토 세형동검은 상림리 중국식동검(No.3)의 연동위체비와 아주 근접해 있다. 그리고 후쿠오카시 노가타野方 구보久保 K-25호 옹관 출토 세형동검, 후쿠오카시 요시다케히와타 단독 유적 출토 세형동검, 요시다케타카키 3호목관묘의 세문경과 세형동검의 연동위체비는 상림리 중국식동검(No.14)과 아주 근접한 수치이다.[59] 특히 시마네현島根縣 고진다니荒神谷 5호 출토 동탁(능환뉴식菱環紐式)의 연동위체비는[60] 상림리 중국식동검(No.14)과 거의 일치한다(표 Ⅰ-2-2 참조). 전 미쿠모 출토 중국식동검의 연동위체비는 일본 오이타현 히타시 후키아게 1호 목관묘 출토 세형동검(D), 후쿠오카시 요시다케타카키 K-115호 옹관 출토 세형동검, 그리고 충남 논산 원북리 출토 동부와 근사한 수치를 보이는 것도 주목된다.[61] 〈표 Ⅰ-2-2〉를 그래프로 표시한 것이 〈그림 Ⅰ-2-8〉이다.

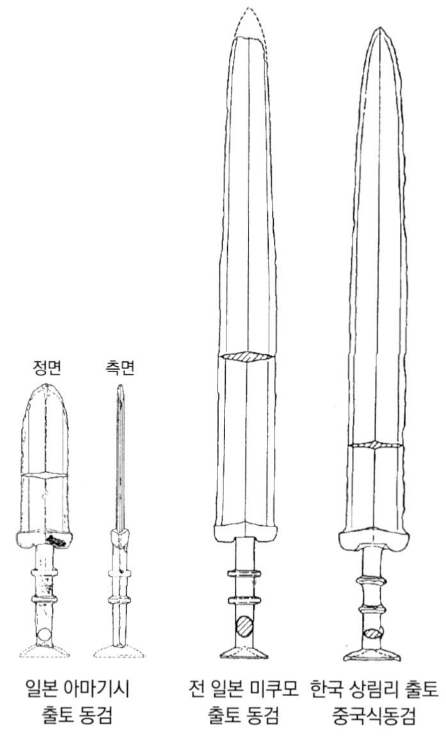

그림 Ⅰ-2-7
일본과 한국 출토 중국식동검
출처: 柳田康雄, 1990

이러한 결과는 청동기와 청동기 원료를 매개로 하여 충청·전라 지역과 기타규슈 지역 간에 활발한 물자 교류가 이루어졌을 가능성을 보여 준다. 그리고 상림리 출토 중국식동검처럼 완성된 청동기가 청동기 제작 원료로 사용되었을 가능성도 배제할 수 없다. 특히 한반도에서 출토된 중국식동검은 평

59 馬淵久夫·平尾良光, 1990, pp.13~14.
60 平尾良光 編, 1999, p.194.
61 전 미쿠모 출토 중국식동검의 연동위체비는 일본 오이타현 히타시 후키아게 1호 목관묘 세형동검(D), 후쿠오카시 요시다케타카키 K-115호 옹관 출토 세형동검의 연동위체비와 근사한 것이 주목된다.

표 Ⅰ-2-2 한국 및 일본 출토 청동기 연동위체비

그룹	청동기 종류	출토지	연동위체비			참고 자료
			$^{207}Pb/^{206}Pb$	$^{208}Pb/^{206}Pb$	영역	
Ⅰ	**중국식동검**	전북 완주 상림리(No.3)	0.7930	2.0278	D	馬淵·平尾, 1990
	검파두식	日田市 吹上 1호 목관묘	0.7929	2.0262	D	平尾, 1999
	세형동검	福岡市 吉武高木 K-100호 옹관	0.7928	2.0373	D	馬淵·平尾, 1990
Ⅱ	**중국식동검**	전북 완주 상림리(No.14)	0.8273	2.0761	D	馬淵·平尾, 1990
	동탁	島根縣 荒神谷 5호	0.8278	2.0805	D	平尾, 1999
	세형동검	福岡市 野方久保 K-25호 옹관	0.8269	2.0802	D	馬淵·平尾, 1990
	세형동검	福岡市 吉武樋渡 단독	0.8269	2.0870	D	馬淵·平尾, 1990
	세형동검No.1	吉武高木 3호 목관묘	0.8261	2.0843	D	馬淵·平尾, 1990
	세문경	吉武高木 3호 목관묘	0.8260	2.0845	D	馬淵·平尾, 1990
Ⅲ	**중국식동검**	전 福岡縣 三雲	0.8470	2.0992	D, B	馬淵·平尾, 1990
	세형동검	吉武高木 K-115호 옹관	0.8461	2.1021	D	馬淵·平尾, 1990
	세형동검	日田市 吹上 1호 목관묘	0.8456	2.1033	D	平尾, 1999
	동부	충남 논산 원북리	0.8451	2.1056		강형태 외, 2003
Ⅳ	**중국식동검**	福岡縣 甘木市 中寒水	0.8771	2.1772	A	馬淵·平尾, 1990

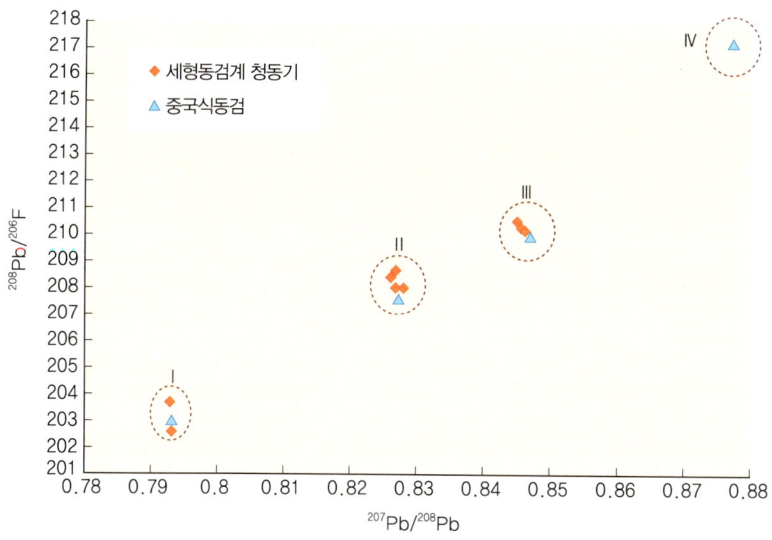

그림 Ⅰ-2-8
한국 상림리 및 일본 출토 중국식동검 연동위체비

양 일대, 평남 평원 신송리, 황해도 고산리, 경기도 파주 와동리, 충남 해미, 전북 익산 미륵산, 전남 함평 초포리 등 서해안과 가까운 지역에서 발견되고 있어 서해안을 따라 남으로 확산되었을 것으로 추정되고 있다.[62] 이는 중국식동검의 교역 루트를 말해 준다. 상림리 중국식동검은 기원전 3세기 말로 편년된다.[63] 이 시기는 충청·전라 지역에서 세형동검 제작이 아주 활발하게 이루어지던 시기이다. 그리고 서남해안을 통한 청동기 관련 물자 교류가 활발하게 이루어지던 시기이기도 하다. 중국식동검이 청동기 제작의 중요 중심지인 전주, 완주 일대에서 출토된 것은 우연이 아니다.

요컨대 지금까지의 검토를 통해 확인할 수 있는 것은 세형동검문화 전성기에 한반도 서남부 지방의 청동기 제작 원료 중에는 한반도 바깥 지역이나 서북 지방과의 직간접적인 교섭을 통해 공급되는 금속 원료가 있었다는 것이다. 그리고 그 가운데는 중국식동검과 같은 완성된 형태의 청동기 원료가 유통되었을 가능성도 있다. 이러한 금속 원료 내지는 이를 사용한 청동기는 충청·전라 지역에 국한되지 않고 여러 형태를 통해 일본 규슈九州 지역에까지 유입되었다. 아마 이동 거리가 멀수록 부피를 줄인 것이 선호되었을 것이다. 어떤 형태이건 청동기 원료와 청동기 유통망이 한반도에 국한되지 않고 중국, 한반도, 일본에 걸쳐 광범위하게 이루어지고 있었다면 대외 교역 환경이 청동기 제작 활동에 직접적인 영향을 미칠 수 있다는 가설이 성립된다.

청동기 성분 조성비의 변화

기원전 2세기 후반 어느 시점부터 충청·전라 지역에서 청동기 제작 활동이 줄어들기 시작하는 것이 원료 수급상의 문제라는 가설을 현 단계에서 직접적으로 입증하기는 어렵다. 동광석, 방연광, 주석 등 중요 원료에 대한 개

62 이건무, 2014.
63 조진선, 2014, 「초기철기시대 중원식동검의 등장 배경」, 『완주 상림리 청동검의 재조명』, 국립전주박물관·한국청동기학회 학술세미나 발표문, p.88.

표 Ⅰ-2-3 한반도 서북 지방 및 일본 출토 청동기 성분 분석표

유적지	유물	성분 조성비(%)		
		Cu	Sn	Pb
전 전남 순천 북창면	동과(1)	73.14	19.77	6.39
〃	동과(2)	70.30	14.84	14.22
전 평양	동과	78.09	14.30	8.39
전 평양 부근	동과	75.94	15.08	9.45
일본(泊)	동탁	74.46	14.25	7.65
일본(神於)	동탁	75.9	12.5	5.92

출처: 이현혜, 1988, 『한국 고대의 생산과 교역』, 일조각, pp.97~99 참조.

표 Ⅰ-2-4 한반도 출토 중국식동검 성분 분석표

유적, 출토지	유물	성분 조성 평균값(%)		
		Cu	Sn	Pb
전북 완주 상림리	중국식동검(1)	69.84	16.22	13.13
	중국식동검(2)	69.26	14.42	15.25
	중국식동검(3)	77.09	4.37	17.83
평남	중국식동검	70.39	20.27	7.63
경기도 파주 와룡리	중국식동검	65.19	6.17	27.77

출처: 이나경, 2014.

별적인 원산지 추정이 거의 이루어져 있지 않기 때문이다. 다만 간접적인 방법의 하나로 청동기의 성분 조성 비율에 어떠한 변화가 있었는지 살펴볼 필요가 있다. 원료 수급에 문제가 생기면 구리, 납, 주석으로 만들어진 청동기의 성분 조성 비율에 변화가 생길 수 있기 때문이다. 한반도에서 출토되는 전성기 세형동검 관련 청동 유물의 일반적인 성분 조성비는 구리:주석:납이 7:2:1[64] 또는 7.5:2.0:0.5로 알려져 있다.[65] 〈표 Ⅰ-2-3〉에서 보듯이 동과의 경우 주석이 15% 전후한 것이 가장 많고 납은 평균 10% 미만이다. 그리고 〈표

64 이강승·강형태·정광용, 2001.

65 김규호·김나영·노지현·히라오 요시미츠, 2009, 「청동유물 재질 및 특성분석」, 『완주 갈동유적(II)』, 호남문화재연구원.

표 Ⅰ-2-5 신풍리유적 청동기 유물 조직별 EDS 분석 결과

유적명	유구	유물	성분(wt%)*		
			Cu	Sn	Pb
신풍리	가 2호	동경	61.30	27.68	-
	가 53호	동검	74.81	16.52	2.77
	가 53호	동과	77.96	11.73	2.43
	나 4호	동검	68.15	25.53	-
	나 22호	동착	74.25	19.00	0.64
	나 23호	동부	71.51	21.58	0.91
	나 23호	동검	68.86	20.51	4.91
	나 23호	동과	73.28	21.84	0.43
	나 23호	동경	63.29	31.78	-
	나 23호	동사	69.58	23.33	-
	나 22호	동사	64.13	27.45	1.46
	나 10호	동사	68.21	21.28	3.49
평균			69.61	24.85	1.42

* 표의 수치는 분석 위치 1번 해당 영역을 평균적으로 면 분석한 수치이다(출처: 최미라 외, 2014).

Ⅰ-2-4〉는 한반도 출토 중국식동검 분석 자료이다. 완주 상림리 출토 중국식동검 2점의 경우 납의 함량이 다소 높지만 주석 함량이 15~20% 범위에 들어 세형동검의 성분 구성비 범위 안에 들어 있다. 다만 경기도 파주 와룡리 출토품처럼 주석 함량이 4~6%에 불과한 것이 섞여 있으나 이것은 실용성이 크게 떨어지는 예외적인 제품이다. 〈표 Ⅰ-2-3〉과 〈표 Ⅰ-2-4〉 분석 결과들은 정식 출토품이 아닌 것도 있고 분석 방법도 다르지만 전성기 세형동검 관련 청동기 성분 구성비를 잘 보여 준다.

그런데 청동기 제작 활동이 크게 줄어드는 시기의 대표적인 유적인 신풍리유적과 갈동유적 청동기의 성분 조성 비율에서 전성기의 것과 전혀 다른 현상이 나타난다. 〈표 Ⅰ-2-5〉 신풍리 출토 청동기의 EDS 미세조직 분석

결과에 의하면 구리:주석:납의 평균 비율이 약 7.0:2.5:0.14이다.[66] 주석의 함량이 25% 정도로 상당히 높고 납의 비율이 아주 낮다. 구리와 주석을 합금할 때 주석 비율이 10~20%일 때 금빛을 띠고 강도도 높으며 주석 비율이 높아질수록 백색 광택을 낸다고 한다.[67] 동경의 경우 백색 광택을 많이 내기 위해 일반 청동기보다 주석 함량이 높은 편이다. 〈표 Ⅰ-2-5〉에서도 동경 2점의 주석 함량이 가장 높다. 특히 나 23호 출토 동경은 주석 함량이 31%가 넘어 일반적인 범위를 크게 벗어난다. 그런데 동사 3점 역시 주석 함량이 상당히 높아서 이것이 동경에 국한된 것이 아님을 알 수 있다.

신풍리 출토 청동기의 성분 구성의 또 다른 특징은 납의 평균 함량이 3% 이하이며 1% 미만인 것도 많다. 납 함량이 3~5% 미만일 경우 인위적인 첨가가 아니라고 본다. 그렇다면 신풍리 청동기 대부분이 별도의 납 첨가 없이 구리 광석과 주석만으로 만들어졌다는 뜻이다. 이것은 신풍리 I그룹 14점의 납동위연소비의 소속이 불명확한 이유와 깊은 관계가 있어 보인다.[68] 어쨌든 주석 사용량이 평균치보다 아주 높은 것이 사실이며 이러한 경향을 좀 더 뚜렷하게 보여 주는 것이 갈동유적 출토 청동기들이다.

〈표 Ⅰ-2-6〉은 갈동유적 청동기 화학 조성 결과표이다. 갈동유적은 신풍리유적 청동기 분석 방법(EDS 분석)과 달리 X선 형광분석기를 사용하였다. 그 결과에 의하면 주석의 비율이 70~80%가 넘는 것으로 나온다. 주석 함량이 이처럼 높게 나오는 것은 청동기 표면에 주석이 부식생성물로 존재하기 때문이라고 해석하고 있다. 하지만 근본적인 원인은 주석의 함량이 일반적

66 보고서의 표 11은 유물 출토 유구와 유물 자료가 서로 맞지 않는 것이 있어 자료로 취하지 않았다. 대신 미세조직 분석 자료(EDS) 중 출토 유구와 유물이 일치하는 것만 활용하였다. 최미라·이하얀·조남철, 2014, 「전주 완주 혁신도시 건설구간 내 신풍유적 출토 금속유물의 과학적 분석」, 『완주 신풍유적(III)』, 호남문화재연구원, pp.100~136.

67 平尾良光 編, 2001, pp.311~312.

68 신풍리유적의 경우 가, 나 지구 청동기 18점의 납동위원소비를 분석하였다. 도면상으로 크게 두 그룹으로 갈라지는데 I그룹 14점은 중국, 한국, 일본의 방연광의 납동위원소비 그래프 내에서 어떤 영역에도 속하지 않는 값을 가지고 있다고 한다. II그룹 4점은 한반도 남부 영남지괴의 방연광을 이용하였을 가능성이 있으나 추가 연구가 필요하다고 하였다. 최미라 외, 2014, p.143.

표 Ⅰ-2-6 완주 갈동유적 청동기 X선 형광분석 자료

유적명	가 유구	유물	화학 조성 평균값(%)		
			Cu	Sn	Pb
완주 갈동	2호 토광묘	동촉-1	6.1	86.7	7.2
		동촉-2	6.1	86.1	7.8
		동촉-3	7.7	85.1	7.3
	5호 토광묘	동경, 경면	24.8	71.4	3.9
	7호 토광묘	동경, 경면	15.9	76.6	5.3
	8호 토광묘	동모 전면	14.9	80.4	4.7
	9호 토광묘	동부	5.7	88.5	5.8
	14호 토광묘	세형동검	7.9	80.1	12.0

표 Ⅰ-2-7 영천 용전리유적 청동기 X선 형광분석 자료

유적명	유물	화학 조성 평균값(%)		
		Cu	Sn	Pb
영천 용전리	금동노기	79.9	8.78	10.95
	동과	61.6~62.3	11.7~13.5	23.8~24.8
	동모	73.1~78.3	7.2~8.6	12.6~15.9
	중국제 동경편	39.7	44.0	13.6
	청동과대	73.4	6.9	18.1

인 수준보다 훨씬 높았기 때문이 아닐까? 중국 북부 지방 청동기에서도 주석 비율이 최고 높은 것이 27% 정도이다.[69]

그렇다면 갈동유적과 신풍리유적의 분석 방법이 서로 다르기 때문에 이 같은 결과가 나온 것인지 검토할 필요가 있다. 다행히 갈동과 동일한 X선 형광분석기를 사용한 경북 영천 용전리유적 출토 청동기 분석 자료가 있어 비교가 가능하다. 이 유적은 기원전 1세기 후엽경 경상도 지역에서 단조철기가 보급된 이후에도 청동기 제작이 지속적으로 이루어지던 시기의 유물이

69 중국 청동기보다 중국 북방 지역 청동기에서 주석이 함량이 높게 나타나는데, 5% 미만 2건, 5~15% 17건, 15% 이상 20% 미만이 6건이며 최고 높은 것은 27%까지 주석이 함유된 청동기들도 만들어졌다고 한다. 平尾良光 編, 2001, p.213.

다. 〈표 Ⅰ-2-7〉에서 보듯이 중국제 동경편을 제외하고 세형동모, 동과의 주석 함량은 7~13% 정도로 전성기 세형동검 관련 청동기의 일반적인 조성 비율에서 크게 벗어나지 않는다. 다만 동과, 동모는 납의 비율이 12~24%가 될 정도로 납의 비율이 상당히 높은 편이다. 납 함량이 10%를 넘는 것은 상림리 출토 중국식동검에서도 확인되므로 이상할 것이 없다. 그렇다면 갈동유적 출토 청동기가 주석 비율이 아주 높고 구리 함량이 아주 낮은 것은 표면 부식물 때문만이 아님이 분명하다.[70] 주석을 통상적인 비율 이상으로 많이 첨가한 것이 원인이다. 이처럼 갈동유적의 경우 값비싼 주석의 비율이 강도와 색상이 가장 좋아지는 적정량 이상으로 크게 늘어나고 반대로 구리의 비율이 낮아진 이유가 무엇일까?

4. 위만조선 우거왕의 대외 교역로 장악

기원전 2세기 후반 한반도 서남부 지방에서 청동기 생산 활동이 위축되는 시점을 전후하여 원료 공급에 영향을 미칠 수 있는 교역 환경의 변화가 있었는지 검토할 차례이다. 이러한 관점에서 먼저 주목되는 것은 『사기史記』 조선열전朝鮮列傳에 나오는 "진번방진(중)국 욕상서견천자 우옹알불통眞番旁辰(衆)國 欲上書見天子 又擁閼不通"이라는 기사이다. 기사 내용은 위만조선 우거왕右渠王이 진번 옆에 있던 진(중)국이 한漢의 천자에게 글을 올리고 알현하려는 것을 가로막아 통하지 못하게 하였다는 것이다.

기원전 2세기 초반(기원전 194~기원전 180) 서북 지방에는 고조선의 준왕準王 집단이 남주하고 위만조선이 건국되는 정치적 변화가 있었다. 『사기』 조선열전에 의하면 위만衛滿은 건국 후 한漢의 외신外臣으로 책봉되어 한으로

70 김규호·김나영·노지현·히라오 요시미츠, 2009.

부터 병위재물兵威財物을 얻어 진번, 임둔 등 주변 정치체를 복속시키고 이를 토대로 점차 예맥濊貊 지역까지 세력을 넓혀 나갔다. 위만이 외신으로 책봉될 때 국경 밖의 만이蠻夷들이 중국 변경을 침입하지 못하도록 하되 만이 군장君長들이 한의 천자를 입견하러 오는 것을 막지 않는다는 조건이었다. 그러나 기원전 2세기 후엽 위만의 손자 우거왕 대에 이르러 상황은 달라졌다. "지손우거 소유한망인자다 우미상입견至孫右渠 所誘漢亡人滋多 又未嘗入見"이라는 기록에서 나타나듯이 위만조선은 한과 외교 관계를 단절하였고, 진국이 한과 통교하고자 했으나 가로막아 통하지 못하게 하는 등 한과의 약속을 지키지 않았다. 한은 사신 섭하涉何를 보내어 우거왕을 회유하였으나 끝내 듣지 않았고 한은 이를 구실로 위만조선을 침략하였다.[71]

이처럼 우거왕 대의 위만조선은 한반도에서 중국으로 통하는 육로와 해로를 포함하는 각종 교섭 루트와 교섭 활동을 장악할 정도로 번성하여 한에 맞서고 있었으며 주변 정치체들에게 압박을 가함으로써 갈등을 빚기 시작하였다. 위만조선에 예속되어 있던 예족의 군장이 우거왕에게 반발하여 한을 찾아가 내속을 신청했다는 것은 이러한 갈등 상황을 뒷받침하는 것이다. 당시 예군薉君 남여南閭가 조선왕 우거와의 관계를 끊고 한의 보호를 받으러 요동군에 가서 내속을 신청한 것은 정치적인 보호보다도 문화·경제적으로 직접 교류·교역을 행하려는 의도가 내포된 것으로 본다.[72]

이러한 변화가 일어나기 시작한 것이 언제부터인지 불확실하나 우거왕의 재위 시기 등을 고려할 때 한의 창해군滄海郡 설치 사건이 주목된다. 『한서漢書』 무제武帝 원삭元朔 원년(기원전 128)에 예군 남여가 28만 구口를 거느리고

71 한漢은 위만조선을 공략할 의도를 이전부터 가지고 있었다. 한 문제(기원전 179~기원전 157) 초에 장군 진무陳武 등이 주청하기를 남월南越과 조선이 병력을 장비하여 중국을 엿보고 있으니 이들을 치자고 건의한 바 있고, 무제武帝 원광元光 연간(기원전 134~기원전 129) 엄안嚴安의 상서에서도 한이 공략 대상으로 꼽은 사이四夷 속에 조선이 포함되어 있다. 한은 북으로 흉노를 치는 데 있어 먼저 동으로 조선을 도모하는 것이 측면 공작의 양책이라고 생각하였다. 이병도, 1976, 『한국고대사연구』, 박영사, pp.83~86.

72 이병도, 1976, p.85.

한에 항복하여 그곳에 창해군을 설치하였다는 기록이 있다. 창해군은 위만 조선 멸망 후에 설치된 현도군의 전신과 같은 것으로 예군 남여가 거느린 28만 구는 제1현도군의 호구 22만 1천 구와도 비슷하다.[73] 즉 현도군은 예맥을 대상으로 설치된 것인데 현도군의 중요 현은 집안, 환인, 신빈新賓, 무순撫順 등 압록강 중류 유역에서 요동으로 통하는 육상 루트의 중요 거점들이다.[74] 예군 남여의 세력 기반이자 현도군 설치 지역은 이른바 세죽리-연화보 문화 분포 지역에 속한다. 세죽리-연화보 철기문화는 한반도 초기철기문화와 직접 연계되는 것으로 이 문화의 성격과 주도 세력에 대해 여러 해석이 있다. 연·제·조 유민들이 이주하여 남긴 연나라의 철기문화라는 주장, 연의 철기문화를 받아들여 재지 토착 세력이 주도하여 발전시킨 연계燕系 철기문화라는 주장 등이다.[75] 그리고 한 걸음 더 나아가 천산산맥 동쪽에서 압록강 중하류에 이르는 지역은 위만조선 문화권이며 이 지역에서 출토되는 변형된 연계 철기는 위만조선의 철기문화 내지는 고조선 철기문화로 간주해야 한다는 주장 등이다.[76]

그런데 중국 기록에서는 조선과 예맥을 별개로 파악하였고 예맥을 위만조선의 영역에 포함시키지 않았다. 『사기』 흉노전匈奴傳에는 "한漢이 동쪽으로 예맥穢貊과 조선朝鮮을 공략하여 군郡으로 삼았다" 하고, 『한서漢書』 오행지五行志에는 "양兩 장군이 조선朝鮮을 정벌하여 3군三郡을 열었다"고[77] 기록되어 있다. 실제 현도군은 낙랑, 진번, 임둔 3군보다 1년 뒤에 예맥 사회에 설치되었다. 예맥 사회 안에서 세죽리-연화보 철기문화를 토대로 성장한

73 노태돈, 1999, 「고구려의 기원과 국내성 천도」, 김시준 외, 『한반도와 중국 동북 3성의 역사 문화』, 서울대학교출판부, p.321.

74 田中俊明, 1994, 「高句麗の興起と玄菟郡」, 『朝鮮文化研究』 1, 朝鮮古代研究刊行會, pp.21~40.

75 송호정, 2007, 「세죽리-연화보유형 문화와 위만조선의 성장」, 『호서사학』 48; 이청규, 2002, 「한중교류에 대한 고고학적 접근—청동기시대에서 철기시대까지—」, 『한국고대사연구』 32.

76 정인성, 2016, 「연계 철기문화의 확산과 그 배경」, 『영남고고학』 74; 김상민, 2017, 「요령지역 철기문화의 전개와 한반도 철기문화」, 『동북아역사논총』 55, p.102; 박선미, 2000, 「기원전 3~2 세기 요동지역의 고조선문화와 명도전유적」, 『선사와 고대』 14.

77 『史記』 匈奴列傳, "漢東拔 穢貊 朝鮮 以爲郡"; 『漢書』, 五行志, "兩將軍 征朝鮮 開三郡".

세력은 고구려이다. 초기 고구려 중심지인 환인, 위원, 강계, 단동 등지의 무덤과 생활 유적에서 세죽리-연화보 철기문화 유물들이 다량 출토된다.[78] 고구려가 현도군을 축출할 수 있었던 것도 현도군 설치 이전부터 누리고 있던 발달된 세죽리-연화보 철기문화의 토대가 있었기에 가능하였던 것이다. 비록 위만조선의 압력과 간섭을 받은 적이 있었다고 해도 『사기』와 『한서』에 나오는 예맥을 위만조선의 영역에 포함시켜 세죽리-연화보 문화의 담당자를 고조선, 위만조선으로 확대하는 것은 무리이다.

어쨌든 한의 현도군 설치 목적은 요동에서 예맥 지역에 이르는 중요 육상 루트를[79] 장악하는 것이었다. 한이 창해군을 설치한 것도 요동에서 예맥 지역에 이르는 육로를 통한 교섭 루트를 장악하고 위만조선과 흉노와의 연결을 차단하기 위한 것으로 볼 수 있다. 그러나 창해군이 3년 만에 폐지된 것을 보면 한이 예맥과 위만조선의 관계에 대해 더 이상 적극적으로 개입하지 못한 것으로 생각된다. 다만 창해군 설치로 예맥 사회에 대한 위만조선의 강압은 상대적으로 감소하고 예맥 사회의 자율성은 그만큼 높아지는 효과가 발생하였을 것이다.

한반도 서남부 지방 정치체들의 대외 교섭 활동도 이러한 주변 상황의 변화로부터 자유로울 수 없었을 것이다. 충청·전라 지역에도 전국계 물질문화 내지는 철기 유입 흔적들이 다수 확인되기 때문이다. 전북 익산 평장리에서 나온 전국戰國-전한前漢 대에 만들어진 동경(반리문경蟠螭文鏡),[80] 충남 부여 합송리·당진 소소리 등지에서 나온 중국계 유리 대롱옥, 전남 지역에서 출토된 것으로 전하는 전국 연나라 화폐인 명도전明刀錢 들이 그러하다.[81] 그

78 김상민, 2020, pp.168~174, 표 참조.

79 집안集安에서 요동遼東에 이르는 중요 루트가 2개 있는데 하나는 북쪽 소자하蘇子河 상류를 거쳐 가는 루트이고, 다른 하나는 남쪽 태자하太子河 상류로 가는 루트인데 현도군의 각 현들이 이 루트에 분포하였다고 한다. 田中俊明·東潮, 1995, 『高句麗の歴史と遺蹟』, 東京: 中央公論社, pp.114~115.

80 전영래, 1987, 「금강유역 청동기문화권 신자료」, 『마한·백제문화』 10.

81 정인성, 2003, 「변한·가야의 대외교섭—낙랑군과의 교섭관계를 중심으로—」, 부산대학교 한국민족문화연구소 편, 『가야고고학의 새로운 조명』, 혜안, pp.578~579.

그림 Ⅰ-2-9
완주 갈동유적 출토 환형유리
출처: 호남문화재연구원, 2005, 『완주 갈동유적』

리고 갈동 2호와 3호에서 출토된 철겸은 연하도燕下都를 비롯해 내몽골, 요령 및 길림 지역에서도 출토되는 연나라의 철기이다.[82] 또한 갈동 2호 목관묘에서 철겸과 함께 출토된 환형유리 역시 연하도에서 유사한 것이 발견된 적이 있고(그림 Ⅰ-2-9), 성분 분석 결과 납바리움계 유리로 연나라와 밀접한 관계가 있는 유물로 밝혀졌다.[83] 갈동유적 이후 조사된 완주 신풍리 가-47호 토광묘에서 출토된 철부를 비롯해 가-51호 토광묘 출토 환두도자, 가-42호 토광묘 출토 환형유리 역시 연나라에서 제작된 유입품으로 보고 있다.[84] 뒤이어 연나라 철기에서 다소 변형된 연계 주조철기들이 나타나고[85] 현지 제작 철기도 등장하지만 기원전 2세기 후반 이후 어느 시점부터인가 충청·전라 지역에서는 청동기 생산이 쇠퇴하고 결국 주조철기마저 지속적으로 발전하지 못한다. 이러한 고고학적 자료들은 모두 충청·전라 지역 정치체들의 대

82 호남문화재연구원, 2005, p.86.
83 호남문화재연구원, 2005, p.86.
84 김상민, 2020, pp.261~262.
85 이 같은 외래계 물품과 문화의 유입 시점이나 계기, 주도 세력, 위만조선의 역할 등에 대해서는 논란도 많고 검토의 여지도 많다. 예를 들면 연산燕產 철제 낫이 부장된 갈동 3호에 대한 편년만 해도 기원전 3세기 대(김상민, 2020, p.269), 기원전 2세기 후엽(한수영, 2017, 「완주 신풍유적을 중심으로 본 초기철기문화의 전개양상」, 『호남고고학보』 56, p.15) 등으로 편차가 크다.

외 교역 환경의 변화 추이를 직접적으로 반영한다.

고조선은 전통적으로 요동반도에서 한반도 서해안에 이르는 해로에 익숙한 세력이었다. 연장燕將 진개秦開의 침략 이후 해로를 통한 활동 범위가 한반도 서남부 지방으로 확대되었고 준왕 남주 이후 서해안 해로는 더욱 활성화되면서 일본열도로까지 이어졌다. 이후 위만조선과 한의 외교 관계가 경색되기 이전까지 서해안 해로를 통한 각종 물자 교류는 순조롭게 이루어졌을 것이다. 그런데 위만조선 우거왕 대에 이르러 장애가 발생한 것이다. 우거왕은 한과의 교섭 관계를 단절했을 뿐 아니라 진국과도 우호적인 관계에 있었던 것 같지 않다. 우거왕 재위 시 조선상朝鮮相 역계경歷谿卿이 우거왕에게 간하였으나 듣지 않아 2,000여 호를 거느리고 동쪽 진국으로 갔는데 조선, 진번과 서로 왕래하지 않았다는 『위략魏略』의 기록이 있다.[86] 이것은 우거왕 말년에는 진국도 위만조선과 우호적 관계가 아니었음을 시사한다. 그러므로 진국이 한과 직접 통교를 시도한 것은 우거왕과 한의 갈등으로 물자 유통에 장애가 생기자 이를 해결하기 위한 노력이라 생각된다. 앞서 살펴본 대로 충청·전라 지역에서 제작된 전성기의 청동기들은 일본열도까지 유통되었다. 그러므로 청동기 제작에 필요한 금속 원료의 수요도 상당히 높았을 것이다. 추측컨대 충청·전라 지역의 정치체가 한과의 직접 통교를 통해 해결하려던 물자 중에는 청동기 제작과 관련된 금속 원료가 포함되었을 가능성이 높다.

당시 진국과 같은 정치체는 대외 교섭 루트와 물자에 대한 지식과 정보를 충분히 가졌으나 위만조선의 방해로 어려움을 겪었던 것으로 보인다. 고구려가 서북 해안 루트를 장악하고 있을 때 백제가 문주왕文周王 2년(476)과 동성왕東城王 6년(484)에 각각 송宋과 남제南齊에 견사遣使하고자 했으나 서해

86 『三國志』 魏書 東夷傳 韓條 所引 『魏略』, "魏略曰 初右渠未破時 朝鮮相歷谿卿 以諫右渠不用 東之辰國 時民隨出居者 二千餘戶 亦與朝鮮貢番不相往來".

해중海中에서 고구려가 길을 막아 되돌아 온 사건이 있다.[87] 이 기록에서 알 수 있듯이 서남부 지방에서 중국으로 통하는 해로를 위만조선이 중간에서 가로막을 경우 뜻을 이루기 어렵다. 이러한 상황이 외래 물자 유입에 영향을 주었고, 청동기 생산에도 부정적인 영향을 미쳤을 것으로 생각된다. 일단 우거왕의 활동 기간이 기원전 2세기 후엽 청동기 제작이 급격히 줄어드는 것과 시기적으로 근접한다. 위만이 위만조선을 건국한 것은 기원전 194년에서 기원전 180년 사이이므로 손자인 우거왕의 활동 시기는 기원전 2세기 후엽이다. 그리고 창해군이 설치된 기원전 128년경 이미 우거왕이 주변 세력과 갈등 관계에 있었던 것이 확인된다. 그러므로 한이 창해군을 폐지한 기원전 125년경에는 한漢-위만조선-한반도 서남부 지방으로 연결되는 물자 흐름에 어려움이 생겼을 것이란 추정은 어렵지 않다.

이렇게 경색되었던 물자의 흐름이 다시 열린 것은 위만조선의 멸망과 한군현 설치 이후로 생각된다. 널리 알려진 대로 경상도 지역을 중심으로 세형동검문화 III기에[88] 속하는 청동기 유물·유적이 집중 분포하며 그 대부분은 낙랑군 설치 이후 경상도 지역에서 제작된 것이다. 이와나가 쇼조岩永省三는 금속기문화의 중심지가 서남부에서 동남부로 이동하고 그것에 동반해서 연의 채취지도 서에서 동으로 이동하였다고 한다. 속단할 수 없지만 경북, 강원도 라인(한반도 방연광의 연동위체비 분포 라인)의 연이 사용되기 시작하였을 가능성 등 청동기 원료 공급원에 변화가 있었을 것으로 추정하였다.[89]

일본에서도 동검, 동모, 동과가 한반도 수입품에서 현지 제작품으로 바뀌

87 『三國史記』 百濟本紀, 文周王 2년조, "遣使朝宋 高句麗塞路 不達而還"; 『三國史記』 百濟本紀, 東城王 6년조, "遣內法佐平沙若思如南齊朝貢 若思至西海中 遇高句麗兵 不進".

88 이건무·서성훈, 1988; 조진선, 2005a (편년 IV기).

89 사가현佐賀縣 가라쓰시唐津市 구리오모타久里大牟田유적과 후쿠오카현福岡縣 야메시八女市 노다野田 유적 출토 연제모鉛製矛의 연동위체비는 경북, 강원도 라인=신라 라인 위에 있는 것으로 해석하고, 구리오모타 출토 연제모鉛製矛(야요이彌生 중기 중엽)와 병행하는 시기 이전에 금속문화의 중심지가 이동한 것으로 추정한다. 岩永省三, 2000, 「青銅器儀器化の比較研究—韓と倭—」, 『고고학으로 본 변·진한과 왜』, 영남고고학회·구주고고학회 제4회 합동고고학대회 발표문, p.116.

고 형태도 세형細形에서 중세형中細形, 중광형中廣形, 광형廣形으로 변화하면서 연동위체비가 라인 D에서 영역 A(화북산 연)로 점차 바뀌는 것으로 나타난다. 특히 라인 D에서 영역 A로의 전환이 이루어진 것을 낙랑군을 통해 중국산 연이 일본열도에 다량 유입된 결과로 해석하고 있다.[90] 한반도의 경우, 충남 천안 청당동유적(2세기 후반~3세기 후반)[91]에서 출토된 중국제 곡봉형대구曲棒形帶鉤에 포함된 연은 중국 북부산 범위에 위치하고, 현지 제작품인 마형대구馬形帶鉤는 중국 남부산 연을 사용한것으로 밝혀져, 낙랑군 설치 후 중국으로부터 청동괴가 한반도로 유입되었을 것이란 견해도 있다. [92] 그리고 연동위체비 분석 결과 전남 영광 수동유적 토광묘에서 출토한 새 무늬 청동기는 중국 북부산 연을 사용한 것으로 판명되었다.[93] 아직은 대구, 경주, 영천, 창원 등에서 출토된 세형동검문화 III기 청동기의 연동위체비 분석 자료가 거의 없어 원료의 변화를 추단하기 어렵다. 발달된 철기의 보급과 병행하여 한 세기 이상 경상도 지역을 중심으로 청동기 제작 활동이 매우 활발해지는 배경에 대해서는 여러 측면에서의 분석이 가능하겠지만 중단되었던 청동기 원료 공급원의 활성화라는 관점에서 볼 여지가 많다는 것은 분명하다.

5. 맺는말

한반도의 충청·전라 지역에서 기원전 2세기 후반 이후 세형동검 관련 청동기 유물의 수량이 전 단계에 비해 크게 줄어드는 것은 청동기 제작 활동의

90 平尾良光 編, 1999, pp.191~192.

91 국립중앙박물관, 1995, 『청당동 II』, p.158; 서오선, 1990, 「천안 청당동 및 안성 출토 일괄유물」, 『고고학지』 2, 한국고고미술연구소.

92 강형태·김규호·함순섭·平尾良光·榎本淳子·早川泰弘, 1998, 「납동위원소비법에 의한 청당동유적출토 청동제대구의 산지추정」, 『고고학지』 9, 한국고고미술연구소, pp.132~134.

93 강형태·정광용·이기길, 2002, p.13.

위축에서 비롯된 결과이다. 이러한 청동기 생산 활동의 위축 원인은 이념적인 변화나 철기 또는 철기문화 유입에 의한 자연적인 쇠퇴 과정이라기보다 청동기 제작에 필요한 금속 원료 공급에 장애가 발생하였기 때문이다. 청동기에 포함된 연동위체비 분석 결과를 통해 충청·전라 지역의 청동기 제작에 한반도산 이외에 중국 북부 내지는 요령산遼寧産 연이 사용되었음이 확인된다. 그리고 일본에서 출토된 한반도산 청동기 중에도 중국산 연이 일부 사용되었을 가능성이 제기되어 세형동검 관련 청동기 원료 산지가 상당히 다양한 것으로 밝혀졌다.

위만조선 전반기까지는 중국-한반도 서북부-서남부-일본을 잇는 물자 교역망이 순조롭게 작동하고 있었으므로 외부로부터 들여오던 청동기 원료의 공급에도 어려움이 없었을 것이다. 그러나 기원전 2세기 후엽 위만조선 우거왕이 한과의 외신 관계를 파기하고 한 무제의 팽창 정책에 대항하면서 긴장 관계가 조성되었다. 그 결과 서남부 지방으로 들어오던 물자 흐름에 장애가 생기고 청동기 원료 공급이 원활하지 못한 상황이 전개되었을 것으로 추정된다. 아마도 진국은 한과 직접 통교하여 대외 교섭 관계의 경색으로 인해 빚어진 교역상의 어려움을 해결하고자 했으나 해로를 장악한 위만조선의 방해로 뜻을 이루지 못하였다. 이것은 결국 충청·전라 지역에서의 청동기 생산 활동 위축과 진국을 중심으로 하는 경제적 통합 기반의 쇠퇴를 가져오는 계기가 되었을 것이다. 뒤이은 낙랑군의 등장과 역할은 위만조선 내지는 위만조선-진국을 축으로 하는 교역망의 쇠퇴와 새로운 교역망 형성을 예고하는 것이기도 하다.

앞으로 남은 중요한 과제 하나는 고고학자료의 축적과 해석을 통해 위만조선의 문화적 실상을 심도 있게 파악하는 것이다. 특히 위만조선의 철기 제작 및 공급 능력과 범위에 대한 구체적인 연구가 진행될 필요가 있다. 이것은 진국 사회에서 삼한으로 넘어가는 전환기의 역사상을 밝혀 낙랑군 등장 이후의 각종 변화상을 연속적인 맥락에서 체계적으로 이해하기 위함이다.

참고문헌

강인욱, 2016,「완주 상림리 유적으로 본 동아시아 동검문화의 교류와 전개—동주식검東周式劍의 매납과 청동기 장인의 이주를 중심으로—」,『호남고고학보』54

강형태·정광용·이기길, 2002,「납동위원소비법에 의한 영광 수동유적 청동기의 산지추정」,『호남고고학보』15

강형태·정광용·조상기·이문형, 2003,「논산시 원북리 토광묘유적 출토 청동기의 과학분석」,『한국상고사학보』39

강형태·정광용·류기정, 2002,「서천 화산리고분 동검편의 성분조성과 납동위원소비」,『호서고고학』6·7합집

강형태·김규호·함순섭·平尾良光·榎本淳子·早川泰弘, 1998,「납동위원소비법에 의한 청당동유적출토 청동제대구의 산지추정」,『고고학지』9, 한국고고미술연구소

국립중앙박물관, 1995,『청당동 II』

국립중앙박물관·국립광주박물관, 1992,『한국의 청동기문화』, 범우사

권오영, 1988,「고고자료를 중심으로 본 백제와 중국의 문물교류」,『진단학보』66

김규호·김나영·노지현·히라오 요시미츠, 2009,「청동유물 재질 및 특성분석」,『완주 갈동유적(II)』, 호남문화재연구원

김상민, 2017,「요령지역 철기문화의 전개와 한반도 철기문화」,『동북아역사논총』55

______, 2017,「동북아시아 철기문화의 확산과 고조선」,『고고학으로 본 고조선』, 제41회 한국고고학전국대회 발표문

______, 2020,『동북아 초기철기문화의 성립과 고조선』, 서경문화사

김원룡, 1968,「익산군 이제출토 청동일괄유물」,『사학연구』20

김진영, 2018,「영산강유역 철기 수용과 배경」,『호남고고학보』59

노태돈, 1999,「고구려의 기원과 국내성 천도」, 김시준 외,『한반도와 중국 동북 3성의 역사 문화』, 서울대학교출판부

리순진, 1964,「부조예군 무덤에 대하여」,『고고민속』4

박선미, 2000,「기원전 3~2 세기 요동지역의 고조선문화와 명도전유적」,『선사와 고대』14

배채린·박수경·조남철, 2017,「군산 선제리 유적 출토 금속유물의 보존처리 및 과학분석」,『2015년도 소규모 발굴조사보고서 VIII』, 한국문화재재단

서오선, 1990,「천안 청당동 및 안성 출토 일괄유물」,『고고학지』2, 한국고고미술연구소

송호정, 2007,「세죽리-연화보유형 문화와 위만조선의 성장」,『호서사학』48

영남고고학회·구주고고학회, 2000,『고고학으로 본 변·진한과 왜』

윤덕향, 2000,『남양리 발굴조사보고서』, 전라북도 장수군·전북대학교 박물관

오강원, 2005, 「중국 동북지역의 청동기 제작과 용범」, 『한국의 청동기 제작과 용범』, 숭실대학교 한국기독교박물관 제2회 매산기념강좌
이강승·강형태·정광용, 2001, 「대전 문화동·탄방동·비래동 유적 출토 청동기의 성분조성과 납동위원소비」, 『고고학지』 12, 한국고고미술연구소
이건무·서성훈, 1988, 『함평초포리유적』, 국립광주박물관
이건무, 1990, 「부여 합송리유적 출토 일괄유물」, 『고고학지』 2, 한국고고미술연구소
______, 1991, 「당진 소소리 유적출토 일괄유물」, 『고고학지』 3, 한국고고미술연구소
______, 1992, 「한국 청동의기의 연구」, 『한국고고학보』 28
______, 2014, 「한국 청동기문화와 중국식동검」, 『완주 상림리 청동검의 재조명』, 국립전주박물관·한국청동기학회 학술세미나 자료집
이나경, 2014, 「완주 상림리 동검의 특징」, 『완주 상림리 청동검의 재조명』, 국립전주박물관·한국청동기학회 학술세미나 자료집
이병도, 1976, 『한국고대사연구』, 박영사
이인숙, 1991, 「익산 용제리 출토 세형동검편의 분석 자료」, 『한국상고사학보』 5
이재현, 2002, 『변·진한사회의 고고학적 연구』, 부산대학교 박사학위논문
이성주, 2000, 「기원전 1세기대의 진·변한지역」, 『전환기의 고고학 III—역사시대의 여명—』, 제24회 한국상고사학회 학술발표회
이청규, 2002, 「한중교류에 대한 고고학적 접근—청동기시대에서 철기시대까지—」, 『한국고대사연구』 32
이현혜, 2003, 「한국 초기철기시대의 정치체 수장에 대한 고찰」, 『역사학보』 180
이희준, 2002, 「초기 진·변한에 대한 고고학적 논의」, 노중국 외, 『진·변한사연구』, 경상북도·계명대학교 한국학연구원
전영래, 1975, 「익산 다송리청동유물출토묘」, 『전북유적조사보고』 5, 전주시립박물관
______, 1976, 「완주 상림리출토 중국식동검에 관하여—춘추말전국초 중국청동기문화의 남한유입문제—」, 『전북유적조사보고』 6, 전주시립박물관
______, 1987, 「금강유역 청동기문화권 신자료」, 『마한·백제문화』 10
정광용·강형태·우종윤, 2002, 「금강유역 세형동검의 과학분석(I)—청원 문의면 수습 세형동검—」, 『호서고고학』 6·7합집
정상석, 2001, 「금강유역 세형동검문화의 발전과 도씨검」, 『한국고대사연구』 22
정인성, 2003, 「변한·가야의 대외교섭—낙랑군과의 교섭관계를 중심으로—」,부산대학교 한국민족문화연구소 편, 『가야고고학의 새로운 조명』, 혜안
______, 2016, 「연계 철기문화의 확산과 그 배경」, 『영남고고학』 74
조진선, 2005a, 『세형동검문화의 연구』, 학연문화사
______, 2005b, 「한반도 출토 청동기시대 용범—숭실대 소장 국보 제231호 용범 일괄유물을 중심으로—」, 『한국의 청동기 제작과 용범』, 숭실대학교 한국기독교박물관 제2회 매산기념강좌

______, 2014, 「초기철기시대 중원식동검의 등장 배경」, 『완주 상림리 청동검의 재조명』, 국립전주박물관·한국청동기학회 학술세미나 발표문
중앙문화재연구원, 2001, 『논산 원북리유적』
지건길, 1990, 「장수 남양리 출토 청동기·철기 일괄유물」, 『고고학지』 2, 한국고고미술연구소
최미라, 2014, 「초기철기시대 청동유물의 제작기법 및 산지추정—전북지역을 중심으로—」, 공주대학교 석사학위논문
최미라·이하얀·조남철, 2014, 「전주 완주 혁신도시 건설구간 내 신풍유적 출토 금속유물의 과학적 분석」, 『완주 신풍유적(III)』, 호남문화재연구원
호남문화재연구원, 2005, 『완주 갈동유적』
______, 2009, 『완주 갈동유적(II)』
______, 2014, 『완주 신풍유적』 I, II, III
한수영, 2015, 「전북지역 초기철기시대 분묘 연구」, 전북대학교 박사학위논문
______, 2017, 「완주 신풍유적을 중심으로 본 초기철기문화의 전개양상」, 『호남고고학보』 56

……

菅谷文則, 2000, 「自然銅の考古學」 1, 『古代學研究』 150
金奎虎·李午憙, 2001, 「韓國で出土した資料の鉛同位体比」, 平尾良光 編, 『古代東アジア青銅の流通と鑄造』, 東京: 鶴山堂
馬淵久夫·平尾良光, 1987, 「東アジア鉛鑛石の鉛同位体比」, 『考古學雜誌』 73-2
______, 1989, 「完州上林里出土中國式銅劍の原料について」, 『明治大學考古學博物館報』 No.5
______, 1990, 「福岡縣出土青銅器の鉛同位体比」, 『考古學雜誌』 75-4
______, 1993, 「青銅器の鉛同位体比の解釋について」, 『古文化談叢』 30
梅原末治·藤田亮策, 1947, 『朝鮮古文化綜鑑』 1, 京都: 養德社
小田富士雄, 1989, 「輸入青銅器」, 『彌生文化の研究』 6, 東京: 雄山閣出版
新井宏, 2000, 「鉛同位体比による青銅器の鉛產地推定をめぐって」, 『考古學雜誌』 85-2
岩永省三, 2000, 「青銅器儀器化の比較研究—韓と倭—」, 『고고학으로 본 변·진한과 왜』, 영남고고학회·구주고고학회 제4회 합동고고학대회 발표문
田中俊明, 1994, 「高句麗の興起と玄菟郡」, 『朝鮮文化研究』 1, 朝鮮古代研究刊行會
田中俊明·東潮, 1995, 『高句麗の歷史と遺蹟』, 東京: 中央公論社
井上洋一 外, 2002, 「東京國立博物館所藏彌生時代青銅器の鉛同位体比」, 『MUSEUM』 577, 東京國立博物館研究誌
平尾良光 編, 1999, 『古代青銅の流通と鑄造』, 東京: 鶴山堂
______, 2001, 『古代 東アジア青銅の流通』, 東京: 鶴山堂

II부
마한에서
백제로의 발전

1장

마한 사회의 형성과 발달

1. 한韓의 등장

'한' 명칭의 유래

3세기 중엽경에 편찬된 『삼국지』 위서 동이전 한조韓條에 의하면, 한은 대방군의 남쪽에 있으며 동과 서는 바다를 경계로 삼고 남은 왜倭와 접한다고 하였다. 그리고 한에는 마한馬韓, 진한辰韓, 변한弁韓 세 종류가 있는데 마한은 그 서쪽에 있다고 하였다. 이때의 한은 한반도 중남부 지방에 있던 종족과 정치체 모두를 포괄하는 것이다. 그러나 처음부터 중남부 지방 전체를 한韓이라고 부르지는 않았다. 삼한 중에서도 '한' 또는 '한지韓地(한의 땅)'라는 이름으로 처음 불리기 시작한 곳은 충청·전라 지역이었다. 한이라는 명칭이 중남부 지방 전체를 가리키는 용어로 확대된 것은 기원전 1세기 이후 경상도 지역에서 진한, 변한 소국들이 등장한 이후부터였다. 즉 좁은 의미의 '한'이 중남부 지방 전체의 종족과 정치체를 뜻하는 넓은 의미의 한으로 확대되고, 경상도 지역의 진한, 변한과 구분하기 위해 충청·전라 지역에 있던 원래의 '한'은 마한이라 부르게 된 것이다.

'한'이라는 명칭의 유래에 대해서는 견해가 다양하다. '한'이라는 칭호가 처음 나오는 것은 "고조선 준왕準王이 위만衛滿의 공격을 받아 나라를 빼앗겨 좌우궁인左右宮人을 거느리고 바닷길로 나아가 '한지'에 거주하면서 스스로 '한왕韓王'이라 불렀다"는 『삼국지』 위서 동이전 한조의 기록이다.[1] 이 기록을 근거로 준왕 남래(기원전 194~기원전 180) 이후부터 비로소 한이라는 칭호가 사용되기 시작하였다는 해석이 있다.[2] 또는 준왕이 남래하여 정착한 지역이 『삼국지』 편찬 시기에 한이라고 불리던 지역이므로 3세기 중엽경의 칭호를 소급하여 '한지'로 표현하였다는 견해도 있다.[3] 이와 달리 준왕 남래 이전부터 남쪽에 '한'이라 불리던 실체가 있었다는 견해도 있고, 고고학적으로는 남한 지방에 중국 요령 지방의 점토대토기문화가 파급된 이후 새로이 대두하는 사회를 '한'으로 파악하기도 한다.[4]

기원전 2세기 초엽 고조선의 준왕이 위만에게 나라를 빼앗기고 남래하기 이전부터 고조선과 서남부 지방 정치체 사이에는 활발한 교류가 있었다. 고고학자료에 의하면 고조선의 세형동검문화와 버금가는 높은 수준의 청동기 유물들이 충청·전라 지역에서 집중 출토된다. 세형동검 관련 청동기 유물들이 충청·전라 지역에 출현하는 시기도 대동강 유역에 비해 크게 늦지 않다.[5] 그리고 충청·전라 지역의 정치체들은 청동기 제작에 필요한 원료의 일부를 고조선 지역으로부터 수입하기도 하였다.[6] 이러한 사실들은 모두 준왕 남래 이전부터 양 지역 간에 활발한 교류가 있었다는 증거들이다. 아마 준왕 집단이 남래할 때 이용한 해로는 이전부터 사용하던 루트였을 것이다. 이처

1 "侯準 … 將其左右宮人 走入海居韓地 自號韓王".
2 이병도, 1976, 『한국고대사연구』, 박영사, p.251.
3 천관우, 1989, 『고조선사·삼한사연구』, 일조각, p.144.
4 박순발, 1998, 「전기 마한의 시·공간적 위치에 대하여」, 박순발 외, 『마한사 연구』, 충남대학교출판부, p.31.
5 이건무, 1992, 「한국 청동의기의 연구」, 『한국고고학보』 23, p.196; 조진선, 2005, 『세형동검문화의 연구』, 학연문화사, pp.202~203.
6 청동기 제작에 사용된 납에 대한 연동위체비 분석 자료를 보면 충청·전라 지역에서 출토된 세형동검 관련 청동기 중에는 중국 북부산 납[鉛]을 첨가하여 제작한 것이 여러 점 확인된다. 이현혜, 2005, 「한반도 서남부지방 청동기 생산활동의 쇠퇴 배경」, 『한국고대사연구』 40, p.19.

럼 고조선의 세형동검문화가 남쪽으로 확산 발전되는 과정에서 고조선이 한반도 서남부 지방을 '한'이라 불렀을 가능성이 있다. 이를 좀 더 구체화하여 '한지'는 준왕의 영향력이 미치는 지역으로 금강 이남의 충청도와 전라도에 한정해야 된다는 견해도 있다.[7] 하지만 서남부 지방에서 출토되는 세형동검 관련 청동기 유물의 분포상으로 미루어 볼 때 기원전 2세기경의 '한'은 일부 지역의 특정 세력만을 가리키는 것이라기보다 한반도 서남부 지방과 그곳에 살던 사람들을 비교적 광범위하게 일컫는 것이라 생각된다. 따라서 한의 시원지를 준왕 세력이 자리 잡은 특정 지역에 국한시킬 수는 없다.

준왕과 한

준왕의 남래지에 대해서는 견해가 다양하다. 경기도 광주설,[8] 충남 홍성설,[9] 전북 익산설[10] 등이 대표적이다. 익산설은 고려시대의 문헌인 『제왕운기帝王韻紀』, 『고려사高麗史』 지리지, 그리고 조선시대의 문헌인 『세종실록 지리지世宗實錄地理志』, 『신증동국여지승람新增東國輿地勝覽』 등에 실린 전승 기록에 근거한 것이다. 익산 일대는 세형동검문화 관련 청동기 유물·유적이 다량 출토되어 고고학자료상으로도 주목받아 왔다. 특히 전북 혁신도시 건설과 관련하여 고고학 발굴 조사가 활발하게 진행되어 만경강 일대가 청동기 제작과 주조철부 출토의 중심지로 떠오르면서 익산설이 더욱 힘을 받고 있다. 근래에는 범위를 좀 더 넓혀 익산을 포함하여 만경강 유역의 전주, 완주 일대를 준왕 남래지로 비정하고 있다.[11]

7 노중국, 2003a, 「백제사에 있어서의 익산의 위치」, 『익산의 선사와 고대문화』, 마한·백제문화연구소, p.192.

8 이병도, 1976.

9 천관우, 1989.

10 김정배, 1986, 『한국고대의 국가기원과 형성』, 고려대학교출판부; 노중국, 1987, 「마한의 성립과 변천」, 『마한·백제문화』 10.

11 최완규, 2009, 「마한 묘제의 형성과 전북지역에서의 전개」, 『마한, 숨쉬는 기록』, 국립전주박물관 특별기획전 도록, p.251; 최완규, 2014, 「마한 성립의 고고학적 일고찰」, 『한국고대사상의 익산』, 한국고대사학회 학술회의발표집; 송호정, 2015, 「기원전 2세기 고조선 준왕의 남래와 익산」, 『한국고대사연구』 78.

고고학자료가 증가될수록 준왕 관련 연구도 좀 더 체계화될 필요가 있다. 자료는 늘었지만 아직도 준왕 남주라는 사건이 서남부 지방의 선주 토착사회에 어떠한 영향이나 충격을 주었는지 그 실체가 구체적으로 설명되지 않고 있다. 일단 준왕 집단의 이주를 계기로 예상되는 기원전 2세기 전반경의 고고학자료상의 변화가 무엇인지부터 설명해야 한다. 예컨대 이전보다 더 수준 높은 청동기 제작 기술의 유입인지 주조철기의 보급인지 또는 다른 종류의 선진 문물인지 판별 기준을 제시하고 그 분포 범위와 밀도를 검토해야 한다.

하지만 완주, 전주 일대에서 출토되는 주조철기의 유입 연대나 편년도 기원전 3세기, 기원전 2세기 등 연구자마다 다르다.[12] 그리고 이 주조철기들이 현지 제작품인지 위만조선과의 교류를 통해 들어온 것인지도 불확실하다. "준왕은 남주 이후 위만조선과 왕래하지 않았다"는 『위략魏略』 기록을[13] 볼 때 준왕 집단과 위만조선과의 교역 활동의 결과물은 아닐 것이다. 만약 현지 제작품이라면 준왕 남래로 촉발된 주조철기 제작 기술의 유입을 상정해 볼 수도 있다. 하지만 준왕 집단이 남주 이전 이미 연계燕系 철기문화와 빈번하게 접촉한 것은 사실이지만 연계 주조철기가 당시 고조선의 주력 생산품으로 자리 잡은 것은 아니었다. 준왕은 연燕, 제齊, 조趙 전국계戰國系 유민들을 고조선 서쪽 경계 지역에 머물게 하였고[14] 이들을 집단 통제 아래 두었으므로 고조선 영역 안에서 전국계 유민들의 생산 활동이나 물자 유통은 제한적이었을 것이다. 따라서 준왕 집단이 서남부 지방으로 급히 옮겨 와서 위만조선과 왕래하지 않으면서 스스로 '한왕'을 칭하고[15] 해중海中에서 왕 노릇 할 정도로 선주 토착 집단들에게 영향력을 발휘할 수 있는 모종의 기술력을 가

12 한수영, 2016, 「초기철기문화의 전개양상 ― 전북혁신도시를 중심으로 ―」, 『고고학으로 밝혀 낸 전북 혁신도시』, 제24회 호남고고학회 학술대회, pp.133~135.

13 『三國志』 魏書 東夷傳 韓條 所引 『魏略』, "準王海中 不與朝鮮相往來".

14 『三國志』 魏書 東夷傳 韓條 所引 『魏略』, "陳項起 天下亂 燕齊趙民愁苦 稍稍亡往準 準乃置之於西方".

15 "自號韓王".

졌다면 이것이 무엇인지가 중요한 연구 과제이다.

고고학자료에 대한 이러한 검토 작업은 준왕을 중심으로 하는 정치체의 성격과 범위를 추정하는 것과도 맞물려 있다. 준왕 남래 당시 '한지'의 상황과 '한'의 실체에 대해서도 견해가 다양하다. '한'을 지역 연맹체로 파악하는 입장에서는 준왕이 남래한 후 각지에 있던 정치체들을 통합하여 한 연맹체를 형성하여 한왕을 칭한 것으로 해석하였다.[16] 또는 한은 고조선과 왕래하면서 준왕의 존재를 잘 알고 있었으므로 남하해 온 준왕을 기꺼이 한왕으로 추대하였으며 한왕의 등장은 한족 사회의 정치적 결속을 강화시키는 계기로 작용하였다는 해석도 있다.[17]

하지만 지금까지의 고고학자료를 통해 알 수 있듯이 준왕 남주 시기 충청·전라 지역에는 '읍락집단'이라 불리는 초기철기시대의 정치체가 곳곳에 형성되어 있었다. 이러한 '읍락집단'을 다스리던 수장의 기본 성격은 주술적 성격을 가진 원시종교의 종교직능자였다.[18] 초기철기시대 읍락집단 수장의 무덤에서 각종 청동의기들이 다량 부장되어 있는 것이 이를 뒷받침한다. 그리고 '읍락집단'들의 상호 관계에 대해서는 대소大小의 차이에도 불구하고 이들은 서로 동질적이며 각각 독자적인 정치체로 존속하였을 것이라는 견해가[19] 있다. 반면 다수의 읍락집단들을 통합하는 보다 확대된 조직체가 형성되어 있었을 것이라는 견해도 있다.[20] 읍락집단들의 상호관계를 이해하고자 할 때 주목해야 할 점은 집단의 통합을 이끌어 가는 메커니즘이다. 이 시기에는 개개의 읍락집단뿐 아니라 다수의 읍락집단들을 아우르는 확대된

16 노중국, 2003a; 노중국, 2003b, 「마한과 낙랑·대방군과의 군사 충돌과 목지국의 쇠퇴—정시 연간(240~248)을 중심으로—」, 『대구사학』 71.

17 주보돈, 2002, 「진·변한의 성립과 전개」, 노중국 외, 『진·변한사연구』, 경상북도·계명대학교 한국학연구원, p.38.

18 이현혜, 2005.

19 김종일, 1994, 「한국 중서부지역 청동유적·유물의 분포와 제의권」, 『한국사론』 31, 서울대학교 국사학과.

20 권오영, 1996, 『삼한의 국에 대한 연구』, 서울대학교 박사학위논문; 이청규, 2000, 「'국'의 형성과 다뉴경부장묘」, 『선사와 고대』 14.

조직체의 결속 기반 역시 각종 제의와 종교적 권위를 토대로 한 것이다. 더욱이 종교와 제의체계는 조상령 숭배와 결합되어 있어 이것이 집단 결속의 중요 요소로 작용하였다.[21]

이러한 점을 고려할 때 이념적·혈연적 배경을 달리하는 준왕 집단이 충청·전라 지역의 유력한 집단이 있던 핵심 지역으로 들어가서 기존 읍락집단들을 저항 없이 통합하거나 장악하기는 어려웠을 것이다. 물리적 정복을 통해 인적·물적 자원을 접수하지 않는 한 소수의 망명 집단이[22] 취할 수 있는 길은 기존 정치체의 통제 아래 들어가든지 아니면 핵심 지역을 피해 상대적으로 저항이 적은 곳을 선택하여 독자적인 거점을 확보하는 것이다. 준왕 집단은 선진적인 정치 경험과 발달한 금속기 제작 기술을 중요 자산으로 삼아 일정 기간 독자적인 입지를 구축하였던 것으로 생각된다. 그러나 이후 절멸되었다고 하였으므로[23] 주도적인 세력으로 번성을 이어 가지 못하였다. 그러므로 충청·전라 지역의 초기철기문화의 쇠퇴 과정에 대한 심층적인 분석을 통해 준왕 세력의 추이를 밝혀 나가야 할 것이다.

진국과 한

준왕에 이어 마한이 등장하기 이전 시기 충청·전라 지역에 있었던 중요 정치체로 진국이 있다. 기원전 2세기 초반부터 이 지역의 정치·문화적 전개 과정에 중요한 영향을 미친 것은 위만조선의 등장이었다. 『위략』의 기록에서 알 수 있듯이 준왕은 남래 후 위만조선과는 교류하지 않았다. 그리고 이후 문헌에는 '한왕'의 활동과 관련된 기록은 더 이상 나타나지 않는다. 반면

21 이현혜, 2003, 「한국 초기철기시대의 정치체 수장에 대한 고찰」, 『역사학보』 180, p.23.

22 준왕이 남래할 때 가까운 혈족들은 조선에 잔류한 채 좌우궁인左右宮人만을 거느리고 왔다는 것은 이들이 소규모 망명 집단에 불과하다는 뜻이다. 이는 위만조선 말기 조선상 역계경이 자신이 다스리던 2,000여 호를 거느리고 집단적으로 이동하는 것과는 규모가 다르다.

23 『三國志』 魏書 東夷傳 韓條, "侯準旣僭號稱王 爲燕亡人衛滿所攻奪 將其左右宮人 走入海居韓地 自號韓王 其後絶滅".

위만조선과 병존한 정치체로 진번, 임둔, 진국의 이름이 나온다. 진번은 황해도 방면에, 임둔은 함경남도와 강원도 북부에 걸쳐 있던 정치체였다. 그리고 진국은 진번 곁에 있다고 하였으므로 황해도 남쪽 어느 곳에 위치하였던 것으로 추정되나 그 대두 시기나 위치는 분명하지 않다. 다만 『사기』 조선열전에 "진번 옆에 있던 진국이 글을 올려 한漢의 천자를 알현하고자 하였으나 (위만조선의 우거왕이) 가로막아 통하지 못하게 하였다"는 기록에서 알 수 있듯이[24] 진국은 기원전 2세기 후반 중국 한나라와 직접 통교를 희망할 정도로 서남부 지방에 있던 가장 유력한 정치체였다. 따라서 진국은 마한의 흥기 문제를 다룰 때 준왕 남주 사건 못지않게 주목해야 할 존재이다.

진국의 위치를 문헌기록에 근거하여 한강 유역 또는 경기도 일대에 비정하기도 한다.[25] 그러나 고고학자료상으로는 기원전 2세기의 선진적인 유물·유적이 밀도 높게 분포하는 지역에서 찾아야 한다. 현재까지 경기 지역에서는 진국의 존재를 뒷받침할 만한 고고학자료가 거의 발견되지 않는다. 오히려 이 시기의 유물·유적은 충남·전북 지역을 중심으로 지속적으로 늘어나고 있다. 대표적인 것으로 충남의 당진 소소리, 부여 합송리, 논산 원북리, 전북의 익산 신동리, 완주 갈동, 장수 남양리, 완주 신풍리 등의 유적들이 있다.[26] 이 유적들에서는 세형동검, 세문경 외에 주조鑄造로 만든 철부(도끼), 철착(끌), 철사鐵鉈와 같은 철기가 함께 나온다. 진번과 임둔 지역의 수장 무덤으로 추정되는 황해도 봉산군 송산리유적과 함남 함흥시 이화동유적에서도 이와 비슷한 성격의 유물들이 출토되었다. 주조철기가 등장한다는 것 이외에 이 시기의 유물군에서 특히 주목되는 것은 중국계 물자의 유입 흔적들이다. 충남의 부여 합송리와 당진 소소리에서 나온 대롱옥의 유리 재료가 중국

---

24 "眞番旁衆(辰)國 欲上書見天子 又擁閼不通". 유행본 『史記』에는 "眞番旁衆國"으로 되어 있고 백납본 『史記』에는 "眞番旁辰國"으로 되어 있다. 본서에서는 후자를 취한다.

25 천관우, 1989; 노중국, 1987; 주보돈, 2002.

26 호남문화재연구원, 2005, 『완주 갈동유적』.

유리와 같은 계통으로 밝혀졌다.[27] 그리고 전북 완주 갈동 2호와 3호 무덤에서는 중국 연하도를 비롯해 내몽골, 길림 지방 등에서 출토되는 연나라 철기의 하나인 철겸(낫)이 출토되었다. 또한 완주 갈동 2호 목관묘에서 철겸과 같이 출토된 환형유리는 연하도에서도 비슷한 것이 발견된 적이 있고, 성분 분석 결과 납바리움계 유리로 연과 밀접한 관계가 있는 유물로 밝혀졌다.[28] 이러한 전국계 유물의 출현은 이 지역의 정치체가 위만조선 내지는 연나라 지역과 직간접적으로 교류한 결과이다(본서 I부 2장 참조).

고고학적으로 전국계 주조철기가 서남부 지방으로 유입되는 중요 계기를 준왕 남래 사건에서 찾는 견해가 있다.[29] 전국계 문물은 늦어도 기원전 3세기경 한반도 서북 지방에 들어오기 시작하였다. 준왕이 연·제·조 유민들을 고조선 서쪽 경계[西界]에 거주하도록 하였는데 이들은 전국계 물자, 특히 교역 가치가 높은 전국계 철기가 고조선에 유입되는 데 촉진제 역할을 하였을 것이다. 그러므로 준왕 남래 이전부터 전국계 주조철기가 반입되었을 가능성이 있다. 그렇지만 그들이 남래 후 지속적으로 주조철기를 공급하는 역할을 했는지는 의문이다. 서남부 지방에 전국계 문물이 본격적으로 유입되는 것은 오히려 위만의 등장과 연계시켜야 한다. 비록 한漢이 건국된 이후 시점이기는 하지만 위만은 진秦·한漢 교체기에 전국 연나라, 제나라, 조나라 유민을 거느리면서 성장한 세력이었고 준왕 축출 후 이들 중 상당수가 고조선 영역 내로 이주하여 정착하였을 것이다. 그러므로 위만조선 건국 초반에는 일정 기간 전국계 문물이 확산되는 시기가 있었을 것이다. 물론 위만조선의 최고 지배계급의 경우 외신 책봉 등을 계기로 한漢의 문물을 접하였을 것이나 이것은 일부에 한정된 것으로 보아야 한다. 『사기』 조선열전에 의하면, 위만이 한漢의 외신으로 책봉될 때 국경 밖의 만이蠻夷들이 중국 변경을 침

27 정인성, 2003, 「변한·가야의 대외교섭—낙랑군과의 교섭관계를 중심으로—」, 부산대학교 한국민족문화연구소 편, 『가야고고학의 새로운 조명』, 혜안.

28 호남문화재연구원, 2005.

29 박순발, 1998, p.23·30; 조진선, 2005, p.209.

입하지 못하도록 하고 만이 군장들이 한漢의 천자를 입견하러 오는 것을 막지 않는다는 약속을 하였다. 이러한 약속이 이행되는 동안에는 한과 위만조선, 그리고 한반도 서남부 지방을 잇는 전통적인 교섭 루트도 원활하게 작동하였을 것이다. 그러나 준왕은 위만조선과 서로 왕래하지 않았다고 하였으므로 위만조선 시기에 한반도 서남부 지방에서 위만조선과 대외 교섭을 이어 가던 세력은 준왕 세력이 아니라 진국이었다. 따라서 진국의 권역은 지금까지 전국계 유물·유적의 출토 빈도가 상대적으로 높은 지역, 즉 아산만 일대를 포함하여 금강, 만경강 유역권에서 찾는 것이 합리적이다.

문제는 진국과 한韓의 관계이다. 진국과 한의 관계에 대해서는 여러 가지 해석이 있다. 진국의 일부가 한이라는 설,[30] 요동의 북진한北辰韓 또는 진역秦役을 피해 유망하던 이주민들이 경상도 방면으로 남하하는 도중 한강 유역 일대에서 일시 머물렀던 것이 진국이라는 설,[31] 준왕이 남래하여 '한왕'을 칭한 곳이 진국이라는 설,[32] 진국과 한은 별개의 정치체로 진국은 경기도 유역에 있었고 한은 충청·전라 지역에 있었다는 설[33] 등이다. 진국=한강 유역설에 대해서는 위만조선 시기 한강 유역에서 이렇다 할 고고학적 실체가 확인되지 않으므로 재검토의 여지가 있다는 지적이 이미 있다.[34] 그리고 준왕 집단은 위만조선과 서로 왕래하지 않았다는 기록을 유의할 때 대외 교섭에 적극적이던 진국과 준왕 집단과는 별개의 세력이다. 따라서 전국계 물자의 유입 흔적이 집중적으로 남아 있는 지역을 '한왕'의 거점으로 간주하기보다는 진국과 관련 짓는 것이 더 합리적이다.

진국의 실체를 이해하는 데는 같은 시기에 병존하였던 진번이나 임둔이 참고가 된다. 진번과 임둔은 위만조선에 복속되었다가 위만조선 멸망 후 한

30 이병도, 1976.
31 천관우, 1989, p.177; 주보돈, 2002, p.42.
32 김정배, 1986, p.255.
33 노중국, 1987, p.29.
34 박순발, 1998, pp.31~32.

漢의 진번군과 임둔군으로 편제되었다. 짧은 기간이지만 진번군과 임둔군에는 각각 15개씩의 현이 설치되었는데, 각 현은 진번과 임둔을 구성하였던 개별 정치체들이었다. 진국 역시 진번과 비슷하게 비교적 광역에 산재하는 다수 읍락집단들의 연합체로 볼 수 있다. 여러 읍락집단들이 연합하여 대외적으로 진국이라는 정치체로 활동하게 된 중요 결속 기반은 경제 활동과 이념적인 것이었을 것으로 추정된다. 전통적으로 종교적 제의와 권위를 결속의 중요 토대로 삼아 온 것이 이 지역 읍락집단의 속성이다. 그런데 주조철기가 등장한 이후 기원전 2세기 어느 시점부터 수장 무덤의 부장품에서 청동의기가 줄어든다. 청동거울은 이전처럼 부장되지만 방울 종류의 제의도구는 사라지기 시작한다. 부여 합송리유적에서 동탁 2점과 원개형 동기 1점이 부장되는 정도이다.[35] 그리고 완주 신풍리유적에서 간두령 1쌍이 출토되었을 뿐 주조철기가 부장된 무덤 중에서 전형적인 청동방울 세트가 동반된 유적은 아주 드물다.[36] 이러한 현상은 주조철기라는 새로운 금속기의 등장으로 상징되는 새로운 통합 이데올로기의 확산으로 이해된다. 위만조선의 건국, 준왕의 남래, 진국의 등장이라는 기원적 2세기 전반 대의 정치적 파동이 물질적으로는 주조철기나 청동기 같은 금속기의 확산을 촉진한 반면, 이념적으로는 주술적 종교직능자로서의 수장의 통치 기반에도 영향을 미쳤다는 신호이다. 그리하여 정치체 통합의 토대도 종교적인 것에서 점차 정치·경제적인 것으로 변해 갔다(본서 I부 1장 참조).

진국의 해체

『삼국지』 위서 동이전 한조에 진한은 옛 진국이라 하여 진한이 등장한 시기에 진국은 이미 존재하지 않았다. 경기·충청·전라 지역에서 진국의 이름은 사라지고 그 대신 마한의 소국들이 나타났다. 그러나 진국의 해체 시기

35 이현혜, 2003.
36 호남문화재연구원, 2014, 『완주 신풍유적』 I.

나 원인은 분명하지 않다. 기원전 2세기 후엽 위만의 손자 우거왕 대에 이르러 위만조선은 한漢과의 외교 관계를 단절하고, 진국이 한과 통교하고자 하였으나 가로막아 통하지 못하게 하는 등 한과의 약속을 파기하였다. 우거왕은 한반도에서 중국으로 통하는 육로와 해로를 모두 장악하여 한에 맞섰고 예맥과 진국 등 주변 정치체들과 갈등을 빚기 시작하였다. 위만조선에 예속되어 있던 예족 군장 남여는 우거왕에게 반발하여 한漢을 찾아가 내속을 청하였다. 진국 역시 우거왕과 한의 갈등으로 물자 수급에 장애가 생기자 한과 직접 통교하여 문제를 해결하려 하였으나 위만조선의 방해로 뜻을 이루지 못하였다.[37] 당시 진국이 대외 교섭을 통해 들여온 물자 중에는 청동기 제작에 필요한 중요 원료가 포함되었을 것으로 추정된다.[38] 한漢은 기원전 128년 창해군을 설치하여 위만조선에 제재를 가하고자 하였으나 별다른 효과를 거두지 못하였다. 창해군이 폐지된 기원전 125년경에는 이미 중국-위만조선-진국 간의 물자 흐름이 단절되었고 이것이 하나의 원인이 되어 충청·전라 지역에서는 청동기 생산 활동이 급격히 위축되었다. 대외 환경의 경색은 진국 결속의 중요 기반이었던 경제적 기능에 심각한 영향을 주었고 이것이 진국 해체의 중요 원인으로 작용하였다.[39]

진국 해체의 다른 원인으로 서북 지방에서 밀려온 유이민 파동을 주목하기도 한다. 우거왕이 한漢 무제의 팽창 정책에 대항하면서 한과 긴장 관계가 지속되자 내부적으로 우거왕에 반발하여 위만조선을 이탈하는 집단들이 생겼다. "조선상 역계경이 우거왕에게 간하였으나 듣지 않아 동쪽 진국으로 갔다"는 『위략』 기록에 나오는 역계경 집단이 대표적이다.[40] 이러한 유이민

37 고구려가 서북 해안 루트를 장악하고 있을 때 백제는 문주왕 2년(476)과 동성왕 6년(484)에 각각 송宋과 남제南齊에 견사하고자 하였으나 서해 해중에서 고구려가 길을 막아 되돌아 온 사건이 참고가 된다.

38 이현혜, 2005.

39 이현혜, 2005.

40 "初右渠未破時 朝鮮相歷谿卿以諫 右渠不用 東之辰國 … 亦與朝鮮貢蕃不相往來".

파동이 진국의 해체에 영향을 미쳤다는 견해가 있다.[41] 한과 위만조선의 대결은 기원전 108년 위만조선의 멸망과 한의 군현 설치로 결말이 났다. 그러나 얼마 지나지 않아 기원전 82년 진번군이 폐지되고 낙랑군에 합쳐졌다가 다시 7개 현만 낙랑군 남부도위南部都尉 관할로 분리되고(기원전 75) 나머지 8개 현은 한漢의 직접적인 통제에서 벗어났다. 서북 지방에서 일어난 이러한 정치적 파동은 집단적인 주민 이동을 유발하였고 이는 연쇄 작용을 일으키면서 중남부 지방의 역사 전개에 다양한 영향을 미쳤다.

2. 마한 소국의 형성

이와 같이 위만조선 말기 이래 새로운 주민과 문화가 중남부 지방으로 유입되면서 인구 밀도와 긴장감이 높아졌다. 이 과정에서 초기철기문화 단계의 개별 읍락집단들이 서로 통합되거나 규모가 확대되면서 새로운 정치체로 탈바꿈하는 변화를 겪었다. 『삼국지』 동이전에 실려 있는 마한 54개국과 진·변한 24개국 대부분은 위만조선의 멸망, 한군현 설치, 진국 해체, 유이민 파동이라는 격동기를 거치면서 중남부 각지에서 등장한 정치체들이다. 이들은 성읍국가城邑國家, 군장사회君長社會, 읍락국가邑落國家, 소국小國 등 다양한 용어로 불린다. 동일한 대상을 이렇게 서로 다른 이름으로 부르는 것은 삼한 소국의 성격에 대한 견해가 그만큼 다양하기 때문이다. 어쨌든 이러한 삼한의 소국들도 지역마다, 소국마다 성립 시기나 주도 세력이 조금씩 다르다. 『삼국지』 동이전에 실린 마한 소국은 다음과 같다.

원양국爰襄國, 모수국牟水國, 상외국桑外國, 소석색국小石索國, 대석색국大石索國, 우

41 노중국, 2003a, p.196.

휴모탁국優休牟涿國, 신분고국臣濆沽國(신분활국臣濆活國), 백제국伯濟國, 속로불사국速盧不斯國, 일화국日華國, 고탄자국古誕者國, 고리국古離國, 노람국怒藍國, 월지국月支國, 자리모로국咨離牟盧國, 소위건국素謂乾國, 고원국古爰國, 막로국莫盧國, 비리국卑離國, 점리비국占離卑國, 신흔국臣釁國, 지침국支侵國, 구로국狗盧國, 비미국卑彌國, 감해비리국監奚卑離國, 고포국古蒲國, 치리국국致利鞠國, 염로국冉路國, 아림국兒林國, 사로국駟盧國, 내비리국內卑離國, 감해국感奚國, 만로국萬盧國, 벽비리국辟卑離國, 구사오단국臼斯烏旦國, 일리국一離國, 불미국不彌國, 지반국支半國, 구소국狗素國, 첩로국捷盧國, 모로비리국牟盧卑離國, 신소도국臣蘇塗國, 막로국莫盧國, 고랍국古臘國, 임소반국臨素半國, 신운신국臣雲新國, 여래비리국如來卑離國, 초산도비리국楚山塗卑離國, 일난국一難國, 구해국狗奚國, 불운국不雲國, 불사분사국不斯濆邪國, 원지국爰池國, 건마국乾馬國, 초리국楚離國

문헌기록에 나오는 마한 소국의 수는 54, 55 또는 56개국으로 약간의 차이가 있다. 예컨대 『삼국지』 동이전에는 막로국莫盧國이 두 번 중복되어 나오거나(18번째, 43번째) 『한원翰苑』에 인용된 『위략』에는 막로국(18번째)과 비리국(19번째)이 합쳐져 막로비리국莫盧卑離國 1개국으로 되어 있다.[42] 백제 국가의 모태가 되는 백제국伯濟國 역시 마한 50여 국 중 하나였다. 이 가운데 막로비리국(莫盧)卑離國, 감해비리국監奚卑離國, 내비리국內卑離國, 벽비리국辟卑離國, 모로비리국牟盧卑離國, 여래비리국如來卑離國, 초산도비리국楚山塗卑離國 등 '~비리국'으로 끝나는 것이 7개국이나 된다. 백제 지명에서 마을 또는 성을 뜻하는 부리夫里는 이러한 마한 소국의 이름에 나오는 비리卑離에서 비롯된 것이다. 각 국의 위치는 대부분 불확실하지만 현재까지 이루어진 지명고증에 의하면 대략 한강 북쪽 및 서해안 지역에 7개국이 위치하고 한강 남쪽 경기 남부에 6~7개 정도가 분포하며 그 나머지 40여 개 소국 대부분이 충남과 전라남북도에 있었다는 것이 종래의 추정이다.[43] 그리고 이를 토대로

42 비비리국으로 해석하기도 한다. 이병도, 1976, p.264.
43 천관우, 1989, p.422, 마한제국 위치 일람표 참조.

전남 각지에 13~14개 마한 소국의 중심지를 구체적으로 비정하기에 이르렀다.[44] 또한 기원전 1세기부터 기원후 3~4세기의 무덤과 주거지 분포 자료들을 토대로 금강 유역 마한 소국의 읍락 분포와 변화 과정을 추정하는 구체적인 연구도 진행되었다.[45]

이러한 시도와는 달리 문헌 분석을 통해 『삼국지』 동이전에 수록된 마한 제국을 시간적, 공간적으로 제한하여 이해하는 새로운 견해도 있다.[46] 『삼국지』의 마한 소국들은 마한 성립 초기부터 존속한 소국명이 아니라 위魏나라 명제明帝가 낙랑·대방군을 접수한 이후 238~265년 사이 채록한 국명이며, 이들은 노령산맥 이북 서해 연안 항로상에 분포하며 노령산맥 이남 영산강 유역의 정치체들은 여기에 포함되지 않았다는 것이다. 이러한 문제들은 앞으로 영산강 유역의 1~3세기 물질자료의 변화 추이나 특성에 대한 비교·분석을 통해 검증되어야 할 것이다.

마한 소국들 중에서도 충청·전라 지역의 소국들은 대부분 세형동검문화 단계의 읍락집단들을 모체로 성장 발전한 것이다. 특히 금강 유역에는 세형동검문화 단계 이래 수많은 정치체들이 밀도 높게 형성되어 있었고, 그중 일부는 진국과 같은 읍락집단 연합체의 결성도 이미 경험하였으며 소국 성립 이후에도 마한의 실질적인 중심부 역할을 하였다. 반면 한강 유역과 경기 북부 지역의 소국들은 충청·전라 지역보다 상대적으로 대두 시기가 늦고 분포 밀도도 낮다. 백제국을 포함하는 이 지역의 정치체들은 서북 지방의 정치적 파동의 영향을 직접적으로 받았고, 예계濊系 종족들과도 밀접한 관계를 가지면서 마한의 북쪽 주변 세력을 구성하였다. 그러나 평균적으로 마한 지역의 소국들은 진·변한에 비해 성립 시기가 앞서고 규모도 크다. 마한 소국 중에

44 박찬규, 2013, 「문헌자료로 본 전남지역 마한소국의 위치」, 『백제학보』 9; 임영진, 2013, 「고고학 자료로 본 전남 지역 마한 소국의 수와 위치 시론」, 『백제학보』 9.

45 박중균, 2011, 「금강유역 문화의 지역성과 정치체의 존재양태—국의 추출과 성장·소멸—」, 제23회 호서고고학회 학술대회 발표문.

46 윤용구, 2019, 「마한 제국의 위치재론—한간으로 본 조공사행과 관련하여—」, 『지역과 역사』 45.

서 규모가 큰 것은 1만 여가, 작은 것은 수천 가로 총 십여만 호에 이르렀다고 한다. 이를 계산해 보면 마한 각 소국의 평균적인 인구 규모는 대개 3,000여 호 전후가 된다.

반면 진·변한 소국의 형성 배경은 마한 지역과는 다소 다르다. 특히 진한은 소국 형성의 주도 세력이 각종 유이민이었다는 점에서 마한과 대비된다. 『삼국지』 동이전에는 "진한은 옛 진국이다"라는 기록이 앞부분에 나온다.[47] 진국과 진한의 관계에 대해서는 진국이란 정치체의 성격을 어떻게 이해하느냐에 따라 여러 가지 해석이 가능하지만, 진국 지역에 있던 일부 정치체가 경상도 지역으로 이주하여 진한 소국의 일부를 구성하였을 가능성도 없지 않다. 그리고 『삼국지』 동이전 진한조에는 이와 전혀 다른 계통의 유이민에 대한 기록도 실려 있다. "진한의 노인들이 대대로 전하여 말하기를 '옛 망명인이 진역秦役을 피하여 한국韓國에 왔을 때 마한이 동쪽 경계지의 땅을 나누어 주었다'고 하였다"는[48] 기록이 그것이다. 이와 관련된 내용이 『삼국사기』 신라본기(혁거세 38년조)에도 나오는데 진秦·한漢 교체기의 혼란을 피해 이동해 온 다수의 중국인이 마한의 동쪽에서 진한과 섞여 살았다는 내용이다. 이러한 전승은 위만조선에 정착하고 살던 전국계 유이민의 일부가 위만조선 멸망 후 중부 지방을 경유하여 경상도 지역으로 이주하여 진한 소국 형성에 관계한 사실을 전하는 것이라 생각된다.[49] 그리고 이와는 사료의 출처가 다르지만 『삼국사기』 신라본기에 "조선 유민이 산골짜기 사이에 나뉘어 살면서 6촌을 이루었다"는 기록이 있다.[50] 이것은 위만조선계 유이민이 진한 사로국 형성의 중요 세력이었음을 전하는 것으로 그 속에는 위만조선에 살았

47 "辰韓古之辰國也". 『후한서』에는 삼한 모두가 진국에서 나온 것으로 기록되어 혼란이 있지만 전반적으로 『후한서』는 『삼국지』보다 사료의 신빙도가 떨어지므로 진국과 삼한의 관계에 대해서도 『삼국지』의 기록을 취하는 것이 옳다.

48 "辰韓在馬韓之東 其耆老傳世自言 古之亡人避秦役 來適韓國 馬韓割其東界地與之".

49 이현혜, 1984, 『삼한사회형성과정연구』, 일조각.

50 "朝鮮遺民 分居山谷之間 爲六村".

던 중국계 유이민이 포함되었을 가능성이 높다. 이처럼 문헌기록의 내용이 서로 엇갈리는 것은 다양한 계통의 유이민이 진한 형성에 관계하였기 때문이다.

이와 같이 소백산맥 이동 지역에서 새로운 소국들이 속속 형성되고 이들과 중국 군현 사이에 교섭이 이루어지면서 이들을 진한이라 부르기 시작하였다. 기록상으로 진한의 이름이 처음으로 나오는 것은 『위략』에 전하는 진한 우거수右渠帥 염사착廉斯鑡설화로 그 시기는 1세기 초엽(20~23년 사이)이다. 그리고 후한後漢 광무제光武帝 20년(44)에 한인韓人 소마시蘇馬諟를 "한염사읍군漢廉斯邑君"으로 봉하였다는 기록이 있는데 염사는 진한 지역에 있던 지명이다. 즉 낙랑군 설치 이후 어느 시점부터 경상도 방면의 소국과 종족을 한韓으로 부를 뿐 아니라 경기·충청·전라 지역의 한과 구별하여 진한이라 하였다. 진·변한의 성립 기준과 시기에 대해서는 별도의 논의가 있어야겠지만 결과적으로 진한과 변한이 대두하면서 원래의 한韓을 광의의 한과 구별하기 위해 마한이라 불렀다. 마한이란 이름은 '고마[蓋]한'을 줄인 것[51] 또는 큰 한이란 뜻의 '말[馬]한'에서 비롯된 것이라는 견해가 있다.[52] 그런데 『삼국지』 동이전 한조에는 마한을 그냥 한이라고 표현한 곳이 있다. 이것은 진·변한이 성립한 이후에도 종종 마한을 원래대로 한이라 불렀기 때문일 것이다. 요컨대 소백산맥 이동 지역에서 진한, 변한의 등장으로 좁은 의미의 '한'이 중남부 지방 전체의 종족과 정치체를 뜻하는 넓은 의미의 '한'으로 확대되었고, 종래의 좁은 의미의 한은 마한이라 불렸다.

51 이병도, 1976.
52 노중국, 2003a.

3. 마한 소국의 성장과 소국연맹체의 형성

문헌상으로 기원전 1세기~기원후 2세기 전반 대의 마한 지역 소국들의 활동에 대한 기록은 별로 없다. 고고학자료상으로도 진·변한 지역과 달리 서남부 지방에서는 기원전 1세기에서 기원후 1세기 기간에 해당하는 자료들이 아주 적어 공백기라고까지 표현할 정도이다. 반면 2세기 중후반~3세기 중후반 대에는 무덤, 주거지 등 유적과 유물의 숫자가 크게 늘어나고 이러한 증가 추세는 4세기 대로 단절 없이 이어진다. 고고학적으로 이 시기를 마한의 문화적 특성과 정체성(분구묘와 사주식 주거지 등)이 확립되는 시기로 간주하기도 한다.[53] 중국 군현과의 무력 충돌이나 활발한 교역 활동 기사도 모두 3세기 중엽경의 것이다. 이러한 현상은 모두 마한 각지에 성립해 있던 여러 소국들의 지속적인 성장 결과를 보여 주는 것이다.

정치·경제적 성장이 진행되면서 삼한의 소국들은 각종 목적으로 서로 결속을 맺어 소국연맹체를 형성하였다. 소국연맹체는 삼한의 소국들이 백제, 신라 국가로 발전해 가는 중간 단계에 해당한다. 그러므로 마한 백제국이 삼국시대의 백제로 발전해 나가는 과정을 이해하기 위해서는 마한 지역 소국연맹체의 형성과 변천 과정에 대한 이해가 필요하다. 소국연맹체 단계에서는 소국들은 개별적인 정치체로서 독자성을 강하게 유지하였으며 맹주국과는 수평적인 관계에 있었다. 비록 맹주국과 일반 소국 간에 우열의 차이나 서열은 있었지만 그들 사이에 수직적인 지배·복속의 관계가 확립된 것은 아니었다. 연맹체의 결성 계기나 존속 기반도 물리적 힘에 의한 일방적인 것이 아니라 정치·경제·군사적 목적을 위한 상호 작용 관계에 토대를 두었다. 따라서 연맹체의 맹주국이나 연맹체의 규모 등은 시기와 지역에 따라 변화하였다. 특히 삼한 시기에는 서북 지방에 있던 중국 군현이 선진 문물의 보급

53 서현주, 2019, 「마한 문화의 전개와 변화 양상」, 『호남고고학보』 61.

과 각종 교섭 활동의 구심체 역할을 하고 있었기 때문에 소국연맹체의 등장과 해체 등 중요 변화가 이들과의 관계 속에서 진행되기도 하였다.

삼한 중에서 소국연맹체가 가장 먼저 등장한 곳은 마한 지역이었다. 마한 지역에는 소국의 숫자도 많고 분포 영역도 넓어 시기나 지역에 따라 소국연맹체의 대두 시기나 크기 등이 달랐다. 일반적으로 소국연맹체 등장과 변화의 중요 분기점으로 한군현漢郡縣 설치, 대방군帶方郡 설치, 위魏나라의 동방 경략, 백제국의 성장 등을 꼽을 수 있다. 지역적으로는 크게 한강유역권(경기 북부 지역 포함), 금강유역권(아산만 지역 포함), 영산강유역권으로 나눌 수 있다.[54] 이는 문헌기록에 나타나는 3세기 대 각 지역별 유력 소국의 존재를 토대로 한 것이다. 『삼국사기』 백제본기의 백제국, 『삼국지』 동이전 한조의 목지국目支國, 『진서晉書』 장화張華 열전의 신미국新彌國이 이에 해당한다.

마한 지역 안에서도 소국연맹체 형성이 가장 이른 지역은 금강유역권이며, 이 지역은 3세기 전반까지 마한의 실질적인 중심지 역할을 하였다. 문헌상으로 마한 지역에서 소국연맹체로 추정되는 정치체의 존재가 확인되는 것은 기원전 1세기경이다. "옛 망명인이 진역을 피하여 한국에 왔을 때 마한이 동쪽 경계지의 땅을 나누어 주었다"는 『삼국지』 동이전 진한조의 기록이 그것이다. 당시 유이민 집단들에게 압력을 행사하는 정치체의 실체는 한두 개의 소국이 아니라 소국연맹체로 이해할 수 있다. 이러한 소국연맹체가 처음부터 마한이라고 불린 것은 아니겠지만[55] 마한 지역에 형성되어 있었던 소국

54 지역권을 좀 더 세분화하거나 중심권을 조금씩 다르게 잡기도 한다. 노중국은 임진강·예성강 유역 나해국 중심 지역연맹체, 한강 중상류 예계 중심 지역연맹체, 서울 백제국 중심 지역연맹체, 직산 목지국 중심 지역연맹체, 익산 건마국 중심 지역연맹체, 영산강 신미국 중심 지역연맹체 등으로 나누고, 이러한 지역연맹체의 연합을 마한연맹체로 파악한다(2003a). 유원재는 차령산맥과 금강 이북 지역에 있던 목지국 중심의 마한 세력, 금강과 차령산맥 이남에서 노령산맥 이북에 자리하였던 건마국을 중심으로 하는 세력, 그리고 영산강 유역에 위치하였던 잔여의 마한 세력 등으로 나눈다(1997, 「백제의 마한정복과 지배방법」, 『백제논총』 6; 1999, 「백제의 마한정복과 지배방법」, 최성락 외, 『영산강유역의 고대사회』, 학연문화사). 박찬규는 고고학적 성과를 바탕으로 마한 지역을 한강유역권, 아산만유역권, 금강유역권, 영산강유역권 등 4개의 문화권역으로 구분한다(1995, 「백제의 마한정복 과정 연구」, 단국대학교 박사학위논문).

55 이 기록은 진한 지역의 노인들로부터 전해 오는 옛 이야기를 전한 것으로 기사의 채록 시점은 마한, 진한, 변한이 이미 성립되어 있던 시기이다. 그러므로 후대의 마한이란 용어를 소급하여 사용한 것이다.

연맹체의 존재를 알려 주는 것은 사실이다. 아마 서북 지방에서 내려온 유이민들이 중서부 지방에 자리 잡지 못하고 인구밀도나 정치체 분포 밀도가 상대적으로 낮은 소백산맥 이동 지역으로 내려와 새로운 근거지를 마련한 것도 이들 때문일 것이다. 이들은 외부로부터의 위협에 공동으로 대응하고 서북 지방에서 유이민들이 내려올 때 통제를 가하고 그들에게 지속적인 관계를 요구하는 등 기득권을 행사하였다. 그러나 당시 소국연맹체의 범위나 성격은 불확실하다.

금강 유역 마한소국연맹체와 목지국 진왕辰王

문헌상으로 마한 지역에서 소국연맹체의 실체를 구체적으로 드러내는 것은 목지국 진왕이다. 『삼국지』 동이전에는 월지국月支國으로 되어 있으나, 『위략』과 『후한서後漢書』에 목지국으로 되어 있고 일반적으로 목지국으로 통용된다. 진왕과 목지국에 대해서는 많은 연구들이 있고 견해도 각양각색이다. 마한 소국 중에서 규모가 큰 국의 우두머리는 신지臣智라 하고, 작은 국의 우두머리는 읍차邑借라 하였으며, 목지국을 맹주국으로 하는 마한소국연맹체의 맹주는 진왕辰王이라 하여 왕호를 칭하였다. 목지국 진왕을 맹주로 하는 마한소국연맹체의 등장 시기에 대해 『후한서』의 기록을 근거로 진국 해체 시기까지 소급하는 견해, 3세기경 건마국乾馬國에서 목지국으로 맹주 세력이 바뀌면서 진왕이 등장한다는 견해,[56] 후한後漢 말 공손씨 정권의 대방군 설치와 관련 짓는 견해 등 다양하다.[57] 어쨌든 3세기 마한 지역에서 가장 유력한 소국연맹체 맹주의 칭호는 진왕이었고 동시에 그는 목지국을 다스리는 우두머리였다.[58]

56 노중국, 1987.

57 武田幸男, 1996, 「三韓社會における辰王と臣智(下)」, 『朝鮮文化研究』 3, 東京: 東京大學文學部 朝鮮文化研究室.

58 목지국에는 진왕 아래 목지국만을 다스리는 신지가 있었다는 견해도 있다(武田幸男, 1996).

목지국의 위치에 대해서는 직산,[59] 예산,[60] 홍성,[61] 천안[62] 등 충남 지역에 비정하는 견해가 가장 많다. 마한소국연맹체의 맹주를 '진왕'이라 부른 것은 '옛 진국 지역의 왕'[63] 또는 '진辰 지역을 다스리는 왕'이라는 뜻을 가지므로 진왕의 통치 지역은 진국과 깊은 연고를 가진 것으로 본다.[64] 이는 목지국의 위치를 충남 지역에 비정할 수 있는 중요 근거가 된다. 그리고 직산, 예산, 홍성 등 지금까지 목지국이 있었던 곳으로 추정된 지역은 공통적으로 안성천, 삽교천 등 아산만으로 흘러드는 여러 갈래의 소하천이 발달한 곳에 위치한다. 아산만 일대는 지리적으로 서북 지방이나 중국과의 통교가 편리한 지역이다. 이러한 지리적 특성 때문에 아산만은 선사시대 이래 해로를 통해 중국이나 한반도 서북 지방으로부터 선진 문화가 유입되는 중요한 창구가 되었다. 특히 대방군이 한·왜 교섭의 중심지가 되면서 예성강 하구에서 아산만으로 통하는 해상 루트의 이용 빈도도 높아졌다. 한韓과 중국 군현과의 대외 교섭의 구심점 역할을 하였고 중국 군현과 대립 관계에 있지 않았던 진왕의 거점으로 아산만 지역을 주목한[65] 이유가 여기에 있다.[66]

다음은 3세기 중엽 진왕의 성격과 통치 범위에 관한 것이다. 『삼국지』 동이전 내용을 보면 사서 편찬자는 해당 지역의 정치적 지배자의 존재를 주목하여 수장의 칭호나 통치 조직, 위상 등을 우선적으로 기술하고 있다. 『삼국지』 동이전 한조에도 왕에 대한 언급이 세 부분에 걸쳐 나오는데, 첫 번째는 마한 목지국 진왕, 두 번째는 진·변한조의 진왕, 세 번째는 변진 12국의 왕

59 이병도, 1976.
60 김정배, 1986; 武田幸男, 1996.
61 천관우, 1989.
62 권오영, 1996.
63 천관우, 1989.
64 박대재, 2002, 「『삼국지』 한전의 진왕에 대한 재인식」, 『한국고대사연구』 26.
65 이현혜, 1997, 「3세기 마한과 백제국」, 『백제의 중앙과 지방』, 백제연구총서 5, 충남대학교 백제연구소.
66 이를 좀 더 구체화하여 목지국 소재지는 중국 군현과의 교섭과 마한 제국을 영도하기에 불편이 없는 지역, 즉 한반도 중부권에 있으면서 해로 교통의 요충지에 인접하고 청동기문화 기반을 지닌 유서 깊은 지역이어야 하는데 목촌부곡이 소재한 충남 아산 일대가 이 기준에 적합하다는 견해도 있다. 이도학, 1998, 「새로운 모색을 위한 점검, 목지국 연구의 현단계」, 박순발 외, 『마한사 연구』, 충남대학교출판부.

에 대한 것이다.[67] 진왕에 관한 기록은 마한조와 진·변한조 두 부분에 나누어져 있다. 이 두 부분의 기록을 어떻게 해석하느냐에 따라 진왕의 성격과 통치 범위가 달라진다. 해당 기록은 다음과 같다.

마한조[68]

① 진왕은 목지국을 치소로 삼는다.

② 신지(는)에게 간혹 우대하는 호칭인 신운견지보臣雲遣之報 안야척지安邪踧支 분신이아불례濆臣離兒不例 구야진지염拘邪秦支廉의 칭호를 더하기도 한다.

③ 관직에는 위솔선魏率善·읍군邑君·귀의후歸義候·중랑장中郎將·도위都尉·백장伯長이 있다.

진·변한조[69]

① (진·변한 24국 중) 12국은 진왕에 속하고,

② 진왕은 항상 마한인으로 삼아 대대로 이어 갔으며,

③ 진왕은 스스로 왕이 될 수 없다.

『위략』에 말하기를 유이민이었기 때문에 마한의 통제를 받은 것이 분명하다.[70]

진왕의 통치 범위에 대한 중요 견해를 정리하면 다음과 같다. 첫 번째는 마한조 (①, ②, ③)와 진·변한조 기록을 모두 마한 목지국 진왕에 관한 것으로 해석하여 진왕은 마한 이외에 진한 12국과 변한 일부 소국까지 관할하였다고 보는 입장이다.[71] 이들은 우호優呼(우대하는 호칭)를 진왕이 준 것 또는 진왕에게 바친 것으로 해석한다. 예컨대 진왕은 목지국이 가진 교통로상의 이

67 "弁辰 … 十二國亦有王".

68 "辰王治月(目)支國 臣智或加優呼 臣雲遣之報 安邪踧支 濆臣離兒不例 拘邪秦支廉之號 其官有魏率善邑君歸義候中郎將都尉伯長".

69 "(辰弁韓) 其十二國屬辰王 辰王常用馬韓人作之 世世相繼 辰王不得自立爲王".

70 "魏略曰 明其爲流移之人 故爲馬韓所制".

71 武田幸男, 1996; 노중국, 2003a; 이도학, 1998; 윤선태, 2001, 「마한의 진왕과 신분고국」, 『백제연구』 34, 충남대학교 백제연구소.

점을 바탕으로 서해안과 남해안을 연결하는 해로 교통의 중요 거점에 해당하는 특정 소국을 선택하여 각 지역과 연락을 유지하는 광의의 통교 네트워크를 구축하였다는 것이다. 특정 소국이란 우호를 가진 4개국으로 마한 신운신국臣雲新國(영산강 유역에 비정), 마한 신분고국臣濆沽國(서울 부근 또는 그 북방 지역에 비정), 변진구야국弁辰狗邪國(경남 김해), 변진안야국弁辰安邪國(경남 함안)이다.[72] 이보다 약간 강도를 낮추어 목지국 진왕은 우호를 가진 4국을 아우르는 권력체가 아니라 단지 대방군에서 왜倭에 이르는 해로와 육로를 통제하는 과정에서 한韓을 대표하는 세력으로 성장한 것이라는 해석도 있다.[73]

이와 달리 우호를 받은 것은 경기 북부의 신분활(고)국이 아니라 신리국新離國이며, 신리국은 영산강 유역에 비정되는 『진서晉書』의 신미국新彌國에 해당되는 유력 소국이라는 것이다.[74] 그리고 진왕이 4국에게 우호를 준 배경은 교통이나 경제적인 것이 아니라 정치적인 것으로 마한 신리국과 신운신국은 목지국이 맹주국으로 대두할 때 지지해 준 세력이며 우호는 이에 대한 정치적 배려라는 것이다.

강도의 차이는 있지만 이러한 견해들은 진왕을 마한 소국의 대부분을 통괄하고 더 나아가서 진·변한 지역 소국들에게까지 영향력을 행사하는 유력한 존재로 파악한다. 이처럼 마한조(①, ②, ③)의 진왕과 진·변한조의 진왕을 동일 존재로 볼 경우 진왕의 관할 범위는 아주 넓어진다. 더욱이 진왕에 속하였다는 '속屬'의 의미를 관할이라는 뜻이 아니라 물자와 노역 징발, 그리고 감찰 행위 또는 직공 납부 등을 포함하는 것으로 해석하면 진왕의 권력은 상당히 강력한 것이 된다.[75]

72 武田幸男, 1996.

73 윤선태, 2001.

74 우호 관련 구절을 "臣雲遣之報 / 安邪踧支 / 濆臣離兒不例 / 拘邪秦支廉"으로 읽지 않고 "臣雲遣之報 / 安邪踧支濆 / 臣離兒不例 /拘邪秦支廉"으로 끊어 읽어 '臣離'(국명), '兒不'(관명), '例'(인명)이라 해석하였다. 노중국, 2003b.

75 속屬의 유형을 책봉 관계에 수반하는 통속 관계, 물자나 노역 징발을 행하는 이종족 간의 예속 관계, 서로 대립하거나 항쟁하고 있지 않은 통속 관계로 구분하기도 한다(武田幸男, 1996).

두 번째는 마한조 우호 구절(②)은 진왕과 직접 관련이 없다는 입장이다. 이 구절은 진왕이 4국에게 우호를 준 사실을 기록한 것이 아니라, 단순히 삼한 지역에서 진왕 다음으로 우세한 소국의 신지들을 열거한 것에 불과하므로 진왕이 4국을 통제하거나 마한 전역에 영향력을 행사한 것은 아니라는 것이다. 다만 진·변한조의 기록은 마한 진왕과 관계된 것이므로 진왕은 진·변한 12국에 대해서는 어떤 형태로든 관계를 가지거나 영향력을 행사한 것으로 본다. 예를 들면 진·변한 12국은 진왕에 신속한 것이 아니라 목지국을 중심으로 하는 교역 체계에 들어가 있었을 것이라는 해석이다.[76]

세 번째는 진·변한조의 진왕과 마한조의 진왕을 동일 존재에 대한 기록으로 볼 수 없다는 입장이다. 진·변한조의 진왕 기록은 후대 사서인 『진서晋書』, 『양서梁書』, 『북사北史』 등에서는 '진왕'이 아니라 '진한왕' 또는 '진한'으로 되어 있으므로 이를 취하면 진한 12국과 목지국 진왕과는 아무런 관계가 없게 된다.[77] 따라서 마한 진왕의 영향력 범위는 마한 지역으로 국한되고 진·변한조의 진왕은 진한의 맹주를 뜻하며 사로국왕이라는 추론까지 가능하다.[78] 이처럼 마한조의 우호 기록도 진·변한조의 진왕도 모두 마한 목지국 진왕과는 무관한 것으로 해석하면 진왕의 통치 범위는 축소될 수밖에 없다. 따라서 진왕은 목지국을 중심으로 하는 마한의 일부 지역, 예컨대 금강 중하류 지역을 통치하던 존재에 불과하게 된다.[79] 이처럼 3세기 마한 지역의 대표적인 소국연맹체의 맹주인 진왕의 위상에 대해서는 연구자에 따라 시각차가 상당히 크다.

이러한 혼란의 근본 원인은 사료 자체가 지닌 내용적 모순과 혼란 때문이다. 예를 들면 진·변한 12국을 다스리던 진왕이 마한 목지국의 진왕과 동일

76 권오영, 1996; 윤용구, 1998, 「『삼국지』 한전 대외관계기사에 대한 일검토」, 박순발 외, 『마한사 연구』, 충남대학교출판부.

77 박대재, 2002, 「『삼국지』 한전의 진왕에 대한 재인식」, 『한국고대사연구』 26.

78 천관우, 1989.

79 김정배, 1986; 박대재, 2002.

한 존재라면 진왕이 마한인이라는 것은 당연한 사실임에도 불구하고 진·변한조에 "진왕은 항상 마한인으로 삼아 대대로 잇는다"라는 부연 설명을 붙인 것은 아무래도 어색하다. 그리고 마한과 진·변한 12국을 다스리던 진왕이 스스로 왕이 될 수 없는 미약한 권력의 소유자라고 하는 설명도 마한소국 연맹체 대표 맹주격인 진왕의 이미지와 맞지 않는다. 이러한 모순은 여러 연구자들이 지적한 대로 사서 찬술 과정에서 일어난 착오 때문이라고 밖에 볼 수 없다. 진·변한조의 진왕은 '진한왕'이라고 해야 할 것을 『삼국지』 찬자가 '진왕'으로 잘못 기술하였고 당唐 대 사서에서 이 부분을 바로 잡았다는 해석도 이러한 서술상의 착오라는 입장에 서 있다.[80]

『삼국지』 동이전은 내용의 상당 부분을 『위략』을 참고하여 서술한 것으로 알려져 있다. 그런데 『한원』 삼한 주에 인용된 『위략』 일문에 "진한인은 항상 마한인으로 주主를 삼아 대대로 이어 간다"[81]와 『삼국지』 진한조 인용 『위략』에 "유이민이었으므로 마한의 통제를 받은 것이 분명하다"[82] 라는 기록이 있다. 『삼국지』 찬자가 『위략』의 이 기록들을 참고하였다면 당연히 진한 12국은 마한인에게 속하였고 이들은 유이민이었기 때문에 마한의 통제를 받았다고 이해하였을 것이다. 그리고 마한인 중에서 진한 12국을 통제할 수 있는 존재는 목지국 진왕이라고 추론한 것은 어쩌면 자연스러운 결과인지도 모른다. 요컨대 『위략』의 이 기록들을 전면 부인하지 않는 한 진·변한조의 '진왕'을 '진한왕'이나 '진한'으로 바꾸어 해석한다 해도[83] 마한 진왕과 진한 12국의 관계에 대한 기본 틀은 크게 달라지지 않는다. 따라서 진한조의 '진왕'은 목지국의 진왕과는 구분되어야 하고, 진한 12국은 어떤 형태로든 마한 목지국과 관계를 가진 것이 분명하다.

기원전 1세기~기원후 3세기 경주, 대구, 경산, 김해, 울산 등지의 유물·

80 박대재, 2002.
81 『翰苑』 蕃夷部 三韓 註, "魏略曰 辰韓人常用馬韓人作主 代代相承".
82 『三國志』 魏書 東夷傳 韓條, "魏略曰 明其爲流移之人 故爲馬韓所制".
83 박대재, 2002.

유적을[84] 천안 청당동유적과 비교해 보면 질과 양 모든 면에서 경상도 지역의 것이 훨씬 우세하다. 아직 마한 지역 소국 수장층의 무덤 조사가 진·변한 지역만큼 충분하지 못하여 정확한 비교는 어렵지만 전반적인 추세로 미루어 진·변한 지역이 마한 지역보다 열세라고 판단할 근거는 현재로서는 희박하다. 지금까지의 고고학 유물·유적의 출토 상황을 무시하지 않는 한 3세기 중엽경 진한 12국이 마한의 통제를 받았다는 기록을 액면 그대로 해석하는 것은 실상과 거리가 있다. 예컨대 마한과 진한 소국과의 모종의 관계는 진한 형성 초기 단계의 상황을 전하는 것이었으나, 사서 찬술 과정에서 시간성을 잃어버렸거나 혼동이 생겼을 가능성도 있다. 아니면 이것이 3세기 전반 대의 상황이라고 한다면 진한이 중국 군현과 교섭하는 과정에서 진왕 주도의 마한소국연맹체 지역을 경유하거나 매개로 삼으면서 목지국 진왕에게 어떤 대가를 지불한 것이 과장되어 전해졌을 수도 있다. 『삼국사기』 신라본기 혁거세조(38년)에 진한 사로국이 마한의 맹주에게 직공을 바치던 관계에서 벗어나는 내용이 나온다.[85] 이 기록은 중국의 사서와는 출처가 전혀 다름에도 불구하고 내용이 일맥상통하는 데가 있어 진·변한조 진왕 부분 해석에 중요한 참고 자료가 된다.

요컨대 3세기 전반 마한 지역의 대표적인 소국연맹체는 목지국 진왕을 맹주로 하는 소국연맹체인 것은 분명하나 그 세력 범위나 권력의 성격에 대해서는 의견이 분분하다. 더욱이 3세기 후반경에는 문헌상으로 마한 지역 내에서 복수의 소국연맹체가 등장하므로 목지국 진왕과 경기 지역이나 영산강 유역의 마한 소국과의 상호 관계 등을 종합적으로 고려해야 한다.

84 경주 조양동유적, 사라리유적, 김해 양동리유적, 울산 하대유적, 경산 임당동유적 등 다수의 유적들이 있다.
85 "三十八年 春二月 遣瓠公聘於馬韓 馬韓王讓瓠公曰 辰卞二韓 爲我屬國 比年不輸職貢 事大之禮 其若是乎".

경기 지역 마한 소국과 중국 군현과의 갈등

경기 지역에는 한족韓族 이외에 예족濊族이 살고 있었다. 광개토왕릉비문에는 4세기 말경 경기 지역 한족, 예족의 분포와 관련하여 중요한 사실이 기록되어 있다. 비문에 의하면 고구려 광개토왕은 396년 백제를 공략하여 58성 700촌을 확보하였다. 그리고 그가 공략한 한·예 지역 36곳으로부터 220가의 주민을 차출하여 자신의 능을 관리하는 수묘인守墓人으로 삼았다. 그런데 36곳 중 한의 이름이 명시된 성이 6곳[86], 한과 예가 함께 하는 성이 1곳[87]이다. 이 밖에 성의 이름에 한이라 표시되지 않았지만 한계韓系로 생각되는 성으로 미추彌鄒성, 모수牟水성, 고리古利성이 있다. 미추성은 인천 지역으로 비정되고 모수성은 마한 모수국에, 고리성은 마한 고리국에 비정된다. 또한 아단성이 한강 북쪽 아차산성과 관계된 지역이라면[88] 이 역시 한계 성으로 분류될 수 있다. 이처럼 58성 가운데는 『삼국지』 한조의 마한 54국에는 포함되지 않았지만 원래 ○○국으로 불리던 한계 성이 상당수 있었음을 알 수 있다.

마한 소국의 위치를 비정함에 있어서 초기에는 음상사를 기준으로 그 대부분을 한강 이남 지역에 비정하였다.[89] 이와 달리 『삼국지』 한조의 마한 소국의 열거 순서는 임진강 방면에서 점차 남하하여 전남 해안 방면에 이르는 북으로부터 남으로의 방향이라는 것이다. 그리고 마한 소국 분포의 북계가 임진강 유역 파주 연천 지역까지 올라가며 백제국을 포함하여 약 12개가량의 마한 소국이 한강을 중심으로 경기 남북부에 걸쳐 분포한 것으로 추정하였다.[90] 이들은 수적으로는 많지 않지만 지리적으로는 중국 군현과 가깝고 종족적으로는 예족과 밀접한 관계를 가져 문화적으로 금강 유역의 마한 소

86 정확히 말하면 城 자가 붙은 곳은 '巴奴城韓', '太山韓城' 두 곳이고, 나머지 '豆比鴨岑韓', '求底韓', '客賢韓', '百殘南居韓'은 城 자가 없다.

87 '사연성한예舍蔦城韓穢'라고 하여 어느 지역인지 불확실하나 사연성이란 곳에 한과 예과 함께 거주한 것으로 나온다.

88 이병도, 1976.

89 이병도, 1976.

90 천관우, 1989.

국들과 상당히 다른 성격을 나타낸다(본서 II부 3장 참조).

『삼국사기』 백제본기에는 예족을 말갈로 기록하였는데 이들은 자주 백제를 침입하였다. 백제 초기 말갈이 침입한 곳은 평강, 연천, 개성, 포천, 양주 등 경기 북부 임진강 유역에서 한강에 이르는 지역이다.[91] 말갈과 낙랑의 잦은 침략으로 백제국이 중심지를 한강 남쪽으로 옮길 정도로 그들은 위협적인 존재였다. 이처럼 백제국을 포함하여 경기 북부 지역의 한 소국들은 예족과 밀접한 관계가 있었다. 예족의 분포 범위는 강원 지역뿐 아니라 경기 동부 지역까지 상당히 넓었으며, 중국 군현과 한 사이에서 중요 세력으로 활동하였다. 그러나 한과 예가 서로 섞여 살았는지, 지역적 경계가 뚜렷하였는지는 분명하지 않다.

박순발은 기원전 1세기~기원후 3세기 한강 중상류 지역의 고고학적인 문화를 중도유형문화中島類型文化로 설정하고 이를 예계 집단의 문화로 비정하여 한계韓系 문화와 구분하였다. 중도유형문화는 경질硬質무문토기, 타날문打捺文토기, 회(흑)색 무문양토기가 공존하고, 주거지 평면은 출입 시설이 있는 '여呂' 자형 또는 '철凸' 자형이고, 묘제는 즙석식적석묘葺石式積石墓(적석분구묘積石墳丘墓) 양식으로 특징지어진다. 그리고 이러한 물질문화를 토대로 예계문화와 마한문화의 경계를 경기도 연천-양평-남한강을 연결하는 선으로 보았다.[92] 이를 시발점으로 경기 지역에서 고고학적으로 한과 예의 분포 범위를 추정하기 위해 많은 노력들이 진행되고 있다. 그러나 경기 지역에서는 예계의 기층문화로 파악된 중도유형 주거지, 토기, 묘제의 분포권이 서로 엇갈리기도 하고 다른 문화 요소와 혼합되기도 하여 문헌에 나오는 한과 예를 고고학적으로 구분해 내는 것이 쉽지 않다. 다행히 중부 지방의 고고학자료가 지속적으로 축적되어 지금은 중도유형문화에 대한 연구도 지역

91 천관우, 1989.
92 박순발, 1997, 「한강유역의 기층문화와 백제의 성장과정」, 『한국고고학보』 36.

적으로 세분화되는 등 초기보다 많이 진전되었다.[93] 그리고 경기 서해안과 경기 남부 지역의 고고학자료도 크게 늘어나 마한문화권과 중도유형문화권의 접점을 찾는 작업이 활발하게 진행되고 있어 그 전망은 어둡지 않다.[94]

이러한 경기 지역 정치체들의 활동 상황을 짐작할 수 있는 자료가 문헌기록에 나타나기 시작하는 것은 2세기 후반이다. 『삼국지』 동이전 한조에 중국 후한後漢 환제·영제(147~189) 말에 한과 예가 강성하여 군현이 제대로 통제하지 못하여 군현의 주민들이 한韓으로 많이 갔다는 기록이 있다. 2세기에 이르면 그동안 일반화된 철제 생산 도구의 보급과 생산력 증대의 결과 한족과 예족 사회도 크게 번성하였으며, 이러한 현상은 중남부 지방 전역에 걸친 현상으로 경기 지역 토착 사회도 예외가 아니었다. 그리고 2세기 후반 후한이 혼란기에 빠져들고 통제력이 약화되면서 낙랑 지역의 주민들이 대거 한으로 유망하는 사태가 이어졌으나 낙랑군이 도망간 주민을 되잡아 오거나 유망민을 받아들인 한 소국들을 제대로 응징하지 못하였다. 이런 와중에 군현민의 유입이 가장 많았던 지역은 군현에 인접한 경기 북부 지역이었을 것이다. 고고학자료에 의하면 임진강·한탄강 유역, 강원 영서, 한강 중·하류, 안성천 유역 등지에서 2세기 중후반 이후의 낙랑계 유물(철경동촉, 토기)의 출토 사례가 증가하고 있다.[95] 특히 화성 기안리유적을 비롯한 안성천 유역에서는 낙랑계 유물이 대량으로 확인되어 낙랑계 유민의 이주 가능성이 제기되기도 한다.[96] 이처럼 2세기 후반 군현 지역으로부터의 주민 이동으로 경기

93 유은식, 2018, 「예문화의 형성과 확산 양상—중도유형문화를 중심으로—」, 『한국 상고사 외연의 확장과 변방의 재인식(1)—환동해 지역—』, 제49회 한국상고사학회 정기학술대회 발표문; 박경신, 2020, 「중동부문화권 원삼국시대 주거의 기원과 전개」, 『문헌과 고고자료 속의 고대 강원』, 강원연구원·국립춘천박물관·강원학연구센터; 정치영, 2020, 「중도문화 묘제의 성립과 전개」, 『문헌과 고고자료 속의 고대 강원』, 강원연구원·국립춘천박물관·강원학연구센터.

94 숭실대학교 한국기독교박물관, 2020, 『접점 III, 중부지역 원삼국~한성백제기의 고고학적 공간』, 제17회 매산기념강좌.

95 권도희, 2020, 「중부지역 원삼국문화와 낙랑」, 『선사·고대의 중부지역과 북한』, 중부고고학회 2020년도 정기학술대회 발표문.

96 화성 기안리유적 출토 토기의 60% 이상은 낙랑토기 제작 기술이 반영되어 있다고 한다. 김무중, 2005, 「한강유역 원삼국시대의 토기」, 『원삼국시대 문화의 지역성과 변동』, 제29회 한국고고학전국대회 발표문, p.17.

북부 지역은 인구 밀도가 높아지고 낙랑계 유이민에 의해 새로운 문화와 기술이 적극 유입되었다.

이러한 상황은 3세기 초(202~204년경) 공손公孫씨가 낙랑군 지역에 진출하면서 크게 바뀌었다. 공손씨는 둔유현屯有縣 이남 황지에 대방군을 설치하였고 이를 위해 유망한 옛 주민들을 다시 모은다는 명목으로 군대를 동원하여 예성강 유역과 경기 북부 지역의 소국들을 쳐서 다수의 주민들을 대방군으로 옮겼다. 대방 7현은 기원전 108년 한漢에 의해 진번군이 설치된 곳이며 기원전 82년 진번군이 폐지된 후 낙랑군 남부도위에 이속되었으나,[97] 후한 말 주민들이 거의 빠져나가 황폐화되다시피 하였다. 이러한 지역에 다시 현을 복구하였다는 것은 대부분 무력으로 빼앗아 간 주민으로 군현을 채웠다는 뜻이다. 『진서晉書』 지리지에 의하면, 대방군 소속 7개 현의 총 호수는 4,900호이고 현당 평균 호수는 700호에 불과하다.[98] 『진서』는 3세기 후반경의 상황을 전하는 것으로 위魏를 거쳐 3세기 후반 진晉에 이르는 사이 다소 변동이 있었다고 하더라도 대방군 설치 초기의 인구와 크게 달라지지는 않았을 것이다. 비록 4,900여 호 규모라 할지라도 대방군 설치 과정에서 경기 북부 지역의 정치체들은 상당한 타격을 입었을 것이다. 그리고 대방군 설치 이후 한과 왜의 모든 교섭 창구가 대방군으로 일원화됨으로써 경기 북부 지역 한韓은 중국 군현의 통제권에 훨씬 가까워지게 되었다. 대방군 설치와 관련하여 백제국이 어떠한 영향을 받았는지는 불확실하다. 그러나 공손씨의 무력 제압에 대해 집단적으로 저항한 조직체는 확인되지 않는다. 그리고 경기 북부 지역의 한 소국들이 금강 유역 마한소국연맹체와 연계하거나 지원을 받은 흔적도 찾을 수 없다.

뒤이어 238~239년 사이 위나라가 공손씨 정권을 정벌하고 낙랑·대방군

97 이병도, 1976.

98 낙랑군은 3,700호이다. 전한前漢 대의 낙랑군 25현당 평균 호수 2,512호와 후한後漢 대의 낙랑군 18현의 평균 호수 3,416호와 비교하면 대방군 설치 이후 군현의 규모가 크게 축소된 것을 알 수 있다.

을 접수하면서 새로운 국면이 전개되었다. 위는 한의 수장들에게 읍군邑君, 읍장邑長의 인수印綬와 의책衣幘 등을 수여하면서 일시적으로 회유 정책을 폈다. 그러나 오래지 않아 위는 토착 사회의 도발을 빌미로 무력 진압에 나섰다. 244~246년 두 차례의 고구려 정벌과 이에 연계한 동예東濊의 정벌에 이어 위는 삼한에 대해서도 압력을 가하였다. 부종사部從事 오림吳林이 진한 12국 중 8국을 분리하여 대방군에서 낙랑군 관할로 이속시키는 조치를 취하자 이에 반발한 한 소국들이 대방군 기리영崎離營을 공격하고 대방태수 궁준弓遵이 전사하는 사건이 일어났다. 245년 위가 동예를 정벌할 때 대방태수 궁준이 군대를 이끌고 참여하였으므로[99] 그가 기리영 전투에서 전사한 것은 동예 정벌에서 돌아온 이후이다.

기리영 공격의 배경과 주도 세력에 대해서는 해석이 다양하다. 특히 『삼국지』 동이전 한조에 나오는 관련 기록이 판본에 따라 내용이 서로 달라 다양한 해석의 실마리를 제공하고 있다. 즉 명明 대 판본인 통행본(급고각본汲古閣本)에는 "신지가 한의 분노를 격발시켜 대방군 기리영을 공격한" 것으로 되어 있으나,[100] 남송南宋 대 판본(소흥본紹興本)에는 "신책점한臣幘沾韓이 분노하여 대방군 기리영을 공격한" 것으로 되어 있다.[101] 먼저 충돌 배경을 살펴보면 공격의 주도 세력은 진한 8국의 분할로 기득권을 상실하는 등의 불이익을 당한 세력이어야 한다. 위가 진한 8국 분할을 시도한 것은 낙랑에서 진한 8국에 이르는 교역로를 개설하여 중간 교역층을 배제하기 위한 것[102] 또는 내륙 교역로를 새로이 확보하려는 의도가 작용한 것으로 본다.[103] 이처럼 공격 주도 세력이 누렸던 기득권이 대개 대군현 교섭과 관련된 교통로나 중개

99 『삼국지』 위서의 동이전 예조에는 정시正始 6년(245)으로 되어 있고, 삼소제기三少帝紀 제왕조齊王條에는 정시 7년으로 되어 있다.

100 "臣智激韓忿 攻帶方郡 崎離營".

101 "臣幘沾韓忿 攻帶方郡 崎離營"; 末松保和, 1954, 『新羅史の諸問題』, 東京: 東洋文庫; 윤용구, 1999, 「삼한의 대중교섭과 그 성격」, 『국사관논총』 85.

102 윤용구, 1999.

103 임기환, 2000, 「3세기~4세기초 위·진의 동방 정책—낙랑군·대방군을 중심으로—」, 『역사와 현실』 36.

무역상의 이익이라고 하면 지리적으로 진한에서 대방군에 이르는 교통로에서 이 같은 기득권을 누릴 확률이 높은 곳은 경기 북부 지역 세력이다.

그런데 공격 주도 세력에 대해서는 마한 목지국 진왕설, 백제 고이왕설古爾王說, 마한 신분고국설臣濆沽國說 등으로 다양하다. 목지국이 공격 주체였다는 주장은 『삼국지』 통행본 기록과 『한원翰苑』의 기록을[104] 종합하여 신지가 한의 분노를 격발시켰으며, 이때의 신지는 마한의 맹주였던 목지국의 진왕이었다는 것이다.[105] 그러나 문헌기록에는 군현 측이 마한 목지국 진왕을 군현에 대해 위협적이거나 적대적인 존재로 인식한 흔적은 거의 없다. 아산만 지역에 있었던 것으로 추정되는 목지국이 황해도 (인산군 기린)에 있던 대방군 기리영을 공격할 경우 해로와 육로 두 가지 루트가 있다. 하지만 해로를 이용하였을 가능성은 낮고 육로를 이용할 경우 한강, 임진강, 예성강을 건너면서 경기 북부 지역을 통과해야 한다. 그러므로 이동거리와 교통로, 공격 배경 등을 고려할 때 목지국 진왕이 금강권 마한 소국을 이끌고 대방군을 공격하였을 가능성은 낮다. 만약 진왕이 경기 지역의 소국들에게 거부할 수 없는 영향력을 행사하여 공격에 가담시킨 것이 아니라면 공격 주도 세력을 경기 지역에서 찾는 것이 합리적이다.

3세기 중엽경 경기 지역의 한 소국 중에서 중국 군현에 대해 군사 원정을 감행할 정도로 유력한 세력을 든다면 백제국이 가장 유력한 후보이다. 백제국을 공격 주체로 볼 수 있는 또 다른 논거는 『삼국사기』 백제본기 고이왕 13년(246)조의 기록이다. 이 기록에 의하면, 위나라 유주자사 관구검毌丘儉이 낙랑태수, 대방태수와 함께 고구려를 정벌하러 간 사이에 왕이 좌장 진충眞忠을 보내 낙랑 변민을 잡아 왔다가 보복이 두려워 돌려주었다는 것이다. 이 기록은 중국의 기록과 출처가 다름에도 기리영 공격 사건과 연대가 거의 일치하여 백제국의 기리영 공격 가능성을 뒷받침하는 자료로 활용되었다.

104 "職標臣智 都號目支".
105 노중국, 1988, 『백제정치사연구』, 일조각.

설사 이 기록을 기리영 공격과 관계없이 문면 그대로 백제국은 단순히 낙랑을 침입하여 변민을 잡아 온 것뿐이라면 그 시점은 기리영 공격이 있기 이전이며 이 역시 백제국의 위상을 말해 주는 것임에 변함이 없다. 그뿐 아니라 백제국의 선공은 경기 지역 유력 소국의 도발을 응징하고 세력을 약화시키기 위한 위나라의 진한 8국 분할의 빌미가 될 수도 있다. 그러므로 이 기록을 근거로 백제국을 공격 주도 세력이 아니라 단순 가담 세력으로 해석하는 것은 어색하다.

이와 달리 "신책점한臣幘沾韓이 분노하여 대방군 기리영을 공격하였다"는 송본宋本 기록을 취하여, 신책점한은 마한 신분고국臣濆沽國이며 기리영 공격의 주도 세력은 목지국도 백제국도 아닌 신분고국이라는 견해도 있다.[106] 판본 비교를 통해 송본 기록이 신빙도가 더 높다는 분석과 더불어 신분고국은 마한 소국 이름 나열 순서에서 백제국 바로 앞에 있어 한강 북쪽 경기 북부 지역에 위치하였을 가능성이 높다는 점도 이러한 주장을 뒷받침한다.[107] 그런데 『삼국지』에는 위가 공격을 주도한 한을 멸하였다고 하였는데 신분고국의 이름이 그대로 남아 있는 것이 의문이다. 다만 백제국을 주도 세력으로 볼 경우 기리영 공격 이후 군현의 보복을 피해 한강 이남으로 이주하여 마한 목지국 진왕의 배려로 재기한 것으로 해석할 수 있어 이러한 의문이 설명될 수 있다.[108]

요컨대 위와의 충돌로 경기 지역의 소국들은 대방군 설치 이래 또 한 차례 타격을 입었다. 『삼국지』 동이전에는 위가 한을 멸하였다고 기록하였고 위서 삼소제기三少帝紀 제왕조齊王條에는 정시正始 7년(246) 한나해韓那奚 등 수십국이 종락種落을 이끌고 와서 항복하였다는 기록이 있다. 종래 한나해 등 수십국을 기리영 공격에 연루된 한 소국들로 이해하였으나 이와 달리 낙랑·

106 윤용구, 1999.

107 신분고(활)국은 영서예 지역의 교통로를 장악하여 대방군과 진한 8국의 중계 역할을 통해 세력을 키웠으며 목지국과는 경쟁 관계에 있던 것으로 파악하기도 한다. 윤선태, 2001, pp.23~24.

108 이현혜, 1997.

진한을 연결하는 내륙 교통로상에 위치한 소국들이라는 해석도 있다.[109] 어느 쪽이거나 이 사건으로 경기 지역의 유력한 마한 소국들이 중국 군현에 항복하거나 아니면 이탈하여 중심지를 옮기는 등 세력이 크게 위축된 것은 분명하다. 이 사건 후 15년 정도 경과한 261년에 한과 예맥이 종속을 거느리고 와서 조공하였다는 기록에서 알 수 있듯이 위는 한에 대한 통제를 늦추지 않았고 토착 집단들도 적극적으로 저항하지 않았다. 그러나 이후의 상황을 보면 이러한 군현의 압력이 결과적으로 경기 지역 소국들에게 통합의 필요성을 높이는 계기로 작용하였다. 260년 백제 고이왕은 통치 조직을 정비하면서 내부적으로 권력 기반을 다졌고, 외부적으로는 아들(책계왕)을 대방왕녀와 혼인시키는 등 군현과 우호 관계를 유지하면서 한강 유역의 소국들을 통합하여 소국연맹체 맹주로 도약하는 발판을 만들었다. 261년 군현에 대한 조공 주체를 백제국으로 간주할 정도로[110] 경기 지역 소국들 중에서 백제국의 위상은 확고해졌다.

마한소국연맹체의 재편과 영산강 유역 소국연맹체의 대두

265년 위가 망하자 서진西晉이 낙랑·대방군을 접수하였고 진晉은 274년(혹은 276년) 평주를 설치하고 요동의 동이교위東夷校尉를 중심으로 적극적인 동방 정책을 폈다.[111] 이러한 외부 정세의 변화와 맞물려 마한 지역의 소국연맹체 간에도 세력 재편이 진행되었다. 그 하나는 백제국을 맹주로 하는 경기 지역 소국연맹체의 세력 확대이고, 다른 하나는 목지국소국연맹체의 쇠퇴와 영산강 유역 마한소국연맹체의 대두이다. 『진서』에 실린 마한 견사遣使 기록은 이러한 마한 지역의 변화상을 반영한다. 이 기록에 의하면 마한 지역의 소국연맹체들은 276~291년 여러 차례에 걸쳐 진 본국에 견사하면서 대

109 임기환, 2000.
110 권오영, 2001, 「백제국에서 백제로의 전환」, 『역사와 현실』 40.
111 임기환, 2000; 권오영, 2001.

외 통교에 적극적이었다(표 II-2-2 참조).[112] 특히 285년 이후에는 동이교위를 매개로 진의 중앙 정부와 직접 교섭하였고 마한은 서진 무제 대의 동방 정책의 주 대상으로 떠올랐다.[113] 마한의 대중국 교섭이 빈번해진 배경에는 서진의 동방 정책, 급변하는 요동 정세, 마한 지역의 세력 개편, 백제국의 성장 등 여러 요소가 복합적으로 작용하였다.[114]

그런데 『진서』에 마한, 동이의 이름으로 기록된 견사 집단의 실체에 대해서는 견해가 서로 다르다. 백제국을 맹주로 하는 소국연맹체가 진 견사의 주도 세력이었을 것으로 보는 견해,[115] 시간 변화에 따라 백제국에서 영산강 유역의 신미국新彌國으로 또는 건마국乾馬國에서 신미국으로 마한의 견사 주체가 바뀌었다는 견해가 있다.[116] 이와 달리 281년 이전의 견사 주체에는 백제국과 목지국 두 세력이 공존하며 이후 영산강 유역 소국연맹체가 새로이 참여하였다는 해석도 있다. 즉 시유도기施釉陶器, 전문도기錢文陶器와 같은 중국산 물품들이 몽촌토성과 풍납토성 등 서울 지역에 압도적으로 많이 출토되는 것을 근거로 281년 이전 입공의 주체는 백제국이었고 목지국도 부분적으로 참여하였을 가능성이 있다는 것이다.[117] 요컨대 3세기 후반 마한 지역에는 복수의 소국연맹체가 병존하였고 이후 이들은 경기 지역 소국연맹체 맹주국인 백제국에 의해 차례로 병합되어 백제 국가로 편입되었다.

112 이현혜, 1997, 표 2 참조.
113 임기환, 2000; 권오영, 2001.
114 임기환, 2000; 권오영, 2001.
115 천관우, 1989; 김수태, 2001, 「백제의 대외교섭권 장악과 마한」, 『백제연구』 33, 충남대학교 백제연구소.
116 노중국, 1990, 「목지국에 대한 일고찰」, 『백제논총』 2; 유원재, 1994, 「≪진서≫의 마한과 백제」, 『한국상고사학보』 17.
117 권오영, 2002.

4. 맺는말

마한에서 백제로의 성장은 백제국이 마한 소국연맹체들을 해체, 병합시켜 나가는 과정이다. 이를 엿볼 수 있는 기록들이 문헌에 단편적으로 남아 있다. 예컨대 『삼국사기』 백제본기에는 온조왕 26~27년(8~9)에 걸쳐 마한의 국읍國邑을 병합하고 중요 성들의 항복을 받아 마한을 완전히 멸망시킨 것으로 기록되어 있다. 하지만 온조왕 대의 내용 중에는 후대의 사실을 소급하여 기록한 것이 적지 않아 마한 멸망 연대를 그대로 믿을 수 없다. 적어도 백제가 금강 유역의 목지국 마한소국연맹체를 해체, 병합한 것은 3세기 후엽 이후일 것이다. 그리고 『일본서기日本書紀』 신공기神功紀 기록을 통해 알 수 있듯이 영산강 유역의 마한 소국들은 4세기 중엽 근초고왕의 남정南征이 있기까지 독자적인 세력으로 활동하였다. 그러나 이러한 단편적인 기록만으로는 지역별 마한소국연맹체 해체의 구체적 실상을 복원하기에는 역부족이다. 영산강 유역에 집중 분포한 옹관고분들은 독자적인 정치 세력으로 성장 발전하고 있던 마한 잔여 소국들의 존재와 그들의 문화를 특징적으로 보여준다. 이처럼 각 지역별 마한소국연맹체의 해체 시기나 그들이 가진 문화적 특성 등은 앞으로 고고학자료의 축적과 분석을 통해 밝혀 나가야 한다.

참고문헌

권도희, 2020, 「중부지역 원삼국문화와 낙랑」, 『선사·고대의 중부지역과 북한』, 중부고고학회 2020년도 정기학술대회 발표문
권오영, 1996, 『삼한의 국에 대한 연구』, 서울대학교 박사학위논문
_____, 2001, 「백제국에서 백제로의 전환」, 『역사와 현실』 40
김무중, 2005, 「한강유역 원삼국시대의 토기」, 『원삼국시대 문화의 지역성과 변동』, 제29회 한국고고학전국대회 발표문
김수태, 1998, 「3세기 중·후반 백제의 발전과 마한」, 박순발 외, 『마한사 연구』, 충남대학교출판부
_____, 2001, 「백제의 대외교섭권 장악과 마한」, 『백제연구』 33, 충남대학교 백제연구소
김양옥, 1990, 「마한의 문화적인 성격」, 『한국상고사학보』 4
김정배, 1986, 『한국고대의 국가기원과 형성』, 고려대학교출판부
김종일, 1994, 「한국 중서부지역 청동유적·유물의 분포와 제의권」, 『한국사론』 31, 서울대학교 국사학과
노중국, 1987, 「마한의 성립과 변천」, 『마한·백제문화』 10
_____, 1988, 『백제정치사연구』, 일조각
_____, 1990, 「목지국에 대한 일고찰」, 『백제논총』 2
_____, 2003a, 「백제사에 있어서의 익산의 위치」, 『익산의 선사와 고대문화』, 마한·백제문화연구소
_____, 2003b, 「마한과 낙랑·대방군과의 군사 충돌과 목지국의 쇠퇴—정시 연간(240~248)을 중심으로—」, 『대구사학』 71
문창로, 2005, 「『삼국지』 한전의 마한과 백제국—마한의 역사적 실체와 백제국의 성장을 중심으로—」, 『한국학논총』 27, 국민대학교
박경신, 2020, 「중동부문화권 원삼국시대 주거의 기원과 전개」, 『문헌과 고고자료 속의 고대 강원』, 강원연구원·국립춘천박물관·강원학연구센터
박대재, 2002, 「『삼국지』 한전의 진왕에 대한 재인식」, 『한국고대사연구』 26
박순발, 1997, 「한강유역의 기층문화와 백제의 성장과정」, 『한국고고학보』 36
_____, 1998, 「전기 마한의 시·공간적 위치에 대하여」, 박순발 외, 『마한사 연구』, 충남대학교출판부
박중균, 2011, 「금강유역 문화의 지역성과 정치체의 존재양태—국의 추출과 성장·소멸—」, 제23회 호서고고학회 학술대회 발표문
박찬규, 1995, 「백제의 마한정복과정 연구」, 단국대학교 박사학위논문
_____, 2013, 「문헌자료로 본 전남지역 마한소국의 위치」, 『백제학보』 9
서현주, 2019, 「마한 문화의 전개와 변화 양상」, 『호남고고학보』 61
송호정, 2015, 「기원전 2세기 고조선 준왕의 남래와 익산」, 『한국고대사연구』 78
숭실대학교 한국기독교박물관, 2020, 『접점 III, 중부지역 원삼국~한성백제기의 고고학적 공간』, 제17

회 매산기념강좌
유원재, 1994,「≪진서≫의 마한과 백제」,『한국상고사학보』 17
______, 1997,「백제의 마한정복과 지배방법」,『백제논총』 6
______, 1999,「백제의 마한정복과 지배방법」, 최성락 외,『영산강유역의 고대사회』, 학연문화사
유은식, 2018,「예문화의 형성과 확산 양상–중도유형문화를 중심으로–」,『한국 상고사 외연의 확장과 변방의 재인식(1)–환동해 지역–』, 제49회 한국상고사학회 정기학술대회 발표문
윤선태, 2001,「마한의 진왕과 신분고국」,『백제연구』 34, 충남대학교 백제연구소
윤용구, 1998,「『삼국지』 한전 대외관계기사에 대한 일검토」, 박순발 외,『마한사 연구』, 충남대학교출판부
______, 1999,「삼한의 대중교섭과 그 성격」,『국사관논총』 85
______, 2019,「마한 제국의 위치재론–한간으로 본 조공사행과 관련하여–」,『지역과 역사』 45
이건무, 1992,「한국 청동의기의 연구」,『한국고고학보』 23
이도학, 1998,「새로운 모색을 위한 점검, 목지국 연구의 현단계」, 박순발 외,『마한사 연구』, 충남대학교출판부
이병도, 1976,『한국고대사연구』, 박영사
이청규, 2000,「'국'의 형성과 다뉴경부장묘」,『선사와 고대』 14
이현혜, 1984,『삼한사회형성과정연구』, 일조각
______, 1997,「3세기 마한과 백제국」,『백제의 중앙과 지방』, 백제연구총서 5, 충남대학교 백제연구소
______, 2003,「한국 초기철기시대의 정치체 수장에 대한 고찰」,『역사학보』 180
______, 2005,「한반도 서남부지방 청동기 생산활동의 쇠퇴 배경」,『한국고대사연구』 40
임기환, 2000,「3세기~4세기초 위·진의 동방 정책–낙랑군·대방군을 중심으로–」,『역사와 현실』 36
임영진, 1995,「마한의 형성과 변천에 대한 고고학적 고찰」,『한국고대사연구』 10
______, 2013,「고고학 자료로 본 전남지역 마한 소국의 수와 위치 시론」,『백제학보』 9
전영래, 1990,「마한시대의 고고학과 문헌사학」,『마한·백제문화』 12
정영화·김옥순, 2000,「경주지역 철기생산의 변천」,『고문화』 56
정인성, 2003,「변한·가야의 대외교섭–낙랑군과의 교섭관계를 중심으로–」, 부산대학교 한국민족문화연구소 편,『가야고고학의 새로운 조명』, 혜안
정치영, 2020,「중도문화 묘제의 성립과 전개」,『문헌과 고고자료 속의 고대 강원』, 강원연구원·국립춘천박물관·강원학연구센터
조진선, 2005,『세형동검문화의 연구』, 학연문화사
주보돈, 2002,「진·변한의 성립과 전개」, 노중국 외,『진·변한사연구』, 경상북도·계명대학교 한국학연구원
천관우, 1989,『고조선사·삼한사연구』, 일조각
최완규, 2009,「마한 묘제의 형성과 전북지역에서의 전개」,『마한, 숨쉬는 기록』, 국립전주박물관 특별기획전 도록

______, 2014, 「마한 성립의 고고학적 일고찰」, 『한국고대사상의 익산』, 한국고대사학회 학술회의발표집
한수영, 2016, 「초기철기문화의 전개양상－전북혁신도시를 중심으로－」, 『고고학으로 밝혀 낸 전북 혁신도시』, 제24회 호남고고학회 학술대회
호남문화재연구원, 2005, 『완주 갈동유적』
______, 2014, 『완주 신풍유적』 I, II

……

武田幸男, 1996, 「三韓社會における辰王と臣智(下)」, 『朝鮮文化研究』 3, 東京: 東京大學文學部 朝鮮文化研究室
末松保和, 1954, 『新羅史の諸問題』, 東京: 東洋文庫

2장

3세기 마한과 백제국

1. 마한과 백제국의 관계

백제 국가의 중앙 세력이 통치 대상으로 삼았던 지방 세력의 대부분은 마한이었다. 마한의 한 구성원이었던 백제국伯濟國의 지배세력과 여타의 마한 지역 정치체들이 중앙과 지방의 관계로 정립되는 것은 4세기 이후의 일이다. 그러므로 3세기 백제국과 마한의 관계는 양자가 중앙과 지방의 관계로 정립되기 이전의 상태를 말한다.

『삼국사기』 백제본기의 기록에 의하면 백제와 마한의 상호 관계는 다음 세 단계를 거쳤던 것으로 나타난다. ① 백제가 마한왕馬韓王의 통제를 받던 시기→② 백제가 영역을 확대하면서 마한과 대립하는 시기 →③ 백제가 웅천熊川 이남의 마한 세력을 정복하는 시기의 세 단계이다. 백제본기에는 이 세 단계의 과정이 모두 온조왕溫祚王 대에 전개된 것으로 되어 있다. 그러나 온조왕 대의 기록에 대해서는 기년紀年과 내용을 그대로 취신하는 입장도 있으나, 이를 온조왕 및 이후 시기에 일어난 것이 함께 소급, 압축된 것이라는 견해가 우세하다.[1] 실제 백제가 마한 전역을 병합하는 과정은 온조왕 대의 기록처럼 단순한 것이 아니므로 이 기록을 어느 시기의 사실을 반영하는 것으로 보는가에 따라 온조왕 대의 마한의 성격과 지리적 위치는 크게 달라진다. 온조왕 대의 기록은 기본적으로 백제가 마한의 일부라는 의식은 배제되고, 백제와 마한이 경쟁·대립 관계가 된 이후의 입장에서 서술된 것이다. 그러나 부분적으로는 백제가 마한왕의 통제를 받았던 적이 있었다는 사실을 언급하는 등 백제가 마한의 일부로 존재하던 시기의 역사적 편린도 남아 있다. 온조왕 대의 기록과 달리 실제 백제가 마한 전역을 통합하는 것은 4세기 이후이다. 그러므로 온조왕 대의 기록을 평면적으로 해석하는 데는 많은 문제점이 있다.

이 장에서는 『삼국지』 위서 동이전과 『삼국사기』 백제본기를 함께 활용하여 3세기 후반 이래 진행된 마한에서 백제로의 전환 과정에 주목하고자 한다. 『삼국지』 동이전을 통해 추론할 수 있는 이 시기 백제국의 중요 경쟁 상대는 마한의 맹주였던 목지국目支國이었다. 뒤이어 3세기 말경에는 『진서晉書』에 나오는 신미국新彌國 등이 새로운 경쟁 대상으로 부상하였다. 그러나 마한에서 백제로의 전환은 목지국 중심의 마한소국연맹체가 해체되고 백제국 중심의 새로운 정치체가 성장하는 과정이다. 양 세력이 대결하게 되는 배경을 이해하기 위해 먼저 백제국의 초기 중심지와 목지국소국연맹체의 세력 범위를 검토하고자 한다. 그리고 백제국의 하남河南 이주 시기를 재검토하여 양 세력이 교체되는 배경과 시기를 밝히고자 한다. 이는 4세기에 들어 급격히 팽창하는 백제의 중앙 지배세력과 지방 세력의 관계를 보다 잘 이해하기 위한 준비 작업의 하나이다.

---

1 • 온조왕 대의 사실로 해석: 천관우, 1989, 『고조선사·삼한사연구』, 일조각.
• 고이왕 대 목지국과의 대결로 해석: 노중국, 1988, 『백제정치사연구』, 일조각, p.91; 유원재, 1994, 「≪진서≫의 마한과 백제」, 『한국상고사학보』 17, p.146; 권오영, 1996, 『삼한의 국에 대한 연구』, 서울대학교 박사학위논문.
• 근초고왕 대 영산강 유역 정치집단의 병합 사실로 해석: 이병도, 1976, 『한국고대사연구』, 박영사; 이기동, 1987, 「마한영역에서의 백제의 성장」, 『마한·백제문화』 10, p.57.

2. 초기 백제국의 중심지와 목지국의 세력 범위

『삼국지』 동이전 한조에 의하면 백제국은 마한 54국의 하나였으며, 3세기 전반까지도 마한에는 진왕이 있었고 진왕은 목지국을 다스리고 있었다. 그러나 언제부터인가 목지국 진왕 세력이 쇠퇴하고 백제국이 강성해져 마한 전역을 통합해 나갔다. 이 같은 맹주 세력의 교체 과정에서 분명 백제국과 목지국이 경쟁·대립 관계에 들어가게 되는 단계가 있었을 것이다. 그러므로 언제 어떠한 상황에서 양 세력이 경쟁 관계에 들어갔는가를 추정해 볼 필요가 있다. 그 하나는 처음부터 백제국은 목지국소국연맹체에 속해 있었으나 점차 성장하여 목지국의 기존 세력권을 잠식한 경우이다. 다른 하나는 목지국의 영향권 바깥에 있던 백제국이 정치적 사정으로 인해 그 중심지를 목지국의 세력권 내로 옮기고 그 이후 양 세력 간에 갈등이 전개된 경우이다. 백제국의 초기 중심지가 한강 북쪽에 있었고, 목지국 세력의 중심부가 한강 남쪽에 위치했다는 것은 일반적으로 인정되는 사실이다. 그런데 초기 백제국의 중심지가 한강에 바로 접한 서울 강북 지역, 즉 삼각산 동록이나 세검정 계곡 일대 또는 중랑천 일대에 있었고,[2] 어느 시기엔가 그 중심지를 서울 강남 지역으로 옮겼다면 백제국은 처음부터 목지국 세력권 내에 속한 집단으로서 양 세력의 관계는 전자와 같은 상황이다. 지금까지 백제국 초기 상황에 대한 대부분의 견해들이 이 계통에 속한다.

그러나 백제국 초기의 활동 무대가 한강권이 아닌 경기 북부의 어느 곳이었다면 양 세력의 관계는 오히려 후자와 같은 상황에서 설명될 가능성이 높다. 이러한 가정을 설정할 수 있는 중요 근거는 『주서周書』 이역전異域傳 백제조의 "시국어대방고지始國於帶方故地"라는 기록과 『수서隋書』 백제전의

2 서울 혜화문 밖, 삼각산 동록(정약용, 「아방강역고」, 『여유당전서』 6집 3권, 영인본, 1970, 경인문화사); 서울 북한산 아래 세검동 일대(이병도, 1976, p.497); 서울 중랑천 유역(차용걸, 1981, 「위례성과 한성에 대하여」, 『향토서울』 39).

"시립기국우대방고지始立其國于帶方故地", 그리고 『삼국사기』 백제본기 초기 기록에 나오는 백제와 낙랑·말갈의 잦은 충돌 기사이다. 『주서』의 기록에 대해서는 대방군의 남계를 한강 유역까지 확대 해석하려는 일부의 의도 때문에 적극적인 해석이 유보되어 왔다. 그러나 대방군의 경계가 예성강을 넘지 않았음은 문헌 및 고고학 자료를 통해 널리 입증되고 있다. 『진서』 지리지地理志에 의하면 대방군에는 총 7현縣이 있었다. 이들은 본래 진번군 소속이었으나 진번군 폐기 이래 낙랑군(남부도위)에 이속移屬되었다가[3] 후한 말 공손씨公孫氏에 의해 대방군으로 분리된 것이다. 이 대방군 소속 7현의 소재를 뒷받침하는 중요 고고학자료로는 기년명紀年銘 전塼, 기와편, 고분, 토성 유적 등이 있다. 그리고 현재까지 조사된 바로는 대방군 관계 유물·유적은 모두 예성강 서쪽 황해도 지역에 분포되어 있다(표 II-2-1 참조). 그러므로 『주서』의 기록대로 중국 군현이 설치되었던 황해도 지역에 초기 백제의 중심지가 있었다고 해석하는 것은 무리이다.[4] 이보다는 대방군과 빈번한 접촉을 가졌던 인접 지역을 '대방고지帶方故地'라고 확대 표현한 것이 아닐까? 예성강(패하浿河) 동쪽 경기 북부 지역은 대방군과 밀접한 관계를 가졌던 지역이다. 이 지역이 백제의 영역으로 들어온 것이 언제인지는 불확실하나 근초고왕近肖古王 대에는 백제가 예성강을 넘어 황해도까지 진출한 적이 있고, 이후 예성강을 경계로 상당 기간 고구려와 대치하였다. 그러므로 6세기 사정을 전하는 『수서』 백제전에서 백제가 대방고지에서 시작하였다고 기록한 것은 상실한 옛 강역에 대한 백제 왕실의 집착이 반영된 것이라고 하겠다. 그렇다고 해서 한성漢城이 있던 서울 지역을 대방고지라고 했을 리는 더욱 없다. 따라서 이 기록은 대방군과 밀접한 접촉을 가지던 경기 북부 지역이 초기 백제국 세력과 깊은 관계가 있으며, 백제국의 초기 중심지가 서울 지역보다 더 북쪽

3 『진서』 지리지에 처음 보이는 남신현南新縣은 낙랑군 남부도위의 치소가 있었던 소명현昭明縣의 이름이 바뀐 것으로 추정되고 있다. 이병도, 1976, p.125.

4 『주서』, 『수서』의 이 기록을 백제족이 한강 하류에 도달하기 이전 한동안 황해도 방면에 자리 잡았던 상태를 나타낸 것으로 해석하는 견해도 있다. 천관우, 1989, p.304.

표 II-2-1 황해도 지역 토성 유적 및 위魏·진晉 대 기년명紀年銘 전塼 출토지

지명	기년명 전	토성 및 고분	대방군 7현
봉산군 문정면 지탑리 (구 송산리)	태시泰始 7년 (271), 10년 (274), 11년(275)명	지탑리 토성(당토성) 고분군	대방현帶方縣
문정면 지탑리	태강太康 3년(282)명		
문정면 소봉리	대방태수 장무이전張撫夷塼(383)	지탑리 토성 부근	
신천군	경원景元 3년(262)명		
신천군 가산면 간성리	태시 4년(268)명		
북부면 청산리		청산리 토성	소명현昭明縣(남신현南新縣)
북부면 서호리	태강太康 4년(283)명	청산리 토성 부근	
용진면 유천리	태강 7년(286)명		
남부면 봉황리	'장잠장長岑長 왕경王卿'명 전	벽돌무덤	장잠현長岑縣[오]
남부면 서원리	영가永嘉(307~312)		
신천군(전)	가평嘉平 2년(250)명, 경원景元 원년(260), 감로甘露 원년(265), 함녕咸寧 원년(275), 5년(279), 태강 원년(280), 7년(286)명		
은율군 운성리		운성리 토성 운성리 고분군	열구현列口縣[윤]
안악군 안악읍 유성리	'일민함자왕군묘逸民含資王君墓' 명 전	인근 복사리에 고분군과 건물지 분포	함자현含資縣[오]
신원군 아양리		아양리 토성	추정 현성지[윤]
미상			제해현提奚縣
미상			해명현海冥縣

※ [ ]: 아래 참고문헌 해당 내용

참고문헌: 공석구, 1988, 「평안·황해도지방출토 기년명전에 대한 연구」, 『진단학보』 65; 高久健二, 1993, 「樂浪墳墓の編年」, 『考古學雜誌』 78-4, p.56; 오영찬, 1996, 「낙랑군의 토착세력 재편과 지배구조」, 『한국사론』 35, 서울대학교 국사학과; 윤용구, 1996, 「한국 고대의 '중국식 토성'에 대하여」, 『한국고대사논총』 8, 가락국사적개발연구원.

에 비정되어야 함을 시사한다.

다음으로 주목되는 것은 백제본기에 나오는 백제와 낙랑·말갈의 잦은 충돌 기사이다. 백제가 중심지를 하남으로 옮긴 것도 낙랑·말갈의 잦은 침략 때문인 것으로 되어 있다. 이러한 기사들은 초기 백제국이 자리 잡았던 곳이 중국 군현 및 한반도 동북 지방의 종족들과 쉽게 접촉하고 이들의 침입을 자주 받을 수 있는 지역임을 뜻한다. 낙랑군·대방군이 중부 이남 지방으로 내려올 때 이용하던 수로水路 교통의 출발지는 예성강 하류였다. 그리고 육로를 통해 중부 이남 지방으로 갈 때도 경기 북부 지역을 통과하지 않을 수 없다. 이러한 지리적 위치 때문에 경기 북부 지역은 군현 세력과 긴밀한 접촉을 가질 수밖에 없다. 특히 임진강 유역은 군현 지역으로 통하는 길목인 동시에 추가령구조곡을 통해 동북 지방 주민들의 활동 루트와도 직접적으로 연결되는 곳이다. 백제본기에 나오는 백제와 말갈이 충돌한 지점도 다수가 임진강 유역으로 비정된다.[5] 물론 중부 이남 지방에 비하면 서울 지역도 이들 세력과의 접촉 빈도가 높은 지역이다. 그러나 서울 지역에 있던 초기 백제국이 임진강 유역까지 출동하여 말갈과 대결했다기보다 초기 백제국의 활동 중심지를 양 세력과 접촉 빈도가 가장 높은 지역에서 구하는 것이 더 합리적이다. 따라서 『주서』의 기록과 『삼국사기』 백제본기의 비류沸流 시조설화에 나오는 "패수浿水(예성강)와 대수帶水(임진강)를 건너왔다"라는 기록을 종합하면 초기 백제국의 중심지는 한강 북쪽에서 임진강 유역 사이의 어느 지역에 비정되어야 한다.

3세기 마한과 백제국의 관계를 이해하기 위해 검토되어야 할 다른 하나의 문제는 목지국을 맹주로 하는 소국연맹체의 세력 범위에 관한 것이다. 현재까지 목지국이 있었던 곳으로 추정되는 곳은 충남의 직산,[6] 예산,[7] 홍성,[8] 천안[9] 등지이다. 각 지역이 목지국의 중심지로 비정된 근거는 서로 다르지만

5 • 칠중하七重河: 파주군 적성면 일대. "溫祚王 … 十八年 … 靺鞨掩至 王帥兵逆戰於七重河 虜獲酋長素牟送馬韓 其餘賊盡坑之".
• 부양斧壤: 경기도 평강平康. "溫祚王 四十三年 … 冬十月, 南沃沮仇頗解等二十餘家, 至斧壤納欵, 王納之, 安置漢山之西".
• 청목산青木山: 경기도 개성. "溫祚王 十年 … 靺鞨寇北境 王遣兵二百 拒戰於昆彌川上 我軍敗績 依青木山自保".
• 고목성高木城: 경기도 연천. "多婁王 … 四年 … 高木城昆優與靺鞨戰 大克 斬首二百餘級".
이상 지명 비정은 천관우, 1989, pp.310~311 참조.
6 이병도, 1976, pp.247~248.
7 김정배, 1986, 『한국고대의 국가기원과 형성』, 고려대학교출판부, pp.299~300.
8 천관우, 1989, p.318, 補註 44.
9 권오영, 1996, p.202.

이들은 안성천, 삽교천 등 아산만으로 흘러드는 여러 갈래의 소하천이 발달한 지역이라는 공통점을 가진다. 『삼국지』에 의하면 목지국 신지臣智를 진왕으로 칭하고 있다. 마한의 신지들 중에는 신운신국臣雲新國처럼 우호優呼를 칭하는 유력한 세력들이 있었고, 변진 각 국에도 왕이 있었다고[十二國亦有王] 기록한 것으로 미루어 세력의 우열만으로 칭왕稱王한 것은 아닐 것이다. 아마도 마한 각국 중에서 목지국의 신지에게만 칭왕한 것은 목지국소국연맹체를 마한의 대표적인 세력으로 인정하였다는 의미일 것이다. 중국 군현으로부터 마한의 맹주로 인정받은 세력이라면 군현과 잦은 통교를 가지고, 군현에 대해 도전적이지 않은 세력임이 분명하다. 이렇게 볼 때 아산만 지역은 군현과 가까운 거리에 있고 군현과 통교가 편리한 곳이나 경계가 맞닿아 있지 않아 직접적인 충돌을 피할 수 있는 곳이다.

아산만은 선사시대 이래 선진적인 금속 문화가 유입되는 창구였으며, 한漢 군현 설치 이래 해로 이용 빈도가 높아지면서 중국 군현과 서남해안으로 통하는 해로 교통의 길목이 되었다. 3세기 초 대방군 설치 이후 대방군이 군현 활동의 중심지가 되면서 예성강과 서해안을 연결하는 해상 루트의 중요도는 더욱 높아졌을 것이다. 충남 천안 청당동의 3세기 전반 단계(청당동 2단계)의 무덤에서 군현과의 활발한 교류 관계를 뒷받침하는 물품들이 다수 출토되는 것도[10] 이 같은 맥락에서 이해된다. 이후에도 아산만으로 흘러들어 가는 곡교천 유역의 아산 밖지므레유적, 아산 용두리유적 등 이를 뒷받침하는 유물·유적들이 줄줄이 조사되었다. 특히 아산 지역은 마한의 대표적인 무덤 양식의 하나인 주구토광묘의 밀집 분포 지역으로 대규모의 분묘군이 지속적으로 조성되었고 유물의 질과 양이 뛰어나다(그림 II-2-1~그림 II-2-4).[11] 그리고 금강 지류인 미호천 중류 유역 역시 주구토광묘의 밀집 분포지로 아산, 천안,

10 서오선·권오영, 1990, 「천안 청당동 유적발굴조사 보고」, 『휴암리』, 국립중앙박물관; 한영희·함순섭, 1993, 『청당동』, 국립중앙박물관; 함순섭·김재홍, 1995, 『청당동』 2, 국립중앙박물관.

11 충청남도역사문화연구원, 2011, 『아산 탕정 LCD단지 조성부지(2구역) 내 아산 명암리 밖지므레유적』.

그림 II-2-1
아산 명암리 밖지므레 3지점 1호 토광묘
출처: 충청남도역사문화연구원, 2011a, 『아산 명암리 밖지므레유적 3지점』

2

그림 II-2-2
아산 명암리 밖지므레 3지점 12호 주구토광묘
출처: 충청남도역사문화연구원, 2011a

그림 II-2-3
아산 명암리 밖지므레 2-2지점 출토 유리구슬
출처: 충청남도역사문화연구원, 2011b,『아산 명암리 밖지므레유적 2-2지점』

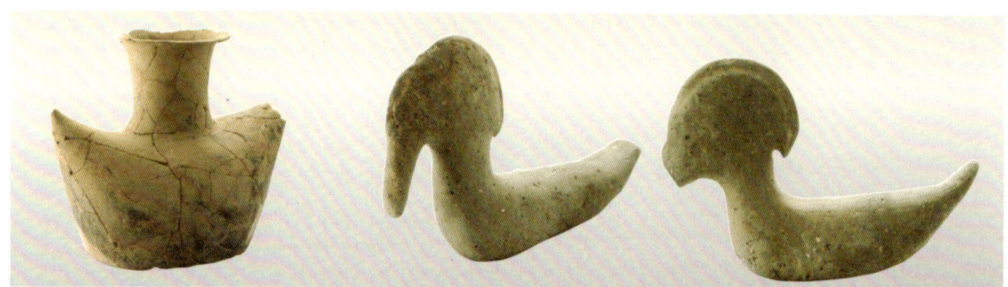

그림 II-2-4
아산 명암리 밖지므레 2-2지점 23호
주구토광묘 출토 새 모양 토제품
출처: 충청남도역사문화연구원, 2011b

청주 일대가 2~3세기 중서부 지역 마한 세력의 주요 중심지임을 뒷받침한다.[12] 이처럼 목지국소국연맹체는 아산만 일대를 중심으로 최소한 북으로는 경기 남부 지역과 남으로는 금강 유역 정치집단들을 포괄한 것으로 생각되나 그 정확한 세력 범위는 알 수 없다.

이 가운데서 백제국과 관련하여 문제가 되는 것은 목지국 세력권의 북쪽 경계에 관한 것이다. 문화적으로 선사시대 이래 한반도 북부와 남부를 가르는 가장 큰 경계는 한강이었다. 중국 군현이 설치된 이후에도 한강은 한반도의 서북 지방과 동북 지방을 연결하는 중간 위치에서 정치·문화적으로 중요한 경계선이 되어 왔다. 특히 한강 북쪽의 경기 북부 지역은 중국 군현과 한강 이남 한족사회와의 완충 지대로 기능하면서 독자적인 세력권을 형성해 왔다. 중국 군현이 축출된 뒤에는 일시적으로 예성강을 경계로 고구려, 백제가 대결하였으나 양 세력의 오랜 경계는 역시 한강권이었다. 주민 구성 면에서도 경기 북부 지역은 한강 이남과는 차이를 보인다. 광개토왕릉비에 의하면 광개토왕은 그가 공략한 백제 지역의 주민들을 차출하여 왕릉을 수묘守墓하도록 하였는데, 이들을 '한예이백이십가韓穢二百卄家'로 표기하면서 구체적인 출신지를 열기하였다. 그중에는 신래한예新來韓穢, 사수성沙水城 이하 여러 성들과 함께 대산한성大山韓城, 구저한求底韓, 두비압잠한豆比鴨岑韓, 객현한客賢韓, 파노성한巴奴城韓, 백잔남거한百殘南居韓 등 한韓을 칭한 것과 사조성한예舍蔦城韓穢 등이 있다. 한을 칭한 것과 그렇지 않은 것의 차이는 불명이나 여기에서 주목되는 것은 이들을 합하여 한예韓穢로 칭하였다는 점이다. 그러나 광개토왕릉비에 나오는 한은 마한 54국 중에는 동일한 이름을 찾을 수 없어 『삼국지』 동이전의 마한 소국들 속에 일괄 포함시키기 어렵다. 이들은 주민 구성도 그러하고 묘제나(적석분구묘, 무기단적석묘) 주거지 형태

12 신기철, 2018, 「2~4세기 중서부지역 주구토광묘와 마한 중심세력 연구」, 『호서고고학』 39; 김기옥, 2016, 「분묘출토유물로 본 중서부지방 마한의 대외교류」, 『문헌과 고고학 자료를 통해 본 마한의 대외교류』, 제25회 백제학회 학술회의 자료집.

(여·철자형呂·凸字形 주거지) 등 물질문화상으로도 천안, 아산 등지와는 차이를 나타낸다.

이와 같이 경기 북부 지역을 한강권 이남과는 별개의 세력권으로 파악하고 초기 백제국의 중심지를 이곳에 비정할 경우[13] 백제국과 목지국은 처음부터 활동 무대와 정치·문화적 입지가 서로 다른 세력으로 이해된다. 목지국 소국연맹체는 중국 군현과 직접 경계를 접하고 있지 않으므로 군현과 충돌할 가능성이 상대적으로 낮았다. 『삼국지』 동이전에 진왕과 목지국에 대해 부정적인 설명이 나타나지 않는 것도 중국 군현과 목지국 사이에 우호적인 교섭 관계가 유지되었던 증거이다. 이와 달리 경기 북부 지역은 중국 군현과 인접해 있기 때문에 선진문화를 빨리 받아들일 수 있는 유리한 점도 있으나 군현의 통제를 쉽게 받을 수 있다는 불리한 점도 있었다. 그리하여 군현의 세력이 강하게 작용할 때는 통합 세력의 형성이 용이하지 않을 것이나 반대로 군현 세력이 약화되면 빠른 시일에 군현에 도전하는 강한 힘을 결집시킬 수도 있었다. 그러나 결과적으로 백제국은 한강 남쪽, 즉 목지국소국연맹체의 세력권에 가까운 곳으로 중심지를 옮겼고 점차 목지국소국연맹체 세력권 내의 소국들을 잠식해 나갔다. 그러므로 양 세력의 대립이 본격화한 것은 백제국의 활동 기반이 경기 북부 지역에 있을 때가 아니라 한강 남쪽으로 이주한 다음부터이다.

3. 백제국의 하남 이주 시기와 배경

백제의 하남 이주 시기에 대해서는 백제본기의 기년(온조왕 13년, 기원전 6

13 이병도는 일찍이 한강 유역의 정치·문화적 특성에 주목하여, 이곳을 진한 8국이 있던 곳으로 비정하고, 백제가 이곳에서 일어난 것으로 해석하였다. 이병도, 1976, pp.115~125.

년)을 그대로 취하는 입장,[14] 2세기 중엽 초고왕肖古王 대로 보는 설,[15] 3세기 말 책계왕責稽王 원년(286) 이후 4세기 초 비류왕比流王 24년(327) 이전으로 보는 설[16] 등이 있다. 이후 예성강, 임진강 일대에 자리 잡고 있던 백제국이 고이왕古爾王 대에 이르러 한강 이남으로 남하하였다는 새로운 견해도 나왔다.[17] 『삼국사기』 백제본기 온조왕 13년조에는 백제의 하남 이주를 계획적인 천도로 서술하고 있으며 낙랑·말갈의 잦은 침략을 그 이유로 들고 있다.[18] 그러나 천도는 강역의 확립을 전제로 하여 핵심 지배세력의 치소를 옮기는 것이므로 소국 단위의 정치체가 병립하던 삼한 시기의 사정과는 거리가 있다. 그런데 온조왕 24년조에는 온조가 웅천책熊川柵을 설치한 데 대해 마한왕이 사람을 보내 책망하기를 "왕이 처음 강을 건너와 발 디딜 곳이 없자 내가 동북 100리의 땅을 떼어 안거安居하게 하였으니"라는 기록이 있어[19] 13년조의 기록과는 사뭇 다른 모습이다. 이는 백제국의 지배집단이 북방에서 내려올 때의 구체적인 상황을 보여 주는 것이며 그 시기는 한강 남쪽에 처음 정착할 때이다. 즉 패수, 대수를 건너온 것은 비류계 건국 설화에서의 이동 코스이고, 온조왕 24년조에 언급된 강은 한강이다. 따라서 백제국의 하남 이주 시의 실상을 밝히려면 13년조의 기록이 아니라 24년조의 기록을 우선 근거로 삼아야 한다.

14 천관우, 1989, pp.306~307.

15 노중국, 1988, p.58.

16 이병도, 1976, p.478·485.

17 문안식, 1995, 「백제 연맹왕국 형성기의 대중국군현관계 연구—한·위간의 무력충돌을 중심으로—」, 동국대학교 석사학위논문.
필자가 같은 해(1995) 충남대학교 백제연구소에서 이 논문의 요지를 발표한 이후 문안식의 논문을 접하고 필자와 견해를 같이하는 부분이 발견되어 반가웠다. 그러나 고이왕의 하남 이주 시기와 배경 등 구체적인 전개 과정에 있어서는 견해를 달리하고 있다. 예를 들면 문안식의 논문에서는 위가 진한 8국 분할을 시도하자 이로 인해 고이왕이 사전 계획 아래 하남으로 이주하였고, 하남 이주 이후 낙랑·대방 태수가 동예 정벌에 나선 틈을 타 백제국이 중심이 되어 대방군 기리영을 공격한 것으로 설명하였다.

18 "十三年 … 夏五月 王謂臣下曰 國家東有樂浪 北有靺鞨 侵軼疆境 少有寧日 況今妖祥屢見 國母棄養 勢不自安 必將遷國 予昨出巡觀漢水之南 土壤膏腴 宜都於彼 以圖久安之計 秋七月 就漢山下立柵 移慰禮城民戶 八月遣使馬韓告遷都".

19 『三國史記』 百濟本紀 溫祚王 24년조, "王初渡河 無所容足 吾割東北一百里之地安之".

24년조의 기록에 의하면 백제국 지배세력은 처음 강을 건너왔을 때 '무소용족無所容足', 즉 발 붙일 곳이 없는 상태에서 기존 세력권과의 타협 내지는 양해 아래 새로운 근거지를 확보하고 점차 세력을 키워 나간 것으로 되어 있다. 마치 진秦·한漢 교체의 혼란 속에서 위만 집단이 고조선 준왕의 허락으로 고조선의 서쪽 경계에 정착한 것과 유사한 뉘앙스를 풍긴다. 다시 말하면 백제국의 핵심 지배세력이 기존의 생업 기반을 포기하고 통치 기반이 전혀 없는 새로운 지역으로 옮겨 간 것이다. 그러므로 이와 같은 이동의 실질적인 내용은 국방상의 이유로 인한 계획된 천도가 아니라 경기 북부 지역에서 일어난 모종의 정치적 갈등 속에서 감행된 유이민 집단의 이주로 보아야 한다.

『삼국지』 동이전 기록을 통해 한군현 설치 이후 경기 북부 지역에서 대규모 주민 이동을 야기시킬 수 있는 중요 계기들을 찾아보면 다음과 같다. 첫 번째는 후한 말의 혼란기에 낙랑군의 통제력이 약화되자 한예가 강성하여 많은 주민이 한으로 이탈하였다는 기록이다.[20] 이는 낙랑군의 직접적인 영향권 아래에 있던 주민들이 남쪽으로 이주해 간 것으로 경기 북부 지역의 정치집단들이 독자적으로 성장, 발전할 수 있는 계기가 되었을 것이다. 두 번째는 3세기 초 공손강公孫康이 대방군을 설치하면서 주변 지역의 토착민들을 흡수한 사건이다.[21] 이 과정에서 일부 토착 집단이 세력 기반에 타격을 받거나 공손씨의 무력 행사를 피하여 이주를 선택한 경우도 있었을 것이다. 그러나 군대의 출동 범위가 예성강 유역에서 크게 벗어나지 않았을 것이므로 이로 인해 임진강 이남 지역의 기존 정치집단의 구성이나 존속 기반 자체가 근본적으로 위협받지는 않았을 것이다. 세 번째는 245~246년경 위군魏軍이 한의 대방군 기리영崎離營 공격을 빌미로 경기 북부 지역의 정치집단들을 무력으로 굴복시킨 사건이다. 이 같은 갈등은 대규모의 주민 이주를 야기시키기

20 『三國志』 魏書 東夷傳 韓條, "桓靈之末 韓濊强盛 郡縣不能制 民多流入韓國".

21 『三國志』 魏書 東夷傳 韓條, "建安中 公孫康 分屯有縣以南荒地爲帶方郡 遣公孫模張敞等 收集遺流民 興兵伐韓濊 舊民稍出".

에 충분한 상황으로 이에 대해서는 자세한 검토가 필요하다.

건안建安 연간(196~219)에 공손강은 군대를 동원하여 고구려를 치고,[22] 남으로 황해도 일대에 대방군을 설치하였다. 그리고 대방군이 설치된 이후 낙랑군을 대신하여 대방군이 한, 왜 교섭을 장악함으로써 경기 북부 지역의 주민들이 군현과 갈등을 일으킬 빈도도 훨씬 높아졌다. 이후 위魏가 출현하여(경초景初 연간, 237~239) 공손씨 세력을 몰아내고 통치 기반을 확보하기 위해 대규모로 관작官爵, 의책衣幘을 수여하는 등 토착 사회에 대해 유화 정책을 편 적이 있다. 그러나 통치 기반이 안정된 후 위는 토착 사회의 도발을 빌미로 이들을 무력으로 제압하였다. 242년 고구려가 서안평西安平을 공격하자 유주자사 관구검毌丘儉은 정시正始 5~7년(244~246)에 두 차례에 걸쳐 고구려를 공격하여 상당한 타격을 주었다. 그리고 2차 공격 때에는 고구려 세력 아래에 있던 옥저, 동예 지역까지 공략하였다. 동예 공격 때에는 낙랑태수와 대방태수 휘하의 병력이 동원되었고, 이를 틈타 고이왕이 군현을 습격하여 주민을 잡아 왔다가 보복이 두려워 되돌려 준 사건이 있었다.[23] 그런데 『삼국지』 위서 동이전에는 백제국의 공격에 대한 기록은 없고 진한 8국 분할 시도를 계기로 한이 대방군 기리영을 공격하여 대방태수 궁준弓遵이 전사하였고, 위의 군사적 보복으로 한나해韓那奚 등 수십 국이 항복한 것으로 기록되어 있다.[24]

이때 대방군 기리영 공격을 주도한 세력에 대해서는 견해가 엇갈리고 있다. 하나는 목지국 진왕이 주도 세력이고 백제국이 함께 참여한 것이라는 견해이고,[25] 다른 하나는 백제 고이왕이 중심 세력이었다는 견해이다.[26] 목지

22 『三國志』 魏書 東夷傳 高句麗條, "建安中 公孫康 出軍擊之 破其國焚燒邑落".

23 『三國史記』 百濟本紀, 古爾王 13년조.

24 『삼국지』 위서 제기帝紀에는 위魏의 고구려, 예맥 침공과 한나해韓那奚 등의 항복이 246년(제왕齊王 7년조)의 일로 기록되어 있다.

25 노중국, 1988, pp.91~92; 유원재, 1994, p.147. 이와 달리 武田幸男은 진왕 및 진왕과 특정 관계를 맺고 있던 신책점국臣幘沾國(신분고국臣濆沽國)과 제 한국이 관계된 것으로 해석하였다(1990, 「魏志東夷傳における馬韓辰王と臣智に關する一試論」, 『마한·백제문화』 12, pp.46~47).

국이 공격 주체였다는 주장은 당시까지 마한의 맹주는 목지국이었고 "관직은 신지를 앞세우며 도읍은 목지라 부른다職標臣智 都號目支"라는 『한원翰苑』의 기록을 근거로 한의 분노를 격발시켜[臣智激韓忿] 대방군을 공격하게 한 신지를 목지국의 신지로 파악하였다.[27] 그러나 『삼국지』 동이전 한조의 "마한은 … 각각 우두머리가 있어 세력이 큰 사람은 스스로 신지라 하고 그다음은 읍차라 하였다馬韓 … 各有長帥 大者自名爲臣智 其次爲邑借", "변진도 … 가가 우두머리가 있어 세력이 큰 사람은 스스로 신지라 하고 그다음은 험측 … 이라 하였다弁辰 … 各有渠帥 大者名臣智 其次有險側 …" 등의 기록에서 알 수 있듯이, 신지臣智는 규모가 큰 삼한 각국의 정치적 우두머리에 대한 일반 호칭이었다. 그리고 『삼국지』 동이전 한조의 "진왕은 월(목)지국을 통치한다. 간혹 우대하는 호칭으로 신운견지 보 … 辰王治月(目)支國 臣智或加優呼 臣雲遣支報 …"라는 기록과 『한원』 주註 소인所引 『위략』의 "진왕의 치소는 목지국이고, 목지국에도 관을 두었는데 또한 신지라고 불렀다辰王治目支國 (目)支國置官 亦多曰臣智"에서 나타나듯이 진왕은 신지와는 분명 구분되는 존재였다. 그러므로 『한원』보다 『위략』이나 『삼국지』의 기록을 우선적으로 고려할 때, 『한원』의 해당 기록만으로는 대방군 공격을 주도한 신지를 목지국 진왕으로 단정할 수 없다. 『삼국지』 동이전 한조 내용의 상당 부분이 정시 연간에 채록된 것임을 감안할 때 대방태수 전사와 같은 중요 사건의 주동 세력에 대한 기술에 착오가 있을 가능성은 낮다. 더욱이 『삼국지』 동이전 한조에는 목지국 진왕辰王을 군현에 위협적인 존재로 간주하여 경계하거나 부정적으로 인식한 표현은 전혀 없다. 이러한 기록들은 모두 기리영 공격의 주체가 목지국 진왕이 아님을 간접적으로 시사한다.

목지국의 중심권으로 비정되는 아산만 지역에서 황해도(인산군 기린)에 있는 대방군 기리영에 이르는 데는 해로와 육로의 두 루트가 있다. 그러나 해

26 천관우, 1989, p.242.
27 노중국, 1988, pp.91~92.

그림 II-2-6
한반도 서남부 지방의 주요 하천

로를 통한 군사 활동의 가능성은 낮고, 육로를 이용하였다면 한강, 임진강, 예성강을 건너면서 경기 북부 지역을 통과해야 한다(그림 II-2-6 참조). 육로 이용 시 이 지역 세력 집단의 적극적인 협조 없이는 대규모 군사 활동은 성사되기 어렵다. 그러므로 이동 거리와 교통로를 감안할 때도 아산만 지역의 세력들이 군사 활동의 주역이라고 보기는 어렵다. 그렇다면 경기 북부 지역의 집단들이 목지국의 조정을 받아 대규모 군사 활동을 일으켰다는 논리가 되나 설득력이 약하다. 충돌의 원인이 진한 8국을 분할하여 낙랑군에 이속시키려는 데 있었으므로 공격의 주체는 이로 인해 직접적인 피해를 입게 될 집단이었을 것이고, 사건 이후 위魏의 보복을 받은 집단들이 이 공격에 참여한 세력일 것이다. 그러므로 분할 대상이 된 진한 8국과 한나해韓那奚 등 수십 국이 일차적인 검토 대상이 되어야 한다. 이 밖에 진한 8국이 소속된 연맹체의 맹주 내지는 진한 8국의 대군현 교역을 중개하던 세력도 생각해 볼 수 있으나 어디까지나 부차적인 존재이다.

『삼국지』 위서 동이전에는 위군魏軍이 보복을 가하여 한韓을 멸하였다고만 기록하였으나,[28] 위서 삼소제기三少帝紀에는[29] 위에 항복한 세력을 "한나해 등 수십 국韓那奚等數十國"으로 기록하였다. "한나해 등 수십 국"은 일반적으로 한강 북쪽 지역의 세력들로 이해되고 있다. 그러므로 "신지격한분臣智激韓忿"에 언급된 한韓이 바로 '한나해 등'이었고 이들의 분노를 격발시킨 신지의 소속도 이 가운데서 찾아야 한다.[30] 이런 점에서 백제국의 '백伯' 자가 우두머리, 수장의 의미를 가졌다는 것을 재음미해 볼 필요가 있다. 요컨대 '한나해 등 수십 국'이라는 숫자는 다소 과장된 면도 있겠으나 이 사건

28 "二郡遂滅韓".

29 『三國志』 魏書 三小帝紀 齊王 7년조.

30 "臣智激韓忿"은 "臣幘沾韓忿"(百衲宋本 魏書)이 잘못 옮겨진 것이고, "臣幘沾韓"이 분忿하였다는 것은 마한 "臣濆沽國"이 분忿하였다는 내용이 잘못 기록된 것이거나 마한조의 "臣濆沽國"이라는 국명이 잘못된 것이라는 해석이 있다(末松保和, 1954, 「新羅建國考」, 『新羅史の諸問題』, 東京: 東洋文庫, p.518, 주 65). 그러나 이 견해는 연속된 두 차례의 오류를 인정해야만 성립할 수 있는 논리이다.

에 관계된 정치집단의 숫자가 상당히 많았음을 나타낸다. 광개토왕릉비에는 광개토왕이 백제를 침공할 때(영락 6년, 396) 한강을 건너 백제의 국성國城을 압박하여 항복을 받기까지 58성, 700촌을 공략하였다는 내용이 있다.[31] 백제본기(아신왕阿莘王 4년조)를 참고하면[32] 58성의 분포가 예성강으로부터 한강 유역에 이르는 지역임을 알 수 있다. 이러한 자료들은 경기 북부 지역에 분포한 정치집단의 수가 상당한 규모임을 보여 주는 것으로 이러한 대규모 정치집단들이 모두 목지국의 통제권 내에 있었던 것으로 보기는 어렵다. 바꾸어 말하면 진왕의 영향력이 경기 북부 지역의 '한나해 등 수십 국'을 조정하고 군사 활동에 동원할 만큼 강력하고 광범위한 것은 아니었다. 그러므로 대방군 공격의 주도적인 세력은 백제국을 비롯한 한강 북쪽의 정치집단들로 보아야 한다.

정시 연간에 벌어진 일련의 사태는 경기 북부 지역 토착 사회의 성장과 군현의 강경 정책에 대한 반발이 빚어 낸 갈등이라고 하겠다. 그 결과 대방태수가 전사하는 큰 피해를 입은 위에게는 백제국이 대표적인 경계 세력 내지는 보복 대상으로 주목되었을 것이다. 한나해 등의 항복 이후에도 위는 이 지역에 대한 통제를 늦추지 않았다. 낙랑 외이外夷 한 예맥이 각기 종속을 거느리고 와서 조공했다는 261년의 기사가[33] 그러한 사정을 뒷받침한다. 그러나 대방군 공격 이후 265년 위가 망할 때까지 군현과 백제와의 직접적인 충돌은 보이지 않는다. 아마도 대방군 공격에 참가한 세력들이 위에 항복하거나 주동 세력이 보복을 피해 다른 곳으로 이주했기 때문일 것이다. 위가 한의 분노를 격발시킨 신지의 소속을 알아내어 모모국 신지로 명기하지 못한 것은 주동자인 백제국 지배세력의 이주 때문이 아닐까 생각된다.

31 이 가운데는 인천의 미추성彌鄒城, 서울의 아단성阿旦城 그리고 마한 모수국牟水國에 비정되는 모수성牟水城(경기도 양주楊州), 고리국古離國에 비정되는 고리성古利城 등이 있다.

32 『三國史記』 百濟本紀, 阿莘王 4년조, "麗王談德親帥兵七千 陳於浿水之上拒戰 我軍大敗 死者八千人 冬十一月 王欲報浿水之役 親帥兵七千人 過漢水 次於青木嶺下 會大雪 士卒多凍死 廻軍至漢山城勞軍士".

33 『三國志』 魏書 三少帝紀 陳留王 景元 2년조, "樂浪外夷 韓濊貊 各率其屬來朝貢".

이와 관련하여 주목되는 것은 『주서』 백제조에 나오는 '대방고지'에 처음 나라를 세운 백제 시조 구태仇台에 관한 기록이다. 종래 『주서』에 나오는 백제 시조 구태를 고이왕과 동일인이라는 사실은 인정하면서도[34] 고이왕을 건국 시조로 받들게 된 배경에 대해서는 납득할 만한 설명이 이루어지지 못하였다. 적어도 6세기 백제 왕실에서 고이왕을 시조로 제사 지냈다는 것은 고이왕 대에 건국에 비견할 만큼 획기적인 일이 있었다는 것을 암시한다. 고이왕 대에 행해졌다고 전하는 통치 조직의 정비도 중요한 사건임에는 분명하지만 이것만으로 시조 구태설을 설명하기에는 부족하다. 대방군 공격의 중심인물인 고이왕의 입장에서 보면 위나라의 보복으로 세력 확장은 물론 존립 기반 자체가 위협을 받는 어려움에 처하였을 것이므로 다른 지역으로의 이주를 시도할 수밖에 없었을 것이다. 백제국 하남 이주 시의 상태가 "무소용족無所容足", 즉 발 디딜 곳이 없었다는 표현은 이러한 불가피한 상황을 나타내는 것이다. 이러한 관점에서 보면 하남 이주는 기존의 통치 기반과 생업 기반을 포기하고 새로운 세력 기반을 구축하는 것이므로 제2의 건국에 비견될 만큼 중요한 사건이다. 그리고 고이왕 대의 통치 조직 정비는 이 같은 정치적 위기를 극복한 후 권력을 강화하기 위해 취해진 조치로 이해되어야 한다.

문헌자료를 통해 얻은 이 같은 가설을 검증하는 데 유용하게 참고할 수 있는 것은 고고학자료이다. 한강 남쪽의 백제국 중심지로 비정되고 있는 지역 중에서 고고학적 유물, 유적의 분포 밀도가 가장 높은 곳은 서울시 한강 남쪽의 석촌동, 가락동, 풍납동, 성내동 일대이다. 지금까지 조사된 유물, 유적은 주로 고분과 토성 유적이며, 한성 백제 지배집단의 묘제로 이해되고 있는 적석총의 분포 밀도가 가장 높은 곳도 바로 이 지역이다. 그러나 현재까지 확인된 바로는 이러한 유물, 유적들은 공통적으로 상한 연대가 3세기 중반을 크게 올라가지 않는 것으로 밝혀졌다. 몽촌토성의 판축 성벽부의 연대

34 이병도, 1976, p.476.

도 3세기 후반을 더 올라가지 않으며 토성 내부에서 출토된 토기, 자기편들 중에서 연대가 가장 올라가는 것은 서진西晉 대(265~316)의 회유전문도기편灰釉錢文陶器片이다.[35] 그리고 서울 석촌동에서 조사된 적석총 유적의 상한 연대 역시 3세기 후반[36] 또는 4세기 중엽으로 편년되고 있다.[37] 이처럼 한강 남쪽 석촌동, 가락동 일대에서 3세기 후반 이후의 지배계급의 존재를 반영하는 유물, 유적이 급격히 증대하는 것은 이 시기에 이르러 이 지역이 유력한 정치집단의 중심지로 개발되었다는 증거이다. 그리고 이 연대는 앞서 설정한 고이왕의 하남 이주와 이후 백제국의 성장 추세와도 어긋나지 않는다.

4. 백제국의 성장과 목지국소국연맹체의 쇠퇴

남천南遷 초기의 백제는 수적으로 열세였으므로 목지국 등 한강 남쪽의 기존 세력과 우호적인 관계를 유지하지 않을 수 없었을 것이다. 그러나 경기 북부 지역에서의 정치·문화적 경험을 전제로 할 때 백제국과 목지국의 대결은 이미 예견된 결과라고 하겠다. 그러나 백제국이 세력을 확대하면서 목지국을 맹주로 하는 소국연맹체와 마찰을 일으키기 시작하는 시기에 대해서는 의문이 많다. 목지국을 기리영 공격의 중심 세력으로 간주하는 입장에서는 목지국소국연맹체는 중국 군현과의 충돌로 인해 세력이 약화되기 시작하여 고이왕이 통치 조직을 정비하는 해인 260년 이전에 해체된 것으로 보았다.[38] 그러나 『삼국지』 동이전 기사의 하한 연대가 261~265년임을[39] 감안할 때 적

35 몽촌토성발굴조사단·서울특별시 문화과 편, 1985, 『몽촌토성발굴조사보고』, 서울특별시 문화과, p.140·161. 〈보주〉 근래의 풍납토성 발굴 조사 결과를 보면 풍납토성과 몽촌토성의 초축 연대는 4세기 중엽 이후라는 견해가 우세하며 전문도기의 편년도 3세기 중엽 이후로 내려온다. 본서 II부 4장·5장 참조.

36 김원룡·임효재·임영진, 1989, 『석촌동 1·2호분』, 서울대학교박물관.

37 박순발, 1994, 「한성백제 성립기 제묘제의 편년검토」, 『선사와 고대』 6, p.11.

38 노중국, 1990, 「목지국에 대한 일고찰」, 『백제논총』 2, 백제문화개발연구원, p.87.

39 천관우, 1989, p.214. 위魏 진류왕陳留王 2년(261) 한예맥조공韓濊貊朝貢 기사가 『삼국지』 위서 삼소제기의 한

어도 이때까지는 목지국과 진왕의 위상을 부인하기 어렵다. 더욱이 백제국이 기리영 공격 이후 위의 보복을 피해 하남으로 이주하였다면 하남 정착 이후 목지국의 통제권 내에서 세력을 정비하고 목지국의 세력권을 잠식하기까지 일정한 기간이 경과하였을 것이다. 즉 260년 고이왕의 통치 조직 정비는 내부의 권력 기반을 다진 후 새로운 도약을 위해 조직을 재정비한 것이므로 목시국언맹체 해체 후의 일이라기보다 목지국과의 대결이 본격화하면서 취해진 조치로 생각된다. 따라서 목지국소국연맹체가 쇠퇴한 것은 『삼국지』 동이전 기사의 하한 연대 등을 고려할 때 260년 이후로 설정하는 것이 타당하다.

이런 관점에서 위의 멸망(265)과 진晉의 적극적인 동이족 초유招諭정책은 마한 지역의 정치집단들 간에 새로운 역학 관계가 조성되는 중요 계기가 되었을 것이다. 『진서晉書』 기록에 의하면 마한 지역의 정치집단들은 276~291년 사이 여러 번에 걸쳐 진 본국에 견사하면서 진과의 통교에 적극적으로 참여하였다. 특히 백제국에 있어서 위·진 교체는 중국 군현과 적대 관계를 청산하고 새로운 입지를 개척할 수 있는 전기가 된 것 같다. 『삼국사기』 백제본기에 의하면 고이왕의 아들(책계왕)과 대방태수의 딸이 혼인 관계를 맺고, 책계왕 즉위년(286)에는 고구려의 침입을 받은 대방군을 돕는 등 백제국은 군현과 우호적인 관계에 있었다.[40] 이처럼 혼인 관계를 맺거나 군사적인 원조를 요청하는 등의 행위는 중국 군현이 백제국을 마한의 대표 세력으로 인식하고 그를 회유하여 친선 관계를 유지하겠다는 의미이다. 그러나 3세기 말 4세기 초가 되면 중국 군현은 맥인貊人과 연합하여 백제국을 공격하여 책계왕을 전사시키거나(책계왕 13년, 298) 백제국이 낙랑을 공격한 데 대한 보복으로 낙랑태수가 자객을 보내 분서왕汾西王을 살해하는 등(분서왕 7년, 304) 백

韓에 관한 최종 기사이며 265년은 위魏가 망한 연도이다.

40 백제본기의 온조왕 즉위년조에는 후한後漢 요동태수 공손도公孫度가 구태仇台의 딸을 처로 삼았다고 기록되어 있고, 책계왕 원년조에는 즉위 이전 대방왕녀 보과寶菓와 혼인했다는 기록이 있다.

그림 II-2-7
풍납토성 경당지구 출토 토기와 시유도기
출처: 한성백제박물관, 2013, 『백제, 마한과 하나되다』

제국에 대해 적극적인 제재를 가하였다. 이는 중국 군현이 통제하기 어려울 정도로 백제국이 강력한 도전 세력으로 성장했기 때문이다. 백제국과 중국 군현의 이 같은 관계 변화를 통해 늦어도 고이왕 대 후반에서 책계왕 대 초반에는 백제국이 명실상부한 마한 맹주국의 지위를 확립하였음을 알 수 있다. 이러한 마한 지역 소국연맹체의 추이를 반영하는 것이 마한의 서진西晉 견사遣使 기록이다. 276년 백제국이 마한의 이름으로 서진 견사를 시작하였고, 282년에는 영산강 유역의 마한 소국들이 서진 견사 행렬에 처음 참여하였다. 특히 영산강 유역 소국들의 견사 참여는 목지국 중심 소국연맹체의 해체와 밀접한 관계가 있을 것으로 추정된다.

그런데 『진서』에 마한, 동이의 이름으로 기록된 견사 집단의 실체에 대해서는 여러 견해가 있다. 백제국을 맹주로 하는 정치 세력이 서진 견사의 중심 역할을 하였으리란 견해와[41] 차령산맥, 금강 이남의 마한 세력 또는 영산강 유역의 마한 세력들로 시기에 따라 견사 주체가 달라졌다는 견해, 그리고 처음부터 복수의 정치집단이 활동하였다는 견해 등이 있다.[42] 그런데 진晉과의 교섭 흔적으로 주목되고 있는 서진의 전문도기편이 백제국의 중심지인 한강 남쪽 몽촌토성과 아산만 세력권인 충남 홍성군 신금성(홍성군 결성면 금곡리)에서 출토되었다.[43] 이후 풍납토성에서 다량의 시유도기施釉陶器 자료들이 출토되어 현재는 양적으로 서울 지역이 가장 많다(그림 II-2-7).[44] 교역품의 분포 밀도가 가장 높은 지역이 대외 교역품을 관리하고 교역을 주관하는 중심지이다. 4세기 중후반 이후의 동진계東晉系 교역품의 경우, 서울 강남 지역이 분포 밀도가 가장 높아 최고 지배세력의 중심지와 유물의 분포 양상이 일치한다. 하지만 서울 지역과 충남 홍성에서 각각 발견된 서진 도기가 동일한 대외 교역 조직을 통해 유입된 것인지 서로 다른 조직을 통해 유입된 것인지 아직은 판단하기 어렵다. 아산만 지역의 목지국 소국연맹체가 완전히 해체되기 전까지는 백제국 외에도 5~6개 소국 정도의 소규모 견사단을 보낼 수 있었을 것이다. 요컨대 3세기 말까지도 백제국의 우세한 지위는 인정되지만 아직도 대중국 교역을 독점하는 상태는 아니었다.

일반적으로 진晉으로의 견사는 원거리 교역 활동을 의미한다. 원거리 교역은 정치·경제적인 조직력과 기술을 필요로 하므로 이를 감당할 수 있는 조직체의 존재 없이 원거리 교역 활동을 기대할 수는 없다. 동시에 원거리

41 천관우, 1989, pp.341~342; 이기동, 1987, p.10.

42 노중국은 277~281년의 마한은 백제국 중심의 마한이고, 282년의 마한은 영산강 유역의 신미국을 중심으로 구성된 세력으로 파악한다(1990, p.88). 유원재는 277~281년의 마한은 차령산맥, 금강 이남의 잔여 마한 세력이며, 282~291년의 마한은 건마국 중심 세력의 약화 이후 재편되어 다시 등장하는 영산강 유역의 신미국 중심의 마한 세력으로 파악한다(1994, pp.150~152). 권오영은 282년 이전부터 진晉과 교섭하던 세력은 백제국과 목지국 두 세력이며 이후 새로이 교섭을 시작한 세력은 영산강 유역의 집단이었던 것으로 해석한다(1996, pp.217~218).

43 성정용, 1994, 「홍성 신금성지 출토 백제토기에 대한 고찰」, 『한국상고사학보』 15. 천관우는 충남 홍성군 금마군 지역을 목지국으로 비정한 바 있다(1989, p.318).

44 한지수, 2010, 「백제 풍납토성 출토 시유도기 연구—경당지구 196호 유구 출토품과 중국 자료와의 비교를 중심으로—」, 『백제연구』 51, 충남대학교 백제연구소.

교역은 권력 집중을 가속화시키는 작용을 하므로 교역 주도권의 장악 여부는 정치집단 성장의 중요한 관건이 된다. 이런 점에서 백제국이 목지국의 세력권을 잠식한다는 것은 경제적으로 목지국이 가졌던 대외 교역 조직을 위축, 해체시키고 백제국이 대외 교역의 주도권을 장악해 나가는 과정이기도 하다. 본래 목지국소국연맹체의 결속 기반은 아산만 지역을 배경으로 형성되었던 대군현 교역 조직이었다. 서진과의 교섭이 빈번해지면서 이곳을 무대로 하는 교통로와 교역 조직의 중요성은 더욱 높아졌을 것이다. 특히 백제국이 한강 하류권에서의 주도권을 안정적으로 확립하기 위해서는 미추홀의 병합을 필두로 대군현, 대중국 통교의 중요 관문인 한강 하구와 아산만 루트를 장악하는 것이 필수 과제였다. 백제국의 성장과 목지국 세력권의 쇠퇴는 아산만 지역의 교통로와 교역 조직의 장악과 깊은 관계가 있다.

그러나 『진서』의 견사 기록에 의문이 없는 것은 아니다. 그중 하나는 제기에 '동이'로 기록된 견사 주체 중에서 사이전四夷傳의 마한조와 진한조에 언급되지 않은 세력들에 관한 것이다(표 II-2-2 참조). 사이전 마한조의 마한이라면 서진에 잘 알려져 있고, 서진으로부터 마한 지역의 대표적인 세력으로 인정받은 존재로 간주된다. 그러므로 대방태수와 혼인 관계를 맺고 군사 지원을 요청할 정도로 서진과 밀접한 관계를 가졌던 백제국을 그 대상에서 제외하는 것은 옳지 않다. 그런데 견사에 참여한 국의 수를 보면 최소 2국(287)에서 최다 20국(280)으로 다양하다. 이러한 기록은 소국연맹체 단계의 대외 교섭 형태의 중요 특징을 보여 주는 것으로 최대 수치인 20여 국을 마한조에 나오는 마한소국연맹체의 대체적인 규모로 간주할 수 있다. 진한을 보면 최대 11국으로(3회에 걸쳐 각각 5국, 10국, 11국이 참여) 진한 12국 전체의 규모와 거의 비슷하여 앞의 추론에 방증이 된다. 그리고 282년에 처음으로 견사한 '동이 29국', 즉 신미국을 대표로 하는 소국연맹체는 마한조의 마한과는 다른 세력으로 289년조의 '동이절원東夷絶遠 30여 국'과 동일한 존재로 생각된다. 30여 국이라는 규모는 마한 50여 국의 반이 넘는 숫자로 큰 규모의 조

표 II-2-2 『진서』의 동이·마한·진한 견사 기록

시기	열전 사이전		제기 견사 기록				견사 주체	기타
	마한조	진한조	시기	집단	국 수	교섭 형태		
함녕咸寧 2년(276)	?		2월 7월	동이 동이	8국 17국	귀화歸化 내부內附	마한 견사 시작 ?	위관衛瓘 유주자사幽州刺使 재임 위관 재임
3년(277)	●		시세是歲	동이	3국	내부	마한	위관 재임
4년(278)	●		3월 시세	동이 동이	6국 9국	내헌來獻 내부	마한 ?	
태강太康 원년(280)	●	○	6월 7월	동이 동이	10국 20국	귀화 조헌朝獻	진한 견사 시작 마한	
2년(281)	●	○	3월 6월	동이 동이	5국 5국	조헌 내부	마한 진한	
3년(282)			9월	동이	29국	귀화 헌기방물	마한, 신미국 등 20여 국 견사 조헌	장화張華열전 유주제군사幽州諸軍事 부임
7년(286)	●	○	8월 시세	동이 마한 등	11국 11국	내부 견사내헌	진한 마한	장화 재임
8년(287)	●		8월	동이	2국	내부	마한	장화 재임
9년(288)			9월	동이	7국	예교위詣校尉 내부	?	
10년(289)	●		5월 시세	동이 동이절원	11국 30여 국	내부 내헌	마한 마한 신미국 등	
태희太熙 원년(290)	●		2월	동이	7국	조헌	마한 … 동이교위東夷校尉 하감何龕 상헌上獻	
영평永平 원년(291)			시세	동이	17국	예교위 내부	?	

※ 진한과 신미국이 진과 처음 통교를 시작했을 때(280년, 282년) 귀화歸化라는 용어를 사용하고 있어, 함녕 2년(276) 2월 동이 8국이 귀화하였다는 제기의 동이는 마한이 통교를 개시한 기록으로 추정된다.

출처: 이현혜, 1997, 「3세기 마한과 백제국」, 『백제의 중앙과 지방』, 백제연구총서 5, 충남대학교 백제연구소.

직체이다. 그러므로 3세기 후반 마한 지역에서는 20여 국을 구성 단위로 하는 것과 30여 국을 기반으로 하는 최소한 2개의 원거리 교역 조직이 확인된다.[45] 양 조직의 중심 세력을 파악함에 있어 이 시기에 직접 해당되는 고고학 자료는 아주 제한적이다. 그런데 약간의 시차는 있으나 마한 지역 내에서 4세기 이후의 고총고분이 집중 분포하는 대표적인 두 지역은 서울 강남 지역과 영산강 유역이다. 이러한 후속 시기의 발전 추세로 미루어 전자의 구심체는 백제국이며, 후자는 신미국을 대표로 하는 영산강 유역에 중심지를 둔 정치 조직으로 보는 것이 타당하다.

이 밖에도 『진서』 제기에는 단지 '동이'로만 표기되어 소속을 알 수 없는 견사 주체들이 있다(표 II-2-2에서 '?'로 표시한 것). 그 대부분이 마한조의 마한으로 추정되지만 양 세력권에 소속되지 않은 제3의 견사 집단이 없었다고 단정할 수는 없다. 전체 국의 수로 보아 마한 지역에는 양 세력권에 속하지 않는 독립적인 정치집단들의 존재도 다수 인정될 수 있기 때문이다. 그러나 일시적인 견사 활동으로 끝나고 견사 조직을 정치적인 통합 조직으로 계승 발전시키지 못한 존재라면 크게 문제될 것은 없다. 요컨대 3세기 후엽 백제 소국연맹체는 마한의 핵심부는 장악하였으나 영역상으로는 아직도 마한의 일부 지역에 불과하였다. 그러나 백제국의 성장과 목지국소국연맹체의 쇠퇴는 목지국에서 백제국으로의 단순 교체가 아니라 정치·경제적으로 강력한 통합력을 발휘하는 새로운 조직체의 출현을 예고한다. 동시에 이는 백제국이 마한의 한 소국에서 벗어나 영역 국가 백제로 도약하는 발판이 되었다.

45 『삼국지』 왜인조에는 일본 열도에도 100여 국이 있는 것으로 알려져 있으나 이 중 야마대국邪馬臺國을 맹주로 하는 30국이 왜의 이름으로 위魏와 통교하였다. "倭人 在帶方東南大海之中 依山島爲國邑 舊百餘國 漢時有朝見者 今使譯所通三十國".

5. 맺는말

이상에서 살펴본 대로 마한에서 백제로의 전환 과정에서 마한 지역에서는 커다란 정치적 변화가 진행되었다. 변화의 단초는 위의 동방 진출과 고구려, 동예, 한 등 토착 사회에 대한 강경책이었다. 이 가운데 마한 사회에 가장 큰 영향을 준 것은 군현 세력에 인접해 있던 경기 북부 지역의 한예와 위 군현 사이에 일어난 무력 충돌과 저항이었다. 이 과정에서 대방군 기리영 공격의 주도 세력이었던 백제국이 보복을 피해 한강 이남으로 이주하였고, 공격에 참여하였던 경기 북부 지역의 한예 세력이 위에 항복하였다. 결과적으로 백제국의 하남 이주는 목지국 진왕 세력권과의 충돌을 초래하였고, 아산만 일대를 구심점으로 형성되었던 목지국소국연맹체의 맹주가 백제국으로 교체되는 단초를 열었다. 그리고 백제국의 팽창과 목지국 세력권의 쇠퇴는 여타의 마한 지역 정치집단들을 자극하여 영산강 유역을 중심으로 30여 국이 참여하는 광범위한 조직체를 새로이 출현시켰다. 이처럼 마한 지역 여러 세력 간의 역학 관계가 재편되는 것은 260년대에서 280년대에 이르는 시기로 생각된다.

뒤이어 4세기 중반에 서울 지역에서는 대규모의 적석총이 축조되는 등 고고학상으로도 급격한 권력 집중 현상이 나타난다. 문헌상으로는 291년 서진 견사를 끝으로 백제와 중국 군현은 새로운 갈등 관계에 들어선다. 낙랑이 맥인貊人과 연합하여 백제를 공격하여 책계왕을 전사시키거나(298) 분서왕이 낙랑을 습격한 데 대한 보복으로 낙랑태수가 자객을 보내 분서왕을 살해하는(304) 등 중국 군현은 백제에 대해 강한 제재를 가하였다. 이 같은 대군현 관계의 변화는 목지국 세력권의 해체 이후 백제가 경기 북부 지역으로 세력을 확대해 나가면서 빚어진 결과로 생각된다. 임진강 유역의 연천군 삼곶리, 학곡리, 선곡리 등지에서 적석총 유적이 조사되어 백제의 세력 범위와 관련하여 주목을 끌고 있다. 이 가운데 발굴 조사를 거친 삼곶리 적석총에서 출토된 유물은 백제계로 밝혀졌다.[46] 비록 일시적인 제재를 당하기는 하였으나 백제의 경기 북부 지역으로의 진출이 313년, 314년에 낙랑군·대방군의 축출로 본격화되었으리라는 추정은 어렵지 않다. 그러나 남쪽으로의 세력 확대 시기에 대해서는 많은 이견이 있다.

백제의 세력권을 반영하는 고고학자료로는 백제계 묘제와 토기, 성곽 유적 등이 있다. 이 밖에 백제 지배계층이 사용하던 중국제 도자기, 초두鐎斗, 환두대도環頭大刀 등의 위신재도 중요 자료로 주목받고 있다. 그러나 고고학 자료를 이용하여 정치집단의 세력 판도를 추정할 때 기준 설정에 따라 여러 가지 해석이 나올 수 있다. 예컨대 강원도 원성군 법천리와 충남 천원군 화성리에서 출토된 동진東晉 청자는 백제 중앙 정부가 지방 세력에게 하사한 물품으로 간주하여 4세기 전반 내지 중반경에는 이 지역이 백제의 영역에 편입된 것으로 해석한다.[47] 이 같은 관점을 확대하여 백제 토기와 위세품 출토 상태를 분석하여 한성 백제의 영역을 1기(4세기 초~중엽)와 2기(4세기 후반~475)로 나누어, 1기에는 남으로 천안, 홍성을 연결하는 선까지 백제가 진출하였고, 2기 말까지도 금강 이남 지역은 백제 중앙과의 관계에서 독자성을 유지할 수 있었으며, 한성 백제의 직접 지배 지역은 금강 이북에만 국한되었을 것이라는 견해도 있다.[48] 이와 달리 주구토광묘周溝土壙墓 분포를 기준으로 천안 이남 지역은 한강 유역과는 문화 주체가 다른 정치집단으로 근초고왕近肖古王 시기까지 백제 영역은 안성천 이북에 머물러 있었다는 주장도 있다.[49]

이는 백제가 마한 지역 토착 세력들을 병합해 나가는 과정에서 지역과 시기에 따라 여러 형태의 정치·경제적 관계를 맺고 있었음을 반영하는 것이다. 즉 백제 세력권 내에는 백제 중앙 정부의 통치력이 직접적으로 작용하는

46 문화재관리국·문화재연구소, 1994, 『연천 삼곶리 백제적석총 발굴조사보고서』, p.45·53.
47 권오영, 1988, 「4세기 백제의 지방통제방식 일례」, 『한국사론』 18, 서울대학교 국사학과, pp.21~23.
48 박순발, 1997, 「한성백제의 중앙과 지방」, 『백제의 중앙과 지방』, 충남대학교 백제연구소.
49 강인구, 1994, 「주구토광묘에 관한 몇가지 문제」, 『정신문화연구』 17-3, p.120. 근래의 고고학 자료에 의하면, 주구토광묘의 분포가 경기도 용인 지역까지 올라온다.

지역과 백제에 복속된 이후에도 상당 기간 토착 세력을 통한 간접적인 통치가 이루어지던 지역이 있었다. 그러므로 문제가 되는 것은 영역과 통치 방식을 추정하는 기준이다. 크게는 직접 통치 지역과 간접 통치 지역으로 구분되겠지만 간접 통치도 여러 유형이 있으므로 이러한 다양한 관계를 판별할 기준을 어떻게 설정할 것인가 하는 것이다. 예를 들면 중앙 정부는 피정복 집단에게 공납을 요구하고, 상호 관계의 상징물로 위세품을 제공하면서 지배·복속 관계를 유지하는 단계가 있다. 이 경우 피정복 집단은 대외적인 정치, 경제, 군사 활동은 제재를 받게 되나 고유의 전통이나 자율적 통치 기반은 보장받게 된다. 그러나 지배의 강도가 높아지면 중앙 정부는 각종 기술과 자원, 정보를 장악함으로써 토착 지배세력의 권력 기반을 축소, 약화시켜 나간다. 그리하여 피정복 집단의 대외적인 교섭권은 차단되고, 중요 자원과 특정 물자의 생산과 유통에 대한 권한이 박탈되는 등 유형, 무형의 제재를 당하게 된다. 이처럼 통제의 강도는 중앙 정부와 피정복 집단 간의 역학 관계에 따라, 그리고 지역과 시기에 따라 가변적이다.

고고학자료상으로 지역과 시대에 따라 묘제와 부장 유물의 구성이 복잡하고 다양하게 나타나는 것은 아마도 이 같은 현상의 반영이 아닐까 생각된다. 예컨대 서울에 있는 한성 백제 최고 지배계층의 묘제는 적석총이고, 적석총과 인근의 토성 안에서는 백제 토기와 최고급의 위세품이 출토된다. 그러나 백제 적석총 밀집 지역에서 벗어난 강원도 원성군 법천리유적에서는 백제 지배계층이 수입한 중국제 청자와 초두를 부장하면서도 분묘 양식은 석곽묘이다. 그리고 청주를 비롯하여 천안 일대의 4세기 대의 분묘 유적들 역시 서울 가락동, 석촌동에서 출토된 것과 동일한 백제 토기와 위세품을 부장하고 있으나 묘제는 전 단계의 전통을 이은 토광묘가 주류를 이룬다.[50] 이러한 현상은 5세기 이후 횡혈식 석실분 축조기에도 비슷하다. 익산 입점리 1

50 박순발, 1997.

호분과 함평 신덕리 1호분, 그리고 나주 신촌리 9호분의 주인은 비슷한 시기에 살면서 백제 중앙으로부터 동종, 동급의 위세품을 받았던 것으로 분석되었다.[51] 그러나 익산과 함평 고분의 주인은 횡혈식 석실분을 채용한 데 반해 나주 신촌리 9호분의 주인은 전통적인 옹관묘를 고수하고 있다.

이처럼 마한 지역의 토착 세력들은 문헌기록에 나타나는 것 이상으로 복잡한 과정을 거쳐 백제에 통합되어 갔다. 이를 백제사 입장에서 본다면 마한 토착 세력의 병합 과정이 그리 간단하지 않았다는 것을 뜻한다. 이는 여러 차례 중심지를 옮긴 백제사 특유의 전개 과정과도 깊은 관계가 있다. 그러므로 백제사의 폭과 깊이를 더하기 위해서는 앞으로 고고학자료의 구체적 검증을 토대로 마한 지역 토착 세력에 대한 개별적 연구가 병행되어야 할 것이다. 이 같은 연구가 축적된 연후에야 백제본기 온조왕조에 대한 종합적인 조명이 가능할 것이다.

51 吉井秀夫, 1997, 「橫穴式石室墳의 受容樣相으로 본 百濟의 中央과 地方」, 『백제의 중앙과 지방』, 충남대학교 백제연구소.

참고문헌

강인구, 1994, 「주구토광묘에 관한 몇가지 문제」, 『정신문화연구』 17-3

공석구, 1988, 「평안·황해도지방출토 기년명전에 대한 연구」, 『진단학보』 65

권오영, 1988, 「4세기 백제의 지방통제방식 일례」, 『한국사론』 18, 서울대학교 국사학과

______, 1996, 『삼한의 국에 대한 연구』, 서울대학교 박사학위논문

김기옥, 2016, 「분묘 출토유물로 본 중서부지방 마한의 대외교류」, 『문헌과 고고학 자료를 통해 본 마한의 대외교류』, 제25회 백제학회 학술회의 자료집

김원룡·임효재·임영진, 1989, 『석촌동 1·2호분』, 서울대학교박물관

김정배, 1986, 『한국고대의 국가기원과 형성』, 고려대학교출판부

노중국, 1988, 『백제정치사연구』, 일조각

______, 1990, 「목지국에 대한 일고찰」, 『백제논총』 2, 백제문화개발연구원

몽촌토성발굴조사단·서울특별시 문화과 편, 1985, 『몽촌토성발굴조사보고』, 서울특별시 문화과

문안식, 1995, 「백제 연맹왕국 형성기의 대중국군현관계 연구-한·위간의 무력충돌을 중심으로-」, 동국대학교 석사학위논문

문화재관리국·문화재연구소, 1994, 『연천 삼곶리 백제적석총 발굴조사보고서』

박순발, 1994, 「한성백제 성립기 제묘제의 편년검토」, 『선사와 고대』 6

______, 1997, 「한성백제의 중앙과 지방」, 『백제의 중앙과 지방』, 충남대학교 백제연구소

서오선·권오영, 1990, 「천안 청당동 유적발굴조사 보고」, 『휴암리』, 국립중앙박물관

성정용, 1994, 「홍성 신금성지 출토 백제토기에 대한 고찰」, 『한국상고사학보』 15

신기철, 2018, 「2~4세기 중서부지역 주구토광묘와 마한 중심세력 연구」, 『호서고고학』 39

오영찬, 1996, 「낙랑군의 토착세력 재편과 지배구조」, 『한국사론』 35, 서울대학교 국사학과

유원재, 1994, 「≪진서≫의 마한과 백제」, 『한국상고사학보』 17

윤용구, 1996, 「한국 고대의 '중국식 토성'에 대하여」, 『한국고대사논총』 8, 가락국사적개발연구원

이기동, 1987, 「마한영역에서의 백제의 성장」, 『마한·백제문화』 10

이병도, 1976, 『한국고대사연구』, 박영사

정약용, 「아방강역고」, 『여유당전서』 6집 3권(영인본, 1970, 경인문화사)

차용걸, 1981, 「위례성과 한성에 대하여」, 『향토서울』 39

천관우, 1989, 『고조선사·삼한사연구』, 일조각

충청남도역사문화연구원, 2011, 『아산 탕정 LCD단지 조성부지(2구역) 내 아산 명암리 밖지므레유적』

한영희·함순섭, 1993, 『청당동』, 국립중앙박물관

한지수, 2010, 「백제 풍납토성 출토 시유도기 연구-경당지구 196호 유구 출토품과 중국 자료와의 비교를 중심으로-」, 『백제연구』 51, 충남대학교 백제연구소

함순섭·김재홍, 1995,『청당동』2, 국립중앙박물관

……

末松保和, 1954,「新羅建國考」,『新羅史の諸問題』, 東京: 東洋文庫

武田幸男, 1990,「魏志東夷傳における馬韓辰王と臣智に關する一試論」,『마한·백제문화』12

高久健二, 1993,「樂浪墳墓の編年」,『考古學雜誌』78-4

吉井秀夫, 1997,「橫穴式石室墳의 受容樣相으로 본 百濟의 中央과 地方」,『백제의 중앙과 지방』, 충남대학교 백제연구소

3장

『삼국사기』 백제본기에 나타난 마한에 대한 인식

1. 백제본기 온조왕 대의 마한 기록

백제 국가는 마한 소국의 하나였던 백제국伯濟國이 다른 마한 소국들을 병합하여 성장 발달한 것이다. 그러므로 백제 영토와 대다수 주민의 뿌리가 마한이라는 사실에 대해서는 이견이 없으며, 마한과 백제는 죽순과 대나무의 관계에 비유될 수도 있다. 이러한 비유는 진한과 신라의 관계에서도 마찬가지이다. 『후한서後漢書』에 백제가 마한의 한 소국小國이었음을 간단히 언급한 것과는 달리, 『삼국사기三國史記』 백제본기百濟本紀 온조왕溫祚王조에는 마한과 백제의 관계에 대해 여러 가지 중요한 내용이 기록되어 있다. 백제국 시조의 출자出自, 백제국의 하남 이주, 백제국과 마한왕과의 관계, 백제국의 성장과 마한 병합 등 백제의 건국과 성장 과정이 압축 파일처럼 기록되어 있다. 그런데 이 기록에는 마한과 백제가 계승적 발전 관계에 있음을 나타내려는 의식은 별로 보이지 않는다. 오히려 부여계 고구려 유이민 집단인 온조가 세운 백제와 마한을 이질적인 존재로 대비시키고 서로를 대립 경쟁 관계로 기록하고 있다. 말하자면 마한은 백제가 정복해야 할 대상일 뿐 백제 국가의 토대가 마한이었다는 인식은 결여되어 있다.

이런 측면에서 보면 진한-신라 관계에 대한 『삼국사기』 신라본기新羅本紀의 서술 방식은 백제본기와는 다소 다르다. 신라본기에는 진한-신라 관계에 대한 언급이 한 번 나오는데 "우리나라는 이성二聖(혁거세와 알영閼英)이 일어나심으로부터 인사人事가 바로 잡히고 천시天時가 고르고 창름倉廩이 충실하고 인민이 경양敬讓하여 진한辰韓 유민으로부터 변한, 낙랑, 왜인에 이르기까지 두려워하지 아니함이 없다"[1]라고 하여 진한과 신라를 적대적인 관계로 서술하고 있지 않다. 그리고 신라본기 초기 기록에 진한 지역 소국들에 대한 개별적인 병합 기사는 곳곳에 나오지만 진한 전체를 뭉뚱그려 사로국斯盧國의 복속 대상으로 간주한 흔적은 없다. 진한에 비해 마한은 소국의 숫자도 훨씬 많고 지리적 범위도 넓다. 마한의 소국들도 백제국에 복속된 시기, 복속 과정, 복속 형태 등이 서로 다를 것이다. 그럼에도 불구하고 이러한 복잡하고 다양한 정복 통합 과정이 전혀 기록으로 남아 있지 않다. 마한에 대한 단 한 번의 정벌, 단 한 번의 잔존 세력 평정, 단 한 번의 반란 집압만으로 마한 전체에 대한 통합이 마무리된 것처럼 되어 있다.[2] 이러한 백제본기의 마한 인식과 기록의 멸실은 마한-백제 전환 과정에서 있었던 다양한 현상들을 밝히고 이를 계승적인 발전 관계로 파악하는 데 장애 요인으로 작용하고 있다.

마한에서 백제로의 변화 과정에 대해서는 근래 많은 연구가 축적되고 있다. 특히 고고학자료가 급격히 늘어나면서 마한은 말할 것도 없고 마한에서 백제로의 변화 과정에 대한 연구도 더욱 구체화되고 활기를 더해 가고 있다. 연구 성과가 많이 쌓이는 만큼 견해도 다양하고 연구자들 간의 시각 차이도 적지 않다. 마한에 대해서는 '마한론'이라는 표현을 사용할 정도로 많은 논

1 『三國史記』 新羅本紀, 始祖 赫居世 38년조.

2 『三國史記』 百濟本紀, 始祖 溫祚王 26년조, "왕이 군사를 내어 겉으로 사냥을 한다 하고 몰래 마한을 쳐서 드디어 그 국읍國邑을 아울렀는데 다만 원산圓山과 금현錦峴 두 성城은 굳게 지켜 항복하지 않았다"; 始祖 溫祚王 27년조, "두 성이 항복하고 그 성민을 한산漢山 북쪽으로 옮겼다. 마한은 드디어 멸망하였다"; 始祖 溫祚王 34년조, "마한의 구장舊將 주근周勤이 우곡성牛谷城에서 반란을 일으켰다. 병사 5,000으로 이를 치니 주근이 목매 죽었다".

란이 있으며,[3] 일부 지역에서는 4~5세기까지도 마한시대라는 용어를 사용한다. 마한의 시작과 종말, 마한의 동쪽 경계와 북쪽 경계와 같은 기본적인 사항부터 각 시기별, 지역별 마한의 실체 등에 대해 연구자들 사이에 나름대로의 합의점을 찾지 못하고 있는 실정이다.

마한에서 백제로의 발전 과정에 대해서는 백제 국가의 영역화 내지는 백제 중앙 권력의 지방 침투 과정에 초점을 맞추어 많은 연구들이 진행되고 있다. 하지만 접근 방식은 서로 달라 한편에서는 한성 백제 토기 양식의 성립과 확산, 착장용 위세품이나 중국산 도자기의 분포, 지역별 토착 묘제의 소멸과 새로운 묘제의 등장 등을 중요 지표로 삼아 4~5세기 백제 영역화의 진행 과정을 밝히는 데 역점을 두고 있다. 다른 한편에서는 백제 중앙 권력의 지방 침투 시기를 가능한 한 늦추어 볼 수 있는 논거를 찾기 위해 5~6세기 이후까지도 각 지역별로 고유한 마한의 문화 요소가 얼마나 오랫동안 존속하였는가를 입증하는 데 주력하고 있다. 이러한 다양한 견해와 논쟁의 이면에는 마한에서 백제로의 전환 과정에서 상당 기간 양자가 병존하면서 대립하던 구도가 상정되어 있다. 많은 연구자들이 이러한 관점을 가지게 된 데에는 알게 모르게 마한-백제를 대립 관계로 설정한 온조왕 대 기록의 영향이 적지 않다.

마한에서 백제로의 변화는 마한 소국 중 일부가 주축이 되어 마한 소국들의 수평적인 연맹 관계를 수직적인 상하 복속 관계로 재편한 것이라고 할 수도 있다. 이 과정에서 물리적 대결과 저항도 있었고, 전략적인 제휴나 타협도 있었을 것이다. 하지만 마한에서 백제로의 발전 과정은 크게 보면 새로운 통치체제의 확립과 이에 수반된 사회·문화적 변화 과정이지 주민이나 지배계급이 송두리째 바뀌는 근본적인 변화는 아니다. 어느 시기, 어느 지역을 막론하고 새로운 체제와 이념이 자리 잡는 과정에서 물리적인 강압과 이념

3 최성락, 2000, 「마한론의 실체와 문제점」, 『박물관 연보』 9, 목포대학교박물관.

적 갈등은 있기 마련이다. 그러나 마한에서 백제로의 성장 과정을 대립적이고 일방적인 것으로만 파악하는 것은 문제가 있다. 지역별로 마한 소국의 주민과 수장들이 고대 국가로 재편되는 과정에서 어떻게 적응하고 타협하였는지 그리고 새로운 체제와 문화의 형성 과정에서 마한의 문화 요소가 어떻게 녹아 들었는지 등을 밝히는 것도 중요하다. 단절적이고 대립적인 측면 못지않게 계승적인 측면을 함께 모색하는 균형 잡힌 시각이 필요하다.

이 장에서는 『삼국사기』 백제본기 온조왕 대 기록에 나오는 마한과 백제에 대한 서술 내용과 인식이 과연 타당한지 살펴보고자 한다. 온조왕 대 기록에 나오는 마한의 실체를 어떻게 이해할 것인가 하는 문제를 떠나서 마한 관련 기록 자체를 선입견 없이 다시 되짚어 보자는 것이다. 온조왕이 정복한 마한이 목지국目支國이라면 목지국 멸망만으로 마한 통합이 끝난 것이라 볼 수 없고, 만약 영산강 유역의 맹주국을 정복한 것이라면 마한 통합 마무리라는 면에서 일면 타당하지만 백제국이 영산강 유역에 있던 마한 세력의 통제를 받은 적이 없기에 이 역시 모순이다. 그렇다고 온조왕 10년조, 18년조, 24년조, 26년조, 27년조의 마한을[4] 서로 다른 마한으로 분리하여 해석하는 것도 이상하다. 기본적으로 마한과 백제는 통시적 관계이지 공시적 관계는 아니다. 그러므로 이 기록은 특정 시기의 상황이나 인식을 단편적으로 반영한 것이라고 보고 이러한 인식이 형성된 배경을 살펴보고자 한다. 이것은 마한에서 백제로의 전환 과정에 대한 다양한 연구 시각을 모색하기 위한 것이다.

4 『三國史記』 百濟本紀, 始祖 溫祚王 10년조, "왕이 사냥을 나가서 신록神鹿을 잡아 마한에 보내다"; 始祖 溫祚王 18년조,"말갈靺鞨이 엄습하니 왕이 군사를 거느리고 칠중하七重河에서 맞아 싸워 추장酋長 소모素牟를 사로잡아 마한에 보내다"; 溫祚王 24년조, "웅천책熊川柵을 세운 데 대해 마한왕이 항의하였다. … 책柵을 허물다"; 始祖 溫祚王 26년조, "왕이 군사를 내어 겉으로 사냥을 한다 하고 몰래 마한을 쳐서 드디어 그 국읍國邑을 아울렀는데 다만 원산圓山과 금현錦峴 두 성城은 굳게 지켜 항복하지 않았다"; 始祖 溫祚王 27년조, "두 성이 항복하고 그 성민을 한산漢山 북쪽으로 옮겼다. 마한은 드디어 멸망하였다".

2. 백제국의 물질문화

『삼국지三國志』 위서魏書 동이전東夷傳 한조韓條의 총론 부분에 나오는 '한韓'은 한반도 중남부 지방에 있던 종족과 정치체 모두를 포괄한다. 그중에서 경기, 충청·전라 지역에 있던 소국과 주민들은 경상도 방면의 진한·변한과 구분하여 마한이라 하였다. 그러나 고조선 준왕準王 남래 시기만 해도 충청·전라 지역은 그냥 한이라고만 불렀다. 위만조선 멸망과 한사군 설치 이후 소백산맥 이동 지역에서 새로운 소국들이 속속 형성되고 이들과 중국 군현 사이에 교섭이 이루어지면서 이들을 진한이나 변한이라고 부르기 시작하였다. 그리고 진한, 변한의 등장으로 원래의 한을 진한, 변한과 구별하기 위해 마한이라 부르기 시작하였다. 마한 소국의 수는 문헌기록에 따라 54, 55 또는 56개국으로 약간의 차이가 있고 지역별로 성립 시기나 문화적 토대도 조금씩 다르다. 그중 한강 중하류 유역의 소국들은 충청·전라 지역 소국들보다 상대적으로 대두 시기가 늦고 분포 밀도도 낮다. 백제국을 포함하여 이 지역의 정치체들은 예계濊系 종족들과도 빈번한 접촉을 가지면서 마한의 북쪽 세력을 구성하였다.

초기 백제국의 활동 무대는 경기 북부 지역이었다. 낙랑과 말갈의 잦은 침입으로 백제국이 중심지를 하남으로 옮겼다는 기록은[5] 경기 북부 지역이 초기 백제국의 활동 무대였음을 시사한다. 초기 백제국의 중심지에 대해서는 임진강에서 한강 사이에 있는 어느 지역이었을 것으로 짐작할 뿐 아직도 구체적인 위치를 추정할 만한 단서는 없다. 그리고 백제국의 하남 이주 시기에 대해서도 2세기 중엽, 3세기 중엽, 3세기 말~4세기 초 등으로 견해가 다양하다.[6] 그리고 온조왕 대의 기록과는 달리 서울 가락동, 석촌동에 이어 풍납토성에 대한 발굴이 계속되고 있음에도 불구하고 서울 강남 지역에서 하남 이

5 『三國史記』 百濟本紀, 始祖 溫祚王 13, 14년조.
6 이현혜, 1997, 「3세기 마한과 백제국」, 『백제의 중앙과 지방』, 백제연구총서 5, 충남대학교 백제연구소.

주를 뒷받침할 만한 3세기 중엽보다 더 오래된 결정적인 고고학자료가 아직 확보되지 못하고 있다.[7]

백제국을 포함하여 경기 지역의 주민과 정치체들은 중국 군현과 지리적으로 가깝기 때문에 한 발 앞서 선진 문물을 수용하는 이점을 누리기도 하였다. 하지만 2세기 후반 후한後漢의 통제력 약화, 3세기 초엽 대방군 설치, 뒤이은 위魏의 등장 등과 같은 정치적 파동이 한반도 서북 지방에 몰아칠 때마다 그 소용돌이에 직접적으로 휘둘리거나 피해를 입은 것도 이들이었다. 임진강·한탄강 유역, 한강 중하류 등지에서 2세기 중후반 이후의 낙랑계 유물(철기, 토기 등)의 출토 예가 증가하고 있다.[8] 특히 화성 기안리유적을 비롯한 안성천 유역에서 낙랑계 유물이 대량으로 확인되는 것도 이러한 서북 지방의 정세 변동과 무관하지 않다.[9] 뿐만 아니라 이들 지역은 강원 영서 지역의 주민들과도 밀접한 관계에 있었다. 그리하여 초기 백제국의 활동 지역은 주거지, 묘제, 토기 등 물질문화상 금강 이남 지역과는 다른 모습을 나타낸다.

현재까지의 고고학적 연구 성과에 의하면 기원전 1세기~기원후 3세기 단계에 한강 수계水系를 중심 지역으로 하여 대략 남으로는 안성천, 북으로는 임진강 일대에 이르는 경기 지역은 주거지, 토기 등이 충청·전라 지역과는 다른 것으로 밝혀졌다. 한강 유역을 포함한 경기 지역에는 중도식中島式 무문토기와 여자형呂字形·철자형凸字形 주거지[10]가 분포한다.[11] 반면 충청·전

7 풍납토성 초축 시기를 3세기 이전으로 올려 보는 견해도 있지만(신희권, 2002, 「풍납토성 축조연대 시론」, 『한국상고사학보』 37), 이를 뒷받침할 새로운 자료가 나오기까지 풍납토성 안에서 발견된 삼중 환호의 축조 시기(3세기 중엽)를 기준으로 잡을 수밖에 없다.

8 권도희, 2020, 「중부지역 원삼국문화와 낙랑」, 『선사·고대의 중부지역과 북한』, 중부고고학회 2020년도 정기학술대회 발표문.

9 김무중, 2005, 「한강유역 원삼국시대의 토기」, 『원삼국시대 문화의 지역성과 변동』, 제29회 한국고고학전국대회 발표문.

10 강원 지역 연구자들이 여자형, 철자형 주거지로 부르기 시작하였고 지금은 연구자에 따라 육각형 주거지 또는 풍납리식 주거지 등 서로 다른 용어를 사용하고 있다.

11 홍지윤, 2010, 「중부지역의 마한·백제 주거 변천—남양주 장현리유적을 중심으로—」, 『마한·백제 사람들의 일본열도 이주와 교류』, 중앙문화재연구원 창립10주년 기념 국제학술대회 발표문.

라 지역에는 사주식四柱式 방형方形 주거지가 분포한다.[12] 대략 경기도 화성-부천-김포를 잇는 선을 경계로 서해안 일대의 사주식 방형 주거지권과 呂자형·凸자형 주거지권이 나누어진다고 한다(그림 II-3-1 참조).[13] 출입 시설이 사주식 주거지는[14] 위쪽에 있고, 呂자형·凸자형 주거지는 옆쪽에 있다. 또한 주거지의 평면 형태뿐만 아니라 주거지 내부의 화덕시설이나 난방시설의 형태도 서로 다르다. 이처럼 서울·경기 지역은 토기나 주거지 등 물질문화 면에서 충청·전라 지역보다 강원 영서 지역과 유사하다. 그러나 『삼국지』 동이전 한조나 광개토왕릉비문에 의하면 경기 지역에는 한과 예가 함께 거주하였다. 고고학자료를 활용하여 경기 지역 안에서 한과 예를 구분할 수 있는 근거를 찾고 있지만 지역별로 묘제, 토기, 주거지 등 각 요소가 서로 중복되기도 하고 어긋나기도 하여 경계가 구분되지 않는다. 이 때문에 이들을 한과 예로 나누지 않고 '한예'라는 별개 단위로 파악하기도 한다.[15]

광개토왕은 그가 공략한 한·예 지역 36곳으로부터 수묘인守墓人을 차출하였는데 한이라고 명시된 성城 6곳 이외에도 한계韓系로 생각되는 성이 더 있다. 미추성彌鄒城은 인천 지역 마한 소국에, 모수성牟水城은 마한 모수국牟水國에, 고리성古利城은 마한 고리국古離國에 비정된다. 또한 아단성阿旦城이 한강 북쪽 아차산성阿且山城 일대라면[16] 이것도 한계 성으로 분류될 수 있다.

12 마한 지역에는 3세기 초엽 이후 취락 분포와 밀도가 급증하는데 지역마다 주거지 평면 형태의 구성 비율에 차이가 있다. 호남 지역의 경우 3세기 초반~중반의 것으로 갑천 유역에는 무시설식 노지나 쪽구들을 갖춘 원형계 주거지가 등장하며, 곡교천 유역에는 노지가 설치된 사주식 방형계 주거지가 확인된다. 그리고 호남 동부 산간에는 비사주식 원형계 주거지가, 서부 내륙 평야에는 사주식 또는 비사주식 방형계 주거지가 주로 분포한다. 김승옥, 2007, 「금강 유역 원삼국~삼국시대 취락의 전개과정 연구」, 『한국고고학보』 65; 신연식, 2010, 「호서지역 마한·백제 주거지 연구」, 『마한·백제 사람들의 일본열도 이주와 교류』, 중앙문화재연구원 창립10주년 기념 국제학술대회 발표문; 조규택, 2010, 「호남지역 마한·백제주거 구조와 전개」, 『마한·백제 사람들의 일본열도 이주와 교류』, 중앙문화재연구원 창립10주년 기념 국제학술대회 발표자료집.

13 권오영, 2009, 「원삼국기 한강유역 정치체의 존재양태와 백제국가의 통합양상」, 『고고학』 8-2, 서울경기고고학회.

14 주거지 네 모서리 부근에 중심 기둥 4개를 각각 배치한 방형계 주거지로 지붕 높이를 올리고 벽체 시설을 갖춰 내부 공간을 넓게 활용할 수 있는 장점이 있다. 조규택, 2010; 홍지윤·오준혁·김규홍, 2008, 「원삼국시대 주거지 축조과정과 상대편년 수립을 위한 기초적 연구—남양주 장현유적 사례를 중심으로—」, 『야외고고학』 4, 한국문화재조사연구기관협회.

15 권오영, 2009.

16 이병도, 1976, 『한국고대사연구』, 박영사.

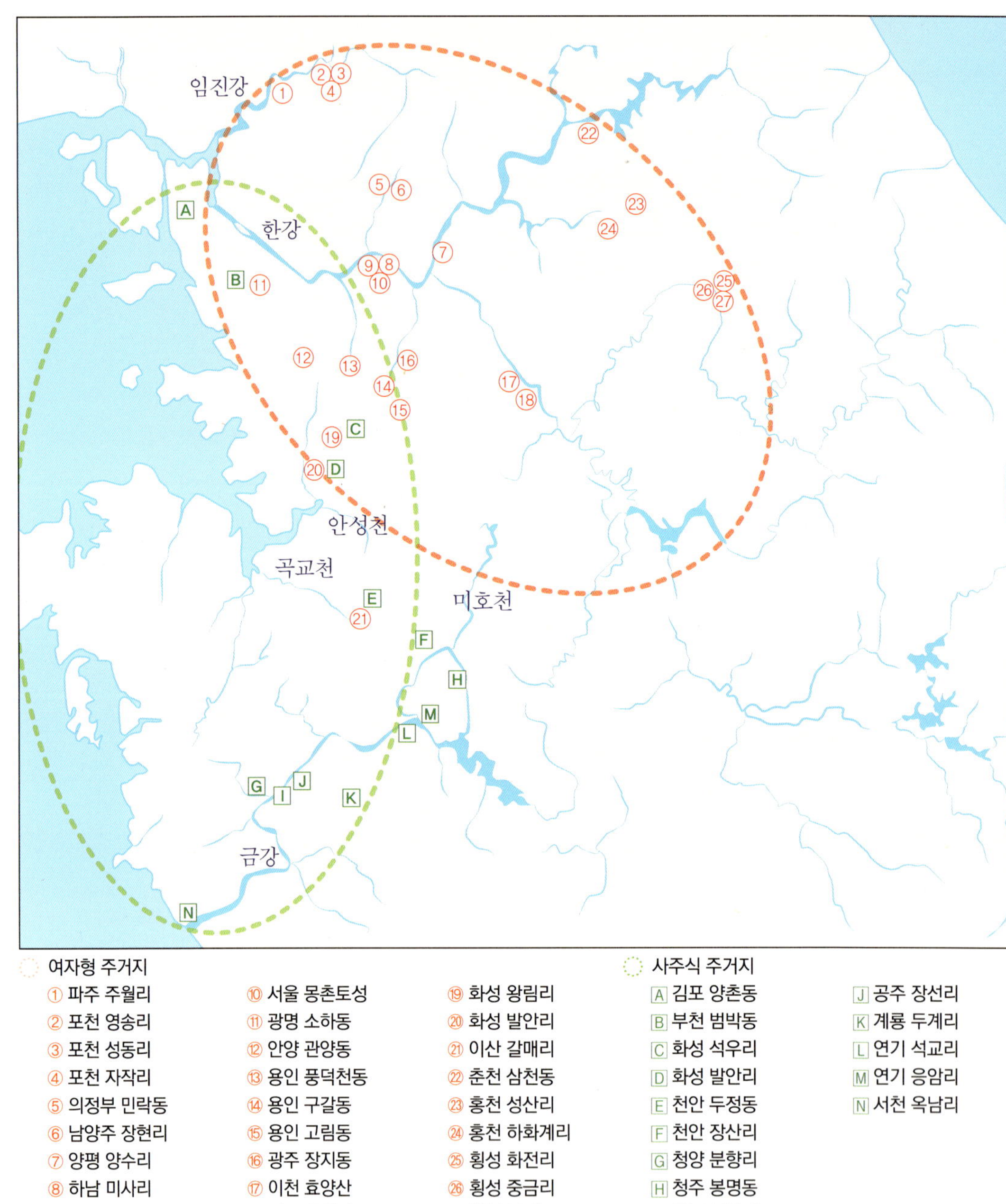

중서부 지방 주거지 유형 분포도
출처: 권오영, 2011

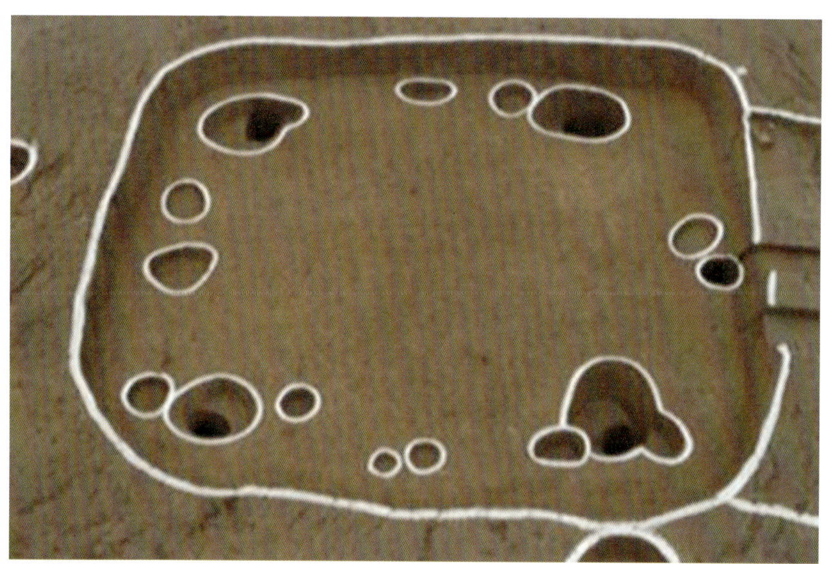

사주식 주거지(충남 연기 대평리)
출처: 한국고고환경연구소, 2012

여자형 주거지(경기 하남 미사리)
출처: 한양대학교 박물관 제공

그림 II-3-1
중서부 지방 주거지 유형

백제국을 비롯한 이들 경기 중북부 지역의 마한 소국은 주거지와 토기로만 본다면 충청·전라 지역의 마한 소국들과 다르고 오히려 강원·영서 지역 예족과 상통한다.

그러면 3세기 중국인들은 무엇을 기준으로 경기 지역 한을 예와 구분하고 그 일부를 마한 소국으로 열기하였을까? 앞서 살펴본 대로 마한 백제국, 마한 목지국 등으로 분류된 기준이 주거 형태를 비롯한 일상적인 생활문화를 기준으로 한 것이 아님은 분명하다. 그렇다면 이러한 구분은 마한소국연맹체의 일원이라고 하는 정치·경제적 관계에 근거했을 가능성이 높다. 백제국은 한강 남쪽으로 중심지를 옮긴 이후 소국연맹체의 일원으로서 말갈의 추장을 사로잡아 마한왕에게 보내는 등[17] 마한소국연맹체의 맹주와 적극적으로 교류하였다. 이러한 정치·경제적 관계 형성과 교섭을 통해 백제국의 마한 문화 받아들이기가 적극적으로 진행된 것 같다.

현재까지 마한의 문화적 특성을 가장 잘 보여 주는 것은 묘제이다. 2000년대 초에는 충청·전라 지역 마한의 묘제는 주구토광묘周溝土壙墓(청당동 유형)와 주구묘周溝墓(관창리 유형, 분구묘墳丘墓)이며 경기 지역 소국들의 묘제는 적석묘積石墓 또는 토광묘일 것으로 추정해 왔다. 그런데 용인, 오산 지역에서도 주구토광묘가 발견되고 2009년에는 한강 하류 김포 운양동에서도 전형적인 마한의 분구묘가 조사되었다.[18] 서남부 해안 지역을 따라 주로 분포하는 분구묘의 분포권이 한강 하류 지역으로 확대된 것이다(그림 II-3-2, 그림 II-3-4 참조). 이처럼 2000년대에 들어와 경기 지역에서도 마한의 분묘 자료가 곳곳에서 쏟아지자 1970~1980년대에 발굴한 서울 석촌동, 가락동 일대의 고분 발굴 자료를 재검토하여 백제국에서도 분구묘가 축조되었을 것이라는 견해가 제시되기에 이르렀다. 발굴 보고서 도면을 재검토하여 주구周溝의

17 『三國史記』 百濟本紀, 始祖 溫祚王 18년조.

18 김기옥, 2009, 「김포 운양동유적」, 『갈등과 전쟁의 고고학』, 제33회 한국고고학전국대회 발표문』; 김기옥, 2010, 「김포 운양동 유적 분구묘」, 『백제학보』 4.

흔적을 추정하거나(그림 II-3-3 참조)[19] 내부를 흙으로 채우고 외부에 적석한 이른바 백제식 적석총도 성토분구묘의 전통을 이은 것으로 해석하였다. 그리고 즙석봉토분葺石封土墳, 목관봉토분木棺封土墳, 즙석분구묘葺石墳丘墓 등으로 불리는 석촌동, 가락동 일대의 무덤들(가락동 1호분, 가락동 2호분, 석촌동 3호분 동쪽 즙석봉토분, 석촌동 5호분, 석촌동 파괴분 등)의 속성 역시 한 분구墳丘 안에 다수의 매장 주체부를 만들고, 매장 주체부가 지하가 아니라 분구 안에 위치한다는 점에서 성토분구묘와 상통한다는 것이다.[20] 한 걸음 더 나아가 서울 지역의 즙석봉토분을 아예 분구묘의 한 유형으로 분류하기도 한다.[21]

묘제에 대한 용어나 계통, 분류 기준은 연구자에 따라 다르지만 주구토광묘와 분구묘는 매장 주체부 주위에 일정한 형태의 주구를 돌리고, 하나의 봉토에 복수의 매장 주체부를 가진다는 공통점이 있다.[22] 이 중에서 분구를 미리 만들고 그 후에 매장부를 설치하는 선 분구 조성, 후 매장하는 분묘의 형식을 분구묘, 성토분구묘라고 하고[23] 선 매장, 후 봉토 조성한 것을 주구토광묘로 구분하기도 한다.[24] 또는 성토盛土 후 되파기 여부와는 관계 없이 매장 주체 시설의 일부 또는 전부가 조영 당시의 지표면 위쪽에 있으면서 하나의 분구에 추가장 되는 의도를 보여 준다면 이들을 모두 분구묘의 범주에 포함시켜야 한다는 견해도 있다.[25]

일찍부터 백제국 건국 시조에 대한 『삼국사기』 백제본기의 기록에 주목

19 도면 재검토를 통해 가락동 2호분 주변에 주구가 있었던 것으로 추정된다. 이훈, 2006, 「서산 부장리고분과 분구묘」, 『분구묘·분구식고분의 신자료와 백제』, 제49회 전국역사학대회 고고학부 발표요지.

20 임영진, 2007, 「백제식적석총의 발생 배경과 의미」, 『한국상고사학보』 57.

21 김승옥, 2011, 「중서부지역 마한계 분묘의 인식과 시공간적 전개과정」, 『한국상고사학보』 71.

22 봉토는 매장 주체부를 설치한 뒤 그것을 밀봉하기 위하여 쌓아 올린 것으로, 돌이나 흙으로 미리 분구를 만든 후 매장 주체부를 설치하는 것과는 구분한다. 이성주, 2000, 「분구묘의 인식」, 『한국상고사학보』 32.

23 최완규, 2006, 「분구묘 연구의 현황과 과제」, 『분구묘·분구식고분의 신자료와 백제』, 제49회 전국역사학대회 고고학부 발표요지; 이성주, 2000.

24 김승옥, 2011.

25 충남의 서산 부장리유적, 서산 기지리유적에서는 매장 주체부를 먼저 만든 후에 주구를 파서 분구를 만든 것으로 밝혀졌다. 성정용, 2006, 「4~5세기 백제의 물질문화와 지방지배」, 『한성에서 웅진으로』, 4~5세기 백제유물 특별전 도록, 국립공주박물관·충청남도역사문화원.

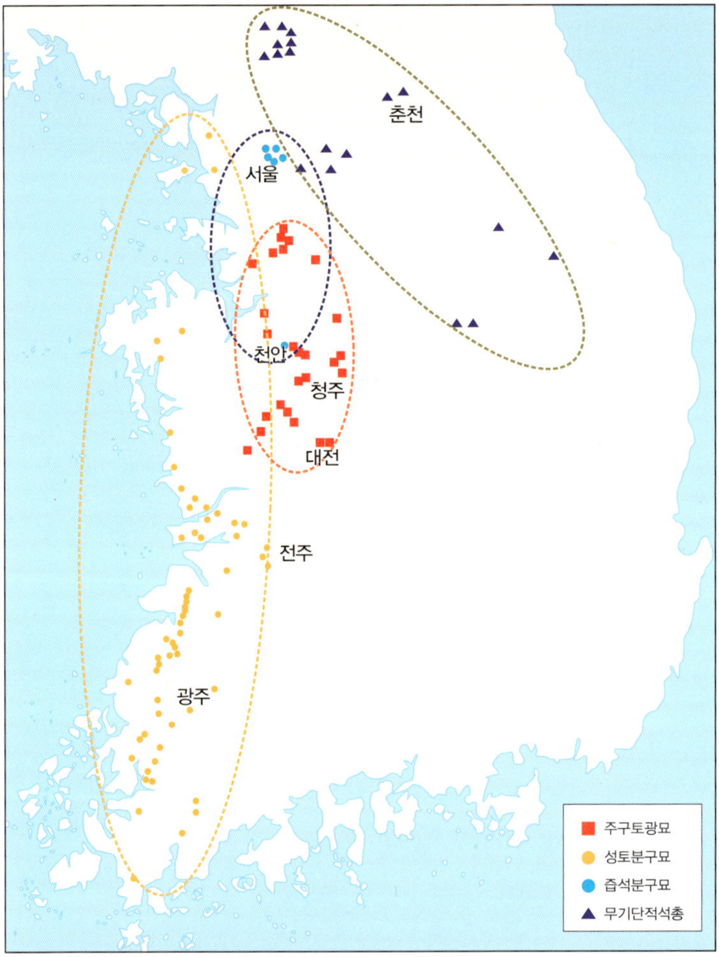

춘천
서울
천안
청주
대전
전주
광주

주구토광묘
성토분구묘
즙석분구묘
무기단적석총

중서부 지방 무덤 유적 분포도
출처: 김승옥, 2011; 필자 일부 수정

주구토광묘
(충남 천안 청당동 21호)
출처: 국립전주박물관, 2009

성토분구묘(경기 김포 운양동)
출처: 한강문화재연구원 제공

즙석분구묘(서울 석촌동)
출처: 임영진 제공

무기단적석총(경기 광주 곤지암리)
출처: 김진영, 2019

그림 II-3-2
중서부 지방 무덤 유적

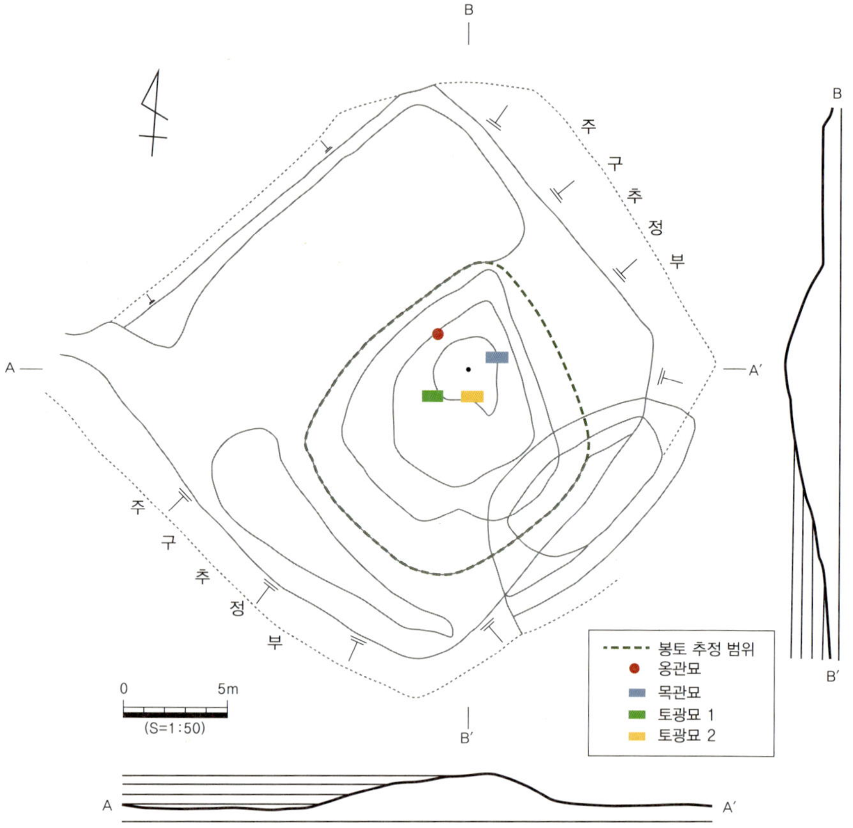

B
주
구
추
정
부
A
A′
주
구
추
정
부
0
5m
(S=1:50)
B′
봉토 추정 범위
옹관묘
목관묘
토광묘 1
토광묘 2
B
B′
A
A′

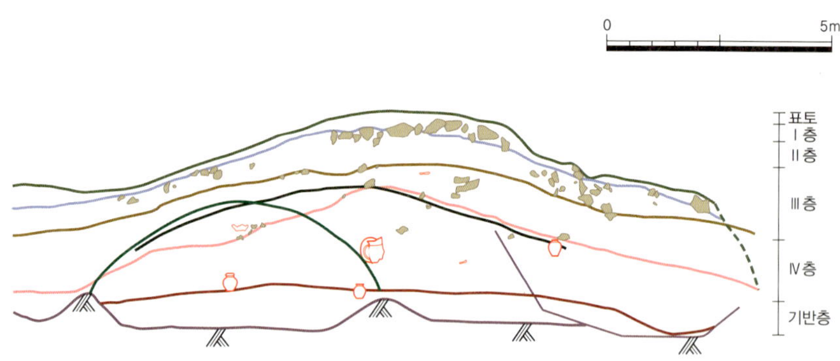

0
5m
표토
Ⅰ층
Ⅱ층
Ⅲ층
Ⅳ층
기반층

그림 II-3-3
가락동 2호분 평면도(위), 분구 동서 단면도(아래)
출처: 고려대학교박물관. 서울문화유산연구원, 2012, 『가락동 2호분』

하여 3세기 이전 백제국의 묘제는 마한과 다를 것으로 예상하고 서울 지역에서 고구려계 또는 부여계 문화 요소를 찾는 노력들이 이어져 왔다. 그러나 앞서 살펴본 유구 외에도 선입견 없이 과거에 발굴 조사된 서울 가락동, 석촌동 일대 고분 자료를 정밀하게 재검토 한다면 성토분구묘의 요소를 다수 확인할 수 있을 것으로 생각된다. 예컨대 최근 석촌동 2호분 동쪽과 서쪽에서 분구묘로 추정되는 성토층과 구溝, 목관묘와 주거지 추정 유구들이 확인되었다고 한다.[26] 그리고 석촌동 고분군에서 조사된 4세기 중엽 이후의 연접식連接式 적석총은 다수가 내부에 원형, 방형의 성토부가 있고 성토부 외곽을 석축 기단으로 돌린 성토식 적석묘임이 밝혀졌다. 그리고 이들은 기단과 성토 분구 및 외곽 적석부를 동시에 쌓아 올리는 축조법을 사용하였다고 한다.[27] 이러한 성토 분구의 축조는 마한 지역의 성토분구묘의 요소를 반영한 것으로 볼 수 있다.

백제국을 중심으로 동쪽과 북쪽, 즉 북한강, 남한강, 임진강 유역에는 이른바 중도문화 계통의 적석총들이 분포한다. 근래에는 서울 인근 경안천 유역의 광주 곤지암리,[28] 용인 마평동, 남한강 유역의 양평 양근리,[29] 정선 여미리 아우라지[30] 등지에서도 적석총 유적들이 새로이 확인되었다. 경기도 광주 곤지암리 적석총은 80여 개의 묘곽이 연접되어 있고 묘곽 내부는 돌로 채워져 있는 구조이다(그림 II-3-2). 3세기 후반부터 4세기 대까지 이어지는 이러한 적석총을 '묘곽 연접 적석총'으로 명명하며 석촌동의 백제 적석총 축조 배

26 정치영, 2020b,「석촌동 고분군 1호분 북쪽 연접적석총의 구조와 성격」,『왕성과 왕릉』, 한성백제박물관 발굴조사 성과전 도록, p.205.

27 정치영, 2020b, p.196, 204.

28 김진영, 2019,「광주 곤지암리 유적—경기도 광주에서 원삼국~한성 백제기 마을의 공동묘지, 초대형 돌무지무덤 발굴—」,『2018 한국고고학저널』, 국립문화재연구소.

29 정치영·윤정현·최진석·강다혜·최재도, 2019,「새로 찾은 '양평 양근리 적석총'의 현황과 특징」,『백제학보』 30.

30 정상민, 2018,「정선 아우라지 유적—아우라지에서 확인된 벌집형태의 적석유구—」,『2017 한국고고학저널』, 국립문화재연구소.

경과의 관련성을 시사하고 있다.[31] 이러한 자료들은 여자형·철자형 주거지, 중도식 무문토기와 더불어 3~4세기 백제국 지배세력의 문화적 정체성을 탐색하는 출발점이 될 것이다.

이처럼 3세기 중엽 이후 가락동, 석촌동에 매장된 백제국의 지배세력들은 충청·전라 지역 마한 소국들과 교섭하면서 분구묘의 요소를 도입하였을 가능성이 높다. 서울 지역에서 마한 분구묘의 요소를 인정한다면 경기 지역에서 문화적으로 한과 예를 구분하는 기초도 마련하고 백제국이 마한 소국으로 기록된 이유도 설명할 수 있다. 『삼국지』 동이전 동옥저東沃沮조의 장례 풍속 기록과[32] 무기단식 적석총이 강원 영동 지역에는 분포하지 않는다는 사실이 무기단식 적석총을 예족과 관련된 묘제로 보는 것을 망설이게 하는 중요 이유이다. 그러나 중도식 무문토기와 여자형·철자형 주거지를 공유하던 주민들 간에도 정치·경제적 관계를 토대로 3세기경에는 이미 지역별로 문화적 차이가 진행되고 있었다. 말하자면 늦어도 3세기경 백제국 지배세력은 마한과의 차별화를 시도한 것이 아니라 마한 묘제의 일부 요소를 받아들이는 등 마한화하고 있었다.

이처럼 묘제상의 공통 요소를 확인하고 백제국이 마한소국연맹체의 일원이라는 사실을 새삼스럽게 되짚어 보는 것은 3세기 말까지도 백제국을 마한과 구분해서 인식하는 것이 모순이라는 뜻이다. 3세기 말까지도 백제국과 서진西晉 견사 행렬에 동행한 소국들은 마한이란 이름으로 통교하였다.[33] 서진의 관리들도 입공入貢한 소국들의 이름을 개별적으로 파악하였겠지만 마한이라 기록하였지, 백제국이라 하지 않았다. 지금까지 백제국으로부터 고구려계 문화 요소를 찾는 데 힘쓴 나머지 상대적으로 마한계 요소를 찾는 데

31 정치영, 2020a, 「중도문화 묘제의 성립과 전개」, 『문헌과 고고자료 속의 고대 강원』, 제3회 강원 고대문화 연구 심포지엄 발표문, 강원연구원·국립춘천박물관·강원학연구센터 주최.

32 사람이 죽으면 가매장을 했다가 뼈만 추려서 길이 10여 장丈이나 되는 큰 나무곽 속에 넣는데 온 가家가 모두 하나의 곽을 사용한다는 내용이다.

33 『晉書』 四夷傳 馬韓·辰韓條; 帝紀·武帝紀·惠帝紀; 『晉書』 列傳 張華條.

소홀했던 것은 마한-백제 관계에 대한 선입견 때문이며 그 근저에는 백제본기 온조왕 대 기록의 백제-마한 인식이 작용하고 있다.

3. 3세기 중엽 마한 지역 소국연맹체의 변화

온조왕 대 기록의 마한-백제 관계 인식은 백제 왕실의 부여계 고구려 출자설과 연계되어 있다. 다 알다시피 백제 왕실이 자신들의 출자를 부여계, 혹은 고구려계로 천명한 것이 역사적 사실에 기초한 것이냐 아니면 후대의 정치·외교적 목적에서 비롯된 것이냐를 두고 많은 논란이 있다. 서울 지역에서 확인된 고구려식 적석총의 등장 연대가 문헌기록의 진위를 검증하는 중요한 판단 기준이 되고 있는데 고고학자료상으로는 4세기설이 설득력이 높아 후자 쪽 주장에 무게가 실리는 추세이다. 이렇게 본다면 백제와 마한을 대립, 경쟁하면서 병존하는 관계로 인식한 것도 백제국 건국 초기부터의 일로 보기 어렵고 빨라야 3세기 중엽에서 4세기 중엽 사이 어느 시기일 가능성이 높다. 두 가지 상황을 가정할 수 있는데 하나는 3세기 후반 마한 지역에 복수의 소국연맹체가 병존하는 상태에서 맹주국 간에 야기된 적대감이 반영되었을 가능성이다. 다른 하나는 근초고왕近肖古王 대에 활발하게 전개된 정복 과정에서 일어난 대립 상황이다.

삼한의 소국들은 각종 이유로 서로 결속을 맺어 소국연맹체를 형성하였다. 소국연맹체는 삼한의 소국들이 백제, 신라 국가로 발전해 가는 중간 단계이며 연구자에 따라 이를 지역연맹체로 부르기도 한다. 소국연맹체 단계에서는 소국들은 개별적인 정치체로서 독자성을 강하게 유지하였으며 맹주국과는 수평적인 관계에 있었다. 비록 맹주국과 일반 소국 간에 우열의 차이나 서열은 있었지만 그들 사이에 수직적인 지배·복속의 관계가 확립된 것은 아니었다. 연맹체의 결성 계기나 존속 기반도 물리적 힘에 의한 일방적인 것이 아니라 정치·경제·군사적 목적을 위한 상호 작용 관계에 토대를 두었다.

진한 지역에서는 소국의 규모나 숫자가 마한보다 훨씬 적었기에 복수의 소국연맹체가 경쟁하는 복잡한 상황이나 맹주의 급격한 교체와 같은 정치적 변화가 상대적으로 적었다. 이 때문에 국호도 사로斯盧에서 신라新羅로 순조롭게 이어졌다. 반면 마한 지역에는 소국의 숫자도 많고 분포 영역도 넓어 시기나 지역에 따라 소국연맹체의 대두 시기나 범위도 다양하고, 소국연맹체 간의 경쟁 관계도 복잡하였으며 소국연맹체의 맹주가 교체되는 등 다양한 변화가 있었다.

마한 지역 소국연맹체는 지역별로 크게 한강유역권(경기 북부 지역 포함), 금강유역권(아산만 지역 포함), 영산강유역권으로 구분할 수 있다. 이를 좀 더 세분해서 아산만유역권을 따로 설정하거나 금강 남쪽 세력권을 둘로 나누기도 한다.[34] 그런데 중서부 지역 마한 분묘의 분석 결과를 보면 성토분구묘는 김포와 인천에서부터 서해안을 따라 발달하였고, 주구토광묘는 용인 일대의 경기 남부에서부터 곡교천,[35] 미호천, 정안천,[36] 갑천(대전) 등 충청 내륙 지역에 집중 분포한다(그림 II-3-2 참조). 성토분구묘 분포 지역에는 사주식 방형 주거지가 발달하고, 주구토광묘가 분포하는 충청 내륙 지역에는 비사주식 원형계 주거지가 발달하여 분묘의 지역적 차이가 취락 분포 유형과 일치한다는 것이다.[37] 이러한 자료들은 2세기 말~3세기경에는 마한 지역 소국연맹체의

34 지역권을 좀 더 세분화하거나 중심권을 조금씩 다르게 잡기도 한다. 노중국은 임진강·예성강 유역 나해국 중심 지역연맹체, 한강 중상류 예계 중심 지역연맹체, 서울 백제국 중심 지역연맹체, 직산 목지국 중심 지역연맹체, 익산 건마국 중심 지역연맹체, 영산강 신미국 중심 지역연맹체 등으로 나누고, 이러한 지역연맹체의 연합을 마한연맹체로 파악한다(노중국, 2003, 「백제사에 있어서의 익산의 위치」, 『익산의 선사와 고대문화』, 마한·백제문화연구소); 유원재는 차령산맥과 금강 이북 지역에 있던 목지국 중심의 마한 세력, 금강과 차령 이남에서 노령산맥 이북에 자리하였던 건마국을 중심으로 하는 세력, 그리고 영산강 유역에 위치하였던 잔여 마한 세력 등으로 구분한다(유원재, 1997, 「백제의 마한정복과 지배방법」, 『백제논총』 6, 백제문화개발연구원); 박찬규는 한강유역권, 아산만유역권, 금강유역권, 영산강유역권 등 4개의 문화권역으로 구분하였다(박찬규, 1995, 「백제의 마한정복과정 연구」, 단국대학교 박사학위논문).

35 천안, 아산을 거쳐 삽교호로 흘러간다.

36 모두 금강 지류이며 정안천은 충남 연기에서 공주로 흘러들고, 미호천은 충북 진천, 충남 조치원을 거쳐 금강에 합류한다.

37 권오영, 2009; 김승옥, 2007.

단위를 금강유역권, 영산강유역권 등으로 대별하는 것에서 벗어나서 교섭과 활동 루트를 기반으로 좀 더 세분된 세력권의 존재를 상정할 수 있는 가능성을 보여 준다. 이러한 고고학자료를 잘 활용하면 목지국소국연맹체와 백제국소국연맹체 그리고 그들 간의 상호 관계의 변화 추이 등 보다 구체적인 단서를 찾을 수도 있을 것이다.

어쨌든 마한 지역 안에서도 소국연맹체 형성이 가장 이른 지역은 아산만을 포함하는 금강유역권이다. 이곳에 토대를 둔 진왕을 맹주로 하는 목지국소국연맹체는 3세기 전반 마한의 실질적인 구심체 역할을 하였다. 그러나 245년 대방군 기리영 공격 사건, 265년 위의 멸망, 서진의 낙랑·대방군 접수, 진의 적극적인 동방정책 전개 등[38] 내외 정세의 변화와 맞물려 마한 지역의 소국연맹체 간에도 세력 개편이 진행되었다. 한때 중국 군현 지역에서 가까운 경기 북부 지역의 정치체들은 중국 군현에 항복하거나 아니면 중심지를 옮기는 등 세력이 크게 위축되어 소국연맹체의 존립 기반조차 불투명해진 적이 있었다. 하지만 결과적으로 백제국을 맹주로 하는 경기 지역 소국연맹체의 세력은 확대되고, 목지국소국연맹체는 쇠퇴와 개편의 길을 걸었고, 신미국新彌國을 맹주로 하는 영산강 유역 마한소국연맹체가 새로이 대두하는 변화를 가져왔다. 276~291년에 전개된 마한의 서진 견사 기록은 이러한 마한 지역의 변화상을 반영한다. 견사 규모나 참여국의 구성은 달랐겠지만 다수의 소국들이 마한이란 이름으로 독자적인 대외 교섭 활동을 전개한 것이다.[39] 대방군과의 교섭에 적극적이지 않았던 영산강 유역의 소국들조차도

38 임기환, 2000, 「3세기~4세기초 위·진의 동방 정책—낙랑군·대방군을 중심으로—」, 『역사와 현실』 36; 권오영, 2001, 「백제국에서 백제로의 전환」, 『역사와 현실』 40.

39 『진서』에 기록된 마한이란 이름의 견사 집단의 실체에 대해서는 견해가 다양하다. 백제국을 맹주로 하는 소국연맹체가 진 견사의 주도 세력이었을 것으로 보는 견해(천관우, 1989, 『고조선사, 삼한사연구』, 일조각; 김수태, 2001, 「백제의 대외교섭권 장악과 마한」, 『백제연구』 33, 충남대학교 백제연구소), 시간 변화에 따라 백제국에서 영산강 유역의 신미국으로 또는 건마국에서 신미국으로 마한의 견사 주체가 바뀌었다는 견해가 있다(노중국, 1990, 「목지국에 대한 일고찰」, 『백제논총』 2; 유원재, 1994, 「≪진서≫의 마한과 백제」, 『한국상고사학보』 17). 이와 달리 281년 이전의 견사 주체에는 백제국과 목지국 두 세력이 공존하며 이후 영산강 유역 소국연맹체가 새로이 참여했다는 해석도 있다. 즉 시유도기, 전문도기와 같은 서진의 물품들이 몽촌토성과 풍납토성 등 서울 지

요동의 동부도위에 직접 견사할 정도로 상황이 바뀌었다. 이러한 상황 속에서 백제국소국연맹체와 목지국소국연맹체 또는 신미국소국연맹체 사이에 대립적이고 경쟁적인 관계가 조성되고 이것이 온조왕 24~27년조 마한 서술 부분에 반영된 것이 아닐까?

4. 고이왕 대의 정치·사회적 통합 수준

서울 지역에 있던 백제국이 소국연맹체의 맹주로서 세력을 떨치기 시작한 것은 3세기 후반경이다. 목지국이 소국연맹체의 맹주 지위를 잃고 백제국 고이왕이 소국연맹체의 맹주로 등장한 것도 이즈음으로 추정된다. 고이왕(234~286)은 『주서周書』나 『수서隋書』에 나오는 백제 시조 구태仇台와 동일 인물로 해석될 만큼[40] 백제사에 있어서 시조에 버금가는 인물이다. 고이왕의 활동 거점은 풍납토성 안에서 발견된 3세기 중엽경으로 편년되는 삼중 환호를 갖춘 방어 시설의 내부일 것으로 추정하고 있다. 그리고 그의 무덤은 석촌동, 가락동 일대에 축조되었을 것이며 무덤 양식은 기단식 적석총일 가능성은 낮다.

고이왕 대에는 고구려와 백제국 사이에 낙랑군, 대방군이 가로놓여 있었고, 백제국을 비롯한 마한 소국들의 주된 교섭 대상은 중국 군현이었다. 특히 고이왕의 아들(책계왕)과 대방태수의 딸이 혼인 관계를 맺고, 책계왕이 즉위한 286년에는 고구려의 침입을 받은 대방군을 도우는 등 중국 군현과 긴밀한 관계에 있었다. 이러한 상황 아래에서 백제국이 위상을 과시하기 위해 고구려의 기단식 적석총 양식을 도입했을 가능성은 희박하다. 당시 백제국

역에 압도적으로 많이 출토되는 것을 근거로 281년 이전 입공의 주체는 백제국이었으나 목지국도 부분적으로 참여하였을 가능성이 있다는 것이다(권오영, 2001).

40 이병도, 1976.

소국연맹체에 포함되었을 것으로 추정되는 인천, 김포 지역 수장묘에서 마한계 성토분구묘가 조성되고 용인, 오산 지역까지 마한계 주구토광묘가 분포함을 볼 때[41] 서울 지역의 백제국도 이들의 영향을 받았을 가능성이 높다(그림 II-3-4 참조). 즉 3세기 후반 고이왕을 비롯한 백제국의 지배세력이 무덤을 조성할 때 마한의 분구묘 양식과 예계의 적석총 요소를 합하였다면 석촌동 일대의 즙석분구묘와 같은 백제국의 무덤 양식이 만들어질 수도 있을 것이다.

종래 백제는 고이왕 대에, 신라는 내물마립간奈勿麻立干 대에 연맹왕국(고대국가, 영역국가) 단계에 이른 것으로 간주해 왔고 이것이 고고학자료의 해석에도 상당한 영향을 미쳤다. 그러나 고이왕 대를 연맹왕국 단계로 설정한 종래의 견해는 재고되어야 한다. 『삼국사기』 백제본기 고이왕 27년조(260)의 좌평佐平 설치와 관등제도 실시 기사에 대한 확대 해석이 중요 원인이겠지만 고이왕 대의 정치적 통합 수준을 연맹왕국 내지는 영역국가 단계로 간주하는 것은 고이왕 대(234~286) 백제를 내물마립간 대(356~402) 신라의 통합 수준과 동일시하는 것이다.

마한이란 이름으로 서진에 견사한 왕은 고이왕과 책계왕(286~298)이다. 276~291년 사이 마한의 이름으로 서진에 보낸 견사 기록에 각 소국들의 숫자가 명기되어 있는 것은 견사에 참여한 소국들을 중국인들이 대등한 참여자로 인식하였으며, 이는 각 소국들의 관계가 여전히 수평적인 결속 관계를 벗어나지 못하였다는 증거이다. 특히 290년 서진에 견사한 마한 소국들은 개별적인 이름이 기록될 정도로 중국 관리는 이들을 개별적인 정치체로 파악하고 있었다.[42] 소국연맹체의 구성원들은 교통로를 공유하고, 물자나 기술을 대등한 수준에서 서로 교류하며, 군사 행동이나 원거리 교역의 수행도 공동의 이익 추구라는 합의 아래 진행하였다. 맹주국이 이권을 독점하거나 인적·물적 자원을 강압적으로 이동시키지 않는다. 연맹왕국은 영역화를 전제

41 차윤환, 2013, 「백제초기 한강 중·하류역에 위치한 정치체의 존재양상—묘제를 중심으로—」, 『고문화』 82.
42 권오영, 2001.

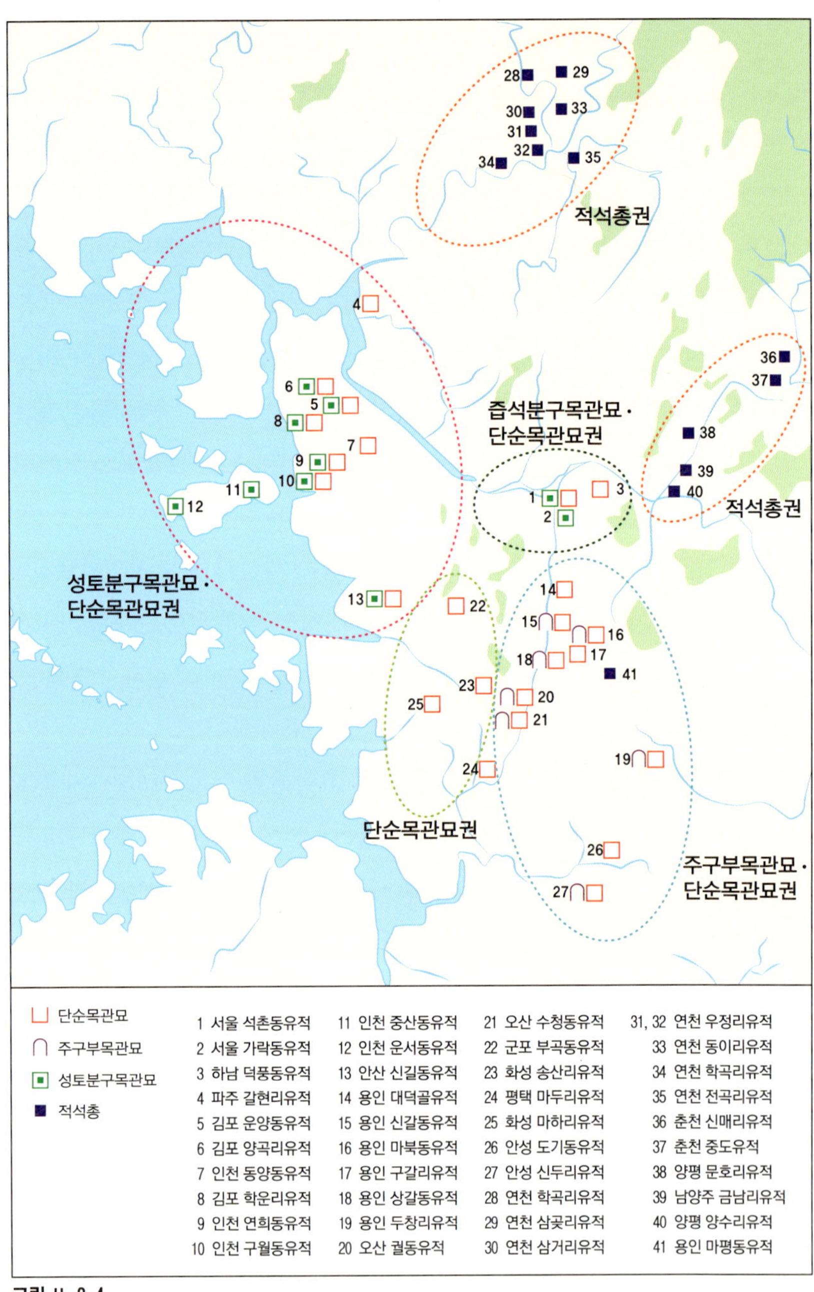

그림 II-3-4
한강 유역 원삼국 후기~백제 초기 묘제 분포도
출처: 차윤환, 2013

로 하며 영역화는 복속시킨 소국에 대해 수직적 복속 관계를 지속적으로 강제하는 것이다. 그러나 연맹왕국 단계는 일부의 직접 통치 지역을 제외한 나머지 복속 지역에 대해 여러 유형의 간접 통치를 행하던 단계이다. 그러므로 소국연맹체 단계에서는 인적·물적 자원이 특정 소국에 집중되거나 소국 간의 세력 격차가 격단적으로 벌어지는 현상은 나타나지 않는다.

경기 지역의 주구토광묘와 분구묘에서 출토된 유물의 질량이나 무덤의 규모를 보면 아직도 각 지역 소국 간 세력 격차가 크게 두드러지지 않는다. 같은 시기 서울 지역의 발굴 자료가 적어서 직접적인 비교는 어렵지만 크게 다를 것 같지 않다. 진한 지역과 비교해 보면 진한이란 이름으로 서진 견사를 주도한 인물은 사로국의 미추왕味鄒王(280, 281년 견사)과 유례왕儒禮王(286년 견사)이었다. 미추왕(262~284)은 김씨족으로 최초로 왕위에 오른 인물이며 김씨 왕족의 시조로 숭배되던 인물이다. 3세기 중후반대의 경주 덕천리·조양동·황성동 유적과 울산 하대, 포항 옥성리, 경산 임당 등지의 목곽묘와 부장품들을 비교해 보면 사로국과 주변 소국 간에 현격한 격차를 인정하기 어렵다. 그리고 진한의 병장기兵仗器는 마한과 같다는 문헌기록을 뒷받침하듯이[43] 철기나 토기 등 고고학자료상으로 나타나는 물질문화 측면에서도 3세기 중후반 마한과 진한의 성장 속도에는 근본적인 차이가 없으며 철기 보급도는 오히려 진·변한 지역이 더 높다. 서진 견사 개시 시기도 마한보다 진한이 4년 정도 늦을 뿐이다. 3세기 중엽의 진한 사로국과 마한 백제국 간에는 양적인 차이는 있겠지만 질적인 차이를 인정할 정도로 발전 단계에 격차를 두는 것은 잘못이다.

신라사에서 연맹왕국 시기는 내물마립간으로 시작하는 마립간 시기에 해당한다. 이 시기에 각 지역 소국의 중심지에 금공제 위세품을 부장한 고총고분이 등장하고 신라 6부六部의 지배계급들은 적석목곽분積石木槨墳이라는

43 『三國志』 魏書 東夷傳 弁辰條.

새로운 묘제를 채용하여 차별화를 시도하였다. 경주에서 사여한 화려한 위세품을 부장한 낙동강 동안 지역의 고총 고분들은 사로국에 복속된 후 간접 통치를 받던 각 지역 소국 수장의 무덤이다. 연맹왕국 확립에 성공한 신라 내물마립간 대의 상황과 비교될 수 있는 것은 백제 고이왕 대가 아니라 근초고왕 대(346~375)이다. 4세기 후반 이후 5세기에 걸쳐 충청·전라 각지에서도[44] 백제 왕실이 사여한 것으로 추정되는 금동제 관모, 금동제 신발, 장식대도, 중국산 도자기 등 화려한 위세품을 부장한 고분들이 속속 발견되고 있어 신라 지역과 비슷한 양상을 나타낸다.[45]

고고학자들은 마한, 백제 지역의 토기나 묘제 등을 편년하면서 3세기 중반 이전을 이후와 크게 구분하고 3세기 중후반~4세기 중반을 중요한 분기로 잡는다. 예를 들면 한성 백제 토기 양식 1기를 270~350년 사이로 편년하며,[46] 묘제 편년에서도 3세기 중엽~4세기 중엽을 마한 분묘 3기로 잡는다.[47] 이 시기 중서부 지역에서는 묘제나 철기, 토기 등 여러 가지 물질문화상으로 미묘한 변화가 진행되고 있지만 변화 양상은 아주 점진적이어서 정치적으로 이 지역 소국들이 완전히 복속된 상태라 하기 어렵다는 것이다.[48] 이러한 제반 상황을 종합해 볼 때 고이왕 대의 세력 팽창은 영역화 과정이 아니라 소국연맹체 맹주로서 연맹체의 범위를 넓혀 가고 우월한 지위를 확립해 나간 것이다. 요컨대 고이왕, 책계왕, 분서왕 대의 성장은 양적 팽창 과정이라 할 수 있고, 낙랑·대방군의 축출과 고구려의 출현, 북방 기마문화의 유입이라는 새로운 상황을 맞이하여 소국 간의 관계에 질적 변화가 일어난 것은 4세

44 충남 천안 용원리, 강원 원주 법천리, 충남 공주 수촌리, 충남 서산 부장리, 전북 익산 입점리, 전북 고창 봉덕리, 전남 고흥 안동리 등이다. 본서 II부 5장 참조.

45 이한상, 2008, 「백제 금동관모의 제작과 소유방식」, 『한국고대사연구』 51.

46 박순발, 2006, 『백제토기 탐구』, 주류성. 이와 달리 한성백제(1기) 토기 양식의 시작 시기가 4세기 초로 내려올 가능성도 있다고 한다(권오영, 2011, 「한성백제의 시간적 상한과 하한」, 『백제연구』 53, 충남대학교 백제연구소).

47 김승옥, 2011.

48 성정용, 2009, 「중서부지역 마한의 물질문화」, 『마한, 숨쉬는 기록』, 국립전주박물관전시회 도록.

기 대 일이다. 마한 전 지역을 통합한 연맹왕국 완성이라는 격단의 성장을 이룬 것은 근초고왕이었다. 아마도 소국연맹체에서 연맹왕국으로의 전환 과정에서 마한과 백제를 대립적인 관계로 인식하는 의식이 더욱 강고해졌을 것이다.

5. 맺는말

3세기 말 이래 4세기에 걸쳐 동아시아 지역에는 유목민과 기마문화의 남하라는 거대한 변화의 물결이 몰아쳤다. 기마문화를 앞서 받아들인 고구려가 313년 낙랑군, 314년 대방군을 축출하자 변화의 물결을 피해 갈 수 없었던 마한 지역의 소국들도 생존을 위한 체제 변화에 박차를 가하지 않을 수 없었다. 이러한 시대적 흐름에 부응하여 소국연맹체의 한계를 극복하고 연맹왕국 단계로의 성장과 체제 개편에 성공한 것은 백제국소국연맹체였다. 이 때문에 국호도 '목지'나 '건마' 또는 '신미'가 아니라 백제가 된 것이다.

결과적으로 마한, 진한이라는 이름은 3세기 말 이후 문헌기록에서 사라졌고, 4세기 이후에는 백제, 신라가 국제사회에 등장한다. 근초고왕이 백제라는 이름으로 동진東晋에 견사한 지(372) 얼마 지나지 않아 신라 내물마립간도 전진왕前秦王 부견符堅에게 견사하여(381) 해동海東의 상황이 시대의 흐름에 따라 바뀌었음을 전한다.[49] 문헌기록만으로는 이 단계에 이르는 전환기의 상황을 거의 알 수 없다. 온조왕 대의 기록은 사라질 뻔한 소중한 역사의 편린을 전하기도 하지만 때로는 후대의 사실이나 인식이 강하게 반영되어 있어서 연구자들을 혼란에 빠뜨리기도 한다. 반면 고고학자료들은 마한에서 백제로의 전환이 별개의 뿌리를 가진 소수 집단에 의해 일거에 이루어진 것이

49 『三國史記』 新羅本紀, 奈勿麻立干 26년조.

아님을 다각적으로 입증하고 있다.

고고학자들은 한성 백제 토기 양식의 성립과 확산, 착장용 위세품이나 중국산 도자기의 분포, 지역별 토착 묘제의 소멸과 새로운 묘제의 등장 등을 중요 지표로 삼아 4~5세기 백제의 영역화 과정을 설명하고 있다. 예컨대 4~5세기 각 지역별 고분군과 토기, 금공품 등의 위세품 부장 양상을 종합하여 6가지 간접 지배의 유형을 분석해 내기도 한다.[50] 묘제의 경우, 미호천, 정안천, 갑천 유역의 충청 내륙 지역에서는 4세기를 전후하여 마한계의 주구토광묘가 사라지고 단순 토광목관(곽)묘가 등장하고, 4세기 중엽부터 석곽묘가 축조되기 시작한다. 반면 충청 서해안과 호남 지방에서는 4세기에 들어와서도 여전히 마한의 목관(곽)계 분구묘가 축조되며, 전북 완주, 충남의 서산, 해미 등지에서는 5세기까지 이어진다.[51] 그리고 영산강 유역에서는 4세기 중엽 이후 전용 옹관을 매장 주체부로 하는 옹관고분(옹관분구묘)이[52] 등장한다.[53] 이를 좀 더 세분하여 시기별, 지역별로 주구토광묘, 분구묘, 토광목관(곽)묘, 수혈식 석곽묘, 석실분 등 각종 묘제의 변천 과정을 10개 유형으로 분류하고 이를 통해 백제의 지방 세력 편제 과정을 분석할 정도로 영역화 과정은 상당히 복잡하고 다양하다.[54]

이처럼 지역별, 시기별로 묘제, 토기, 금공품, 중국산 도자기 등 물질문화상으로 서로 다른 변화 양상을 보이는 것은 새로운 통치 시스템이 모든 지역에 일방적으로 강요된 것이 아니라 일정한 타협과 상호 관계 속에서 다양하게 운용되고 있었음을 시사한다. 신라의 경우 경산 압독국押督國, 의성 소문

50 성정용, 2006,

51 최완규, 2006; 김승옥, 2011.

52 옹관을 매장 주체부로 하는 영산강 유역의 고분을 옹관분구묘로 고쳐 부르는 것에 대해 이를 종래대로 옹관고분으로 칭해야 한다는 비판적 견해도 있다. 최성락, 2009, 「영산강유역 고분연구의 검토—고분의 개념, 축조방법, 변천을 중심으로—」, 『호남고고학보』 33.

53 최완규, 2000, 「호남지역의 마한분묘 유형과 전개」, 『호남고고학보』 11; 임영진, 2002, 「영산강유역권의 분구묘와 그 전개」, 『호남고고학보』 16.

54 박순발, 2007, 「묘제의 변천으로 본 한성기 백제의 지방 편제 과정」, 『한국고대사연구』 48.

국召文國, 대구 다벌국多伐國, 창녕 비지국比只國 등 복속 사실이 기록된[55] 소국 중심지에는 예외 없이 4~5세기 이후 금동제 위세품을 부장한 대형 무덤들이 남아 있다.[56] 백제의 경우도 금동제 위세품이 출토된 각 지역의 소국들을 복속시키는 과정이 있었을 것이다. 백제본기에는 목책木柵을 설치하거나 축성을 했다는 기록이 자주 나오는데 상당 부분 소국 복속 과정을 시사하는 것이라 생각된다. 4세기 이후 백제의 중요 거점 지역 수장급 무덤에서 출토되는 금공제 위세품과 중국산 도자기는 백제 국가의 영역 확대의 징표이기도 하지만 복속시킨 소국들과의 타협의 산물이기도 하다. 마한과 백제를 공시적인 관계로 설정하여 양자의 대립 구도만을 부각시킨 『삼국사기』 백제본기의 마한-백제 관계 인식에서 한 걸음 벗어날 필요가 있다. 온조왕 대의 기록대로 단 한 번의 마한 정벌을 통해 마한 전 지역의 소국을 일거에 복속시켰다는 것을 인정하는 연구자는 거의 없을 것이다.

영산강 유역의 신미국소국연맹체는 구성원의 숫자는 많았지만 4세기 이후 전개된 새로운 상황에 대응하여 소국연맹체에서 연맹왕국으로의 전환이라는 새로운 통치 시스템 확립에는 성공하지 못하였다. 369년 백제-왜 연합군에 의한 남북 협공으로 연맹왕국으로의 도약 기회는 더욱 멀어져 갔다.[57] 이전처럼 수평적 연대나 개별 소국 단독으로는 더 이상 생존이 보장되지 않는 환경이 도래하였고, 백제가 동진과의 교섭을 독점하고 왜와 손잡은 상태에서 영산강 유역 소국들이 취할 수 있는 선택지는 그리 많지 않았다. 그들이 선택할 수 있는 최선의 생존 전략은 독자 노선을 추구하는 것이 아니라 타협이었다. 백제 역시 북으로 고구려와 대결하고 고구려와 연대한 신라가 낙동강 하구로 진출하는 상황에서 영산강 유역 정치체들의 독자적 대외 교섭이나 군사 활동을 차단해야만 하였고, 전략적인 거점을 확보해야 하였기

55 『三國史記』 新羅本紀, 婆娑尼師今 23년조, 29년조; 伐休尼師今 2년조.
56 경산 임당동고분군, 조영동고분군, 의성 탑리고분군, 대구 비산동고분군, 창녕 교동고분군 등이다.
57 『日本書紀』 神功紀 49년조.

에 토착 세력의 요구나 특성을 최대한 받아들이지 않을 수 없었을 것이다. 마한에서 백제로의 전환 과정을 정복과 피정복, 그리고 권력 집중화라는 관점에서만 보지 말고 시각을 바꾸어 4세기 이후 본격적으로 밀어 닥친 통합의 물결 속에서 마한 지역의 수많은 정치체들이 생존과 번영을 위해 어떠한 방식을 선택하여 어떻게 운영하였는지 살펴보는 것도 필요하다.

참고문헌

고려대학교박물관·서울문화유산연구원, 2019, 『가락동 2호분』
국립전주박물관, 2009, 『마한, 숨쉬는 기록』
권도희, 2020, 「중부지역 원삼국문화와 낙랑」, 『선사·고대의 중부지역과 북한』, 중부고고학회 2020년도 정기학술대회 발표문
권오영, 2001, 「백제국에서 백제로의 전환」, 『역사와 현실』 40
______, 2006, 「백제 한성도읍기 문화유산의 분포와 활용」, 『한성백제의 역사와 문화』, 한성백제문화제기념 학술세미나
______, 2009, 「원삼국기 한강유역 정치체의 존재양태와 백제국가의 통합양상」, 『고고학』 8-2, 서울경기고고학
______, 2011, 「한성백제의 시간적 상한과 하한」, 『백제연구』 53, 충남대학교 백제연구소
김기옥, 2009, 「김포 운양동유적」, 『갈등과 전쟁의 고고학』, 제33회 한국고고학전국대회 발표문』
김기옥, 2010, 「김포 운양동 유적 분구묘」, 『백제학보』 4
김수태, 2001, 「백제의 대외교섭권 장악과 마한」, 『백제연구』 33, 충남대학교 백제연구소
김승옥, 2007, 「금강 유역 원삼국~삼국시대 취락의 전개과정 연구」, 『한국고고학보』 65
______, 2011, 「중서부지역 마한계 분묘의 인식과 시공간적 전개과정」, 『한국상고사학보』 71
김무중, 2005, 「한강유역 원삼국시대의 토기」, 『원삼국시대 문화의 지역성과 변동』, 제29회 한국고고학전국대회 발표문
김진영, 2019, 「광주 곤지암리 유적–경기도 광주에서 원삼국~한성 백제기 마을의 공동묘지, 초대형 돌무지무덤 발굴–」, 『2018 한국고고학저널』, 국립문화재연구소
노중국, 1990, 「목지국에 대한 일고찰」, 『백제논총』 2
______, 2003, 「백제사에 있어서의 익산의 위치」, 『익산의 선사와 고대문화』, 마한·백제문화연구소
박순발, 1994, 「한성백제 성립기 제묘제의 편년검토」, 『선사와 고대』 6
______, 2001, 『한성백제의 탄생』, 서경문화사
______, 2006, 『백제토기 탐구』, 주류성
______, 2007, 「묘제의 변천으로 본 한성기 백제의 지방 편제 과정」, 『한국고대사연구』 48
박찬규, 1995, 「백제의 마한정복과정 연구」, 단국대학교 박사학위논문
성정용, 2006, 「4~5세기 백제의 물질문화와 지방지배」, 『한성에서 웅진으로』, 4~5세기 백제유물 특별전 도록, 국립공주박물관·충청남도역사문화원
______, 2009, 「중서부지역 마한의 물질문화」, 『마한, 숨쉬는 기록』, 국립전주박물관전시회 도록
신연식, 2010, 「호서지역 마한·백제 주거지 연구」, 『마한·백제 사람들의 일본열도 이주와 교류』, 중앙문화재연구원 창립10주년 기념 국제학술대회 발표문

신희권, 2002, 「풍납토성 축조연대 시론」, 『한국상고사학보』 37
유원재, 1994, 「≪진서≫의 마한과 백제」, 『한국상고사학보』 17
______, 1997, 「백제의 마한정복과 지배방법」, 『백제논총』 6, 백제문화개발연구원
이병도, 1976, 『한국고대사연구』, 박영사
이성주, 2000, 「분구묘의 인식」, 『한국상고사학보』 32
이한상, 2008, 「백제 금동관모의 제작과 소유방식」, 『한국고대사연구』 51
이현혜, 1997, 「3세기 마한과 백제국」, 『백제의 중앙과 지방』, 백제연구총서 5, 충남대학교 백제연구소
______, 2007, 「마한사회의 형성과 발전」, 『백제의 기원과 건국』, 백제문화사대계 연구총서 2, 충청남도역사문화연구원
이훈, 2006, 「서산 부장리고분과 분구묘」, 『분구묘·분구식고분의 신자료와 백제』, 제49회 전국역사학대회 고고학부 발표요지
임기환, 2000, 「3세기~4세기초 위·진의 동방 정책－낙랑군·대방군을 중심으로－」, 『역사와 현실』 36
임영진, 1995, 「백제한성시대고분연구」, 서울대학교 박사학위논문
______, 2002, 「영산강유역권의 분구묘와 그 전개」, 『호남고고학보』 16
______, 2007, 「백제식적석총의 발생 배경과 의미」, 『한국상고사학보』 57
정상민, 2018, 「정선 아우라지 유적－아우라지에서 확인된 벌집형태의 적석유구－」, 『2017 한국고고학저널』, 국립문화재연구소
정치영·윤정현·최진석·강다혜·최재도, 2019, 「새로 찾은 '양평 양근리 적석총'의 현황과 특징」, 『백제학보』 30
정치영, 2020a, 「중도문화 묘제의 성립과 전개」, 『문헌과 고고자료 속의 고대 강원』, 제3회 강원 고대문화 연구 심포지엄 발표문, 강원연구원·국립춘천박물관·강원학연구센터 주최
______, 2020b, 「석촌동 고분군 1호분 북쪽 연접적석총의 구조와 성격」, 『왕성과 왕릉』, 한성백제박물관 발굴조사 성과전 도록
조규택, 2010, 「호남지역 마한·백제주거 구조와 전개」, 『마한·백제 사람들의 일본열도 이주와 교류』, 중앙문화재연구원 창립10주년 기념 국제학술대회 발표자료집
차윤환, 2013, 「백제초기 한강 중·하류역에 위치한 정치체의 존재양상－묘제를 중심으로－」, 『고문화』 82
천관우, 1989, 『고조선사, 삼한사연구』, 일조각
최성락, 2000, 「마한론의 실체와 문제점」, 『박물관 연보』 9, 목포대학교박물관
______, 2009, 「영산강유역 고분연구의 검토－고분의 개념, 축조방법, 변천을 중심으로－」, 『호남고고학보』 33
최완규, 2000, 「호남지역의 마한분묘 유형과 전개」, 『호남고고학보』 11
______, 2002, 「백제성립과 발전기의 금강유역 묘제양상」, 『한국상고사학보』 37
______, 2006, 「분구묘 연구의 현황과 과제」, 『분구묘·분구식고분의 신자료와 백제』, 제49회 전국역사학대회 고고학부 발표요지
홍지윤·오준혁·김규홍, 2008, 「원삼국시대 주거지 축조과정과 상대편년 수립을 위한 기초적 연구－남

양주 장현유적 사례를 중심으로－」, 『야외고고학』 4, 한국문화재조사연구기관협회
홍지윤, 2010, 「중부지역의 마한·백제 주거 변천－남양주 장현리유적을 중심으로－」, 『마한·백제 사람들의 일본열도 이주와 교류』, 중앙문화재연구원 창립10주년 기념 국제학술대회 발표문

4장

백제 고이왕 대 연맹왕국(부체제)설 검토

1. 한국 고대의 국가 형성과 발전 과정

한국 고대사 연구에서 고구려, 백제, 신라 국가의 형성과 발전 과정에 대한 문제는 여전히 중요한 연구 과제의 하나이다. 한국 고대국가 형성 과정에 대한 연구는 1970~1980년대의 활발한 논쟁을 거치면서 용어도 다양해지고 각 단계별 변화 과정에 대한 개념도 점차 구체화되었다.[1] 그리고 1990년대 말부터는 고고학자들도 한국 고대국가 형성에 대한 연구에 적극적으로 참여해 왔다. 하지만 아직까지도 다수의 연구자들이 공감하면서 고조선을 포함하여 삼국의 국가 형성 과정에 두루 적용할 수 있는 틀을 개발하지 못하고 있다.[2] 이것은 각 국가의 형성 과정이 시공을 뛰어넘는 공통점도 있지만 동시에 서로 다른 점도 적지 않기 때문이다. 그리하여 각 국가의 형성과 발전 과정에 대한 서술을 보면 대개 지금까지 제시된 여러 발전 도식 중 어느 하

1 김정배, 1997, 「초기국가의 성격」, 『한국사 4: 초기국가—고조선·부여·삼한—』, 국사편찬위원회; 김태식, 2003, 「초기 고대국가론」, 『강좌 한국고대사』 2, 가락국사적개발연구원; 여호규, 2008, 「국가의 형성」, 한국사연구회 편, 『새로운 한국사 길잡이』 (상), 지식산업사.

2 고대국가 형성 과정에 대한 각 설의 정리는 김태식, 2003 참조.

나를 선택하거나 절충하는 방식을 취하고 있다. 이 과정에서 용어에 대한 개념이 모호하고 적용 대상이나 분기점이 서로 달라 혼선이 빚어지는 경우도 있다. 특히 중앙집권적 귀족국가(고대국가)로 진입하는 바로 앞 단계, 즉 연맹왕국聯盟王國 단계, 부체제部體制 단계, 초기 고대국가 단계[3] 등으로 불리는 이른바 과도적 단계에서 더욱 그러하다.

백제 국가의 형성과 발달 과정에 대한 연구 역시 예외가 아니다. 백제 국가는 마한 소국의 하나였던 백제국이 다른 마한 소국들을 병합하여 성립한 것이다. 이러한 백제 국가의 형성 과정을 단순화하여 성읍국가城邑國家와 영역국가領域國家 두 단계로 구분하기도 한다.[4] 이와 달리 성읍국가-연맹왕국-집권적 귀족국가 단계로 나누거나(이하 성읍국가설로 칭함)[5] 좀 더 세분하여 소국 단계-소국연맹 단계-부체제 단계-집권적 고대국가 단계(이하 부체제설로 칭함)로 구분하기도 한다.[6] 그런데 이처럼 발전 도식이나 각 단계별 용어가 서로 다름에도 불구하고 연맹왕국 단계는 부체제 단계와 적용 대상 시기가 동일하다. 즉 백제 국가는 3세기 후반 고이왕古爾王 대(234~286)에 연맹왕국 단계 내지는 부체제 단계에 이르렀고, 4세기 중엽 근초고왕近肖古王 대(346~375)가 되면 중앙집권적 귀족국가 내지는 집권적 고대국가 단계에 진입하였다는 설이 널리 받아들여지고 있다.[7] 이와 달리 신라는 백제 근초고왕 대에 해당하는 4세기 중반 내물마립간奈勿麻立干 대(356~402)에 연맹왕국 단계(부체제 단계)에 도달하였고, 6세기 전반 법흥왕法興王 대(514~540)에 이르러 집권적 귀족국가를 완성하였다는 것이다.[8] 연맹왕국설과 부체제설 모두 고대국가 형성 과정에서 백제가 신라보다 무려 100년 이상 앞선 것으로 설명

3 김태식, 2003, pp.29~31.
4 천관우, 1989, 『고조선사·삼한사연구』, 일조각.
5 이기백, 1976, 『한국사신론』 개정판, 일조각; 이기백·이기동, 1982, 『한국사 강좌 I (고대편)』, 일조각.
6 노중국, 1988, 『백제정치사연구』, 일조각, pp.21~22.
7 이기백, 1976; 이기백·이기동, 1982; 노중국, 1988; 양기석, 1995, 「한성시대 후기의 정치적 변화」, 『한국사 6: 삼국의 정치와 사회 II—백제—』, 국사편찬위원회.
8 이기백, 1976; 이우태, 1997, 「신라의 융성」, 『한국사 7: 고대의 정치와 사회 III—신라·가야—』, 국사편찬위원회.

하고 있다. 그렇다고 해서 마한 백제국伯濟國이 진한 사로국斯盧國과 달리 단기간에 질적·양적으로 급성장을 이룬 배경이나 토대에 대한 구체적인 연구가 있었던 것도 아니다. 백제나 신라 모두 삼한으로부터 성장하였음에도 불구하고 백제가 신라보다 성장 시기가 빠르고 문화 수준이 앞섰다는 인식은 문헌 중심 연구가 일반적일 때 형성되어 지금까지 이어지고 있다.[9] 그동안 이러한 불균형 현상에 대해 일말의 의문을 가지면서도 적극적으로 문제 제기를 하는 연구자는 거의 없었던 것 같다.[10]

신라 국가 역시 진한 소국의 하나였던 사로국이 다른 진·변한 소국들을 병합하여 성립하였기에 백제의 국가 형성 과정과 공통 요소를 그나마 많이 가지고 있다. 문헌기록상 3세기 말까지도 마한과 진한 소국들의 정치·사회적 발달 수준은 크게 다르지 않았다. 대중국 활동이나 문화 교류의 기회도 비슷하였다. 고고학자료상으로 나타나는 기술이나 문화적 수준도 진한 소국들이 앞설지언정 뒤지는 형세는 결코 아니었다. 그럼에도 불구하고 마한 백제국은 3세기 후반 고이왕 대에, 진한 사로국은 4세기 후반 내물마립간 대에 연맹왕국 단계에 도달하였다는 것은 합리적으로 이해되지 않는다.

이러한 의문을 갖게 된 것은 고고학자료의 증대와 연구 성과 때문이다. 1990년대 이후 영남 지역을 중심으로 진·변한의 목관묘, 목곽묘 자료가 집중적으로 조사되고, 과거 영남 지방에서만 주로 출토되던 금공제 관모冠帽나 착장 유물들이 서남부 지방 각지에서도 속속 모습을 드러내었다. 뿐만 아니라 10여 년 전부터 마한의 무덤 자료도 급격히 늘어나고 있다. 그리고 이러한 고고학자료를 활용하여 고고학 전공자들도 한국 고대의 국가 형성 문제

9 "연맹왕국기 백제 국왕(고이왕 대)의 모습은 집단 예민에 대한 수취를 통해 경제적 기반을 강화해 간 마립간기 신라왕의 모습과는 매우 대조된다."라는 서술은 백제 고이왕 대를 신라 마립간麻立干 시기와 동일시하는 인식이 반영된 단적인 예가 될 것이다(박기범, 2010, 「백제 초기 정치체제의 성립과정과 구조적 특질」, 『백제학보』 4, p.62).

10 근초고왕 대를 중앙집권화가 달성된 시기로 간주하는 것은 논리적 비약이라는 비판적인 견해가 제시된 적은 있다(주보돈, 2000, 「백제초기사에서의 전쟁과 귀족의 출현」, 충남대학교백제연구소 편, 『백제사상의 전쟁』, 서경문화사, pp.108~109).

에 깊은 관심을 가지고 백제나 신라의 국가 형성이나 영역 확대 과정에 대해 활발한 연구를 진행해 왔다. 그리하여 문헌기록상으로는 전혀 나타나지 않는 각 단계별, 지역별 변화상을 구체적으로 밝혀 내는 등 많은 성과를 거두었다. 그러나 아쉽게도 문헌사가들이 제시한 백제 국가 형성과 발전 단계에 대한 기왕의 인식을 검증하거나 의문을 제기하는 경우는 많지 않다. 오히려 일부에서는 문헌사가들이 설정한 백제 국가의 발전 도식을 염두에 두거나 이를 의식하면서 고고학자료를 해석하는 경향마저 있다.

이 장에서는 한국 고대국가 형성과 관계된 여러 문제를 다룰 계획은 없다. 여기에서는 다만 백제사와 관련하여 고이왕 대의 정치적 통합 수준이 신라 내물마립간 대와 동일한 연맹왕국 내지는 부체제 단계에 이르렀다고 보는 기존의 인식이 타당한지 검토하고자 한다. 이를 위해 지금까지 한국 고대국가 형성과 관련하여 일반적으로 사용하고 있는 소국연맹체, 연맹왕국과 같은 용어와 그 개념을 먼저 정리하고자 한다. 두 번째는 고이왕 대 연맹왕국설의 근거가 된 문헌기록과 용어 사용 내력을 검토하고 아울러 고이왕 대를 연맹왕국 단계(부체제 단계)로 보는 기존의 인식에 어떤 문제가 있는지 살펴보고자 한다. 세 번째는 3세기 후반 백제국과 사로국을 비교하여 양 지역이 정치·사회적 발달 수준에서 현저한 격차가 있었는지 검토할 것이다. 네 번째는 고이왕 대 연맹왕국설과 시간적으로 맥락이 닿아 있는 백제 국가 성립에 관한 고고학계의 연구 성과를 일별하고자 한다. 마지막으로 연맹왕국 단계의 국가 구조와 통치 방식, 그리고 이를 뒷받침하는 고고학자료가 무엇인지 살펴보고자 한다. 그리고 고고학적 물질자료를 활용하여 신라나 백제의 국가 형성 과정을 연구할 때 백제와 신라에 서로 다른 잣대가 적용되고 있는 것은 아닌지 살펴볼 것이다. 이는 한국 고대국가 형성에 관한 기왕의 발전 도식을 보완하고 완성도를 조금이라도 높이기 위한 것이다. 고고학자료가 크게 늘어난 현시점에서 문헌자료를 토대로 한 백제 국가 형성에 대한 발전 도식의 검증은 나름대로 의미가 있을 것이다.

2. 소국연맹체와 연맹왕국(부체제)의 개념

연맹왕국이란 용어는 1970년대 중반 부족국가 대신 성읍국가라는 용어를 사용하면서 '부족연맹'의 대안으로 사용되기 시작하였다. 즉 "여러 성읍국가의 연맹에 의하여 형성된 것을 연맹왕국이라 하였고, 『삼국지』 동이전에 나타나는 삼한의 경우가 연맹왕국의 전형적인 경우"라 하였다.[11] 나아가서 "백제가 언제부터 한강 유역 일대의 여러 성읍국가를 거느리는 연맹왕국으로 성장하였는지 확실하지 않지만 고이왕 대에는 이미 연맹왕국 백제가 성립된 것"으로 보았다.[12] 반면 "사로는 내물마립간 대에 이르러 이미 낙동강 동쪽의 오늘날 경북 일대를 지배하는 상당히 큰 연맹왕국을 형성하였다"고 하였다.[13] 이처럼 성읍국가설에서는 연맹왕국이라 할지라도 지역에 따라서 발전에 선후 차이가 있다는 전제 아래 고조선, 삼한을 비롯하여 마립간기의 신라까지 연맹왕국의 범주에 포함시킴으로써 연맹왕국의 적용 대상이 넓고 개념도 모호하였다. 이 때문에 이후 다수의 개설서나 중고등학교 교과서에서 소국연맹체를 연맹왕국이라고 쓰고 있어서 혼란을 주고 있다는 지적이 있다.[14] 이러한 문제점을 진작에 의식한 듯 삼한을 연맹왕국의 중간적인 형태로 보려는 보완적인 견해도 있었다.[15]

이후 한국 고대국가 형성 과정에 대한 논의가 진전되면서 초기 성읍국가설에서 말하는 연맹왕국에 해당되는 시기를 하나의 단계로 포괄하기 어렵다는 인식이 생겨났다. 그리하여 연맹왕국으로 포괄했던 단계를 나누어 앞 시기, 즉 『삼국지』 동이전 단계를 소국연맹 단계로, 뒤 시기를 부체제 단계, 연

11 이기백, 1976, pp.43~44.
12 이기백, 1976, pp.52~53.
13 이기백, 1976, p.56.
14 김태식, 2003, p.13.
15 이기백·이기동, 1982, p.105. 이러한 견해는 이기동의 서술 부분에 있다.

맹왕국 단계, 또는 소국병합왕국 단계[16] 등의 용어로 구분하기 시작하였다. 그리고 이를 백제사에 적용하면서 고이왕 대를 소국연맹체 단계가 아니라 그다음 단계인 부체제 단계[17] 또는 연맹왕국 단계로 설정하였다. 즉 고이왕 대를 중앙집권적 귀족국가 성립 바로 앞 단계로 간주함으로써 연맹왕국이란 용어를 소국연맹체가 아니라 부체제 단계 내지는 고대국가 성립 단계와 유사한 정치·사회적 발전 단계를 가리키는 용어로 사용하였다.[18] 이처럼 처음과 달리 연맹왕국이라는 용어를 적용하는 시기나 대상이 좁혀졌음에도 불구하고 용어에 대한 구체적인 개념 정리가 수반되지 않았다. 이 때문에 연구자에 따라 연맹왕국을 서로 다른 의미로 사용하고 적용함으로써 개념상의 혼란이 나타났다.

필자 역시 『삼국지』 동이전 단계와 그 이후 단계를 구분하는 것이 타당하다고 생각하여 삼한 시기를 소국 단계, 소국연맹체 단계로 구분하여 불러왔다. 그리고 소국연맹체 다음 단계는 부체제 단계라는 용어 대신에 연맹왕국이란 용어를 사용하고자 한다. 다만 개념과 적용 대상을 구체화하여 현재 학계에서 통용되고 있는 대로 시간적으로 '부체제 단계'와 동일한 시기를 가리키는 용어로 제한하고자 한다. 이하 이처럼 제한된 의미의 연맹왕국을 '연맹왕국'으로 구분하고자 한다. 이를 위해 먼저 소국연맹체와 '연맹왕국'의 개념을 구분해 둘 필요가 있다.

삼한 지역의 소국들은 중국 군현과의 교섭이나 기술·물자 교류 등을 위해 지역별로 소국연맹체를 형성하였다. 연구자에 따라서는 이를 지역연맹체라고 부르기도 한다. 소국연맹체 단계에서는 소국들은 개별적인 정치체로서 독자성을 강하게 유지하며 맹주국과는 수평적인 관계였다. 비록 맹주

16 이종욱, 1999, 『한국 초기국가 발전론』, 새문사, p.249.

17 노중국, 1988, pp.98~99. 고이왕 후반기에 5부체제가 성립된 것으로 파악한다. 백제의 부部에 대한 각 설의 정리는 양기석(2000, 「백제 초기의 부」, 『한국고대사연구』 17, p.174) 참조.

18 김수태, 1998, 「3세기 중·후반 백제의 발전과 마한」, 박순발 외, 『마한사 연구』, 충남대학교 출판부, p.214; 김기섭, 2000, 『백제와 근초고왕』, 학연문화사; 강종원, 2002, 『4세기 백제사연구』, 서경문화사; 박기범, 2010.

국과 일반 소국 간에 우열의 차이나 서열은 있지만 그들 사이에 수직적인 지배·복속 관계가 확립된 것은 아니었다. 연맹체의 결성 계기나 운영 기반도 물리적 힘에 의한 일방적인 것이 아니라 정치·경제·군사적 목적을 위한 상호 작용 관계에 토대를 두었다. 따라서 소국연맹체의 구성원들은 유동적이고 연맹체는 상시적인 조직체가 아니었다. 소국연맹체의 구성원들은 교통로를 공유하고, 물자나 기술을 대등한 수준에서 서로 교류하며, 군사 행동이나 원거리 교역의 수행도 공동의 이익 추구를 위해 상호 합의하여 진행하였다. 맹주국이라고 해도 이권을 독점하거나 인적·물적 자원을 강압적으로 이동시킬 수 없었다. 그러므로 소국연맹체 단계에서는 인적·물적 자원이 특정 소국에만 집중되거나, 소국 간의 세력 격차가 현저하게 벌어지는 현상은 거의 나타나지 않는다.[19] 그리고 소국연맹체 단계에서는 소국 간에 무력 대결이 있더라도 소국의 이름이 사라지거나 독립성을 상실하는 것이 아니라 공생하는 것을 원칙으로 하였다. 삼한의 소국들은 활, 창, 방패와 같은 무기를 잘 사용하였고, "비록 다투고 전쟁을 하더라도 굴복하는 상대를 귀하게 여겼다"고 하는 『진서』의 기록은[20] 당시 소국 간의 상호 관계를 잘 보여 준다.

소국연맹체와 달리 '연맹왕국'이란 용어는 그 자체가 국가의 성격이나 국가 형태를 나타낸다. '연맹왕국'은 'confederated kingdom'으로 번역할 수 있으며 왕국의 한 형태로 간주할 수 있다. '연맹왕국'은 백제국이나 사로국과 같은 유력한 소국이 다른 소국들을 복속시켜 상하 지배·복속 관계를 지속적으로 강제함으로써 성립한다. 소국 간에 수평적 연맹 관계가 무너지고 물리적인 힘을 바탕으로 수직적 지배·복속 관계가 확립되는 것이다. 그러므로 소국연맹체 단계에서 '연맹왕국'으로의 변화는 양적 변화가 아니라 질적 변화이다. 그러나 '연맹왕국' 단계는 일부 직접 통치 지역을 제외한 나머지

19 이현혜, 2007,「마한사회의 형성과 발전」,『백제의 기원과 건국』, 백제문화사대계 연구총서 2, 충청남도역사문화연구원, p.231.

20『晉書』四夷傳 東夷 馬韓條, "雖有鬪爭攻戰 而貴相屈服".

대부분의 복속 지역 소국에 대해 기존의 통치 기반을 해체하지 않은 상태에서 여러 유형의 간접 통치를 실시한다. 복속된 소국들이 독자적으로 대외 교섭과 군사 활동을 전개하는 것을 제한하고 그 밖의 중요한 권한을 재지 세력에게 위임하는 형태이다. 따라서 피정복 소국은 대외적으로 고유의 국명을 상실하고 그 존재가 드러나지 않으며, 대외 교섭은 백제 또는 신라와 같은 '연맹왕국'의 이름으로 진행된다. '연맹왕국'의 왕은 이미 여러 소국의 대표자가 아니라 대외적으로는 단일한 왕국의 지배자이다.

부체제설에서는 '초기 고대국가'의 구조와 정치 운영의 성격을 집약해서 부체제라 규정한다. 부체제란 부部 출신자로 이루어진 회의체를 중심으로 국정을 운영하는 지배 체제를 뜻하며, 이 단계를 부체제 단계로 부르는데 그 적용 시기가 '연맹왕국' 단계와 같다. 즉 고구려는 태조왕太祖王 대, 백제는 고이왕 대, 신라는 내물마립간 대에 부체제 단계에 진입한 것으로 본다. 부체제의 특징에 대해서는 이미 정리된 견해가 있어 이를 옮기면 다음과 같다. "초기 고대국가는 부라고 하는 국가 건설과 운영을 주도하는 몇 개의 자치체로 구성되어 있다. 부는 왕권에 의해 무역, 외교, 전쟁 등 대외 교섭권 등을 박탈당하는 등의 일정한 통제를 받았으나 내부 사안에 대해서는 자치력을 보유한 정치체였다."[21] 그리고 부체제 성립 여부를 판단하는 가장 중요한 기준으로 여러 정치체들의 대외적인 소국명의 포기와 대외 교섭 창구의 일원화를 들고 있다.[22] 이런 면에서 부체제는 '연맹왕국' 단계의 중요 특징과 상통한다. 그렇다면 일단 부체제란 '연맹왕국' 단계의 국가 구조와 운영 방식의 한 유형으로 간주할 수 있다.[23]

백제사의 경우, 고이왕 대에 5부체제가 성립되었다는 견해가 대표적이다. 이에 따르면 '부체제 단계에서는 맹주국이 다른 소국을 정복, 병합함에 따라

21 노태돈, 2000, 「초기 고대국가의 국가구조와 정치운영—부체제론을 중심으로—」, 『한국고대사연구』 17.

22 김태식, 2003, p.29.

23 '연맹왕국' 단계의 국가들이라 할지라도 구조나 운영 방식이 모두 동일한 것은 아니겠지만 현재까지 제시된 견해들의 최대공약수로 부체제 개념을 적용할 수 있다.

피정복 소국은 국명을 상실하게 되며, 부部란 피정복 소국의 지배자를 중앙 귀족으로 전환시켜 성립한 것으로 부체제 단계에서는 국왕이 직접 지배하는 지역과 간접 지배 지역이 병존한다'로 규정한다.[24]

3. 고이왕 대는 '연맹왕국' 단계인가?

고이왕 대 '연맹왕국설'의 근거

이와 같은 기준을 백제사에 적용할 경우, 과연 고이왕 대의 정치·사회적 발달 수준이 '연맹왕국' 단계인가 하는 의문이 든다. 지금까지 고이왕 대를 연맹왕국으로 간주하게 된 중요 논거들을 먼저 살펴볼 필요가 있다. 백제 국가 형성사를 연구하면서 문헌사가들은 일찍부터 고이왕을 주목해 왔다. 첫 번째는 『삼국사기』와 달리 『주서』나 『수서』 등 중국 사서에서 백제의 시조로 기록된 구태仇台라는 인물이 고이와 음이 비슷하다는 점이다. "엄밀한 의미의 백제 건국 연대를 고이왕 27, 28년경(260~261)으로 보거니와 … 고이와 구태는 동일인으로 백제 건국의 대업을 이룬 태조"라고 하여 고이왕을 백제의 실질적 시조로 보았다.[25] 그러나 구태 전승은 온조 전승의 축약된 형태 내지는 중국에 전문되어 중국적 관념으로 분석된 결과일 뿐 구태는 온조와 동일한 시조일 가능성이 크다는 견해마저도 있다.[26] 또는 중국 사서에 실린 구태 관련 기록들을 면밀하게 분석한 결과 구태가 백제를 건국한 것은 후한後漢 말 공손도公孫度의 대방군 설치 시기로 추정하기도 한다.[27] 어쨌든 구태와 고이의 음이 비슷하다는 것은 대단히 흥미롭고 고이왕이 백제사에서 중요한 역할을 한 인물로 숭배되었다는 것은 분명하지만 이것이 고이왕 대 '연맹왕

24 노중국, 2012, 「백제의 왕·후호, 장군호제와 그 운영」, 『백제연구』 55, 충남대학교 백제연구소.
25 이병도, 1976, 『한국고대사연구』, 박영사, pp.475~476.
26 임기환, 1998, 「백제 시조전승의 형성과 변천에 관한 고찰」, 『백제연구』 28, 충남대학교 백제연구소, pp.15~17.
27 윤용구, 2004, 「구태의 백제건국기사에 대한 재검토」, 『백제연구』 39, 충남대학교 백제연구소, p.13.

국'설을 뒷받침하는 직접적인 자료는 아니다.

두 번째는 고이왕 13년(246) 좌장 진충眞忠을 보내 낙랑의 변민을 잡아 왔다는 『삼국사기』 백제본기의 기록을 근거로 246년 한韓의 대방군 기리영崎離營 공격 사건의 주도 세력을 백제국 고이왕으로 해석하는 것이다. 즉 "백제가 한강 유역 일대의 여러 성읍국가를 거느리는 연맹왕국으로 성장한 것은 3세기에 들어와서부터였고 대방군 기리영을 공격한 것은 연맹왕국으로서의 백제국이었다"는 것이다.[28] 백제국이 대방군 기리영 공격 주체였다는 해석은 이후 여러 연구자들에게 영향을 주었고 고이왕 대 '연맹왕국설'의 토대가 되었다. 그러나 이후 기리영 공격 주체에 대해서는 마한 목지국 진왕설, 마한 신분고(활)국설臣濆沽(活)國설 등 다른 견해들이 제기되었고, 지금은 목지국도 백제국도 아닌 신분고국이라는 견해가 다수의 지지를 받고 있다.[29] 대방군을 공격하여 대방태수가 전사하고 사서 기록에 남을 정도의 군사적 충돌이라면 대규모 사건이었고 참여한 소국의 숫자도 적지 않았을 것이다.

이러한 군사 활동에서 백제국의 역할이 무엇이었는가 하는 것은 중요하다. 그러나 소국연맹체와 '연맹왕국'을 구분하는 중요 기준은 군사 활동 자체가 아니라 군사 동원 방식과 전쟁 후의 군사 조직의 향방이다. 소국연맹체 단계에서도 삼한 지역의 소국들은 경제적 활동이나 교섭 이외에 필요에 따라 공동으로 군사 활동을 전개하였다. 경남 해안 지역에 있던 포상浦上 8국이 연합하여 구야국拘邪國과 사로국斯盧國을 공격한 사건이 한 예가 될 것이다.[30] 당시 전쟁에 참여한 변한 지역 소국들은 강압에 의한 것이 아니라 자신들의 이익을 위해 자발적으로 군사 활동에 참여하였을 것이다. 그리고 일시적으로 군사력을 합쳐 무력 투쟁을 전개하였지만 전쟁이 끝난 후에는 어떠한 구속력도 발휘하기 어려웠을 것이다.

28 이병도, 1977, 『삼국사기―국역편―』, 을유문화사; 이기백, 1976, p.53; 이기백·이기동, 1982, pp.134~135.

29 윤용구, 1999, 「삼한의 대중교섭과 그 성격」, 『국사관논총』 85; 윤선태, 2001, 「마한의 진왕과 신분고국」, 『백제연구』 34, 충남대학교 백제연구소.

30 『三國史記』 新羅本紀, 奈解尼師今 14년조; 『三國遺事』 避隱 8, 勿稽子조.

'연맹왕국' 단계의 군사 동원 방식과 성격은 이것과는 다르다. 군사 동원 여부를 결정하고 명령하는 권한을 가진 것은 왕을 비롯한 중앙의 권력 집단이며 소국의 수장들은 군사 동원이나 전쟁 참여 여부를 임의로 결정할 수 없고 명령에 따라야만 하였다. 그런데 대방군 기리영 공격에 참여한 소국들이 백제국, 신분고국, 목지국 등의 명령으로 군사를 강제 동원당한 것으로 보기 어렵다. 오히려 진한 8국의 분할 조치로 불이익을 받는 다수 소국들이 자발적으로 군사 활동에 참여한 것으로 해석하는 것이 합리적이다. 이후 상황을 보면 대방군 공격에 참여한 소국들은 위魏의 군사적 보복에 항복하였고 246년 대방군을 찾아가 조공하였다.[31] 이로 미루어 기리영 공격에 가담한 공동 군사 조직은 해체되었을 가능성이 높다. 위가 군현에 와서 항복한 세력들을 '한나해韓那奚 등 수십 국數十國'이라 하여[32] 이들을 개별적인 소국이나 정치체로 파악하고 있다는 것도 이를 뒷받침한다. 15년이 지난 261년에도 한과 예맥이 종속을 거느리고 와서 대방군에 조공하였다는 기록이 있다.[33] 이러한 상황이 이어진 것은 위가 경기 북부 지역의 정치체들에 대하여 지속적으로 경계심을 가지고 견제를 가했기 때문이다. 백제국이 경기 지역 소국들을 기반으로 하는 소국연맹체 맹주국으로서의 지위를 확립한 것이 언제부터인지 불확실하다. 하지만 적어도 이러한 상황에서 265년 위가 멸망할 때까지 백제국이 주변 소국들을 통합하고 수직적인 위계 관계를 확립해 나갈 정도로 성장하기는 쉽지 않았을 것이다. 요컨대 대방군 기리영 공격과 같은 군사 활동이 소국연맹체의 존재와 일시적인 결집력을 보여 주는 중요한 사건인 것은 분명하지만 이것을 근거로 고이왕 대를 '연맹왕국' 단계로 간주하는 것은 무리이다.

셋째, 고이왕 대를 '연맹왕국' 내지는 부체제 성립기로 보는 중요한 논거

31 이를 기리영 공격 사건과 별개의 것으로 보기도 한다.
32 『三國志』 魏書 三少帝紀 齊王 7년조.
33 『三國志』 魏書 三少帝紀 陳留王 2년조.

는 고이왕 27~29년(260~262)에 이루어졌다고 전하는 통치 조직과 체제 정비 기록이다.[34] 고이왕은 27년(260)에 6좌평六佐平을 설치하여 업무를 분장하고, 16관등官等 및 복색服色을 제정하였고, 28년(261)에는 남당南堂에서 정사를 보았으며, 29년(262)에는 관리로서 뇌물 받은 자와 도둑질한 자를 처벌하는 법령을 내렸다는 내용이다.[35] 특히 관등 조직 확립은 통합된 소국 수장들을 상하의 위계 조직으로 편제하는 과정과 맞물려 있으므로 권력 집중화와 위계화를 뒷받침하는 중요 자료이다.

이 기록의 사료적 신뢰도에 대해서는 고이왕 대의 정치적 발전 수준을 보는 연구자의 입장에 따라 시각차가 크다. 이 기록을 문면 그대로 인정하면 고이왕 대는 이미 중앙집권적 귀족국가 단계에 도달한 것이 되고 실제로 그렇게 해석하는 경우도 있다.[36] 이와 달리 6좌평, 16관등제 기록은 후대의 완성된 관제를 종합 정리하여 고이왕 대로 소급 부회한 것이므로 믿기 어렵다는 시각이 대부분이다. 그럼에도 불구하고 이 기록을 완전 배제하지 못하고 중요 자료로 활용하고 있는 것 또한 사실이다. 즉 고이왕 대의 관등 조직 정비 기사에 대해 일말의 의구심을 가지면서도 이 기록이 완전 허구가 아니라 관등 조직이 성립되는 초기 단계의 모습을 전하는 것으로 보는 것이다. 그리하여 고이왕 대의 관등 구성이나 성격 등에 대하여 다양한 해석들이 이루어졌다. 예를 들면 백제 최고 관등이자 관직인 좌평에 대하여 이를 복속 지역 소국 수장으로 보거나, 북부나 동부와 같은 유력한 부의 장으로 보기도 한다. 또는 이들을 왕족이나 왕비족과 같은 중앙 귀족 출신으로 보는 등 좌평의 성격이나 출신을 둘러싸고 다양한 견해들이 제시되고 있다.[37] 그런데 이러한 논의들을 자세히 살펴보면 공통적으로 고이왕 대의 백제국이 주변 소

34 이병도, 1976, p.475; 이기백, 1976; 이기백 · 이기동, 1982, pp.136~137; 노중국, 1988, p.98.

35 『三國史記』 百濟本紀, 古爾王 27 · 28 · 29년조.

36 천관우, 1989.

37 좌평 등 관등 조직에 대한 최근까지의 중요 연구들은 다음 논고에 정리되어 있다. 박기범, 2010, pp. 44~46; 정동준, 2013, 『동아시아 속의 백제 정치제도』, 일지사.

국들을 정복 병합하여 소국의 수장급들을 중앙 정부의 지배세력으로 편제해 나갈 정도로 정치 권력이 크게 성장하였다는 것을 대전제로 삼고 있다. 그리고 그 근거가 바로 고이왕 대의 체제 정비 기사임을 알 수 있다.

3세기 후반 백제국의 위상이 크게 높아진 것은 사실이다. 서진 견사를 비롯하여 고이왕의 아들(책계왕)이 대방태수의 딸과 혼인을 하고, 책계왕이 즉위한 286년에는 고구려의 침입을 받은 대방군을 돕는 등 중국 군현과 긴밀한 관계를 유지하면서 백제국은 소국연맹체의 맹주국으로서 우월한 지위를 확립해 나갔다. 고이왕 말년의 이러한 변화에 부응하여 내부적으로 나름대로의 변화가 있었을 것이다. 그러나 중국 군현과의 우호적인 관계는 오래가지 못하고 양자의 관계는 곧 악화되어 298년 군현의 무력 견제로 책계왕이 전사하고, 304년 낙랑태수가 보낸 자객에 의해 분서왕이 살해되는 사건으로 이어졌다. 이러한 중국 군현의 견제는 백제국이 위협적인 존재로 성장했음을 입증하는 동시에 군현의 견제로 성장 과정에 제동이 걸렸다는 것을 뜻한다. 그러므로 고이왕 말년에 과연 백제국이 '연맹왕국'의 확립이라는 질적 성장을 이룰 수 있었는지 의문이다. 즉 백제국과 소국연맹체 내의 다른 소국 사이에 지배·복속의 수직적 관계가 확립되었는지, 대외적으로 피복속 소국의 국명이 사라졌는지, 그들의 대외 교섭권과 군사 활동권이 제한되었는지, 진한 사로국과는 현저히 다른 수준의 발전 단계에 진입하였는지 등을 면밀하게 검증하는 과정이 필요하다.

3세기 후반 마한 백제국과 진한 사로국의 정치적 통합 수준 비교

『진서』에는 276~291년 마한과 진한 지역 소국들의 원거리 대외 교섭 활동을 보여 주는 기록이 실려 있다(표 II-2-2 참조). 이 기록은 3세기 후반경 삼한 지역 소국들이 원거리 교역을 실시할 정도로 정치·사회적 통합력이 성장했음을 뒷받침하는 자료로 활용되어 왔다. 그리고 마한의 경우 견사 주체가 어느 소국인지에 관심이 모아졌고 영산강 유역의 마한 신미국을 대표로 하는

282년과 289년 견사를 제외한 그 나머지 마한의 이름으로 견사한 주체에 대해 백제국 단독설, 백제국과 목지국 혼합설 등으로 다양한 견해가 제시되었다. 이러한 견해들은 50여 개의 마한 소국들이 복수의 소국연맹체로 분립되어 있던 상황을 전제로 한다. 하지만 그중에서도 시유도기, 전문도기와 같은 중국산 물품들이 몽촌토성과 풍납토성 등 서울 지역에 압도적으로 많이 출토되는 것을 근기로 백제국이 이끄는 조공사절단이 절대 우위를 차지했을 것으로 해석하는 쪽이 우세하다. 이렇게 본다면 마한의 서진 견사의 대부분은 백제국의 고이왕과 책계왕이 주도한 것이 된다.

그런데 견사 기록 어느 곳에도 백제국의 이름은 없고 오히려 마한이란 이름으로 참여한 소국의 숫자가 명기되어 있을 따름이다. 적게는 2~3개국부터 많게는 10~20개국에 이른다.[38] 특히 290년 서진西晉에 조공사절을 보낸 마한 7개 소국들은 개별적인 이름이 기록될 정도이다.[39] 이것은 중국인들이 견사에 참여한 소국들을 독립적인 정치체로 파악하였다는 증거이다. 백제국에 복속되어 대외 교섭권을 상실한 존재라면 내부적으로는 인적·물적 비용을 부담하고 사후에 일정한 반대급부를 받을지언정 대외적으로는 개별적인 정치체로 인정받을 수는 없다. 즉 조공사절에 참여한 소국들은 국명이 사라진 존재로 볼 수 없다. 백제국 역시 맹주국으로서 조공사절단 파견을 위해 조직 결성과 운영을 주도했을지라도 조공사절단의 대표일 뿐 단독 주체로 인정받지 못하였다. 더불어 주목되는 것은 〈표 II-2-2〉에서 보듯이 견사 때마다 참여 소국의 숫자가 다르다는 사실이다. 이것은 조공사절단에 참여하는 소국의 구성이 유동적이었으며 강제성이 약하다는 반증이다. 맹주국과 독립 소국들로 구성된 이러한 형태의 조공사절단은 필요에 따라 결성되었다가 목적을 달성하고 나면 해체되는 비상설적인 조직이었던 것이다. 이것은 372년(근초고왕 27) 백제라는 이름으로 동진東晋에 견사하고, 381년(내물마립간 26)

38 282년의 29국, 289년의 30국은 영산강 유역 신미국을 대표로 하는 조공사절단이다.
39 권오영, 2001, 「백제국에서 백제로의 전환」, 『역사와 현실』 40.

신라라는 이름으로 전진前秦에 견사하던 것과는 전혀 다른 모습이다.

이와 관련하여 3세기 후반 삼한 지역 소국 간의 관계를 나타내는 『진서』의 기록이 주목된다. 이에 의하면 삼한의 소국들은 다투고 전쟁을 하더라도 굴복하는 상대를 귀하게 여겼다고 한다.[40] 무력 대결이 있더라도 독립성을 상실하거나 소국 이름이 사라지는 것이 아니라 서로 간에 공존의 원칙 내지는 힘의 균형 관계를 유지하고 있었다는 것이다. 이는 소국 간에 힘의 우열에 따른 서열은 있었지만 그들 사이에 지속적이고도 수직적인 복속 관계가 확립되지 않았다는 뜻이다.

이러한 상황은 진한 지역도 다르지 않았다. 마한보다 횟수는 적지만 진한 사로국도 미추이사금味鄒尼師今 19년(280), 20년(281), 그리고 유례이사금儒禮尼師今 3년(286) 모두 세 차례에 걸쳐 서진에 견사하였다. 미추이사금(262~284)은 김씨족으로 왕위에 오른 최초의 인물이며 김씨 왕족의 시조로 숭배되던 인물이다. 고이왕이 백제의 건국 시조로 숭배되던 것과 닮은 점이 있다. 조공사절단의 규모도 적지 않아 참여 소국의 수가 10국(280년), 11국(286년)으로 진한 12개 소국 대부분이 참여하였다. 이처럼 대외 교섭에서는 고이왕 대의 백제국의 정치적 통합 수준을 미추이사금 대의 사로국과 근본적으로 다르다고 판단할 근거를 찾기 어렵다.

그리고 백제 고이왕 대에 해당하는 신라 조분助賁, 첨해沾解, 미추味鄒, 유례儒禮 이사금 대의 기록을 간단히 비교해 보면 백제국과 사로국의 비슷한 양상이 좀 더 분명하게 드러난다. 〈표 II-4-1〉에서 보듯이 남당 설치, 좌평·이찬伊湌 등의 임명, 서진 견사 등 문헌상으로는 3세기 중후반경 양 지역의 정치·사회적 발전 수준은 크게 다르지 않다. 서진 견사 개시 시기도 마한보다 진한이 4년 정도 늦을 뿐이다. 그리고 『삼국사기』 백제본기나 신라본기 초기 기록이 보여 주는 3세기 중엽의 역사상이 『삼국지』 동이전이 보여

40 『晉書』 四夷傳 東夷 馬韓條, "雖有鬪爭攻戰 而貴相屈服".

표 II-4-1 3세기 중후반 『삼국사기』 백제본기와 신라본기 기록 비교

『삼국사기』 백제본기		『삼국사기』 신라본기	
고이왕 원년(234)		조분 2년(231)	이찬伊飡 우로于老를 대장군에 임명해 감문국甘文國을 쳐서 격파하다
		조분 7년(236)	골벌국骨伐國왕 아음부阿音夫가 항복해 오자 전택을 주어 안거케하다
고이왕 7년(240)	진충眞忠을 좌장左將으로 삼아 내외 군사 업무를 맡기다	조분 15년(244)	이찬 우로를 배하여 서불한舒弗邯으로 삼고 병마사를 맡기다
고이왕 13년(246)	좌장 진충을 보내 낙랑을 침습하다	첨해 2년(248)	이찬 장훤長萱을 서불한으로 삼아 국정에 참여케하다
고이왕 14년(247)	진충을 우보右輔로 삼고 진물眞勿을 좌장으로 삼아 군사 업무를 맡기다	미추 2년(263)	이찬 양부良夫를 서불한으로 삼고 내외 군사 업무를 겸하게 하였다
고이왕 27년(260)	6좌평 설치, 16관등조직 정비, 복색제도 확립		
고이왕 28년(261)	남당에서 정사를 보다	첨해 3년(249) 첨해 5년(251) 미추 7년(268)	궁궐의 남쪽에 남당을 짓다 남당에서 정사를 보다 남당에 군신을 모으고 친히 정형政刑의 득실을 묻다
고이왕 28년(261)	5좌평을 임명하다	미추 20년(281)	이찬, 일길찬一吉飡, 사찬沙飡을 임명하다
고이왕 29년(262)	관리의 뇌물죄, 절도죄 처벌에 대한 영令을 내리다		
『진서』 사이전 마한조		『진서』 사이전 진한조	
고이왕 43년(276)	마한 8국 견사		
고이왕 44년(277)	마한 3국 견사		
고이왕 45년(278)	마한 6국 견사		
고이왕 47년(280)	마한 20국 견사	미추 19년(280)	진한 10국 견사
고이왕 48년(281)	마한 5국 견사	미추 20년(281)	진한 5국 견사
책계왕 원년(286)	마한 11국 견사	유례 3년(286)	진한 11국 견사
책계왕 2년(287)	마한 2국 견사		
책계왕 4년(289)	마한 11국 견사		
책계왕 5년(290)	마한 7국 견사		

* 『진서』 사이전 마한조의 마한 견사 주체를 백제국으로 볼 경우 마한 신미국(282년과 289년)을 제외한 나머지를 가정한 것이다.

주는 역사상과 거리가 있다는 점도 같다.

그럼에도 불구하고 고이왕 대 체제 정비 기사 등을 근거로 '연맹왕국설'을 주장한다면 이는 『삼국사기』 신라본기 초기 기록에 나오는 소국 정복 기사나 관등 수여 기사를 그대로 취하여 사로국이 3세기경 이미 주변 소국을 무력으로 정복하여 '연맹왕국'을 완성시킨 것으로 해석하는 것과 크게 다르지 않다. 신라본기 소국 정복 기사는 후대의 정복 활동 모습을 투영한 것일 뿐 그 역사적 실상은 사로국이 대외 교섭을 위한 교통로를 확보해 나가면서 진한연맹체의 맹주국으로 성장하는 과정을 나타낸 것이다. 이처럼 『삼국사기』 백제본기와 신라본기 초기 기록의 신빙성에 대해 서로 다른 잣대를 적용하는 것은 모순이다. 후대에 가해진 윤색의 정도로 본다면 신라본기 초기 기록이나 백제본기 초기 기록이나 크게 다를 바 없기 때문이다.

고고학자료를 통해서도 3세기 후반경 마한과 진·변한 지역은 문화적으로도 비슷한 수준에 있었음을 알 수 있다. 진한의 병장기는 마한과 같다는 문헌기록을 뒷받침하듯[41] 철기나 토기 등 고고학자료상으로 나타나는 물질문화의 측면에서도 마한과 진한 지역 사이에 근본적인 차이가 없다. 철기, 특히 철제무기 보급도는 오히려 진·변한 지역이 높다. 서울 지역에서는 직접적으로 비교할 자료가 없으므로 김포 운양동유적과 아산만 지역의 유력한 마한 소국 유적인 충남 아산 명암리 밖지므레유적과 비슷한 시기의 영남 지방 목곽묘 유적을 간단히 비교해 볼 수 있다. 김포 운양동유적은 풍납토성에서 서쪽으로 약 40km 떨어진 마한 소국과 관련된 유적이다. 이 유적에서 조사된 분구묘 19기 중에서 가장 많은 부장품이 출토된 것은 1-11지점 12호(묘광墓壙 크기 3.89×1.88m)이며 금제이식(그림 II-4-1) 이외에 철모鐵鉾 8점을 포함하여 20여 점 이상의 철기가 출토되었다. 이곳 1-11지점 13호 분구묘(묘광 크기 3.2×1.6m)에서는 철모 6점, 구슬 4,000여 점이 나왔다.[42] 그리고 아산

41 『三國志』魏書 東夷傳 韓條.
42 한강문화재연구원, 2013, 『김포 운양동 유적』 I·II.

그림 II-4-1
김포 운양동유적 출토 금제이식
출처: 한강문화재연구원 제공

박지므레유적에서는 토광묘와 주구토광묘 151기가 조사되었는데 묘광 길이 6m 이상인 것은 1기뿐이고 5~6m 미만 크기의 것도 9기에 불과하다. 151기 무덤 전체에서 나온 철모를 모두 합해도 48점밖에 되지 않으며 각 무덤별로는 많아야 2~3점에 그친다.[43]

이에 비해 3세기 전반~중엽으로 편년되는 경남 울산 중산리의 대형 목곽묘(IC-3호)는 묘광 크기가 6.8×2.52m 정도인데 대형 철모 15점, 철촉 100여 점 이상이 부장되었다(그림 II-4-2 참조).[44] 더욱이 3세기 전엽으로 편년된 포항 옥성리 78호 목곽묘는 묘광 크기가 5.72×3.3m 정도이지만 철모가 104점, 철촉이 50여 점이나 출토되었다(그림 II-4-3 참조).[45] 마찬가지로 3세기 전엽에서 중엽으로 편년된 울산 하대 41호 목곽묘(묘광 크기 6.04×2.2m)에서도 철모가 16점이나 나왔다.[46] 경주 덕천리 120호 목곽묘 역시 묘광 길이가 6m 정도이며 철모가 18점이나 부장되었다. 그리고 3세기 후엽으로 편년되는 경주 구어리

43 충청남도역사문화연구원·삼성전자주식회사, 2011, 『아산명암리 박지므레유적－고찰, 자연과학분석－』, pp.73~77.
44 창원대학교박물관, 2006, 『울산 중산리유적 I－현대자동차 근로자주택 부지내 유적－(본문)』.
45 영남매장문화재연구원, 1998, 『포항 옥성리 고분군 II－나지구－』, pp. 76~118.
46 철모 형식을 기준으로 운양동 1-11 지점 12호, 13호를 포항 옥성리 78호, 울산 하대 41호와 동일 단계로 편년하고 있다. 김새봄, 2011, 「원삼국 후기 영남지역과 경기·충청지역 철모의 교류양상」, 『한국고고학보』 81, pp.99.

그림 II-4-2
울산 중산리 I-C 3호 목곽묘 출토 철모
출처: 창원대학교 박물관, 2006, 『울산 중산리유적 I』

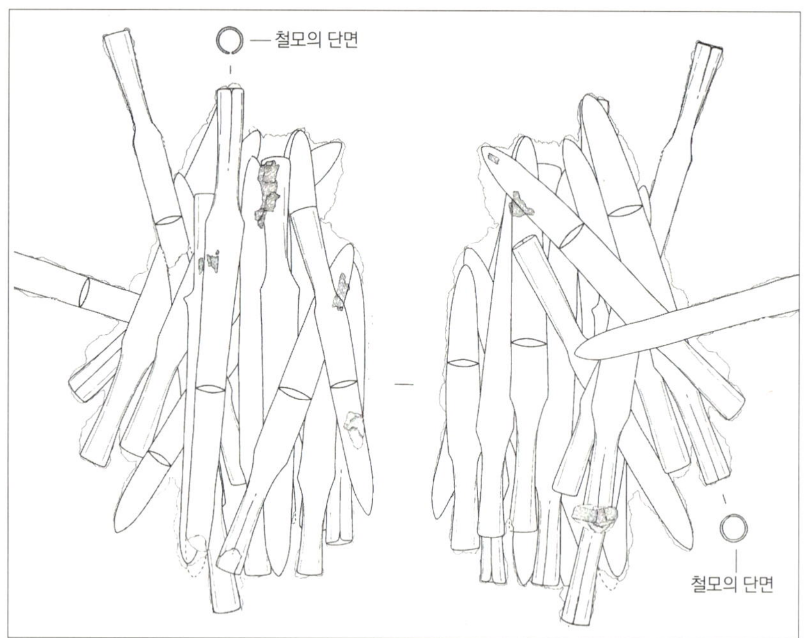

그림 II-4-3
포항 옥성리 78호 목곽묘 철모 출토 당시 모습
출처: 영남문화재연구원, 1998, 『포항 옥성리고분군 II』

유적 1호 목곽묘에서는 주곽(6.24×3.4m)에서만 55점의 철모와 40점의 주조철부가 나왔다.[47] 이처럼 비슷한 시기의 경기, 충청 지역 주구토광묘, 분구묘 유적과 영남 지방의 목곽묘와 부장품들을 비교해 보면 유물의 양이나 묘광의 규모 면에서 진·변한 지역이 오히려 앞선다. 마한 지역의 분구묘나 주구토광묘의 경우 묘광 이외에 주구周溝의 크기도 함께 고려해야겠지만 묘광의 평면 크기만 보면 진·변한 지역이 평균적으로 더 크다.

그러므로 3세기 후반 단계에서도 진한 사로국과 마한 백제국 사이에 질적인 차이를 인정할 정도로 발전 단계에 격차를 두는 것은 모순이다. 이런 점에서도 백제본기의 통치 조직과 체제 정비 기록을 중요 논거로 하는 고이왕대 '연맹왕국' 성립설은 재고되어야 한다.

4. 고고학계의 백제 국가 성립에 대한 연구

1990년대 말부터 고고학자들도 신라, 백제의 국가 형성 문제에 깊은 관심을 가지고 연구를 진행해 왔다.[48] 2007년에는 한국고고학회 전국대회에서 『국가 형성에 대한 고고학적 접근』이란 제목으로 국가 형성의 고고학적 지표에 대하여 활발한 논의가 이루어지기도 하였다.[49] 이러한 변화는 고고학자료의 급격한 증가와 밀접한 관계가 있다. 고고학자들의 표현을 빌리면 2000년대 이후 마한, 백제 지역의 고고학자료는 폭발적으로 증가하였다고 한다. 이를 뒷받침하듯 2000년대에 들어오면서 백제 국가의 형성이나 영역 확대 과정, 그리고 통치 방식에 대한 연구의 대부분이 고고학자료 해석을 통해 이

47 영남문화재연구원, 2011, 『경주 구어리 고분군 II—목곽묘—』, p. 229.
48 박순발, 1998, 『백제 국가의 형성 연구』, 서울대학교 박사학위논문; 이희준, 1998, 「4~5세기 신라의 고고학적연구」, 서울대학교 박사학위논문; 성정용, 2000, 「중서부 마한지역의 백제영역화 과정 연구」, 서울대학교 박사학위논문.
49 한국고고학회, 2007, 『국가 형성에 대한 고고학적 접근』, 제31회 한국고고학전국대회 발표문.

루어졌다.

고고학자들이 주목하는 국가 성립의 고고학적 지표는 성곽의 출현, 대형 분묘군의 출현, 특정 토기 양식의 성립이다. 성곽 축조에는 방대한 노동력 투입과 기술이 요구되므로 성곽은 사회적 복합도가 한 단계 진전된 상황의 산물이다. 그리고 대형 분묘의 출현은 사회 구성원들 사이의 분화를 웅변하며, 특히 성곽이 등장하는 곳에 조성되는 대형 분묘 집중 묘역은 연맹왕국 단계의 정치체 성립을 시사하는 고고학자료로 볼 수 있다는 것이다.[50] 또한 삼국의 국가 형성 과정에는 각 국가별로 특정 토기 양식도 함께 등장하므로 토기 양식과 국가 성립 사이에 밀접한 관계가 있다고 본다.

이를 백제사에 적용하여 백제는 3세기 중후반경 반경 30km 정도의 직접 지배 영역을 확보하였고, 정치 중심지로서 풍납토성 등 성곽이 등장하고, 한성 백제 토기 양식이 성립되며, 석촌동과 가락동 분묘군 안에 대형분 집중화 현상이 나타나는데 바로 이 단계를 백제의 국가 성립 내지는 연맹왕국 성립기로 볼 수 있다는 것이다.[51] 그리고 4세기 중후반경 이러한 백제의 중앙 지배세력은 원주, 천안, 공주 등지로 거점을 확보하면서 통치 영역을 확대하였다는 것이다. 다소간의 차이는 있지만 대부분의 논고가 이와 비슷한 관점에서 각 지역별로 토기·중국 도자기·금공제 위세품·철제 무기류의 확산, 묘제의 변천 과정 등을 분석, 검토하여 백제 국가의 영역 확대 과정을 설명하고 있다.[52] 이러한 시도는 물질 자료를 통해 권력 집중화와 위계화의 진행 정

50 박순발, 2001, 『한성백제의 탄생』, 서경문화사, pp.41~45; 박순발, 2007a, 「국가 형성에 대한 고고학적 접근」, 『국가 형성에 대한 고고학적 접근』, 제31회 한국고고학전국대회 발표문, pp.13~14.

51 박순발, 2007b, 「묘제의 변천으로 본 한성기 백제의 지방 편제과정」, 『한국고대사연구』 48, p.177. 경기도 오산, 화성 마하리를 남쪽과 서남쪽 경계로 본다.

52 성정용, 2000; 권오영, 2007, 「고고자료로 본 지방사회」, 『백제의 정치제도와 군사』, 백제문화사대계 연구총서 8, 충청남도역사문화연구원; 서현주, 2012, 「호남서부지역 고고학자료를 통해 본 웅진기의 지방」, 『백제연구』 55, 충남대학교 백제연구소; 이훈, 2012, 「금동관을 통해 본 백제의 지방통치와 대외교류」, 『백제연구』 55, 충남대학교 백제연구소; 이현숙, 2012, 「묘제를 통해 본 한성기 백제의 지역상—용원리유적권을 중심으로—」, 『백제연구』 55, 충남대학교 백제연구소; 양기석 외, 2005, 『백제 지방세력의 존재양태—청주 신봉동 유적을 중심으로—』, 한국학중앙연구원.

도를 측정하고 이를 토대로 백제의 국가 성립 내지는 영역 확대 과정과 통치 방식 등을 밝히려는 것이다.

그러나 구체적인 사안에 있어서는 고고학자들 간에도 편년이나 해석을 두고 의견이 다양하다. 먼저 토기 문제에 있어서는 두 가지 측면에서 의문이 제기되고 있다. 하나는 한성 백제 토기 양식의 성립 시점에 대한 것이다. 다른 하나는 중앙 지역에서의 특정 토기 양식의 성립과 확산을 과연 국가 성립과 영역 확대의 지표로 간주할 수 있는가 하는 것이다.

한성 백제 토기 양식의 성립 시점(한성 백제 1기)에 대해서는 연구자에 따라 3세기 중반, 후반, 4세기 초 등으로 다르다.[53] 심지어는 한성 백제 토기 양식 성립기의 대표적 기종의 하나로 주목 받아 온 흑색마연黑色磨硏 직구광견호直口廣肩壺의 경우(그림 II-4-4), 그 등장 시점을 4세기 중엽, 또는 5세기 초 이후로 편년하면서 백제 토기 양식의 성립 시기도 4세기 이후로 내려 본다.[54] 현재는 3세기 후반설이 다수지만 문제는 여기에서 그치지 않는다. 즉 한성 백제 토기 양식의 성립과 확산 과정을 백제 국가 성립과 영역 확대의 지표로 볼 수 있는가를 두고 해석이 서로 다르다. 한성 백제 토기 양식의 확산은 정치적 작용만이 아니라 경제적 활동의 결과물일 수도 있으므로 토기 양식의 동화는 국가 지배력의 침투와 일치하지 않을 수도 있다는 것이다.[55]

예를 들면 3세기 후반 한성 백제 토기 양식이 성립되고 경기 남부 지역에서도 한성 지역과의 공통 기종이 다수 출현하지만 이는 이 지역을 복속한 결과로 보기보다는 정치적 '포섭'의 표지로 해석해야 한다는 것이다. 그리고 백제로의 '복속' 표지로 삼을 수 있는 것은 4세기 중엽 석곽묘의 출현, 한성

53 박순발, 2001; 한지선, 2005, 「백제토기 성립기 양상에 대한 재검토」, 『백제연구』 41, 충남대학교 백제연구소; 권오영, 2011, 「한성백제의 시간적 상한과 하한」, 『백제연구』 53, 충남대학교 백제연구소.

54 김일규, 2007, 「한성기 백제토기 편년재고」, 『선사와 고대』 27; 이성주, 2011, 「한성백제 형성기 토기유물군의 변천과 생산체계의 변동—실용토기 생산의 전문화에 대한 검토—」, 『한국상고사학보』 71.

55 이성주, 1998, 『신라·가야사회의 기원과 성장』, 학연문화사; 성정용, 2007, 「토기양식으로 본 고대국가 형성」, 『국가 형성에 대한 고고학적 접근』, 제31회 한국고고학전국대회 발표문. 토기 양식 변화는 영역 확대의 후행 지표로 보기도 한다.

그림 II-4-4
가락동 2호분 출토 흑색마연 직구호
출처: 고려대학교, 서울문화유산연구원, 2012

백제 토기 양식(2기) 및 등자와 같은 마구의 등장이라는 것이다.[56] 그러므로 3세기 후반의 이른바 연맹왕국 백제의 성립 기초는 소국 복속이 아니라 정치적 포섭이라는 것이다.[57] 복속이 아니라 포섭을 토대로 하는 소국 간의 관계는 '연맹왕국' 단계의 관계가 아니라 오히려 소국연맹체 단계의 상호 관계에 가깝다. 이처럼 동일한 고고학자료를 두고도 연구자에 따라 해석과 개념이 다르다.

고고학자들이 주목하는 백제 국가 성립의 두 번째 고고학적 지표는 성곽이다. 이들은 한성 백제의 도읍지에 위치한 풍납토성과 몽촌토성의 초축 시

56 김성남, 2006, 「백제 한성시대 남방영역의 확대과정과 지배형태 시론」, 『백제연구』 44, 충남대학교 백제연구소, p.58.
57 김성남, 2006, p.56.

점이 백제 국가의 성립 시기와 관계 있는 것으로 보고 두 성의 초축 시점에 관심을 집중해 왔다. 그런데 풍납토성의 초축 연대 역시 2세기 이전 설과 3세기 4/4분기 설, 4세기 중반 이후 설 등으로 견해가 엇갈린다. 2세기 이전 초축설은[58] 방사성 탄소 연대를 근거로 하고 있으나 오차 범위가 너무 커서 설득력이 떨어진다. 3세기 후반설의 중요 근거는 풍납토성과 몽촌토성 내부에서 출토된 중국제 시유施釉도기이다.[59] 그런데 이 두 토성의 초축 연대 비정에 핵심 자료로 활용된 중국제 시유도기의 연대가 3세기 후반 서진 대가 아니라 4세기 중엽 동진 이후라는 새로운 견해가 제시되어 논란이 되고 있다.[60] 편년 자료가 부족한 백제 고고학에서 지금껏 중국제 시유도기는 고분, 토기, 성곽 등의 백제 고고학자료 편년의 근간이 되어 왔다. 만약 기존의 편년에 문제가 있다면 풍납토성의 초축 연대는 4세기 중엽 이후로 내려오고 동시에 3세기 후반 백제 '연맹왕국' 성립설의 중요 논리 기반은 크게 흔들리게 된다.

중국제 시유도기의 편년 문제는 토기와 토성에만 국한되지 않고 국가 형성의 세 번째 중요 지표로 간주되는 서울 지역 백제 무덤의 편년에까지 연계되어 있다. 서울 석촌동, 가락동 지역에는 다양한 형식의 무덤이 남아 있는데 이 가운데서 백제 국가 형성 문제와 관련하여 논의 대상이 되고 있는 것은 기단식적석총과 대형의 즙석봉토분葺石封土墳(즙석분구묘)이다. 석촌동 기단식적석총은 그 연원이 고구려계라는 사실로 인해 일찍부터 백제 건국의 주도 세력이 고구려계 유이민이라는 문헌기록을 뒷받침하는 고고학적 증거로 주목을 받아 왔다.[61] 그러나 석촌동, 가락동 일대에서 이른 단계의 적석총

58 신희권, 2002, 「풍납토성 축조연대 시론」, 『한국상고사학보』 37.

59 박순발, 2001, p.181; 몽촌토성발굴조사단·서울특별시 문화과 편, 1985, 『몽촌토성발굴조사보고』, 서울특별시 문화과, p.162; 서울대학교박물관·서울특별시, 1987, 『몽촌토성—동북지구발굴보고』, p.219.

60 王志高, 2012, 「試論韓國首尒風納土城的三个問題」, 임영진 외, 『동북아시아 속의 풍납토성』, 학연문화사, pp.107~109.

61 임영진, 1995, 『백제한성시대고분연구』, 서울대학교 박사학위논문; 2003, 「적석총으로 본 백제 건국집단의 남하과정」, 『선사와 고대』 19.

무덤이 확인되지 않는다는 것이 문제였다. 이로 인해 적석총의 도입은 백제의 국가 형성기가 아니라 4세기 중후반 백제 왕실이 통치 권력을 강화하는 과정에서 고구려계 기단식적석총 형식을 도입하였다는 견해가 나왔다.[62] 결국은 고구려계 적석총의 출현 연대를 3세기 중후반대로 보느냐[63] 또는 4세기 후반대로 편년하느냐에 따라, 전자는 적석총 등장을 백제의 국가 형성과 연결시키고 후자는 백제 국가의 성장·발전 시기의 고고학적 지표로 해석한다. 그리하여 후자는 기단식적석총이 아니라 그에 앞서서 등장하는 대형 즙석봉토분의 출현과 대규모 집단 묘역의 등장을 백제 국가 성립의 지표로 간주한다.[64]

즙석봉토분은 백제 고유의 무덤 형식의 하나로 현재 7기 정도가 발굴 조사되었다.[65] 그중 백제 국가 형성, 즉 사회 분화와 정치 엘리트 계층의 집중 현상을 반영하는 대형 무덤의 하나로 주목되어 온 것이 가락동 2호분이다.[66] 가락동 2호분은 3세기 중후반 , 3세기 후반~4세기 전반 등으로 편년되어 왔다.[67] 그런데 가락동 2호분은 복수의 매장 주체들이 시간적 차이를 두고 4세기 말엽~5세기 초엽 사이에 만들어진 것이라는 반론이 제기되었다. 그리고

62 박순발, 2001, pp.213~214; 김승옥, 2000, 「한성백제의 형성과정과 대외관계」, 충남대학교백제연구소 편, 『백제사상의 전쟁』, 서경문화사.

63 임영진, 2003.

64 박순발, 2001, p.151.

65 석촌동, 가락동 일대의 고분 분포 상황에 대한 정밀 검토 결과 이 일대에 290여 기 이상의 분묘가 있었음이 밝혀졌고, 그중에는 즙석봉토분 형식의 무덤이 다수 있었던 것으로 추정되고 있다(이병호, 2011, 「일제강점기 백제 고지에 대한 고적조사사업」, 『한국고대사연구』 61; 조가영, 2012a, 「석촌동 고분군의 축조 양상 검토–고분 분포를 중심으로–」, 『한국상고사학보』 75). 그리고 1916년도 조선총독부 조사 보고서에서 을총乙塚으로 표시되어 있는 67기의 석총石塚(을총)을 모두 즙석봉토분으로 추정하는 견해도 있다(차윤환, 2012, 「원삼국후기~백제 초기 한강중·하류유역 묘제의 지역성」, 『한국상고사학보』 78, p.65).

66 가락동 2호분은 하나의 분구 안에 복수의 매장 주체가 들어 있는 방형의 무덤이다. 무덤 평면 크기는 12×15m이고 높이는 2.2m에 달한다. 내부에는 독립된 봉토를 가진 토광묘 2기, 목관묘 1기, 옹관묘 1기가 들어 있으며 이들 전체를 봉분으로 덮고 즙석을 하여 하나의 무덤으로 완성한 것이다(고려대학교박물관·서울문화유산연구원, 2012, 『가락동 2호분』). 본서 〈그림 II-3-3〉 참조.

67 박순발 2001, pp.149~150; 김성남, 2001, 「중부지방 3~4세기 고분군 세부 편년」, 『백제연구』 33, 충남대학교 백제연구소, p.125; 성정용, 2006, 「4~5세기 백제의 물질문화와 지방지배」, 『한성에서 웅진으로』, 4~5세기 백제유물 특별전 도록, 국립공주박물관·충청남도역사문화연구원. 3세기 중후반설의 중요 근거는 봉토에서 출토된 서진 시유도기 문양의 영향을 받은 것으로 추정되는 흑색마연 직구광견호이다.

가락동 2호분이 과연 백제사에서 권력 집중화와 위계화 진행을 반영하는 유적인가 하는 근본적인 의문도 함께 제기되었다. 전체 봉분의 크기는 대형이지만 단독 무덤이 아니고 복수의 매장 주체부를 가지므로(그림 II-3-3 참조) 이를 권력자의 출현이나 상위 위계자의 출현으로 간주하기 어렵다는 것이다.[68] 말하자면 무덤 자체의 편년과 동시에 백제 국가 성립의 지표 내지는 중앙 지배계급의 등장과 연결시킬 수 있는 무덤 유적이 과연 가락동 2호분과 같은 즙석봉토분인지에 대한 근본적인 의문이 제기된 셈이다.[69]

이 밖에도 한성 백제기의 중요 고고학자료에 대한 편년 재검토를 시도하면서 기존 설보다 1세기 가량 연대를 하향 조정하는 견해들이 나오고 있다.[70] 이후 이러한 반론에 대해 재반론이 제기되는 등 논쟁이 뜨겁다.[71] 어쨌든 현재는 토기, 성곽, 무덤 등 국가 성립의 고고학적 지표에 대한 해석과 편년이 유동적인 것은 분명하다. 몽촌토성이나 풍납토성 같은 대규모 토성이 백제국 중심지에 축조된 것은 권력 집중화의 가장 뚜렷한 증거이지만 앞에서 살펴본 대로 초축 연대를 3세기 중후엽으로 올려 보기 위해서는 새로운 자료가 필요하다. 만약 풍납토성 축조가 3세기 후반이라면 이를 주도한 것은 고이왕이 되지만 4세기 중엽이라면 근초고왕 대가 된다. 또한 3세기 후반의 최고 지배계급의 무덤이 기단식적석총인지, 즙석봉토분인지 뿐만 아니라 백제 국가 성립의 지표가 기단식적석총인지, 즙석봉토분인지 등에 대해서도 연구자 간에 견해차가 크다. 기단식적석총 등장이 3세기 후반이라면 고이왕

68 김일규, 2013, 「가락동2호분에 대하여」, 『한성지역 백제 고분의 새로운 인식과 해석』, 제13회 백제학회 정기발표회, pp.86~87. 가락동 2호분의 매장 주체인 목관묘나 토광묘의 묘광 크기를 보면 길이 2.5m, 폭 1m 정도이고 출토 유물도 토기 한두 점, 철제 꺽쇠, 교구, 철도자 등으로 빈약하다.

69 기존에 발굴 조사된 즙석봉토분의 하나인 석촌동 76-파괴분도 석촌동 고분군 안에서 면적이 가장 넓은 고분이기는 하나 이것 역시 5회 이상 여러 차례에 걸친 매장으로 봉분이 확대된 것이라고 한다(조가영, 2012b, 「백제 한성 도읍기 한강유역의 고분 구조 검토-'즙석봉토분'을 중심으로-」, 『백제 고분의 새로운 인식』, 호서·호남고고학회 합동 학술대회 발표문, p.6).

70 이창엽, 2011, 「천안 청당동 분묘군 편년 재검토」, 『한국상고사학보』 73; 柳本照男, 2012, 「漢城百濟期 編年 再考」, 『백제연구』 55, 충남대학교 백제연구소, pp.197~200.

71 박순발, 2013; 임영진, 2013.

의 무덤은 기단식적석총일 것이나, 4세기 중엽이라면 비류왕比流王이나 근초고왕 대가 될 것이다.

그리고 풍납토성 안에서 시유도기 등 외래계 수입품이 다른 지역에 비해 압도적으로 많이 출토되고 있지만 이것 역시 3세기 중후엽이라는 편년을 그대로 취하기 어렵게 되었다. 또한 3세기 후엽경 토기 생산에 새로운 기종과 기술이 나타나 퍼져 나갔다고 하더라도 이를 백제국이 다른 마한 소국의 토기 생산이나 유통 조직을 통제하거나 복속시켰다는 징표로 해석하기에는 역부족이다. 중서부 대부분의 지역에서는 3세기 이래의 재지적在地的인 토기 양식이 4세기 중엽까지도 계속되었고 한성 백제 양식 토기의 반영 비율이 높아지는 것은 4세기 중엽 무렵이라고 한다.[72] 이처럼 고고학자료에 대한 편년 체계가 불안정하므로 고고학계의 3세기 후반 백제 국가 성립설은 유보될 수밖에 없다. 따라서 고고학적으로도 고이왕 대 '연맹왕국설'을 뒷받침하는 근거를 확보하기가 어렵다.

5. '연맹왕국' 단계의 통치 형태와 물질 자료

고이왕 대 '연맹왕국설'이 성립하려면 일단 3세기 후반 백제국이 다른 마한 소국들을 정복하여 일부 직접 통치 지역을 제외한 나머지 지역에 대해 간접 통치를 실시하던 상태를 설정하고 이를 뒷받침하는 물질 자료를 제시해야 한다. 이를 위해서는 먼저 고이왕 대 백제국의 대략적 범위부터 파악해야 한다. 『삼국지』 동이전에 의하면 3세기 중엽 마한 지역 소국들의 규모는 큰 것은 만여 가, 작은 것은 수천 가라 하였다.[73] 이를 참고하면 고이왕 대 백제국의 크기는 최대로 잡아도 만여 가 정도일 것이고, 국읍國邑으로 생각되

72 김성남, 2006; 성정용, 2006.
73 『三國志』 魏書 東夷傳 韓條.

는 풍납동 일대를 중심으로 다수의 읍락들이 일정한 범위 안에 분포했을 것이다. 그런데 백제국의 경우, 2세기 이전의 무덤 자료가 거의 발견되고 있지 않다. 더욱이 3세기 대의 무덤 자료조차도 가락동·석촌동 유적에 국한되어 있으며 이것마저 대부분 유실되고 제대로 발굴 조사를 거친 것은 소수에 불과하다.[74] 이 때문에 고고학상으로는 2~3세기 백제국의 읍락 분포 범위조차 가늠하기 어렵다. 사로국을 보면 월성月城을 중심으로 가까이는 6~9km, 멀게는 15km 정도의 거리에 사로국 중요 읍락의 존재를 뒷받침하는 목관묘, 목곽묘 유적들이 각 방향에 분포하고 있어 그 범위를 대략이나마 추정할 수 있다.[75] 그리고 경주 주변 포항이나 울산 지역 소국들의 국읍이나 읍락 유적도 조사되어 사로국과의 거리나 상대적인 세력 비교가 가능하다.

이와 달리 풍납토성을 기점으로 할 때 지금까지 경기 지역에서 조사된 3~4세기 무덤 유적은 하남 덕풍리유적(약 8km)을 제외하고는 대부분 직선거리 20km 이상 떨어져 있다. 상대적으로 가까운 군포 부곡동유적이나 탄천 상류 지역에 있는 용인 마북리유적, 신갈동유적도 20~30km 정도 떨어져 있고 연대도 4세기 대가 중심이다. 20km 미만의 가까운 거리에서는 다수의 석실분 유적들(하남 광암동유적, 성남 판교유적, 서울 우면동유적, 하남 감일동유적)이 확인되고 있으나[76] 고이왕 대 백제국과는 시간적 차이가 크므로 참고 자료일 뿐이다(그림 II-4-5 참조). 그리고 풍납토성으로부터 20km 전후 거리에 3~5세기 주거지 유적들이 다수 조사되어 읍락의 존재를 시사하고는 있으나[77] 이 역시 4~5세기가 중심이다. 이러한 4~5세기의 자료를 토대로 백제의 5부를 비정

74 김포, 인천 등지의 분구묘, 주구토광묘 유적들은 풍납토성으로부터 30~40km 이상 떨어져 있으며, 초기 백제국과는 별개의 정치체로 보아야 한다.

75 6km(조양동유적, 구정동유적), 9km(덕천리유적), 15km(사라리유적). 이현혜, 2008, 「고고학자료로 본 사로국 육촌」, 『한국고대사연구』 52, pp.212~214.

76 이현숙, 2011, 『4~5세기대 백제의 지역상 연구』, 고려대학교 박사학위논문, p.160; 2018년 경기도 하남시 감일동에서 대규모 4~5세기 백제 석실분 유적이 조사되었다.

77 권오영, 2009, 「원삼국기 한강유역 정치체의 존재양태와 백제국가의 통합양상」, 『고고학』 8-2, 서울경기고고학회, p.36; 이현숙, 2011, p.35.

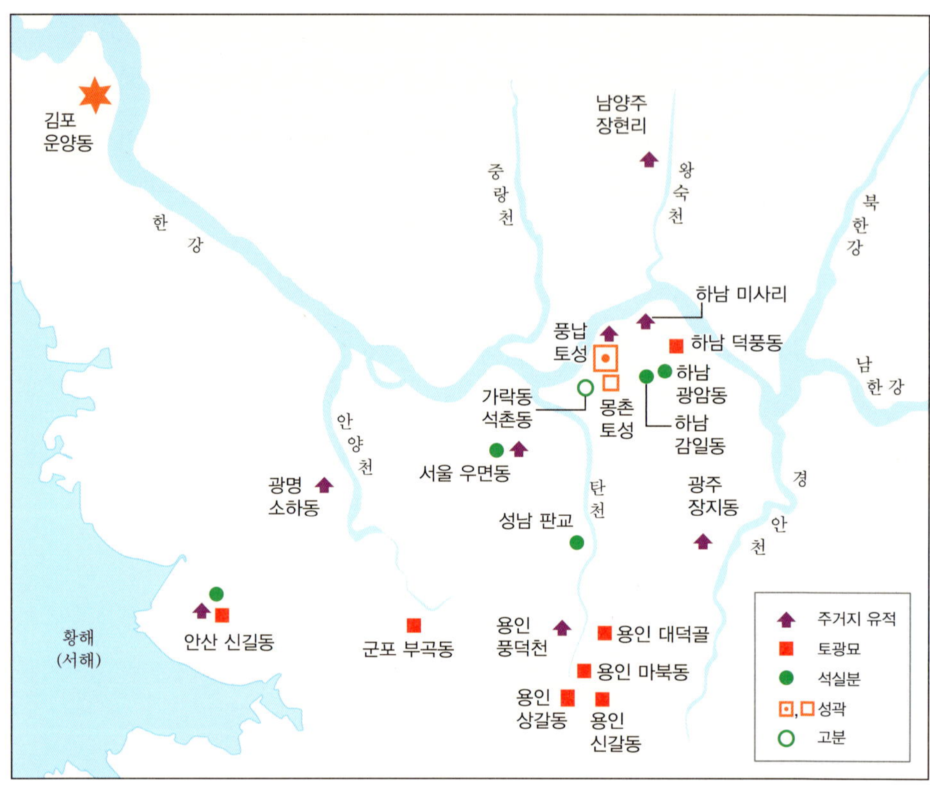

그림 II-4-5
수도권의 4~5세기 백제 유적 분포도

하기도 하고[78] 반경 20km 정도의 백제 중앙의 직접 통치 지역을 설정하기도 한다.[79] 그러나 이것과 3세기 중엽 백제국 읍락과의 계기적 발전 관계를 입증할 자료가 아직은 없다. 언젠가 연결 고리가 발견되겠지만 현재로서는 고고학자료상으로 고이왕 대 백제국의 대략적인 영역조차 파악되어 있지 않은 셈이다. 사정이 이러하므로 3세기 후반 서진 견사에 동참한 소국들의 분포 범위라든가 백제국 소국연맹체 운영이나 내부적 변화 과정을 반영하는 고고

78 이남규·권오영·문동석, 「경기 남부 백제유적의 분포양상과 역사적 의미」, 『백제연구』 40, 충남대학교 백제연구소, pp. 101~102. 한강 이북 지역을 북부로, 강원 일부·경기 동북 지역을 동부로, 인천 지역을 서부로, 경기도 화성 일대를 남부로 비정하기도 한다.

79 이현숙, 2011, p.78.

학적 지표가 무엇이었는지에 대한 모색이나 견해 제시도 거의 없다.

반면 진·변한 지역의 경우, 3세기 후반부터 토기나 묘제상에 나타나는 여러 가지 변화를 주목하면서 진한소국연맹체 내부의 변화 과정을 반영하는 요소가 있는지 탐색 중이다. 3세기 후엽부터 경주, 포항, 울산 등지에서는 이른바 경주식 세장방형 목곽묘(묘광 장단축 길이 비율이 3:1 이상)가 등장하고, 김해, 부산 지역에서는 장방형목곽묘(묘광 장난축 비율이 2:1 정도)가 축조되는 등 묘광의 평면 형태가 구별된다. 그리고 토기, 철기 등에서도 경주, 울산 지역과 김해 지역은 서로 다른 양상을 나타내며, 철모 형식과 취급 방법에서도 경주 지역과 김해 지역이 권역별 차이를 보인다.[80] 그리고 3세기 후반~4세기 전반에 걸쳐 경주와 김해, 부산 지역을 중심으로 토기 제작 기술이나 기종 면에서 변화가 일어나 신라·가야 토기 조기 양식(고식도질토기)이 성립되고, 이후 4세기 중엽에 이르러 신라와 가야의 토기 양식이 분화·발전된다고 한다(그림 II-4-6~그림 II-4-8).[81] 이러한 현상을 통해 사로국의 성장 내지는 진한소국연맹체의 성격 변화 가능성이 모색되고 있다.[82] 또는 소국연맹체 내부의 관계 변화를 나타내는 중요 지표로 4세기 초엽을 전후하여 철제 갑주甲冑 등의 무구武具가 등장하면서 군사적인 긴장 관계가 높아지고, 무덤 부장품으로 수정제 곡옥이 경옥제 곡옥으로 대체되고, 금박유리옥이 반출되는 등의 새로운 현상을 주목하는 연구자도 있다.[83] 이처럼 3세기 후반~4세기 전반에 걸쳐서 일어나는 이러한 변화를 신라사 연구자들은 신라 국가의 성립이나 '연맹왕국' 신라의 성립 징표로 해석하지 않는다. 오히려 사로국과 다른 소국 간의 관계 변화가 진행되는 과정, 즉 '연맹왕국' 내지는 부체제 단계로 나아가

80 김새봄, 2011, p.99.

81 최병현, 2012, 「신라 조기양식토기의 설정과 편년」, 『영남고고학』 63, p.63; 2013, 「신라 전기양식토기의 성립」, 『고고학』 12-1.

82 김재홍, 1996, 「신라(사로국)의 형성과 발전」, 『역사와 현실』 21, pp.110~111; 우병철·김민철, 2009, 「궐수형철기를 통해 본 진·변한 정치체의 상호작용—대등 정치체 상호작용 모델(peer polity interaction model)의 적용—」, 『한국상고사학보』 65, p.100.

83 이희준, 2007, 『신라고고학연구』, 사회평론, pp.207~214.

그림 II-4-6
경주 죽동리1호 목곽묘 출토 고식도질토기 고배
출처: 국립경주박물관, 1998, 『경주죽동리고분군』

그림 II-4-7
경주 월성로 가-6호분 출토 고식도질토기 고배
출처: 국립중앙박물관, 1997, 『한국고대의 토기』

그림 II-4-8
경주 황남대총 남분 출토 신라토기 고배
출처: 국립중앙박물관, 1997

는 과정에서 나타나는 현상으로 파악하고 있다.

백제사에서도 3세기 중후반 이래의 고고학자료를 통해 백제국소국연맹체가 명실상부 마한 지역 소국연맹체의 선두 주자로 자리매김하고, 기존의 목지국소국연맹체 단계와는 다른 새로운 소국 관계를 확립해 가던 과정을 파악하는 것이 먼저이다. 이런 관점에서 3세기 후반~4세기 중반까지의 중서부 지역의 물질문화상의 변화를 원삼국~백제 교체기 또는 원삼국 4기로 설정한 견해가 주목된다. 이 시기 중서부 지방에서는 여러 부분에서 미묘한 변화를 나타내는데 이러한 변화는 일순간에 이루어진 것이 아니라 서서히 진행되는 양상을 보인다는 것이다.[84] 그리고 이 단계를 지나면 충남 지역의 마한 정치체는 소멸하고 수장 계층을 매개로 하는 간접 지배가 이루어진다는 것이다. 특히 3세기 말~4세기 중서부 지방의 철기문화 양상을 보면 금강 유역에서는 오히려 4세기를 전후한 시기에 강철제 무기들이 급속히 발달하고 이러한 추세가 5세기까지 이어진다고 한다. 그리고 이를 무장화의 필요성이 크게 증대되던 당시의 정치·사회적 배경을 반영하는 것으로 해석한다.[85] 이러한 현상은 4세기 백제의 국가 형태를 '연맹왕국'에서 중앙집권적 귀족국가로의 이행기로 파악하는 문헌 연구자들의 역사상과는[86] 사뭇 다른 상황이다.

삼한 지역 소국 간에 힘의 균형 관계가 깨어지고 상하 위계 관계 형성이라는 질적 전환이 언제, 어떻게 진행되었는지, 계기는 무엇인지 자세하게 밝혀져 있지 않다. 다만 3세기 말 이래 동아시아 지역에는 유목민과 북방 기마문화의 남하라는 거대한 변화의 물결이 몰아쳤다. 이로 인해 4세기 초반 진晉

84 묘제상으로는 주구토광묘에서 주구가 없는 토광묘만 밀집된 형태로 서서히 바뀌면서 중심 묘역도 이동되고, 철제 무기도 변화가 나타나고, 금동이식과 같은 새로운 금속기가 출현하며, 기승용 마구의 보급과 같은 중요한 변화가 나타난다(성정용, 2006, p.223). 한성 백제 양식 토기 성립기(3세기 후반~4세기 전반)를 원삼국 4기로 설정하는 견해 역시 이와 유사한 맥락이라 할 수 있다(김성남, 2006, p.47).

85 이남규, 2008, 「백제지역 철기생산과 유통의 정치사회적 함의」, 한신대학교 학술원 편, 『백제 생산기술의 발달과 유통체계 확대의 정치사회적 함의』, 학연문화사, pp.287~292.

86 김기섭, 2000; 강종원, 2002, p.14; 이도학, 2007, 「백제의 중앙집권체제 확립과 영역 확대」, 『한성도읍기의 백제』, 백제문화사대계 연구총서 3, 충청남도역사문화연구원.

이 남천하고(317) 기마문화를 앞서 받아들인 고구려가 313년, 314년에 낙랑군, 대방군을 차례로 축출하였다. 이러한 4세기 초반의 외적 충격은 그동안 축적된 삼한사회의 내적 성장과 맞물려 소국 간의 세력 개편의 소용돌이를 몰고 오기에 충분하였다.

그 결과 마한, 진한이 아니라 백제, 신라라는 이름으로 대외 교섭이 진행되고 신라에서는 왕호도 이사금이 아니라 마립간으로 바뀌었다. 신라사에서 마립간기(356~499)가 '연맹왕국' 내지는 부체제 단계라는 데 대해서는 큰 이론이 없다. 소국연맹체 단계에서 '연맹왕국' 단계로의 진입은 소국 복속으로부터 시작한다. 그리고 이 단계 통치 방식의 중요 특징은 일부 직접 통치 지역을 제외한 나머지 대부분의 복속 지역에 대해 기존의 통치 기반을 해체하지 않은 상태에서 간접 통치를 실시한다는 것이다. 복속 지역에 대해 각종 유형의 간접 통치를 실시한 것은 피복속 지역의 토착 기반이 아직까지 강고하였기 때문이다. 이처럼 중앙의 지배체제 자체가 즉시 지방관을 파견하여 통치하는 직접 지배를 실현하기 어려운 상황에서는 피복속 소국의 기반을 해체하여 재편하는 것보다 온존시킨 상태에서 통제하는 것이 오히려 효과적이라는 것이다.[87]

마립간기 낙동강 동안 지역에서는 고고학자료상으로 고총고분高塚古墳의 등장과 묘제의 차별화, 신라식 금공제 장신구의 확산, 신라 토기 양식의 성립과 확산 같은 새로운 변화가 나타난다. 신라 고고학에서는 이러한 변화를 소국 복속과 더불어 진행된 권력 집중화, 위계화, 간접 통치라는 새로운 통치 체계 확립의 징표로 해석한다. 예컨대 4세기 후엽경 신라 토기 양식이 각 지역에서 등장하고 고총고분군이 형성되기 시작하며 그 안에는 신라식 위세품prestige goods이 부장된다. 이러한 고고학적 현상들은 마립간기 신라의 영역 범위를 표시하며 경주와 지방 사이의 정치적 상하 관계를 나타내며 간

87 주보돈, 1996, 「마립간시대 신라의 지방통치」, 『영남고고학』 19, p.27.

접 지배 실시를 뒷받침한다는 것이다.[88] 특히 금공제 장신구는 소유자의 사회적 지위를 보여 주는 위세품적인 성격이 강하므로 이를 마립간기 신라의 영역 확대와 피정복 소국에 대한 간접 통치를 뒷받침하는 핵심 자료로 해석한다.[89] 이와 동일한 맥락에서 신라 중앙 정부는 피복속 세력이 신속臣屬하는 대가로 그들에게 부분적인 지배권을 승인하여 주고 이들은 중앙으로부터 지배권을 보장 받아 이를 행사하였는데 그 징표가 바로 간干이란 칭호의 사용과 그를 상징하는 것이 금동관의 사여라는 것이다.[90] 실제 『삼국사기』 신라본기에 정복 기사나 축성 기사가 나오는 경산 압독국押督國, 의성 소문국召文國, 대구 다벌국多伐國 지역 이외에도 상주, 안동, 강릉, 부산 동래 등 피복속 소국이 있던 각지에서 금동관이 출토되었다.[91] 이처럼 신라사에서는 금공제 위세품을 '연맹왕국' 단계 내지는 마립간기에 실시된 간접 통치를 뒷받침하는 중요한 고고학적 지표의 하나로 해석한다.

만약 백제 고이왕 대가 신라 마립간기와 동일한 '연맹왕국' 단계라고 한다면 간접 통치를 뒷받침하는 이와 유사한 현상이 3세기 후반 고이왕 대의 백제 지역 고고학자료에서도 확인되어야만 한다. 그러나 고고학자료는 이러한 기대를 빗나가고 있다. 백제 지역에서도 지난 십 수년간 소국의 중심지로 추정되는 각 지역에서 다양한 형식의 무덤 유적과 각종 위세품들이 발굴조사되었지만 중심 연대는 4세기 말~5세기에 집중되어 있다. 특히 백제 지역의 위세품은 동진東晋제 도자기, 진식晉式 대금구帶金具, 청동 초두鐎斗, 금동관모, 금동신발 등 종류도 다양하다.[92] 이러한 고고학자료들은 4세기 말~5세기 백제 국가의 내부 상황을 구체적으로 들여다 볼 수 있는 단초를 제공하

88 이희준, 2007, pp.91~99.

89 이한상, 2007, 「위세품으로 본 고대국가의 형성」, 『국가 형성에 대한 고고학적 접근』, 제31회 한국고고학전국대회 발표문.

90 주보돈, 1996, p.35.

91 김병모, 2012, 『금관의 비밀』, 고려문화재연구원; 이한상, 2004, 『황금의 나라 신라』, 김영사, p.107.

92 유물 출토 지역에 대한 자료는 이한상(2009, 『장신구 사여체제로 본 백제의 지방지배』, 서경문화사) 참조. 천안, 공주, 서산, 익산, 고흥 이외에 청주 신봉동유적에서도 금동관이 나왔다고 한다(권오영, 2007, p.246, 각주 242).

그림 II-4-9
공주 수촌리 II지점 출토 중국제 도자기
출처: 충청남도역사문화연구원, 2007, 『공주수촌리유적』

였다. 고고학자들은 4~5세기의 묘제, 토기, 위세품, 중국제 도자기, 마구 등을 종합적으로 분석하여 각 지역별 변화 양상을 설명하고 있다(그림 II-4-9 참조). 그리고 이를 토대로 백제의 지방 통치는 재지 세력을 활용하는 간접 지배와 성촌을 중심으로 하는 일부 거점 지역에 대한 직접 지배 등 다양한 형태로 운영되었던 것으로 파악하고 있다.[93] 이를 좀 더 구체화하여 4~5세기 중서부 각지의 정치체의 위상을 ① 백제 직할지로 편입된 지역(화성 사창리, 오산 수청동), ② 중요한 지방 거점이나 전략적 요충지였던 지역(원주 법천리, 천안 용원

93 성정용, 2001, 「4~5세기 백제의 지방지배」, 『한국고대사연구』 24; 김성남, 2006; 권오영, 1988, 「4세기 백제의 지방통제방식 일례」, 『한국사론』 18, 서울대학교 국사학과; 2007; 박순발, 2007b; 이한상, 2009; 이현숙, 2012; 양기석 외, 2005.

리, 청주 신봉동, 공주 수촌리, 익산 입점리 등), ③ 강력한 지방 세력이지만 차별 대우를 받는 지역(완주 상운리), ④ 지방으로 편입하기 위한 노력을 기울이던 지역(나주 신촌리, 고흥 길두리) 등으로 분류하기도 한다.[94]

이러한 연구 결과들은 공통적으로 4~5세기 백제 국가가 복속 소국에 대하여 다양한 형태의 통치 방식을 구사하고 있었음을 고고학자료를 통해 설명하고 있다. 말하자면 4~5세기 백제 영역 안에서 간접 통치가 널리 실시되고 있었음을 물질 자료를 통해 밝힌 것이다. 중앙과 지방이라는 새로운 관계의 형성 과정과 변화의 추이를 추적하는 이 같은 작업은 과거 문헌 연구에서는 시도할 수 없었던 일이다. 그리고 이러한 연구 결과는 백제 국가가 4세기 중엽에 이미 중앙집권적 귀족국가로 발전해 갔다는 문헌 연구자들의 기존 인식에[95] 문제가 있음을 뜻한다. 뿐만 아니라 이러한 고고학적 현상의 시작이 4세기 이후이며 고이왕 대로까지 소급되지 않는다는 사실은 고이왕 대의 '연맹왕국' 내지는 '부체제'설의 기반을 직접적으로 위협한다. 동시에 이러한 고고학자료의 출토와 분석 결과는 백제와 신라의 국가 형성 과정을 비교하여 공통점과 차이점을 찾아내고 시간적 격차를 줄일 수 있는 가능성을 보여 준다. 바꾸어 말하면 문헌 연구에서 백제 고이왕 대의 정치·사회적 통합 수준을 신라 내물마립간 대와 동일시함으로써 국가 형성 과정에서 백제와 신라 사이에 한 세기 가까운 격차를 인정해야 하는 모순을 바로 잡을 수 있는 토대가 마련되었다고 할 수 있다. 신라의 전진前秦 견사(381)는 백제의 동진東晉 견사(372)보다 9년 늦을 뿐이다.

그런데 백제 지역에서 출토되는 금공제 위세품을 간접 통치가 아니라 직접 통치의 산물로 해석하는 새로운 시도도 있다. 이들은 백제의 지방통치제도에 대한 문헌연구자들의 해석에 고고학자료를 대입하는 방법을 사용한

94 권오영, 2007, pp.242~251.

95 강종원, 2002; 김기섭, 2000; 김기섭, 2007, 「고대국가의 여명」, 『한성도읍기의 백제』, 백제문화사대계 연구총서 3, 충청남도역사문화연구원; 이도학, 2007; 문동석, 2007, 『백제 지배세력 연구』, 혜안.

다. 백제 지방통치제도의 하나로 담로檐魯제도에 대한 기록이 있다.[96] 그리고 백제에는 중국 왕조의 추인을 받아 왕족이나 귀족들에게 왕王·후侯와 같은 작호를 수여하였는데 이를 백제 관제의 하나[97] 또는 지방통치제도의 하나로 파악하는 견해가 있다.[98] 이러한 문헌사가들의 해석을 고고학자료와 결부시켜 금공제 위세품을 담로제도의 흔적으로 해석하거나 또는 왕·후호王·侯號를 받은 귀족들의 위세품으로 해석하는 것이다.[99] 또는 담로제도와 왕·후호제를 혼합하여 백제 각지에서 출토되는 금동관의 주인은 왕·후호 등의 작호를 받은 담로의 장이라는 해석도 있다.[100] 이와 달리 담로에 파견된 지방관은 도사道使이며 금동관은 담로와는 관계가 없고, 금동관의 주인은 지방 출신 중앙 귀족 관료로서 관직을 받아 복무하거나 귀족회의체의 일원으로 활동하다가 사후에 출신 지역으로 돌아가서 귀장歸葬을 한 인물이라는 것이다.[101]

담로제도 실시 시기에 대해서는 근초고왕 대, 개로왕蓋鹵王 대, 웅진 도읍기 등으로 견해가 다양하다.[102] 왕·후호제의 성격이나 시작 시기에 대해서도 견해가 크게 엇갈리기는 마찬가지이다. 기록상으로는 개로왕 4년(458)과 18년(472), 동성왕東城王 12년(490)과 17년(495)에 백제가 중국의 송宋과 남조南朝에 작호를 요청하여 제수를 받은 것으로 되어 있다. 그런데 왕·후호제의 시작 시기에 대해 458년을 상한 연대로 보기도 하고[103] 하한 연대로 보기도

96 『梁書』 列傳 諸夷 百濟條, "號所治城曰固麻 謂邑曰檐魯 如中國之言郡縣也 其國有二十二檐魯 皆以子弟宗族分據之".

97 노중국, 2012, p.230.

98 김영심, 1997, 『백제 지방통치체제 연구－5～7세기를 중심으로－』, 서울대학교 박사학위논문.

99 이남석, 2008, 「백제의 관모·관식과 지방통치제도」, 『한국사학보』 33, 고려사학회; 문안식, 2006, 「백제의 왕, 후제 시행과 지방통치방식의 변화」, 『역사학연구』 27, 호남사학회.

100 이훈, 2012, pp.102~103.

101 노중국, 2013, 「백제의 왕·후호제와 금동관 부장자의 실체－귀장을 중심으로－」, 『한국고대사연구』 70, pp.341~343.

102 담로제에 대한 연구사 정리는 정재윤(2007, 「집권기반의 확립과 영토 확장」, 『웅진도읍기의 백제』, 백제문화사대계 연구총서 4, 충청남도역사문화연구원), 박현숙(2007, 「담로제의 실시」, 『백제의 정치제도와 군사』, 백제문화사대계 연구총서 8, 충청남도역사문화연구원) 참조.

103 김영심, 1997, p.95.

하는 등[104] 견해차가 크다. 더욱이 왕·후호제의 성격에 대해서도 이를 지방통치와 관련 없다는 견해와 왕·후호제는 지방통치조직의 하나로 볼 수 있다는 상반된 견해로 나누어져 있다.[105] 또는 왕·후호제는 밖으로는 중국과의 외교를 위한 수단이었으며 안으로는 귀족 세력의 통제를 강화하기 위한 의례적인 조처라는 견해도[106] 있다.

어쨌든 백제 지역에서 출토된 금동제 관모류의 위세품은 5세기에 집중되어 있다.[107] 이러한 금동관모류의 사여가 시작된 시기는 백제가 신라보다 다소 앞서겠지만 중심 연대는 비슷하다. 신라에서는 이를 간접 통치의 징표로 해석하는 데 큰 이론이 없는 반면, 백제에서는 앞서 살펴본 대로 이를 간접 통치와 연결짓기도 하고 직접 통치와 연결짓기도 하는 등 해석이 분분하다 못해 혼란스럽기까지 하다.

이러한 주장들은 나름대로의 문제점을 가지고 있다. 담로제도나 왕·후호제 실시 시기나 성격에 대해 쉽게 좁힐 수 없을 만큼 견해차가 크다는 점이다. 반면 4~5세기의 백제 고고학자료에 대한 편년은 중국제 도자기 자료를 기준으로 삼고 있기 때문에 상대적으로 편차가 적고 안정적이다. 문헌기록에 대한 해석이 극단적으로 갈리는 것과는 대조적이다. 연대나 성격이 불확실한 문헌기록상의 제도를 고고학자료와 접합해 보려는 시도는 편년이 불안정한 고고학자료를 문헌기록을 끌어들여 해석하려는 것과 동일한 위험성을 내포한다.

어떤 형태이든 직접 통치가 실시되면 인적·물적 자원은 최대한 중앙으로 흡수되고 잉여 산물의 현지 축적은 최소화되거나 허용되지 않는 것이 원칙이다. 그러므로 직접 통치가 실시되면 고총고분도 그 속의 화려한 부장품도

104 노중국, 2012, p.16.

105 연구사 정리는 김영심(1997, pp.98~102) 참조.

106 박현숙, 2007, p.169, p.171.

107 이한상, 2008, 「백제 금동관모의 제작과 소유방식」, 『한국고대사연구』 51; 이훈, 2012; 한지선, 2011, 「한성지역 출토 중국제 유물의 교차편년」, 『한성지역 백제토기 분류표준화 방안연구』, 국립문화재연구소, p.345.

사라지고 그것을 착용하던 인물도 중앙으로 옮겨가든지 소멸되는 운명을 맞이하게 된다. 이것이 바로 권력 집중화 내지는 중앙집권적 귀족국가의 완결점이다. 이런 관점에서 보면 담로제도의 실시는 지방에서의 금동관모류 위세품의 소멸을 가져오는 제도이지 위세품의 등장과 결부될 성질의 것은 아니다.

담로제도 시행 시기를 근초고왕 대로 보거나 금동제 위세품의 주인을 지방 출신 귀족으로 보는 설은 근초고왕 대 중앙집권국가 성립설과 직접적인 관계가 있다. 근초고왕 대에 중앙집권적 귀족국가에 진입하였다는 대전제를 충족시키기 위해서는 4세기 후반경 이미 중앙 정부가 간접 통치 지역에 지방관을 파견하여 직접 통치를 실시했어야만 한다.[108] 그리고 각 소국의 왕족들은 중앙의 귀족으로 신분이 바뀌고 중앙으로 거주지를 옮겨야만 한다. 그런데 이러한 근초고왕 대 중앙집권국가 확립설의 중요 조건을 충족시키는 데 걸림돌이 되는 것이 지방에서 출토되는 금동제 관모류이다. 이러한 걸림돌을 설명하기 위해 금동제 관모류를 왕 또는 후의 관작을 받은 귀족과 연결시키는 것에서 한 걸음 더 나아가 귀족의 귀장의 결과물이라는 해석을 끌어낸 것이다.

신라의 경우, 금동제 관모류 위세품 소지자는 피정복 소국의 왕족급에 해당하는 인물로 추정한다. 그리고 일단 지방 소국의 왕족에서 중앙의 귀족으로 편입되면 그의 신분은 이미 왕경인王京人이지 지방인에 속하지 않고 그의 출신지에 더 이상 위세품이 잔류할 이유가 없어진다. 만약 백제의 중앙 귀족이 된 소국의 왕족이 사후에 자신의 출신지로 돌아와 화려한 무덤을 조성하는 등의 강한 연고권을 유지하였다면 그만큼 중앙집권화에 한계가 있었다는 뜻이다. 요컨대 5세기 금동제 관모류를 직접 통치의 산물로 해석하는 이러

108 활발한 정복 활동이 영역을 확대하고 권력 강화의 중요한 토대로 작용하는 것은 분명하지만 영역 확대 과정이 곧바로 간접 통치 지역 소멸로 이어지는 것은 아니다. 직접 통치 지역으로의 전환 시기는 정복 지역의 상황이나 중앙 정부의 통치 역량에 따라 다르다.

한 견해들은 3세기 후반 고이왕 대의 '연맹왕국' 성립, 근초고왕 대의 중앙집권적 귀족국가 성립이라는 백제 국가의 성장에 대한 문헌 연구의 기존 인식에서 벗어나지 못했기 때문이다. 이러한 틀을 지키기 위해 이들은 신라와 백제 지역의 물질 자료 해석에 서로 다른 잣대를 적용하고 있는 것이다.

6. 맺는말

지금까지 백제 국가 형성 과정에서 고이왕 대의 정치·사회적 발전 수준이 '연맹왕국' 단계에 이르렀다는 기존 인식에 문제가 있음을 논하였다.

연맹왕국이란 용어를 처음 사용할 때는 "여러 성읍국가의 연맹에 의하여 형성된 것"이라 하여 적용 대상이 넓고 개념도 모호하였다. 그러나 한국 고대국가 형성 과정에 대한 연구가 심화되면서 '연맹왕국'은 『삼국지』 동이전의 삼한 소국, 소국연맹체 단계와 구분되는 부체제 단계 내지는 중앙집권적 귀족국가 성립 직전의 과도적인 단계를 가리키는 용어로 자리 잡았다. 그러나 변함없이 백제사에서는 고이왕 대를, 신라사에서는 마립간기를 '연맹왕국' 성립기로 설정하고 있다. 그 결과 삼한에서 백제, 신라로 발전하는 과정에서 양 지역에 100여 년 이상의 시간적 격차가 생겨났다. 이러한 모순이 발생한 일차적 원인은 연맹왕국에 대한 개념 정리 없이 고이왕 대를 '연맹왕국' 성립기로 설정한 기존의 설을 답습한 데 있다.

소국연맹체 형성 단계에서는 소국들은 개별적인 정치체로서 독자성을 유지하였고 소국 간에 우열의 차이는 있었으나 맹주국과는 수평적인 관계를 유지하였다. 반면 '연맹왕국' 단계에서는 맹주국과 소국 간에 상하의 지배·복속 관계가 형성되어 있었고 복속 지역에 대해 여러 유형의 간접 통치가 실시되었다. 그러므로 소국연맹체 단계에서 '연맹왕국' 단계로의 변화는 양적인 변화가 아니라 질적인 변화이다.

3세기 후반 고이왕 대를 '연맹왕국' 단계로 설정하는 문헌적 근거는 고이왕=시조 구태仇台설, 대방군 기리영 공격 사건, 고이왕 대의 통치 체제 정비 기사이다. 이러한 문헌기록은 신뢰성에 많은 한계가 있음에도 불구하고 이를 실제 이상으로 과대 해석하고 있다. 3세기 후반 서진 견사 기록이 입증하듯이 마한 소국들은 290년대까지도 대외 교섭에서 소국으로서의 독자성을 상실하지 않았고, 백제국 역시 가장 유력한 맹주국일 뿐 다른 소국들을 복속시켜 대외 교섭권을 독점할 정도로 지배적인 존재가 아니었다. 이러한 상황은 진한 사로국도 마찬가지였다. 동일 시기의 경기, 충청 지역의 주구토광묘, 분구묘 유적과 영남 지방의 목곽묘와 부장품들을 비교해 보면 유물의 양이나 질적인 측면에서 진·변한 지역이 마한 지역보다 앞설지언정 뒤지지 않는다. 따라서 3세기 후반 진한 사로국은 소국연맹체 단계로, 마한 백제국은 '연맹왕국' 단계로 설정하여 발전 단계에 질적 격차를 두는 것은 잘못이다.

지난 십 수년간 백제 지역에서도 고고학자료가 크게 늘어났고 이에 힘입어 고고학자들도 백제 국가 형성 문제에 깊은 관심을 가지고 많은 연구 성과를 거두었다. 고고학자들이 주목하는 국가 성립의 고고학적 지표는 성곽의 출현, 대형 분묘군의 출현, 특정 토기 양식의 성립이다. 이를 백제사에 적용하여 백제는 3세기 중후반 일정 영역을 확보한 국가 단계에 도달하였다는 견해가 널리 받아들여지고 있다. 그러나 백제 국가 성립의 고고학적 지표 그 자체뿐만 아니라 지표로 삼은 성곽, 대형 무덤의 출현 시기 등에 대한 편년이 3세기 후반~4세기 중후반 등으로 편차가 크고 유동적이어서 고고학계의 3세기 후반 백제 국가 성립설 역시 설득력이 떨어진다. 고이왕 대 '연맹왕국설'이 성립하려면 3세기 후반 백제국이 마한 소국을 정복하여 간접 통치를 실시하던 상황을 설정하고 이를 물질 자료를 통해 검증해야 한다. 그러나 아직도 고이왕 대 백제국의 통치 영역조차 파악되지 않고 있다. 다만 3세기 후반~4세기 중반에 걸쳐 중서부 지방에서는 묘제, 철제 무기, 토기, 마구 등 물질 자료상의 점진적 변화가 나타나는데 이를 백제의 영역 확대와 간접 통치를 실현해 나가는 과도기적 현상으로 파악하는 견해가 있어 주목된다. 신라 지역에서도 3세기 후반~4세기 중후반경 토기, 묘제 등 물질 자료상 새로운 변화가 나타나는데 이를 맹주국으로서의 사로국의 위상 변화와 진한소국연맹체의 운영상 변화, 즉 소국연맹체에서 연맹왕국으로의 변화를 시사하는 것으로 해석할 수 있다.

신라사에서는 각 지역 소국 중심지에서 출토되는 5세기 대의 금공제 위세품을 '연맹왕국' 단계 내지는 마립간기에 실시된 간접 통치를 뒷받침하는 중요한 고고학적 지표의 하나로 간주한다. 백제 지역에서도 동진제 도자기, 진식대금구, 청동초두, 금동관모, 금동신발과 같은 각종 위세품이 출토되었다. 그리고 이를 통해 4~5세기 백제 국가 역시 복속 소국에 대하여 다양한 형태의 통치 방식을 구사하고 있었던 것으로 해석하는 견해가 우세하다.

이와 달리 이러한 금공제 위세품을 담로제도나 왕·후호제와 같은 통치제도와 결부시켜 이를 간접 통치가 아니라 직접 통치의 산물로 해석하는 입장도 있다. 연대나 성격이 불확실한 문헌기록상의 제도를 임의적으로 고고학자료 해석에 대입하는 이러한 시도는 방법론상으로 많은 위험성을 안고 있다. 이러한 해석의 근저에는 3세기 후반 고이왕 대를 '연맹왕국' 성립 시기로, 근초고왕 대를 중앙집권적 귀족국가 확립 시기로 보는 백제사에 대한 기존 인식이 강하게 작용하고 있다. 동일한 성격의 고고학자료에 대해 신라사와 백제사에서 서로 다른 잣대를 적용하는 모순을 노정하게 된 것은 이러한 기존 인식이 작용하기 때문이다.

고고학자료들은 한 해가 다르게 쏟아져 나오고 있다. 이러한 상황에서 새로운 고고학자료를 해석하는 데 문헌연구자들이 설정한 기존의 인식이나 발전 도식이 걸림돌이 되어서는 안 된다. 한국 고대국가 형성과 발전 과정을 구체적으로 밝히고 발전 도식의 완성도를 높이기 위해서는 자료의 대입과 검증 과정을 반복해야 한다. 새로운 자료를 선입견 없이 분석하고 해석할 수 있는 열린 시각이 필요하다.

참고문헌

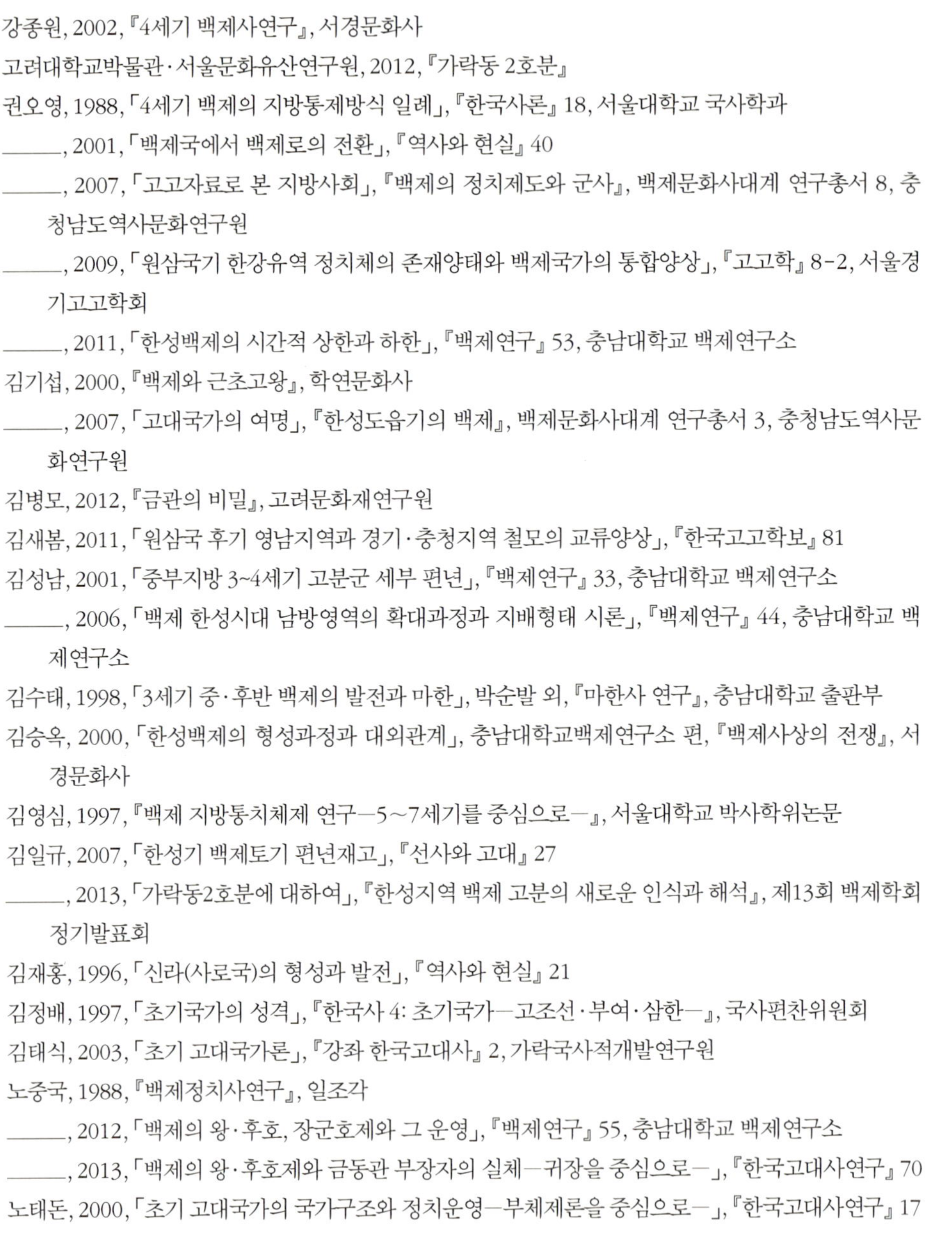

강종원, 2002, 『4세기 백제사연구』, 서경문화사

고려대학교박물관·서울문화유산연구원, 2012, 『가락동 2호분』

권오영, 1988, 「4세기 백제의 지방통제방식 일례」, 『한국사론』 18, 서울대학교 국사학과

______, 2001, 「백제국에서 백제로의 전환」, 『역사와 현실』 40

______, 2007, 「고고자료로 본 지방사회」, 『백제의 정치제도와 군사』, 백제문화사대계 연구총서 8, 충청남도역사문화연구원

______, 2009, 「원삼국기 한강유역 정치체의 존재양태와 백제국가의 통합양상」, 『고고학』 8-2, 서울경기고고학회

______, 2011, 「한성백제의 시간적 상한과 하한」, 『백제연구』 53, 충남대학교 백제연구소

김기섭, 2000, 『백제와 근초고왕』, 학연문화사

______, 2007, 「고대국가의 여명」, 『한성도읍기의 백제』, 백제문화사대계 연구총서 3, 충청남도역사문화연구원

김병모, 2012, 『금관의 비밀』, 고려문화재연구원

김새봄, 2011, 「원삼국 후기 영남지역과 경기·충청지역 철모의 교류양상」, 『한국고고학보』 81

김성남, 2001, 「중부지방 3~4세기 고분군 세부 편년」, 『백제연구』 33, 충남대학교 백제연구소

______, 2006, 「백제 한성시대 남방영역의 확대과정과 지배형태 시론」, 『백제연구』 44, 충남대학교 백제연구소

김수태, 1998, 「3세기 중·후반 백제의 발전과 마한」, 박순발 외, 『마한사 연구』, 충남대학교 출판부

김승옥, 2000, 「한성백제의 형성과정과 대외관계」, 충남대학교백제연구소 편, 『백제사상의 전쟁』, 서경문화사

김영심, 1997, 『백제 지방통치체제 연구—5~7세기를 중심으로—』, 서울대학교 박사학위논문

김일규, 2007, 「한성기 백제토기 편년재고」, 『선사와 고대』 27

______, 2013, 「가락동2호분에 대하여」, 『한성지역 백제 고분의 새로운 인식과 해석』, 제13회 백제학회 정기발표회

김재홍, 1996, 「신라(사로국)의 형성과 발전」, 『역사와 현실』 21

김정배, 1997, 「초기국가의 성격」, 『한국사 4: 초기국가—고조선·부여·삼한—』, 국사편찬위원회

김태식, 2003, 「초기 고대국가론」, 『강좌 한국고대사』 2, 가락국사적개발연구원

노중국, 1988, 『백제정치사연구』, 일조각

______, 2012, 「백제의 왕·후호, 장군호제와 그 운영」, 『백제연구』 55, 충남대학교 백제연구소

______, 2013, 「백제의 왕·후호제와 금동관 부장자의 실체—귀장을 중심으로—」, 『한국고대사연구』 70

노태돈, 2000, 「초기 고대국가의 국가구조와 정치운영—부체제론을 중심으로—」, 『한국고대사연구』 17

몽촌토성발굴조사단·서울특별시 문화과 편, 1985,『몽촌토성발굴조사보고』, 서울특별시 문화과
문안식, 2006,「백제의 왕,후제 시행과 지방통치방식의 변화」,『역사학연구』 27, 호남사학회
문동석, 2007,『백제 지배세력 연구』, 혜안
박기범, 2010,「백제 초기 정치체제의 성립과정과 구조적 특질」,『백제학보』 4
박순발, 1998,『백제 국가의 형성 연구』, 서울대학교 박사학위논문
_____, 2001,『한성백제의 탄생』, 서경문화사
_____, 2007a,「국가 형성에 대한 고고학적 접근」,『국가 형성에 대한 고고학적 접근』, 제31회 한국고고학전국대회 발표문
_____, 2007b,「묘제의 변천으로 본 한성기 백제의 지방 편제과정」,『한국고대사연구』 48
_____, 2013,「백제, 언제 세웠나—고고학적 측면—」,『백제, 누가 언제 세웠나?』, 백제학연구총서 쟁점백제사 1, 한성백제박물관
박현숙, 1997,「백제 지방통치체제 연구」, 고려대학교 박사학위논문
_____, 2007,「담로제의 실시」,『백제의 정치제도와 군사』, 백제문화사대계 연구총서 8, 충청남도역사문화연구원
서울대학교박물관·서울특별시, 1987,『몽촌토성—동북지구발굴보고』
서현주, 2012,「호남서부지역 고고학자료를 통해 본 웅진기의 지방」,『백제연구』 55, 충남대학교 백제연구소
성정용, 2000,「중서부 마한지역의 백제영역화 과정 연구」, 서울대학교 박사학위논문
_____, 2001,「4~5세기 백제의 지방지배」,『한국고대사연구』 24
_____, 2006,「4~5세기 백제의 물질문화와 지방지배」,『한성에서 웅진으로』, 4~5세기 백제유물 특별전 도록, 국립공주박물관·충청남도역사문화연구원
_____, 2007,「토기양식으로 본 고대국가 형성」,『국가 형성에 대한 고고학적 접근』, 제31회 한국고고학전국대회 발표문
신희권, 2002,「풍납토성 축조연대 시론」,『한국상고사학보』 37
양기석, 1995,「한성시대 후기의 정치적 변화」,『한국사 6: 삼국의 정치와 사회 II—백제—』, 국사편찬위원회
_____, 2000,「백제 초기의 부」,『한국고대사연구』 17
양기석 외, 2005,『백제 지방세력의 존재양태—청주 신봉동 유적을 중심으로—』, 한국학중앙연구원
여호규, 2008,「국가의 형성」, 한국사연구회 편,『새로운 한국사 길잡이』(상), 지식산업사
영남매장문화재연구원, 1998,『포항 옥성리 고분군 II—나지구—』
영남문화재연구원, 2011,『경주 구어리 고분군 II—목곽묘—』
우병철·김민철, 2009,「궐수형철기를 통해 본 진·변한 정치체의 상호작용—대등 정치체 상호작용 모델(peer polity interaction model)의 적용—」,『한국상고사학보』 65
윤선태, 2001,「마한의 진왕과 신분고국」,『백제연구』 34, 충남대학교 백제연구소
윤용구, 1999,「삼한의 대중교섭과 그 성격」,『국사관논총』 85

______, 2004, 「구태의 백제건국기사에 대한 재검토」, 『백제연구』 39, 충남대학교 백제연구소
이기백, 1976, 『한국사신론』 개정판, 일조각
이기백·이기동, 1982, 『한국사 강좌 Ⅰ(고대편)』, 일조각
이남규, 2008, 「백제지역 철기생산과 유통의 정치사회적 함의」, 한신대학교 학술원 편, 『백제 생산기술의 발달과 유통체계 확대의 정치사회적 함의』, 학연문화사
이남규·권오영·문동석, 2004, 「경기 남부 백제유적의 분포양상과 역사적 의미」, 『백제연구』 40, 충남대학교 백제연구소
이남석, 2008, 「백제의 관모·관식과 지방통치제도」, 『한국사학보』 33, 고려사학회
이도학, 2007, 「백제의 중앙집권체제 확립과 영역 확대」, 『한성도읍기의 백제』, 백제문화사대계 연구총서 3, 충청남도역사문화연구원
이병도, 1959, 『한국사: 고대편』, 을유문화사
______, 1976, 『한국고대사연구』, 박영사
______, 1977, 『삼국사기—국역편—』, 을유문화사
이병호, 2011, 「일제강점기 백제 고지에 대한 고적조사사업」, 『한국고대사연구』 61
이성주, 1998, 『신라·가야사회의 기원과 성장』, 학연문화사
______, 2011, 「한성백제 형성기 토기유물군의 변천과 생산체계의 변동—실용토기 생산의 전문화에 대한 검토—」, 『한국상고사학보』 71
이우태, 1997, 「신라의 융성」, 『한국사 7: 고대의 정치와 사회 Ⅲ—신라·가야—』, 국사편찬위원회
이종욱, 1999, 『한국 초기국가 발전론』, 새문사
이창엽, 2011, 「천안 청당동 분묘군 편년 재검토」, 『한국상고사학보』 73
이한상, 2004, 『황금의 나라 신라』, 김영사
______, 2007, 「위세품으로 본 고대국가의 형성」, 『국가 형성에 대한 고고학적 접근』, 제31회 한국고고학전국대회 발표문
______, 2008, 「백제 금동관모의 제작과 소유방식」, 『한국고대사연구』 51
______, 2009, 『장신구 사여체제로 본 백제의 지방지배』, 서경문화사
이현숙, 2011, 『4~5세기대 백제의 지역상 연구』, 고려대학교 박사학위논문
______, 2012, 「묘제를 통해 본 한성기 백제의 지역상—용원리유적권을 중심으로—」, 『백제연구』 55, 충남대학교 백제연구소
이현혜, 1997, 「3세기 마한과 백제국」, 『백제의 중앙과 지방』, 백제연구총서 5, 충남대학교 백제연구소
______, 2007, 「마한사회의 형성과 발전」, 『백제의 기원과 건국』, 백제문화사대계 연구총서 2, 충청남도역사문화연구원
______, 2008, 「고고학자료로 본 사로국 육촌」, 『한국고대사연구』 52
이훈, 2010, 「금동관을 통해 본 4~5세기 백제의 지방통치」, 공주대학교 박사학위논문
______, 2012, 「금동관을 통해 본 백제의 지방통치와 대외교류」, 『백제연구』 55, 충남대학교 백제연구소
이희준, 1998, 「4~5세기 신라의 고고학적연구」, 서울대학교 박사학위논문

______, 2007, 『신라고고학연구』, 사회평론
임기환, 1998, 「백제 시조전승의 형성과 변천에 관한 고찰」, 『백제연구』 28, 충남대학교 백제연구소
임영진, 1995, 『백제한성시대고분연구』, 서울대학교 박사학위논문
______, 2003, 「적석총으로 본 백제 건국집단의 남하과정」, 『선사와 고대』 19
______, 2007, 「백제식적석총의 발생 배경과 의미」, 『한국상고사학보』 57
______, 2013, 「백제, 누가 세웠나—고고학적 측면—」, 『백제, 누가 언제 세웠나?』, 백제학연구총서 쟁점백제사 1, 한성백제박물관
정재윤, 2007, 「집권기반의 확립과 영토 확장」, 『웅진도읍기의 백제』, 백제문화사대계 연구총서 4, 충청남도역사문화연구원
정동준, 2013, 『동아시아 속의 백제 정치제도』, 일지사
조가영, 2012a, 「석촌동 고분군의 축조 양상 검토—고분 분포를 중심으로—」, 『한국상고사학보』 75
______, 2012b, 「백제 한성 도읍기 한강유역의 고분 구조 검토—'즙석봉토분'을 중심으로—」, 『백제 고분의 새로운 인식』, 호서·호남고고학회 합동 학술대회 발표문
주보돈, 1996, 「마립간시대 신라의 지방통치」, 『영남고고학』 19
______, 2000, 「백제초기사에서의 전쟁과 귀족의 출현」, 충남대학교백제연구소 편, 『백제사상의 전쟁』, 서경문화사
차윤환, 2012, 「원삼국후기~백제초기 한강중·하류유역 묘제의 지역성」, 『한국상고사학보』 78
창원대학교박물관, 2006, 『울산 중산리유적 I—현대자동차 근로자주택 부지내 유적—(본문)』
천관우, 1989, 『고조선사·삼한사연구』, 일조각
최병현, 2012, 「신라 조기양식토기의 설정과 편년」, 『영남고고학』 63
______, 2013, 「신라 전기양식토기의 성립」, 『고고학』 12-1
충청남도역사문화연구원·삼성전자주식회사, 2011, 『아산명암리 밖지므레유적—고찰, 자연과학분석—』
한강문화재연구원, 2013, 『김포 운양동 유적』 I·II.
한국고고학회, 2007, 『국가 형성에 대한 고고학적 접근』, 제31회 한국고고학전국대회 발표문
한지선, 2005, 「백제토기 성립기 양상에 대한 재검토」, 『백제연구』 41, 충남대학교 백제연구소
______, 2011, 「한성지역 출토 중국제 유물의 교차편년」, 『한성지역 백제토기 분류표준화 방안연구』, 국립문화재연구소
한지수, 2010, 「백제 풍납토성 출토 시유도기 연구—경당지구 196호 유구 출토품과 중국 자료와의 비교를 중심으로—」, 『백제연구』 51, 충남대학교 백제연구소

……

王志高, 2012, 「試論韓國首尒風納土城的三个問題」, 임영진 외, 『동북아시아 속의 풍납토성』, 학연문화사
柳本照男, 2012, 「漢城百濟期 編年 再考」, 『백제연구』 55, 충남대학교 백제연구소

5장

백제 국가 형성 과정을 둘러싼 중요 쟁점

1. 문제 제기

왕권은 왕이 행사하는 권력이다. 권력이란 영역 내의 인적·물적 자원을 장악하고 관리하는 강압적인 힘이다. 고대 사회에서 왕권의 형성과 발달은 국가의 성립을 전제로 한다. 고대국가의 성립은 수평 관계에 있던 독립된 정치체들이 통합되어 상하의 지배·복속 관계로 개편되고 통합을 주도한 집단에게 권력이 집중되는 과정이다. 이 과정에서 통합을 주도한 집단과 피통합 집단 간에 상하 위계 관계가 형성된다. 지금까지 이러한 핵심 집단을 포함한 제반 사항들을 고대국가의 중앙이라 불러왔다. 중앙이란 개념은 핵심 권력 집단과 그들이 자리 잡고 있는 지리적 공간, 그리고 그들이 보유한 기술이나 사상, 조직 등을 포함한다. 그리고 이 중앙의 한가운데에 왕권이 자리한다. 이처럼 공동의 영역 안에서 중앙이라는 실체가 형성되면서 이것과 구분되는 존재로 설정된 것이 지방이다. 따라서 왕권, 그리고 중앙의 형성과 변화 과정은 고대국가의 성립, 발달 과정과 궤를 같이한다.

한국 고대의 국가 형성 과정에 대한 연구는 1970~1980년대에 활발한 논

쟁을 거치면서 용어도 다양해지고 각 단계별 변화 과정에 대한 개념도 점차 구체화되었다.[1]

백제의 국가 형성 과정에 대해서는 3세기 후반 고이왕古爾王 대(234~286)에 연맹왕국 또는 부체제 단계에 이르렀으며, 4세기 중엽 근초고왕近肖古王 대(346~375)가 되면 집권적 귀족국가(고대국가) 단계에 진입하였다는 설이 널리 받아들여지고 있다.[2] 이러한 통설에 대하여 필자는 의문을 제기해 왔다. 앞 장(4장)에서 다룬 고이왕 대 연맹왕국설의 문제점에 대한 검토도 그중 하나이다. 이 장에서는 일부 미진한 내용을 보완하고자 한다. 그리고 근초고왕 대 귀족국가설에 대해서도 좀 더 구체적으로 살펴보고자 한다.

2. 고이왕 대는 부체제 단계였나?

연맹왕국은 국가의 형태를 기준으로 하는 용어이다.[3] 이는 복속 지역 소국에 대해 기존의 통치 기반을 해체하지 않은 상태에서 간접 통치를 실시하므로 외형적으로는 단일 국가이지만 내부 구성은 개별 정치체의 중층적 복합체이다. 연구자에 따라 연맹왕국과 동일한 단계를 부체제 단계로 부른다. 따라서 부체제는 연맹왕국 단계의 국가 운영 체제로 이해할 수 있다.

부체제는 초기 고대국가의 운영 체제를 나타내는 용어에서 비롯되었다.

1 김정배, 1997, 「초기국가의 성격」, 『한국사 4: 초기국가—고조선·부여·삼한—』, 국사편찬위원회; 김태식, 2003, 「초기 고대국가론」, 『강좌 한국고대사』 2, 가락국사적개발연구원; 여호규, 2008, 「국가의 형성」, 한국사연구회 편, 『새로운 한국사 길잡이』 (상), 지식산업사.

2 이기백, 1976, 『한국사신론』 개정판, 일조각; 이기백·이기동, 1982, 『한국사 강좌 Ⅰ(고대편)』, 일조각; 노중국, 1988, 『백제정치사연구』, 일조각; 양기석, 1995, 「한성시대 후기의 정치적 변화」, 『한국사 6: 삼국의 정치와 사회 Ⅱ—백제—』, 국사편찬위원회.

3 1970년대 처음 성읍국가설이 제시되었을 당시에는 성읍국가들의 수평적 연맹 단계부터 연맹왕국 단계에 포함시켰으나 필자는 그들 사이에 수평적인 관계가 깨어지고 상하 지배·복속 관계가 성립된 단계부터를 연맹왕국 단계로 간주해야 한다고 생각한다(이현혜, 2013, 「백제 고이왕대 연맹왕국설 검토」, 『백제연구』 58, 충남대학교 백제연구소).

즉 초기 고대국가는 부部라고 하는 국가 운영을 주도하는 몇 개의 정치체로 구성되어 있는데, 각 부 출신자로 이루어진 회의체를 중심으로 국정을 운영하므로 이를 부체제라 부른다.[4] 부는 왕권에 의해 무역, 외교, 전쟁 등 대외 교섭권을 박탈당하는 등의 일정한 통제를 받지만 내부 사안에 대해서는 자치권을 보유한 정치체이다.[5] 그리고 부체제 성립 여부를 판단하는 중요한 기준으로 여러 정치체들의 대외적인 소국명의 포기와 대외 교섭 창구의 일원화를 든다.[6]

필자는 과연 3세기 후반 백제 고이왕 대의 정치·사회적 발달 수준이 이러한 개념에 합치하는지에 대해 이미 의문을 제기하였다.[7] 백제 국가는 마한 백제국伯濟國이 다른 마한 소국들을 정복 통합하면서 성립하였다. 고이왕 대 연맹왕국설은 3세기 백제국이 다수의 마한 소국들을 정복하여 물리적인 힘을 바탕으로 수직적인 지배·복속 관계를 확립하였다는 의미이다. 마찬가지로 부체제설에 의하면 백제는 고이왕 대에 5부체제를 성립시켰고 부로 편제된 피복속 소국들은 이미 국명을 상실한 것이 된다. 이러한 통설은 『삼국사기』 백제본기의 온조왕 대 기록과 고이왕 대 체제 정비 기사 등을 주요 근거로 한다. 하지만 이것은 충분한 논증 과정을 거쳐서 얻어 낸 성과로 보기 어렵다. 오히려 지속적인 검증이 필요한 주제임에도 불구하고 이를 소홀히 하고 있었던 것은 아닌지 되짚어 보아야 한다. 백제 국가의 형성에 대한 논의는 결국 부체제의 성립 시기와 영역 문제와 직결되어 있다. 이 때문에 이 장에서는 먼저 백제의 연맹왕국(부체제) 성립 시기에 대한 통설에서 검증하고 넘어가야 할 몇 가지 문제점에 대하여 추가적인 견해를 말하고자 한다.

4 노태돈, 2000, 「초기 고대국가의 국가구조와 정치운영—부체제론을 중심으로—」, 『한국고대사연구』 17.
5 노태돈, 2000.
6 김태식, 2003.
7 이현혜, 2013.

고이왕 대 백제국의 영역과 위상

고대국가의 성립은 영역화를 전제로 한다. 그러므로 3세기 백제국 영역에 대한 논의나 가정은 부체제설 전개의 출발점이라 할 수 있다. 그러나 지금까지 고이왕 대 국가 성립설을 수용하는 수많은 논고가 있지만 3세기 후반 백제국의 영역을 구체적으로 다룬 논고는 별로 없다. 고고학 연구자들 중에서 3세기 후반 백제국은 반경 30km 정도의 영역을 가지는 정치체였을 것으로 추정하는 견해가 있으나[8] 이 역시 문헌 연구자들의 고이왕 대 백제 국가 형성설을 염두에 둔 측면이 많다. 지형상 백제국의 중요 읍락들은 풍납토성을 중심으로 남쪽으로는 한강 지류인 경안천, 탄천, 안양천, 북쪽으로는 왕숙천, 중랑천 일대에 분포하였을 것이다. 그러나 사로국과 달리 중요 읍락의 위치나 분포 범위는 분명하지 않다. 백제국 주변으로 가깝게는 광주 곤지암리와 양평 양근리 등지에 적석분구묘가 분포하고[9] 남쪽으로 탄천 상류인 용인 지역까지 주구토광묘 유적이 분포하며, 서쪽으로 안양천 유역의 구로구 천왕동에서도 1기에 불과하지만 주구토광묘가 확인된다.[10] 하지만 정작 서울 지역에는 석촌동·가락동 고분군을 제외하면 전반적으로 해당 시기의 유물·유적의 숫자가 미미하다.

현재까지 경계가 불분명하지만 적어도 남쪽으로 화성이나 오산 일대에는 백제국에 속하지 않는 독립된 소국이 있었다. 화성 지역이나 오산 일대에는 4~5세기 고분들이 대규모로 분포한다. 화성 지역은 사창리에서 출토된 진식晉式 대금구 등을 근거로 4세기에 이르러 백제의 간접 지배 영역으로 편입되었던 것으로 추정되어 왔다.[11] 2014년에는 사창리유적에서 100m 남짓 거

8 박순발, 2007, 「묘제의 변천으로 본 한성기 백제의 지방 편제과정」, 『한국고대사연구』 48.

9 김진영, 2019, 「광주 곤지암리 유적—경기도 광주에서 원삼국~한성 백제기 마을의 공동묘지, 초대형 돌무지무덤 발굴—」, 『2018 한국고고학저널』, 국립문화재연구소; 정치영·윤정현·최진석·강다혜·최재도, 2019, 「새로 찾은 '양평 양근리적석총'의 현황과 특징」, 『백제학보』 30.

10 기호문화재연구원 외, 2013, 『서울 천왕동 연지유적—서울 구로 천왕2지구 국민임대주택단지 내 유적 발굴조사—』.

11 이남규·권오영·문동석, 2004, 「경기 남부 백제유적의 분포양상과 역사적 의미」, 『백제연구』 40, 충남대학교 백제연구소.

리에 위치한 화성 향남읍 요리에서 대형 분구묘와 금동관모金銅冠帽, 금동신발 등의 위세품을 부장한 목곽묘가 발견되어 간접 통치를 뒷받침하는 고고학자료가 추가되었다.[12] 이 유적들은 풍납토성에서 직선거리로 45~50km 정도의 가까운 거리에 있다. 그리고 오산 궐동을 비롯하여 오산 수청동에도 3~5세기의 토광묘와 주구토광묘들이 300여 기 이상 대규모로 분포하는데 이 유적은 4세기가 전성기이고 백제 토기가 나타나는 것은 4세기 중엽경이라고 한다.[13] 오산 수청동유적은 화성 요리유적에서 직선거리로 10km가량 떨어져 있다. 이러한 유적들은 이 지역의 정치체가 4세기까지도 백제국에 흡수, 해체되지 않았다는 증거이다.

경주 일원의 고고학자료를 보면 월성을 기점으로 10~20km 범위 안에 사로국斯盧國 시기의 중요 읍락 유적인 목관묘, 목곽묘 유적들이 집중 분포한다. 지역마다 취락의 분포 밀도가 같지 않겠지만 이는 3세기 백제국 영역 추정에 중요 지표가 된다. 말하자면 3세기 중후반 백제국 역시 마한 소국 가운데서 규모가 큰 만 여가 정도의 정치체에 머물렀을 것이고 그 영역은 최대로 잡아도 사로국의 두 배를 크게 넘지 않았을 것이다.

백제국의 영역과 관련하여 고이왕 대 부체제설이 성립하려면 3세기 중후반 백제국이 다수의 주변 소국들을 복속시켜 지배하였다는 사실이 전제되어야 한다. 동시에 피복속 소국의 분포 범위, 즉 대략적이나마 백제국의 지배 영역이 설정되어야 한다. 막연히 경기 북부, 한강, 금강 유역 등으로 추정하는 데 그칠 것이 아니라 이를 뒷받침하는 근거가 제시되어야 한다. 문헌기록상으로 가장 먼저 백제국의 통합 대상이 된 중요 소국은 미추홀 세력이다. 대방군과의 교섭로 등을 고려할 때 백제국 성장에 있어서 서해안으로 통하는 출구 확보는 아주 중요하다. 다행히 인천과 김포 일대 분구묘 유적의 조

12 한국문화유산연구원, 2014, 『화성향남2지구 동서간선도로(F·H지점) 문화유적발굴조사』, 한국문화유산연구원 학술자문회의 자료.

13 경기문화재연구원, 2012, 『오산 수청동 백제 분묘군』 I~IV.

사를 통해 미추홀 세력의 실체가 확인되었고, 김포 운양동유적 일대가 중심 읍락이었던 것으로 생각된다. 핵심 세력인 김포 운양동유적의 전성기는 3세기이지만 김포, 인천 일대에는 4세기에 들어와서도 분구묘들이 지속적으로 조성되었다.[14]

그런데 『삼국사기』 백제본기 어느 곳에서도 미추홀 통합 기사와 온조왕 대의 마한 복속 기사 이외에 다른 소국 복속 기록을 찾을 수 없다. 축성 기사를 소국 복속의 후대적 표현으로 간주한다고 해도 그 수가 제한적이고 기년을 그대로 취신할 수 없다. 이 같은 『삼국사기』 초기 기록의 한계를 보완하기 위해서는 고고학자료에 의존할 수밖에 없다. 백제국이 주변 소국을 복속시킨다는 것은 백제국과 피복속국 사이에 지속적인 복속 관계가 유지되고 이것이 물자 생산과 유통에 영향을 미친다는 의미를 내포한다. 종래 고고학 연구자들은 한성 백제 양식 토기가 나타나는 시발점을 3세기 중후반으로 올려 잡아서 이를 고이왕 대 고대국가 형성설의 지표로 삼았다. 그러나 풍납토성의 내부 발굴 조사가 본격적으로 이루어짐에 따라 백제 양식 토기의 성립 과정과 연대가 수정되고 있다. 한성 백제 양식 토기의 성립 시기는 300년을 전후한 시기 내지는 4세기 초이며, 이른바 실체가 확실한 한성 백제 양식 토기가 완비되는 것은 4세기 중엽경이라고 한다.[15] '복속'의 고고학적 지표가 무엇인지에 대한 방법론적 타당성 여부를 따지기 이전에 논리 전개의 핵심 자료인 온전한 한성 백제 양식 토기의 성립 연대 자체가 고이왕 대가 아닌 그 이후 시기라는 점에 주목해야 한다.

---

14 김기옥, 2016, 「한강 유역 원삼국시대 분묘 양상」, 『금강·한강 유역의 원삼국시대 문화의 비교연구』, 2016년 호서고고학회·중부고고학회 합동 학술대회 발표문.

15 한지수, 2010, 「백제 풍납토성 출토 시유도기 연구—경당지구 196호 유구 출토품과 중국 자료와의 비교를 중심으로—」, 『백제연구』 51, 충남대학교 백제연구소; 권오영, 2011, 「한성백제의 시간적 상한과 하한」, 『백제연구』 53, 충남대학교 백제연구소; 한지선, 2013, 「한성백제기 취락과 토기유물군의 변천양상」, 『중앙고고연구』 12; 김성남, 2014, 「백제 한성기 편년의 현상과 성찰」, 『쟁점, 중부지역 원삼국시대~한성백제기 물질문화 편년』, 숭실대학교 한국기독교박물관 제11회 매산기념강좌 발표문. 초기 백제 양식 토기는 기종이 단순하며 토기 기종에 따라 출현 시기가 조금씩 다르다.

지금까지 문헌 연구자들은 고이왕 대 백제국의 위상을 설명하는 중요 자료로 『진서』의 마한 견사 기록을 활용해 왔다. 276~291년 서진에 보낸 견사 주체 중에서 마한이란 이름으로 기록된 것은 8회이다. 그중 신미국新彌國이 주도한 두 번의 견사를 제외한 나머지 견사단의 규모를 보면 참여 소국의 숫자가 2, 3, 5, 6, 7, 8, 9, 11, 20개국 등으로 다양하다. 견사 주체가 복수라 할지라도 그중 대규모 견사단의 주체는 백제국으로 보는 것이 합리적이다. 가장 큰 20국 규모의 견사는 단 한 번인데 고이왕 47년(280)에 해당되고, 11국 규모는 두 번인데 모두 책계왕 대(286, 289)이다. 그런데 보다 중요한 것은 견사 기록 어느 곳에도 백제국의 이름은 없고 오히려 마한이란 이름 아래 참여한 소국의 숫자가 명기되어 있다는 사실이다. 이것은 중국인들이 조공사절단에 동참한 소국들을 독립적인 정치체로 파악하였다는 증거이다. 백제국에 복속되어 대외 교섭권을 상실한 존재라면 대외적으로는 개별적인 정치체로 인정받을 수 없다. 즉 조공 사절에 참여한 소국들은 백제국에 복속되어 국명이 사라진 존재로 볼 수 없다.

따라서 서진 견사에 참여한 10~20여 개 마한 소국들의 실체는 백제국을 맹주로 하는 소국연맹체의 구성원들이며 이들은 백제국에 복속되어 국명을 상실한 피복속국이 아니다. 당시 백제국의 위상은 최대 20여 개 소국으로 구성된 소국연맹체를 이끄는 최상위 서열의 맹주국일 뿐이다. 서진 견사 행렬에 동참한 소국들은 유형, 무형의 정보와 물자들을 공유했을 것이고 각 소국의 중심지에는 무언가 공통된 물질 자료들이 남아 있을 수 있다. 외래 요소의 공유는 '복속'의 지표가 아니라 '견사 행렬 동참'의 흔적으로 해석되어야 한다. 흑색마연토기와 서진 시유도기의 편년에 대한 이견을 접어 두고라도 흑색마연토기와 서진 시유도기를 공유한다는 사실만으로 3세기 후반 백제국과 주변 소국과의 정치적 지배·복속 관계를 논하고 영역을 설정하기에는 논리적 근거가 부족하다. 왜냐하면 소국연맹체 단계의 맹주국은 아직도 대외 교섭권이나 물자와 정보를 독점하고 재분배하는 강압적인 권력과 지위를

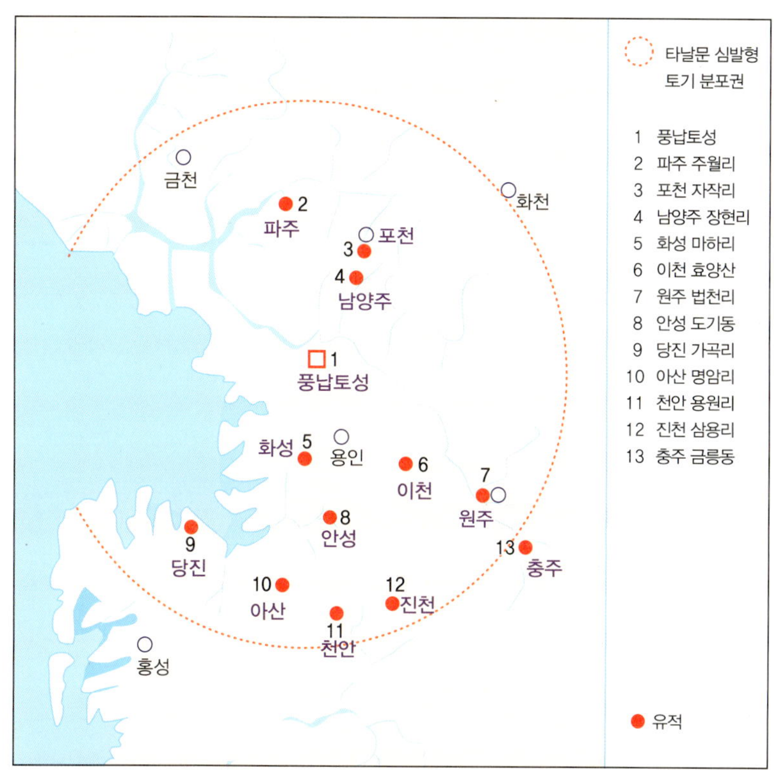

그림 II-5-1
타날문 심발형토기 출토 유적 분포도(위)와 포천 자작리유적 출토 타날문 심발형토기(아래)
출처: 박순발, 2013; 필자 수정(위) / 경기도박물관, 2006, 『한성백제』(아래)

확립하지 못하였기 때문이다. 3세기 후반의 고고학자료를 해석할 때에는 문헌을 통해 나타나는 이 같은 상황을 고려해야 한다.

그리고 생활 용기인 타날문 심발형토기라는 특정 토기의 출현과 분포 범위를 3세기 중후엽 백제의 국가 성립과 세력 범위를 추정하는 기준으로 삼기도 한다(그림 II-5-1).[16] 그러나 이러한 생활 용기는 백제국 소국연맹체에 가담했거나 백제국과 교섭하던 소국들이라면 서로 쉽게 공유할 수 있는 물자로 오히려 백제국의 교류 범위나 소국연맹체의 범위를 반영하는 것으로 해석할 여지가 더 많다.

백제 초기 부의 분포와 성격

다음으로 고이왕 대 광역의 피복속 소국의 존재를 주장하는 문헌 연구자들의 다른 자료나 근거는 무엇인가? 현재 문헌 연구자들이 피복속 소국의 존재와 연결하여 해석하고 있는 것은 『삼국사기』 백제본기 초기 기록에 나오는 부部이다. 초기 백제의 부의 성격이나 성립 시기에 대해서는 견해가 다양하지만 3세기 고이왕 대에는 이미 동서남북 4부가 성립되어 있었다는 견해가 다수이다.[17] 백제국이 주변의 소국들을 복속시켜 부로 편재하고 부의 지배자는 중앙 지배집단의 핵심 구성원(좌보左輔, 우보右輔, 좌평佐平 등)으로 활동하였으며, 중앙 귀족으로 전환되었다고도 본다.[18] 물론 부로 편제된 피복속 소국이 개별 정치체로서의 독자성을 더 강하게 가지는 존재인지 아니면 군관구적 성격이나 지방행정구획의 성격이 더 강했느냐 등의 견해 차이는 있다.[19] 그럼에도 불구하고 고이왕 대의 부의 존재를 인정한다는 것은 고이왕

16 박순발, 2013, 「유물상으로 본 백제의 영역화 과정」, 『백제, 마한과 하나되다』, 한성백제박물관.

17 백제 초기 부部에 대한 각 설의 정리는 김영심(2000, 「백제사에서의 부와 부체제」, 『한국고대사연구』 17), 양기석(2000, 「백제 초기의 부」, 『한국고대사연구』 17) 참조.

18 노중국, 2012, 「백제의 왕·후호, 장군호제와 그 운영」, 『백제연구』 55, 충남대학교 백제연구소.

19 양기석, 2000; 박현숙, 2007, 「담로제의 실시」, 『백제의 정치제도와 군사』, 백제문화사대계 연구총서 8, 충청남도역사문화연구원.

대의 백제국은 적어도 5개 이상 소국의 통합으로 이루어진 정치체라는 사실을 전제로 한다. 이처럼 백제사 연구자들은 초기 백제의 부를 신라 6부와는 다르고, 고구려 초기의 5부나 부여의 사출도四出道와 유사한 것으로 파악한다. 4세기 신라의 6부는 피복속 소국이 아니라 사로국을 구성한 핵심 6개 읍락이 성장, 발전한 것이므로 공간적인 범위와 출발점이 고구려, 부여와는 다르다.

『삼국지』 동이전에 의하면, 3세기 중반의 고구려는 5개의 부로 구성된 국가였다. 인구는 3만여 호라 했으므로 각 부의 크기는 평균 6,000여 호가 되는 셈이다. 이는 삼한 지역 개별 소국의 규모와 비슷하다. 실제 5부의 하나인 소(연)노부消(涓)奴部가 비류국沸流國 등으로 불리기도 하였는데 3세기 중엽 소(연)노부의 크기는 3만여 구, 즉 5,000~6,000호 규모로 나타난다.[20] 따라서 당시 고구려 국가는 5개 소국으로 구성된 정치체라 할 수 있다. 그리고 고구려의 영역은 사방 2,000리라 했으므로 가로세로 평균 500리, 약 125km 가량 된다.[21] 당시 각 부를 구성한 취락들은 산곡과 하천, 교통로를 따라 부정형 상태로 분포했을 것이므로 평면적인 거리 추정은 큰 의미가 없다. 고구려의 경우, 물질문화 측면에서 초기 5부는 동일한 문화 기반을 가진 존재로 보고 압록강, 혼강渾江, 독로강 유역에 분포한 적석총군을 대상으로 5부(5나부五那部)의 위치를 비정하기도 한다.[22] 이를 참고한다면 적석총이 밀집 분포한 환인桓因, 통화通化, 집안集安, 장백長白, 임강臨江 간의 직선거리가 평균 60~70km 정도 되므로 초기 고구려 부의 중심지 간 대략적 거리를 가늠해 볼 수 있다. 이처럼 3세기 중엽의 고구려 영역은 5부의 영역 전체를 포괄하는 것이다.

20 『삼국지』 동이전 고구려조에 고국천왕 사후 왕위 계승 분쟁 관련 기사에서 발기拔奇가 형인 데도 왕위에 오르지 못한 것을 분하게 여겨 소노가消奴加와 함께 각 하호下戶 3만여 구를 거느리고 공손강公孫康에게 내항하였다는 기록이 있다. 이는 당시 소노부의 규모가 5,000~6,000호 정도임을 나타낸다.

21 위진 대의 1리=0.238~0.245km이므로 1리를 약 0.25km로 계산할 수 있다.

22 강현숙, 1999, 『고구려고분연구』, 서울대학교 박사학위논문.

하지만 고구려와 달리 초기 백제 부의 자료는 후대 사실의 소급이나 부회의 가능성이 크기 때문에 문헌기록의 신빙성에 문제가 많다. 특히 고구려, 신라와 달리 동서남북 방위명 부 이전의 고유어 부명, 즉 소국이나 읍락 단계의 이름이 남아 있지 않다는 것도 이러한 의구심을 키우는 주요 원인이다. 결국 문헌기록의 한계를 보완하려면 고고학자료의 뒷받침이 필수적이다. 고이왕 대 백제국의 부체제설이 성립하려면 백제국 지배자 집단을 구성하는 복속 소국들의 존재와 상호 결속 관계를 입증해야 한다. 그동안 고고학자료를 활용한 부의 위치 비정이나 백제 영역 추정 시도가 없었던 것은 아니다. 예컨대 고고학자료를 토대로 동부는 경기 동부 및 강원 지역, 서부는 인천, 남부는 경기도 화성 지역으로 비정한 견해가 있다.[23] 그런데 문제는 이들이 근거로 삼은 고고학자료의 중심 연대가 고이왕 대가 아니라 4세기 이후라는 사실이다.

현재까지의 자료만으로는 고이왕이 복속시킨 마한 소국들의 존재와 그 분포 범위를 입증하기 어렵다. 3세기 중엽까지도 백제국 주변의 중요 소국들은 백제국의 영향을 강하게 받고 있었을지라도 백제국에 복속된 피복속 소국이 아니라 대외적으로 개별 소국으로 인정받는 존재였다. 그러므로 고이왕 대의 부의 존재 자체가 의심스럽다. 백제국과 친밀하게 결속되어 있던 인접 소국들을 후대의 용어인 부로 소급해 표현했을 가능성이 더 높다.

3. 근초고왕 대는 중앙집권적 귀족국가 단계였나?

지금까지 근초고 왕대의 정치·사회적 통합 수준은 이미 중앙집권적 귀족국가 내지는 집권적 고대국가 단계에 도달하였다는 것이 다수 문헌 사가들

23 이남규·권오영·문동석, 2004.

의 인식이다.[24] 연맹왕국(부체제) 단계의 한계를 극복하고 권력이 왕을 정점으로 하는 중앙 정치 세력에게 집중되고 위계화가 완성되는 단계를 집권적 귀족국가 또는 집권적 고대국가 단계로 간주한다. 지금까지 귀족국가의 성립 여부를 판단하는 중요 지표는 율령律令 반포, 중앙 관제 정비, 지방통치제도 정비, 불교 수용, 사서史書 편찬 등이었다. 이러한 사항들은 간접 통치 지역을 직접 통치로 전환하면서 일어나는 여러 가지 변화에 대응하기 위한 것들이다. 그러므로 집권적 귀족국가로의 출발은 간접 통치를 실시하던 피복속 소국들의 토착 기반을 해체하고 수장을 중앙 귀족으로 전환하여 일원화된 통치조직과 위계조직으로 재편하는 것이다. 권력 집중화와 위계의 분화가 정점에 다다른 이러한 상태를 고대국가의 완성으로 간주하기도 한다.

중앙집권화의 지표

문헌자료상으로 중앙집권적 귀족국가 성립 여부를 판단하는 여러 지표들 가운데서 가장 핵심적이고 함축적인 것은 율령 반포이다. 근초고왕 대 중앙집권체제 성립설을 주장하는 연구자들은 대체로 근초고왕 대에 율령이 반포된 것으로 본다. 이 밖에도 백제의 율령 반포 시기에 대해서는 서로 다른 견해들이 많지만[25] 5세기 이후로 보는 견해가 설득력을 얻고 있다. 고구려, 신라와 달리 백제는 문헌기록에 율령 반포에 대한 직접적인 언급이 없으므로 관등 제도나 지방민에 대한 직접적인 수취 제도의 확립과 같은 통치 체제 정비 시기를 통해 율령의 반포 시기를 추정한다. 예컨대 율령은 죄와 형벌에 대한 규정과 행정 법규를 보여 주는 데 그치지 않고 고대국가의 형성 그 자

24 이기백, 1976; 이기백·이기동, 1982; 노중국, 1988; 양기석, 1995; 강종원, 2002, 『4세기 백제사연구』, 서경문화사; 김기섭, 2000, 『백제와 근초고왕』, 학연문화사; 이도학, 2007, 「백제의 중앙집권체제 확립과 영역 확대」, 『한성도읍기의 백제』, 백제문화사대계 연구총서 3, 충청남도역사문화연구원; 문동석, 2007, 『백제지배세력연구』, 혜안.

25 박현숙, 2014, 「한성백제의 중앙집권화 정도에 대한 연구의 평가」, 『백제의 왕권은 어떻게 강화되었나—한성백제의 중앙과 지방—』, 백제학연구총서 쟁점백제사 4, 한성백제박물관.

체인 동시에 국가의 기본 성격을 보여 주는 중요 자료로 간주된다. 그리하여 백제에서의 율령 반포 의미를 지방관을 파견하고 지방의 인적·물적 자원에 대해 전국적으로 일원화된 수취 제도를 실시하는 것으로 파악하고 그 시기를 개로왕 대로 추정한다.[26] 또한 율령 제도는 중앙에서의 16관등 체계 및 의관제의 운영에 필요한 행정 법규를 성문화하는 것과 개별 가호 단위로 호적을 작성하고 호주를 대상으로 부세를 부과하는 개별 인신적인 수취 체계를 정비하였던 사실을 중요 내용으로 하며 그 반포 시기는 개로왕 대였을 것으로 추정한다.[27] 여기에 근초고왕 대 율령 반포설의 중요 근거였던 『일본서기』 인덕기仁德紀 41년(353)조의 기록을[28] 2주갑 인하한 개로왕 19년(473)의 것으로 수정해야 한다는 견해를 더한다면 결국 근초고왕 대의 중앙집권적 고대국가 성립설의 핵심 논거는 사라진다.

중앙집권화의 또 다른 중요 지표로 간주되어 온 것은 불교 수용이다. 왕실 주도의 불교 수용은 정복 지역의 개별적인 토착 신앙을 뛰어넘는 공통의 신앙 체계를 수립하여 일체감을 높이고 왕권 강화를 합리화하는 이념적인 토대를 구축하는 기능을 가진 것으로 이해되어 왔다. 백제에서는 근초고왕의 활발한 정복 활동에 뒤이어 침류왕枕流王 원년(384)에 왕실 주도로 동진으로부터 불교를 받아들이고 이듬해 2월 한산에 불사를 세웠다고 기록되어 있다. 그러나 침류왕은 재위 1년 반 만에 죽고 진사왕을 거쳐 아신왕阿莘王이 즉위하였고(392) 다시 불법을 믿어 복을 구하라는 교서를 내렸다. 이를 근거로 백제 불교 수용은 근초고왕 대 중앙집권적 체제 확립을 뒷받침하는 중요 요소로 활용되어 왔다.

그런데 고구려에서조차 수용 초기의 불교는 그 성격이 왕실 중심의 국가 불교가 아니라 '인과적因果的', '구복적求福的', '주술·현세 이익적' 성격의

26 홍승우, 2009,「백제 율령 반포 시기와 지방지배」,『한국고대사연구』 54.
27 전덕재, 2012,「백제의 율령 반포 시기와 그 변천」,『백제문화』 47.
28 "卌一年春三月 遣紀角宿禰於百濟 始分國郡壃場 具錄鄉土所出".

민속불교적인 측면이 강하며, 5세기 후반 문자왕文咨王 대(498년 금강사 창건)에 이르러서야 왕권과 불교가 밀접한 관계를 맺고 왕권을 신성화하는 현상 등이 확인된다는 연구가 있다.[29] 그리고 고구려와 백제는 4세기 후반 빈번한 정복 전쟁으로 인해 누적되어 있던 정치·사회적 문제들을 안정시키기 위한 방편의 하나로 불교를 수용하였다는 견해도 있다.[30] 사실 침류왕, 진사왕, 아신왕 대의 불안정한 왕권의 모습을 보면 당시 백제 불교가 과연 중앙집권화의 이념적 수단으로 활용되고 왕실불교, 국가불교의 확립 단계에까지 이르렀을까 하는 의구심이 든다. 이 점에서 초기 불교 수용 이후의 전개 과정이 백제와 신라는 차이가 있다. 법흥왕法興王은 불교 공인 이후 살생을 금지하는 명을 내렸고, 진흥왕眞興王은 전륜성왕轉輪聖王을 자처하고 왕과 왕비는 말년에 승려가 될 정도로 신라 왕실은 불교 수용 직후부터 불교 신앙과 밀착되었다. 그리고 불교식 왕명 시대가 이어지고 부처의 권위를 빌어 왕족을 신성화하는 작업이 진행되는 등 왕실불교, 국가불교로서의 신앙체계가 확립되었다.[31] 이는 정치적으로 중앙집권체제의 확립이 선행되었기에 가능하였고 필요한 조치였다. 그러므로 불교 수용 이후의 불교 신앙의 전개 과정에 대한 비교 검토 없이 단지 왕실이 불교를 수용하였다는 사실만으로 중앙집권화 여부를 판단하는 잣대로 삼는 것은 문제가 있다.[32]

중앙집권화의 또 다른 지표로 간주된 것은 역사서 편찬이다. 고구려에서는 중앙집권체제를 확립한 소수림왕小獸林王 대에 율령을 반포하였고, 불교를 수용하였으며, 영양왕嬰陽王 11년(600) 『유기留記』라는 역사서를 토대로 『신집新集』 5권을 편찬하였다. 백제에서도 "백제는 개국 이래 문자로 사실

29 중국 북위에서도 불교와 왕권을 연관시킨 것은 5세기 후반 문성제文成帝(452~465) 시기라고 한다. 조우연, 2011, 「4~5세기 고구려의 불교 수용과 그 성격 –'왕권강화 이론체계로서의 불교 수용설'에 대한 비판적 고찰–」, 『한국고대사탐구』 7, p.80.

30 안성진, 2017, 「고구려와 백제의 초기 불교 수용 과정」, 『한국고대사연구』 85.

31 이기백, 1989, 『신라사상사연구』, 일조각.

32 박현숙, 2014, p.51.

을 기록함이 없더니 근초고왕 대에 이르러 박사 고흥高興을 얻어 비로소 '서기書記'가 있었다"는 기록을[33] 근거로 근초고왕 대에 역사서를 편찬하였고 이를 중앙집권체제 확립설을 뒷받침하는 논거의 하나로 활용하였다. 그런데 이 구절에 대해 '서기'를 책 이름으로 간주하기 어렵고 "박사 고흥에 의하여 비로소 문자로 쓴 기록이 있었다"로 해석해야 된다는 견해가 있다.[34] 또한 '서기'는 고유명사가 아니라 박사와 같은 전문가에 의한 체계적인 문자 기록의 생산, 즉 문서 행정의 시작이라는 의미로 해석해야 한다는 견해도 있다.[35] 이 두 견해 모두 근초고왕 대 집권적 고대국가 성립설을 견지하는 연구자들의 해석이라는 점을 유의할 필요가 있다.

근초고왕 대의 백제 영역과 통치 방식

왕권의 중앙집권화를 판단하는 핵심 포인트는 근초고왕 대의 백제 국가가 피복속 지역을 어떠한 방식으로 통치하고 있었는가이다. 일부 직접 통치 지역을 제외한 대부분의 영역에 대해 여전히 간접 통치를 실시하고 있었는지 아니면 직접 통치로 전환했는지 등의 여부이다. 처음에는 중요 지역에 성을 쌓거나 거점을 만들어 중앙에서 파견된 세력이 주변의 인적·물적 자원과 교통로를 장악하고 관리하는 방식으로 직접 통치를 시작하였다. 그리고 점차 각지의 토착 세력을 지방 행정 단위로 편제하여 지방관을 보내고 토착 수장을 중앙 귀족으로 흡수하여 토착 기반을 해체하는 방식으로 발전하였다. 문헌기록에 나오는 최초의 백제 지방 통치제도라 할 수 있는 담로제의 시작 시기에 대해서는 근초고왕 대설(353)이 있지만 개로왕 대설(473), 웅진 도읍기설 등 연구자마다 견해차가 크기 때문에 문헌자료 해석만으로는 해결의 실마리를 찾기 어렵다. 왕·후호제를 중앙에서 파견한 지방관과 유사한 기능

33 『三國史記』 百濟本紀, 近肖古王 30년조, "古記云百濟開國已來 未有以文字記事 至是 得博士高興 始有書記".

34 이도학, 2007, p.106.

35 정동준, 2017, 「백제 근초고왕대의 지배체제에 대한 연구현황과 과제」, 『한국고대사의 쟁점』, 한국고대사학회 창립 30주년 기념 학술대회 발표문, p.93.

을 가지는 제도로 해석하기도 하나[36] 왕·후호 제수 시기는 개로왕 대 이후이다(458, 472, 490, 495년). 이처럼 논란이 많은 문헌기록 해석에 길잡이 역할을 할 수 있는 것은 고고학자료이다.

근초고왕의 활동 시기는 4세기 중엽이다. 근초고왕의 족적은 372년 동진 견사 기록과 369년 왜에 보낸 칠지도七支刀 기록 등 중국과 일본 기록에도 나오므로 활동 시기에 대해서는 의문의 여지가 없다. 현재 백제 고고학 연구자들은 한결같이 4세기 중엽을 토기, 고분, 성곽 등 중요 물질 자료 편년의 아주 중요한 분기점으로 설정하고 있다. 한성 백제 양식 토기가 완성되어 각지로 확산되고, 기단식적석총이라는 고총고분의 등장과 집단 묘역이 형성되고, 풍납토성이라는 대규모 성곽 축조가 이루어진 시기가 모두 4세기 중엽이라는 견해가 대세이다. 이러한 고고학계의 연구는 3세기 말~4세기 초반 이래 가속화된 성장 결과가 축적되어 물질 자료로 가시화되는 것이 4세기 중엽경이라고 해석될 수 있다.

근초고왕 대의 백제 영역에 대해서는 2000년대 이후에는 문헌기록보다 고고학자료를 통한 연구들이 더 많다. 고고학자들은 한성 백제 양식 토기의 확산 과정과 묘제의 변천, 그리고 각종 위세품을 중요 자료로 삼아 백제의 영역 확장 과정을 설명하였다. 그 결과 근초고왕 대 백제의 남계에 대해 종래 『일본서기』 신공기의 기록을 토대로 근초고왕 대에 이미 전남 지역까지 영역화하였다는 문헌사가들의 견해와는 상당히 다른 견해들이 제시되기에 이르렀다. 물론 세부적인 사안에 대해서는 연구자 간에 해석이 다르지만 대체적으로 4세기 중후반~5세기 전반경에는 익산 등 노령산맥 이북 전북 북부 지역까지 백제 영역에 포함되었던 것으로 본다.[37] 그리고 영산강 유역의

---

36 김영심, 1997, 『백제 지방통치체제 연구—5~7세기를 중심으로—』, 서울대학교 박사학위논문.

37 서현주, 2014, 「백제의 서남방면 진출—고고학적 측면—」, 『근초고왕 때 백제 영역은 어디까지였나』, 백제학연구총서 쟁점백제사 2, 한성백제박물관; 성정용, 2001, 「4~5세기 백제의 지방지배」, 『한국고대사연구』 24; 박순발, 2001, 『한성백제의 탄생』, 서경문화사; 김성남, 2006, 「백제 한성시대 남방영역의 확대과정과 지배형태 시론」, 『백제연구』 44, 충남대학교 백제연구소.

백제 영역화 시기에 대해서도 6세기 중엽 이후라는 견해가 꾸준히 이어지고 있다.[38]

이 가운데서 근초고왕 대의 직접 통치 영역과 관련하여 경기 남부 화성이나 오산 지역의 경우, 이미 직접 통치 지역으로 편입되었을 것이라는 추정이 일부 있었다. 그리고 2014년 사창리에서 100m 정도 떨어진 화성 향남읍 요리에서 대형 분구묘와 함께 4세기 말 5세기 초로 편년되는 금동관모(그림 II-5-2)와 금동신발 등 최상급 위세품을 부장한 목곽묘가 조사되었다. 금동관모의 외형은 공주 수촌리 II-1호분 토광묘(그림 II-5-3 참조)와 고흥 길두리 안동고분(그림 II-5-4 참조) 출토품과 유사하며 환두대도, 각종 마구류 등 부장품의 구성도 사창리유적 출토품과 매우 유사한 것으로 밝혀졌다.[39] 간접 통치의 상징물로 간주되던 최상급의 금동제 위세품이 천안 용원리보다 더 북쪽인 경기도 화성 요리에서 출토된 것이다. 요리 금동관모 출토로 인해 4세기 후반까지도 천안, 아산 지역과 마찬가지로 화성, 오산 등 경기 남부 지역도 여전히 간접 지배 아래 있었다는 견해가[40] 훨씬 설득력을 얻게 되었다.

금동관모에 대한 해석

백제 각지에서 각종 위세품들이 쏟아져 나옴에 따라 4~5세기 백제 영역과 통치 방식에 대한 연구와 논의들이 활발하게 이루어졌다. 백제 지역에서 출토된 위세품으로 금동관모, 장식대도, 금동제 대금구, 금제이식, 청동 초두, 금동신발, 동진제 도자기 등이 있다. 위세품의 조합이나 등급도 다양하지만 최상급 위세품은 단연 금동관모와 금동신발의 조합이다. 지금까지 경기·충청·전라 지역에서 출토된 금동신발만 해도 19점이나 될 정도이고 금

38 임영진, 1997, 「호남지역 석실분과 백제의 관계」, 『호남고고학의 제문제』, 제21회 한국고고학전국대회 발표문; 김낙중, 2011, 「영산강유역 정치체의 성장과 변동 과정」, 『백제학보』 6; 임영진, 2019, 「삼국시대 마한사회 위세품의 의미와 성격」, 『고대 동아시아의 금동신발과 금동관』, 국립나주문화재연구소 2019 국제 학술대회.

39 한국문화유산연구원, 2014.

40 이남규·권오영·문동석, 2004; 김성남, 2006.

표 II-5-1 백제 지역 출토 금동관모 자료

출토 유적	무덤 양식	이한상(2008)	보고서	최병현(2014)
경기 화성 요리 목곽1호	목곽묘	5세기 1/4분기	4세기 말~5세기 초	4세기 3/4분기 380년 대
충남 천안 용원리 9호	석곽묘	5세기 1/4분기	5세기 초	4세기 말~5세기 초
충남 공주 수촌리 II-1호	토광묘	5세기 1/4분기	4세기 3/4~4/4분기	5세기 1/4분기
충남 공주 수촌리 II-4호	석실분	5세기 2/4 분기	5세기 초	5세기 2/4분기
충남 서산 부장리 5호	분구묘	5세기 중엽	5세기 중엽	5세기 중엽
전북 익산 입점리	석실분	5세기 후반	5세기 중엽	5세기 4/4분기
전남 고흥 길두리	석곽묘	5세기 3/4 분기		5세기 2/4분기 초
전남 나주 정촌(파편)	석실분		5세기 중후반	
전남 나주 신촌리 9호분	옹관고분	5세기 말, 웅진기	5세기 후반	5세기 말?

참고 자료: 이한상, 2008; 최병현, 2014, 「신라·가야·백제 고고학자료의 교차편년」, 『쟁점, 중부지역 원삼국시대~한성백제기 물질문화 편년』, 숭실대학교 한국기독교박물관 제11회 매산기념강좌.

동관모도 8점이 넘는다(**그림 II-5-5, 그림 II-5-6 참조**). 지금까지 백제 영역 안에서 출토된 금동관모는 전남 나주 신촌리 9호분 출토품을 제외하고는 대부분 4세기 말~5세기 초중엽경의 것이다.[41] 연구자에 따라 편년 차이가 있음을 감안하더라도 그 대부분이 한성 백제기에 속한다(**표 II-5-1 참조**). 아무튼 이들은 근초고왕 대 이후의 정복 지역 통치 방식을 유추할 수 있는 중요 자료이다.

금동관모의 제작과 사여 주체가 한성 백제 시기 중앙 세력이라는 데 대해서는 큰 이론이 없으나 착장자의 출신과 지위에 대해서는 다양한 해석들이 있다. 근초고왕 대 중앙집권적 고대국가 성립설을 주장하는 입장에서는 이러한 금동관모를 직접 통치의 산물로 해석한다. 예를 들면 금동관모의 착장자는 중앙에서 파견한 담로의 장이라거나 왕·후호를 받은 귀족들이라는 견해이다. 또는 중앙에서 활동하던 지방 출신 중앙 관료가 사후에 출신지에 귀

41 이한상, 2008, 「백제 금동관모의 제작과 소유방식」, 『한국고대사연구』 51; 이훈, 2012, 「금동관을 통해 본 백제의 지방통치와 대외교류」, 『백제연구』 55, 충남대학교 백제연구소.

그림 II-5-2
화성 요리유적 출토 금동관모
출처: 한성백제박물관·화성시역사박물관, 2021

그림 II-5-3
공주 수촌리 II-1 토광묘 출토 금동관모
출처: 국립공주박물관, 2011, 『백제의 관—도판 · 해설—』

그림 II-5-4
고흥 길두리 출토 금동관모
출처: 국립공주박물관, 2011

장을 한 것이라는 등의 해석이다.[42] 하지만 이러한 견해들은 담로제도의 시행 시기와 왕·후호제의 성격과 수작자의 역할에 대한 불확실한 가정을 대전제로 삼고 있다는 점에서 근본적인 문제를 안고 있다.[43]

왕·후호를 가진 사람들 중 문헌상 처음 확인되는 인물은 개로왕 대(457)의 우현왕右賢王 여기餘紀와 좌현왕左賢王 여곤餘昆 2명인데 모두 최고위 부여씨 왕족으로 여곤은 개로왕의 동생 곤지昆支로 추정되기도 한다.[44] 당시 남송南宋에 사작賜爵을 청한 11명 중 좌현왕, 우현왕을 제외하고 장군호를 칭하던 나머지 9명 중 6명 역시 부여씨扶餘氏 왕족이다. 그리고 개로왕 18년(472) 북위北魏에 보낸 국서에 사서私署한 인물로 불사후弗斯侯 여례餘禮가 나오는데 그 역시 왕족이다. 이들이야말로 설령 생전에 지방에 파견되었다고 하더라도 사후에 한성으로 돌아와 석촌동 등 왕족의 묘역에 매장되어야 할 최고위급 인물들이다. 그 이후에 나오는 왕·후호 수작자 8명은 모두 5세기 말 동성왕東城王 대(490, 495)이며,[45] 대부분 금동관모류의 중심 연대를 비껴가고 성격도 차이가 있으므로 일차적인 고려 대상이 아니다.

만약 금동관모 등 착장형 위세품이 중앙 관료에게 주어진 것이라면 의관제에 준하여 지급된 것일 터인데 백제에서의 의관제 성립은 빨라야 개로왕 대라는 견해가 있다.[46] 458년 개로왕 대 수작자들의 생존 기간을 감안하면 그들이 받은 위세품의 부장 시기는 5세기 3/4 분기 이후가 된다. 즉 4세기 말, 5세기 1/4 분기, 2/4 분기에 사망한 화성, 천안, 공주 등지의 금동관모의 주인들은 개로왕 대(455~475) 이전에 활동한 인물들이므로 이들이 왕·후호 수작자일 확률은 아주 낮다. 또한 많은 연구자들이 지적하였듯이 지방에서

42 이남석, 2008, 「백제의 관모·관식과 지방통치제도」, 『한국사학보』 33, 고려사학회; 이훈, 2012; 노중국, 2012.
43 이현혜, 2013.
44 『宋書』 列傳 夷蠻 東夷 百濟國條.
45 『南齊書』 東南夷傳 百濟國條.
46 나용재, 2016, 「백제 의관제의 정비시기 검토—은화관식과 금동관모를 중심으로—」, 『사학지』 53, 단국사학회, pp.27~31.

그림 II-5-5
백제 금동관모 출토 유적
출처: 한성백제박물관·화성시역사박물관, 2021

그림 II-5-6
백제 금동신발 출토 유적
출처: 한성백제박물관·화성시역사박물관, 2021

그림 II-5-7
서산 부장리유적 전경
출처: 충청남도역사문화연구원 제공

출토된 금동관모의 주인은 목곽묘(화성 요리, 공주 수촌리 II-1호), 분구묘(서산 부장리)(그림 II-5-7)와 같은 전통적인 묘제나 석곽묘를 채용하는 등 중앙의 석촌동 적석총고분군 축조 집단과는 차별화된다. 그러므로 4세기 말~5세기 전반의 지방에서 출토되는 금동관모의 착장자를 현지 토착 수장으로 보는 견해가 여러 측면에서 합리적이다.

대부분의 고고학 연구자들은 금동관모 자료들을 간접 통치의 징표로 간주한다. 왕실에 대한 충성 서약이나 복속 의례의 징표로 토착 세력 수장에게 각종 위세품을 사여하고 그들에게 지배권의 일부를 위임하는 대신 중앙에서 필요로 하는 물자와 역역 동원의 책임을 부과하는 등 복속 지역에 대해 간접 통치를 실시하였다는 견해가 지배적이다.[47] 특히 착장형 장신구의 존재를 통해 신속臣屬의 징표로 복식 사여賜與 행위가 있었던 것으로 추정하기도 한다.[48] 이처럼 간접 통치라는 것이 4세기 말~5세기 전반 백제 국가가 실시한 정복 지역에 대한 통치 방식의 하나임이 분명하지만 구체적인 내용은 상당히 다양하였을 것이다.

금공제 위세품의 종류나 유물 구성 등을 통해 백제의 중앙과 지방의 관계를 몇 가지로 분류한 견해가 있는데, 이 중에서 금동관모 등 최상급 착장형 위세품을 받은 지역은 백제의 직할지로 편입된 지역은 아니지만 중요한 지방 거점이면서 전략적 요충지에 해당하는 세력으로 보았다.[49] 그리고 백제 양식 금공제 위세품은 백제 영역 내에 고르게 분포하지 않고 한강 수계, 금강 수계, 그리고 서해안과 남해안을 연결하는 교통 요지에 분포하여 각 지점마다 일정한 거리를 유지하면서 연계를 가졌다고 한다.[50] 이러한 견해들은 금공제 위세품의 사여가 군사 거점의 확보, 특정 물자의 확보, 교통로의 확보 등 전략적 차원에서 이루어졌다는 뜻이다. 따라서 토착 세력에 대한 통제의 강도나 방식은 한성 지역과의 물리적 거리나 세력 크기, 전략적 중요도, 밀착도 등에 따라 달랐을 것이다.

실제 금공제 위세품의 조합 양상은 다양하다. 공주 수촌리, 화성 요리를[51] 제외하고는 연속적으로 사여되는 경우가 많지 않다는 점도 위세품 사여 과정에서 법제화된 신분제적 요소보다 정치·군사적인 전략적 요소가 우선적

47 이한상, 2009, 『장신구 사여체제로 본 백제의 지방지배』, 서경문화사, pp.159~164.

48 이한상, 2009, p.63.

49 권오영은 백제의 직할지로 편입된 지역, 중요한 지방 거점이면서 전략적 요충지, 강력한 세력이지만 차별 대우를 받는 지역, 지방으로 편입하기 위한 노력이 경주된 지역, 우호적 관계의 외국 등으로 분류한다. 권오영, 2007, 「고고자료로 본 지방사회」, 『백제의 정치제도와 군사』, 백제문화사대계 연구총서 8, 충청남도역사문화연구원, pp.243~252.

50 이한상, 2014, 「고고학자료에 투영된 한성백제의 중앙과 지방」, 『백제의 왕권은 어떻게 강화되었나—한성백제의 중앙과 지방—』, 백제학연구총서 쟁점백제사 4, 한성백제박물관, pp.89~92.

51 화성 요리 1호 목곽묘에서 약 120m가량 떨어진 곳에서 또 하나의 금동관모가 발견되었다고 한다. 한성백제박물관·화성시역사박물관, 2021, 『화성 요리 고분군』 2021년 봄 특별전시회 도록, p.80.

으로 작용하였음을 시사한다. 말하자면 5세기 중엽까지도 백제 국가는 정복 지역의 재지 세력을 해체하고 직접 통치를 실시하는 대신 토착 수장을 매개로 다양한 형태의 간접 통치 방식을 구사하고 있었다. 이 단계에서는 이 같은 통치 방식이 오히려 더 효율적이었기 때문이다. 토착 수장의 입장에서도 대외적인 교섭권이나 독자적인 군사 활동에 제약을 받지만 백제 중앙에 복속하는 대가로 안전과 기득권을 보장받는다면 이는 통합 전쟁의 물결 속에서 그들이 생존하고 나름의 권세를 유지할 수 있는 최선의 선택이었을 것이다.

고구려의 낙랑군·대방군 축출 이후 근초고왕은 중국 남조-한반도 서남해안과 낙동강 하구-일본 열도를 연결하는 해상 교역로를 다시 활성화시키는 데 성공하였다. 그러나 이를 안정적으로 운영하기 위해서는 무력 복속 이후에도 해당 지역의 지배세력들과 긴밀한 관계를 유지해야만 하였다.[52] 특히 낙랑군·대방군이라는 완충지대가 사라지고 고구려와 국경을 접한 이래 백제는 고구려의 무력 위협에 맞서야만 하였다. 양국 간의 빈번한 공방전 끝에 급기야 아신왕 대에는 광개토왕의 공격으로(396) 한강 이북의 전 영역이 공략당하고, 왕성이 포위되어 왕제王弟와 대신 10여 명과 남녀 생구生口 1,000명이 잡혀가는 큰 어려움을 당하기도 하였다. 결국 아신왕은 태자 전지腆支를 왜에 질자로 보내는(397) 등 왜와 손을 잡고 방어 전략을 구축하였다. 그러나 400년 신라를 지원한 고구려군의 남정으로 낙동강 하구의 중요 거점을 잃었다.

내부적으로는 근초고왕, 근구수왕 사후 잦은 왕위 교체와 왕위 쟁탈전으로 비유왕毗有王 즉위(427) 즈음까지도 왕권이 불안정한 상황에 놓여 있었다. 말하자면 5세기 전반까지도 왕권을 강화하고 정복 지역을 해체하여 중앙집권적 지배 체제를 구축할 수 있는 여건이 성숙되지 못하였다. 백제 각지에 소재한 금동관모의 소유자는 이 같은 대내외적인 상황과 맞물려 있는 존

52 이현혜, 1988, 「4세기 가야사회의 교역체계의 변천」, 『한국고대사연구』 1; 이현혜, 2000, 「4~5세기 영산강유역 토착세력의 성격」, 『역사학보』 166, p.28.

재이다. 요컨대 근초고왕 대 이후 5세기 전중반까지도 백제 국가는 제한된 지역에서만 직접 통치를 실시하고 나머지 대부분의 영역에 대해 간접 통치를 실시하였다. 이러한 상태의 정치·사회적 발전 단계를 신라사에서는 부체제 단계 내지는 연맹왕국 단계로 설정하고 있으며, 시간적으로는 마립간기(356~499)에 해당된다.

백제 근초고왕과 신라 내물마립간

백제는 신라와 마찬가지로 삼한에 뿌리를 두고 있다. 삼한의 소국들이 통합되어 귀족국가로 성장하는 과정에서 양국은 유사한 점이 많다. 3세기 말까지도 각각 마한과 진한이란 이름으로 나란히 서진에 견사하였다. 그리고 마한, 진한이 아니라 각각 백제, 신라라는 이름으로 동진이나 전진前秦에 조공 사절을 보낸 연대도 양국 간에 큰 차이가 없다. 백제 근초고왕이 처음 동진에 견사한 것이 372년이고, 신라 내물마립간이 전진에 견사한 것이 381년으로 백제보다 9년 정도 늦다.[53] 근초고왕은 내물마립간보다 10년 먼저 즉위하여(346) 29년간 재위하였고, 내물마립간은 356년 즉위하여 두 사람의 재위 기간은 20여 년이나 겹친다.

신라 고고학에서도 4세기 중엽은 중요한 변혁기였다. 신라 양식 토기가 성립되는 시기는 4세기 중엽,[54] 4세기 3/4분기로 설정되고 있다.[55] 그리고 신라식 적석목곽분 성립기도 4세기 3/4분기,[56] 4세기 후엽[57] 등으로 토기, 묘제 면에서 중요한 변화가 일어난 시기가 모두 내물마립간 재위 시기에 해당된

53 377년에도 신라가 전진前秦에 견사한 것으로 보는 견해도 있는데, 이 경우 양국의 중국 견사 연대 차이는 5년밖에 되지 않는다. 『삼국사기』 신라본기에는 내물마립간 26년(381)으로 나오며, 『태평어람』 동이 신라조에 인용된 진서秦書에는 전진前秦 부견符(苻)堅 건원建元 18년(382)으로 나온다.

54 최병현, 2013, 「신라 전기양식토기의 성립」, 『고고학』 12-1, p.51.

55 이희준, 2017, 『신라고고학연구』, 사회평론, p.120.

56 이희준, 2017, p.159.

57 최병현, 2016, 「신라 전기 적석목곽분의 출현과 경주 월성북고분군의 묘제전개」, 『문화재』 49-3, 국립문화재연구소, p.166.

다. 백제 왕성인 풍납토성과 신라 왕성인 월성의 축조 시기도 큰 차이가 나지 않는다. 풍납토성의 초축 시기에 대해서는 2~3세기로 올려 보는 견해가 있었다. 이에 대해 풍납토성 안에서 출토된 중국제 도자기 자료를 근거로 풍납토성 축조 시기가 4세기 후반 이후라는 반론이 나왔다.[58] 그리고 2011년에 조사된 동성벽 구간의 조사를 토대로 동성벽 축조 시점은 4세기 후반의 어느 시점일 가능성이 높고, 풍납토성 초축 연대는 4세기 중엽~후엽이라는 새로운 분석 결과도 있다.[59] 그렇다면 풍납토성 초축 시기 역시 근초고왕 재위 기간과 연계된다.

현재 발굴이 진행 중인 경주 월성의 초축 시기는 최종 결과를 기다려야 알 수 있겠지만 2018년도 발굴 자료 발표에서는 서성벽은 5세기를 전후한 시점에 축조되었고 6세기에 보수된 것으로 추정하였다.[60] 그런데 2019년도 발표 자료에 의하면 월성 해자에서 배 모양 목제품이 출토되었는데 연대 측정 결과가 350~367년 또는 380~424년으로 나왔다. 그리고 해자에서 나온 방패형 목제품 2점의 연대도 하나는 340~411년, 다른 하나는 340~419년으로 나왔다고 한다.[61] 이러한 연대 측정치에 의한다면 월성 초축 시기의 연대폭 역시 내물마립간 재위 시기와 대부분 겹친다.

그리고 근초고왕의 무덤으로 추정되고 있는 서울 석촌동 3호분(그림 II-5-8)과 내물마립간 무덤으로 추정되는 경주 황남대총 남분(그림 II-5-9)으로[62] 대표되는 거대한 분묘들은 백제와 신라 국가의 비약적 성장을 보여 주는 또 다른 상징물이다. 백제와 신라의 왕족과 지배계급들은 각각 적석총과 적석목곽분이라는 차별적인 묘제를 채용하고 왕성 가까이에 그들만의 묘역을 조성하

58 王志高, 2012, 「試論韓國首爾風納土城的三个問題」, 임영진 외, 『동북아시아 속의 풍납토성』, 학연문화사.

59 박중균, 2017, 「한성백제 성곽유적의 최근 발굴성과와 과제」, 『서울지역 고중세 성곽유적에 대한 주요 조사연구 성과와 과제』, 60회 전국역사학대회 고고학부 발표자료집, p.35; 박중균, 2021, 「풍납토성의 성벽 축조기법 및 축조시기 검토」, 『고고학』 20-3, p.119.

60 국립경주문화재연구소·국립경주박물관, 2018, 특별전 『신라 왕궁 월성』 도록, p.33.

61 국립경주문화재연구소, 2019, 『신라 천년의 궁성, 월성』, p.9.

62 눌지마립간의 무덤이라는 견해도 있으나 마립간기 신라 국가의 위상을 상징한다는 의미에서는 큰 문제가 없다.

그림 II-5-8
서울 석촌동 3호분
출처: 문화재청 국가문화유산포털

그림 II-5-9
경주 황남대총 전경
출처: 문화재청 국가문화유산포털

였다. 4세기 중엽 이후 물질 자료상으로 나타나는 이러한 크나큰 변화는 그 사이 진행된 정치·사회적 성장의 결과물이다. 근초고왕과 마찬가지로 내물 마립간도 3세기 말 4세기 초 이래 축적되어 온 통합 작용의 에너지를 토대로 새로운 통치 체제 확립에 성공하면서 마립간기를 열었던 것이다.

백제가 마한 소국을 정복하여 영역을 확대해 나간 것과 마찬가지로 신라도 진한 소국들을 복속시켜 4세기 중후엽경에는 낙동강 이동의 거의 전 지역을 포괄하는 강력한 세력이 되었다. 신라 양식 토기가 낙동강 이동 전 지역으로 확산되고[63] 뒤이어 주요 지역에서는 고총고분이 집단적으로 축조되고, 신라식 위세품이 본격적으로 등장한다. 경상도 각지에서 출토되는 신라식 위세품은 신라와 지방 세력 간의 신속 관계를 나타내는 징표로 해석되고 있다.[64] 그리고 신라식 위세품이 나오는 각지의 고총고분은 토착 지배세력이 신라 국가로부터 영역 내의 지배권을 인정받고 신라 국가에 바칠 공물을 지역 내에서 수취하는 과정에서 자신들의 정치·경제적 기반을 성장시켜 나간 결과물로 본다. 말하자면 신라사 연구자들은 신라식 위세품과 고총고분 자료를 마립간기 신라 국가가 복속 지역에서 실시한 다양한 형태의 간접 지배를 뒷받침하는 물질 자료로 해석한다.[65] 이 같은 고고학자들의 연구 성과는 4~5세기 백제, 신라 두 고대국가의 정치적 발전 과정이나 수준이 크게 다르지 않음을 말해 준다.

신라 마립간기(356~499)는 백제 각지에 금동제 관모류가 사여되던 시기와 대부분 겹친다. 신라에서도 4세기 후엽 내지는 4세기 4/4분기에[66] 이미 지방에서 신라식 금동관모를 부장한 무덤들이 축조되었다.[67] 부산 복천동 10·11

63 최병현, 2013.
64 이한상, 2000, 「4세기 전후 신라의 지방통제방식—분묘자료의 분석을 중심으로—」, 『역사와 현실』 37.
65 이희준, 1998, 「4~5세기 신라의 고고학적 연구」, 서울대학교 박사학위논문; 2017, pp.98~100, pp.311~316.
66 최병현, 2013; 이희준, 2017.
67 이한상, 2004, 『황금의 나라 신라』, 김영사, p.107.

호분과 경산 임당 7A호분이 그러하다.[68] 이후 5세기 후반에 이르기까지 대구, 의성, 양산, 창녕[69] 등 경상도 각지의 토착 수장의 무덤에 신라식 금동관으로 상징되는 화려한 위세품들이 부장되었다(그림 II-5-10).[70] 그중에는 경주에서 직선거리로 40km가량 떨어진 경산 임당동고분(임당 7A)과 60여km 떨어진 대구 달서동고분(37호-1)도 있다. 풍납토성에서 직선거리로 45~50km 떨어진 경기도 화성 요리에서 최상급 금동관과 금동신발이 출토된 것처럼 월성에서 아주 가까운 위치에 있는 경산, 대구 지역에서도 간접 통치의 징표인 신라식 금동관이 출토되었다. 심지어 반란을 일으켜 진압된 기록이 남아 있는 경산 압독국에게도 세대를 이어 여러 점의 금동관(4점)이 사여될 정도였다. 이처럼 마립간기 신라는 철 자원의 중요 공급지였던 울산과 동해안으로 통하는 교통 요지인 포항 등 직접 통치 지역을 제외한 대부분의 복속 소국에 대하여 다양한 수준, 다양한 형태의 간접 통치 전략을 구사하였다.[71]

그림 II-5-10
대구 달성 37호분 1곽 출토 금동관
출처: 이현태·임영희, 『대구 달성유적 II—달성고분군 발굴조사 보고서(1)—』, 국립대구박물관

이와 같이 4세기 중엽~5세기 중엽 백제와 신라는 권력 집중화와 위계화를 나타내는 각종 지표와 물질문화의 발전 과정이 아주 유사하다. 그런데 10년 차이로 즉위하는 근초고왕(346년 즉위)과 내물마립간(356년 즉위) 시기의 정치·사회적 발전 수준을 백제는 중앙집권적 귀족국가 단계로, 신라는 연맹

68 이한상은 5세기 1/4분기와 2/4분기로 편년한다(2004, p.97).

69 이전에 조사된 창녕 교동 7호분 이외에 2020년에 창녕 교동 63호분에서 추가로 신라식 금동관이 출토되었다(국립가야문화재연구소, 2020.11.5. 현장설명회 영상).

70 이한상, 2004, p.107.

71 주보돈, 1996, 「마립간시대 신라의 지방통치」, 『영남고고학』 19, pp.29~36; 이한상, 2000; 이희준, 2017.

왕국(부체제) 단계로 간주하는 것이 과연 합리적인 설명인가? 날로 늘어나는 고고학자료는 근초고왕 대의 백제를 복속 소국의 왕족을 중앙 귀족으로 편입하고 복속 지역에 지방관을 파견하여 직접 통치를 실시한 중앙집권적 고대국가로 간주할 수 있는 여지를 더 이상 보여 주지 않는다.

4. 맺는말

4세기 초엽 낙랑군·대방군의 축출과 고구려의 남하는 한반도 중부 이남 지방의 수많은 정치체들에게 정치, 경제, 군사 모든 면에서 질적으로 새로운 지배 질서와 체제 확립을 요구하였다. 이전부터 축적되어 온 사회 발전 에너지가 응축되어 집단 간 통합이 가속화되고 일과성 약탈 전쟁이 아니라 지속적 영역 확보 전쟁이 이어졌다. 외부로부터의 위협은 내부적 통합을 강요하고 소국별 독자 생존의 길을 더 이상 허용하지 않았다. 대내적으로 일단의 통합을 마무리 지은 백제와 신라는 대외 교섭로 확보를 위해 경쟁에 나섰다. 그런데 대외 전략에 있어서 근초고왕과 내물마립간은 서로 다른 선택을 하였다. 상대적으로 유리한 위치에서 한 걸음 앞서 있던 근초고왕은 동진을 선진 정보와 문물 도입의 대상으로 삼았고, 왜와 군사적으로 손을 잡고 지속적으로 고구려에 대항하였다.

수적으로 열세에다가 지리적으로도 불리한 여건에 있던 신라는 마한 지역을 통하여 군현이나 서진으로 왕래하던 과거의 교섭로를 포기하고 고구려와 북위를 선택하였다. 내물마립간은 고구려의 도움으로 전진에 견사하고(381) 고구려를 선진 문물의 도입 창구로 삼았다. 392년에는 실성實聖을 고구려에 볼모로 보내고, 신속臣屬의 형식을 감수하면서까지 고구려에 도움을 청하였다. 급기야 400년 고구려군과 합세하여 왜의 위협을 물리치고 낙동강 하구에 경남 해안 지역으로 진출할 수 있는 교두보 확보에 성공하였다.

하지만 고구려의 간섭과 압박에서 벗어나기까지 신라가 치러야 할 대가는 가혹하였다. 신라 영역 안에 고구려군이 주둔하고 내물마립간 사후 실성마립간의 즉위(402) 과정에도 고구려의 간섭이 작용하였다. 405년 왜에 볼모로 가 있던 백제 전지왕의 즉위에 왜의 입김이 작용한 것을 연상시킨다. 실성마립간은 내물마립간의 아들 미사흔未斯欣을 왜에 볼모로 보내고(402), 복호卜好를 고구려에 볼모로 보냈다(412). 다행히 눌지訥祗마립간 즉위 후 복호와 미사흔의 귀국 작전이 성공하였지만(418), 427년 평양 천도 이후 고구려의 위협은 더욱 가까워지고 왜의 침략도 끊이지 않았다.[72] 결국 433년 백제와 손을 잡게 되고 눌지마립간 말년경에는 영역 내에 주둔하던 고구려군의 축출에 성공하였다.[73] 그러나 고구려와의 결별은 고구려와의 대치를 의미하므로 군사적 긴장은 더욱 높아질 수밖에 없었다. 이와 같이 복속 지역 수장층에게 금동제 위세품의 사여가 광범위하게 실시된 시기의 대내외적 상황은 백제와 신라가 크게 다르지 않다.

물론 백제는 지리적으로 중국 군현에 인접해 있어서 긍정적이건 부정적이건 그 영향을 신라보다 직접적으로 받았다. 낙랑군, 대방군 축출 이후에는 이들 지역으로부터 유입된 인적·기술적 자원이 백제의 성장에 중요한 요소로 작용하였다.[74] 더욱이 중국 왕조와의 직접적인 통교가 시작되면서 신라보다 선진 문물을 한발 앞서 받아들일 수 있는 이점을 누렸다. 문자 기록이나 선진 종교에 대한 이해나 수용이 빠른 것도 이 때문이다. 하지만 선진 기술과 정보를 습득했을지라도 이를 적용하여 통치 체제를 재편할 수 있는 내적·외적 기반이 성숙되지 않으면 그 효과는 제한적이다. 백제국의 복속 대상인 마한 소국들은 토착적인 뿌리가 오래고 강한 존재들이었다. 안성천 이

72 눌지마립간 대만 해도 세 차례나 왜의 침입 기사가 나온다. 『삼국사기』 신라본기 눌지마립간 28년조에는 왜병이 금성을 10여 일이나 포위하다가 식량이 부족하여 돌아갔다는 기사도 있다.

73 주보돈, 2016, 「부체제의 전개와 고구려」, 『신라의 건국과 성장』, 신라 천년의 역사와 문화 연구총서 2, 경상북도문화재연구원, p.256.

74 여호규, 2016, 「백제 근초고왕대 동진과의 관계」, 『근초고왕과 석촌동고분군』, 한성백제박물관.

남 지역의 마한 소국들이 대부분 그러하였다. 이들은 예계 문화나 주민을 다수 포함하고 있는 백제국과는 문화적 배경이 달랐다.[75] 그리고 진한에 비해 마한 소국들은 수적으로도 월등하게 많고 지역도 넓었다. 더욱이 북으로 고구려의 위협이 날로 커지고 대내적으로 왕권이 불안정한 상태에서 백제 국가가 피복속 소국의 토착 세력을 해체하여 직접 통치를 실시하고 중앙집권적 귀족국가 확립의 단계로 나아가기에는 아직 역부족이었다.

현재까지는 4세기 말~5세기 전반의 금동제 관모류 위세품의 출토 범위가 경기도 화성에서 더 북쪽으로 올라가지 않는다. 반면 인천, 용인, 파주, 의정부 일대에서는 대형 고분도, 최상급 위세품도 확인되지 않는다. 이러한 범위를 직접 통치가 실시된 지역으로 볼 수도 있을 것이다. 직접 통치가 실시되면 인적·물적 자원은 최대한 중앙으로 흡수되고 잉여 산물의 현지 축적 지표인 고총고분 축조는 제한될 수밖에 없다. 그렇다면 근초고왕 대는 일부 직접 통치 지역과 대다수의 간접 통치가 병존하는 형세였을 것이다. 이 시점에서 떠오르는 것은 "부체제 단계에서는 국왕이 직접 지배하는 지역과 간접 지배 지역이 병존하는 특징을 가지는 것으로 규정한다"는 견해이다.[76] 이러한 기준만 적용하더라도 근초고왕 대 이후 5세기 전반 백제의 정치·사회적 발전 수준은 중앙집권적 고대국가 단계가 아니라 연맹왕국(부체제) 단계로 설정하는 것이 합리적이다.

아무튼 백제 지역에서 쏟아져 나오는 고고학자료는 지금껏 문헌기록만으로 그려 낸 백제사의 이미지와는 상당한 거리가 있다. 아직도 1~2세기의 자료가 부족하여 어려움은 있지만 전망은 어둡지 않다. 선입견에서 벗어난 균형 잡힌 시각이 필요한 시점이다.

75 권오영, 2009, 「원삼국기 한강유역 정치체의 존재양태와 백제국가의 통합양상」, 『고고학』 8-2, 서울경기고고학회.
76 노중국, 2012, p.135.

참고문헌

강종원, 2002, 『4세기 백제사연구』, 서경문화사

강현숙, 1999, 『고구려고분연구』, 서울대학교 박사학위논문

경기도박물관, 2006, 『한성백제』

경기문화재연구원, 2012, 『오산 수청동 백제 분묘군』 I~IV

국립경주문화재연구소·국립경주박물관, 2018, 특별전 『신라 왕궁 월성』 도록

국립경주문화재연구소, 2019, 『신라 천년의 궁성, 월성』

국립공주박물관, 2011, 『백제의 관—도판·해설—』

권오영, 2007, 「고고자료로 본 지방사회」, 『백제의 정치제도와 군사』, 백제문화사대계 연구총서 8, 충청남도역사문화연구원

______, 2009, 「원삼국기 한강유역 정치체의 존재양태와 백제국가의 통합양상」, 『고고학』 8-2, 서울경기고고학회

______, 2011, 「한성백제의 시간적 상한과 하한」, 『백제연구』 53, 충남대학교 백제연구소

기호문화재연구원 외, 2013, 『서울 천왕동 연지유적—서울 구로 천왕2지구 국민임대주택단지 내 유적 발굴조사—』

김기섭, 2000, 『백제와 근초고왕』, 학연문화사

김기옥, 2016, 「한강 유역 원삼국시대 분묘 양상」, 『금강·한강 유역의 원삼국시대 문화의 비교연구』, 2016년 호서고고학회·중부고고학회 합동 학술대회 발표문

김낙중, 2011, 「영산강유역 정치체의 성장과 변동 과정」, 『백제학보』 6

김성남, 2006, 「백제 한성시대 남방영역의 확대과정과 지배형태 시론」, 『백제연구』 44, 충남대학교 백제연구소

______, 2014, 「백제 한성기 편년의 현상과 성찰」, 『쟁점, 중부지역 원삼국시대~한성백제기 물질문화 편년』, 숭실대학교 한국기독교박물관 제11회 매산기념강좌 발표문

김영심, 1997, 『백제 지방통치체제 연구—5~7세기를 중심으로—』, 서울대학교 박사학위논문

______, 2000, 「백제사에서의 부와 부체제」, 『한국고대사연구』 17

김정배, 1997, 「초기국가의 성격」, 『한국사 4: 초기국가—고조선·부여·삼한—』, 국사편찬위원회

김진영, 2019, 「광주 곤지암리 유적—경기도 광주에서 원삼국~한성 백제기 마을의 공동묘지, 초대형 돌무지무덤 발굴—」, 『2018 한국고고학저널』, 국립문화재연구소

김태식, 2003, 「초기 고대국가론」, 『강좌 한국고대사』 2, 가락국사적개발연구원

나용재, 2016, 「백제 의관제의 정비시기 검토—은화관식과 금동관모를 중심으로—」, 『사학지』 53, 단국사학회

노중국, 1988, 『백제정치사연구』, 일조각

______, 2012, 「백제의 왕·후호, 장군호제와 그 운영」, 『백제연구』 55, 충남대학교 백제연구소
______, 2013, 「백제의 왕·후호제와 금동관 부장자의 실체-귀장을 중심으로-」, 『한국고대사연구』 70
노태돈, 2000, 「초기 고대국가의 국가구조와 정치운영-부체제론을 중심으로-」, 『한국고대사연구』 17
문동석, 2007, 『백제지배세력연구』, 혜안
박순발, 2001, 『한성백제의 탄생』, 서경문화사
______, 2007, 「묘제의 변천으로 본 한성기 백제의 지방 편제과정」, 『한국고대사연구』 48
______, 2013, 「유물상으로 본 백제의 영역화 과정」, 『백제, 마한과 하나되다』, 한성백제박물관
박중균, 2017, 「한성백제 성곽유적의 최근 발굴성과와 과제」, 『서울지역 고중세 성곽유적에 대한 주요 조사연구 성과와 과제』, 60회 전국역사학대회 고고학부 발표자료집
______, 2021, 「풍납토성의 성벽 축조기법 및 축조시기 검토」, 『고고학』 20-3
박현숙, 2007, 「담로제의 실시」, 『백제의 정치제도와 군사』, 백제문화사대계 연구총서 8, 충청남도역사문화연구원
______, 2014, 「한성백제의 중앙집권화 정도에 대한 연구의 평가」, 『백제의 왕권은 어떻게 강화되었나-한성백제의 중앙과 지방-』, 백제학연구총서 쟁점백제사 4, 한성백제박물관
서현주, 2014, 「백제의 서남방면 진출-고고학적 측면-」, 『근초고왕 때 백제 영역은 어디까지였나』, 백제학연구총서 쟁점백제사 2, 한성백제박물관
성정용, 2001, 「4~5세기 백제의 지방지배」, 『한국고대사연구』 24
안성진, 2017, 「고구려와 백제의 초기 불교 수용 과정」, 『한국고대사연구』 85
양기석, 1995, 「한성시대 후기의 정치적 변화」, 『한국사 6: 삼국의 정치와 사회 II-백제-』, 국사편찬위원회
______, 2000, 「백제 초기의 부」, 『한국고대사연구』 17
여호규, 2008, 「국가의 형성」, 한국사연구회 편, 『새로운 한국사 길잡이』 (상), 지식산업사
______, 2016, 「백제 근초고왕대 동진과의 관계」, 『근초고왕과 석촌동고분군』, 한성백제박물관
이기백, 1976, 『한국사신론』 개정판, 일조각
______, 1989, 『신라사상사연구』, 일조각
이기백·이기동, 1982, 『한국사 강좌 I (고대편)』, 일조각
이남석, 2008, 「백제의 관모·관식과 지방통치제도」, 『한국사학보』 33, 고려사학회
이남규·권오영·문동석, 2004, 「경기 남부 백제유적의 분포양상과 역사적 의미」, 『백제연구』 40, 충남대학교 백제연구소
이도학, 2007, 「백제의 중앙집권체제 확립과 영역 확대」, 『한성도읍기의 백제』, 백제문화사대계 연구총서 3, 충청남도역사문화연구원
이병도, 1976, 『한국고대사연구』, 박영사
이한상, 2000, 「4세기 전후 신라의 지방통제방식-분묘자료의 분석을 중심으로-」, 『역사와 현실』 37
______, 2004, 『황금의 나라 신라』, 김영사

______, 2008, 「백제 금동관모의 제작과 소유방식」, 『한국고대사연구』 51
______, 2009, 『장신구 사여체제로 본 백제의 지방지배』, 서경문화사
______, 2014, 「고고학자료에 투영된 한성백제의 중앙과 지방」, 『백제의 왕권은 어떻게 강화되었나—한성백제의 중앙과 지방—』, 백제학연구총서 쟁점백제사 4, 한성백제박물관
이현혜, 1988, 「4세기 가야사회의 교역체계의 변천」, 『한국고대사연구』 1
______, 2000, 「4~5세기 영산강유역 토착세력의 성격」, 『역사학보』 166
______, 2013, 「백제 고이왕대 연맹왕국설 검토」, 『백제연구』 58, 충남대학교 백제연구소
이훈, 2012, 「금동관을 통해 본 백제의 지방통치와 대외교류」, 『백제연구』 55, 충남대학교 백제연구소
이희준, 1998, 「4~5세기 신라의 고고학적 연구」, 서울대학교 박사학위논문
______, 2017, 『신라고고학연구』, 사회평론
임영진, 1997, 「호남지역 석실분과 백제의 관계」, 『호남고고학의 제문제』, 제21회 한국고고학전국대회 발표문
______, 2019, 「삼국시대 마한사회 위세품의 의미와 성격」, 『고대 동아시아의 금동신발과 금동관』, 국립나주문화재연구소 2019 국제 학술대회
전덕재, 2012, 「백제의 율령 반포 시기와 그 변천」, 『백제문화』 47
정동준, 2017, 「백제 근초고왕대의 지배체제에 대한 연구현황과 과제」, 『한국고대사의 쟁점』, 한국고대사학회 창립 30주년 기념 학술대회 발표문
정치영·윤정현·최진석·강다혜·최재도, 2019, 「새로 찾은 '양평 양근리적석총'의 현황과 특징」, 『백제학보』 30
조우연, 2011, 「4~5세기 고구려의 불교 수용과 그 성격—'왕권강화 이론체계로서의 불교 수용'설에 대한 비판적 고찰—」, 『한국고대사탐구』 7
주보돈, 1996, 「마립간시대 신라의 지방통치」, 『영남고고학』 19
______, 2016, 「부체제의 전개와 고구려」, 『신라의 건국과 성장』, 신라 천년의 역사와 문화 연구총서 2, 경상북도문화재연구원
천관우, 1989, 『고조선사·삼한사연구』, 일조각
최병현, 2013, 「신라 전기양식토기의 성립」, 『고고학』 12-1
______, 2014, 「신라·가야·백제 고고학자료의 교차편년」, 『쟁점, 중부지역 원삼국시대~한성백제기 물질문화 편년』, 숭실대학교 한국기독교박물관 제11회 매산기념강좌
______, 2016, 「신라 전기 적석목곽분의 출현과 경주 월성북고분군의 묘제전개」, 『문화재』 49-3, 국립문화재연구소
충청남도역사문화연구원 외, 2007, 『공주 수촌리유적』
한국문화유산연구원, 2014, 『화성향남2지구 동서간선도로(F·H지점) 문화유적발굴조사』, 한국문화유산연구원 학술자문회의 자료
한성백제박물관·화성시역사박물관, 2021, 『화성 요리 고분군』 2021년 봄 특별전시회 도록
한지선, 2013, 「한성백제기 취락과 토기유물군의 변천양상」, 『중앙고고연구』 12

한지수, 2010, 「백제 풍납토성 출토 시유도기 연구-경당지구 196호 유구 출토품과 중국 자료와의 비교를 중심으로-」, 『백제연구』 51, 충남대학교 백제연구소
홍승우, 2009, 「백제 율령 반포 시기와 지방지배」, 『한국고대사연구』 54

……

王志高, 2012, 「試論韓國首爾風納土城的三个問題」, 임영진 외, 『동북아시아 속의 풍납토성』, 학연문화사

6장
4~5세기 영산강 유역 토착 세력의 성격

1. 영산강 유역의 옹관고분

한반도 중남부 지방에서는 3세기 말~4세기에 이르러 각 지역별로 정치적 통합 작용이 활발하게 진행되었다. 이른바 여러 정치체 간의 관계가 수평적 관계에서 수직적 관계로 질적인 전환이 이루어지는 시기였다. 문헌에 반영된 이 시기의 가장 큰 변화는 백제, 신라 국가의 등장이며, 고고학자료상 가장 큰 특징은 대규모 고총고분의 출현이다. 이러한 정치적 통합 과정에 대한 지금까지의 연구는 주로 통합 주체인 백제, 신라 국가의 세력 확장과 권력 집중 과정에 집중되었다. 반면 통합 과정에서 전개되었던 과도기적 체제나 상황에 대해서는 많은 부분이 의문으로 남아 있다. 백제, 신라에 의해 통합된 개별 정치체들은 크기나 존속 기간도 서로 달랐으며 그들과 백제 또는 신라 중앙 정부와의 관계도 다양하게 전개되었을 가능성이 높다. 이런 의미에서 중도에 병합당한 개별 정치체에 초점을 맞춰 신라, 백제 국가의 성장 과정을 조명해 보는 것도 유용한 작업이라 생각된다.

지금까지 예로 보아 각지의 개별 정치체들은 문헌기록보다 고고학자료를 통해 구체적인 모습을 드러내는 경우가 많다. 백제사와 관련하여 주목받고 있는 영산강 유역 토착 세력에 대한 연구 역시 옹관고분甕棺古墳[1]이라는 독특한 묘제와 각종 고고학자료의 증가에 힘입은 바 크다. 연구자들은 옹관고분의 주요 분포지가 영산강 유역이므로 이들을 영산강 유역 정치체[2] 또는 영산강 유역 토착 세력으로 부른다. 그리고 이 세력들은 문헌기록에 나오는 마한 신미제국新彌諸國 또는 침미다례忱彌多禮,[3] 모한慕韓[4] 등에 비정되기도 하고, 그냥 '옹관고분사회'[5]로 불리기도 한다.

이들에 대한 관심은 이 지역이 백제에 통합된 시기가 언제인가를 밝히는 데서 비롯되었다. 그러나 고고학자료가 늘어남에 따라 이들과 백제 중앙 정부와의 관계를 둘러싸고 연구자 간에 상반된 견해들이 다양하고 복잡하게 개진되고 있다. 이러한 시각 차이는 문헌 및 고고학 자료에 대한 해석뿐 아니라 백제를 비롯한 주변 정치집단 간의 대외 관계사 측면에서도 이해를 달리할 수 있는 요소가 많이 내포되어 있다.

그러므로 문제 해결의 실마리를 찾기 위해서는 이른바 영산강 유역 정치체의 실상에 대한 좀 더 구체적인 검토가 필요하다. 이 장에서는 일단 1980~1990년대에 이루어진 영산강 유역 토착 세력을 둘러싼 기존의 견해들을 간단히 정리하고자 한다. 그리고 옹관고분 축조 집단을 중심으로 영산

1 국립광주박물관, 1992,『한국의 옹관묘』, p.24. "옹관묘와 달리 분구를 가지면서 U자형 전용 옹관을 사용하는 지배계층의 독특한 묘제를 뜻한다"(이정호, 1996,「영산강유역 옹관고분의 분류와 변천과정」,『한국상고사학보』 22, p.31). "옹관고분의 특징은 옹관의 크기가 대형화되고, 일상용 토기가 아니라 U자형 전용 옹관을 사용하며, 봉분의 규모도 대형화하므로 이를 다른 지역 옹관묘와 구분하여 영산강 유역의 대형 옹관묘를 옹관고분으로 칭한다"(강봉룡, 1999b,「영산강유역 '옹관고분'의 대두와 그 역사적 의미」,『한국사론』 41·42합집, 서울대학교 국사학과, p.2·31).

2 박순발, 1999,「백제의 남천과 영산강유역 정치체의 재편」,『한국의 전방후원분』, 백제연구 한일학술회의 발표문, 충남대학교 백제연구소.

3 노중국, 1987,「마한의 성립과 변천」,『마한·백제문화』 10, p.40.

4 東潮, 1997,「榮山江流域と慕韓」,『高句麗考古硏究』, 東京: 吉川弘文館, p.393.

5 옹관고분을 지표로 하는 영산강 유역 고대 사회를 지칭하며, 그 공간적 범위는 옹관고분의 분포 범위와 대체로 일치하고, 시간적 범위는 옹관고분의 존속 시기와 대응되는 것으로 파악한다. 강봉룡, 1997,「5~6세기 영산강유역 '옹관고분사회'의 해체」,『백제의 지방통치』 1, 제18회 한국상고사학회 학술발표회 발표문, p.48; 강봉룡, 1999a,「3~5세기 영산강유역 '옹관고분사회'와 그 성격」,『역사교육』 69, p.68.

강 유역 토착 세력의 정치·사회적 성격을 검토하고자 한다. 대상 시기는 4세기 후반부터 5세기 중후반 석실분 도입 이전까지로 잡고자 한다. 4세기 후반은 문헌상으로 옹관고분 축조 집단들과 백제 사이에 본격적인 교섭이 시작된 시기이며, 5세기 중후반은 옹관고분이 석실분으로 교체되는 시기이다. 특히 석실분이 축조되면서 전방후원형前方後圓形 분구墳丘를 가진 대형 고분이 전남 지역 여러 곳에서 확인되어 그 출현 배경을 두고 많은 논쟁이 이어졌다. 이러한 논쟁 역시 옹관고분 축조 단계의 영산강 유역 정치체의 실상에 대한 이해를 전제 조건으로 삼고 있다. 그러므로 4~5세기 영산강 유역 정치체에 대한 연구는 이 시기 백제의 지역 통합 과정에 대한 이해와 백제-왜 교섭사의 일단을 살펴보는 작업이기도 하다.

2. 영산강 유역 토착 세력에 대한 연구 동향(1980~1990년대)

마한 지역에 있던 여러 소국들은 일찍부터 지역별로 소국연맹체를 형성하여 제한적이나마 통합적인 기능을 발휘하였다. 그중에서도 중국 사서에 기록이 남을 정도로 알려진 것은 3세기 전반 마한 목지국目支國 진왕辰王을 맹주로 하는 소국연맹체였다. 당시 전남 지역 마한 소국들과 목지국 진왕과의 관계는 불확실하나 어떤 형태로든 관계를 가진 것으로 보여진다. 이후 백제국의 성장으로 경기도와 아산만 일대가 백제국의 세력권에 들어가고 목지국 진왕 주도의 소국연맹체가 해체되면서 전남 지역의 마한 소국들 사이에도 변화가 있었다.

『진서晉書』에는 276~291년 사이 중남부 지방 정치체들이 동이, 마한, 진한의 이름으로 중국 서진과 통교한 기록이 여러 차례 나온다(표 II-2-2 참조). 서진과 통교한 견사 주체들은 각 지역별로 형성된 소국연맹체들로 각 연맹체의 지리적 범위와 운영 방식은 의문이나 이들이 원거리 대외 교역을 실시할 정도의 조직력을 갖춘 것은 분명하다. 이 가운데는 전남 지역 토착 세력으로 추정되는 신미국新彌國을 대표로 하는 29개 마한 소국들의 견사 기록도 있다(282, 289년) (표 II-2-2 참조). 신미국의 위치는 전라도 지역으로 비정되므로[6] 이 시기 전라도 지역 토착 세력들은 신미국을 맹주로 소국연맹체를 형성하였던 것으로 확인된다. 『삼국지』 동이전에 열기된 마한 소국 전체의 숫자가 54~55국인 것을 감안한다면 신미국을 포함한 29개 소국은 이들의 규모가 상당한 수준임을 시사한다. 그러나 291년 이후에는 서진 본국의 사정으로 신미국뿐 아니라 마한, 진한의 이름으로 서진과 통교하던 다른 정치 세력들도 더 이상 중국 문헌에 나타나지 않는다.

고고학자료상 대형 고분의 출현을 통해 입증되듯이 중남부 각지의 정치체들은 각 지역별로 성장을 이어갔다. 그중 백제국소국연맹체와 사로국소국연맹체는 백제, 신라라는 한 단계 발달된 정치조직체로 성장하였다. 그러나 수직적인 통합 조직으로 재편되지 못하고 여전히 수평적인 결속 관계에 머물거나 개별적인 성장을 지속하는 소국들도 적지 않았다. 변한 소국들과 영산강 유역 소국들이 대표적이다. 어느 경우든지 각 정치체의 중심지에는 지속적인 성장 과정을 보여 주는 대형 고분이 남아 있다. 고분의 형식이나 구조, 부장품은 지역에 따라 서로 다르나 고총고분이 출현한 시대적 배경은 크게 다르지 않다.

널리 알려진 대로 4~5세기 영산강 유역에서는 옹관고분으로 알려진 대형 고분이 축조되었다. 옹관고분 축조자들은 U자형 전용 옹관을 만들어 시신을 매납하고, 단일 봉토 속에 여러 사람의 옹관을 매장하였다. 이러한 대형 옹관고분군의 존재는 다른 형식의 대형 고분과 마찬가지로 일정한 영역 내에서 그곳의 인적·물적 자원을 축적할 수 있는 지배자들이 존재한 것을 뜻한다. 3세기 말 이래 이 지역에서 진행된 정치권력의 성장 과정이나 배경

6 노중국, 1987, p.39. 구체적으로 전남 해남 지역으로 비정하는 견해도 있다. 이도학, 1995, 『백제 고대국가 연구』, 일지사; 강봉룡, 1999a, p.86.

을 계기적으로 살필 수 있는 자료는 부족하나 그러한 변화가 갑작스럽게 진행된 것은 아닐 것이다. 옹관고분에 이르기 이전 단계의 옹관 형식이 이 지역 내에서 두루 확인되고 있어 옹관고분이라는 묘제의 성립은 토착 세력의 지속적인 성장 결과로 보는 것이 합리적이다.

그런데 전남 지역의 옹관고분 축조 집단에 대해서는 주로 이들과 백제 중앙 정부와의 관계에 관심이 집중되어 왔나. 4세기 후반 이래 옹관고분의 수인공들이 다스리던 정치체가 백제의 지배 아래 있었는지, 아니면 독립된 정치체로 존속했는지, 그리고 이 지역의 토착 세력이 해체되고 백제의 직접 통치가 실시된 시기가 언제였는지 등이 주요 주제였다. 그러나 연구자마다 견해가 서로 다르고, 자료와 기준도 다양하다. 문헌 및 고고학 자료 중 어느 쪽 자료에 비중을 둘 것인지, 백제 영역화 여부를 판단하는 기준이 무엇인지 등 견해차가 적지 않다. 쟁점 중심으로 이를 간단히 정리하면 다음과 같다.

그 대표적인 견해의 하나는 4세기 후반 백제 근초고왕의 전남 지역 정복 활동 이래 이 지역은 백제 영역이 되었고, 백제 중앙 정부는 일정 기간 토착 지배계급을 매개로 이 지역을 간접 통치하다가 직접 통치로 전환하였다는 것이다.[7] 이들은 주로 문헌기록을 근거로 한 연구들이다. 즉 왜의 신공神功 황후가 전남 지역을 정벌하여 백제에게 준 것으로 되어 있는 『일본서기日本書紀』 신공기神功紀의 기록은 실은 백제 근초고왕의 전남 지역 정복 활동을 전하는 기사이며, 이를 근거로 이 지역은 369년 이후 이미 백제의 영역으로 편입되었다는 것이다.

두 번째는 전남 지역에 대한 근초고왕 대의 정복은 지속적인 지배 체제를 구축하지 못한 채 일과성으로 끝나 버린 역사적 사건이며, 오히려 백제의 전남 지역 경략이 재지 거수층으로 하여금 거대 고분을 축조하게 하는 자극

7 이병도, 1976, 「근초고왕척경고」, 『한국고대사연구』, 박영사, p.514; 천관우, 1991, 「복원 가야사」, 『가야사연구』, 일조각, p.23; 노중국, 1988, 『백제정치사연구』, 일조각, p.120.

제로 작용하였을 것이란 견해이다.[8] 그러므로 영산강 유역 옹관고분의 주인들은 상당 기간 백제 중앙의 통제권에서 벗어나 실질적인 자치권을 행사한 것으로 보았다.[9] 이 견해는 이 지역에 나주 신촌리 9호 옹관고분처럼 금동관, 환두대도, 금동신발 등 화려한 유물을 부장하거나 분구의 밑변이 30m를 넘는 대형 고분들이 축조되고 있다는 사실에 주목하여 백제의 통제권에서 벗어난 강력한 통치력을 가진 토착 지배집단의 존재를 상정하였다. 그리하여 근초고왕의 정복 활동은 역사적 사실로 인정하되 이후 이 지역에 대한 백제의 지속적인 통치권 행사에 의문을 표하고, 토착 지배집단의 자치적인 권력 행사의 측면을 강조하였다.

세 번째 견해는 근초고왕의 전남 지역 정복설은 사실로 인정하기 어렵지만 설령 인정한다고 해도 기년은 369년(249년+120년=369년)이 아니라 429년이라는 주장이다.[10] 『일본서기』에는 당시 군사 활동에 참여한 목라근자木羅斤資라는 인물이 두 곳에서 나오는데[11] 그의 아들 목만치木滿致가 개로왕 대(475)에 활동한 목협만치木劦滿致와 동일 인물이므로 목라근자의 활동 시기는 369년보다 1주갑 내려오는 429년이라는 주장에 근거한 것이다. 그러므로 신공기 49년조 기사는 백제의 전남 지역 영유설의 사료적인 근거가 되지 못하며 4세기 백제의 전남 지역 정복설 자체를 인정할 수 없다는 것이다.[12] 그리고 한 걸음 더 나아가 영산강 유역의 정치체를 『송서宋書』에 나오는 '모한慕韓'에 비정하여 독립된 정치체로서의 지위를 부여하였다.[13] 이러한 견해들은 영산강 유역의 토착 세력이 5세기까지도 독자성이 강한 정치

8 성낙준, 1997, 「백제의 지방통치와 전남지방 고분의 상관성」, 『백제의 중앙과 지방』, 충남대학교 백제연구소, p.238.

9 성낙준, 1997, pp.241~242.

10 田中俊明, 1997, 「熊津時代 百濟의 領域再編과 王·候制—榮山江流域의 百濟領域化問題와 關聯하여—」, 『백제의 중앙과 지방』, 충남대학교 백제연구소, pp.261~262.

11 『日本書紀』에는 神功紀 49년조 이외에 應神紀 25년조(414) 세주에 百濟記를 인용하여 "木滿致는 木羅斤資가 신라를 토벌할 당시 그 나라의 여자를 취하여 태어났다"는 기사가 실려 있다.

12 田中俊明, 1997, pp.261~262.

13 東潮, 1997, p.393; 田中俊明, 1997, p.266.

집단으로 존속했다는 주장이며, 전남 지역에 대한 왜의 영향력을 염두에 둔 설이다.

신공기에는 백제의 근초고왕과 왕자 귀수貴須가 함께 등장한다. 이들은 중국 동진東晉에 대한 견사를 통해, 그리고 칠지도七支刀에 의해 활동 시기가 객관적으로 검증된 인물들이다. 반면 목만치와 목협만치는 동일 인물이 아니라는 견해도 있다.[14] 어디까시나 신공기 기사의 주인공은 근초고왕과 왕자 귀수이지 목라근자가 아니다. 그러므로 목라근자에 관한 기록이 근초고왕과 왕자의 활동 시기에 관한 기록을 부인할 정도로 더 우위의 신빙성을 가진 자료는 아니다. 따라서 이것이 근초고왕의 전남 지역 정복 활동을 원천적으로 부인할 근거는 될 수 없다.

이 밖에 문헌기록과 고고학자료를 종합하여 기존의 견해를 지지하거나 보강하는 연구들이 이어졌다. 예를 들면 근초고왕 남정 이래 영산강 유역에 대한 백제의 지속적인 지배를 입증하기 위해 백제의 지방 지배 방식에 대해 간접 통치라는 모호한 표현을 지양하고 보다 구체적 설명을 시도한 견해가 있다.[15] 이에 의하면 독립 정치체설의 근거가 되는 고총고분 축조는 백제의 영향력에서 비롯된 것이며, 나주 신촌리 9호분의 화려한 위세품들도 백제 중앙 정부의 사여품으로 간주한다. 이와 달리 특정 양식 토기의 분포와 정치체의 영역이 일치되는 경우가 많다는 전제 아래 영산강 유역 토착 세력이 토기 양식 등에서 독자성을 유지하였다는 사실을 들어 이들을 국가 단계에 준하는 정치체로 간주하는 견해도 있다. 즉 5세기 후반경 영산강 유역의 정치체는 고구려 남하에 대항하여 백제, 왜와 지배적 동맹 관계를 맺을 정도로 독자성이 강한 정치체였다는 것이다.[16]

14 목만치는 목라근자의 아들로서 구이신왕久爾辛王 대에 활동하였고 목협만치는 개로왕 대에 활동한 별개의 인물로 본다. 노중국, 1994, 「백제의 목협(라)씨세력연구」, 『백제사회의 제문제』, 충남대학교 백제연구소, p.181.

15 주보돈, 1999, 「백제의 영산강유역 지배방식과 전방후원분 피장자의 성격」, 『한국의 전방후원분』, 백제연구 한일학술회의 발표문, 충남대학교 백제연구소.

16 박순발, 1999.

이상에서 살펴본 대로 영산강 유역 토착 세력에 대한 논쟁은 단순히 백제의 영역이나 통치 방식에 국한되지 않고 이 시기 한반도 각지의 정치 집단과 왜를 포함하는 여러 정치 세력들의 성격이나 교섭 형태에 대한 인식과 직결되어 있다. 그러나 어느 관점을 견지하거나 문제 해결의 실마리는 영산강 유역 토착 세력 자체의 성격 파악에 있다. 이를 위해 옹관고분 축조 집단의 상호 관계, 조직체의 규모와 범위 등이 우선적으로 검토되어야 한다. 그리고 이들의 성격도 고정적인 것이 아니었을 것이므로 근초고왕 남정 시기와 나주 신촌리 9호분 축조 시기 등 단계별 구분이 필요하다.[17]

3. 4세기 후반 옹관고분 축조 집단의 정치·사회적 성격

기존 연구에서 밝혀진 대로 『진서』의 견사 기록 이후 전남 지역 토착 세력이 문헌기록에 등장하는 것은 369년 침미다례 등이 백제 근초고왕의 정복 대상이 되면서부터이다. 근초고왕 남정 당시의 전남 지역 상황이 어떠했는지는 분명하지 않으나 몇 가지 가능성은 상정될 수 있다. 첫 번째는 각 소국 간에 『진서』 신미국 단계, 즉 3세기 말 이래의 수평적 결속 관계가 부분적으로 존속된 경우, 두 번째는 맹주 세력을 중심으로 다수 소국들이 보다 발달된 정치체로 개편된 경우, 세 번째는 개별 소국 단위로 해체되어 성장을 지속한 경우 등이다. 문헌상으로는 이러한 의문을 풀어 나가는 데 활용될 수 있는 다른 자료가 거의 없다. 다만 당시 전남 지역 소국 중심지에는 지배집단의 무덤인 옹관고분이 남아 있으므로(그림 II-6-1 참조) 이를 통해 각 소

17 묘제상 4세기 후반~5세기 전반은 분구가 낮고 부정형한 저분구묘(옹관+토광, 옹관) 시기이며, 5세기 후반~6세기 초엽은 방대형, 원형의 고분구묘(옹관)가 축조된 시기로 양자를 구분한다(박순발, 1998, 「4~6세기 영산강유역의 동향」, 『백제사상의 전쟁』, 제9회 백제연구 국제학술대회 발표문, 충남대학교 백제연구소, pp.98~102). 또는 옹관고분 대두기인 4~5세기 전반을 전기 옹관고분 단계, 5세기 후반~6세기 전반을 후기 옹관고분 단계로 구분하기도 한다(강봉룡, 1999b).

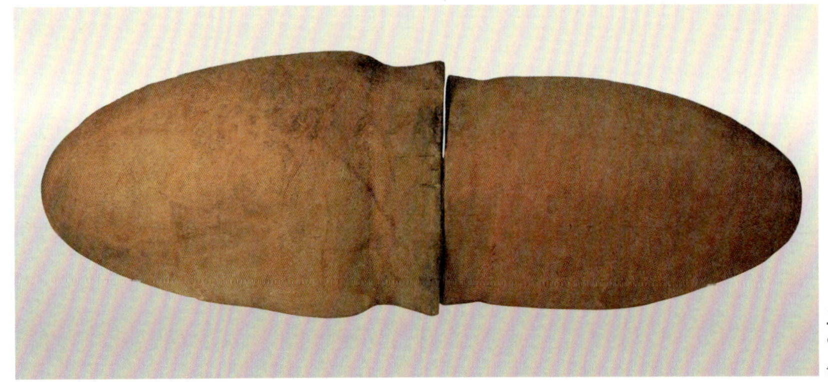

그림 II-6-1
영암 월송리 옹관
출처: 국립전주박물관, 2009

국의 분포와 그들 간의 상호 관계, 핵심 세력 등을 추정해 볼 수 있다.

옹관고분은 전남 나주, 영암, 무안, 함평 등 영산강 본류와 지류 유역과 해남, 강진, 영광 등 서남해안 지역에 널리 분포한다.[18] 먼저 옹관고분의 분포 상태를 통해 옹관고분을 축조한 소국의 개략적인 숫자를 추정해 볼 필요가 있다. 이 시기 각국들은 대개 마한 시기의 소국들이 계승, 발전된 것으로 소국을 구성한 국읍과 읍락의 분포상에도 획기적인 변화는 없었을 것이다. 시간이 지나면서 읍락의 규모가 커지고 소속 취락의 숫자는 증가하였겠지만, 3~4세기 단계의 국읍과 읍락들은 국을 구성하는 기본 단위로 국이 해체될 때까지 존속하였을 것이며 고분이 분포한 지역은 국읍 또는 읍락의 중심지였을 것이다. 김해 지역을 참고로 읍락 간의 거리를 보면 국읍에 해당하는 김해 대성동고분군에서 동쪽 가장자리에 해당하는 예안리고분군까지 직선거리가 10km 정도 된다. 그리고 김해 세력의 서쪽 부분에 해당하는 양동리고분군에서 예안리고분군까지 직선거리로 12km 정도 된다.[19] 경산 압독국押督國의 경우 8개 고분군이 확인되고 있으며 각 고분군 간의 직선거리

18 국립광주박물관, 1992, pp.28~30; 목포대학교박물관·전라남도, 1996, 『전남의 고대 묘제—본문—』, pp.603~653.
19 당시 고분과 취락은 가까운 거리에 있었으므로 중요 고분군의 분포는 취락 분포를 추정하는 간접 자료로 활용될 수 있다.

는 15km 미만으로 나타난다.[20] 각국의 범위를 좀 더 크게 잡아 4세기 후반경 경상도 각지의 정치체 영역을 반경 20~25km로 추정한 견해도 있다.[21] 3세기보다 4~5세기가 되면 개별 소국의 영역 범위도 확대되는 것이 일반적인 추세였을 것이다. 이러한 점들을 고려한다면 국읍을 중심으로 반경 10km 정도에 위치한 집단은 별개의 국이라기보다 국읍과 읍락의 관계로 간주하는 것이 옳을 것 같다. 예컨대 영암 시종 지역과 나주 반남 지역은 현재의 행정구역상으로는 군을 서로 달리하지만 영암 시종 대형 고분군에서 나주 반남고분군, 그리고 나주 다시면 복암리까지는 각각 직선거리 10km 미만이다. 그러므로 이들을 별개의 소국으로 보기보다 하나의 소국을 구성했던 국읍 또는 읍락 단위로 보는 것이 타당할 것 같다. 그 나머지 옹관고분이 분포한 각 지역들, 즉 함평읍 지역(함평읍, 함평군 학교면 마산리),[22] 함평군 월야면 지역, 해남 지역, 영광 지역, 강진 지역은 거리상으로 각각 개별 소국으로 비정될 수 있다.[23] 이러한 개략적인 추정만으로도 전용 옹관을 사용하는 옹관고분이라는 고분문화를 공유한 소국의 존재가 최소한 5~6개 정도 확인된다.[24]

그런데 백제 근초고왕의 전남 지역 공략설의 근거가 되고 있는 『일본서기』 신공기 49년조 기사에 의하면 369년 당시 침미다례를 포함하여 5~6개 읍이 백제에 항복한 것으로 되어 있다. 침미다례 등의 지리적 위치에 대해서는 전남 지역 또는 전북 해안 지역 등 견해가 다양하다.[25] 당시 백제는 대

20 김용성, 1989, 「경산·대구지역 삼국시대 고분의 계층화와 지역집단」, 『영남고고학』 6, p.36.

21 이성주, 1998, 「신라·가야사회의 정치·경제적 기원과 성장」, 서울대학교 박사학위논문, p.199.

22 무안 사창리 지역을 어느 세력권에 포함시켜야 할지는 약간 의문이다.

23 세분하여 나주 반남, 나주 복암리, 영암 시종을 별개의 세력 집단으로 보아 해남 지역에 3개의 세력 집단이 있었던 것으로 파악하는 견해도 있다(강봉룡, 1999a, pp.75~77).

24 무안 사창리와 나주 복암리 고분군은 각각 영산강 건너 서쪽과 북쪽에 위치한다. 이들을 영암 시종 세력과 마찬가지로 반남 신촌 세력에 소속된 읍락군의 하나로 볼 것인지 독립된 소국으로 볼 것인지 검토의 여지가 있다.

25 비리: 전남 지역, 벽중: 전남 보성, 포미지: 전남 나주, 반고: 전남(이병도, 1976, pp.512~513)/비리: 전남 보성, 벽중: 전남 보성, 포미: 전남 나주, 지반: 전북 부안, 고사: 전북 고부(전영래, 1985, 「백제남방경역의 변천」, 『천관우선생환력기념 한국사학논총』, 정음문화사, pp.142~143). 항복한 읍들을 금강 이남 노령산맥 이북의 충남 및 전북 지역에 분포하는 세력으로 해석하는 견해도 있다(박순발, 1999, p.100).

방고지帶方故地를 두고 고구려와 대결하면서 황해도 남부 지역까지 진출하였고, 고구려 고국원왕故國原王을 전사시킬 정도로 강한 전투력을 갖추었다. 그러므로 근초고왕 부자가 출동하고 왜까지 일부 끌어들여 공략을 시도할 정도라면 이들은 한 지역을 대표하는 유력한 세력 집단이거나 또는 전략적으로 중요한 위치에 입지한 집단임이 분명하다. 그런데 영산강 유역에는 분구의 아랫변이 30m를 넘는 대형 고분이 다수 분포하며, 영산강 하구는 백제가 서남해안을 연결하는 해상로를 개척할 때 꼭 확보해야 할 지역이다. 특히 4세기 후반의 대형 옹관고분이 집중 분포한 곳은 영산강 하구에 위치한 영암 시종면 지역으로 조사되었다.[26] 따라서 침미다례를 비롯하여 근초고왕 남정의 주요 대상이 된 지역은 영산강 유역 옹관고분 축조 집단으로 서남해안 교역 루트의 중요 지점에 위치한 세력으로 추정된다. 이처럼 근초고왕의 남정 대상을 옹관고분 축조 집단들로 볼 경우 고고학자료와 문헌연구자들의 지리적 위치 비정과 맞지 않는 부분이 많다. 그러나 음운에 근거한 지명 비정을 취한다면, 예를 들어 전라남도 끝인 해남에 있는 침미다례가 공략당하였는데 전북 김제(벽중辟中)나 전북 고부(고사古四)에 있는 세력이 싸우지도 않고 항복한 것이 되어 내용상 모순이다. 이는 음운을 토대로 하는 기존의 지명 비정 방법이 재고될 필요가 있음을 뜻한다.

그런데 신공기 기사에서 주목을 끄는 것은 침미다례가 도륙당하자 비리比利, 벽중辟中, 포미지布彌支, 반고半古 4읍四邑(비리, 벽중, 포미, 지반, 고사로 끊어 읽으면 5읍이 된다)[27]이 스스로 항복하였다는 대목이다. 침미다례忱彌多禮를 심미다례沈彌多禮로 읽고 그 전신이 신미국新彌國이라면[28] 그 밖에 읍으로 표현된 각 정치집단들 역시 소국 단위의 정치체를 지칭하는 것으로 볼 수 있다. 그런데 침미다례가 도륙당하자 다른 4~5개국은 대항해 싸우지도 않고

26 국립광주박물관, 1992, p.26.
27 전영래, 1985, p.14.
28 노중국, 1987, p.39.

한꺼번에 항복했다는 사실은 그들이 침미다례와 긴밀한 관계를 맺고 있었다는 증거이다. 즉 동반 항복한 각국들은 단순히 지리적으로 인접했다기보다 이전부터 침미다례와 정치·경제·군사적으로 밀접한 관계를 유지했던 것으로 해석하는 것이 옳다. 아마도 이들은 근초고왕의 공격을 받은 침미다례를 지원하거나 함께 전쟁에 참여하였을 가능성도 있다. 그렇다면 근초고왕 남정의 표적이 된 것은 침미다례만이 아니라 이를 포함하는 다수 소국들이었으며, 자연 항복했다는 4~5읍은 연맹체의 구성원으로 볼 수 있다.[29]

그런데 의문스러운 것은 이들 소국연맹체의 성격이다. 다시 말하면 여러 지역에 흩어져 있는 이들 옹관고분 축조 집단들의 상호 관계가 어떠한 성격이었는가 하는 것이다. 이들이 묘제를 공유하고 있다는 것은 분명 시사하는 점이 많다. 적어도 묘제가 공통된다는 것은 그들의 문화 기반이 서로 공통됨을 시사한다. 내세관이라든가 장제葬制라든가 하는 정신적인 면만이 아니라 전용 옹관의 제작과 유통, 봉토 조성의 전통과 의미 등 여러 측면에서 이들은 정치·문화적으로 공통분모를 가진 집단들이다. 옹관고분이라는 토착성이 강한 묘제를 공유한다는 점에서 더욱 그러하다. 그러므로 이들은 이전부터 기술과 물자, 정보 등을 교환하면서 정치·경제적으로 빈번한 교류 관계를 유지해 왔던 것으로 생각된다.[30]

그러나 사회·문화적 유사성이 항상 정치적으로 통합된 정치조직체의 존재를 반영하는 것은 아니다. 동일한 문화권 내에서도 지역별 정치·사회적 상황과 발전 수준에 따라 집단 간의 관계는 서로 다를 수 있다. 실제 옹관고분 축조 집단들 간에도 이미 세력의 우열이 있었다. 4세기 후반, 즉 전기 옹관고분 단계에 속하는 저분구低墳丘 옹관고분 중에서 분구 규모가 큰 고분들이 영암 시종면 일대에 집중 분포하는 것으로 조사되어 이 지역이 가장

29 노중국(1987, p.39)은 이들을 신미국(침미다례)을 중심으로 지역연맹체를 형성한 20여 소국 중에 포함되는 것으로 이해하였다.

30 강봉룡은 옹관고분 축조 집단들 간에 정치적 연대·연맹 관계가 급속히 이루어져 간 과정을 나타내는 것으로 해석하였다(1999b, p.19).

우세한 세력이었던 것으로 추정되고 있다.[31] 그렇다면 4세기 후반 시종·반남 지역 소국은 소국연맹체의 맹주로 간주될 수 있다.

그러나 세력의 우열이 수직적인 지배·복속 관계로 발전될 수도 있으나 항상 그러한 것은 아니다. 경우에 따라서는 수평적인 결속 관계를 극복하지 못한 채 새로운 국면을 맞이하기도 한다. 따라서 옹관고분 집단 간의 교류가 대등한 결속 관계에 바탕을 둔 것인지 수직적 복속 관계에 의한 것인지가 중요하다. 신라, 가야 지역의 경우 묘제의 공통성이 곧 통합된 정치체의 세력권을 반영하지는 않는다. 4~5세기 낙동강 동안 지역의 다수 소국들은 신라의 세력권에 복속되었음에도 불구하고 경주의 적석목곽분과는 달리 목곽분, 석곽분이 주류를 이루어 묘제상으로는 오히려 가야 지역과 통한다. 같은 시기 경기, 충청 지역의 지배세력 역시 백제 세력권에 편입되었으나 묘제상으로는 백제 중앙 지배계급의 기단식적석총을 따르지 않았다. 즉 신라나 백제처럼 집단 간의 결속이 수평적인 관계에서 수직적인 관계로 재편된 곳에서는 오히려 묘제상으로 뚜렷한 차별이 생겨났다.

반면 가야 각지의 소국들은 세부적인 차이는 있으나 대체적으로 목곽분과 수혈식 석곽분이라는 묘제를 공유하였고, 맹주국이라고 해서 묘제가 특별히 다르지 않았다. 이러한 현상은 가야 각국 사이에 연맹 관계는 맺어졌으나 지배, 복속 관계를 토대로 하는 통합된 조직체가 성립되지 않았던 상황을 반영하는 것으로 해석된다. 소국 간의 결속 관계가 보다 완만했던 삼한 시기의 분묘 자료를 보면 그러한 현상이 좀 더 분명해진다. 각 소국 간에 수평적인 관계가 일반적이었던 진·변한 지역의 지배계급들은 거의가 토광목관(곽)묘에 매장되었다. 분묘의 크기나 부장 유물의 질적·양적 차이를 통해 세력의 우열은 인정되나 경주 사로국斯盧國이나 김해 구야국狗邪國의 지배계급을 특징 짓는 그들만의 분묘 양식은 아직 확립되지 않았다.

31 강봉룡, 1999a, p.70.

이러한 기준에서 보면 묘제가 공통되고 세력의 우열이 존재한다는 사실만으로는 강력한 결속력을 발휘하는 위계화된 정치조직체의 존재를 상정하기 어렵다. 물론 옹관고분 축조 집단 내에서도 세력의 우열이 존재하였고 분구의 크기가 월등히 크다는 점에서 시종·반남 지역 소국이 상대적으로 우위에 있었던 것은 인정된다. 그러나 현재까지의 조사 자료만으로는 묘제나 부장 유물 면에서 시종·반남 세력과 다른 지역 옹관고분 축조자들 사이에 근본적인 차별보다는 공통점이 더 많다. 아직은 4세기 후반의 저분구 옹관고분에 대한 발굴 자료가 주로 시종면 지역에 집중되어 이들과 다른 지역 옹관고분 축조 집단들 간의 세력 우열을 구체적으로 비교하기 어렵다. 만약 양적으로는 우세하나 질적인 격차가 인정되지 않는다면 맹주의 권력 집중도는 아직도 제한적인 것으로 볼 수밖에 없다. 따라서 4세기 후반 옹관고분 축조 집단들 간의 정치적 성격은 여전히 상호 협력, 경쟁하는 수평적인 결속 관계에서 크게 벗어나지 않았으며, 맹주 세력도 강압적인 권력을 행사하는 수준은 아니라고 생각된다.

참고로 시종·반남 지역의 대형 옹관고분을 김해 금관국金官國 지배세력의 무덤과 비교해 보면 영산강 유역 정치체의 위상을 객관적으로 이해하는 데 도움이 될 것 같다. 시종 지역 대형 옹관고분은 분구의 아랫변은 거대하나 부장 유물은 소량의 철기와 토기, 그리고 구슬류에 불과하다.[32] 이에 비해 4세기 후반 금관국 지배세력의 무덤인 김해 대성동고분은 분구는 미미하나 묘광의 크기나 부장 유물의 질량 면에서는 시종 지역의 대규모 옹관고분보다 훨씬 우세하다. 특히 철기 보유량이나 기마문화의 수용 측면에서 양 지역은 현저한 격차를 보인다.[33] 맹주급 무덤에서 나타나는 이 같은 차이는

32 서성훈·성낙준, 1984, 『영암 만수리 고분군』, 국립광주박물관; 서성훈·성낙준, 1986, 『영암 내동리 초분골고분』, 국립광주박물관; 국립광주박물관·백제문화개발연구원, 1989, 『영암 와우리 옹관묘』; 국립광주박물관, 1993, 『영암 신연리9호분』; 최성락·조근우, 1991, 『영암 옥야리고분』, 목포대학교박물관.

33 예를 들면 대성동 1호분은 도굴되었으나 통형동기筒形銅器 8점을 비롯하여 금동장 안교鞍橋, 금장행엽金裝杏葉, 각종 마구류, 마주馬冑 등 호사스러운 유물이 출토되었다. 대성동 23호분, 2호분 등에는 대형의 판상철부와

근초고왕 남정 당시의 영산강 유역 정치체의 규모나 세력이 가야 지역보다 상대적으로 열세임을 시사한다. 이런 점에서 『일본서기』 신공기에서 이 지역을 남만南蠻이라 표현한 것은 여러 가지 의미가 함축되어 있다.

요컨대 근초고왕 남정 당시 전남 지역에서 옹관고분이라는 묘제를 공유한 다수 소국들이 연맹체를 형성하여 사회·문화적으로 밀접한 관계에 있었던 것은 인정된다. 그리고 그들 사이에 세력의 우열은 존재하였으나 수직적인 위계 관계를 기초로 하는 단일한 정치조직체에는 미치지 못하였으며, 권력의 집중도나 부의 축적도 면에서 비슷한 시기의 가야 지역 소국들보다 미숙한 수준이었다.

4. 5세기 영산강 유역 정치체의 실상

다음으로 검토해야 할 것은 근초고왕 남정 이후의 영산강 유역 토착 집단의 상태, 그리고 이들과 백제의 관계이다. 이에 대해서는 일과성으로 끝나버린 역사적 사건으로 보는 경우와[34] 어떤 형태로든 지속적인 통치가 이루어졌다는 상반된 견해가 있다.[35] 전자의 견해는 이러한 정벌 활동이 오히려 전남 지역 재지 거수층으로 하여금 거대 고분을 축조하는 자극제로 작용하였다는 것이다. 남정 이후의 상황에 대해서는 몇 가지 가능성이 검토될 수 있다. 그 하나는 이들 소국연맹체가 원상을 회복할 뿐 아니라 외부의 위협을 계기로 보다 강력한 조직체로 질적 전환을 했을 가능성이다. 다른 하나는 백제의 통제 아래에서 소국 간의 결속 관계가 와해되고 각 소국별로 개

철정이 100여 점 이상 다량으로 부장되어 있다. 신경철, 1991, 「김해대성동고분군의 발굴조사 성과」, 『가야사의 재조명』, 김해시; 신경철, 1995, 「김해대성동·동래복천동고분군 점묘—금관가야 이해의 일단—」, 『부대사학』 19, p.26, 45.

34 성낙준, 1997, p.238.

35 박순발, 1999.

별적인 성장을 지속했을 가능성이다.

5세기 영산강 유역 정치체의 성격을 논할 때 대표적인 자료로 거론되는 것이 나주 반남면 신촌리 9호분이다. 널리 알려진 대로 이 고분에는 여러 개의 옹관이 묻혀 있고 그중 하나인 을관에서 금동관을 비롯하여 환두대도, 금동신발 등 전남 지역 옹관고분 중 가장 풍부한 유물이 출토되었다(그림 II-6-2).[36] 이로 인해 신촌리 9호분은 옹관고분 축조 집단들 중 최고 중심지의 지배계급의 무덤이며, 그들의 세력이 정점에 이른 시기의 고분으로 간주되고 있다. 그러므로 이 고분이 언제 축조되었는지, 을관의 주인이 화려한 유물들을 부장하게 된 배경이 무엇인지를 밝히는 것은 바로 5세기 영산강 유역 정치체의 실상에 접근하는 지름길이다. 그리고 이는 근초고왕 남정 이후 이 지역 정치체의 실상을 역추론하는 기준이 된다.

지금까지 이 고분의 연대에 대해서는 4세기 중엽,[37] 5세기 초,[38] 5세기 후반,[39] 6세기 전반[40] 등 의견이 분분하나 대체적으로 5세기 중후반설이 우세하다. 여기에서는 문헌기록에 의한 선입견을 배제하고 고고학적 방법에 의한 편년관 중 다수 연구자가 지지하는 5세기 중후반설을 취하고자 한다.

먼저 신촌리 9호분의 주인이 화려한 금공품을 부장하게 된 경위이다. 금동관, 금동신발, 환두대도 등은 위세품prestige goods으로 일반 실용품과는 차별적 기능을 가진 물품이며, 위세품의 통제는 정치권력을 획득하고 합법화하는 엘리트 중심 정치 전략의 가장 중요한 구성 요소 중 하나로 간주된다.[41] 실제 정치체 간의 지배·복속 관계를 각 지역 지배계급의 분묘에 부장

36 서성훈·성낙준, 1988, 『나주 반남고분군』, 국립광주박물관.
37 안승주, 1983, 「백제옹관묘에 관한 연구」, 『백제문화』 15, p.29.
38 국립광주박물관·전라남도·나주군, 1988, 『나주반남고분군 종합조사보고서』. 신대곤은 금동관의 제작 시기를 5세기 전반으로 추정하였다(1997, p.42).
39 박영복, 1989, 「백제장신구」, 『한국고고학보』 22, p.101; 박순발, 1998, p.104.
40 穴澤和光·馬目順一, 1976, 「龍鳳文環頭大刀試論—韓國出土例を中心として—」, 『백제연구』 7, 충남대학교 백제연구소, pp.257~260.
41 김승옥, 1999, 「고고학의 최근 연구동향—이론과 방법론을 중심으로—」, 『한국상고사학보』 31, p.43.

그림 II-6-2
나주 신촌리 9호 옹관고분 조사 모습
출처: 국립중앙박물관 e뮤지엄

된 위세품의 분석을 통해 밝히려는 연구들이 있다. 예를 들면 한성 백제의 영역을 추정하는 방법으로 동진 청자와 초두, 환두대도 등 지배층의 위세품의 분포 범위를 중요 기준으로 삼거나,[42] 관모나 대금구帶金具, 장식대도의 분포를 통해 신라의 영역과 통치 방식을 설명하려는 연구들이[43] 그러하다. 이들은 고분에 부장된 위세품을 상위 집단에서 하위 집단의 지배계급에게 사여된 물품으로 보고 묘제보다 부장된 위세품의 질과 양, 그리고 분포 범위를 통해 집단 간의 역학 관계를 설명한다. 따라서 반남 세력이 다른 옹관고분 축조자들에게 위세품를 사여하는 주체였는지 아니면 다른 정치체로

42 권오영, 1988,「4세기 백제의 지방통제방식 일례」,『한국사론』 18, 서울대학교 국사학과, pp.21~23; 박순발, 1997,「한성백제의 중앙과 지방」,『백제의 중앙과 지방』, 충남대학교 백제연구소, pp.134~152.

43 이한상, 1995,「5~6세기 신라의 변경지배방식」,『한국사론』 33, 서울대학교 국사학과; 이한상, 1997,「장식대도의 하사에 반영된 5~6세기 신라의 지방지배」,『군사』 35; 박보현, 1995,「위세품으로 본 고신라사회의 구조」, 경북대학교 박사학위논문.

부터 사여받는 입장이었는지를 가리는 것은 정치체의 정치적 성격을 판단하는 중요 기준이 된다.

만약 5세기 영산강 유역 정치체의 실상이 다수의 소국으로 구성된 독립된 정치체이며, 시종·반남 지역이 최고 중심지라면 그들은 위세품의 사여 주체가 되어야 한다. 그들이 위세품의 사여 주체였다면 이 지역이 영산강 유역의 다른 지역보다 위세품의 분포 밀도가 상대적으로 높거나 질적 차이를 나타내야 한다. 예를 들면 경주 지역에서 질적·양적으로 가장 우세한 신라식 위세품이 집중 출토되는 것과 같은 현상이다. 아니면 후기 가야연맹에 참여하였거나 그 영향권에 있었던 고령, 합천, 창원, 남원 등지의 고분에서 고령식 토기가 나오고 동일 계열의 환두대도가 출토되는 것과 유사한 현상이 이 지역에서도 나타나는지 확인할 필요가 있다.[44] 이러한 현상이 나타나려면 반남 세력이 위세품을 제작하거나 또는 위세품의 유입과 분급을 주관하는 위치에 있어야 한다. 실상이 그러했다면 반남 일대의 옹관고분에서 신촌리 9호분과 유사한 위세품이 좀 더 출토되어야 하며, 함평, 해남 등 주변 소국의 중심 옹관고분에서도 적어도 신촌리 9호분보다 낮은 등급의 위세품이 출토되어야 한다. 그런데 현재까지는 신촌리유적에서 약 10km 떨어진 영암 내동리 쌍무덤(석곽묘)에서 신촌리 출토 금동관과 문양이 유사한 금동관편이 출토되는 정도이다.

이것은 신촌리 을관 주인의 위상이 다수 소국을 대표하거나 맹주의 지위에 있었던 것이 아니라 단일 소국의 지배자에 머물렀던 상황임을 시사한다. 이 시기가 되면 저분구 옹관고분 축조기와는 달리 고분구의 옹관고분은 그

44 박순발, 1999, pp.93~94 참조. 이 지역에서 출토된 환두대도의 계통에 대해서는 의견이 서로 다르나 상기 논문에서는 백제계로 추정하였다. 그 계통이 어느 곳이든 각 지역의 지배자가 환두대도를 획득하게 된 경로가 각국의 개별 활동에 의한 것인지, 아니면 대가야를 중심으로 하는 가야연맹이라는 결속 관계에서 비롯된 것인지 의문이다. 환두대도와 함께 고령계 토기가 출토되는데 직접 교섭의 결과인지 대가야를 매개로 한 것인지 불확실하다. 479년에는 대가야가 남제와 직접 통교한 적이 있으므로 환두대도의 계통이 중국계로 판명된다 하더라도 이 같은 가정에는 큰 문제가 없다.

분포 범위가 크게 좁혀져 나주 반남 일대에 집중된다.[45] 대형 고분의 밀집도라든가 위세품의 존재가 반남 세력이 영산강 유역의 다른 정치 집단들보다 우세한 집단임을 뒷받침하는 것은 분명하나 이들이 영산강 유역의 다른 소국들을 지배하는 위치에 있었다는 논거가 되기에는 부족하다. 비슷한 시기의 다른 지역 사례를 살펴보면, 예컨대 경남 창녕 교동 7호분의[46] 주인처럼 연맹체의 맹주가 아닌 개별 소국의 지배자급에서도 금동관과 환두대도 등 화려한 위세품이 다량 부장되어 있다. 이들은 각각 신라와의 정치적인 관계 속에서 이처럼 화려한 위세품을 사여받았던 것으로 해석되고 있다.[47] 따라서 아직은 반남 지역 소국의 세력 규모를 익산 웅포리 세력이나 경산 압독국, 창녕의 비지국比只國(비자발比自伐) 또는 합천의 다라국多羅國 이상으로 평가할 근거가 없다.

정치체의 세력 규모를 논할 때 위세품과 더불어 주목되어 온 것은 분구의 크기이다. 보통 옹관고분은 외형적으로 거대한 분구를 가지고 있어 그들의 독자성과 세력의 크기를 부각시키는 논거로 활용되고 있다. 실제 옹관고분 중에서 대형에 속하는 것은 분구 아랫변이 30~40m를 넘어 집안集安의 장군총이나 서울 석촌동 적석총, 경주의 대형 적석목곽분 등과 비교되기도 한다. 그러나 단독 고분의 분구 크기를 다장多葬의 옹관고분 분구와 단순 비교하는 것은 문제가 있다. 즉 옹관고분은 하나의 봉분에 여러 사람을 매장하므로 개인별로 동원된 인적·물적 에너지를 평균하면 대형 단독무덤의 수준에는 크게 못 미친다. 예를 들어 신라식 금동관이 나온 창녕 교동 7호분은 단독분이며 분구 높이는 9.6m, 아랫변은 30m 이상으로 추정된다.[48] 금동관

---

45 방대형, 원형의 고분구 옹관고분으로 아랫변 30m 이상 되는 대형 고분 절대 다수가 반남 일대에 집중되어 있다. 이정호, 1996, p.67 별표 2 참조; 강봉룡, 1999b, pp.20~21.

46 경주식 출자형 금동관이 나온 창녕 교동 7호분 역시 5세기 중반에 가까운 시기로 편년되고 있다. 이희준, 1998, 「4~5세기 신라의 고고학적 연구」, 서울대학교 박사학위논문, p.221.

47 이희준, 1998.

48 7호분보다 훨씬 작은 12호분의 분구 아랫변이 20~22m 정도이므로(제35도) 고분 분포도에 나타난(제2도) 양 고분의 크기를 비교해 볼 수도 있고, 축척으로 대략적인 계산도 가능하다. 穴澤和光·馬目順一, 1975, 「昌寧校洞古

이 나온 신촌리 9호분은 아랫변 34m, 높이 5m로 외형 크기는 비슷하나 여기에는 10개 이상의 옹관이 매장되어 양자를 동일 기준으로 비교하기 곤란하다. 말하자면 하나의 분구 속에 여러 사람을 매장하는 것은 이 지역 특유의 전통과 사회 조직이 반영된 것이겠지만 현실적으로 지배자 개인이 장악한 인적·물적 자원은 경상도 지역의 개별 소국보다 크지 않다.

고고학적으로 특정 양식 토기의 분포와 정치체의 영역이 일치되는 경우가 많다는 사실에 근거하여 영산강 유역 토기 양식의 성립에 주목한 연구가 있다. 즉 4세기 후반경에는 영산강 유역 양식의 핵심 기종의 하나인 유공광구소호有孔廣口小壺가 등장하면서 이 지역 토기 양식의 독자성이 부각되기 시작하여 이후 5세기 중엽경에는 장경호, 유공광구소호, 개배 등을 핵심 기종으로 하는 영산강 유역 토기 양식이 완성되는 것으로 보았다. 그리고 토기에서 나타나는 이러한 현상은 이 지역에서의 정치·사회적 통합과 관련있는 것으로 이를 국가 단계에 준하는 정치체 출현으로 해석하였다.[49] 토기의 제작과 보급이 통치 조직의 일부로 편제된 단계에서는 토기 양식의 통일은 정치 조직 통합의 결과 나타나는 현상의 하나로 해석될 수 있다.[50] 예컨대 한성 백제 양식 토기가 나오는 지역은 정치적 통합으로 인해 토기 제작과 유통에 관한 권한을 백제 중앙 정부가 장악한 것으로 보고 있다. 백제, 신라처럼 문헌기록, 성곽, 묘제 등을 통해 국가 조직체의 출현이 인정되는 경우 이는 당연한 해석이다. 경상도 지역에서도 4세기를 거쳐 5세기 중엽에 이르면서 각 정치체의 중심 고분군에는 창녕계 토기, 함안계 토기, 고령계 토기 등 특성이 두드러지는 소지역별 토기 양식이 성립되는 것으로 분석

墳群」, 『考古學雜誌』 60-4, p.332·336·358.

49 박순발, 1998, pp.98~105.

50 낙동강 이동 각 지역에서 경주식 위세품이 분여된 후 고총군이 출현하며, 이후 위세품류가 현저하게 감소되면서 경주 양식 토기가 전면 등장한다는 지적은 영산강 유역의 고분과 위세품 이해에 있어서도 중요한 시사를 던져 준다. 이희준, 1998, pp.49~50.

되고 있다.[51] 그러나 부산·김해 지역은 신라식 위세품이 출토된 이후 5세기 전반에 이르러서도 이전 4세기 대의 이 지역 토기 양식이 지속되고 있고, 함안계 토기 분포 지역이 함안 안라국安羅國의 세력 범위를 훨씬 넘어서거나, 5세기 후반 창녕계 토기가 합천 옥전고분에서도 출토되는 등 소지역 양식 토기의 분포권과 정치체의 세력 범위가 항상 일치하는 것이 아니라는 견해가 있다.[52] 이로 미루어 보면 영산강 유역 토기 양식의 성립이 토기 생산 체계의 조직화와 유통 범위를 시사하는 것은 분명하나 이를 곧바로 다수 소국을 통합하는 정치 조직체의 출현 결과로 해석할 수는 없다. 그리고 현재 영산강 유역 토기 양식의 분석 대상이 된 토기 자료는 거의가 영암 시종과 나주 지역 출토품으로 분포 범위가 앞서 추정한 단일 소국의 세력권을 크게 벗어나지 않는다.[53] 앞으로 자료의 증가로 이른바 영산강 유역 토기 양식의 분포 범위가 더 넓어질 수도 있을 것이다. 그러나 여전히 영산강 유역 토기 양식의 성립이 독립된 정치체 출현을 뒷받침하는 필요조건은 되나 충분조건은 되지 못한다.

이른바 5세기 후반 영산강 유역 정치체의 실상을 대변하는 시종·반남 세력은 내적으로 인적·물적 자원을 장악하는 정치권력이 성숙해 있었고, 독자적인 토기 생산과 유통 조직을 보유하고 있었던 것은 분명하나 그 세력 범위가 단일 소국의 범주를 크게 벗어나는 수준은 아니었다. 요컨대 5세기 중후반 영산강 유역에서 다수 소국을 권력 기반으로 하는 통합된 정치조직체의 존재를 상정하는 것은 무리이다. 그리고 이를 근거로 역추론한다면 4세기 후반의 영산강 유역 소국연맹체는 이후 확대된 정치체로 질적 성장을

51 이성주, 1998.

52 이성주, 1998, pp.312·321~323·336.

53 전라북도 부안 죽막동 제사 유적에서도 영산강 유역 양식 토기가 출토되었다. 그러나 이 유적은 해로를 통해 이 지역을 항해하던 사람들이 항해 안전을 위해 제사를 지낸 유적이므로 가야, 왜계 유물이 두루 출토될 수 있다. 그러므로 이곳에서 출토되는 유물의 계통이 항상 이 지역을 장악한 정치 세력과 일치하지는 않는다. 임영진, 1998, 「죽막동 토기와 영산강유역 토기의 비교고찰」, 『부안 죽막동 제사유적 연구』, 국립전주박물관, pp.288~289; 권오영, 1998, 「죽막동제사의 목적과 주체」, 『부안 죽막동 제사유적 연구』, 국립전주박물관, pp.276~278.

하기보다는 근초고왕의 남정 이후 결속 기반이 해체되어 갔던 것으로 생각된다. 그리하여 영산강 유역의 각 소국들은 서로 대등한 상태에서 개별 정치체로 존속하였으며 그 가운데서 가장 유력한 집단으로 성장을 지속한 것이 시종·반남 지역 소국이라 생각된다.

5. 영산강 유역 토착 세력과 백제의 관계

5세기 후반 영산강 유역 정치체의 실상을 이와 같이 파악한다면 그중 하나인 시종·반남 소국 지배자 무덤에 화려한 위세품이 부장된 배경이 의문이다. 지금까지의 연구 결과에 의하면 신촌리 9호분 출토 위세품들은 백제로부터 사여받았을 것이라는 견해가 다수다. 이와 관련하여 특히 주목받는 것은 신촌리 9호분에서 나온 단봉單鳳환두대도이다(그림 II-6-3). 한반도에서 출토되는 용봉문환두대도는 중국 등지에서 제작된 것으로 견사, 책봉 등 외교 활동을 뒷받침하는 유물로 해석되기도 하고[54] 중국의 영향을 받아 백제에서 제작된 것이라는 견해도 있다.[55] 어느 경우이거나 신촌리 9호분 출토 환두대도가 반남 세력이 중국과 직접 외교 교섭을 통해 획득한 것이 아니라면 중국과 통교하던 다른 세력을 통해 사여된 것으로 볼 수밖에 없다. 백제, 왜, 가야 모두 5세기에 중국과의 교섭이 기록으로 확인된다. 이 가운데 백제가 중국과의 교섭 빈도가 가장 높다는 점에서 백제를 신촌리 9호분 환두대도의 사여 주체로 지목하는 견해가 가장 설득력이 높다.[56]

금동관 제작 주체에 대해서는 한성 시기의 백제 지배계급의 유물이 거의 알려지지 않아 이를 백제와 관련시킬 직접적인 자료는 아직 없다. 백제의

54 조영제, 1992, 「신라와 가야의 무기·무구」, 『한국고대사논총』 3, 가락국사적개발연구원, p.143.

55 박순발, 1999, pp.93~95.

56 예를 들어 『송서宋書』 본기本紀에 나오는 5세기대 백제의 책봉, 견사 기록만 해도 7회에 달하며(420년, 440년, 443년, 450년, 457년, 467년, 471년), 『남제서南濟書』 백제국조에도 2회의 견사 기록이 실려 있다.

경우 묘제상의 이유로 위세품의 잔존 가능성이 낮은 데다 한성 함락 시 고분이 훼손되고 많은 왕족과 귀족들이 고구려에 포로로 잡혀가거나 죽임을 당하였기 때문에 앞으로도 서울 지역에서 경주처럼 직접 대비가 가능한 자료의 획득 빈도는 높지 않을 것이다. 다만 신촌리 9호분 금동관을 고령 지산동 32호고분 출토 대가야의 금동관과 비교해 보면[57] 그 정교함과 세련미가 단연 돋보인다(그림 II-6-4, 그림 II-6-5). 이는 이 제품이 선진 기술 집단의 제품을 모방한 아류가 아님을 뜻한다. 당시 이 같은 수준급의 제품을 제작할 수 있는 집단은 아주 제한되어 있음을 감안할 때 가장 유력한 후보로 백제를 꼽을 수밖에 없다. 그리고 신촌리 9호분 금동관의 입식立飾은 석실분에서 나오는 백제 은제관식과 궤를 같이하며 은제관식에 영향을 주었다는 견해가 있어 신촌리 9호분 금동관 제작 주체를 백제로 추정하는 데 도움을 준다.[58]

그림 II-6-3
나주 신촌리 9호 을관 출토 환두대도
출처: 국립광주박물관, 2009

이러한 견해들을 종합하면 신촌리 9호분에 백제계 위세품이 부장되었다는 것은 이 세력이 어떠한 형태로든 백제와 정치적 관계를 가진 것을 의미

57 김종철·계명대학교박물관, 1981, 『고령지산동고분군—32~35호분·주변석곽묘—』, 계명대학교박물관.
58 신대곤, 1997, 「나주 신촌리 출토 관·관모 일고」, 『고대연구』 5, p.31·37.

그림 Ⅱ-6-4
나주 신촌리 9호 을관 출토 금동관
출처: 국립나주박물관 제공

그림 Ⅱ-6-5
고령 지산동 32호분 출토 금동관
출처: 국립중앙박물관, 1999, 『백제』 특별전 도록

한다. 사후에 인적·물적 자원을 동원하여 고분을 축조하고 금동관, 환두대도, 금동신발과 같은 권위를 상징하는 물품을 무덤에 부장하는 등 당시 지배계급의 권력 표출 형태는 대개 비슷하다. 그러나 그들이 지닌 권력의 배경과 크기는 지역과 시기에 따라 상당히 다르다. 예컨대 낙동강 서안 가야 지역의 고총고분 주인들은 독자적인 영역과 권력을 가진 독립된 정치체의 지배계급이었다. 반면 같은 시기 경상도 낙동강 동안 지역의 고총고분 주인들의 권력 기반은 이와 다르게 해석되고 있다. 즉 낙동강 동안 지역의 대형 고분의 출현과 위세품 부장은 신라 국가를 배경으로 한다. 동안 지역이 신라 국가의 강력한 통제 아래 들어오면서 토착 지배집단의 무덤에 신라식 위세품이 부장되고 고총고분이 축조되었다는 것이다. 재지 수장들은 신라 국가로부터 일정 영역 내에서의 지배력을 인정받고 이에 상응하는 권력과 위세품을 사여받았다는 것이다.[59] 따라서 그들의 정치적 위상이나 그들에게

59 이희준, 1998, pp.49~50·65~66. "신라식 위세품의 부장과 고총군의 축조는 불가분의 관계에 있으며 이는 경주와 지역 간의 지배·신속 관계를 나타낸다. … 그들은 신라 국가에 바칠 공물을 지역 내에서 수취하는 과정에서

허용된 권력의 범위는 독립된 정치체와는 달리 파악되어야 한다.

전쟁 양상 중에는 일과성 정벌과 전리품의 획득으로 끝나는 경우도 있다. 그러나 영역 확보 전쟁이 지속되는 4세기 이후의 상황을 보면 일시적 무력 대결과 전리품 약탈만으로 끝나지 않는 경우가 많다. 광개토왕릉비에 나오는 "백잔신라百殘新羅 구시속민舊是屬民 유래조공由來朝貢", "백잔위서百殘違誓 여왜화통與倭和通" 등의 표현에서 보듯이 전리품 획득뿐 아니라 가능하다면 어떤 형태로든 지속적인 압력 행사를 시도했음을 알 수 있다. 압력 중에는 공납의 요구라든가 특정 세력과의 교섭을 중단할 것 등이 있을 것이며, 특히 갈등 당사국들 사이에 세력 격차가 클수록 보다 적극적인 통제가 가능하였을 것이다. 이러한 당시 상황으로 미루어 영산강 유역의 정치 집단들 역시 근초고왕의 남정 이후 백제로부터 어떤 형태로든 통제를 받았을 것이다.

피정복 집단에 대한 지배 방식에는 여러 유형이 있고 지배 강도도 다르며, 승자와 패자 간의 역학 관계에 따라 가변적이다. 토착 지배세력을 해체하지 못하더라도 대외 교섭을 차단하거나, 교통로를 장악하거나, 공납을 요구하거나, 군사 활동에 제약을 가하는 등 여러 형태의 통제를 가할 수 있다. 그리고 지배 강도에 따라 중요 생산 수단의 일부를 중앙 정부가 장악하는 경우도 있겠지만 그렇지 못한 경우도 있다. 예컨대 백제 양식 토기가 나오는 충남 천안 화성리나 강원 원주 법천리 지역은 토기 제작과 유통에 대하여 백제 중앙 정부가 관여한 것으로 볼 수 있다. 그러나 정복 지역에 대한 장악력이 제한적일 경우, 토착 지배집단이 토기 등 중요 물자와 기술에 대한 관리권을 그대로 유지할 수 있다. 영산강 유역 토기 양식이 성립되고 영산강 유역 양식 토기가 일본 오사카大阪 등지에서 출토되는 것은[60] 후자와

스스로의 경제적 기반을 키워 나갔으니, 그러한 경제·정치적 성장을 상징하는 것이 바로 고총인 것이다".

60 신경철, 1999, 「고대의 낙동강과 영산강」, 『한국의 전방후원분』, 백제연구 한일학술회의 발표문, 충남대학교 백제연구소, pp.25~35.

같은 맥락에서 이해될 수 있다.

아직은 근초고왕 남정 이후의 영산강 유역 토착 집단과 백제와의 관계에 대한 구체적인 내용을 밝히기에는 자료상 많은 한계가 있다. 이 문제를 둘러싸고 연구자들 간에 이론이 분분하지만 문제 해결의 출발점은 이들이 독립된 정치체로 기능하고 있었는지 여부를 검토하는 일이다. 여기에서는 먼저 독립성 여부를 판단하는 중요한 척도의 하나로 이들이 정치·군사 면에서 독자적으로 대외 교섭권을 행사했느냐 아니냐 하는 점을 주목하고자 한다. 영산강 유역의 정치 집단들이 근초고왕 남정 이후 독자적으로 대외 교섭권을 행사했다면 이들은 독립된 정치체로 인정되어도 좋을 것이다. 만약 그들이 대외 관계에서 독자적인 권력 행사의 주체로서 활동했다면 문헌상으로 일정한 흔적을 남겼을 것이다. 5세기 후반 독립된 정치체로 존속하던 가야 각국의 활동상을 보면 그들은 백제, 신라, 왜 또는 중국 왕조 등과 대외 교섭 활동을 하거나 군대 파견 등 군사 활동을 전개하면서, 대외적으로 교역이나 교섭 주체로 활동하였다. 예를 들면 479년 가라왕加羅王 하지荷知는 중국 남제南齊에 견사하여 관작을 받는 등 중국 왕조와 통교하여 독립된 정치체로서의 활동 흔적을 남기고 있다. 그리고 6세기 기록이지만 가야 각국의 한기旱岐들이 백제, 신라, 왜 등 각국 간 교섭 과정에 대표를 파견하여 자국의 입장을 표명하는 등 독자적인 대외 활동을 한 기록이『일본서기』등에 남아 있다.[61] 5~6세기 한반도에서 전개된 각 정치 집단들 간의 복잡한 교섭상을 고려하면, 반남 세력이 독립된 정치체로 활동했을 경우 백제, 왜, 가야 등 주변 정치 세력과의 빈번한 교섭을 피할 수 없었을 것이다. 그런데 문헌상으로는 이 지역 정치체들이 대외 관계를 통해 독자적인 권력 행사의 주체

61 백제 성왕이 사비에서 개최한 임나부흥회의에 가야 각국 대표들이 참석하고 있다.『日本書紀』欽明紀 2년 4월조, "安羅次旱岐夷呑奚大不孫久取柔利 加羅上首位古殿奚 卒麻旱岐 散半奚旱岐兒 多羅下旱岐夷他 斯二岐旱岐兒 子他旱岐等 與任那日本府吉備臣 往赴百濟 俱聽詔書 …";『日本書紀』, 欽明紀 5년 11월조, "日本吉備臣 安羅下旱岐大不孫久取柔利 加羅上首位古殿奚卒麻君斯二岐君散半奚君兒 多羅二首位訖乾智 子他旱岐 久嗟旱岐 仍赴百濟 於是 百濟王聖明 略以詔書示曰 …".

로서 활동한 흔적이 거의 확인되지 않는다.

반면 왜, 백제와의 교섭 관계에서 이 지역은 항상 왜 또는 백제에 속한 존재로 나타난다.[62] 더욱 주목되는 것은 전남 지역에 대한 백제의 지배권 확인 대상이 이 지역 수장이 아니라 왜라는 점이다. 이는 영산강 유역의 정치 집단들이 대외 활동에 제약을 받았으며, 독립된 정치체로 기능하지 못했다는 증거가 될 수 있다. 『일본서기』에는 근초고왕 남정 이후에도 왜가 침미다례 등을 백제에게 사여하였다는 표현이 거듭 나오고 있다. 신공기 50년(370) 5월조와[63] 52년(372) 9월조에[64] 이어 고구려와의 격돌이 있은 직후인 응신기應神紀 8년(397)조 세주細註에도 침미다례와 관련된 기사가 실려 있다.[65] 즉 백제 아화(신)왕阿花(莘)王이 즉위한 후 왜에 무례하여 왜가 침미다례와 동한東韓의 땅을 빼앗았으며, 이 때문에 아화(신)왕은 태자 직(전)지直(腆)支를 일본에 볼모로 보내어 선왕의 우호를 닦게 하였다는 내용이다. 『삼국사기』에는 백제 아신왕이 왜국과 결호하고 태자 전지를 볼모로 보내 왜와 우호 관계를 다졌다는 기록만 있다.[66] 이 시기는 근초고왕 남정 후 30여 년이 지난 시점으로 396년 백제가 고구려 광개토왕 군대에 의해 한강 북쪽의 여러 성촌(58성 700촌)을 공략당하고 수많은 전리품을 약탈당하고 왕제와 대신 10여 명, 남녀 1,000여 명이 잡혀가는 큰 피해를 입은 직후이다.[67] 양 사료를 종합하면 백제 아신왕의 볼모 파견은 고구려의 공격과 침미다례, 동한의 땅과 결부되어 있다. 이는 백제가 고구려의 위협으로 수세에 처하자 왜와의

62 이때 왜가 일본 열도 내 어느 지역에 근거를 둔 세력인가에 대해서는 구체적인 연구가 진행되어야 할 부분이다.

63 침미다례 정벌이 있은 바로 다음 해 5월 왜왕倭王이 백제가 보낸 사신 구저久氐 등에게 "바다 서쪽의 여러 한을 이미 너희 나라에 주었는데 무슨 일로 다시 왔느냐[海西諸韓 旣賜汝國 今何事以頻復來也]"라는 기사가 있다. 『日本書紀』 神功紀 50년 5월조.

64 근초고왕이 손자 침류왕에게 한 말 중에 왜가 바다 서쪽 땅을 백제에게 주어 국기가 튼튼해졌다는 표현이 나온다. 『日本書紀』 神功紀 52년 9월조, "乃謂孫枕流王曰 … [倭] 割海西以賜我 由是 國基永固".

65 『日本書紀』, 應神紀 8년조 細註, "百濟記云 阿花王立 无尤禮於貴國 故奪我枕彌多禮 及峴南 支侵 谷那 東韓之地 是以遣王子直支于天朝 以修先王之好也".

66 『三國史記』 百濟本紀, 阿莘王 6년조.

67 고구려가 한강 북쪽을 대규모 공략한 사건이 『삼국사기』 백제본기에는 아신왕 4년(395)으로 기록되어, 광개토왕릉비의 영락 6년(396)과 1년 차이가 난다.

결호結好를 다지는 동시에 전남 지역에 대한 기득권을 재확인한 것으로 해석된다.

물론 『일본서기』에서 왜가 침미다례 등 전남 지역에 대한 영유권을 가졌고, 상황에 따라 이를 백제에게 주기도 하고 빼앗기도 한 것처럼 표현한 것은 실제 상황과는 거리가 멀다. 정복 지역을 주고받는다는 것은 상식적으로 납득되지 않기 때문이다. 그럼에도 불구하고 이 기록들은 근초고왕 남정 이후 침미다례 등지에 대한 백제와 왜의 인식을 보여 준다는 점에서 주목의 여지가 있다. 그 하나는 이 지역이 백제의 대왜 교섭 중에 등장한다는 점이다. 말하자면 정치 집단 간 교섭에서 이 지역 정치체가 교섭 주체로 작용한 흔적은 찾을 수 없고 반대로 이들은 왜-백제 양국 간 외교 교섭의 객체가 되고 있다는 점이다. 다른 하나는 과장된 표현에도 불구하고 이 지역은 왜가 아니라 백제에 속한 것으로 항상 결론지어진다는 사실이다. 이는 근초고왕 남정 이후 백제가 이 지역에 대한 기득권을 다지면서 각종 통제권을 행사했음을 부인할 수 없게 하는 대목이다.

이와 함께 『일본서기』의 이러한 기록들은 백제가 일본 열도의 왜와 우호적인 관계를 유지하기 위해 적극적인 노력을 하였고 왜 역시 백제와 이해관계를 같이하던 모습을 반영한다. 백제 근초고왕은 전남 지역 남정 이전부터 왜 사신에게 토기, 철정, 무기, 비단, 중국 남조의 도자기 등 선진적인 물자를 교역품으로 제시하면서 왜와의 통교를 희망하였다.[68] 근초고왕의 남정 이후 교통로의 안정적 확보로 이러한 물자 교역은 더욱 활기를 띠었을 것이다. 그리고 『일본서기』 신공기 52년(372)조에 백제가 칠지도, 칠자경七子鏡 등 여러 가지 보배와 더불어 곡나철산谷那鐵山을 왜에게 주었다는 기록이 있다.[69] 이는 양국 간의 교섭 형태를 보여 주는 것으로 당시 일본 열도에서

68 이현혜, 1988, 「4세기 가야사회의 교역체계의 변천」, 『한국고대사연구』 1, p.174.

69 "久氐等從千熊長彦詣之 則獻七枝刀一口 七子鏡一面 及種種重寶 仍啓曰 臣國以西有水 源出自谷那鐵山 其邈七日行之不及 當飮是水 便取是山鐵 以永奉聖朝 乃謂孫枕流王曰 今我所通 海東貴國 是天所啓 是以垂天恩 割海西而賜我 由是 國基永固 汝當善脩和好 聚斂土物 奉貢不絶 雖死何恨 自是後 每年相續朝貢焉".

는 제철이 이루어지지 못했으므로[70] 4세기 말엽 왜가 교역한 철의 형태는 철기 완제품 또는 철정 형태의 철 소재였을 것이다. 그러므로 곡나철산은 제철 산지 내지는 철기 제작지를 가리킨 것으로 보아야 하며, 왜는 대백제 교섭을 통해 백제로부터 철을 비롯한 중요 물자의 교역을 보장받았던 것으로 추정된다. 그리고 왜는 한반도 서남해안에 대한 자유로운 통행과 함께 항해 중 필요한 물자 구입, 정박 등 해로 교통상의 편의를 보장받을 수 있었을 것이다.

그사이 낙랑군·대방군 축출 이후 서남해안을 이용한 해상 교역 활동은 크게 위축되었고, 북방 문물이 적극 유입되면서 고구려-신라-낙동강 하구-일본 열도를 잇는 새로운 교역 루트가 활발해졌다.[71] 이러한 북방 문물 유입의 주된 루트는 육로였으므로 전남 해안 지역은 일정 기간 북방 문물 유입의 사각지대로 남은 것 같다.[72] 『일본서기』 신공기 기록에 의하면 근초고왕이 왜와 통교하기 위해 처음 교통로를 개척할 때 중개 역할을 한 것은 경남 창원 지역의 탁순국卓淳國이었다. 당시 백제 사신이 경남 해안 지역에 이른 통로는 잘 알 수 없으나 육로를 이용하였을 가능성이 높다. 이처럼 교역로의 관점에서 보면 근초고왕의 남정은 한반도 중부 지방과 서남해안을 연결하는 해상 교역 루트를 재개하여 백제가 장악했다는 점에서 중요한 사건이었다.

그리고 왜 입장에서도 한반도 서남해안을 통한 백제와의 통교 루트의 재개는 그사이 단절되었던 중국 물자에 대한 그들의 욕구를 충족시킬 수 있는 기회였다. 중국 기록을 보면 백제는 372년(근초고왕 27) 이래 384년(침류왕 원년), 386년(진사왕 2) 동진과 통교하여 중국 남조와 직접 교섭하였다.[73] 반면

70 일본의 제철 개시 시기는 6세기 또는 5세기 후엽 등으로 알려져 있다. たたら研究會 編, 1991, 『日本古代の鐵生産』, 東京: 六興出版, p.120, 192.

71 이현혜, 1988.

72 옹관고분에서 마구 등 북방계 유물이 출토되지 않는 것이 이를 뒷받침한다.

73 『晉書』 帝紀 簡文帝 咸安 2年, "春正月辛丑 百濟林邑王 各遣使貢方物 … 六月遣使拜百濟王餘句爲鎭東 將軍領樂

왜는 서진 무제武帝 태시泰始 2년(266) 중국과 통교한 이래 동진 안제安帝 의희義熙 9년(413) 중국과 직접 통교하기까지[74] 독자적 견사 기록이 없는 것으로 보아 백제를 통한 간접 교역에 만족했던 것으로 생각된다.

백제, 왜의 긴밀한 외교 관계는 아신왕 대 이후에도 지속되었다. 즉 405년 백제 아신왕이 죽자 백제 왕실에서는 왕위 계승을 두고 핵심 세력 사이에 대립이 있었으나[75] 왜에 볼모로 가 있던 태자 전지가 즉위하였다. 이와 관련하여 『일본서기』에는 당시 왜가 전지의 즉위를 지원하면서 동한의 땅을 함께 준 것으로 기록되어 있다.[76] 이 기록은 백제의 왕위 교체에 즈음하여 왜가 전지를 지지함으로써 대백제 교섭 관계를 지속시키기 위해 외교적 노력을 기울인 모습을 보여 준다. 왜가 이러한 노력을 기울인 것은 아신왕 사후 정치 세력의 교체로 인해 백제와 왜 사이에 지속되어 온 이전의 교섭 관계에 변화가 생기는 것을 원하지 않았다는 것을 뜻한다.

당시 왜가 백제에 대해 이 같은 태도를 견지한 데에는 또 다른 이유가 있었다. 400년 고구려 광개토왕 군대의 낙동강 유역 진출 이후, 낙동강 하구 지역이 신라 세력권으로 들어갔다. 이로 인해 한반도를 내왕하면서 왜인들이 자유롭게 이용할 수 있는 활동 지점이 축소되거나 제약을 받게 되어 왜는 대외 교역상 상당한 어려움을 겪었을 것이다.[77] 외교 관계에 있어서 백제-왜의 유대가 더욱 공고해진 데에는 이 같은 사정 변화가 주요 배경으로 작용하였을 것이다. 이후에도 『삼국사기』에 의하면 전지왕 5년(409)에는 왜가 백제에 견사하고, 전지왕 14년(418)에는 백제가 왜에 사신을 보내는 등

浪太守"; 孝武帝 太元 9年, "秋七月 … 百濟遣使來貢方物"; 太元 11년, "夏四月 以百濟王 世子餘暉爲使持節都督鎭東將軍百濟王".

74 『晉書』 帝紀 安帝 義熙 9년, "是歲 高句麗倭國及西南夷 銅頭大帥 並獻方物".

75 『三國史記』 百濟本紀, 腆支王 즉위년조.

76 應神紀 16년조, "是歲 百濟阿花王薨 天皇召直支王謂之曰 汝返於國以嗣位 仍且賜東韓之地而遣之: 東韓者 甘羅城 高難城 爾林城 是也".

77 왜倭, 가야 간 통교에 신라가 교통로를 차단하거나 방해하였다는 기록이 있다(『日本書紀』 應神紀 16년 8월조).

백제의 외교 노선에 큰 변화가 없어 보인다.[78] 이러한 양 지역 간의 교섭 관계는 비유왕 즉위 초(428)에도 계속되어 왜국 사신과 함께 50명이 함께 백제에 온 것으로 되어 있다.[79]

이처럼 고구려가 한강 유역을 압박하고, 신라가 고구려와 연계하여 낙동강 하구를 장악하는 상황에서 백제는 일본 열도의 왜와 결호하여 이에 대응하였다. 그런데 이러한 왜-백제 교섭에서 침미다례 등이 등장하는 것은 아마도 백제가 왜의 협조를 끌어내고 대왜 교섭에서 유리한 입지를 유지하는 데 있어 전남 지역에 대한 통제권 확보가 중요한 조건으로 작용하였던 것으로 생각된다. 다시 말하면 4세기 후반 이래 백제는 일본 열도의 왜와 상호 이해 관계를 토대로 빈번한 교섭 관계를 유지하였고, 이러한 외교적 활동은 백제가 영산강 유역에 대해 지속적으로 통제권을 행사함으로써 가능하였다.

통제권의 내용은 일차적으로 이 지역 토착 집단이 외부 세력과 정치·군사적으로 직접 교섭하는 것을 차단하는 것이었을 것이다. 그리고 경제 활동에 있어서도 철과 같은 중요한 전략 물자의 공급과 분배는 백제가 장악했을 가능성이 높다. 이와 관련하여 옹관고분 부장품의 질과 양이 대체적으로 빈약하다는 사실을[80] 주목할 필요가 있다. 고분 그 자체가 인적·물적으로 주인이 장악한 잉여 산물의 크기를 반영하는 것이라면 부장품이 빈약하다는 사실은 묘제상의 문제로만 보기 어렵다. 즉 옹관고분은 분구의 크기로 미루어 주인의 권력 집중도가 상대적으로 높은 상태였음에도 불구하고 부장품이 빈약하다는 것은 축적된 잉여 산물의 상당 부분이 공물 등의 형태로 빠져나갔음을 시사하는 것이다.

특히 옹관고분 부장품에 전투용 무기가 아주 적다는 것은 이들의 정치·사회적 입지가 독립된 정치체로 기능하던 가야 각국의 지배자와는 차이가

78 『三國史記』 百濟本紀, 腆支王 5년조, "倭國遣使 送夜明珠 王優禮待之"; 14년조, "夏 遣使倭國 送白綿十匹".
79 『三國史記』 百濟本紀, 毗有王 2년조, "倭國使至 從者五十人".
80 국립광주박물관, 1992, pp.35~36.

있음을 보여 준다. 『삼국지』 동이전에 의하면 삼한 시기만 해도 진·변한의 병장兵仗은 마한과 같다고 하여 비슷한 수준이었을 것으로 생각되는데 이 시기에 이르러 고분 부장품상에서 이 같은 큰 차이를 보이는 것은 단순히 장례 습속 때문만은 아닐 것이다. 옹관고분에 전투용 무기나 마구의 부장이 빈약한 것은 이들의 사회적 성격이 비전투적이었기 때문으로 추정된다.[81] 이는 이 지역의 토착 지배자들이 백제로부터 군사 활동에 일정한 제재를 받았을 가능성을 시사한다. 다량의 철제 무기가 부장되던 주변 지역의 상황을 감안할 때 비전투적이라는 것은 각 집단 간에 군사적 긴장 관계가 낮았다는 것을 의미하며 이 역시 백제의 정치적인 개입 결과로 생각된다.

실상이 이러하다면 이들은 독립된 정치체로서 중요한 권한과 요건을 상실한 셈이다. 그러므로 복속의 강도를 논하기에 앞서 이러한 상태의 정치체에 대해 백제, 가야, 왜와 대등한 위상을 부여할 수는 없다. 대외 교섭상 정치·군사적으로 백제의 통제를 받았고, 대외 교섭의 주체로 활동할 수 없었다면 이들을 독자적인 정치체로 간주하는 것은 무리이다. 연맹 관계는 독립된 정치체임을 전제로 한다. 복속의 강도에 차이가 있다고 하더라도 연맹 관계와 복속 관계는 구분되어야 한다. 따라서 신촌리 9호분과 같은 대형의 화려한 위세품이 부장된 고분의 출현 역시 백제와의 연맹 관계가 아니라 복속 관계의 산물로 이해해야 한다.

당시 상황에 대한 이해를 돕기 위해 문헌기록을 살펴볼 필요가 있다. 신촌리 9호분의 기존 편년관을 취할 경우 그 시기는 백제 개로왕 대(455~475)이다. 개로왕은 한성 함락의 책임과 기록의 부실로 재위 기간 중의 활동이 제대로 남아 있지 않다. 다행히 근래 백제 정치사 연구에서 개로왕은 왕권을 강화하고 지배 구조의 개혁을 시도한 왕으로 재조명되고 있다. 그는 중국 송宋나라에 왕족, 귀족들의 관작官爵을 요청하였고(458, 472년), 왕성의 수

81 성낙준, 1997, p.241.

리나 왕릉의 개수, 제방의 축조, 변방 지역 축성 등 대규모 역사 등을 통해 왕실의 권위를 높이는 데 주력하였다.[82] 461년에는 동생 곤지昆支를 일본에 보내 왜와도 우호 관계를 다졌다.[83] 그리고 469년에는 고구려를 공격하여 청목령青木嶺에 목책木柵을 설치하고, 472년에는 고구려를 견제하기 위해 북위北魏에 견사할 정도로 고구려에 대해서도 적극적으로 대응하였다.[84] 일반적으로 왕권 강화 정책은 지방 세력에 대한 통제로 이어지고 성공적인 지방 통제는 역으로 왕권 강화를 촉진시키는 작용을 하게 된다. 이렇게 볼 때 적어도 개로왕 대에는 영산강 유역 토착 세력에 대해서도 적극적인 통제 정책을 전개했을 가능성이 높다.

그런데 일과성 정벌론에서는 4세기 말 5세기 전반 백제는 수세에 몰리면서 고구려의 남하 정책을 저지하는 데 모든 역량을 집중시킬 수밖에 없었으므로 영산강 유역 세력 집단과의 관계를 지속시킬 여유가 없었던 것으로 보았다.[85] 즉 5세기 백제는 북으로 고구려의 압력을 저지하는 데 전력을 기울이고 있었으므로 전남 지역을 효과적으로 통제하지 못하였고, 이로 인해 전남 지역은 5세기 말까지도 백제의 실질적인 통제에서 벗어난 정치 집단으로 존속할 수 있었다는 것이다. 427년 고구려가 수도를 평양으로 옮기면서 한반도 남부 지역으로 적극적인 팽창 의지를 나타낸 것은 사실이다. 그런데 『삼국사기』 고구려본기를 보면 광개토왕 4년(394) 백제와의 대규모 전쟁 이후 광개토왕 대의 기록은 거의가 연燕나라와의 관계로 채워져 있다. 장수왕 대의 기록, 특히 평양 천도(427)와 북연北燕 멸망(436) 이후 기록의 대부분은

82 이도학, 1995, pp.6~7; 김영심, 1997, 『백제 지방통치체제 연구—5~7세기를 중심으로—』, 서울대학교 박사학위논문, p.40; 김수태, 1998, 「백제 개로왕대의 대고구려전」, 『백제사상의 전쟁』, 제9회 백제연구 국제학술대회 발표문, 충남대학교 백제연구소, p.142.

83 『日本書紀』 雄略紀 5년 4월조. 곤지는 왜에 가기 전 개로왕 4년(458) 유송劉宋으로부터 정로장군征虜將軍 좌현왕左賢王을 제수 받았고, 일본 측 사료에서도 곤지왕琨支王, 군군軍君 등으로 기록되어 병권을 장악한 인물로 이해되고 있다. 그가 왜에 건너간 것도 고구려 남진에 대응하기 위한 백제-왜 간 군사협약의 성격이 강한 것으로 해석하기도 한다(이도학, 1995, p.13).

84 『三國史記』 百濟本紀, 蓋鹵王 15년조; 18년조.

85 강봉룡, 1997, p.55.

북위와의 관계에 관한 것이다. 이처럼 5세기 전반까지도 고구려는 북방의 연, 북위와의 관계에 주력하였으며 남으로 백제와 신라에 대해 본격적인 공격을 가하지는 않았다. 여기에는 연, 위의 교체뿐 아니라 장수왕의 평양 천도 이후 전개된 고구려 지배세력 내부의 사정도 작용한 듯하다. 아무튼 고구려의 남진 정책이 본격화한 것은 450년 이후로 고구려는 454년 신라 북변을 침입하였고, 468년 실직주悉直州를 공취하였다.[86] 그런데 백제의 경우를 보면 사료상으로는 396년 고구려의 침공 이후 긴장 관계는 계속되었지만 475년 한성 함락까지 거의 80여 년간 양국 간에 대규모 무력 충돌은 보이지 않는다. 오히려 고구려를 먼저 공격한 것은 백제 개로왕(15년, 469)이었고,[87] 475년 고구려의 한성 공략은 이에 대한 보복전이라 할 수 있다. 472년 백제 개로왕이 북위에 보낸 표表에서 북연이 망한 후 고구려가 점차 성해져서 백제가 능멸과 핍박을 당하고 병화가 이어진 지 30여 년에 재물과 힘이 고갈되었다는 표현은 외교적 효과를 겨냥한 면이 강하다. 그러므로 5세기 전반 고구려의 압력으로 인해 백제가 영산강 유역 토착 집단을 통제할 수 없었다는 배경 설정에는 문제가 있다.

지리적 입지로 보아 전남 지역은 백제 국가의 후방에 해당되며 대왜, 대가야 교섭에 있어서 전략적으로 중요한 지점에 해당된다. 만약 전남 지역의 정치체들이 독자적인 교섭권을 발휘하여 반백제 노선을 취할 경우 백제에게는 큰 위협과 장애가 된다. 그러므로 북으로부터 고구려의 압력이 예상될수록 백제로서는 대고구려전 못지않게 이 지역의 토착 집단을 다스리는 일에 많은 노력을 기울이지 않을 수 없다. 비록 고구려와 백제 사이에 빈번한 전쟁이 이어진 것은 아니라고 하더라도 개로왕 즉위를 전후하여 백제가 고구려에 대해 강한 위협을 느낀 것은 사실이다. 따라서 이러한 내외의 상

86 『三國史記』高句麗本紀, 長壽王 42년조; 56년조.

87 이를 두고 그동안 고구려와의 관계에서 수세에 몰려 있던 백제가 대고구려 정책을 크게 수정하여 적극적인 공세로 정책을 전환한 것으로 해석하는 견해도 있다(김수태, 1998, p. 141).

황을 감안할 때 개로왕은 영산강 유역 토착 집단에 대해서도 보다 안정적인 통제책을 강구할 필요가 있었을 것이다. 예컨대 신촌리 9호분 을관의 주인에게 새로운 형식의 복속의례와 충성을 요구하고 그 과정에서 위세품 사여가 이루어졌을 가능성이 높다. 따라서 신촌리 9호분 을관 출토 금공품은 그 주인이 독립된 정치체의 수장이라는 증거로 해석되기보다 백제 국가가 요구하는 통치 체제의 수용과 편입 과정의 산물로 이해되어야 한다.

이러한 백제 중앙 정부의 정책은 한성 함락과 개로왕의 죽음으로 일시 중단되었으나 웅진 천도 후 왕실이 안정을 되찾으면서 재개되었다. 동성왕(479년 즉위)은 금강 유역의 토착 세력을 신흥 세력으로 등용하고,[88] 왕족, 귀족들에게 중국식 관작을 수여한 후 남제南齊에 그 제수除授를 요청하기도 하고(490, 495), 때로는 무진주武珍州로 군대를 이끌고 내려가 무력 시위를 하는(498) 등 왕권 안정과 권력 강화를 위해 다방면의 노력을 기울였다. 사실 동성왕 대에 실시된 왕권 강화의 구체적 기반에 대해서는 아직도 의문이 많다. 그러나 적어도 동성왕 대의 백제사를 이해하는 데는 백제 국내 사정 이외에 왜에서의 그의 생장 배경도 고려되어야 한다. 이 문제에 대해서는 별도의 검토 기회를 가지고자 한다.

6. 맺는말

종래 전남 지역은 백제 영역의 일부로 간주되어 이 지역 토착 집단의 존재나 그 성격을 특별히 주목하는 연구는 그리 많지 않았다. 그러나 고고학 자료가 늘어남에 따라 이곳 토착 사회의 독자적인 정치·문화 양상이 드러나고 연구자들의 관심도 증대되었다. 그리하여 백제 중앙 정부와 영산강 유

88 노중국, 1988, p.155.

역 토착 집단과의 관계를 비롯하여 토착 집단의 정치·문화적 성격에 대해 다양한 해석이 나오고 있다.

이 장에서는 옹관고분 자료를 토대로 근초고왕 남정으로부터 5세기 후반에 이르는 시기의 영산강 유역 토착 집단의 실상 파악에 초점을 맞추었다. U자형 전용 옹관을 쓰는 옹관고분의 분포 상태를 검토한 결과 4세기 후반 전남 지역에는 옹관고분이라는 특유의 묘제를 공유하던 5~6개 소국의 존재가 확인된다. 이들은 4세기 후반 근초고왕의 남정 당시 시종·반남 세력을 중심으로 연맹체를 형성하고 있었으며, 각 소국 간에 세력의 우열은 있었으나 그들은 여전히 상호 협력과 경쟁을 바탕으로 하는 수평적 결속 관계에 머물러 있었다.

근초고왕 남정 이후 이 지역 토착 집단의 실상에 대해서는 이견이 많지만 이전의 소국 집단들은 통합된 조직체로 확대, 발전하지 못하고 개별 소국으로 존속하였으며, 그중 가장 유력한 집단으로 성장한 것이 시종·반남 세력이었던 것으로 추정된다. 즉 5세기 후반 이 지역 최고 지배자의 무덤으로 간주되는 신촌리 9호분 을관에서 출토된 화려한 위세품들은 백제로부터 사여된 것으로 위세품의 분포 밀도나 질량으로 미루어 시종·반남 세력 자체가 위세품의 사여 주체로 기능한 것은 아니었다. 그리고 신촌리 9호분을 비슷한 시기의 창녕 교동 등지의 고분과 비교해 볼 때 권력의 크기나 범위가 개별 소국의 수준을 넘어서는 것은 아니었다. 따라서 시종·반남 소국은 영산강 유역의 다수 정치체를 통괄하는 존재로 인정하기 어려우며 이른바 5세기 후반 영산강 유역 정치체의 실상은 다수 소국을 결속하는 통합된 정치조직체는 아니었다. 이는 백제라는 외부의 힘이 작용한 결과라고 하겠다.

다음으로 근초고왕 남정 이후 이곳 영산강 유역 토착 집단과 백제의 관계를 검토하기 위해 그들이 대외 교섭권을 행사하면서 독자적인 정치체로 기능하였는지의 여부에 주목하였다. 문헌자료에 의하면 왜-백제 관계에서 때때로 이들은 외교 협상의 대상이 되었으나 항상 백제에 소속된 집단으로 결말이 났다. 그리고 이들이 한반도 내의 다른 정치체나 중국 왕조를 대상으로 독자적인 정치체로서 활동한 흔적이 문헌상으로는 확인되지 않는다. 또한 고고학적으로 지배계급의 권력 집중도를 보여 주는 옹관고분의 경우, 분구의 규모는 크나 하나의 분구 속에 여러 사람을 매장한 것이므로 한 개인이 동원한 노동력의 양이 다른 지역 단일 소국 지배자에 비해 특별히 거대한 것은 아니다. 그리고 부장된 철기나 무기의 양이 상대적으로 빈약한 것도 단순히 매장 습속 때문만은 아니며, 이 지역에서 축적된 잉여 물자의 일부가 공납의 형태로 빠져나갔기 때문이다. 이러한 사실들은 이 지역 정치체들이 대외적인 정치·군사 활동 면에서 백제의 통제 아래 있었으며, 어떤 형태로든 공납 징수의 대상이 되었다는 증거이다.

그러나 4세기 후반 이후 영산강 유역 토기 양식의 성립에서 나타나듯이 토착 지배세력들은 토기 생산과 유통 등 대내적인 권력 기반은 상당 부분 유지할 수 있었다. 이는 백제의 통제가 공납 징수나 대외 교섭, 그리고 전략 물자를 통제하는 데 국한되었기 때문일 것이다. 제한적이나마 이 지역에 대한 백제의 통제권 행사는 백제로 하여금 서남해안을 통하는 해상권 장악을 보장하였고, 고구려 남하에 대항하여 왜와 전략적인 제휴를 유지하고 있던 백제에게 왜의 협조를 끌어내는 데 유리한 조건으로 작용하였다. 특히 5세기 후반 고구려와의 긴장 관계가 더욱 높아지고, 개로왕이 강력한 왕권 강화 정책을 전개하면서 지방 토착 세력 통제에도 적극적인 노력을 기울여 시종·반남 세력에 대해서도 강도 높은 복속의례를 요구했던 것 같다. 이러한 백제 왕실의 복속 지역 통제 정책은 한성 함락과 웅진 천도로 일시 중단되었으나 동성왕 대 이후 정국이 안정되면서 재개되었고 적극적인 방법이 시도되었던 것으로 생각된다.

이처럼 영산강 유역 토착 집단의 실상, 그리고 이들과 백제의 관계는 각 시기별로 그 모습이 조금씩 다르다. 신라, 백제 국가의 성장 과정이란 결국 수많은 정치체를 포괄하면서 이를 통제하고 편제해 나가는 과정 그 자체라고 이해할 때 어느 시기부터 백제의 영역으로 인정할 것인가 하는 단순화된 물음에 매달리는 것은 그리 의미가 없다. 이보다는 각 시기별로 각 지역 토착 세력에 대해 중앙의 권력이 어떠한 형식을 가지고, 어느 정도의 강도로 작용하고 있었는지를 구체적으로 파악하는 작업이 더 중요하다. 한국 고대 사회의 구조와 형성 과정에 대한 연구는 이러한 각지의 토착 세력에 대한 연구를 통해 보다 풍부한 내용을 담을 수 있을 것이다.

추기 追記

이 글이 발표된 2000년 이전에는 영산강 유역에서 나온 금동관모와 금동신발류의 위세품은 가장 늦은 시기에 제작된 나주 신촌리 9호분 을관 출토품이 유일하였다. 그리고 이 고분의 편년이나 성격에 대한 연구들도 시작 단계에 불과하였다. 그런데 앞 장(II부 5장)에서 살펴본 내로 2000년대 이후 익산, 공주, 서산 등 백제 각지에서 금동관모로 대표되는 최상급 위세품들이 쏟아져 나왔다. 나주 지역만 하더라도 신촌리 9호분 인근의 복암리 3호 옹관석실분, 복암리 정촌고분 등 금동신발류의 화려한 금공제 위세품을 부장한 고분들이 속속 조사되었다. 복암리 3호분의 경우 석실분 안에 대형 옹관이 안치되어 석실분 주인의 출자에 대한 논란을 잠재웠다. 특히 백제계 금동관이 나온 전남 고흥 길두리 안동고분의 조사로 금동제 위세품의 출토 범위가 5세기 초반부터 전남 해안 지역까지 분포한 것으로 드러났다. 이러한 자료의 획기적 증가에 힘입어 금공제 위세품의 편년 연구도 기본 틀이 잡혀 가고 이 유물들의 정치·사회적 성격에 대한 연구 논고들도 급격하게 늘어나면서 많은 연구 성과들이 축적되었다.

2015년에는 국립나주문화재연구소에서 복암리 세력을 집중 조명하는 학술회의를 열었고(『삼국시대 복암리 세력의 위상과 주변지역의 동향』), 2017년에는 국립나주박물관에서 신촌리 금동관을 재조명하는 특별전과 학술회의를 개최하였다(『신촌리 금동관, 그 시대를 만나다』). 그 여세를 몰아 2019년 10월 11일 국립나주박물관에서 나주 복암리 정촌 1호분 금동신발을 중심으로 『고대 동아시아의 금동신발과 금동관』이란 주제로 학술회의가 열렸다. 이 학술회의에서 기조 강연을 맡은 임영진 교수가 영산강 유역 토착 집단의 정치·사회적 성격을 종합적으로 검토하고 그동안 나온 20편이 넘는 논고들을 연대순으로 정리하여 2000년대 이후의 연구 동향과 핵심 문제들을 일목요연하게 파악할 수 있게 하였다(「삼국시대 마한사회 위세품의 의미와 성격」). 이처럼 그동안의 자료 증가와 연구 성과의 축적으로 문헌상으로 드러나지 않던 4~5세기 영산강 유역 정치체들의 다양한 적응 모습과 문화적 변화 과정들이 밝혀졌다.

그리고 이러한 논의 과정에서 '영산강 유역 고대사회', '영산강 유역 옹관고분사회'라는 용어 대신 '4~6세기 영산강 유역의 마한'이라 명명하면서 마한에 대한 새로운 개념이 파생되었다.

2020년에는 영암 내동리 쌍무덤 2호 석곽묘에서 신촌리 9호분 출토품과 닮은 금동관편이 확인되어 신촌리 9호 금동관이 다시 주목받고 있다. 그리고 2021년 10월에는 한성백제박물관 백제학연구소가 주최한 학술회의에서 문헌기록과 고고학 부문으로 나누어 4~6세기 영산강 유역 정치체를 둘러싼 각종 쟁점들을 종합적으로 검토하였다(한성백제박물관, 2021, 『백제는 언제 영산강 유역으로 진출하였나?』, 쟁점 백제사 19). 그러나 거듭되는 학술회의에도 불구하고 견해차는 좀처럼 좁혀지지 않고 여전히 평행선을 달리는 형국이 이어지고 있다. 아무튼 4~5세기 영산강 유역 토착 집단들과 백제 중앙 정부와의 관계에 대한 연구자 간의 견해는 그 스펙트럼이 상당히 넓다. 연구 시각의 차이를 좁히고 접점을 찾는 작업이야말로 앞으로 남은 중요 과제이다.

참고문헌

강봉룡, 1997, 「5~6세기 영산강유역 '옹관고분사회'의 해체」, 『백제의 지방통치』 1, 제18회 한국상고사학회 학술발표회 발표문

______, 1999a, 「3~5세기 영산강유역 '옹관고분사회'와 그 성격」, 『역사교육』 69

______, 1999b, 「영산강유역 '옹관고분'의 대두와 그 역사적 의미」, 『한국사론』 41·42합집, 서울대학교 국사학과

김원룡, 1976, 「사로6촌과 경주고분」, 『역사학보』 70

권오영, 1988, 「4세기 백제의 지방통제방식 일례」, 『한국사론』 18, 서울대학교 국사학과

______, 1998, 「죽막동제사의 목적과 주체」, 『부안 죽막동 제사유적 연구』, 국립전주박물관

국립공주박물관·충청남도역사문화원, 2006, 『한성에서 웅진으로』, 4~5세기 백제유물특별전 도록

국립광주박물관, 1992, 『한국의 옹관묘』

______, 1993, 『영암 신연리9호분』

국립광주박물관·백제문화개발연구원, 1989, 『영암 와우리 옹관묘』

국립광주박물관·전라남도·나주군, 1988, 『나주반남고분군 종합조사보고서』

국립나주문화재연구소, 2015, 『삼국시대 복암리 세력의 위상과 주변지역의 동향』, 국립나주문화재연구소 개소 10주년 기념 국제학술회의 발표문

국립나주박물관, 2017, 『신촌리 금동관, 그 시대를 만나다』, 출토 100년 기념 특별전

국립전주박물관, 2009, 『마한, 숨쉬는 기록』

김수태, 1998, 「백제 개로왕대의 대고구려전」, 『백제사상의 전쟁』, 제9회 백제연구 국제학술대회 발표문, 충남대학교 백제연구소

김승옥, 1999, 「고고학의 최근 연구동향—이론과 방법론을 중심으로—」, 『한국상고사학보』 31

김영심, 1997, 『백제 지방통치체제 연구—5~7세기를 중심으로—』, 서울대학교 박사학위논문

김용성, 1989, 「경산·대구지역 삼국시대 고분의 계층화와 지역집단」, 『영남고고학』 6

김종철·계명대학교박물관, 1981, 『고령지산동고분군—32~35호분·주변석곽묘—』, 계명대학교박물관

노중국, 1987, 「마한의 성립과 변천」, 『마한·백제문화』 10

______, 1988, 『백제정치사연구』, 일조각

______, 1994, 「백제의 목협(라)씨세력연구」, 『백제사회의 제문제』, 충남대학교 백제연구소

목포대학교박물관·전라남도, 1996, 『전남의 고대 묘제—본문—』

박보현, 1995, 「위세품으로 본 고신라사회의 구조」, 경북대학교 박사학위논문

박순발, 1997, 「한성백제의 중앙과 지방」, 『백제의 중앙과 지방』, 충남대학교 백제연구소

______, 1998, 「4~6세기 영산강유역의 동향」, 『백제사상의 전쟁』, 제9회 백제연구 국제학술대회 발표문, 충남대학교 백제연구소

———, 1999, 「백제의 남천과 영산강유역 정치체의 재편」, 『한국의 전방후원분』, 백제연구 한일학술회의 발표문, 충남대학교 백제연구소
박영복, 1989, 「백제장신구」, 『한국고고학보』 22
서성훈·성낙준, 1984, 『영암 만수리 고분군』, 국립광주박물관
———, 1986, 『영암 내동리 초분골고분』, 국립광주박물관
———, 1988, 『나주 반남고분군』, 국립광주박물관
성낙준, 1997, 「백제의 지방통치와 전남지방 고분의 상관성」, 『백제의 중앙과 지방』, 충남대학교 백제연구소
신경철, 1991, 「김해대성동고분군의 발굴조사 성과」, 『가야사의 재조명』, 김해시
———, 1995, 「김해대성동·동래복천동고분군 점묘—금관가야 이해의 일단—」, 『부대사학』 19
———, 1999, 「고대의 낙동강과 영산강」, 『한국의 전방후원분』, 백제연구 한일학술회의 발표문, 충남대학교 백제연구소
신대곤, 1997, 「나주 신촌리 출토 관·관모 일고」, 『고대연구』 5
안승주, 1983, 「백제옹관묘에 관한 연구」, 『백제문화』 15
이도학, 1995, 『백제 고대국가 연구』, 일지사
이병도, 1976, 『한국고대사연구』, 박영사
이성주, 1998, 「신라·가야사회의 정치·경제적 기원과 성장」, 서울대학교 박사학위논문
이정호, 1996, 「영산강유역 옹관고분의 분류와 변천과정」, 『한국상고사학보』 22
이한상, 1995, 「5~6세기 신라의 변경지배방식」, 『한국사론』 33, 서울대학교 국사학과
———, 1997, 「장식대도의 하사에 반영된 5~6세기 신라의 지방지배」, 『군사』 35
———, 2011, 「백제의 금속제 관 문화」, 『백제의 관—논고—』, 국립공주박물관
이현혜, 1988, 「4세기 가야사회의 교역체계의 변천」, 『한국고대사연구』 1
이희준, 1998, 「4~5세기 신라의 고고학적 연구」, 서울대학교 박사학위논문
임영진, 1998, 「죽막동 토기와 영산강유역 토기의 비교고찰」, 『부안 죽막동 제사유적 연구』, 국립전주박물관
———, 2019, 「삼국시대 마한사회 위세품의 의미와 성격」, 『고대 동아시아의 금동신발과 금동관』, 국립나주문화재연구소 2019 국제 학술대회 발표문
전영래, 1985, 「백제남방경역의 변천」, 『천관우선생환력기념 한국사학논총』, 정음문화사
조영제, 1992, 「신라와 가야의 무기·무구」, 『한국고대사논총』 3, 가락국사적개발연구원
주보돈, 1999, 「백제의 영산강유역 지배방식과 전방후원분 피장자의 성격」, 『한국의 전방후원분』, 백제연구 한일학술회의 발표문, 충남대학교 백제연구소
천관우, 1991, 「복원 가야사」, 『가야사연구』, 일조각
최성락·조근우, 1991, 『영암 옥야리고분』, 목포대학교박물관

……

田中俊明, 1997, 「熊津時代 百濟의 領域再編과 王·候制－榮山江流域의 百濟領域化問題와 關聯하여－」, 『백제의 중앙과 지방』, 충남대학교 백제연구소

東潮, 1997, 「榮山江流域と慕韓」, 『高句麗考古研究』, 東京: 吉川弘文館

穴澤和光·馬目順一, 1976, 「龍鳳文環頭大刀試論－韓國出土例を中心として－」, 『백제연구』 7, 충남대학교 백제연구소

______, 1975, 「昌寧校洞古墳群」, 『考古學雜誌』 60-4

たたら研究會 編, 1991, 『日本古代の鐵生產』, 東京: 六興出版

Ⅲ부

진한에서 신라로의 발전

1장

고고학자료로 본 사로국 6촌

1. 사로국의 구성

1979년 경주 조양동유적 1차 발굴이 실시된 이래[1] 최근에 이르기까지 베일에 싸여 있던 초기 신라, 즉 사로국斯盧國의 역사 해명에 필요한 중요한 고고학자료들이 속속 발굴되었다. 특히 1995년에는 사라리유적이 발굴되어 사로국의 실체에 대해 다양한 논의를 불러일으키는 단서를 제공하였다.[2] 2006년에는 경주 덕천리유적이 조사되어 논란에 싸여 있는 초기 신라사 연구의 공백을 메워 줄 수 있는 중요 유적이 추가되었다.[3] 이와 더불어 그동안 경주 이외 경상도 각지에서도 목관묘·목곽묘 유적들이 활발하게 조사되어 사로국 이해의 토대를 더욱 넓혀 주었다.

문헌기록에만 의존하던 초기 신라사 연구가 활기를 띠게 된 데에는 이러

1 최종규, 1995, 『삼한고고학연구』, 서경문화사; 국립경주박물관, 2000, 『경주 조양동 유적 I』; 국립경주박물관, 2001, 『경주 조양동 유적 II』.

2 영남문화재연구원, 2001, 『경주사라리유적 II』.

3 이석범·이나영, 2006, 「경주덕천리유적」, 『계층 사회와 지배자의 출현』, 제30회 한국고고학전국대회 발표문, pp.295~326; 영남문화재연구원, 2008, 『경주덕천리유적 II』; 2009, 『경주덕천리유적 III』.

한 고고학자료의 발굴이 획기적인 기여를 하였다. 그러나 문헌기록과 고고학자료를 서로 연결시켜 해석하는 과정에서 견해 차이가 적지 않게 발생하고 있다. 예를 들면 경주 일원에서 조사된 목관묘·목곽묘 유적들을 『삼국유사三國遺事』와 『삼국사기三國史記』에 나오는 사로국 6촌六村에 비정하는 견해가 있는 반면, 6촌은 후대에 부회된 허구적인 존재이므로 이 유적들을 6부六部로 이해해야 한다는 주장도 있다. 다 알다시피 사로국 6촌 문제는 사로국 형성과 성장 과정 연구의 핵심 주제이며, 6부 문제와도 밀접한 관계가 있다.

이 장에서는 경주 일원의 목관묘·목곽묘 자료를 토대로 사로국을 구성한 핵심 세력의 실체에 접근해 보고자 한다. 먼저 6촌의 존재 여부에 대해 상반된 해석이 나오게 된 원인을 살펴보고, 6촌이 허구적인 존재인지 아닌지 검토해 보고자 한다. 그리고 기원전 2세기 말 이래 목관묘·목곽묘로 구성된 대규모 집단 묘역의 형성 배경과 의미를 살펴 6촌의 성립 배경을 설명하고자 한다. 마지막으로 경주 동남 방면의 목관묘·목곽묘 자료를 중심으로 진지촌과 본피부의 관계를 검토해 보고자 한다. 이러한 시도는 사로국의 예를 통하여 『삼국지』 동이전에 수록된 진·변한 소국을 구성한 읍락의 실체에 접근하는 것이기도 하다.

2. 사로국 6촌에 대한 이해의 방향

6촌은 신라사 서술 첫머리에 등장하는 존재이다. 『삼국사기』와 『삼국유사』에 실린 신라 건국 관련 기록을 종합하면 6개 촌이 통합하여 신라를 건국하였다. 그리고 유리이사금儒理尼師今 대에 6촌을 6부로 개편하고, 6부에 각각 성을 하사하였으며 6촌의 촌장이 6성六姓의 시조로 되어 있다. 이 기록은 ① 6촌의 형성과 통합, ② 6부 개편, ③ 6성 시조 전승이라는 핵심 내용으로 구성되어 있다. 이 모두는 신라 국가의 형성과 발전 과정에서 중요 분기점에 해당한다. 문헌에는 혁거세赫居世 대에서 유리이사금 대에 걸치는 짧은 기간(기원전 57~기원후 32)에 이 모든 변화와 발전이 일어난 것으로 기록되어 있지만 실은 상당한 기간에 걸쳐 이루어진 중요 성과들을 축약하여 재구성한 것이다. 시간적·공간적으로 큰 폭을 가지는 중요한 역사적 사실들이 압축 파일 상태로 혁거세 대와 유리이사금 대에 기술되어 있는 셈이다.

첫 번째 풀어야 할 것은 ①과 ②, 즉 6촌과 6부의 관계이다. 6촌은 모든 논의의 출발점이 되고 있는데 6촌에 관한 지금까지의 연구를 보면 6촌의 지리적 위치 비정에 관한 것이 주류를 이룬다. 그 이유는 지리적 위치 비정을 통해 6촌에 대한 기본 시각을 반영할 수 있기 때문이다. 6촌의 위치에 대해서는 분포 범위를 경상도 전역에 산재한 것으로 넓게 설정하기도 하고,[4] 경주 일원으로 좁혀서 비정하기도 한다. 6촌의 분포 범위나 구체적인 위치, 성격에 대해서는 견해가 무척 다양하지만[5] 이들은 공통적으로 6촌이 역사적으로 실재한 정치체임을 전제로 한다. 이와 달리 6촌을 6부를 기준으로 소급 부회한 허구적인 존재로 간주하는 입장이 있다. 과거 『삼국사기』 초기 기록을 전면 부인하던 일본인 연구자들이 그러하였다.[6] 한국인 연구자들 중에도 울진 봉평신라비, 영일 냉수리신라비와 같은 신라 금석문의 발견으로 6세기 초 6부의 실상이 새롭게 밝혀짐으로써 6촌 기록을 재음미하려는 시도가 있다.[7] 6촌 통합 기록이나 유리이사금조의 6부 개편 내용은 그대로 믿을 수 없으며, 신라는 처음부터 탁喙, 사탁沙喙, 잠탁岑喙, 본피本彼, 사피斯彼, 한기漢岐라고 칭하던 6개 집단 또는 그 일부가 통합되어 성립되었다는 주장이 한 예이다.[8]

4 김철준, 1952, 「신라상대사회의 Dual Organization」 상·하, 『역사학보』 1·2; 서의식, 2003, 「'진한 육촌'의 성격과 위치」, 『신라문화』 21.

5 기존 설에 대한 정리는 다음 자료 참조. 이문기, 1989, 「울진봉평신라비와 중고기의 육부문제」, 『한국고대사연구』 2; 서의식, 2003; 박홍국·정상수·김지훈, 2003, 「사로6촌의 위치에 대한 시론」, 『신라문화』 21.

6 末松保和, 1954, 『新羅史の諸問題』, 東京: 東洋文庫, p.244.

7 주보돈, 1992, 「삼국시대의 귀족과 신분제」, 주보돈 외, 『한국사회발전사론』, 일조각, pp.15~16; 전덕재, 1995, 「상고기 신라6부의 성격에 대한 고찰」, 『신라문화』 12, p.51; 전덕재, 2006, 「경주 사라리 집단의 정치적 성격」, 『사로국시기의 경주 무덤과 지역집단』, 제34회 한국상고사학회 학술발표대회 발표문, pp.124~125.

8 전덕재, 2002, 『한국고대사회의 왕경인과 지방민』, 태학사, p.96.

이 주장은 신라에서 촌이란 용어를 사용하기 시작한 것이 4세기 후반 이후라는 점을 주요 근거로 삼아 6촌 통합과 6촌에서 6부로의 개편 기록을 후대에 부회, 윤색한 것으로 간주하고 6촌의 존재를 인정하지 않는다.

6촌에 대한 인식이 이처럼 다른 것은 6부의 성립 과정과 주체에 대한 견해가 다르기 때문이다. 『삼국사기』 기록에 의하면, 6촌은 기원전 2세기 말 이래 고조선 유민들의 정착에 의해 형성된 집단들이다. 그리고 기원후 1세기 유리이사금 대에 이르러 6촌이 6부로 개편되었기 때문에 6촌과 6부는 계기적인 발전 관계에 있는 것으로 기록되어 있다. 6부의 성립 시기에 대해서는 『삼국사기』와 『삼국유사』의 편년을 그대로 취하는 입장도 있다.[9] 하지만 유리이사금 대의 6부 개편 기록은 후대 사실을 소급 기술한 것이며, 6부가 실제 성립된 것은 문헌기록보다 후대라는 것이 대다수 연구자들의 견해이다.[10] 문제는 기원전 1세기부터 기원후 3세기까지 상당히 긴 기간에 걸쳐 사로국을 구성한 핵심 세력과 그 이후 그들의 변화·발전 관계를 어떻게 파악하느냐에 달려 있다. 예컨대 4세기 후반 마립간麻立干 시기에 이르러 탁, 본피, 한기 3부가 분화하여 6부가 완성된 것으로 보거나,[11] 또는 정복 지역의 유력 족장 세력들을 경주로 이주시켜 편제한 것이 6부라고 하면[12] 6촌은 후대에 설정된 가상적인 존재가 될 수밖에 없다. 6촌의 존재에 대해 이처럼 견해가 엇갈리는 원인은 6촌 전승, 6부 성립, 6성 시조 전승이라는 세 가지 요소가 하나의 줄거리로 엮이면서 각각의 전승이 그 원형을 가려내기 어려울 정도로 뒤섞여 있기 때문이다. 이 때문에 연구자에 따라 역사적 사실과 후대에 부회된 것을 판별하는 기준이 다르고 내용 해석도 달라지는 것이다.

9 이종욱, 1982, 『신라국가형성사연구』, 일조각.

10 6부 자체의 개념 정의나 변화 발전 과정에 대해서도 의견이 다양하며 이를 둘러싸고 학술적 논의가 꾸준히 이어지고 있다(한국고대사학회, 2000, 『한국고대사연구』 17 참조). 전덕재, 1996, 『신라육부체제연구』, 일조각; 전덕재, 2003, 「이사금시기 신라의 성장과 6부」, 『신라문화』 21. 전덕재는 6부 성립 시기를 3세기 후반으로 본다.

11 주보돈, 1992, pp.15~16.

12 노중국, 1995, 「삼국의 통치체제」, 강만길 외, 『한국사』 3, 한길사, p.159.

『삼국사기』나 『삼국유사』의 기록대로라면 사로국을 구성한 핵심 집단들이 기원후 1세기 전반부터 이미 6부로 편성되어 탁, 사탁, 잠탁, 본피, 사피, 한기라는 이름으로 불린 것이 된다. 그러나 지금까지의 연구 성과에 의하면 6부는 마립간기 이후 그 존재가 뚜렷해진다. 그렇다고 해서 양산촌, 고허촌, 대수촌 등이 6부 이전 사로국을 구성한 핵심 정치체의 본래 이름이라고 할 수는 없다. 6부와 6촌의 이름을 살펴보면 탁, 사탁 등의 부명은 모두 고유음을 한자를 빌려 음표기한 것이다. 이에 비해 6촌 이름 중 양산촌楊山村, 고허촌高墟村, 대수촌大樹村 셋은 한자식 표기이고, 진지珍支(빈자賓子, 빈지賓之, 빙지氷之, 우진于珍)촌村, 가리촌加利村, 고야촌高耶村 셋은 한자를 빌려 음표기한 것이다. 명칭 면에서는 6촌 이름 중 절반이 6부 이름보다 후대의 것이다. 따라서 6촌의 이름 중에는 처음 사로국을 구성한 핵심 세력의 본래 이름으로 인정하기 어려운 것도 분명 있다. 그러나 6촌의 이름들 가운데 후대적 요소가 덧붙여진 것이 포함되었다고 해서 이것이 6촌이라는 존재 자체를 부인하는 근거가 되기에는 부족하다.

기록상으로는 6촌 단계 정치체의 이름이 온전하게 전해지지 않지만 굳이 6촌의 편린을 찾는다면 토착음을 한자로 표기한 6촌장의 이름이 주목된다. 특히 한자식 촌명인 양산촌의 촌장 알평謁平과 고허촌의 촌장 소벌도리蘇伐都利를 눈여겨볼 필요가 있다. 『삼국사기』에는 혁거세를 왕으로 추대하는 주역을 담당한 인물로 고허촌장 소벌공蘇伐公이 등장하는데 그가 『삼국유사』에는 소벌도리로 되어 있다. 토착어 '~도리都利'를 한자식 '~공公'으로 표현을 바꾸었을 뿐 양자는 동일 인물이다. 소벌은 서벌, 서라벌, 사로 등과 같은 뜻으로[13] 지명이나 정치체의 이름으로 풀이될 수 있다. 그러므로 소벌도리는 고유명사로 촌장의 이름이라기보다 '소벌'이라는 정치체의 수장을 가리키는 일반명사가 된다. 만약 소벌이 솟벌이고 솟은 수리[高, 上]를 뜻한

13 이병선, 1982, 『한국고대국명지명연구』, 형설출판사, pp.165~166.

다면[14] 소벌의 '소蘇'와 고허高墟의 '고高'가 서로 통하므로 6촌 허구설은 여전히 설득력이 떨어진다. 따라서 '소벌'이 6촌 단계의 원래 이름이고 이것을 모체로 확대 발전한 것이 '사탁'이라고 해석할 수 있다. 이것은 사탁이란 이름이 소벌에서 유래되었을 가능성을 배제하는 것이 아니라 기원전 1세기의 소벌이라는 정치체와 4세기 이후의 사탁이라는 정치체를 구분지어야 한다는 의미이다.

그리고 알천 양산촌의 촌장 이름이 알평謁平인데 '평平'은 평'坪', 즉 들의 뜻으로 벌伐과 통하므로 알평은 '알벌'이 된다. Ar을 부족명으로 해석하기도 하나[15] 고대사회에서는 족명과 정치체의 이름이 구분 없이 사용되는 경우가 많으므로 알평, 즉 알벌을 정치체의 이름으로 해석할 수 있다. '알'의 의미에 대해서는 여러 가지 견해가 있지만[16] 의미 해석과는 상관없이 알평, 알천閼川(알벌을 흐르는 내), 알지閼智(알벌의 존장자)[17] 모두 6부의 핵심인 탁부와 관련된다. 따라서 '알벌'이 6촌 단계의 이름이라면 이것이 질적·양적으로 확대, 발전한 것이 '탁喙'이라는 부로 이해할 수 있다. 한기부도 부명이 되기 전에는 '한지벌'로 불린 흔적이 남아 있다.[18] 이 밖에도 신라 지역에는 다벌多伐, 음즙벌音汁伐, 골벌骨伐 등 '벌' 자가 붙여진 정치체의 이름이 다수 전해지고 있음은 잘 알려진 사실이다. 그러므로 '고허'나 '양산'이라는 촌명이 후대의 것이라고 해서 6촌 존재 자체를 허구로 돌릴 수는 없다. '소벌'이나 '알벌'과 같은 모체가 되는 집단이 있었고 이들의 핵심 세력이 신라 최고의 지배세력으로 상승하면서 원래의 명칭이나 지리적인 위치 전승에 윤색이 가해진 것으로 보아야 한다. 다시 말하면 소벌이나 알벌은 왕실 세력의 토대가 되었

14 이병도, 1977, 『삼국사기—국역편—』, 을유문화사, p.1.
15 김철준, 1975, 『한국고대사회연구』, 지식산업사, p.74.
16 김철준, 1975, pp.69~74.
17 일반적으로 '지'는 존칭의 뜻을 가진 어미로 해석되고 있다.
18 안압지 출토 '調露2년(680)명' 벽돌에 새겨진 "漢只伐部 君若小舍"(문화공보부·문화재관리국, 1978, 『안압지 발굴조사보고서』) 참조.

던 사탁부와 탁부의 뿌리에 해당하므로 6촌 중에서도 가장 많은 변화를 겪었고 이 때문에 윤색의 정도도 심하였을 것이다. 그러나 비록 이름이나 위치는 정확하게 전승되지 않았다고 해도 각 부마다 모체가 된 거점 집단이 있었고 이들이 고조선 유민의 정착과 관계된다는 사실까지 부인할 수 없다.

다음으로 6촌을 허구로 보는 또 다른 근거는 건국 신화에 6촌의 촌장이 6성의 시조로 되어 있다는 점이다. 신라에서 성씨가 사용된 것은 6세기 후반 이후이므로 이것이 6촌 존재를 불신하는 중요 논거로 제시되고 있다. 그런데 『삼국사기』에는 조선 유민朝鮮遺民이 '산골짜기 사이[山谷之間]'에 '나뉘어 살며[分居]' 6촌을 형성한 것으로 되어 있으나 『삼국유사』에는 6촌장은 하늘에서 내려온 것으로 되어 있어 서로 대비가 된다. 『삼국사기』의 6촌 성립 부분은 설화적인 것보다 역사적인 요소가 더 많은 데 반해 『삼국유사』에서는 6촌장은 천강족天降族으로서 설화의 주인공이 되어 있다. 이러한 문헌 기록상의 모순은 6촌 성립 전승과 6성 시조 설화는 원래 서로 다른 두 갈래의 전승이었으나 어느 시점엔가 이 둘이 하나의 줄거리 속에 합쳐지면서 빚어진 결과로 보아야 한다. 즉 ①의 6촌 성립에 대한 전승과 ③의 6성 시조 설화는 갈래를 달리하는 전승으로 양자를 구분할 필요가 있다. 뚜렷한 논거는 제시하지 않았지만 신라의 6촌장과 6성 시조를 바로 연결시키는 것이 문제가 있고 믿을 수 없다는 지적은 이전에도 있었다.[19]

신라에서 6성이 성립되기 시작한 것이 통일을 전후한 시기라면[20] 6성 시조 설화가 완성되는 것은 적어도 그 이후일 것이다. 그러므로 6성 시조 설화가 완성되는 과정에서 6촌의 존재를 새로이 만들어 낸 것이 아니라 이전부터 전해 오던 6촌 전승에 6성의 시조 설화를 부회한 것으로 해석해야 한다. 역설적으로 6촌에 대한 전승이 없었더라면 6성의 시조를 6촌장과 결부시킬

19 이기백, 1974, 「신라육두품연구」, 『신라정치사회사연구』, 일조각, p.46; 서영대, 1991, 「한국고대 신관념의 사회적 의미」, 서울대학교 박사학위논문, p.206.

20 이순근, 1980, 「신라시대 성씨 취득과 그 의미」, 『한국사론』 6, 서울대학교 국사학과, pp.23~24.

근거나 이유도 없었을 것이다. 더욱이 ①과 ③을 연결시키는 고리 역할을 한 것이 6부 사성賜姓인데 6부 사성설은 후대에 부회한 것이라는 견해가 있다. 즉 사성은 국왕이 사은의 방편으로 성씨 취득 집단에게 정치·사회적 특혜를 부여하는 것인데 6부의 칭성稱姓은 신라 통일 과정 및 사회 재편기에 당唐의 저성著姓을 모방하여 이루어졌다는 것이다.[21]

6성 시조 설화는 신라 귀족 가문의 시조 전승의 한 유형이다. 고구려에서도 귀족 가문들이 시조 전승을 가지는 것은 보편적인 현상이라고 한다.[22] 아마 신라의 귀족 가문들도 여러 유형의 시조 전승을 가지고 있었을 것이다. 6두품 귀족 가문이었던 이씨, 정씨, 손씨, 최씨, 배씨, 설씨 등의 6성을 칭하는 가문도[23] 그러했을 것이다. 이들의 성씨 사용이 사성에 의해 일시에 시작된 것이 아니라 단계적으로 이루어진 것이라면 그들이 성을 갖게 된 연유나 시점도 서로 달랐을 것이다. 6성 가문이 통일신라기에 각 부를 대표하는 귀족 가문이라는 점은 공통될지라도 그들의 시조가 모두 6촌 시조와 연결된다는 증거는 없다. 부部의 성장 과정을 보면 각 부에는 복수의 족단이 있었고 그들은 서로 경쟁적인 관계이기도 하였다.[24] 또한 각 부에는 피복속 집단의 지배계급들도 옮겨 살고 있었으므로 각 부를 대표하는 귀족 가문의 성장 배경도 단순하지 않았을 것이다.

아마 6성 가문들도 원래는 고구려의 우씨羽氏, 극씨克氏, 낙씨絡氏처럼 각 집단의 내력을 시사하는 서로 다른 시조 전승을 가졌을 것으로 추측되나[25] 그 내용이나 시작 시점은 알 길이 없다. 다만 일부 6성 가문 중에는 그 연원이 사로국 성립 초기 유력 세력과 연결되는 것도 있겠지만 그렇지 않은 것도 있

21 이순근, 1980, p.36; 이종서, 1997, 「나말여초 성씨 사용의 확대와 그 배경」, 『한국사론』 37, 서울대학교 국사학과, p.52. 칭성稱姓이 아니라 사성賜姓으로 보는 입장도 있다(전덕재, 2007, 「경주 사라리고분군 축조 집단의 정치적 성격과 그 변천」, 『한국상고사학보』 56, p.124).

22 서영대, 1991, p.198.

23 이기백, 1974, p.56.

24 『삼국사기』 신라본기 지마이사금祇摩尼師今 원년조의 마제摩帝와 허루許婁의 일화를 참조한다.

25 서영대, 1991, pp.198~204.

을 것이다. 예컨대 설씨薛氏는 경산 압독국押督國 왕족의 후예이며, 최씨 가문의 기원은 고구려계 귀족에서 찾기도 한다.[26] 7세기 중엽경까지도 설씨는 그들의 시조를 김씨 왕족과 연결지어 윤색하기는 해도 6촌 시조와 연결시키지는 않았다. 신라 하대下代에 오면 최씨나 이씨는 그들의 선조를 중국인과 연결시키기도 한다.[27] 이것이 실상이라면 6성의 시조를 신라 건국을 주도한 핵심 세력인 6촌장과 연결시킨 것은 중대中代 이후이며 나름대로의 의도가 작용한 것으로 볼 수밖에 없다. 고구려 귀족 가문의 시조 전승들이 시조의 신성성, 신비성을 강조하고, 고구려의 건국 및 발전에 크게 기여한 존재임을 강조한다는 사실은[28] 신라 6성 가문의 시조 설화 이해에도 참고가 된다.

요컨대 6촌 전승에 6성 시조 설화가 결합된 것이라면 이 과정에서 생략되거나 부가되는 내용이 생기기 마련이다. 6촌 시조가 내려왔다는 표암봉瓢嵓峰,[29] 명활산明活山, 금강산金剛山, 형산兄山 등도 이러한 맥락에서 이해해야 한다. 예를 들면 고야촌 촌장이 하강했다고 하는 금강산은 경주 북쪽의 금강산이며 금강산이라는 산명이 불교식이므로 불교 도입 이후 6촌 설화가 윤색, 부회되었다고 하여 6촌이 허구라는 주장의 한 근거로 제시하고 있다.[30] 이러한 산 이름은 6성 시조 설화가 불교 도입 이후 6촌 전승과 결합되었다는 증거는 될 수 있으나 6촌 존재 자체가 이때 새로이 만들어졌다는 논거가 되기에는 부족하다. 즉 명활산, 금강산, 표암봉, 형산 등은 신라통일기 이후 행정 구역 단위로서의 한기부, 습비부, 잠탁부 영역 안에 위치하거나 인접한 산이다.[31] 그러므로 이 산들이 6촌이나 6촌장과 관련지어진 것도 6성 시

26 이기백, 1974, pp.43~48.
27 이종서, 1997, p.105.
28 서영대, 1991, pp.198~204.
29 경주시 동천동 산16번지 소재(영남문화재연구원, 1996, 『경주시 문화유적 지표조사 보고서』, p.61).
30 전덕재, 2006, pp.104~105.
31 예를 들면 통일신라기에 명활산 일대는 한기부에, 북천 북쪽의 금강산과 표암봉 일대는 습비부에 속했던 것으로 추정되고 있다. 이기봉, 2002, 「신라 왕경의 범위와 구역에 대한 지리적 연구」, 『지리학논총』 별호45, 서울대 국토문제연구소, p.51; 여호규, 2002, 「신라도성의 공간구성과 왕경제의 성립과정」, 『서울학연구』 18, pp.69~72.

조 설화와 6촌 전승이 결합할 당시에 이루어진 것으로 해석해야 한다. 바꾸어 말하면 6촌장이 하강했다는 산 이름은 통일신라기 6부 위치 비정의 기준은 될지언정 6촌의 위치 비정에는 적합하지 않다. 이와 같이 6촌이 가상적 존재가 아니라 역사적 실체라고 하더라도 문헌자료만으로는 이를 입증하는 데 한계가 있으며 그 실체에 한 걸음 다가갈 수 있게 해 주는 것이 고고학자료이다.

3. 대규모 집단 묘역墓域의 등장

6촌이라는 정치체의 실체를 파악하기 위해서는 일단 기원전 2세기 말 이후의 고고학자료의 추이에 주목할 필요가 있다. 기원전 2세기 말 이래 경상도 각지에서 등장하는 새로운 정치체의 존재를 뒷받침하는 고고학자료는 목관묘·목곽묘 유적이다. 경상도 지역의 목관묘·목곽묘 유적에 대해서는 지금까지 무덤 구조와 형식, 토기 편년, 유물 분석을 통한 집단 간의 교섭 활동, 그리고 사회 계층 분화와 정치권력의 성장 과정에 이르기까지 다각적인 연구가 진행되어 많은 성과를 거두었다.[32] 이들 목관묘·목곽묘 유적의 중요한 특징의 하나는 대규모의 집단화된 분묘군을 형성하고 있다는 점이다. 여러 가지 사정으로 훼손되거나 전체 유적의 일부만 조사되었음에도 불구하고 유적마다 매장 유구의 숫자가 수십 기에서 백 수십 기에 이를 정도로 밀집도가 아주 높다. 경산 신대리유적은 경산 임당유적의 동쪽 구역과 연결되는 동일

32 권지영, 2006, 「목관묘에서 목곽묘로의 전환양상에 대한 검토」, 『영남고고학』 38; 김영민, 2004, 「삼한후기 진한세력의 성장과정연구」, 『신라문화』 23; 이재현, 2002, 「변·진한사회의 고고학적 연구」, 부산대학교 박사학위논문; 이희준, 2002, 「초기 진·변한에 대한 고고학적 논의」, 노중국 외, 『진·변한사연구』, 경상북도·계명대학교 한국학연구원; 안재호, 2000, 「창원 다호리유적의 편년」, 『한국고대사와 고고학』, 학산김정학박사 송수기념논총; 박승규, 2000, 「대구경북지방의 목관묘자료소개」, 『고고학으로 본 변·진한과 왜』; 이성주, 2000, 「기원전 1세기대의 진·변한지역」, 『전환기의 고고학 III—역사시대의 여명—』, 제24회 한국상고사학회 학술발표회 발표문; 이성주, 1997, 「목관묘에서 목곽묘로—울산 중산리유적과 다운동유적에 대한 검토—」, 『신라문화』 14.

구릉부에 위치하는데 양 유적에서 각각 목관묘 112기와 93기가 조사되었다. 특히 신대리유적에는 1세기 전엽에서 2세기 전엽이라는 한정된 시기의 무덤이 100여 기 이상 밀집되어 있다. 그리고 임당유적에서는 목곽묘가 117기나 조사되었다.[33] 경주 덕천리유적 역시 유적을 남북으로 관통하는 경부고속철도 개설 구역만 제한적으로 조사했음에도 불구하고 2세기 말에서 3세기의 목곽묘가 122기나 확인될 정도로 높은 밀집도를 보여 준다.[34] 경주 황성동유적도 2007년경까지 160여 기의 목곽묘가 조사되었으나 많은 부분이 미조사 지역으로 남아 있다(표 Ⅲ-1-1 참조). 포항 옥성리유적도 많은 부분이 파괴된 상태에서 일부만 발굴 조사하였으나 목관묘, 목곽묘만 해도 전체 230여 기가 넘으며 그중에서 2세기 후반~3세기에 속하는 목곽묘만 해도 90여 기가 넘는다.[35]

이러한 현상은 이전 단계의 무덤들이 한두 기의 단독무덤(독립묘) 조성에[36] 그치는 것과는 대조되는 새로운 현상이다. 기원전 1세기 이후 현저해지는 이 같은 집단 묘역의 조성은 취락의 장기 지속을 나타내는 것이며[37] 중요한 사회관계의 변화, 즉 지배적 친족 집단의 거점이 새롭게 형성된 것을 반영하는 것으로 파악되고 있다.[38] 그리고 목관묘, 목곽묘가 군집화하는 것을 무덤 조성 집단이 확대되고 집단 내부에 계층 분화가 진전되었음을 반영하는 것으로 해석하기도 한다.[39] 더 나아가서 목관묘의 집단화는 진·변한 각 소국의

33 정민 외, 2010, 『경산 신대리유적 II』, 영남문화재연구원.

34 영남문화재연구원, 2006, 『경부고속철도경주구간내 덕천리 I유적 문화재발굴조사약보고서』.

35 국립경주박물관, 2000, 『포항옥성리고분군』 I, II, 가지구 발굴조사보고, p.312; 영남문화재연구원, 1998a, 『포항옥성리고분군 I—나지구—』; 영남문화재연구원, 1998b, 『포항옥성리고분군 II—나지구—』, pp.317~319.

36 금강 유역 세형동검문화 발전기의 중요 유적들이 그러하고, 경주 인근에서는 영천 용전리유적이 한 예가 될 것이다. 용전리유적의 경우 다른 유구의 존재 여부를 파악하기 위해 주변 지역에 대한 탐색 조사를 실시하였으나 목관묘 1기 이외에 다른 유구의 흔적은 확인되지 않았다. 국립경주박물관, 2007, 『영천 용전리유적』, p.7.

37 이재현, 2002, p.91.

38 이성주, 1997, p.11; 이성주, 2000, p.133.

39 김영민, 2004, p.37.

표 Ⅲ-1-1 경주 일원의 목관묘·목곽묘 유적 자료

위치	유적명	청동유물	목관묘	목곽묘 Ⅰ	목곽묘 Ⅱ	적석목곽묘	석곽묘	참고 자료
동남 방면	입실리	15점						국립중앙박물관·국립광주박물관, 1992, 『특별전 한국의 청동기문화』
	조양동(2-5차)		29	12				국립경주박물관, 2001, 『경주 조양동 유적 Ⅱ』
	조양동(1차)				4	1	7	국립경주박물관, 2000, 『경주 조양동 유적 Ⅰ』
	구정동(A)	16점						국립중앙박물관·국립광주박물관, 1992, 『특별전 한국의 청동기문화』
	구정동(B)				3			국립경주박물관, 2006, 『경주 구정동 고분』
	죽동리(A)	34점						국립중앙박물관·국립광주박물관, 1992, 『특별전 한국의 청동기문화』
	죽동리(B)				3			윤형원·박문수, 1998, 『경주죽동리고분군』
	구어리				23	13	2	영남문화재연구원, 2002, 『경주구어리고분군 Ⅰ』
	울산 중산리				?			이성주, 1997, 『신라문화』 14
서쪽 방면	사라리		7	11?	67	43	12	영남문화재연구원, 1999, 『경주사라리유적 Ⅰ』; 2001, 『경주사라리유적 Ⅱ』
	사라리 525				1	3	4	영남문화재연구원, 2005, 『경주사라리525번지유적』
	금척리 (적석목곽분)					8	3	김원룡, 1960, 『미술자료』 1; 최종규, 1980, 『금척리고분군발굴약보고』, 국립경주박물관
북쪽 방면	황성동 583-2			1				이건무·김홍주, 1985, 『경주황성동유적발굴조사보고』, 국립경주박물관 고적조사보고 17책
	황성동 634-1번지			9				국립경주문화재연구소, 1998, 『문화유적발굴조사보고』, 학술연구총서 23
	황성동 513, 545		1	19				국립경주박물관, 2002, 『경주황성동고분군 Ⅱ』
	황성동 545번지			15				동국대학교경주캠퍼스박물관, 2002, 『경주황성동고분군』
	황성동 545번지			18				경주대학교박물관, 2003, 『경주황성동고분군 Ⅲ』
	황성동 575번지 (강변로 남쪽)		7	80			7	영남문화재연구원, 2010, 『경주 황성동 575번지 고분군—본문—』
	황성동 강변로		4	14	7	24	18	한국문화재보호재단, 2003, 『경주황성동유적 Ⅰ』(강변로개설구간발굴조사보고서); 김일규, 2001, 『경주황성동강변로유적』, 한국농경문화의 형성, 제25회 한국고고학전국대회
	황성동 601-2번지				2			이상준, 1995, 『경주황성동601-2번지발굴조사보고서』, 경주문화재연구소학술연구총서 11
	(전) 안계리(A)	9점						국립중앙박물관, 1992, 『특별전 한국의 청동기문화』
	안계리(B)					9	25	문화재연구소, 1981, 『안계리고분군』
서남 방면	덕천리 Ⅰ		14	122				영남문화재연구원, 2008~2009, 『경주덕천리유적』 Ⅱ~Ⅳ
	덕천리 392-1					5		중앙문화재연구원, 2005, 『경주덕천리고분군』

※ 2008년 이후 조사 자료는 국립경주문화재연구소, 2019, 『목관묘로 본 사로국의 형성과 전개』; 2020, 『목곽묘로 본 사로국의 형성과 전개』 참조.

성립[40] 또는 진·변한 출발의 기점으로 해석되기도 한다.[41]

대규모 집단 묘역의 출현은 사회적인 관계 변화뿐 아니라 다른 측면에서도 시사하는 바가 많다. 첫째, 대규모 유이민 파동에 의한 급격한 인구 증가라는 측면이다. 주민의 집단 이주와 같은 외부 요인이 작용하면 인구는 자연증가율을 크게 웃돌게 되고 이것이 취락 규모나 분포 밀도에 영향을 주게 된다. 여기에 이주민의 새로운 매장문화가 작용하면 집단 묘역의 출현으로 이어진다. 경상도 지역에서 대규모 목관묘·목곽묘 유적이 대거 등장하는 중심 연대는 기원전 1세기 이후이다. 창원 다호리유적, 대구 팔달동유적, 경산 임당동유적, 경주 조양동유적, 경주 덕천리유적, 경주 황성동유적을 보면 목관묘 조성 시작 시기는 조금씩 선후 차이가 있다고 해도 대체적으로 기원전 1세기이다. 경주 사라리유적에서는 기원전 시기의 무덤은 확인되지 않고 1세기 후반~2세기 초엽으로 편년되는 130호 목관묘가 가장 이른 유구이다(그림 Ⅲ-1-1, 그림 Ⅲ-1-2). 그러나 사라리유적은 많은 부분이 이미 공사로 훼손된 상태에서 조사된 것이므로 이것만으로 묘역 조성 시작 시기가 기원후라고 단정할 수는 없다. 포항 옥성리고분군에서도 발굴된 것은 2세기 이후의 것이지만 인근에 앞선 시기의 목관묘군이 분포하는 것으로 조사되었다.[42]

특히 경상도 지역을 중심으로 목관묘 조성 단계에 이르러 이전 단계에 비해 유물, 유적의 숫자가 급격하게 증대한다. 이를 한반도 서남부 지방과 비교하면 그 차이가 더욱 분명하게 드러난다. 즉 한반도 서남부 지방에는 세형동검문화 최성기의 금속제 유물과 유적들이 집중 분포하는 반면 쇠퇴기의 유물, 유적의 수는 급격히 감소한다.[43] 이와 달리 세형동검문화 쇠퇴기의 목관묘계 유물, 유적들은 오히려 경상도 지역을 중심으로 집중 분포하며 대규모 묘역 조성으로 이어진다. 그러므로 경상도 지역에서의 목관묘계 유물, 유

40 이희준, 2002, pp.150~151; 이희준, 2000, 「대구지역 고대 정치체의 형성과 변천」, 『영남고고학』 26.
41 이성주, 1998, 『신라·가야사회의 기원과 성장』, 학연문화사, pp.51~53.
42 영남문화재연구원, 1998b, p.326.
43 이현혜, 2005, 「한반도 서남부지방 청동기 생산활동의 쇠퇴 배경」, 『한국고대사연구』 40, pp.8~12.

그림 Ⅲ-1-1
경주 사라리 130호분
출처: 영남문화재연구원, 2001,『경주사라리유적 Ⅱ』

그림 Ⅲ-1-2
경주 사라리 130호분 출토 판상철부
출처: 영남문화재연구원, 2001

적의 급격한 증가 배경에는 외부로부터의 주민 이동이 직간접적인 요인으로 작용했을 것이라는 추론이 가능하다.

문헌기록상 이 시기는 한반도 서북 지방에서 촉발된 정치적 파동의 여파가 중남부 각지로 광범위하게 파급되던 시기이다. 기원전 2세기 후반 위만조선의 우거왕右渠王은 한무제漢武帝의 팽창 정책에 대항하면서 진국辰國, 예맥濊貊 등 주변 세력과 갈등을 빚고 있었다. 그리고 내부적으로도 우거왕의 정책에 불만을 품고 조선상朝鮮相 역계경歷谿卿이 2,000여 호를 거느리고 진국으로 이동하는 등 이탈 세력이 생겨났다. 결국 한漢과 위만조선의 대결은 기원전 108년 위만조선의 멸망과 한의 4군 설치로 결말이 났고, 혼란의 와중에서 진국 세력이 해체되었다.[44] 이러한 정치적 파동은 집단적인 주민 이동을 유발하였고 다시 연쇄 작용을 일으키면서 중남부 지방의 역사 전개에 심대한 영향을 미쳤다.[45]

문헌기록에 진한 소국 형성에 관련된 세력으로 진국, 중국 진秦나라 유망민, 고조선古朝鮮 유민遺民 등 서로 다른 전승이 혼재하는 것은 다양한 내력을 가진 유이민의 유입이 있었음을 말해 주는 것이다.[46] 이러한 현상은 고고학자료상으로도 나타난다. 즉 경상도 지역의 초기 단계 목관묘의 종류가 통나무관 목관묘, 통나무관 적석목관묘, 판재식 목관묘, 판재식 적석목관묘 등으로 다양한 것은[47] 시간적인 변화와 상호 교섭 양상을 반영하는 것인 동시에 묘역을 조성한 주도 세력들의 다양한 내력을 직간접적으로 시사하는 것이다. 고고학자료상으로 나타나는 이러한 현상은 6촌이라는 정치체가 등장하던 시기의 전반적인 정치·문화적 배경을 설명해 주는 동시에 산골짜기 사이에 나뉘어 살며 6촌을 이룬 주체가 서북 지방으로부터의 유이민 파동과

---

44 이현혜, 2005, pp.27~31.

45 이현혜, 2007, 「마한사회의 형성과 발전」, 『백제의 기원과 건국』, 백제문화사대계 연구총서 2, 충청남도역사문화연구원, pp.226~227.

46 이현혜, 2007, pp.229~230. 본서 II부 1장 pp.121~122 참조.

47 이재현, 1995, 「변·진한사회의 발전과정—목곽묘의 출현배경과 관련하여—」, 『영남고고학』 17.

관련됨을 뒷받침하는 것이다.

둘째, 대규모 집단 묘역의 존재는 새로운 거점 세력 내지는 정치체의 형성을 시사한다. 목관묘·목곽묘 유적의 또 다른 공통점은 묘역 조성 기간이 장기간 지속된다는 점이다. 〈표 Ⅲ-1-1〉에서 보듯이 적어도 기원전 1세기부터 기원후 3~4세기 또는 그 이후까지 각 단계별 무덤이 연속적으로 조성되는 것이 일반적이다. 목관묘 또는 목곽묘만 집중되거나 중간 공백기가 있는 것은 대개 유적이 파괴되거나 일부만 조사되었기 때문이다. 예를 들면 대구 팔달동유적의 경우 발굴 조사가 이루어진 곳은 전체 유적 중 목관묘 분포 지역 일부로 조사 구역 위쪽 능선을 따라 시기를 달리하는 유구가 순차적으로 분포한다고 한다.[48] 울산 다운동유적처럼 목관묘와 목곽묘 조성 시기 사이에 중간 공백이 있는 경우 공백기에 해당하는 무덤 유적들이 인근에 분포하지만 발굴 조사가 이루어지지 않은 경우가 대부분이다.[49]

분묘의 지속적 조성은 취락이 장기적으로 존속 발달한 결과이다. 묘역과 취락의 밀접한 관계를 보여 주는 사례들이 더러 있는데, 경주 황성동 목곽묘 유적 인근에서도 와질토기를 출토하는 주거 유적들이 50여 기 발굴되어 묘역 인근에 취락이 있었음을 말해 준다.[50] 경산 임당유적에서도 목관묘·목곽묘 유적과 관계된 이중환호 유구가 확인되었고 그 안쪽으로 취락 유구가 있었던 것으로 추정하고 있다.[51] 아직은 해당 묘역을 조성한 집단이 단일 취락인지 복수 취락인지, 취락의 규모가 어느 정도였는지 등은 밝혀지지 않았다. 하지만 개별 취락마다 묘역을 조성한 것이 아니라면 이러한 대규모 묘역을 조성한 주체로 복수의 취락군을 상정하는 것이 합리적이다.

무덤의 크기나 부장 유물을 보면 질량 면에서 일반 무덤들과 차별화된 탁

48 영남문화재연구원, 2000, 『대구 팔달동유적 I』, p.19.
49 유병일, 1996, 「울산 다운동유적」, 제39회 전국역사학대회 고고부발표문, p.369.
50 김세기, 1991, 「경주 황성동 주거유적」, 제34회 전국역사학대회 고고부발표문.
51 장용석, 2000, 「임당유적의 공간배치에 관한 일고찰」, 한국상고사학회 편, 『임당의 고분과 생활유적』, 학연문화사, pp.87~88.

월한 수준의 무덤은 소수이고 대부분의 무덤들은 그 규모가 비슷비슷하고, 3세기 이전 단계에서는 매장 유구 간에 큰 중복 없이 평면적으로 나열되어 있는 것이 일반적이다.[52] 이처럼 계층 분화 현상을 뚜렷이 반영하는 묘역이라면 이들은 단순히 일반 취락의 주민들이 일상적으로 남긴 공동묘지는 아닐 것이다. 즉 계층화가 뚜렷한 대규모 목관묘·목곽묘군의 등장은 취락군의 존재를 반영하는 것에서 한 걸음 더 나아가 지배자를 가진 정치·경제적 중심지 역할을 하는 거점 취락의 등장을 암시한다. 어느 한 묘역에서 수장급 무덤이 시간적 공백 없이 지속적으로 존재하느냐 존재하지 않느냐 하는 문제는 수장 권력의 성격과 관계되는 것이며 이것이 수장의 존재 유무를 판단하는 기준은 아니다. 당시 서북한 낙랑樂浪 지역의 상황을 보면 분묘군 인근에 군치郡治 또는 현치縣治와 관련된 토성 유적들이 있다.[53] 중국 진秦·한漢대 유적에서도 현치 인근 일정한 거리에 분묘군이 분포한다.[54] 이것은 계층화된 집단 묘역의 등장이 통치 거점 내지는 정치체 존재와 깊은 관계가 있음을 보여 준다.

요컨대 목관묘, 목곽묘로 구성된 대규모 집단 묘역의 등장은 기원전 2세기 말 이래 경상도 각지에 유입된 대규모 유이민과 이를 계기로 새로이 등장하는 수많은 정치체의 존재를 뒷받침한다. 그리고 사로 6촌의 등장 배경도 이러한 전체적 맥락 속에서 접근할 수 있다.

4. 경주 일원의 목관묘·목곽묘 유적과 6촌

지금까지 6촌에 대한 연구에는 지석묘, 청동기, 분묘, 성곽 등 다양한 고고

52 이성주, 1997, p.1·14.
53 오영찬, 1996, 「낙랑군의 토착세력 재편과 지배구조」, 『한국사론』 35, 서울대학교 국사학과, pp.33~34.
54 김병준, 2006, 「한대 취락 분포의 변화—묘장과 현성의 거리 분석을 중심으로—」, 『중국고중세사연구』 15.

학자료들이 활용되었다.[55] 특히 문헌기록에만 의존하던 6촌의 지리적 위치 비정에 분묘 자료를 처음 활용한 것은 1970년대 후반이다.[56] 당시에는 4세기 이전 단계의 신라 무덤에 대한 정보가 전혀 없었으므로 경주 일대의 적석목곽분과 6~7세기의 석실분 분포 자료들을 활용하였다. 물론 석실분 유적 인근에서 3세기 이전 단계의 유적이 조사될 가능성이 없지 않다. 그러나 적석목곽분과 석실분 자료는 4세기 후반~7세기, 즉 6부 단계의 유적이므로 6촌과는 시간적으로 거리가 있다. 1987년부터 경주 시내 여러 지점에서 6~7세기의 도로 유구가 조사되어 신라 왕경의 범위와 구획이 구체적으로 드러나고 있다.[57] 특히 격자 모양의 도로 유구는 왕경의 행정단위로 개편된 이후의 6부 범위를 추정하는 데 보다 적절한 자료이다. 이러한 자료들은 6촌과 6부의 구분을 명확히 하지 않고 시간 변화에 따른 공간 이동의 가능성을 간과한 이전 연구의 한계를 보완하는 데 효과적으로 활용될 수 있을 것이다.

다행히 조양동유적 발견 이후 적석목곽분 출현 이전 시기의 무덤 자료들이 경주 외곽 곳곳에서 조사되기 시작하여 문헌자료와 고고학자료의 시간적 불일치라는 문제는 최소한 해결되었다. 그리고 4세기 이전의 대규모 취락유적이나 방어 시설에 대한 고고학적 정보가 아주 부족한 현재의 상태에서 목관묘·목곽묘 자료는 6촌, 6부 문제에 접근할 수 있는 최선의 자료이다.

지금까지 경주 일원에서 조사된 목관묘·목곽묘 유적은 탑동유적을 제외하고 경주 시내 중심지에서 벗어난 외곽 지역에 분포한다(그림 Ⅲ-1-3 참조). 북쪽의 황성동유적과 서쪽의 사라리유적, 서남쪽의 덕천리유적, 동남쪽의 조양동유적, 구정동유적 등이 대표적이다. 이들은 월성 기준 직선거리로 가장 가까운 것이 3km가량 떨어진 황성동유적이고 그 나머지는 6~8km(조양동유적, 구정동유적), 9km(덕천리유적), 15km(사라리유적) 등 상당한 거리를 두고 분포

55 이종욱, 1982, pp.28~29; 박홍국·정상수·김지훈, 2003, pp.120~121.
56 김원룡, 1976, 「사로6촌과 경주고분」, 『역사학보』 70.
57 신창수, 2002, 「신라의 왕경」, 『강좌 한국고대사』 7, 가락국사적개발연구원.

그림 Ⅲ-1-3
경주 일대 목관묘·목곽묘 유적 분포도
출처: 이희준, 2011; 필자 수정

한다.[58] 그런데 연구자에 따라 이러한 유적을 남긴 집단을 칭하는 용어나 이들을 바라보는 시각차가 적지 않다. 사라리유적을 예로 들어 보면, 첫 번째 견해는 이 유적들을 6촌과 연계시켜 사라리유적을 무산茂山 대수촌大樹村에, 조양동·구정동·죽동리유적들을 자산觜山 진지촌珍支村에, 황성동유적을 금산金山 가리촌加利村에 비정한다.[59] 두 번째 견해는 이들을 사로국과 관련된 정치체로 파악하되, 예를 들면 사라리 130호분 피장자를 사로국을 구성하는 하나의 '지역집단'을 대표하는 수장이라고만 칭하고 '촌'이나 '부'라는 용어를 사용하지 않는다.[60] 세 번째 견해는 6촌을 허구로 보는 입장에서 사라리 130호분의 피장자를 1세기 무렵 모량부를 대표하는 최고지배자로 간주한다.[61] 두 번째와 세 번째 견해는 사라리유적을 남긴 집단을 ○○촌이라 하지 않고 '지역정치체'라는 용어로 부르거나 6부의 하나인 모량부로 칭한다. 여기에서 더 나아가 사라리유적을 사로국을 구성한 정치체로 보지 않고 영천과 연결지어 사라리와 영천을 묶는 별개의 정치체를 상정하고 사라리집단과 같은 정치체를 지구地區 '국國'으로 부르기도 한다.[62]

경주 외곽의 목관묘·목곽묘 유적들을 남긴 정치체에 대해 이처럼 용어와 견해가 다양한 원인은 출토 자료의 불확실성 때문이다. 고고학자료의 경우 아예 존재하지 않았는지, 파괴되었는지, 아직도 세상에 모습을 드러내지 않았는지 확인할 수 없는 내용이 무척 많다. 다행히 2010년과 2015년에 경주 탑동에서 사라리유적과 비슷한 시기의 목관묘 3기가 조사되는(그림 Ⅲ-1-4) 등

58 이하 이 장에서 표시하는 직선거리는 월성을 기준으로 하였으며 '구글어스' 거리 측정 도구를 활용한 것이다.

59 권오영, 1997, 「사로육촌의 위치문제와 수장의 성격」, 『신라문화』 14, pp.8~10.

60 박승규, 1997, 「경주 사라리유적 130호묘에 대하여」, 『신라문화』 14, pp.63~64; 전덕재, 2003, pp.28~31; 김대환, 2007, 「고분 자료로 본 신라의 국가형성」, 『국가 형성에 대한 고고학적 접근』, 제31회 한국고고학전국대회 발표문, p.48.

61 전덕재, 2006, p.118; 전덕재는 이후 발표한 논문에서 3세기 후반 세장방형 목곽묘를 축조한 단계에 사라리 지역이 모량부에 편입되었으나 2세기 전후에 사라리 지역이 모량부의 영역이었다는 분명한 결론은 유보하였다(전덕재, 2007).

62 이청규, 2005, 「사로국의 형성에 대한 고고학적 검토」, 『신라문화제학술발표논문집』 26, p.23; 이청규·박자연, 2000, 「사로국 형성 전후의 경주」, 『고문화』 55, p.36.

그림 Ⅲ-1-4
경주 탑동 1호 목관묘(위)와 출토 유물(아래)
출처: 한국문화재보호재단, 2011

경주 중심지에서도 사로국 시기 유적 조사 예가 점차 늘어나고 있다(한국문화재보호재단, 2011; 한국문화재재단, 2015). 이 때문에 고고학자료와 문헌자료를 대응시키는 과정에서 서로 다른 해석이 가능하다. 이러한 한계를 무릅쓰고 현 단계에서 이 유적들을 통해 6촌 문제를 검토해 보고자 한다.

지금까지 수적으로 목관묘·목곽묘 관련 유적, 유물이 가장 많이 조사된 지역은 경주에서 울산으로 통하는 동남 방면인데 이 지역을 예로 들어 고고학자료상에 나타나는 결과를 문헌기록과 연관지어 해석할 때 어떤 문제점이 있는지 살펴보고자 한다. 경주 시내에서 울산으로 통하는 구조곡을 따라 조양동유적부터 울산 중산리유적에 이르기까지 목관묘·목곽묘 유적이 연속으로 이어진다. 현재 조사된 유적 간 대략적인 직선거리는 경주 월성 → 6km ← 조양동유적 → 2km ← 구정동유적(A) → 0.8km ← 구정동유적(B) → 4km ← 죽동리유적 → 3km ← 입실리유적 → 2.8km ← 구어리유적 → 4.5km ← 중산리유적으로 나열된다(그림 Ⅲ-1-3 참조).

앞서 살펴본 대로 『삼국유사』 기이 신라 시조 혁거세왕조의 기록을 토대로 경주 동남 방면에 분포하는 이 유적들을 진지촌에 비정하는 견해가 있다.[63] 반면 6촌의 존재를 부인하는 입장이라면 이들을 본피부 유적으로 간주할 것이다. 6촌, 6부의 지리적 위치에 대한 유일한 기록인 『삼국유사』 혁거세왕조는 고려시대의 경주 6부를 기준으로 신라시대의 6촌, 6부 관계를 설명하고 있다. 예를 들면 "사량부沙梁部 … 지금은 남산부南山部라 하며, 구량벌仇良伐·마등오麻等烏·도북道北·회덕廻德 등 남쪽의 촌이 여기에 속한다. … 본피부本彼部 … 지금은 통선부通仙部라 하며 시파柴巴 등 동남쪽의 촌이 여기에 속한다. … 습비부習比部 … 지금의 임천부臨川部이며 물이촌勿伊村·잉구미촌仍仇旀村·궐곡闕谷(또는 갈곡葛谷) 등 동북쪽의 촌들이 이에 속한다." 고려시대의 촌은 행정단위로 편제된 지역촌이며 그 안에 여러 개의 자연촌

63 권오영, 1997, p.4.

을 포함한다.[64] 그러므로 고려시대 경주 6부는 둘 이상의 지역촌을 포괄하는 광역의 행정단위이다. 『삼국유사』는 이러한 고려시대의 경주 6부를 기준으로 경주 동남 방향에 있었다고 전하는 진지촌을 본피부에 속한 여러 지역촌 중 하나로 기록하였다. 이를 토대로 고려시대의 6부의 범위가 통일신라기 이전의 6부 범위와 대체적으로 일치하는 것으로 추정하기도 한다.[65] 따라서 『삼국유사』의 6촌, 6부 설명대로라면 본피부의 범위는 현재 경주 동남 방면에서 확인된 대부분의 목관묘·목곽묘 유적을 포함할 것이며, 진지촌은 그 일부가 될 것이다. 그러나 공간적인 확대 내지는 수적인 증가 여부만으로 촌과 부의 구분 기준을 단순화할 수는 없다. 여기에 부가하여 시간적인 변화에 따라 각 집단 간 결속관계의 성격이 어떻게 변화했는지에 대한 고려가 필요하다.

먼저 초기 목관묘계 유물, 유적의 분포 양상을 보면 일정 지역에만 집중되는 것이 아니라 분산적이며 유물의 질량 면에서도 큰 차이를 나타내지 않는다. 가장 이른 시기의 목관묘계 유물, 유적이 확인된 곳은 입실리,[66] 구정동(A),[67] 조양동,[68] 죽동리 지역이며[69] 이들 유적에서는 기원전 2세기 말~기원전 1세기의 수장급이 소유했던 각종 유물들이 출토되었다.[70] 이를 기준으로 기원전 1세기경 동남 방면에 있던 유력 정치체의 거점을 찾는다면 조양동·구정동 지역과 입실리 지역 두 곳이 주목된다. 구정동유적(A)에서 입실리유적까지는 직선거리로 7~8km가량 된다. 더욱이 『삼국유사』 기록에 의하면 진지촌은 빈지賓之, 빈자賓子, 빙지氷之로도 불렸는데 조양동과 입실리의 중간쯤에 있는 외동읍 괘릉리 일대에 빈자賓子라는 지명이 조선시대까지 남아 있

64 이우성, 1961, 「여대 백성고—고려시대 촌락구조의 일단면—」, 『역사학보』 14.
65 전덕재, 1998, 「신라 6부 명칭의 어의와 그 위치」, 『경주문화연구』 창간호, 경주대학교 경주문화연구소.
66 朝鮮總督府編, 1925, 『大正十一年度古蹟調査報告』 第2册.
67 김원룡, 1952, 「경주 구정리 출토 금석병용기유물에 대하여」, 『역사학보』 1.
68 국립경주박물관, 2000.
69 한병삼, 1987, 「월성 죽동리출토 청동기일괄유물」, 『삼불김원룡교수정년퇴임기념 논총 I: 고고학편』, 일지사.
70 국립중앙박물관, 1992, 『한국의 청동기문화 특별전』.

어 괘릉리의 남방 지역을 진지촌과 관련짓기도 한다.[71] 아직은 괘릉리 일대에서 이러한 전승을 뒷받침할 물증은 확인되지 않지만 괘릉리에 인접하여 죽동리유적이 있고 괘릉리의 자연조건으로 미루어 보아 거점 취락이 형성되었을 가능성이 높다. 진지촌의 범위에 대해서는 조양동·구정동 지역과 괘릉리·입실리 지역 둘로 나누어서 전자를 고야촌에, 후자를 진지촌에 비정하기도 한다.[72] 이 자료만으로는 초기 진지촌의 구체적인 범위를 추정하기 어렵지만 적어도 둘 이상의 거점 취락들을 포함한 것으로 볼수 있다. 그리고 보다 중요한 것은 이러한 자료들을 통해 기원전 1세기부터 경주 동남 방면에 진지촌이라는 정치체를 비정할 수 있는 물적인 근거가 확인된다는 사실이다.[73]

그리고 기원전 1세기의 진지촌과 기원후 3세기 중엽의 진지촌은 여러 측면에서 변화가 있었을 것이다. 동남 방면 목관묘·목곽묘 유적을 남긴 집단간의 상호 관계의 대략적 추이를 살펴보면 다음과 같다. 구정동유적과 조양동유적은 서로 이어져 있으므로 하나의 세력 단위로 간주할 수 있는데 이곳에서는 기원전 1세기부터 기원후 4~5세기 이후까지 시간적으로 큰 공백 없이 유물, 유적이 이어진다. 이를 시기별로 나누어 보면 조양동유적의 경우 38호 목관묘에서 한경漢鏡을 4매나 부장할 정도로 우수한 유물이 출토되어(그림 Ⅲ-1-5)[74] 구정동·조양동 지역을 기원 전후한 시기 동남 방면의 중심 세력으로 간주할 수 있다. 뒤이은 목곽묘 단계에서는 제한된 구역만 조사했기 때문에 정확한 비교는 어렵지만 조양동유적의 3세기 목곽묘 유적은[75] 비슷한 시기의 울산 중산리유적에 비해 유물이나 묘광 규모 면에서 큰 차이가 나지 않는다.

71 "自掛陵至龍加山爲賓子路西二坊"(『東京雜記』 卷2, 各坊條). 三品彰英, 1975, 『三國遺事考證 上』, 東京: 塙書房, p.424에서는 용가산을 외동읍 연안리 부근 산으로 비정하고 있다.

72 신창수, 2002, p.176.

73 경주 동남 방면의 목관묘·목곽묘 유적군을 하나의 국[地區國]의 범위로 보고 입실리·죽동리와 조양동·구정동 구역을 각각 국읍의 후보지로 추정한 견해도 있다. 이청규, 2002, 「기원전후 경주와 주변과의 교류」, 이청규 외, 『국가형성기 경주와 주변세력』, 학술문화사.

74 국립경주박물관, 2001, 『경주 조양동 유적 II』, pp.174~191.

75 조양동 60호 목곽묘와 중산리 I단계 목곽묘 비교 결과이다. 국립경주박물관, 2001, pp.270~288; 이성주, 1997, pp.25~26.

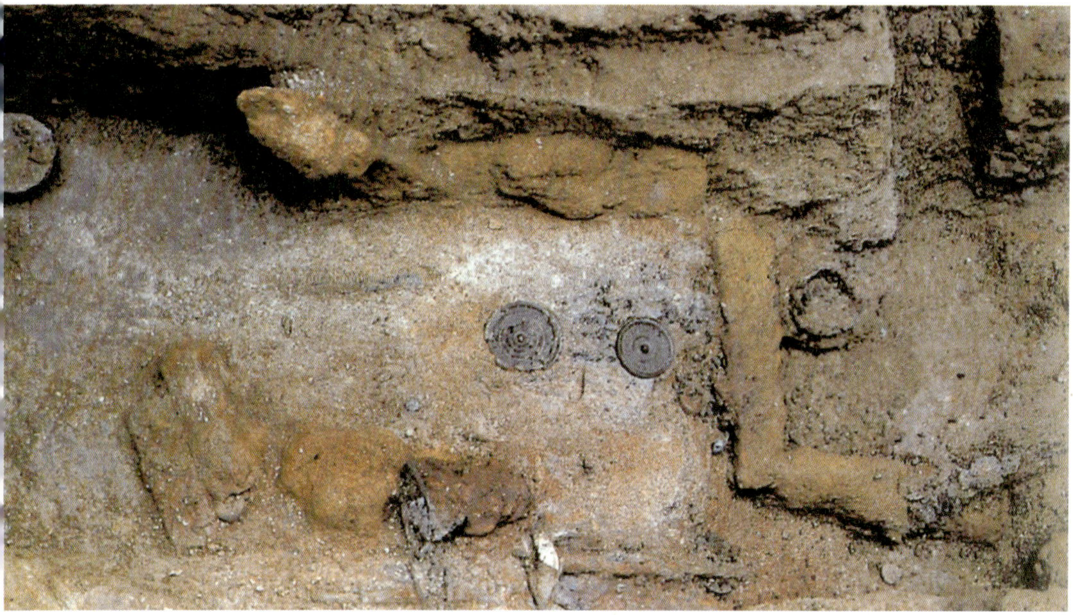

주조철부

검파두식

전한경

전한경

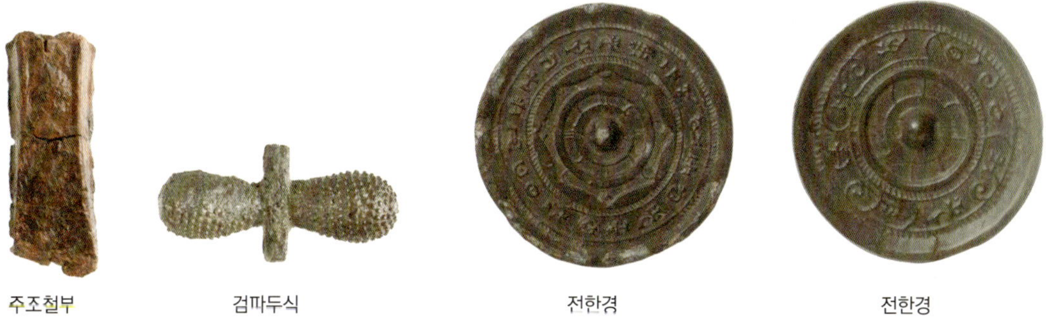

그림 Ⅲ-1-5
경주 조양동 38호 목관 내 유물 출토 모습(위)과 출토 유물(아래)
출처: 국립중앙박물관, 2001, 『경주조양동유적 Ⅱ』

그림 Ⅲ-1-6
경주 구정동 3호 목곽묘 출토 철제 갑옷
출처: 국립중앙박물관, 1998, 『고고유물로 본 한국고대국가의 형성』

반면 4세기 전반에는 경주 동남 방면 전 지역에서 조양동·구정동 세력의 우세가 뚜렷해진다. 즉 3세기 말, 4세기 전반으로 편년되는 구정동고분(B)은 한 무덤에 수십 점의 철모가 부장되고 고식의 철제 판갑板甲이 부장되는 등(그림 Ⅲ-1-6) 유물의 질량 면에서 같은 시기 경주 일원의 목곽묘 중에서 최상급에 속한다.[76] 특히 고분의 입지가 평지를 내려다보는 독립 구릉에 입지하여 우월성과 배타성을 나타내며[77] 부장품 구성도 제의와 관련된 것이 전혀 보이지 않아 권력 기반에 변화가 있었던 것으로 추정되고 있다.[78] 따라서 4세기 초반경에는 조양동을 포함하는 구정동 지역이 동남 방면의 중심 세력으로 부상한 것으로 추정할 수 있다. 하지만 당시 통합의 범위가 어디까지였는지, 동남 방면 제 집단과의 결속 관계의 성격은 어떠한 것이었는지는 여전히 의문이다. 예를 들면 경주에서 동남쪽으로 직선거리 18~19km나 떨어진 구어리유적이 있는데 구정동고분군(B)과 비슷한 시기인 구어리 1호 목곽묘의 주인은 경갑頸甲, 요갑腰甲을 부장하고 100여 점의 주조철부, 철정, 궐수형철모를 사용하여 시상대를 만드는 등 구정동고분(B)의 주인보다 우세한 위상을 과시한다(그림 Ⅲ-1-7~그림 Ⅲ-1-9). 전체 묘광의 크기는 구어리 1호분이 구정동 2, 3호분보다 더 크며 묘제도 이혈주부곽식異穴主副槨式으로 구정동의 세장

76 국립경주박물관, 2006, 『경주 구정동 고분』, p.112.
77 최종규, 1995, p.246.
78 권오영, 1997, p.6.

방형동혈주부곽식細長方形同穴主副槨式보다 상위의 묘제라는 견해도 있다.[79] 그리고 구어리유적에서 동남쪽으로 4~5km 더 떨어져 울산 중산리유적이 있는데 구정동고분(B)과 비슷한 시기로 편년되는 중산리 I-F 88호의 주인 역시 다량의 철모를 부장하는 등 상당한 권력의 소유자임을 시사한다.[80] 이러한 현상은 4세기 전반경의 경주 동남 방면 제 집단 간의 상호 관계를 나타내는 것으로 집단 간의 통합이 전 단계보다 양적으로는 많이 확대되었지만 아직도 병렬적인 구조를 완전히 극복하지 못했음을 보여 준다.

어쨌든 어느 시점엔가 경주 동남방 구조곡 위에 형성된 여러 집단들이 위계화된 정치체로 조직화되어 신라 국가의 구성단위로 편제될 때 진지촌이 아닌 본피부가 성립하는 것으로 이해할 수 있다. 부의 성립 기준을 어디에 두느냐에 따라 여러 가지 논의가 가능하겠지만, 일단 촌村에서 부部로의 변화가 단순히 양적인 변화만이 아니라 질적인 변화를 동반하는 것임을 전제로 할 때 진지촌에서 본피부로의 변화 과정도 그리 단순하지 않았을 것이다. 파사이사금婆娑尼師今 대에 한기부韓岐部에 속한 마제摩帝 집단과 허루許婁 집단이 서로 경쟁하는 기록을 통해 짐작할 수 있듯이[81] 수평적인 결합관계로 공존하던 동남 방면의 제 집단들도 수직적인 위계 조직으로 개편되는 과정에서 서로 간에 경쟁과 연대가 반복되고 세력 부침도 있었을 것이다.

그러나 4세기 중반 이후 탁부, 사탁부 중심으로 권력이 집중화되면서 대형의 적석목곽분은 경주 시내에만 집중 분포하고 금척리를 제외한 경주 인근 지역에서는 축조되지 않는다. 이러한 권력 집중 현상은 경주 동남 방면이나 서남 방면에서도 마찬가지이다. 구정동, 조양동은 말할 것도 없고[82] 구어

79 구정동 2호 묘광 크기는 613×175cm, 3호 묘광 크기는 670×105cm이며, 구어리 1호분 묘광 크기는 주곽 624×340cm, 부곽 325×272cm이다. 국립경주박물관, 2006, pp.112~113; 이재홍, 1999, 「경주 구어리 고분군」, 제42회 전국역사학대회 고고부발표문, pp.447~450; 영남문화재연구원, 2002, 『경주구어리고분군 I』, p.21; 최병현, 2015, 「신라 조기 경주지역 목곽묘의 전개와 사로국 내부의 통합과정」, 『한국고고학보』 95, p.142.

80 이성주, 1997, pp.9~10, 53.

81 『三國史記』 新羅本紀, 祇摩尼師今 즉위년조.

82 국립경주박물관, 2000, 『경주 조양동유적 I』, p.124. 소형 수혈석곽묘가 다수 조사되었다.

그림 Ⅲ-1-7
경주 구어리 1호 목곽묘
출처: 영남문화재연구원, 200
『경주구어리고분군 Ⅰ』

그림 Ⅲ-1-8
경주 구어리 1호 주곽 철모와 철부
출처: 영남문화재연구원, 2002

그림 Ⅲ-1-9
경주 구어리 1호 부곽 출토 철제 경갑
출처: 영남문화재연구원, 2002

리고분군에서도 5세기의 적석목곽묘 13기가 조사되었는데 앞 시기 구어리 1호 목곽묘에 비해 상대적으로 위상이 크게 낮아졌다.[83] 예를 들면 같은 시기 경주 시내 적석목곽분에 널리 부장된 금공제품을 구어리 적석목곽묘에서는 거의 찾아볼 수 없다. 경주 시내 적석목곽분을 묘형과 부장품을 기준으로 6등급으로 나누고 있는데[84] 구어리 적석목곽분은 중급에도 미치지 못한다. 경주 서남 방면 덕천리유적의 경우, 4호 적석목곽분(5세기 중엽)에서 은제삼엽銀製三葉 환두대도環頭大刀가 출토되었고 1호 적석목곽분(5세기 후엽)에는 금동제 장식품과 청동삼뉴靑銅三紐 환두대도, 장식형 토기가 부장되어 있으나[85] 이 역시 같은 시기 경주 시내의 적석목곽분들과 견주어 볼 때 중간급에 불과하다.[86]

그런데 금석문 자료인 영일 냉수리신라비와 울진 봉평리신라비에 의하면 6세기 초엽까지도 본피부 간지干支는 독립된 정치체의 수장 지위를 유지한 것으로 나타난다.[87] 따라서 5세기 본피부 간지의 무덤이라면 이들보다 훨씬 높은 수준의 부장품을 갖춘 상급의 적석목곽분이어야만 한다. 경주 북쪽의 안계리나 황성동 지역을 보면 묘광의 규모는 크지 않지만 경주 중심지에서 출토되는 것과 유사한 수입제 유리용기나 금동관을 부장한 5세기 대의 적석목곽분이 확인되기도 한다. 안계리 4호분 출토 유리잔은[88] 경주 시내 적석목곽분 중에서 상급 무덤에서 출토되는 것이고, 황성동 34호 적석목곽분 출토 출자형出字形 금동관 역시 눈여겨볼 만한 부장품이다.[89] 그렇지만 상급 무덤에 부장되는 금동식리金銅飾履(금동신발)나 은제과대銀製銙帶와 같은 부장품

83 영남문화재연구원, 2002, pp.220~221.

84 최병현, 1992, 『신라고분연구』, 일지사, pp.240~254.

85 중앙문화재연구원, 2005, 『경주덕천리고분군』, pp.26, 51, 122, 229.

86 최병현의 6등급 분류 기준에 의하면 덕천리 1호와 4호는 대략 4등급에 준할 것이다. 최병현, 1992, pp.250~251.

87 한국고대사회연구소, 1992, 『역주 한국고대금석문』, 가락국사적개발연구원, pp.5·15.

88 문화재연구소, 1981, 『안계리고분군 발굴조사보고서』, p.56. 안계리 2호, 43호에서는 환두대도가 출토되었다.

89 한국문화재보호재단, 2005, 『경주황성동유적 II—강변로 3-A 공구 개설구간내 발굴조사 보고서—』, p.384. 황성동 33호, 34호에서 환두대도가 출토되었다.

은 보이지 않는다. 금석문에 나오는 본피부 간지의 위상을 고려할 때 5세기 본피부 간지의 무덤이라면 금동관, 장식대도, 유리용기, 금동식리 등과 같은 위세품을 부장하면서 동남 방면의 다른 무덤들과 차별화되는 무덤이어야 한다. 이러한 무덤이 5세기 본피부 영역 안에서 발견된다면 그곳이 본피부의 중심지가 될 것이나 그렇지 않을 경우 본피부 수장의 무덤이 이미 경주 시내 중심지에 조성되었다는 뜻이 된다. 이는 5세기 6부 간지干支의 성격과 관련된 것으로 추가 자료를 기다려 판단할 문제이다.

요컨대 진지촌에서 본피부로의 변화가 이와 같이 정리될 수 있다면 경주 덕천리유적이나 황성동유적, 사라리유적을 6촌과 관련된 유적으로 보아도 큰 무리가 없을 것이다. 오히려 이 유적들은 6촌이 허구가 아님을 뒷받침하는 유적들이다. 덕천리유적은 경주에서 언양으로 가는 서남 방면 교통로에 위치하며 이곳에서는 제한된 범위의 발굴임에도 불구하고 1~3세기에 걸치는 목관묘 14기와 3세기 목곽묘가 122기나 확인, 조사되었다. 유물의 질과 양은 다른 유적의 목관묘·목곽묘 유적들과 비교해서 전체적으로 우수한 편이며 묘역의 규모로 미루어 거점 취락의 하나로 간주해도 문제가 없어 보인다. 경주 동남 방면의 사례에 비추어 앞으로 경주에서 언양으로 통하는 서남 방면에서도 덕천리와 유사한 목관묘, 목곽묘 유적들이 추가로 확인될 가능성이 높기 때문에 아직은 덕천리유적이 소벌(고허촌)의 중심 세력이었다고 단정하기는 이르다.[90] 하지만 덕천리유적은 사탁부의 모체로서 소벌(고허촌)이라는 정치체가 실재했을 가능성을 뒷받침하는 중요한 단서이다.

6촌 문제에서 큰 의문으로 남아 있는 것이 알천 양산촌이다. 알천 양산촌의 위치는 북천과 남천 사이, 또는 북천에서 남산 서북록 일대, 넓게는 경주 시내 중심지를 포함하여 낭산에서 명활산에 이르는 지역 등으로 비정해 왔

90 전덕재는 경주 남산 일대에 고허라는 지명이 실재하였음을 근거로 경주 용장리 부근을 고허촌의 중심 지역으로 추정한다.

다.[91] 양산촌은 탁부의 모체에 해당하는 세력으로 김씨 왕족과 밀접한 관계가 있다. 후대에 윤색되기 이전 양산촌 원래의 모습이 '알벌'이라는 정치체라고 한다면 경주 중심지에서 확인되는 목관묘·목곽묘 유적이야말로 알천 양산촌의 실체를 뒷받침하는 유력한 자료가 될 것이다. 그런데 경주 도심 지역에서 이를 입증할 만한 대규모 유적을 확인하지 못하였다.[92]

더욱이 경주 도심 지역에는 적석목곽분을 중심으로 하는 5세기의 무덤들이 밀집해 있고, 발굴 지역의 최하층에서는 뻘층이나 모래, 자갈 퇴적층이 조사되어 4세기 이전의 사로국 핵심 세력이 이 지역을 거점으로 삼았다는 근거를 찾기가 어렵다는 견해까지 있었다.[93] 즉 월성 일대에서도 신석기시대 이래 지속적으로 사람들이 살았던 흔적은 확인되지만 이 일대가 정치체의 거점으로 성벽 시설이 축조된 것은 3~4세기 이후로 판명되어 문헌기록과 맞지 않는다는 것이다.[94] 그러나 1994~1995년 월성 주변에서 주거지 유적과 수혈 유구가 조사되었는데 각각 2세기 후반과 3세기 말경으로 편년되는 토기 자료들이 출토되었으며 이 토기들은 비슷한 시기의 목곽묘 출토품과 동일한 것으로 판명되었다.[95] 이러한 자료들은 경주 중심지에서도 목곽묘 유적이 존재했을 가능성을 시사한다. 실제 경주 쪽샘유적 C지구에서 3~4세기의 목곽묘가 확인되고 있다.[96]

경주 외곽 지역의 상황을 살펴보면 사라리유적에서는 목곽분과 적석목곽분이 동일 묘역을 구성하고 있다. 사라리에서 6km가량 떨어진 금척리에 고총의 적석목곽분이 분포하고 있지만 이와 별개로 사라리유적에서도 목관묘·목곽묘군과 함께 중소형 적석목곽분이 40여 기나 확인되었다. 경산 임

91 이종욱, 1982, p.24; 전덕재, 1998.
92 경주 도심 지역이란 일반적으로 지금의 북천 이남, 서천 이동, 남천 유역과 함께 넓게는 낭산 일대와 동으로는 보문동 지역까지 포함한다.
93 신창수, 2002, p.175.
94 김낙중, 1998, 「신라 월성의 성격과 변천」, 『한국상고사학보』 27, p.229.
95 김낙중, 1996, 「경주 월성주변 출토 원삼국시대 후기 토기」, 『한국상고사학보』 21, pp.27~28.
96 박윤정, 2008, 「경주 쪽샘유적 발굴조사 개요」, 『양식의 고고학』, 제32회 한국고고학전국대회 발표문.

당유적의 경우에도 목관묘, 목곽묘, 고총고분이 세부적으로는 조금씩 구역을 달리하지만 전체적으로 임당유적이라는 큰 범위 안에 들어 있다.[97] 덕천리의 경우 목관묘·목곽묘 유적에 근접한 곳에서 적석목곽분이 조사되었고 황성동유적도 사라리유적과 비슷한 양상이다. 이러한 경주 외곽 지역 유적에서 나타나는 적석목곽분과 목곽묘의 분포 상태를 보면 목관묘, 목곽묘와 적석목곽분이 거의 중복되지 않게 평면적으로 조성된 경우도 있고 일부 중복되어 나타나는 곳도 있다. 이를 참고하면 경주 시내에서도 목곽묘 분포 지역은 적석목곽분의 중심 분포지와 중복되지는 않겠지만 그렇다고 크게 멀리 떨어져 있지도 않았을 것이다.[98] 실제 2010년, 2015년 탑동에서 사로국 시기의 목관묘 유적이 조사되었다.[99]

『삼국유사』 기록에는 양산촌은 동쪽에 위치한 것으로 되어 있다.[100] 이 기록을 믿는다면 알벌(양산촌)과 관련되는 중심 유적군은 적석목곽분의 밀집 분포지를 기준으로 그 동쪽 방면에 위치할 가능성이 높다. 낭산 일대를 양산촌에 비정한 신창수의 견해는 이러한 점을 염두에 둔 것으로 생각된다.[101] 그런데 김씨족이 왕위에 오르기 전 월성 지역을 거점으로 삼은 것은 석씨昔氏 세력이었다. 석탈해昔脫解가 월성 지역을 차지한 이후 석씨계가 계속 왕위에 오르기 시작하는 것은 2세기 말 벌휴이사금伐休尼師今(184~196)부터이다. 이 시기가 고고학상으로 목곽묘 시작 시기와 대체적으로 일치함을 들어 목곽묘 등장을 석씨왕계 등장과 결부시키기도 한다.[102] 벌휴이사금의 등장 시기에 대해서는 기년 조정이 필요한 부분이 있기는 하지만 석씨왕 재위 시기의 중

97 장용석, 2000, p.81.

98 경주 쪽샘유적 적석목곽묘 발굴 과정에서 봉토 또는 지표에서 노형토기 등 3~4세기 유물이 다수 보이고 있어 발굴 담당자들은 적석목곽묘 하층에 앞 시대의 유구들이 있었을 것으로 추측하고 있다. 박윤정, 2008, p.294.

99 한국문화재보호재단, 2011, 『2010년도 소규모 발굴조사 보고서 IV－경북 2－』; 한국문화재재단, 2015, 『2012년도 소규모 발굴조사 보고서 X－경북 1－』.

100 "波潛·東山·彼上·東村이 이에 속한다"를 "… 彼上 等 東村이 이에 속한다"로 해석할 수 있다(『三國遺事』 紀異1, 新羅始祖 赫居世王조).

101 신창수, 2002, p.168.

102 최병현, 1992, p.99.

심 묘제가 목곽묘 단계인 것은 분명하다. 다시 말하면 석씨 집단의 월성 지역 진출을 사실로 인정한다면 월성 지역에서 멀리 떨어지지 않은 곳에 석씨왕 대 지배계급의 무덤이 조성된 것으로 보아야 한다. 그리고 석씨계 기림이사금基臨尼師今(298~310)이나 흘해이사금訖解尼師今(310~356)의 무덤은 구정동 고분(B)과 차별화된 것이어야 한다. 양적인 차별화이거나 아니면 이사금 시기의 왕들은 사제왕적 성격을 완전히 탈피하지 못했으므로[103] 부장품의 구성면에서 차이를 보일 수도 있을 것이다.[104] 또는 4세기 중엽경 경주 중심지 무덤은 외곽 지역과 달리 수입제 유리제품, 금공품, 비취 곡옥 등을 부장하여 부장품의 질적인 측면에서 차별화가 진행되고 있었던 것으로 추정하기도 한다.[105] 앞으로 경주 중심 지역에서 목곽묘가 더 많이 조사된다면 알벌의 위치뿐 아니라 6촌, 6부 간의 결속 관계에 질적인 변화가 진행되어 가는 과도적인 양상까지 확인할 수 있을 것이다.

지금까지 본피부와 진지촌의 관계를 검토하면서 6부의 모체로서 6촌이라는 정치체를 상정하는 것이 역사적 사실과 어긋나지 않음을 확인하였다. 사로국은 6촌 통합으로 등장한다. 6촌 통합은 사로국의 출현과 동일시되었고, 6촌장 합의에 의해 추대된 혁거세는 바로 통합의 상징이자 신라 국가 형성의 상징적인 존재였다. 박, 석, 김으로 왕실 세력이 교체됨에도 불구하고 혁거세가 변함없이 사로국의 건국 시조로서 그 위상을 유지하였다는 사실은[106] 그가 바로 6촌 통합, 즉 사로국 건국의 상징적 존재임을 뒷받침한다. 그럼에도 불구하고 문헌기록과는 달리 고고학자료상으로는 기원전 1세기는 말할 것도 없고 4세기 초반까지도 통합 주도 세력의 존재가 뚜렷하게 드러나지

103 나희라, 2003, 『신라의 국가제사』, 지식산업사, pp.114~116.

104 예를 들면 『삼국사기』 신라본기 아달라이사금阿達羅尼師今 20년조(173)에 왜倭의 여왕 히미코卑彌乎가 보낸 사신이 내빙하였다는 기록이 있다. 그러나 『삼국지』 위서 동이전에 의하면 경초景初 2년(238) 왜 여왕이 위魏에 견사遣使했다는 기록이 있어 석씨왕의 등장 시기에 대한 부분적인 기년 조정이 필요하다.

105 이희준, 1996, 「경주월성로 가-13호 적석목곽묘의 연대와 의의」, 『석오윤용진교수정년퇴임기념논총』, pp.307~309.

106 이사금尼師今 시기는 물론 마립간麻立干 시기의 왕들도 거의 빠짐없이 즉위 초에 시조묘에 참배하고 있다.

않는다. 목곽묘 단계에 들면서 목관묘 단계에 비해 묘곽이나 부장품의 내용 면에서는 획기적인 변화가 일어났고 새로운 지배 질서가 확립되었다고 하지만[107] 핵심 정치체 간의 상대적인 격차까지 심화된 것은 아니었다. 예를 들면 3세기의 덕천리 목곽묘군과[108] 황성동 목곽묘군을[109] 비교해 보면 여전히 물질 자료상으로는 서로 비슷한 상태임을 인정하지 않을 수 없다. 그리고 사라리 130호분과 비슷한 수준의 무덤이 경주 외곽 다른 지역에도 존재할 가능성이 있다. 만약 이 때문에 혁거세 대의 6촌 통합에 회의적인 시각을 가지고 사로국 형성 시기를 2세기, 3세기로 내려 잡는다 해도 고고학자료와의 불일치는 여전히 남는다. 더욱이 동일한 고고학자료임에도 불구하고 해석하는 관점에 따라 기원전 1세기 중엽경 진·변한이 성립하는 것으로 파악한 견해도 이미 있다.[110] 따라서 문헌기록에 나오는 6촌 통합 시기나 통합 사실 자체를 부인하기보다는 사로국 형성 초기 단계의 6촌 통합 형태나 통합 기반이 후대와 어떻게 다른지 3세기 이전 6촌 통합 기반에 대해 새로운 시각으로 접근하는 것이 오히려 의문 해결의 지름길이 될 것이다.

5. 맺는말

6촌, 6부에 대해서는 1980년대 이후 크게 증가한 고고학자료와 금석문자료를 토대로 다양한 논의들이 지속되어 왔다. 사로국 6촌이라는 해묵은 주제를 다시 거론할 수 있게 된 것도 그동안의 성과에 힘입은 바 크다. 이 장에서는 신라 건국 신화에 나오는 6촌이라는 정치체가 후대에 부회된 허구적인 존재가 아니라 역사적 실체임을 밝히고자 하였다.

107 김영민, 2004, p.57.
108 영남문화재연구원, 2006.
109 영남문화재연구원, 2007, 『경주황성동공동주택건설부지내유적 문화재발굴조사』, 지도위원회 자료.
110 이희준, 2002, p.146.

신라에서는 4세기 이후 촌이라는 용어를 사용하기 시작하였고 성姓을 칭한 것도 6세기 이후이므로 6성 시조 설화가 완성되는 과정에서 6촌의 존재를 새로이 만들어 낸 것이라는 회의론적 시각이 있다. 그러나 6촌 전승과 6성 시조 설화는 성립 시기와 성립 배경이 서로 다른 별개의 전승으로 보아야 한다. 6성 가문의 시조 설화는 통일기 이후에 만들어진 것이며, 조선 유민이 산골짜기에 나뉘어 살면서 6촌을 이루었다는 6촌 전승은 훨씬 이전에 형성된 것이다. 건국 신화 완성 시 이전부터 전해 오던 6촌 전승에 6성의 시조 설화를 부회하여 두 갈래의 전승이 하나로 합쳐지면서 6촌장이 6성의 시조가 되었고, 통일신라기 행정구역화 한 6부 안에 있던 산에 6촌장이 하강했다는 내용의 설화가 만들어졌다. 비록 전승 과정에서 6촌 본래의 이름이나 위치가 제대로 전해지지 못하고 후대적 요소가 부가된 것이 있다 할지라도 이것만으로 6촌의 존재 자체를 부인하기는 어렵다.

6촌 전승이 4세기 이전에 형성되었고 역사적 사실을 반영하는 것임을 뒷받침하는것이 바로 목관묘·목곽묘 자료이다. 기원전 2세기 말 이래 경상도 각지에서 새로이 등장하는 대규모 집단 묘역의 출현은 위만조선 멸망을 전후하여 서북 지방에서 일어난 정치·문화적 파동의 여파로 유발된 연쇄적인 주민 이동의 결과물이다. 6촌 형성 배경은 이러한 전체적인 맥락 속에서 이해되어야 한다. 실제 6촌 형성에 관한 전승은 이러한 고고학자료와 모순되지 않으며 6촌의 대두 시기가 늦어도 기원전 1세기 이전까지 소급됨을 알려준다.

그러나 경주 일원의 목관묘·목곽묘 유적을 남긴 정치체를 문헌기록과 연결시키는 과정에서 이를 6촌으로 이해하기도 하고 6부로 이해하기도 하는 등 견해가 다양하다. 촌과 부의 차이는 공간적인 확대나 양적인 확대만이 아니라 결속 관계의 질적 변화를 동반하는 것이어야 한다. 지금까지 경주 일원에서 목관묘·목곽묘 관련 유적, 유물이 가장 많이 조사된 곳은 경주에서 울산으로 통하는 동남 방면인데 이 지역을 예로 들어 초기 진지촌의 위치와 진지촌의 성장, 본피부와의 관계 등을 검토하였다. 전체 7~8개 유적 중에서 형성 시기가 앞서거나 통합의 구심체 역할을 한 세력, 즉 진지촌과 관련지을 수 있는 세력으로 구정동유적과 입실리유적 두 곳이 주목된다. 그러나 3세기 후반까지도 동남 방면 제 집단 간에 뚜렷한 세력 격차가 나타나지 않는 것으로 미루어 그사이 진행된 진지촌의 성장은 양적인 확대 과정이었던 것으로 파악된다. 이후 3세기 말~4세기 초반에 이르러 구정동 세력의 우세가 뚜렷해지기는 하나 구어리유적과 같은 경쟁적인 존재를 고려할 때 집단 간의 결속 관계는 아직도 병렬적인 구조를 완전히 극복하지 못한 것으로 생각된다. 고고학자료상으로 집단 간의 결속 관계에 질적인 변화가 분명해지는 것은 적석목곽분 단계이며 촌에서 부로의 전환도 이와 동일한 맥락에서 이해할 수 있을 것이다.

이전에 필자는 『삼국지』 위서 동이전의 기록을 토대로 3세기 중엽경 삼한의 소국들은 읍락으로 불리는 다수의 정치체들로 구성되었으며, 각 읍락은 500~1,000호 규모의 정치체로 『삼국사기』와 『삼국유사』에 등장하는 6촌은 사로국을 구성한 6개 읍락에 해당하는 것으로 파악한 적이 있다.[111] 그러나 문헌기록만으로는 진한 지역에서 읍락이라는 정치체가 언제부터 본격적으로 형성되었는지, 그 배경은 무엇이었는지, 그리고 삼한 읍락의 공간적인 분포 상태나 읍락의 성장 과정 등 그 구체적인 내용을 알 수가 없었다. 그러나 목관묘·목곽묘 유적 자료가 축적되어 이를 통해 진한 사로국의 6촌에 대한 밑그림이나마 그려 볼 수 있게 되었다. 그리고 이를 토대로 진한 소국의 읍락이나 소별읍小別邑에 대한 논의를 좀 더 구체화시켜 나갈 수 있을 것 같다. 이 글이 삼한 소국에 대한 이해를 심화시키는 징검다리 역할을 할 수 있기를 기대한다.

111 이현혜, 1984, 『삼한사회형성과정연구』, 일조각, pp.108, 211~122.

참고문헌

국립경주문화재연구소, 2019, 『목관묘로 본 사로국의 형성과 전개』

______, 2020, 『목곽묘로 본 사로국의 형성과 전개』

국립경주박물관, 2000, 『경주 조양동 유적 I』

______, 2000, 『포항옥성리고분군』 I, II, 가지구 발굴조사보고

______, 2001, 『경주 조양동 유적 II』

______, 2006, 『경주 구정동 고분』

______, 2007, 『영천 용전리유적』

국립중앙박물관, 1992, 『한국의 청동기문화 특별전』

권오영, 1997, 「사로육촌의 위치문제와 수장의 성격」, 『신라문화』 14

권지영, 2006, 「목관묘에서 목곽묘로의 전환양상에 대한 검토」, 『영남고고학』 38

김낙중, 1996, 「경주 월성주변 출토 원삼국시대 후기 토기」, 『한국상고사학보』 21

______, 1998, 「신라 월성의 성격과 변천」, 『한국상고사학보』 27

김대환, 2007, 「고분 자료로 본 신라의 국가형성」, 『국가 형성에 대한 고고학적 접근』, 제31회 한국고고학전국대회 발표문

김병준, 2006, 「한대 취락 분포의 변화—묘장과 현성의 거리 분석을 중심으로—」, 『중국고중세사연구』 15

김세기, 1991, 「경주 황성동 주거유적」, 제34회 전국역사학대회 고고부발표문

김영민, 2004, 「삼한후기 진한세력의 성장과정연구」, 『신라문화』 23

김원룡, 1952, 「경주 구정리 출토 금석병용기유물에 대하여」, 『역사학보』 1

______, 1976, 「사로6촌과 경주고분」, 『역사학보』 70

김철준, 1952, 「신라상대사회의 Dual Organization」 상·하, 『역사학보』 1·2

______, 1975, 『한국고대사회연구』, 지식산업사

나희라, 2003, 『신라의 국가제사』, 지식산업사

노중국, 1995, 「삼국의 통치체제」, 강만길 외, 『한국사』 3, 한길사

문화공보부·문화재관리국, 1978, 『안압지 발굴조사보고서』

문화재연구소, 1981, 『안계리고분군 발굴조사보고서』

박승규, 1997, 「경주 사라리유적 130호묘에 대하여」, 『신라문화』 14

______, 2000, 「대구경북지방의 목관묘자료소개」, 『고고학으로 본 변·진한과 왜』, 영남·구주고고학대회

박윤정, 2008, 「경주 쪽샘유적 발굴조사 개요」, 『양식의 고고학』, 제32회 한국고고학전국대회 발표문

박홍국·정상수·김지훈, 2003, 「사로6촌의 위치에 대한 시론」, 『신라문화』 21

서영대, 1991, 「한국고대 신관념의 사회적 의미」, 서울대학교 박사학위논문

서의식, 2003, 「'진한 육촌'의 성격과 위치」, 『신라문화』 21
신창수, 2002, 「신라의 왕경」, 『강좌 한국고대사』 7, 가락국사적개발연구원
안재호, 2000, 「창원 다호리유적의 편년」, 『한국고대사와 고고학』, 학산김정학박사 송수기념논총
여호규, 2002, 「신라도성의 공간구성과 왕경제의 성립과정」, 『서울학연구』 18
영남문화재연구원, 1996, 『경주시 문화유적 지표조사 보고서』
______, 1998a, 『포항옥성리고분군 I－나지구－』
______, 1998b, 『포항옥성리고분군 II－나지구－』
______, 2000, 『대구 팔달동유적 I』
______, 2001, 『경주사라리유적 II』
______, 2002, 『경주구어리고분군 I』
______, 2006, 『경부고속철도경주구간내 덕천리 I유적 문화재발굴조사약보고서』
______, 2008, 『경주덕천리유적 II』
______, 2009, 『경주덕천리유적 III』
오영찬, 1996, 「낙랑군의 토착세력 재편과 지배구조」, 『한국사론』 35, 서울대학교 국사학과
유병일, 1996, 「울산 다운동유적」, 제39회 전국역사학대회 고고부발표문
이기백, 1974, 「신라육두품연구」, 『신라정치사회사연구』, 일조각
이기봉, 2002, 「신라 왕경의 범위와 구역에 대한 지리적 연구」, 『지리학논총』 별호45, 서울대 국토문제연구소
이병도, 1977, 『삼국사기－국역편－』, 을유문화사
이병선, 1982, 『한국고대국명지명연구』, 형설출판사
이석범·이나영, 2006, 「경주덕천리유적」, 『계층 사회와 지배자의 출현』, 제30회 한국고고학전국대회 발표문
이성주, 1997, 「목관묘에서 목곽묘로－울산 중산리유적과 다운동유적에 대한 검토－」, 『신라문화』 14
______, 1998, 『신라·가야사회의 기원과 성장』, 학연문화사
______, 2000, 「기원전 1세기대의 진·변한지역」, 『전환기의 고고학 III－역사시대의 여명－』, 제24회 한국상고사학회 학술발표회 발표문
이순근, 1980, 「신라시대 성씨 취득과 그 의미」, 『한국사론』 6, 서울대학교 국사학과
이우성, 1961, 「여대 백성고－고려시대 촌락구조의 일단면－」, 『역사학보』 14
이재현, 1995, 「변·진한사회의 발전과정－목곽묘의 출현배경과 관련하여－」, 『영남고고학』 17
______, 2002, 「변·진한사회의 고고학적 연구」, 부산대학교 박사학위논문
이재홍, 1999, 「경주 구어리 고분군」, 제42회 전국역사학대회 고고부 발표문
이종서, 1997, 「나말여초 성씨 사용의 확대와 그 배경」, 『한국사론』 37, 서울대학교 국사학과
이종욱, 1982, 『신라국가형성사연구』, 일조각
이청규, 2002, 「기원전후 경주와 주변과의 교류」, 이청규 외, 『국가형성기 경주와 주변세력』, 학술문화사
이청규, 2005, 「사로국의 형성에 대한 고고학적 검토」, 『신라문화제학술발표논문집』 26

이청규·박자연, 2000,「사로국 형성 전후의 경주」,『고문화』 55
이현혜, 1984,『삼한사회형성과정연구』, 일조각
______, 2005,「한반도 서남부지방 청동기 생산활동의 쇠퇴 배경」,『한국고대사연구』 40
______, 2007,「마한사회의 형성과 발전」,『백제의 기원과 건국』, 백제문화사대계 연구총서 2, 충청남도역사문화연구원
이희준, 1996,「경주월성로 가-13호 적석목곽묘의 연대와 의의」,『석오윤용진교수정년퇴임기념논총』
______, 2000,「대구지역 고대 정치체의 형성과 변천」,『영남고고학』 26
______, 2002,「초기 진·변한에 대한 고고학적 논의」, 노중국 외,『진·변한사연구』, 경상북도·계명대학교 한국학연구원
______, 2011,「경주 황성동유적으로 본 서기전 1세기~서기 3세기 사로국」,『신라문화』 38, 동국대학교 신라문화연구소
장용석, 2000,「임당유적의 공간배치에 관한 일고찰」, 한국상고사학회 편,『임당의 고분과 생활유적』, 학연문화사
전덕재, 1995,「상고기 신라6부의 성격에 대한 고찰」,『신라문화』 12
______, 1996,『신라육부체제연구』, 일조각
______, 1998,「신라 6부 명칭의 어의와 그 위치」,『경주문화연구』 창간호, 경주대학교 경주문화연구소
______, 2002,『한국고대사회의 왕경인과 지방민』, 태학사
______, 2003,「이사금시기 신라의 성장과 6부」,『신라문화』 21
______, 2006,「경주 사라리 집단의 정치적 성격」,『사로국시기의 경주 무덤과 지역집단』, 제34회 한국상고사학회 학술발표대회 발표문
______, 2007,「경주 사라리고분군 축조 집단의 정치적 성격과 그 변천」,『한국상고사학보』 56
정민, 2008,「경산 신대리유적 목관묘」,『무덤연구의 새로운 시각』, 제51회 전국역사학대회 고고부 발표문
정민 외, 2010,『경산 신대리유적 II』, 영남문화재연구원
주보돈, 1992,「삼국시대의 귀족과 신분제」, 주보돈 외,『한국사회발전사론』, 일조각
중앙문화재연구원, 2005,『경주덕천리고분군』
최병현, 1992,『신라고분연구』, 일지사
______, 2015,「신라 조기 경주지역 목곽묘의 전개와 사로국 내부의 통합과정」,『한국고고학보』 95
최종규, 1995,『삼한고고학연구』, 서경문화사
한국고대사학회, 2000,『한국고대사연구』 17
한국고대사회연구소, 1992,『역주 한국고대금석문』, 가락국사적개발연구원
한국문화재보호재단, 2005,『경주황성동유적 II－강변로 3-A 공구 개설구간내 발굴조사 보고서－』
______, 2011,『2010년도 소규모 발굴조사 보고서 IV－경북 2－』
한국문화재재단, 2015,『2012년도 소규모 발굴조사 보고서 X－경북 1－』
한병삼, 1987,「월성 죽동리출토 청동기일괄유물」,『삼불김원룡교수정년퇴임기념 논총 I: 고고학편』,

일지사

……

末松保和, 1954,『新羅史の諸問題』, 東京: 東洋文庫

三品彰英, 1975,『三國遺事考證 上』, 東京: 塙書房

朝鮮總督府編, 1925,『大正十一年度古蹟調査報告』 第2册

2장

진한 사로국의 성장

1. 사로국의 내부 구성

건국 이후 성장을 지속해 오던 사로국斯盧國은 2세기 중반 이후 새로운 발전 단계에 들어갔다. 이 시기 사로국에서는 왕계가 박씨朴氏에서 석씨昔氏로 바뀌고, 새로운 묘제인 목곽묘가 등장하고, 철 생산과 농업생산력이 크게 늘어나는 등 많은 변화가 진행되었다. 이러한 변화는 사로국이 진한연맹체의 맹주로 성장하고 이를 발판 삼아 신라 국가로 도약할 수 있는 인적·물적 토대가 되었다.

사로국의 발전 과정을 밝히기 위해서는 문헌기록과 고고학자료 등 각종 자료를 다양하게 활용해야 한다. 중요 문헌자료로는 중국인이 편찬한 『삼국지三國志』, 『후한서後漢書』와 우리가 편찬한 『삼국사기三國史記』와 『삼국유사三國遺事』가 있다. 『후한서』 동이전東夷傳은 『삼국지』 동이전東夷傳보다 편찬 시기가 늦고 『삼국지』 동이전의 내용을 해석, 정리한 것이 많아 『삼국지』 동이전보다 사료적 가치가 떨어진다. 이러한 자료들 중에서 연구자가 어느 것을 우선적으로 취하며 그것을 어떻게 활용하느냐에 따라 접근 방법이나 그려 내는 역사상이 사뭇 다르다. 예컨대 3세기 후반 『삼국지』 위서魏書 동이전 한조韓條를 보면 3세기 중엽까지도 사로국의 위상이란 진한 12개 소국의 하나일 뿐 그 성장 수준을 최대로 평가한다고 해도 진한연맹체의 맹주라는 지위 그 이상은 아니다. 이와 달리 『삼국사기』 신라본기 초기 기록에 의하면 3세기경 사로국은 이미 주변 소국들에 대한 통합 작업을 마무리하고 영역국가 단계에 도달한 상태이다.

『삼국지』 한조 기록의 대부분은 3세기 전반경 중국인들이 직간접적으로 보고 들은 자료를 근거로 서술한 것이므로 상대적으로 신뢰도가 높다. 하지만 토착 집단과의 무력 충돌 사건, 그들이 접촉한 소국 이름, 정치체 수장의 칭호, 중요 토산물 등 그들의 관심 분야에 치중되어 있어 개별 소국의 내부 사정을 구체적으로 전하는 내용은 거의 없다. 그리고 타국인의 눈에 색다르게 비쳐진 모습들을 우선적으로 기록했기 때문에 민족지적 내용이 많다. 반면 『삼국사기』 신라본기는 박朴, 석昔, 김金으로 대표되는 사로국 지배세력의 등장과 왕위 계승 관계, 대외 교섭 활동, 소국의 정복 과정 등 사로국의 성장 과정을 신라인들의 입장에서 구체적으로 기록한 자료이다. 그러나 이 가운데는 후대의 사실을 소급하거나 부풀리기도 하고, 여러 단계에 걸쳐서 이루어진 변화를 특정 시점에 일시에 이루어진 것처럼 압축한 것이 많아 기년을 비롯하여 내용의 사실성 여부에 대한 검증이 우선적으로 필요하다.

이러한 문헌기록의 한계와 부족 때문에 사로국의 건국과 성장 과정, 진한연맹체의 실체를 밝히기 위해 고고학자료들을 아주 중요한 자료로 활용하고 있다. 현재 사로국이나 진·변한 연구에 활용되는 고고학자료는 대부분 무덤자료이다. 특히 2~3세기 사로국과 진한 연구는 전적으로 목곽묘 자료에 의존하고 있다. 고고학자료는 당시 사람들의 각종 활동의 결과물로 그것이 만들어진 시점의 정치, 사회, 문화 현상을 반영한다. 그러므로 이를 통해 문헌기록만으로는 짐작할 수 없는 당시 사람들의 생활 모습과 기술 수준, 의식의 편린들을 엿볼 수 있다.

자료가 부족한 2~3세기 사로국의 역사를 복원하려면 이처럼 성격이 다른 자료들을 상호 보완적 관점에서 각각의 장점을 살리고, 서로 간의 접점을 찾아 활용도를 최대한으로 높이는 데 역점을 두어야 한다. 현재로서는 『삼국지』 한조가 보여 주는 기본 그림 속에 『삼국사기』 신라본기와 목곽묘 자료로부터 뽑아낸 콘텐츠를 가지고 퍼즐 조각을 하나씩 맞추어 나가는 것이 최선이다. 말하자면 삼한 사회가 도달한 전체적인 발전 수준의 틀 속에서 사로국의 내부 구성과 성장 과정, 그리고 진한연맹체의 실체를 밝혀 신라 국가로 도약하기 이전 단계의 모습을 그려 보는 것이다.

구성

3세기 중엽경 한반도 중남부 지방에는 70여 개의 소국들이 있었다. 이들을 셋으로 구분하여 경기, 충청, 전라 지역에 있던 소국들은 마한馬韓, 경상도 지역 24개 소국들은 진한辰韓과 변한弁韓이라 하였다. 사로국은 진한 12국 중 하나이다. 사로국의 성장 과정을 이해하려면 먼저 내부 구성을 알아야 한다. 삼한의 소국들은 내부적으로 크고 작은 '읍락邑落'들로 이루어져 있었다. 읍락이란 대규모 주민 거주지인 '읍'과 촌락을 의미하는 '락'이 결합된 용어이나 경우에 따라서는 단순히 일반 취락을 뜻하기도 한다. 그러나 3세기 삼한 소국을 구성하고 있었던 '읍락'은 자연촌락이 아니라 여러 취락들로 이루어진 개별 정치체이다.

소국을 구성한 여러 읍락들 중에서 통합 활동의 구심점 역할을 하는 읍락을 국읍國邑이라 하였다. 국읍은 천군天君이라는 제사장을 세워 제천의식을 주제하거나 원거리 교역을 주관하는 등 일반 읍락과 구별되는 기능을 가졌다. 그러나 3세기 중엽까지도 소국의 일부로 통합되지 않고 독립된 상태로 남아 있던 개별 읍락들도 상당수 있었다. 이 가운데서 중국인들이 이름을 파악한 것은 ○○국으로 기록하였고, 그렇지 않은 것은 뭉뚱그려 소별읍小別邑이라 하였다. 삼한 소국의 수장들은 일반적으로 신지臣智라 불렸는데 진·변한 지역에서는 소별읍 수장의 칭호가 신지, 험측險側, 번예樊濊, 살해殺奚, 읍차邑借 등 여럿이었다. 이것은 읍락마다 규모가 다양하고 개별성이 강했기 때문이다. 그러나 국읍, 읍락, 소별읍 등은 기본적으로 동질적인 정치체이다.

사로국 역시 다수의 읍락으로 구성되었다. 『삼국사기』와 『삼국유사』에는 6촌六村의 촌장들이 모여 혁거세赫居世를 왕으로 추대하고 나라를 세웠다는 건국 신화가 실려 있다. 건국 신화에 나오는 6촌은 바로 사로국을 구성한 핵심적인 6개 읍락이다. 사로국을 구성한 여러 읍락들은 정치·경제·군사적으로 독자성을 유지하면서도 국읍의 우두머리를 중심으로 대외적으로는 통합된 정치체로 기능하였다. 진·변한 지역의 소국들은 큰 것은 4,000~5,000가家, 작은 것은 600~700가 정도였다. 소국의 크기가 이처럼 큰 차이가 나는 것은 통합된 읍락 수의 많고 적음과도 관계가 있다. 600~700가 정도의 작은 국이라면 단일 읍락으로 이루어진 소국일 것이다. 사로국은 4,000~5,000가에 달하는 비교적 큰 소국이었다. 기원전 45년에 작성된 낙랑군의 호구 조사 자료를 보면 호당 평균 인구는 대략 6~7명이다. 이를 참고하면 3세기 중엽 사로국의 인구는 대략 2만 4,000~3만 5,000명 정도가 되는 셈이다.

사로국 6촌

그런데 사로국을 구성한 읍락의 숫자가 여섯으로 고정된 것이 언제인가를 두고 의문이 제기되고 있다. 문헌기록대로 사로국 성립 초기부터 여섯 읍락이 통합된 것인지, 아니면 처음에는 6개 미만이었으나 점차 여섯으로 늘어났는지, 또는 다양한 출입 과정을 반복하다가 6개로 고정된 것인지, 그렇다면 그 시기는 언제인지 등 중간 과정을 알 수 없기 때문이다. 사로국을 구성한 읍락의 숫자가 줄곧 여섯으로 고정되어 있었다고 단정할 수는 없다. 소국의 "국읍國邑에는 주수主帥가 있으나 읍락들이 섞여 있어서 서로 잘 제어하지 못한다"는 『삼국지』 한조의 기록에서 알 수 있듯이 읍락 간의 결속력이 강하지 않았던 시기에는 사로국을 구성한 읍락 숫자는 유동적이었다.

지금까지 조사된 목관묘·목곽묘 유적 분포도에서 알 수 있듯이(그림 Ⅲ-1-3 참조) 경주와 그 주변 일대 곳곳에 읍락의 존재를 뒷받침하는 유적들이 속속 발견되고 있다. 그러나 이러한 고고학자료는 읍락의 존재를 나타낼 뿐 읍락의 범위와 경계가 어떠했는지, 읍락들 사이에 무슨 관계가 맺어졌는지 말해 주지 않는다. 그리고 현재 모든 읍락 유적이 드러난 것도 아닐 뿐더러 그 숫자는 앞으로도 더 늘어날 전망이다. 이 때문에 사로국 6촌의 존재를 의심의 눈초리로 바라보고 후대 신라인들이 만들어 낸 허구적 존재라거나 여섯이라는 숫자에 별 의미를 두지 않으려는 입장도 있다.

6촌이 통합되어 사로국이 건국되었다는 문헌기록은 검증의 대상이기도 하지만 고고학자료 해석의 길잡이로 활용될 수도 있다. 현재까지 경주 일대에서 조사된 목관묘·목곽묘 자료만으로는 사로국 읍락 간의 통합 사실도 국읍의 존재도 입증하기 어렵다. 만약 문헌기록이 없다면 사로국의 건국 시기를 목곽묘 등장 이후로 간주하거나 극단적으로는 경주 도심 지구에 대형 적석목곽분이 밀집할 때까지 읍락 통합 시기를 내려 본다고 해도 반론의 여지가 별로 없다. 그리고 문헌기록이 없다면 경주 조양동이나 구정동, 그리고 죽동리의 목관묘·목곽묘 유적을 남긴 것은 그냥 경주 동남 방면의 정치체일 뿐 이 유적들이 '진지' 또는 '빈지'라는 이름을 가진 읍락이었다는 사실을 알 수가 없다. 고고학자료가 가지지 못한 문헌기록의 장점과 존재 가치가 여기에 있다.

우리가 주목해야 할 것은 신라인들이 여러 읍락들 가운데서 특정한 6개의 읍락이 연합하여 보다 확대된 정치체로 출범한 것을 사로국의 건국으로 인식하고 있었다는 점이다. 이 6개의 읍락이란 여러 읍락들 중에서도 4세기 이후까지 성장을 지속하여 신라 6부의 모체가 된 집단이다. 신라 건국 신화는 신라인들의 이러한 전통적 인식과 역사적 사실을 반영하고 있다. 그러므로 2~3세기 사로국의 핵심 읍락이 여섯이라는 것까지 의심할 필요는 없다. 그리고 이러한 관점에서 고고학자료를 분석하고 검증해 나갈 필요가 있다. 아직은 미흡하지만 이를 뒷받침해 줄 고고학자료는 앞으로도 더 늘어날 것이다.

국읍과 읍락

사로국 6촌, 즉 여섯 읍락의 이름은 양산楊山, 고허高墟, 대수大樹, 진지珍支(빈지賓之, 빙지氷之, 빈자賓子), 가리加利, 고야高耶이다. 이 가운데서 진지, 가리, 고야는 토착어를 한자로 옮긴 것이므로 읍락 초기의 이름을 전하는 것으로 볼 수 있다. 반면 양산, 고허, 대수 셋은 한자식 이름이므로 촌이라는 용어와 더불어 후대에 붙여진 것이 분명하며 이것이 6촌의 실체를 의심하는 하나의 근거가 되고 있다. 하지만 목관묘·목곽묘 자료를 통해 촌에 해당하는 읍락의 실체가 상당 부분 드러나고 있다. 그리고 읍락 본래의 이름도 일부 추정이 가능하다. 문자 기록이 없던 시기에는 사실 전승 과정에서 정치체의 이름과 수장 또는 시조의 이름이 서로 혼용되는 경우가 있다. 고허촌 촌장 이름은 『삼국유사』에는 소벌도리蘇伐都利로, 『삼국사기』에는 소벌공蘇伐公으로 기록되어 있다. '벌伐'은 신라 토착어로 들을 뜻하는 지명 어미이며, 하천이나 계곡 사이에 자리 잡은 개별 정치체를 가리킨다. 그러므로 소벌도리는 소벌이라는 읍락의 수장을 뜻한다. 그리고 양산촌의 촌장은 알평謁平인데 '평平'은 '평坪', 즉 들의 뜻으로 벌伐과 통한다. 따라서 양산촌은 본래 알평 또는 알벌謁伐(閼伐)이었고, 고허촌의 옛날 이름은 소벌蘇伐이었다.

6촌의 분포 범위를 통해 사로국의 대략적인 크기를 가늠해 볼 수 있다. 지금까지 조사된 바에 의하면 사로국의 중요 읍락 유적들은 형산강 수계를 따라 형성된 하곡과 평야지대에 분포하며, 월성으로부터 약 10~15km 범위 안에 있다. 『삼국유사』에는 6촌, 즉 6개 읍락의 위치가 기록되어 있다. 이러한 문헌기록과 목관묘, 목곽묘라는 고고학자료와의 접점을 찾아 읍락의 대략적인 위치를 추정할 수 있다. 현재 소벌(고허촌) 읍락은 덕천리유적이 있는 남쪽 방면에, 대수는 사라리유적이 있는 서쪽 방면에, 진지는 구정동, 죽동리, 조양동 유적이 있는 동남 방면에 비정하는 데 대해서는 큰 이론이 없다. 가리는 동북 방면에 있다고 했는데[1] 알천 북쪽에 있는 황성동유적을 주목하였으나 형산강을 따라 동산리, 인동리, 안계리 등 새로운 유적들이 조사되면서 그 대상 범위가 북쪽으로 더 넓혀질 전망이다. 어쨌든 현재 4개 읍락의 대략적인 위치는 파악된 셈이다(그림 Ⅲ-1-3 참조).

나머지 알벌과 고야 두 읍락은 동쪽에 있었다고 하나 연결할만한 적합한 유적이 아직은 없다. 알벌은 김씨 집단의 세력 거점이다. 김씨 시조인 알지閼智가 월성 서편에 있는 시림(계림)에서 태어났다는 설화를 토대로 일반적으로 이곳이 처음부터 알벌의 세력 근거지였던 것으로 여겨지고 있다. 그러나 현재 경주 도심 지구는 주변 지역에 비해 이른 시기의 목관묘·목곽묘 출토 자료가 적어 구체적인 거점 취락을 짐작하기 어렵다. 다만 월성 근처 주거지에서 2세기 말~3세기 초반경의 신식와질토기가 발견되었고, 선덕여상 앞 인왕동에서도 목곽묘 출현 앞 단계의 목곽형 목관묘가 조사된 적이 있다. 특히 경주시 탑동에서 사라리 130호와 비슷한 시기의 목곽형 목관묘가 조사되어 좀 더 이른 시기의 유적 발견 가능성이 한결 높아졌다. 그러나 월성 일대는 이곳이 사로국의 정치·경제활동의 중심 무대가 되어 가는 과정에서 각광을 받기 시작한 곳이다. 그리고 월성은 읍성을 기준으로 동쪽이 아니라 남쪽에 위치한다. 이런 이유에서 알벌의 거점 취락은 낭산 주변과 보문리 일대를 포함하여 광역의 경주 도심 지구를 탐색 대상으로 삼아야 할 것이다.

특히 계림을 무대로 하는 알지 설화는 박씨, 석씨 집단에 이어 김씨 집단이 사로국 최고 지배세력의 일원으로 두각을 나타낸 이후에 만들어졌다. 김씨 집단이 사로국 최고 지배세력의 일원으로서 본격적으로 활동하기 시작한 것은 대략 2세기 후반~3세기 초반경이다. 벌휴이사금 대(184~196)에 김씨 최초의 왕인 미추이사금의 직계 조상인 구도仇道가 군사적으로 실력을 발휘하

1 『삼국유사』에 금산 가리촌을 동촌으로, 명활산 고야촌을 동북촌이라 하였는데 촌명이 서로 바뀌었다. 금산은 금강산을 가리키므로 동북에 있는 것은 명활촌이 아니라 가리촌이어야 한다. 그리고 명활산은 동쪽 방향에 있으므로 동쪽에 있는 것은 고야촌이라야 맞다.

면서 주변 소국을 정복하는 데 공을 세우고 있는 것이 그것이다. 이로 미루어 토착신앙의 신성 지역이었던 숲이 알지 탄강지로 신성시되고 계림이라 불리게 된 것은 김씨 집단이 왕위를 세습한 이후였을 것이다. 실제 계림 주변의 발굴 조사 결과에 의하면 5~6세기의 건물지와 통일 이후 건물지, 석축, 수로 등의 유구가 현재의 계림 속으로 계속 이어지고 있음이 확인되었다.

마지막으로 고야촌은 명활산과 연세되어 있다. 명활산은 동해안에서 경주 도심 지구로 들어오는 중요한 길목이다. 고야촌의 범위로 명활산 너머 동해안 지역까지 고려해야겠으나 이 역시 지금은 뒷받침하는 자료가 없다. 이와 달리 현재의 목곽묘 유적 출토 상황을 기준으로 동남 방면의 울산 중산리 일대를 사로국 읍락 중심지의 하나로 비정하는 견해도 있으나 문헌기록과 방향이 어긋나는 것이 문제이다.

사로국을 구성한 6개 읍락의 위치나 범위만이 아니라 국읍에 대해서도 의문과 논란이 있다. 국읍이란 여러 읍락 중에서 소국의 신지가 속한 읍락이다. 후술하겠지만 문헌기록에 의하면 사로국 초기의 국읍은 소별 읍락이었으나, 사로국의 성장에 따라 2~3세기경 사로국의 정치·경제활동의 중심 공간이 월성 일대로 옮겨졌다. 그러나 풍부한 부장품을 내는 목관묘·목곽묘 유적이 경주 도심 지구가 아니라 주변 지역에서 잇따라 조사됨에 따라 문헌기록에 대해 의문을 가지게 되었다. 그리하여 사라리 130호가 축조되던 2세기 전후 시기의 사로국 읍락은 서쪽 방면에 있었다거나 사로국의 국읍이 시기에 따라 이 읍락에서 저 읍락으로 이동했을 것이란 추정까지 있다. 그러나 지금까지 드러난 불충분한 고고학자료만으로 문헌기록을 부인하거나 국읍의 위치를 단정 짓기에는 아직 이르다. 도심 지구에 대한 고고학자료가 좀 더 축적되면 문헌기록과의 접점도 합리적으로 찾을 수 있을 것이다.

2. 고고학상으로 나타난 사로국의 변화

목곽묘의 등장

2세기 중엽 이후 사로국을 포함한 진·변한 지역에서는 고고학자료상으로 새로운 변화가 나타났다. 이러한 변화를 함축적으로 보여 주는 것이 목곽묘의 등장과 그 속에 부장된 각종 유물들이다. 목곽묘의 등장 배경에 대해서는 서로 다른 해석이 있다. 하나는 진·변한 사회 자체가 점진적으로 성장, 발전하는 과정에서 새로운 묘제를 선택한 것이라는 해석이고, 다른 하나는 목곽묘의 등장을 정치·사회적으로 획기적인 변화가 일어난 결과로 보는 것이다. 연구자에 따라서는 목곽묘 등장을 3세기 말~4세기 초의 변동보다 더 중요한 것으로 여기기도 한다. 고고학자료상에 나타나는 획기劃期는 당시에 진행 중이거나 이전에 진행된 어떤 변화의 결과물이다. 그러므로 고고학적 변화 시기와 문헌상에 나타나는 변화가 시간적으로 일치하지 않을 수도 있다. 정치·사회적 변화가 물질 자료에 즉각 반영되기도 하겠지만 그렇지 않은 부문도 있기 때문이다.

목관묘와 목곽묘의 차이점은 대략 다음과 같다. 목관묘는 원칙적으로 입관入棺 후 운구와 하관下棺 절차를 거쳐 깊고 좁은 묘광 속에 주검을 묻는다. 목관묘의 묘광 깊이는 무덤 주인의 지위나 부장품의 질량과도 관계가 있지만 평균적으로 목곽묘보다 훨씬 깊다. 영천 용전리 목관묘는 275cm, 다호리 1호는 205cm, 조양동 38호는 150cm 내외이다. 그러나 시간이 흐르면서 깊이도 얕아지고 판재형 목관묘 중에는 묘광 안에서 판재를 조합한 것도 나타난다. 목관을 크게 만들어 많은 양의 부장품을 관 안에 넣으려면 목곽처럼 묘광 안에서 판재를 조합하는 것이 여러모로 편리하다. 'ㅂ' 자형이나 길다란 'ㅍ' 자형 목관은 이 경우에 해당된다(그림 Ⅲ-1-4 참조).

반면 목곽묘는 묘광을 파서 목곽을 설치한 후 그 안에 목관이나 시신을 매납하는 의례를 진행한다. 목관묘에 비해 묘광이 얕아서 목곽 상부가 일정 부분 지상에 올라오는 경우도 있다. 목곽묘 중에는 윗면이 깎여 나가서 원래 깊이가 정확히 드러나지 않는 경우가 많다. 예컨대 경주 덕천리 목곽묘의 경우 2/3 이상이 잔존 깊이 20cm 미만이고 그 나머지도 대부분 30~40cm에 불과하다(그림 Ⅲ-2-1 참조). 문헌기록에 삼한의 묘제는 유곽무관有槨無棺, 즉 곽은 있고, 관은 없다고 하였는데 고고학자료상으로도 목곽묘의 내부에서 목관의 유무가 확인되지 않는 것이 적지 않다. 마한 지역의 주구묘나 분구묘의 경우에도 관곽의 구분이 모호한 것이 있다. 이런 형태가 중국인들의 눈에는 이색적으로 보인 것 같다. 어쨌든 이것은 단순히 구조적인 변화만은 아니고 주검을 땅속 깊이 매장해야 한다는 관념이 약해지고, 무덤의 겉모습을 크게 보이려고 하는 새로운 의도가 작용하고 있음을 말해 준다.

매장 시설의 구조와 매장 절차가 변함에 따라 부장품 배치 방식도 바뀌었다. 목관묘에서는 목관과 묘광 벽 사이를 채우는 충전토(보강토) 속이나 충전토 위에 토기 등의 유물을 부장하였으나 목곽묘에서는 모든 부장품을 목곽 안에 넣었다. 목곽묘 단계의 부장품의 변화 내용을 보면 토기가 고식와질토기에서 신식와질토기로 바뀌고 부장량이 크게 늘어난다. 뿐만 아니라 토기의 기종도 완전히 바뀌어 주머니호는 사라지고 대부광구호, 대부직구호, 노형토기, 고배, 압형토기 등이 널리 부장된다(그림 Ⅲ-2-2~그림 Ⅲ-2-4 참조). 기종의 다양화는 토기 생산 기술이 그만큼 발전했음을 뜻한다. 금속제 유물의 경우 청동제 무기나 의기가 사라진다. 청동제품으로는 청동솥이나 복식과 관련된 청동대구가 이따금 발견될 뿐 진한 지역에서는 청동거울조차 보이지 않는다. 무기의 경우 철제 단검이 사라지고, 철제 장검이나 대도를 부장한 사실이 눈에 뜨인다. 특히 철촉, 철모의 부장량이 크게 늘어난다. 철모는 길이가 길어져 30cm 전후의 소형에서 40~50cm 또는 그 이상으로 대형화된다(그림 Ⅲ-2-5 참조). 이 밖에 묘광의 평면 형태, 설치 방향, 입지 등에서도 목관묘와 목곽묘는 차이가 있다. 예컨대 목관묘와 달리 목곽묘는 묘광의 장축:단축의 비율이 방형(2:1 미만), 장방형(3:1 내외)에서 세장방형(3:1 이상)으로 변화하는

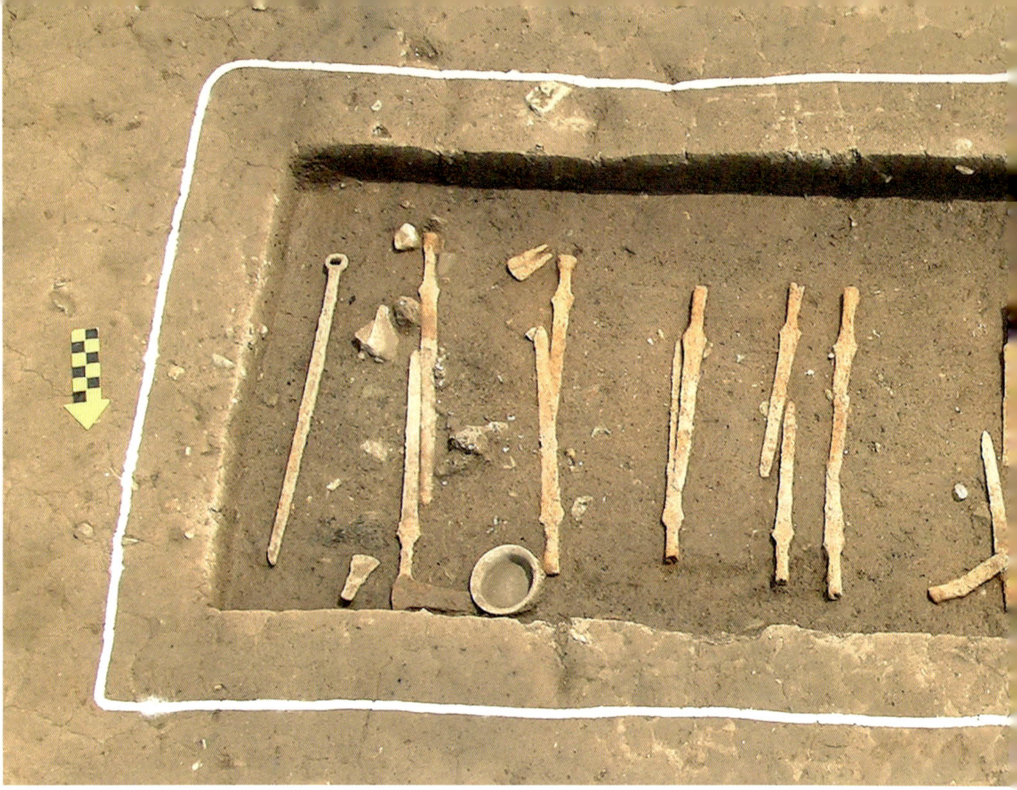

그림 Ⅲ-2-1
경주 덕천리 19호 목곽묘
출처: 영남문화재연구원 제공

그림 Ⅲ-2-2
경주 덕천리 19호 목곽묘 출토 와질노형토기(왼쪽), 와질토기 대부광구호(오른쪽)
출처: 영남문화재연구원 제공

그림 Ⅲ-2-3
경주 황성동 목관묘 출토 와질토기 고배
출처: 국립중앙박물관, 1993

경주 덕천리 120호 목곽묘 출토
출처: 영남문화재연구원, 2009, 『경주 덕천리유적 Ⅲ』

경주 황성동유적 출토
출처: 영남문화재연구원, 2010, 『경주 황성동 575번지 고분군』

울산 중산리 ID-15호(왼쪽), 경산 조영 E1-3호 출토(오른쪽)
출처: 국립중앙박물관, 1998, 『고고유물로 본 한국고대국가의 형성』

그림 Ⅲ-2-4
오리모양 토기

그림 Ⅲ-2-5
경주 덕천리 120호 목곽묘 출토 각종 철모
출처: 영남문화재연구원 제공

등 지역과 시기에 따라 변화 양상이 한결 다양하다.

목곽묘 축조 배경

묘광 안에 목곽이라는 새로운 구조물을 설치하면 묘광의 면적이 넓어지고 보다 많은 양의 유물을 부장할 수 있는 공간을 확보할 수 있다. 이 때문에 목관묘에서 목곽묘로 묘제가 바뀐 것은 보다 많은 유물을 부장하기 위한 실용적 필요에서 비롯된 것으로 본다. 그사이 진행된 철기문화의 확산으로 진·변한 사회의 정치력, 경제력이 향상되었고 이에 따라 매장 의례에 투입되는 물적 자원이 늘어난 결과라는 것이다. 예를 들면 전형적인 목곽묘 출현에 앞서 목관묘와 목곽묘의 특징을 함께 가지는 중간 단계의 무덤이 등장한다.[2] 그중에는 경주 사라리 130호나 경주 탑동유적처럼 이미 넓은 묘광에 다량의 부장품을 넣은 무덤들이 있다. 이처럼 본격적인 목곽묘 등장 이전에 이미 부장 공간이 목곽묘 못지않게 확대되고 있는 것도 사실이다.

이와 달리 목곽묘라는 새로운 묘제가 등장한 이면에는 주민의 이동, 지배세력의 교체 내지는 이에 버금가는 급격한 정치적·문화적 충격이 작용한 것이라는 주장도 있다. 목곽묘 구조상에 나타나는 낙랑 목곽묘의 요소라든가 부장품의 질적·양적 변화 등 계승적 요소보다 단절적 요소를 중요시하는 입장이다. 예컨대 2세기 후반 목곽묘 단계에 이르러 무기 부장량이 크게 늘어나는 반면 진한 지역에서 청동거울이 더 이상 부장되지 않는다는 사실에 주목하여 제의권을 기반으로 하는 사제장적 권위가 무너지고 무력을 바탕으로 하는 새로운 세력이 등장하였다는 것이다. 수장의 권력 기반이 이념적인 것에서 경제적인 것으로 다시 군사적인 것으로 비중이 옮겨 간 것은 철기 보급 이후 진행된 일반적 발전 추세이다. 목곽묘 단계에 이르러 이러한 변화에 가속이 붙은 것은 사실이나 변화의 직접적인 원인은 소국마다 서로 다를 것이다.

물론 목곽이라는 구조물을 설치한다는 개념은 낙랑 목곽묘의 영향을 받은 것이 분명하다. 그러나 묘광의 주축 방향, 입지, 깊이, 내부 구조 등 매장관념 면에서는 목관묘 단계의 요소를 많이 계승하고 있어서 낙랑 지역과 다른 점이 많다. 낙랑 목곽묘는 북침을 선호하고, 진·변한 지역의 목곽묘는 목관묘와 마찬가지로 동침이나 남침을 선호한다. 낙랑 목곽묘는 능선의 주축선을 따라 목곽을 설치하나, 진·변한 지역 목곽묘는 등고선과 평행한 방향으로 설치한다. 낙랑 목곽묘는 기원전 1세기 후반부터 이미 하나의 목곽 안에 복수 매장 구조가 나타나기 시작하여 2세기경에는 일반화된다. 반면 진·변한 지역에서는 목관묘와 마찬가지로 시종일관 한 사람만을 매장하는 구조

2 '목곽계 목관묘' 또는 '목관계 목곽묘', '초기 목곽묘' 등으로 부르며, 등장 시기에 대해서도 1세기 말, 2세기 초, 2세기 전반 등으로 견해가 다양하다.

이다. 이러한 정황들을 종합하여 주민 이동과 같은 직접적인 계기보다 재지 집단의 성장과 새로운 문화 수용의 결과로 보는 관점이 우세하다. 그러나 목곽묘 등장 이면에서 작용한 보다 자세한 원인을 밝히려면 지역별로 좀 더 세분화된 분석 작업이 필요하다. 변화를 주도하는 소국이 있고 변화를 따라가는 소국이 있기 때문이다.

3. 이사금 시기 사로국의 성장

석씨 이사금의 등장

다행스럽게도 사로국은 고고학상으로 나타나는 이러한 변화의 시기에 활동하던 인물과 집단에 대한 기록이 남아 있다. 『삼국사기』와 『삼국유사』에 의하면 목곽묘 전성기의 사로국은 석씨 이사금 시기이다. 탈해脫解 집단이 동해안으로부터 경주 도심 지역으로 진출한 것은 1세기경으로 되어 있지만 본격적인 석씨 이사금 재위는 2세기 후반 벌휴이사금으로부터 시작한다. 박씨 시조 혁거세와 마찬가지로 벌휴도 갑자년甲子年에 즉위한 것으로 되어 있다. 이것은 벌휴가 석씨 집단의 실질적인 시조로 여겨지고 있었다는 뜻이다. 이 때문에 목곽묘 단계의 여러 가지 변화를 석씨 집단의 등장과 연관 짓기도 한다. 『삼국지』 한조에 의하면 삼한 소국의 수장을 부르는 칭호는 지역에 따라 크기에 따라, 여러 가지였다. 마한 목지국 진왕처럼 왕호를 칭하는 것도 있고, 견지遣支, 진지秦支, 축지踧支 등 우호優呼를 붙이는 것도 있었지만 가장 일반적인 칭호는 신지였다.

이와 달리 사로국에서는 그들의 수장을 혁거세거서간赫居世居西干, 남해차차웅南解次次雄을 거쳐 1세기 이후부터는 이사금이라 불렀다. 거서간은 건국 시조에게 붙여진 칭호이고, 차차웅은 '자충'이라고도 하는데 종교 직능자, 즉 샤먼을 가리키는 신라 토착어였다. 이사금은 이질금尼叱今이라고도

했는데 연장자 또는 계승자라는 뜻을 가진 수장의 칭호이다. 박씨 유리儒理(24~57)에서 시작하여 석씨 흘해訖解(310~356)까지 모두 14명의 이사금이 등장하는데 박씨계 5명, 석씨계 8명, 김씨계 1명이다.[3] 『삼국사기』에 나오는 이사금의 계보는 상대적으로 신뢰도가 높은 편이다. 그러나 즉위 연대나 재위 기간은 합리적으로 설명되지 않는 부분이 많아 절대 연대를 그대로 믿기에는 의문이 있으므로 대략적인 시간대를 나타내는 자료로 활용해야 한다. 그리고 서술 내용에 대해서는 후대에 가해진 윤색이나 혼란을 최대한 가려내어 역사적 사실의 원형을 찾아내는 것이 관건이다.

석씨 집단이 사로국의 지배세력으로 자리 잡던 시기의 한반도 중남부 지방의 상황을 전하는 기록이 있다. 『삼국지』 한조에 의하면 2세기 후반 중국 후한後漢이 정치적 혼란에 빠져들고 군현 지역에 대한 통제력이 약화된 틈을 타서 낙랑 지역의 주민들이 한韓으로 많이 흘러들어 갔다고 한다. 유이민 이동의 직접적인 영향을 받은 것은 경기 북부 지역이지만 그 여파는 삼한 각지에 파급되었다. 시기나 배경은 다소 다르겠지만 탈해 집단 역시 유이민 집단의 하나이며, 이들은 해로를 통해 이동하였다. 이들의 원거주지는 알 수 없으나 이동 과정에서 김해 변진구야국弁辰狗邪國의 수로首露왕과 대결을 벌였으나 실패하고 동남 해안을 거쳐 동해안 감포 부근에 도착하였다. 해로를 통한 유이민 집단은 선박을 이용해야 하므로 육로로 이동하는 집단에 비해 규모가 작다. 그러나 이들은 무력과 선진 기술을 앞세워 수적인 열세를 극복하고 사로국의 새로운 지배세력으로 성장하였다. 이 시기의 사로국의 성장 과정을 살펴보면 다음과 같다.

철 생산 확대

사로국은 건국 초기부터 철기 생산을 성장의 중요 토대로 삼아 왔다. 이러

3 『삼국유사』 왕력王曆을 따른다.

한 사로국의 철 생산 능력은 2세기 후반~3세기에 이르러 양적·질적으로 크게 향상되었다. 철기 제작 기술의 변화는 석씨 집단의 등장과 관계가 있어 보인다. 석씨계 이사금의 시조인 탈해는 야장 내지는 야장 집단을 거느린 유이민 집단의 우두머리였다. 『삼국유사』에 실린 석탈해 등장 설화를 보면 탈해 집단이 경주 도심 지역으로 진출하여 월성으로 상징되는 새로운 활동 거점을 확보하는 과정에서 자신의 집안을 야장이라 주장하고 있다. 신시베리아족으로 알려져 있는 야쿠트족Yakuts의 속담에는 대장장이와 샤먼은 한 둥우리에서 나왔다거나 대장장이는 샤먼의 큰 형님이라고 하여 철을 다루는 전문 기술자를 초자연적인 능력을 가진 인물로 존경하고 외경심을 나타낸다. 탈해 역시 토함산에 올랐을 때 초능력을 발휘하여 종자 백의白衣를 혼내어 복종시켰다던가 두개골과 뼈마디의 모습이 특이하였다는 등 특별한 능력을 지닌 인물로 묘사되어 있다.

신라 왕실에서는 탈해 사후 상당 기간이 지난 후 소천구疎川丘, 또는 양정구壤井丘에 묻었던 그의 유골을 다시 파내어 뼈로 소상을 만들어 궁 안에 모시다가 토함산으로 옮겨 동악신東岳神으로 섬겼다. 혁거세나 알지가 각각 박씨와 김씨 시조로 숭배된 것과 달리 탈해는 시조신이 아니라 야장신으로 숭배되다가 통일신라기에 들어와 토함산 산신으로 신격이 변화하였다. 고구려 고분 벽화에도 해신, 달신, 수레신 등 각종 신과 더불어 단야구를 들고 있는 야장신의 모습이 그려져 있다. 사로국의 최대 철기 제작지인 경주 황성동 유적에서 동남쪽으로 약 2km 떨어진 거리에 탈해왕릉(경주시 동천동 소재)이라 전하는 무덤이 있다. 물론 석실분 양식으로 추정되는 이 무덤이 탈해의 무덤은 아닐 것이다. 하지만 황성동 야철 유지에서 멀지 않은 이 일대에 탈해의 원무덤이 있었거나 유골을 옮긴 후 야장신으로서 탈해를 모시던 시설이 있었을 가능성이 없지 않다.

황성동 제철 유구에 대한 조사 결과에 의하면 황성동에서는 1세기 이래(I단계), 이미 단야 조업을 중심으로 철기를 생산하였고, 2세기 전반~3세기 전반(II 단계)에는 단조철기의 전문화, 분업화가 이루어졌다. 여기에서 한 걸음 더 나아가 2세기 후반~3세기(III 단계)에 이르면 용해 조업을 시작하였고, 2세기 말부터는 주조철부를 다량 생산하는 등 철기 생산의 대량화, 규격화 단계에 들어갔다. 특히 3세기 후반경에는 철기의 생산 및 유통 과정이 점차 대형화, 집중화의 길로 접어들면서 철기 제작 형태에 통일성이 나타나기 시작하였다. 3세기 말~4세기 초로 편년되는 경주 구어리 1호 목곽묘가 보여 주듯이 100여 점의 주조철부, 철정, 철모를 한 사람의 무덤에 부장할 정도였다.

철기의 대량 생산에 있어서 기술력 못지않게 중요한 조건은 철 원료의 안정적 확보이다. 당시에 널리 사용된 제철 원료는 철광석이었는데 경주 인근에 위치한 최대의 철광석 산지는 달천 광산이다. 탈해이사금 대에 거도居道라는 사람이 마숙馬叔놀이를 가장하여 우시산국于尸山國을 정벌하였고, 파사이사금婆娑尼師今 대(80~112)에는 굴아화촌屈阿火村을 얻었다는 『삼국사기』 기사가 있다. 이는 달천 광산을 소유한 울산 방면에 있는 소국을 굴복시켜 철광석 산지를 확보한 것을 말한다. 목곽묘 단계에 이르러 철기 부장량이 급격하게 늘어날 뿐 아니라 이단병식 철모, 유경철촉, 철제 대도, 고사리 장식이 붙은 의기성이 강한 철기 등이 새로이 나타난다. 이러한 변화는 철광석을 안정적으로 확보하고 철기 제작 기술력이 이전보다 높은 수준에 이르렀기에 가능하였다.

전쟁과 교통로 확보

철기 생산 기술의 향상과 보급량 증대는 정치, 경제, 군사 등 사회 전반에 걸쳐 많은 변화를 가져왔다. 그중에서 가장 두드러지는 것은 교역 활성화와 전쟁의 빈발이다. 그리고 농업생산력 향상과 권력 강화가 그 뒤를 이었다. 2세기 전·중엽경 진·변한 전 지역에 동시다발적으로 철기가 크게 확산되었다. 철을 매개로 하는 각종 교역 활동이 활성화된 덕분이다. 『삼국지』 한조에 의하면 3세기 전반 진·변한에서는 모든 시장 교역에서 철을 화폐처럼 사용하였다고 한다. 실제 목관묘 단계 유적에서는 오수전이나 화천 같은 한 대의 금속화폐가 자주 발견되지만 목곽묘 단계에서는 이 같은 중국 화폐가 거의 발견되지 않는다. 교역 매개물로 사용된 철은 1차 제련 과정을 거쳐 생산된 덩이쇠이며, 납작하고 길쭉한 쇠도끼 모양이 많고 크기가 규격화되어 있다. 용해 기술이 필요한 주조 철기와 달리 도끼, 낫, 작은 손칼 등의 단조 제품들은 덩이쇠와 정련 기술만 있으면 제작이 가능하다. 철 소재의 교역이 활성화되면서 철광석이나 제련 기술, 그리고 대규모 철 생산 조직을 가지지 않더라도 철기라는 새로운 이기를 손쉽게 사용할 수 있게 된 것이다. 진·변한 지역에서 이러한 변화를 주도한 것이 바로 사로국과 김해의 변진구야국이었다.

철기 제작 기술의 발전은 철제 무기의 생산을 촉진시켰다. 목관묘 단계에서도 이미 철제 단검이나 철모, 철촉 같은 무기가 사용되었지만 그 양은 목곽묘 단계에 비할 바가 아니었다. 예컨대 경주 덕천리유적에서는 중대형 철모가 다량 출토되었는데 3호 목곽묘에서 13점, 19호 목곽묘에서 15점, 120호 목곽묘에서 18점이 출토되었다. 그리고 경주 황성동 2호 목곽묘에서도 철모가 13점이나 출토되었다. 더욱이 사로국의 읍락은 아니지만 독립된 소국 수장의 무덤인 포항 옥성리 78호 목곽묘에는 철모 104점, 철촉 64점이 무더기로 부장되었다. 이처럼 목곽묘 단계에 이르면 전체 부장 유물 중에서 철촉, 철모와 같은 무기가 아주 큰 비중을 차지한다.

집단 간에 긴장 관계가 조성되고 무력 항쟁이 잦아지면 무기는 더욱 발달한다. 그러나 『삼국지』 한조에는 마한과 진·변한의 무기가 서로 같다는 언급만 있을 뿐 각 소국 간의 전쟁 기록은 찾아볼 수 없다. 이와 달리 『삼국사기』 초기 기록의 상당 부분은 외적 격퇴 사실이나 정복 전쟁 기사로 채워져 있다. 특히 소국 정복 기사들은 박씨 파사이사금 대를 제외한 나머지 모두가 석씨 이사금 대에 집중되어 있다. 그중에는 국읍 단독의 군사 작전도 있었고, 사로국 읍락 수장들이 연합한 공동의 군사 활동도 있었다. 『삼국사기』에는 6부병六部兵이 출동하여 외적을 막아 냈다는 기록이 나오는데 6부병이란 사로국 읍락 수장들이 거느린 병력이다. 유사시에 사로국 읍락의 족장들은 이사금의 통솔 아래 각각의 군대를 이끌고 공동 대응하였던 것이다.

그러나 이 시기 군사 활동의 목적은 물적·인적 자원을 지속적으로 지배하기 위한 것이 아니라 교통로나 교역 네트워크의 확보와 같은 경제적인 측면에서의 권리와 우선권을 확보하는 것이었다. "삼한의 소국들은 활, 창, 방패와 같은 무기를 잘 사용하였고, 비록 다투고 전쟁을 하더라도 서로 굴복하는 상대를 귀하게 여겼다"고 하는 『진서晋書』의 기록은 당시 소국 간의 상호 관계를 잘 보여 준다.

박씨 파사이사금 대에 비해 석씨 이사금 대에는 군사 활동의 범위가 크게 확대되었다. 파사이사금 대에는 경산 압독국押督國, 대구 다벌국多伐國, 안강 방면 음즙벌국音汁伐國, 울산 굴아화촌屈阿火村 등 경주 인근 지역 소국이나 소별읍을 주 대상으로 삼았다. 그리고 동남쪽 울산 방면과 홍해, 삼척 등 동북 해안 방면으로 통하는 교통로를 확보하였다. 석씨 이사금 대에는 의성 소문국召文國[벌휴이사금 2년(185)], 김천 감문국甘文國[조분이사금助賁尼師今 2년(231)], 상주 사벌국沙伐國[첨해이사금 대(247~261)]과 같이 중부 내륙으로 통하는 육로 교통상의 중요 지점에 위치한 소국 지역까지 진출하였다. 그리고 조분이사금 대에는 영천 골벌국骨伐國왕이 스스로 항복하고(236), 안동 방면의 고타군古陁郡 수장이 가화嘉禾를 바쳐 복속할 뜻을 전하였다(242). 이 소국들은 모두 김천-상주-문경을 거쳐 계립령으로 연결되거나 의성-안동-영주를 거쳐 죽령으로 이어지는 내륙 교통로에 위치한 중요 세력들이다.

소백산맥을 넘어 중부 지방으로 통하는 중요 교통로인 계립령과 죽령 길이 열린 것은 박씨 아달라이사금阿達羅尼師今 대(156, 158)로 기록되어 있다. 그런데 『삼국사기』에는 아달라이사금 20년(173)에 왜 여왕 히미코卑彌乎가 사로국에 사신을 보내 교빙하였다는 기록이 있다. 『삼국지』 동이전에 의하면 히미코는 238년 위魏나라에도 직접 조공 사절을 보낸 인물이다. 이처럼 『삼국사기』와 『삼국지』 기사의 연대가 서로 다를 경우 『삼국지』의 연대를 취하는 것이 옳다. 따라서 계립령, 죽령 길이 활성화된 것은 3세기 전반경의 일로 보아야 한다. 내륙 교통로의 활성화는 245년경 위나라 부종사部從事 오림吳林이 진한 8국을 분할하여 낙랑에 직접 조공하도록 한 조치와 관계가 있다. 대방군 설치(204년경) 이후 삼한과 일본 열도의 소국에 대한 교섭 창구는 낙랑군에서 대방군으로 일원화되었으나 오림이 부임하여 진한 8국을 분할하여 본래대로 낙랑군에 조공하도록 변경하였다. 이 과정에서 낙랑 지역으로 갈 때 목지국을 매개로 하던 기존의 교통로에 변화가 생기고, 죽령과 계립령 길 이용 빈도가 높아졌다.

그리고 3세기 초 내해이사금奈解尼師今 14년(209)에는 울산으로부터 김해를 거쳐 경남 해안을 통과하는 해상 교통로를 안정적으로 확보하였다. 포상浦上 8국, 즉 마산 창원의 골포국骨浦國, 고성의 고자국古自國, 사천의 사물국史勿國 등 경남 해안 지역의 중요 소국들과 변진구야국 사이에 분쟁이 발생하였는데 사로국이 구야국을 도와 이들의 도전을 물리치고 해상 활동 루트를 확보한 것이다. 대외 교섭과 교역을 위한 교통로 확보는 무력 전쟁을 동반하는 경우가 많았고, 이러한 활동을 통해 사로국은 안으로 권력 기반을 강화하고 밖으로는 진한연맹체의 맹주로서 위상을 강화해 나갔다.

농업생산력 증대

삼한은 농경을 생업으로 하는 사회였으므로 농업생산력은 모든 경제활동의 근간이었고 사회 발전의 원동력이었다. 특히 철제 농토목구의 보급은 밭농사, 논농사 모두 농업생산력을 획기적으로 높이는 계기가 되었다. 돌로 만든 반달칼이나 돌낫 대신 철제 손칼과 낫을 사용하면 노동력이 절약될 뿐 아니라 수확 적정기를 놓쳐 입게 되는 손실을 크게 줄일 수 있다. 철제 농기구 보급 초기에는 곡물을 수확할 때 여전히 선별적인 이삭 베기가 일반적이었기에 낫에 비해 손칼의 보급도가 훨씬 높았다. 수확 작물에 따라 낫과 칼을 골라서 사용할 수도 있겠지만 일반적으로 낫을 사용하여 한꺼번에 여러 포기를 베려면 작물의 염숙기를 통일할 수 있는 경작 기술상의 개선이 필요하다. 예컨대 논농사의 경우 논바닥의 수평을 잘 맞추어야 하는데 만약 논바닥이 고르지 못하여 물 깊이와 온도가 차이 나면 포기마다 벼의 성장 속도가 달라진다. 그런데 2~3세기 이후가 되면 낫의 보급량이 크게 늘어난다. 철제 기경구의 보급으로 경작 기술 전반에 걸쳐 지속적인 발전이 진행된 결과이다.

청동기시대 이래 사용된 기본적인 기경구는 나무 따비와 나무 괭이였다. 농경문청동기에 새겨진 농구도 따비와 괭이다. 철기 보급 이후 먼저 철기로 전환된 것도 따비와 괭이였다(그림 Ⅲ-2-6 참조). 땅을 갈 때 나무 따비 대신 철제 따비를 사용하면 작업 효율이 높아짐은 물론이고 보다 깊이 땅을 갈 수 있어서 토지 활용도까지 높일 수 있다. 진·변한 지역에서 사용된 철제 따비는 대부분이 주걱형으로 경주 조양동·황성동·덕천리, 울산 하대 등 진·변한 각지의 목곽묘 유적에서 흔하게 출토된다.

그리고 괭이는 밭농사를 지을 때 고랑을 타거나 풀이나 작물 뿌리를 제거할 때 사용하며 특히 해를 묵힌 경작지를 다시 개간하는 데 편리한 도구였다. 쇠괭이는 폭이 좁고 길며, 자루를 끼우는 공부 단면이 사다리꼴 모양이다. 이는 토착 사회의 전통적인 나무 괭이와 중국의 곽钁이라는 철제 괭이의 특징을 혼합한 모습이다. 쇠괭이는 주조 도끼의 한 형식으로 분류되고 있으며, 생산량이 제한적일 때는 도구로서의 실용성이 낮고 철 소재로 사용되었을 것이라는 추측도 있다. 주조품이어서 강한 충격을 견뎌야 하는 공구로는 적합하지 않은 면이 있다. 그러나 무덤 구덩이 벽면에서 쇠괭이 흔적이 확인되기도 하여 괭이로 사용된 것은 분명하다. 황성동 철기 제작소에서는 3세기에 들면서 주조 괭이를 대량으로 생산하였는데 이는 새로운 밭 개간을 촉진하고, 휴한 기간을 단축시켜 경작지를 확대시키는 효과를 가져왔다.[4]

또한 목곽묘 단계에 이르면 U자형 철제 삽날과 쇠스랑이 등장한다(그림 Ⅲ

4 철제 농기구 보급으로 밭농사에서 5년 이상이던 휴한 기간이 3년경으로 단축되기 시작하였다.

-2-6 참조). 나무 삽이나 가래날의 가장자리를 5~7cm 너비의 철판으로 테를 돌려 보강하는 방식인데 이것은 중국의 영향이다. 다만 낙랑, 대방 지역에서 출토되는 것은 삽날 끝이 각이 진 데 반해 삼한 지역의 것은 U자형으로 둥그스름하다. 둥근 것은 논농사에 적합하고, 각이 진 것은 밭농사가 많은 지역에서 주로 사용되었다. 삽이나 가래는 흙을 파서 옮기는 도구로 수로를 파거나 보수할 때 또는 논에 물을 넣거나 빼기 위해 물길을 터거나 막는 데 주로 사용한다. 나무날 끝에 철을 보강하면 흙이 덜 묻어나 작업 능률이 오르고 수로의 보수 유지 작업에 드는 노동력을 줄여 논 개발을 촉진하는 효과를 거둘 수 있다. 일성이사금逸聖尼師今 11년(144)에 논을 개발하고 수리 시설을 보수하였다는 기록이 있는데 철제 농기구 보급을 배경으로 대규모로 농경지를 확대해 나가던 당시의 모습을 전한다. 삽 못지않게 생산력 증대에 중요한 역할을 한 것은 쇠스랑이다. 쇠스랑은 수확 후 논밭에 남아 있던 작물 뿌리를 파내거나 잡초를 제거하고 흙덩이를 부수는 데 사용하는 농기구이다. 다른 농기구에 비해 목제에서 철제로 교체되는 시기가 상대적으로 늦다. 이것은 단조품임에도 불구하고 제작 공정이 쉽지 않았기 때문이다. 경주 조양동유적, 울산 하대유적, 김해 양동리유적 등 진·변한 지역 대형 목곽묘에서 주로 출토되며 날이 세 갈래이다(그림 Ⅲ-2-6 참조).

이와 같이 각종 농토목구가 철제로 전환되고 보급량이 늘어남에 따라 정지整地, 기경起耕, 제초, 수확 등 모든 과정에서 노동 효율이 크게 높아졌다. 이렇게 절약된 노동력은 새로운 논과 밭을 개간하거나 휴한 기간을 줄이는 데 투입되었다. 하지만 철제 농기구는 아직도 지배집단을 중심으로 제한적으로 보급되었기 때문에 경작지 확대와 생산력 증대라는 경제적 혜택을 집중적으로 누리는 계층도 이들이었다. 그리하여 철제 농기구의 보급은 계층 간의 격차를 심화시키고 지배집단의 권력 기반을 확대시키는 결과를 가져왔다. 그리고 농업생산력의 증대와 잉여 산물의 급속한 축적으로 집단 간 교역이 활성화되고 사회 경제적 성장이 촉진되었다.

각종 따비날(김해 양동·울산 하대·포항 옥성리유적 출토)
출처: 국립중앙박물관, 2000

쇠괭이(경산 신대리유적 출토)
출처: 영남문화재연구원 제공

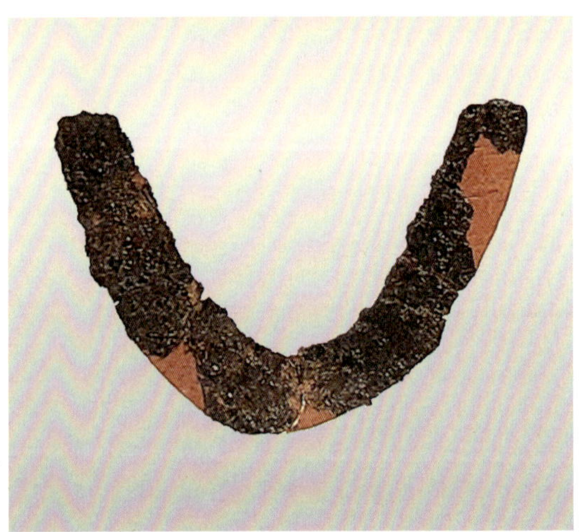

쇠삽날(포항 옥성리유적 출토)
출처: 국립중앙박물관, 2000

쇠스랑(경주 조양동유적 출토)
출처: 국립중앙박물관, 2000

그림 Ⅲ-2-6
철제 농기구

권력 기반의 변화

경제·군사적 측면에서의 이러한 변화는 사로국을 통솔해 나간 이사금의 권력 기반에 직접적인 영향을 미쳤다. 사로국을 구성한 여러 읍락들을 하나로 묶어 주는 중요 토대는 군사 활동, 대외 교섭 활동, 생산 및 교역과 관련된 경제적인 활동, 제사와 관련된 이념적인 활동 등이다. 삼한 소국 읍락의 수장들은 국읍에 모여 천군天君이라는 제사장을 세워 하늘에 제사 지내는 제천 의례를 거행하였다. 소국을 구성한 읍락들은 여전히 각 읍락마다 나름대로의 조상신과 각종 신을 숭배하는 제사 의례가 있었지만 초읍락적인 예배 대상으로 하늘에 대한 제사를 함께 거행함으로써 서로의 결속을 다졌다.

여기에 덧붙여 사로국의 경우, 시조 혁거세에 대한 제사가 읍락 간의 결집에 중요한 역할을 하였다. 소지마립간炤知麻立干 9년(487) 신궁神宮을 설치하기 이전까지 신라의 왕들은 즉위 이듬해 봄에 시조묘始祖廟에 제사하였다. 이것은 일종의 즉위 의례로 읍락의 수장을 비롯한 사로국의 중요 구성원들이 모여 이사금의 권위를 인정하고, 공동체 의식을 다지는 행사였다. 시조묘는 혁거세의 무덤 근처에 세워졌을 것으로 추정되며, 1년에 네 차례 제사를 지냈다는 기록이 있다. 이처럼 박씨 집단의 시조인 혁거세를 승격시켜 사로국 전체의 건국 시조로 숭배하면서 읍락 통합의 이념적 구심점으로 삼았다. 그리고 시간이 지나면서 건국 시조 혁거세에 대한 제사는 천신과 농업신에 대한 제사 기능을 겸하였다. 아무튼 석씨 이사금 시기 혁거세는 명실상부 사로국 전체의 건국 시조로서 초읍락적인 숭배 대상으로 자리매김되었다.

읍락 간 통합의 물적·이념적 토대는 시간이 흐르면서 변화하였다. 읍락 간의 세력이 엇비슷하여 통합의 강제성에 한계가 있었던 단계에서는 이념적인 것이 더 유효하였다. 2대 남해차차웅은 제사장 출신이었고, 그가 사로국 국읍 주수의 자리에 오르면서 제사권을 친누이 아로에게 물려주었다. 상당 기간 국읍 주수와 제사장은 이처럼 가까이서 서로의 기능을 보완하는 관계였다. 석씨계 이사금의 실질적 시조인 벌휴이사금도 날씨를 점쳐 수재, 한재와 풍흉을 미리 알고, 사람의 사악함과 올바름을 알아내는 능력이 있다고 믿어졌다. 사로국 왕이 제사장처럼 특별한 능력을 가진 인물이라고 믿는다는 것은 아직도 세속적 능력에 덧붙여 종교적 권위가 일정 부분 영향력을 미치고 있었기 때문이다.

그러나 2세기 중엽 이후가 되면 지배계급의 무덤에 다량의 무기와 각종 철제 생산 도구가 부장되는 반면 금속제 제의용 도구는 자취를 감춘다. 그리고 문헌기록을 통해 확인한 바와 같이 군사 활동의 중요성이 날로 높아졌다. 동시에 철 생산과 관리, 교역과 대외 교섭을 위한 통합 조직 운영 등 이사금의 역할과 위상이 바뀌어 갔다. 이념적인 권위는 점차 보조적인 것이 되고 군사적인 것과 경제적인 능력이 우선시되었다.

새로운 활동 거점 확보와 통치 조직 정비

이처럼 사로국이 성장하면서 지배세력의 활동 공간에도 변화가 생겼다. 사로국 초기 통치 활동의 중심지는 박씨 집단의 거점인 소벌 읍락이었다. 문헌상으로는 혁거세 대에 금성金城을 축조하여 활동 거점으로 삼았다고 하였으나 성곽 시설물로서의 금성 축조 시기나 위치는 불확실하다. 금성이란 이름은 소벌, 쇠벌, 서라벌 등을 한자로 바꾸어 후대에 붙여진 이름이며, 궁성을 뜻하기도 하고 의미가 확대되어 신라의 왕경을 가리키기도 한다. 금성의 성격을 어떻게 이해하느냐에 따라 위치 비정도 서로 달라 경주 도심 지구, 남산 서록, 황성동 등 견해가 다양하다. 금성이 사로국 초기의 국읍, 즉 소벌 읍락의 중심지를 가리키는 것이라면 앞서 살펴본 대로 이는 남쪽 방면에 위치하였을 가능성이 높다. 신라인들이 소벌의 초기 중심지로 여겨 제사를 지내던 고허촌이 신라 중고기 사량부에 위치하고 있어 더욱 그러하다.[5]

그러나 사로국이 성장하면서 국읍의 기능이 확대되고, 늘어난 업무를 보

5 『삼국사기』 잡지 제사조에 사량부沙梁部에 있는 고허高墟에서 소사小祀를 지냈다는 기록이 있다.

다 효율적으로 수행하기 위해 지리적으로 읍락 간의 소통에 가장 편리한 경주 도심 지구 쪽으로 소별 읍락, 즉 국읍의 외연을 확대하였다. 정복 활동이 빈번했던 박씨 파사이사금 22년(101)에 월성을 축조하였다는 기록이 그것이다. 하지만 이후에 즉위한 일성이사금이 사로국의 정사를 처리하는 상설 기구인 정사당政事堂을 설치한(138) 곳은 여전히 금성이다. 그러므로 파사이사금 대에 월성으로 사로국의 중심지를 옮긴 것은 아니고 박씨 집단이 도심 지구에 다른 하나의 활동 거점을 확보한 것이다. 고고학자료상으로도 현재까지 드러난 월성 일대의 발굴 조사 자료 중에서 가장 이른 것이 2세기 말엽이며, 월성 서편 성벽 조사를 통해서도 월성의 초축 연대를 4세기 말 이전으로 올려 보기 어렵다는 의견도 있다.

월성 일대는 원래 호공瓠公 세력이 자리 잡은 곳이었다. 그러나 석씨 집단이 경주 도심 지구로 진출하면서 월성을 빼앗아 그들의 활동 거점으로 삼았다. 그리고 소별 읍락과 연합하여 세력을 키워 나갔고, 이곳을 그들의 새로운 정치, 경제활동의 거점으로 삼았다. 석씨 집단은 소수의 유이민 집단이고, 그들의 일차적인 경제 기반은 철 생산과 교역이었으므로 농업 생산을 기반으로 하는 일반 읍락과는 정착 조건이 달랐다. 경주 도심 지구는 저습한 지역이 많고 범람의 위험이 상존하여 농경 중심의 대규모 취락의 입지로는 특별히 유리할 것이 없다. 하지만 형산강 수계를 따라 각 방향에 위치한 사로국의 핵심 읍락들과 통교하기에는 아주 편리한 지점이다. 그리고 황성동에 자리 잡고 있는 철기 제작소의 관리와 운영에도 유리하다. 석씨 집단이 이사금위를 본격적으로 계승하는 벌휴이사금 13년(196)에 월성에 있던 건물을 증축 수리하여 이곳을 사로국 운영의 핵심 거점으로 삼았다. 2세기 말~3세기에 들어와 사로국 운영의 공간적 중심지가 소별 읍락의 중심 취락에서 도심 지구 내지는 월성 일대로 이동한 것이다. 석씨 집단이 월성 일대를 거점으로 삼기 위해서는 김씨 집단과의 제휴가 필요하였다. 탈해가 시림(계림)에서 닭 우는 소리를 듣고 호공을 보내 김씨 시조인 알지를 발견하여 거두어

길렀다거나, 탈해의 아들 구추仇鄒가 김씨와 혼인하고 벌휴의 아들 골정骨正도 김씨와 혼인한 것이 이를 뒷받침한다.

뒤이어 첨해이사금 3년(249)에는 월성의 남쪽에 남당南堂을 세우고 2년 후 이곳에서 정사를 보았다고 하였다. 월성에 사로국의 정사를 의논하고 처리하는 상설 통치 기구가 등장한 것이다. 이는 박씨 일성이사금 대에 세운 금성의 정사당보다는 규모나 기능이 확대, 발전된 것이었다. 석씨 첨해이사금이 남당에서 처음으로 정사를 보았다는 바로 그해에 부도夫道라는 인물에게 물장고物藏庫 업무를 담당하는 일을 맡겼다. 통치 조직을 정비하는 과정에서 재정 업무를 관장하는 부서를 만들었던 것이다. 뒤를 이어 김씨 최초의 왕인 미추이사금 7년(268)에도 왕이 남당에 군신을 모았다는 기록이 나온다. 김씨 출신 이사금의 즉위에 즈음하여 사로국 통치 조직의 운영을 더욱 활성화하는 조치를 취했던 것이다. 이제 월성과 남당이 명실상부 사로국의 정치, 경제활동의 중심지가 되었다. 이러한 내적인 성장을 토대로 미추이사금 19년(280)과 20년(281), 그리고 유례이사금 3년(286) 연속으로 진한의 이름으로 진晉 본국에 조공 사절을 보냈다. 이제는 낙랑군이 아니라 진 본국을 대상으로 원거리 교역을 수행할 정도로 정치, 경제력이 성장하였다. 비슷한 발전 양상은 마한 백제국에서도 보이는데 고이왕古爾王 대(234~286)에 좌평을 설치하고 업무를 분장하는 등 통치 조직을 정비하였고 마한이란 이름으로 여러 차례 진에 견사하였다.

이와 같이 2~3세기 사로국에는 철 생산 확대, 농업생산력 증대, 교통로 확보, 통치 조직 정비, 그리고 이에 따른 통치 활동 공간의 이동과 같은 내적 성장이 있었고, 이러한 성장은 사로국이 진한연맹체 맹주로 도약하는 발판이 되었다.

4. 진한소국연맹체와 사로국

소국연맹체 형성 배경

삼한의 소국들은 각종 이유로 서로 결속을 맺어 소국연맹체를 형성하였다. 소국연맹체 대신에 지역연맹체라는 용어를 쓰는 연구자도 있다. 소국연맹체의 결성이 가장 빨랐던 지역은 마한 지역 소국들이며, 마한 지역에는 복수의 소국연맹체가 있었다. 『삼국지』 한조에는 진한 12국의 이름이 나오는데 이저국已柢國, 불사국不斯國, 근기국勤耆國, 난미리미동국難彌離彌凍國, 염해국冉奚國, 군미국軍彌國, 여담국如湛國, 호로국戶路國, 주선국州鮮國, 마연국馬延國, 사로국斯盧國, 우유국優由國 이다. 이들은 3세기 전반경 사로국을 맹주로 하는 진한소국연맹체의 구성원들이다. 진한소국연맹체의 결성은 물리적 힘에 의한 일방적인 것이 아니라 정치·경제·군사적 목적을 위한 상호 협력 관계를 기본으로 하였다. 이 때문에 진한소국연맹체 구성원의 숫자는 유동적이었다. 진한소국연맹체 구성원도 처음에는 6국이었으나 12국으로 늘어났다.

진한의 이름이 처음 나오는 것은 『삼국지』에 인용된 『위략魏略』에 실린 '진한' 우거수右渠帥 염사착廉斯鑡[왕망 신新의 지황地皇 연간(20~23)]이란 인물에 얽힌 설화이다. 염사착은 염사라는 지역에 있던 정치체 수장이다. 그는 낙랑이 살기 좋다는 소문을 듣고 낙랑을 찾아가는 길에 한인들에게 사로잡혀 힘든 노동을 하고 있던 1만 5,000여 명의 중국인을 발견하고, 이를 낙랑군에 알려 그들을 구하고 배상금을 받아 내게 한 공로로 기록에 남은 인물이다. 『후한서後漢書』 동이전에는 44년 한인韓人 소마시蘇馬諟라는 인물을 염사 지역의 읍군邑君으로 봉하였다는 내용이 있는데, 염사착과 동일인인지 다른 인물인지 불확실하다. 이러한 자료를 근거로 1세기 초엽에 진한 소국들 사이에 이미 소국연맹체가 형성되어 있었던 것으로 보기도 하나 성격이나 규모는 불확실하다. 이후 후한 안제 연광延光 4년(125)에 다시 관작을 주었다는 『위략』의 기록을 볼 때 염사라는 소국이 2세기 초엽까지 낙랑과 지속적으로 교류한 것은 사실이다. 그러나 3세기 전반경의 『삼국지』 한조 기록에서 염사국이란 이름은 더 이상 찾아볼 수 없다.

진한 소국들이 언제부터 어떠한 연유로 소국연맹체를 형성하였는지 분명하게 드러나지 않지만 아마도 중국 군현과의 교섭이 본격화된 이후일 것이다. 기원전 108년 한사군 설치와 유이민 파동을 계기로 경상도 지역에서는 철기라는 새로운 금속기가 급속히 확산되고, 철제 생산도구의 보급으로 농업생산력이 증대되면서 물자 교역이 아주 활발해졌다. 이전 시기에 비해 교역 대상과 교역품도 훨씬 다양해지고 교역 반경도 크게 확대되었다. 목관묘와 같은 묘제를 비롯하여 와질토기, 철기와 같은 물질 자료들이 서로 비슷비슷한 양상을 보이며 경상도 각지에 널리 확산된 것은 소국들을 서로 엮어 주는 연결망이 작동한 결과이다.

여기에다 낙랑 지역을 통해 들어오는 중국제 청동거울이나 수정제·유리제 장신구들은 토착 집단의 교역 욕구를 자극하기에 충분하였다. 이러한 새로운 변화에 대응하여 진·변한 지역의 소국들도 효율적인 원거리 교역을 위해 공동 조직을 만들었으며 이것이 소국연맹체 형성의 토대가 되었다. 특히 낙랑 지역까지 원거리 교역을 수행하기 위해서는 지리 정보도 필요하고, 무엇보다 경로상에 위치한 소국들의 영역을 통과하기 위해서는 그들과 일정한 관계를 맺거나 대가를 지불해야만 하였다. 실제 동투르키스탄 지역 소국들이 한漢과 조공무역을 할 때 정치적인 관계 이외에 동일한 경로상에 위치한 소국들이 서로 연합하여 조공사절단을 구성한 사례들이 목간 자료를 통해 밝혀지고 있다.

이처럼 소국연맹체의 구성원들은 원거리 교역에 필요한 교통로와 각종 정보를 공유하였고, 기술과 물자를 서로 교류하였다. 특히 철과 같은 중요한 소재의 교역은 시장 논리만으로는 성사되지 않는 경우가 많다. 철은 무기를 만들고, 생산도구를 만드는 전략 물자이므로 정치·군사적으로 우호적인 관계를 약속한 집단들이 아니라면 교역에 제약을 받을 수 있다. 이처럼 경제적 대외 교섭 활동을 주목적으로 형성된 소국연맹체 조직이 시간이 지나면서 필요에 따라 군사적인 협력 관계로 발전하였다. 경남 해안 지역에 있던 포상浦上 8국이 연합하여 김해 구야국과 사로국을 공격한 사건이라든가, 245~246년경 마한 지역의 소국들이 중국 군현의 조치에 반발하여 대방군 기리영을 공격하여 대방군 태수 궁준을 전사시킨 사건 등이 대표적인 사례이다. 군사 활동의 성패는 맹주국의 권위를 높이기도 하고 몰락을 가져오기도 하였다.

마한과 달리 진한소국연맹체의 중요 소국들은 유이민 세력에 의해 형성되었다는 특징이 있다. 유이민의 한 갈래는 옛 진국 지역에 있던 일부 집단이 경상도 지역으로 이주한 것이다. 다른 하나는 중국계 망명인을 자처하는 위만조선계 유이민 집단이다. 이들은 위魏 대의 중국인과는 한자 용어를 달리 쓰고 낙랑 사람들을 자신들의 잔여인이라 하였다. 기원전 2세기 초 위만이 고조선의 왕위를 차지하면서 그가 거느리고 있던 연, 제, 조나라로부터 흘러들어 온 다수의 유이민이 서북 지방에 정착하였다. 이들 중 일부가 위만조선 멸망, 낙랑군 설치 이후 고조선 유민과 함께 경상도 방면으로 이주하여 소국을 형성하였던 것이다. 사로국의 핵심 읍락들도 위만조선계 유이민에 의해 형성되었다.

사로국이 진한소국연맹체의 맹주국으로 부상한 것이 언제인지 분명하지 않다. 『삼국사기』에는 혁거세 대에 이미 사로국이 진한의 맹주국이 되어 마한소국연맹체의 맹주와 교섭한 것으로 되어 있으나 후대의 사실을 소급하여 기록한 것이다. 사로국이 철기와 철 소재 공급처로 부상하면서 맹주국으로서의 위상을 확립해 나간 것은 분명하다. 하지만 지금까지의 고고학자료만으로는 분포 밀도나 유물의 질량 면에서 3세기 말까지도 사로국의 탁월함이나 선진성을 인정할 수 있을 정도로 지역별 편차가 크게 두드러지지 않는다. 그리고 『삼국지』 한조 기록 어느 곳에도 사로국의 우위를 언급한 구절은 없다.

반면 앞 절에서 살펴본 대로 『삼국사기』는 2세기 이래 사로국이 다른 소국들을 무력으로 복속시켜 영역화한 것처럼 서술하였다. 그러나 이것은 후대적인 정복 활동의 행태를 투영한 것이며, 실상은 사로국이 다른 소국들에 대해 무력, 경제력, 기술력 등에서 우위를 점하고 진한소국연맹체의 맹주국으로 성장해 나가던 모습을 기록한 것이다. 『진서』의 기록에 의하면 삼한의 소국들은 다투고 전쟁을 하더라도 굴복한 상대를 서로 귀하게 여겼다고 한다. 무력 대결이 있더라도 소국들이 사라지거나 독립성을 상실하는 것이 아니라 공생하는 것을 원칙으로 했다는 것이다. 경산 압독국押督國, 의성 소문국召文國, 대구 다벌국多伐國, 창녕 비지국比只國 등 『삼국사기』에 복속 사실이 기록된 소국 중심지에는 어김없이 5세기 이후까지도 금제, 금동제 위세품을 부장하는 대형 무덤들이 축조되고 있어 이를 뒷받침한다.

마한 목지국 진왕과의 관계

진한 소국들은 마한의 맹주국인 목지국 진왕과 밀접한 관계를 맺고 있었다. 이 사실을 문헌기록에는 마한 목지국目支國 진왕辰王이 진·변한 지역에 있는 24개 소국 중 12개 소국을 다스린 것처럼 기록하였다. 이를 두고 목지국 진왕에 속한 것이 진한인지 변한인지, 목지국 진왕과 12국이 어떤 관계에 있었는지 등 의견이 다양하다. 그러나 『삼국지』 한조에 마한 목지국에는 진왕이 있고, 변진 12국에도 역시 왕이 있다고 하므로 목지국 진왕과 각별한 관계를 맺고 있던 것은 진한 12국이다. 3세기 전반경 목지국 진왕이 진한 12국에 대해 모종의 영향력을 행사한 것은 인정되나 정치적 통제를 가했던 것은 아니다. 경상도 지역에서 조사된 목관묘, 목곽묘 부장품을 마한 지역의 분구묘나 주구토광묘의 부장품과 비교해 보면 질과 양 모든 면에서 진·변한 지역의 것이 훨씬 우세하다. 예컨대 충남 서북부 지역 마한 최대 무덤 유적인 아산 명암리 밖지므레유적의 주구토광묘의 부장품을 보면 구슬류는 아주 풍부하나 철제 무기류의 부장 양은 경주 덕천리 목곽묘에 크게 못 미친다.

삼한 시기에는 서북 지방에 있던 중국 군현이 선진 문물의 보급과 각종 교섭 활동의 구심점 역할을 하고 있었다. 마한 목지국은 아산만 유역에 있었던 것으로 추정되는데 중국 군현으로 통하는 교통로상으로 유리한 지점이다. 이 때문에 3세기 전반경에는 목지국이 대방군에서 왜에 이르는 해로와 육로를 관할하였고, 이를 토대로 경상도 방면의 소국들에게도 일정한 영향력을 행사하였다. 진한 소국들도 중국 군현과 교섭하는 과정에서 여러 가지 편의를 위해 일정한 대가를 지불하고 진왕 주도의 마한소국 연맹체 지역을 통과하거나 목지국을 매개로 삼았을 것이다. 오산 궐동과 아산 진터의 2세기 무덤에서 영남 지방에서 만든 철모들이 출토되었고, 경주, 대구, 경산, 밀양에서도 오산, 아산 등 중서부 지방의 유개대부호의 뚜껑과 유사한 유물이 출토된다(그림 Ⅲ-2-7, 그림 Ⅲ-2-8).[6] 그리

그림 Ⅲ-2-7
유개대부호(아산 용두리 진터 33호 출토)
출처: 한성백제박물관, 2013

그림 Ⅲ-2-8
유개대부호(경주 황성동 575번지 출토)
출처: 영남문화재연구원, 2010

6 지민주, 2014, 「중부지역 2세기대 마한 분묘의 성격」, 『숭실대학교 한국기독교박물관지』 10호, 숭실대학교, pp.64~66.

그림 Ⅲ-2-9
조합우각형파수부호(진천 송두리 출토)
출처: 국립중앙박물관, 1993

고 진천 송두리유적을 비롯한 청주 테크노폴리스유적(외북동, 송절동 일원), 그리고 청주 오송 봉산리유적 등에서도 영남 지방에서 제작된 와질토기가 연이어 출토되었다(그림 Ⅲ-2-9). 뿐만 아니라 아산 공수리유적 10호 움무덤(토광묘)에서도 와질의 우각형파수부호와 유개대부호가 출토되었다.[7] 이러한 자료들은 진한 소국들이 군현과 교섭할 때 중서부 내륙 지역을 거쳐 아산만 일대를 통과하는 교섭로를 이용했음을 뒷받침한다. 즉 진한 12국과 목지국 진왕은 물자 교역과 교통로를 매개로 하는 경제적·외교적 관계를 맺고 있었던 것이다. 그러나 245~246년경 위나라 부종사 오림이 진한 8국을 분할하여 대방군이 아니라 낙랑군과 직접 교섭하도록 방침을 바꾼 이후 진한 소국들은 계립령, 죽령을 거치는 내륙 교통로를 이용하였고, 이 과정에서 목지국과의 관계도 변화하였다.

3세기 후엽 이후 진한소국연맹체는 변한과 차별화된 길을 걷기 시작하였다. 변한과 달리 280년 이후 세 차례나 진한의 이름으로 진晉에 조공 사절을 보낸 것도 그중 하나이다. 그리고 3세기 후엽 이후부터 무덤 형태나 토기(노형토기와 고배) 등이 경주와 김해 지역이 각각 서로 다른 양식으로 발전하였

7 아산 공수리유적의 중심 연대는 2~3세기이며 10호 토광묘 출토 우각형파수부호는 2세기 중후엽의 진천 송두리유적 2호 토광묘 출토품과 유사한 것이라 한다. 심재웅, 2019, 「아산 공수리유적–영남지역과의 교류를 파악할 수 있는 무덤–」, 『2018 한국고고학저널』, 국립문화재연구소, p.45. 청주 테크노폴리스유적에서는 유개대부호와 주머니호 등이 출토되었다. 이미란, 2016, 「금강유역 원삼국시대 분묘양상–미호천 유역의 토광묘를 중심으로–」, 『금강·한강유역 원삼국시대 문화의 비교 연구』, 2016 호서고고학회·중부고고학회 합동 학술대회 발표문.

다. 경주, 포항, 울산 등지에는 김해, 부산 지역과 달리 경주식 세장방형 목곽묘가 축조되었다. 경주식 세장방형 목곽묘는 묘광의 장축:단축 비율이 3:1 이상으로 길고, 부곽을 만들 경우 주곽과 부곽을 하나의 묘광 안에 설치하였다. 그리고 경주 지역에서는 최고 위계자의 무덤은 이미 대형 이혈주부곽식으로 차별화를 시도하였다. 반면 부산, 김해 지역에 주로 분포하는 대형 목곽묘(김해형 목곽묘)는 부곽을 만들 때 별도의 묘광을 파며, 주곽은 장축:단축 비율이 2:1 정도의 장방형이다. 그러나 김해 지역 최고 위계자의 무덤 형식은 경주와 달리 대형의 단독식 목곽묘라는 새로운 견해도 있다. 일반적으로 경주식 목곽묘 유적에서는 목곽묘끼리 상하 중복되는 경우가 없으나 김해형 목곽묘 유적에서는 먼저 만들어진 목곽묘 위에 다른 목곽묘가 겹쳐서 축조되는 경우가 많아 대조적이다. 그리고 김해 지역과 달리 경주, 포항, 울산 지역의 상위자 목곽묘에서는 유자이기有刺利器와 같은 의기성 철제품이 빈번하게 출토된다. 무덤이나 토기, 그리고 철제 부장품 등이 지역별로 서로 다르게 변화해 가는 이러한 현상은 이전과 달리 소국연맹체의 구성원을 묶는 좀 더 강고한 힘이나 유대의식이 작용하기 시작하였음을 뜻한다.

5. 맺는말

진한소국연맹체는 신라 국가 형성의 토대가 되었다. 그러나 소국연맹체의 한계를 극복하고 연맹왕국 내지는 영역국가로 도약하기 위해 소국과의 관계를 재편하여 영역을 확보하고 권력을 강화해야 하는 중요한 과제가 남았다. 이러한 역사적 과제에 당면한 인물이 마지막 이사금이자 마지막 석씨 왕인 흘해이사금(310~356)이었다.

3세기 말까지도 진한소국연맹체의 구성원들은 개별적인 정치체로서 독자성을 강하게 유지하였으며 맹주국과는 수평적인 관계에 있었다. 276~291

년 삼한 지역의 소국들은 대방군과 낙랑군을 넘어 마한, 진한의 이름으로 여러 차례 진晉 본국에 조공 사절을 보냈다. 그런데 견사 기록에서 주목되는 것은 조공사절단을 구성한 소국들의 숫자를 명기한 것이다. 280년에는 진한 10국, 281년에는 진한 5국, 286년에는 진한 11국 등이다. 이것은 견사에 참여한 소국들을 중국인들이 대등한 참여자로 인식하였으며 각 소국들의 관계가 여전히 수평적인 결속 관계를 벗어나지 못하였다는 증거이다. 특히 290년 진에 조공 사절을 보낸 마한 7개 소국들은 개별적인 이름이 기록될 정도로 중국 관리는 이들을 독자적인 정치체로 파악하였다. 이러한 소국연맹체의 통합 기능과 조직은 상시적인 것이 아니라 공동의 목적을 달성하고 나면 해체되는 것이 원칙이었다.

이처럼 진한소국연맹체의 구성원들은 교통로를 공유하고, 물자나 기술을 서로 교류하며, 군사 행동이나 원거리 교역 수행도 공동의 이익 추구를 위해 상호 합의 아래 진행하였다. 맹주국이 이권을 독점하거나 인적·물적 자원을 강압적으로 이동시키지 않았다. 그러므로 소국연맹체 단계에서는 인적·물적 자원이 특정 소국에 집중되거나 소국 간의 세력 격차가 현격하게 벌어지지 않았다. 사로국을 구성한 읍락 간의 관계도 이와 비슷하였다. 3세기의 경주 덕천리·조양동·황성동 유적과 울산 중산리·하대, 포항 옥성리, 경산 임당 등지의 목곽묘 크기와 부장품들을 비교해 보면 서로 우열을 가리기 어렵다. 비록 맹주국과 일반 소국 간에 세력 강약에 따른 서열은 있었겠지만 그들 사이에 수직적인 지배·복속의 관계는 확립되지 않았다.

이와 달리 연맹왕국은 복속시킨 소국에 대해 수직적 복속 관계를 지속적으로 강제하여 영역화한다. 그리고 통합 조직을 상설화, 제도화하고 물리적인 힘을 바탕으로 상하 위계 조직을 확립한다. 소국들이 공유하던 기술, 자원, 정보, 물자, 교통로 등 국가 운영의 핵심 수단들을 맹주국이 독점하는 체제를 만들어 간다. 사로국 내부에서도 읍락 간에 세력 격차가 벌어지고 소벌과 알벌 읍락이 권력을 장악한다. 연맹왕국 단계에서는 진한이 아니라 신라라는 이름으로 대외 교섭을 진행하였고, 왕호도 이사금이 아니라 마립간麻立干이라 하였다. 진한소국연맹체에서 신라 국가로의 질적 전환이 언제, 어떻게 진행되었으며 그 계기가 무엇이었는지 자세하지 않지만 내적 성장의 토대 위에 외적인 충격이 가해졌던 것은 분명하다.

3세기 말 이래 동아시아 지역에는 유목민과 북방 기마문화의 남하라는 거대한 변화의 물결이 몰아쳤다. 기마문화를 앞서 받아들인 고구려에 의해 313년 낙랑군, 314년 대방군이 축출되자 변화의 물결을 피해 갈 수 없었던 삼한 지역의 소국들도 생존을 위한 체제 변화에 박차를 가하지 않을 수 없었다. 진한소국연맹체는 이러한 시대적 흐름에 부응하여 소국연맹체의 한계를 극복하고 연맹왕국 단계로의 성장과 체제 개편에 성공하였고 그 중심에 사로국이 있었다.

참고문헌

국립중앙박물관, 1993, 『특별전 한국의 선·원사토기』

———, 2000, 『겨레와 함께 한 쌀』, 새천년 특별전 도작문화 3000년

권오영, 1997, 「사로육촌의 위치문제와 수장의 성격」, 『신라문화』 14

권지영, 2006, 「목관묘에서 목곽묘로의 전환양상에 대한 검토」, 『영남고고학』 38

김권일, 2009, 「경주 황성동유적 제철유구의 검토」, 제22회 영남문화재연구원 조사연구회 발표문

김병준, 2011, 「돈황 현천치 한간에 보이는 한대 변경무역」, 『한국 출토 외래유물 초기철기~삼국시대』, 한국문화재조사연구기관협회

김영민, 2004, 「삼한후기 진한세력의 성장과정연구」, 『신라문화』 23

김용성, 2011, 「신라 형성기 묘제와 경주지역 사회」, 『신라 형성기의 유적—집터(주거지)유적·무덤(분묘)유적·생산유적·기타 유적—』, 한국문화재조사연구기관협회

노중국 외, 2002, 『진·변한사연구』, 경상북도·계명대학교 한국학연구원

손명조, 2005, 「원삼국시대의 철기—영남지역—」, 『원삼국시대 문화의 지역성과 변동』, 제29회 한국고고학전국대회 발표문

심재용, 2019, 「아산 공수리유적—영남지역과의 교류를 파악할 수 있는 무덤—」, 『2018 한국고고학저널』, 국립문화재연구소

이미란, 2016, 「금강유역 원삼국시대 분묘양상—미호천 유역의 토광묘를 중심으로—」, 『금강·한강유역 원삼국시대 문화의 비교 연구』, 2016 호서고고학회·중부고고학회 합동 학술대회 발표문

이상준, 1997, 「경주 월성의 변천과정에 대한 소고」, 『영남고고학』 21

이성주, 1997, 「목관묘에서 목곽묘로—울산 중산리유적과 다운동유적에 대한 검토—」, 『신라문화』 14

이재현, 2002, 『변·진한사회의 고고학적연구』, 부산대학교 박사학위논문

이재홍, 2009, 「경주 황성동 원삼국시대 분묘의 변천과 성격」, 제22회 영남문화재연구원 조사연구회 발표문

이주헌, 2009, 「경주지역 목관·목곽묘의 전개와 사로국」, 『문화재』 42-3, 국립문화재연구소

이현혜, 1998, 『한국 고대의 생산과 교역』, 일조각

———, 2008, 「고고학자료로 본 사로국 육촌」, 『한국고대사연구』 52

이희준, 2002, 「초기 진·변한에 대한 고고학적 논의」, 노중국 외, 『진·변한사연구』, 경상북도·계명대학교 한국학연구원

———, 2011, 「경주 황성동유적으로 본 서기전 1세기~서기 3세기 사로국」, 『신라문화』 38

전덕재, 2009, 『신라 왕경의 역사』, 새문사

주보돈, 2002, 「진·변한의 성립과 전개」, 노중국 외, 『진·변한사연구』, 경상북도·계명대학교한국학연구원

______, 2011, 「진한에서 신라로」, 『신라 형성기의 유적—집터(주거지)유적·무덤(분묘)유적·생산유적·기타 유적—』, 한국문화재조사연구기관협회
지민주, 2014, 「중부지역 2세기대 마한 분묘의 성격」, 『숭실대학교 한국기독교박물관지』 10호, 숭실대학교
최병현, 2015, 「신라 조기 경주지역 목곽묘의 전개와 사로국 내부의 통합과정」, 『한국고고학보』 95
하진호, 2006, 「경주 사라리130호묘에 대한 고찰」, 『사로국시기의 경주 무덤과 지역집단』, 제34회 한국상고사학회 학술발표대회
한국문화재조사연구기관협회, 2011, 『신라 형성기의 유적—집터(주거지)유적·무덤(분묘)유적·생산유적·기타 유적—』

부록

부록 1

원삼국시대론 검토

1. 원삼국시대란?

원삼국原三國시대란 한국 고고학계에서 사용하고 있는 시대 구분 용어로 시간적으로는 서력 기원 전후부터 300년까지의 약 3세기이며, 문화적으로는 철기문화시대에 해당된다. 이 용어가 처음 사용된 것은 1972년 김원룡에 의해서다.[1] 그는 『한국고고학개설』 초판(1973, p.109)을 통해 종래 고고학에서 김해시대라고 불러 왔고 역사학에서의 삼한시대에 해당하는 1~3세기 단계를 '원초삼국시대-원사原史시대의 삼국시대'라고 해서 '원proto삼국시대'라고 명명할 것을 제안하였다. '원삼국'이란 명칭을 붙이게 된 것은 "『삼국사기』에 의하면 김해기는 삼국시대이나 문헌사가들이 이 시기를 삼국시대라고 부르지 않고 삼한시대 또는 부족국가시대라고 하는 괴상한 이름을 붙이고 있기 때문이며, 따라서 삼국은 삼국이되 완전 왕국이 못되었던 초기 발

1 김원룡, 1972, 「석촌동 발견 원삼국시대의 가옥잔구」, 『고고미술』 113·114합집. 현재는 상한 연대가 기원전 1세기로 조정되었다.

전 단계를 뜻하는 용어로 원삼국이라는 용어를 사용하게 되었으며[2] 이 용어는 고고학뿐 아니라 문헌사 일반에서도 널리 사용될 수 있을 것"이라고 하였다.

이 같은 제의가 나온 지 10년 만에 고고학계에서는 제7회 한국고고학전국대회(1983. 11. 5~6.)를 통해 「소위 원삼국시대의 제문제」라는 제목으로 1~3세기 단계의 역사적 배경, 묘제, 토기 전반에 걸친 종합적인 검토를 시도하였다. 이 과정에서 원삼국시대라는 용어와 관련하여 비판적인 의견들이 제시되기도 하였다. 그러나 『한국고고학개설』 3판(1986, pp.128~129)에서 김원룡은 원삼국시대의 하한을 당초의 기원후 250년에서 300년까지로 부분 조정하면서 '삼국시대의 원초기' 또는 '원사 단계의 삼국시대'라는 뜻의 원삼국시대Proto-Three Kingdom Period라는 용어의 타당성을 거듭 확인하였다. 그리고 같은 해 제10회 한국고고학전국대회(1986. 11. 1~2.)에서는 「한국고고학시대구분의 제문제」라는 공동 주제로 한국고고학의 각 시대를 구석기시대-신석기시대-청동기시대-초기철기시대-원삼국시대-삼국시대로 나눔으로써 원삼국시대가 고고학계의 새로운 시대 구분 용어로 일반화되기 시작하였다. 현재까지도 원삼국시대란 고고학적 시대 구분 용어가 아니라는 회의적인 시각이 일부 있으나 고고학계에서는 이를 널리 사용하고 있다.

이 용어가 처음 사용된 1970년대 초반 한국고대사학계에서는 『삼국사기』 초기 기록에 대한 긍정론과 한국의 고대국가 형성 논쟁이 대두되기 시작하였고, 이러한 상황 속에서 '원삼국'이라는 용어는 새로운 발상에[3] 근거한 새로운 용어로 학계의 주목을 받았다. 그리하여 문헌사학 쪽에서도 처음에는 이 용어를 긍정적으로 수용하는 입장이 있었다. 천관우는 고고학의 원삼국

2 김원룡, 1981, 「철기문화」, 한국사연구회 편, 『한국사연구입문』, 지식산업사, pp.111~112.

3 1967년에 김원룡이 제시한 "『삼국사기』가 전하는 건국 연대에 관해서 그것을 전적으로 거부할 이유는 하나도 없으며 고고학적인 자료로 보아 삼국의 건국을 기원전 1세기나 기원후 1세기경으로 볼 수 있다"라는 견해는 이후 『삼국사기』 초기 기록을 적극적으로 활용하게 하는 결정적 계기가 되었다. 김원룡, 1967, 「삼국시대의 개시에 관한 일고찰—삼국사기와 낙랑군에 대한 재검토—」, 『동아문화』 7, p.32.

시대라는 용어를 역사학에서도 준용하면 삼한시대라는 호칭의 불합리가 거의 제거될 수 있을 것으로 보고 그 상한은 고구려국, 백제국, 사로국의 시발기로 잡고, 하한은 기원후 313~314년 혹은 369년경을 경계로 하여 그 이전은 원삼국시대, 그 이후를 삼국시대 혹은 삼국정립시대로 부르는 것도 한 방도가 될 것이라고 하였다.[4] 그러나 현재 '원삼국시대'는 고고학계의 시대 구분 용어라는 인식이 일반적이어서 문헌사학 쪽에서는 이를 사용하는 경우가 거의 없다. 그리고 이 용어가 사용되기 시작한 이래 20여 년이 경과하는 동안 고고학적으로도 이 단계에 속하는 유적, 유물 자료가 크게 늘어났다. 문헌사학 쪽에서도 뚜렷한 대안을 찾지는 못했으나 삼국의 국가형성론에 대해 일련의 논의 과정을 거쳤다. 그러므로 1~3세기 한국고대사회의 정치·사회적 성격을 논하는 현시점(1993년)에서 원삼국이라는 용어 자체의 성격이나 타당성 여부를 다시 한번 검토하는 것도 나름대로의 의의는 있을 것 같다.

이 글에서는 첫째, 원삼국시대에 대한 개념 정리, 둘째, 문헌사의 관점에서 1~3세기를 종래와 같이 고구려-삼한시대로 칭할 것인지 아니면 이를 삼국시대로 할 것인지, 또는 마한과 진한을 백제와 신라의 원초 단계 내지는 proto type(원초 형태)으로 보고 원삼국시대라고 부르는 것이 더 타당한지 검토할 것이다. 셋째는 고고학상으로 보아 한국 고대사회의 발전 과정에서 가장 중요한 획기劃期인 삼국시대의 시작을 서력 기원 전후한 시기로 잡을 것인지 4세기로 잡을 것인지가 문제이다. 말하자면 1~3세기를 4세기 이후 사회의 원초 형태로 파악하여 과도기적 단계로 이해할 것인지 아니면 고고학상으로나 문헌사적으로 독자적인 성격과 명칭을 부여할 수 있는 단계인지 각각의 관점을 비교하는 것이다.

4 천관우, 1976b, 「삼한의 국가 형성(하)—「삼한고」 제3부—」, 『한국학보』 3, p.156.

2. 원삼국시대 개념 정리

원삼국이라는 용어의 성격이나 타당성을 검토하려면 먼저 이 용어가 내포하고 있는 개념상 특징을 정리할 필요가 있다. 원삼국시대란 '원사 단계의 삼국시대' 또는 '원초 단계의 삼국시대'를 뜻한다고 한다. 이 같은 설명은 다음과 같이 풀이될 수 있다. 첫째, '원사 단계의 삼국시대'란 '원사시대의 삼국'과 같은 말로 삼국시대의 초기 부분을 원사시대로 본다는 뜻이 담겨 있다. 둘째, '원초 단계의 삼국시대'란 삼국의 원초형 내지는 원형이 성립되어 있었던 시대라는 뜻으로 해석될 수 있고, 단순히 '초기 단계의 삼국시대'라는 뜻으로 풀이될 수도 있다. 어느 쪽으로 해석하거나 원삼국이란 용어의 중요한 특징은 1~3세기를 삼국시대의 일부로 인식하고자 하는 의도를 강하게 시사한다는 것이다.

먼저 '원사 단계의 삼국시대'라는 개념부터 살펴볼 필요가 있다. 인류의 역사를 기록이나 고문서가 나오기 이전의 선사시대와 역사 기록이 풍부한 역사시대로 나눌 경우 선사시대와 역사시대의 중간에 해당하는 과도기를 원사시대protohistory라고 하는데 문헌과 전승이 단편적으로 존재하고 유물과 유적에 의해 그 사회의 양상을 어느 정도 알 수 있는 시대를 말한다고 한다.[5] 또는 선사시대를 primary prehistory와 secondary prehistory 둘로 나누어, 비록 문자는 없지만 문자를 지닌 집단과 직간접적인 관계를 맺고 있던 문화들에서 나타나는 secondary prehistory에 대해 protohistory 대신 사용된다고도 한다.[6] 이 경우 원사시대란 기본적으로 선사시대의 범주에 속하는 개념이다. 김원룡의 『한국고고학개설』의 시대 구분에 의하면 청동기시대, 초기철기시대 다음에 원삼국시대가 위치하고 뒤이어 삼국시대로 연결되고 있어

5 동아출판사, 1982, 『동아원색대백과사전』.

6 Stuart Piggot, 1965, 『Approach to Archaeology』, New York: McGraw-Hill, pp.76~100: 최몽룡, 1989, 「역사고고학 연구의 방향—우리나라에서 역사시대의 시작—」, 『한국상고사』, 민음사, p.99에서 재인용.

초기철기시대라는 고고학적 용어에서 삼국시대라는 역사학적 용어로 전환하는 중간 위치에 원삼국시대가 놓여 있다. 이러한 구성은 초기철기시대 이전을 선사시대로 간주하여 고고학적 용어로 구분하고 삼국시대 이후부터를 역사시대로 하여 문헌사의 시대 구분 용어를 사용하면서 양자 사이에 원삼국 단계를 설정하여 이를 원사시대로 정리함으로써 일견 논리적이다.

초기 단계의 한국 역사를 선사시대, 원사시대, 역사시대의 분류 개념에 맞추어 체계화해 보는 것도 한국사 이해의 폭을 넓힌다는 점에서 의의가 없지 않다. 그런데 이러한 분류 기준을 도입함에 있어 원사시대와 역사시대의 분기점을 어디로 잡을 것인가 하는 문제가 생겨난다. 예를 들면 원삼국시대의 시작을 초기철기시대(기원전 300~0년)부터 잡는 견해도 있다.[7] 한반도 서북 지방에 중국 군현이 설치된 이래 삼한의 신지들은 교역, 관작 수수 등을 통해 중국인들과 접촉하는 과정에서 어떤 형태로든 한자에 대해 일정한 지식을 가지기 시작했을 것이다. 이런 점에서 창원 다호리 1호분에서 출토된 붓이 주목되는 것은 당연하다.[8] 그리고 1~3세기의 중요 사실들이 자체 기록은 아니더라도 중국인에 의해 문헌 기록으로 남아 있다. 그리고 『삼국사기』 초기 기록도 전적으로 암기에 의한 전승만을 토대로 한 것은 아니었을 것이며 단편적이나마 문자 기록에 근거하는 것도 있었을 것이다. 그러므로 1~3세기 단계를 원사시대로 보는 데는 의문이 없지 않다. 더욱이 삼국시대라는 개념 속에는 일반적으로 역사시대라는 기본 인식이 전제되어 있으므로 원사 단계의 삼국시대라는 개념은 자못 부자연스럽다. 즉 원사 단계의 삼국시대라는 개념은 용어 자체가 불합리한 면을 가지고 있다.

그러나 원삼국을 '원초 단계의 삼국시대'라는 개념으로 사용한다면 그 해석은 달라진다. 당초에 원삼국시대를 Proto-Three Kingdom Period로 번역하였는데 proto는 최초의 형태 또는 초기 형태라는 의미에서 proto type,

7 최몽룡, 1989, p.101.
8 이건무, 1992, 「다호리유적 출토 붓(筆)에 대하여」, 『고고학지』 4, 한국고고미술연구소.

즉 원초 형태라는 뜻을 가진다. 즉 원삼국시대란 삼국시대의 원형이 이루어져 있던 시대, 원고구려, 원백제, 원신라가 성립되어 있던 시대라는 뜻이 된다. 만약 삼국의 성립을 발생사적 관점에서 보아 송양국松壤國, 졸본부여卒本夫餘, 백제국, 사로국의 형성 시기부터 삼국시대로 잡거나 또는 『삼국지三國志』 동이전東夷傳의 고구려, 마한, 진한을 고구려, 백제, 신라의 원초 형태로 간주한다면 1~3세기는 삼국 형성의 원초기에 해당되어 용어 자체로는 별다른 모순은 없어 보인다. 백제국이 마한 소국들을, 사로국이 진한 소국들을 통합하여 각각 백제, 신라 국가로 성장하였고 낙랑, 옥저, 동예도 고구려 영역으로 통합되었으므로 동이전에 나오는 한반도 각지의 집단들이 결과적으로 고구려, 백제, 신라라는 세 국가로 통합 정리된 것은 사실이다. 그러므로 고구려, 마한, 진한의 지리적 위치, 기층 주민의 종족 구성, 생업 형태 면에서는 이러한 발상과 개념이 성립될 수 있다. 이는 삼국 정립이라는 시점을 기준으로 앞 시대를 보는 관점으로, 이 경우 원삼국시대란 원사 단계의 삼국시대라는 의미로 보다 삼국의 원초 단계 내지는 초기 단계라는 의미로 사용하는 것이 개념 자체로는 더 타당할 것으로 생각된다.

그러나 1~3세기 사회를 삼국의 원초 단계로 단순화시켜 버릴 수 없는 면이 있다. 예컨대 마한과 진한의 정치·사회적인 성격을 일괄하여 백제, 신라 국가의 원초 형태로 간주해 버린다면 이는 각 사회 단계의 질적 차이를 고려하지 않은 도식화된 논리라는 비판을 면할 수 없다. 이러한 문제는 삼국시대 개시기 내지는 삼국의 국가 형성에 관한 논의와도 직접적인 관계가 있으므로 문헌과 고고학 자료를 통한 좀 더 자세한 검토가 필요하다.

3. 문헌사에서 본 1~3세기

1~3세기는 문헌자료상으로는 『삼국지』 위서 동이전 단계, 『삼국사기』 본

기의 초기 단계에 해당된다. 국가형성론을 기준으로 한다면 성읍국가(초기국가, 읍락국가) 단계에 속한다. 사회경제사적 시대 구분에 의하면 노예소유자사회(삼한), 봉건제사회(고구려)로 규정되기도 하는 시기이다.[9] 만약 정치집단이나 국가 또는 왕조명을 기준으로 시대 구분한다면 이 시기는 부여-고구려-삼한시대에 해당된다. 과거 한국사 개설서 등에서 삼한을 고조선과 같은 단원으로 묶어 고조선-삼한으로 정리하는 경우가 있었으나 잘못된 구분이라 생각된다. 기원전 3~2세기경 고조선(위만조선 포함)과 함께 한반도 중남부 어느 지역에 있었던 것으로 알려진 정치집단은 진국이므로 고조선-진국이 하나의 단위가 되어야 한다.[10] 삼한이 등장하는 것은 기원전 1세기 이후로 삼한은 고구려, 낙랑군과 병존하였으므로 고구려-삼한이 하나의 시대 단위로 구분되어야 한다. 그리하여 고구려-삼한이 공존하던 이 단계를 명명할 새로운 용어를 모색하는 과정에서 나온 것이 바로 원삼국이다. 이와 달리 원삼국시대 이외에 삼국시대 전기[11] 또는 삼국형성기[12] 등으로 명명하자는 연구자도 있다.

1~3세기 연구의 중요 논쟁의 근원을 보면 『삼국사기』 초기 기록과 『삼국지』 동이전의 내용상 차이에서 비롯된 경우가 많다. 원삼국이라는 용어가 창안된 배경도 이와 직접적인 관계가 있다. 『삼국사기』 초기 기록의 기년과 내용을 그대로 취한다면 1~3세기는 삼국시대 초기 내지는 전기에 해당되어 원삼국이라는 용어는 불필요하다. 그러나 『삼국지』 동이전에 의하면 3세기 중엽까지도 백제국은 마한 50여 개 소국의 하나이고, 사로국은 진한 12개 소국의 하나로 존속하고 있을 뿐 백제, 신라라는 통합적인 정치집단의 존재

9 사회과학원력사연구소, 1977, 『조선통사』 (상), 과학·백과사전출판사.

10 『조선전사』 2(고대편)(사회과학원력사연구소, 1979, 과학·백과사전출판사, pp.169~182), 『조선통사』(사회과학원력사연구소, 1977, 과학·백과사전출판사)에는 고조선, 부여, 진국을 한 단위로 묶어 노예소유자사회로 구분하고 있으나 진국을 삼한족이 세운 나라라고 하여 진국이란 이름 아래 내용적으로는 삼한을 포함시키고 있다.

11 최몽룡, 1987, 「한국고고학의 시대구분에 대한 약간의 제언」, 『최영희선생화갑기념사학논총』, 탐구당, pp.787~788.

12 김영하, 1990, 「신라의 발전단계와 전쟁」, 『한국고대사연구』 4, pp.116~119.

가 확인되지 않는다. 이러한 문헌기록상의 딜레마를 해결하는 방안으로 제시된 것이 원삼국시대라는 용어이다.

그러나 원삼국이라는 용어가 제시된 1970년대 초반까지만 해도 『삼국지』의 내용을 우선적으로 취하여 삼국시대의 시작을 4세기로 잡고 그 이전을 삼한시대, 부족국가시대 등으로 부르는 것이 일반적이었다. 이후 『삼국사기』 초기 기록의 활성화와 국가형성론의 대두로 삼국시대 개시에 관해 서로 다른 견해들이 대두되었다. 첫째, 삼국의 성립을 발생사적 관점에서 송양국, 졸본부여, 백제국, 사로국의 성립 단계로부터 잡는 것, 둘째 『삼국사기』 초기 기록을 그대로 취하여 기원전 1세기 후반 내지 서력 기원 전후를 삼국 형성기로 보는 것, 셋째 마한과 진한 소국연맹체 성립을 원초 단계의 삼국이 형성된 것으로 보는 것, 넷째 고구려, 백제, 신라가 일정한 영역 내의 정치집단들을 통합하여 수직적인 위계 구조를 확립하고 강압적인 권력을 행사하는 통치 조직을 완성한 단계부터를 명실상부한 삼국시대로 간주하는 것 등이다.

첫째, 삼국의 성립을 발생사적 측면에서 보아 비류국(또는 졸본부여), 백제국, 사로국이라는 소국의 형성 단계를 삼국시대의 개시기로 간주하는 입장이다. 이러한 관점이 대두된 것은 성읍국가(읍락국가, 초기국가) 등으로 불리는 삼한 소국의 형성과 성격에 대한 논의가 활발해지면서부터이다. 『삼국사기』 고구려본기에는 고구려 건국을 기원전 37년으로 기록하고 있으나 고구려 말기에 전해지던 참위설 가운데 고구려 900년 망국설[13]을 비롯하여 문무왕文武王이 신라에 항복한 고구려 왕족 안승安勝에게 내린 책봉문에 고구려가 800년간이나 지속되었다는 표현[14] 등은 모두 고구려 국가의 기원이 『삼국사기』의 기년보다 소급될 수 있음을 시사한다. 그리고 압록강 중류 유역의 고고학자료를 토대로 고구려의 부여족 기원설을 부인하면서 환인桓因, 집안集安 지구에서 고구려의 등장을 가능하게 한 사회·문화적 기반이 형성되

13 『新唐書』 高麗傳에 인용된 『高麗秘記』 내용; 『三國史記』 高句麗本紀, 寶藏王 27년조.
14 『三國史記』 新羅本紀, 文武王 10년 7월조.

는 배경은 기원전 3세기경의 중국 연燕 및 단동丹東지구의 금속기문화라는 견해가 있다.[15] 환인시 서방 4km에 위치한 하고성자下古城子 토성유적(기원전 4~기원전 3세기로 편년)을 졸본성卒本城으로, 이 부근에서 확인된 오녀산성五女山城을 고구려의 첫 번째 수비산성으로 비정하는 견해도[16] 있어 이처럼 비류국이나 졸본부여의 출현 시기를 기준으로 고구려의 성립을 논한다면 그 시점은 기원전 3~기원전 2세기경까지 소급될 수도 있다.

진한 사로국의 형성 시기에 대해서도 설이 다양하다. 사로국의 형성 시기를 신라본기의 기년보다 소급하여 기원전 2세기 말경으로 추정하거나, 경주 지역에서 청동기, 철기 등 금속제 유물의 출토가 급증하는 현상에 주목하여 기원전 1세기경으로 추정하기도 한다.[17] 또는 신라본기의 상고 기년에 대한 사료 비판과 토광목곽묘의 출현 시기를 종합하여 기원후 1세기 전반부터 2세기 후반경을 사로국 성립 시기로 추정하는 견해도 있다.[18] 마한 백제국의 성립 시기에 대해서는 기원전 18년이라는 『삼국사기』 백제본기의 기록이 있으나 이를 뒷받침하는 고고학자료는 빈약하다. 한강 유역에서 금속제 유물의 출토가 증가하는 것은 청동기가 소멸되고 철기가 확산되는 서력 기원을 전후한 시기로 이러한 변화가 백제국 출현의 사회·문화적 배경으로 작용하였을 것으로 추정하기도 한다.[19] 그러나 1~2세기 단계의 분묘나 토성 등 백제국의 건국을 뒷받침할만한 직접적인 자료의 발견은 아직 미흡하다. 몽촌토성의 연대도 현재까지의 조사로는 기원후 4세기에서 더 올라가지 못한다.[20]

15 이송래, 1992, 「고고학적으로 본 고구려 건국 이전의 환인·집안지구의 문화사회 성격(시론)」, 『동북아 고대문화의 원류와 전개』, 제11회 마한·백제문화 국제학술회의 발표문, 원광대학교 마한·백제문화연구소, pp.146~147.

16 蘇長淸, 1987, 「下古城子 高句麗平原城」, 『桓仁文化史資料』 제2집(遼寧省桓仁縣委員會文化史資料委員會編); 이송래, 1992, p.146 참조.

17 이종욱, 1982, 『신라국가형성사연구』, 일조각, pp.52~53; 이현혜, 1984, 『삼한사회형성과정연구』, 일조각, pp.74~75.

18 김태식, 1991, 「가야사연구의 시간적·공간적 범위」, 『한국고대사논총』 2, 가락국사적개발연구원, pp.33~34.

19 권오영, 1986, 「초기백제의 성장과정에 관한 일고찰」, 『한국사론』 15, 서울대학교 국사학과, pp.29~31.

20 김원룡·임효재·박순발, 1988, 『몽촌토성: 동남지구발굴조사보고』, 서울대학교 박물관, pp.197~199.

석촌동, 가락동 일대에서 조사된 분묘 유적 역시 사정은 비슷하다.[21] 그러므로 백제본기의 백제국 성립 기사를 좀 더 합리적으로 설명하기 위해서는 한강 남쪽으로 옮기기 이전의 백제국 최초의 중심지가 어디였을까 하는 의문을 가지고 한강 하류에서 임진강에 이르는 지역을 대상으로 분묘 유적(토광묘, 옹관묘, 적석총 등)에 대한 좀 더 구체적인 자료가 축적되기를 기다려야 할 것 같다.

소국 형성 시기에 대한 의견이 기원전 2세기에서 기원후 1~2세기에 이르기까지 다양한 것은 각 소국의 성립 자체가 지역별로 다른 데도 원인이 있겠으나 소국 성립을 파악하는 기준이 서로 다르기 때문이다. 『삼국사기』 이외에 고구려, 백제국, 사로국의 출현 시기를 추정하는 데 활용할 수 있는 유일한 자료는 고고학적 유물, 유적이다. 만약 분묘와 취락 유적의 변화 등을 통해 소국 출현을 설명할 수 있는 설득력 있는 자료와 기준을 찾는다면 『삼국사기』의 건국 기년에 대한 의존도는 상대적으로 줄어들 것이다. 그리고 삼국 개시에 관한 발생사적 관점은 삼국의 역사적 발전 과정을 형성기로부터 발전기에 이르기까지 지속적으로 체계화할 수 있는 장점을 가지고 있다. 그러나 소국 형성을 추론하는 고고학적 기준이 아직은 모호하다. 이 때문에 연구자의 논지 전개에 따라 임의적으로 적용되는 경우가 많아 좀 더 체계적인 분석틀이 마련될 때까지 삼국시대 시작에 관한 발생사적 관점은 유보되어야 할 것 같다. 그리고 이 같은 관점은 삼국의 국가 형성의 역사적 의미를 소국 성립기에 초점을 맞추어 이해하는 입장이므로 고대국가로서의 고구려, 백제, 신라 국가의 성립이 갖는 역사적 의미를 상대적으로 희석시킬 우려도 없지 않다. 동시에 이는 마한이 초기 백제사로, 변한이 초기 가야사로 정리되는 결과를 가져옴으로써 1~3세기 한국 고대사회에 대한 이해의 폭을 백제국, 사로국, 구야국 중심의 제한된 시각에 가두어 두는 부작용을 초래할 수

21 김원룡·임영진, 1986, 『석촌동3호분동쪽고분군 정리조사보고』, 서울대학교 박물관, pp.44~45.

도 있다.

둘째, 『삼국사기』의 건국 기년과 초기 기록을 토대로 삼국시대의 시작을 잡는 견해가 있다. 1967년 김원룡에 의해 고고학자료를 근거로 삼국의 건국 시기가 『삼국사기』의 기록대로 서력 기원 전후 1세기경으로 소급될 수 있다는 견해가 나온 후[22] 1976년 천관우의 삼한의 국가형성론에서 『삼국사기』 초기 기록(이하 초기 기록으로 줄임)이 적극적으로 활용되기 시작하였다.[23] 이에 따라 초기 기록의 사료적 가치가 재평가되고 삼한시대라는 명칭의 불합리가 부각되었다. 그러나 1970년대 중반까지만 해도 초기 기록을 긍정적으로 활용하는 입장에서도 1~3세기를 삼국시대로 명명하지는 않고 원삼국이라는 용어를 제시하거나 이에 적극 동조하는 것에 그쳤다. 그러나 초기 기록에 대한 이 같은 긍정론은 최몽룡, 이종욱의 백제, 신라의 국가 형성에 대한 일련의 논고로[24] 이어지면서 초기 기록에 대한 전면적인 수용으로 바뀌었고, 1~3세기 단계를 원삼국시대 대신 삼국시대 전기로 구분하자는 견해로 발전하였다.[25]

북한에서 출간된 『조선전사』의 삼국사도 기본적으로는 『삼국사기』 초기 기록을 그대로 수용하는 입장이다. 『조선전사』에서 삼국은 기원전 3~기원전 1세기경 이미 소국으로 존재하였고, 고구려는 기원전 1세기 초, 백제는 기원후 1세기 중엽, 신라는 기원후 2세기 초중엽경 주변 소국들에 대한 무력 정복을 완료하고 봉건국가 단계에 들어간 것으로 서술되어 있다.[26] 신라본기의 초기 기년에 대해서만 예외적으로 사료 비판을 가하여 신라의 건국 연대를 『삼국사기』 기록보다 2세기가량 늦은 것으로 조정하였다. 이는 신라의

22 김원룡, 1967.
23 천관우, 1975, 「삼한의 성립 과정—「삼한고」 제1부—」, 『사학연구』 26; 천관우, 1976a, 「삼한의 국가형성(상)—「삼한고」 제3부—」, 『한국학보』 2; 천관우, 1976b.
24 이종욱, 1982; 이종욱, 1976, 「백제의 국가형성—삼국사기 백제본기를 중심으로—」, 『대구사학』 11; 최몽룡·권오영, 1985, 「고고학적 자료를 통해 본 백제초기의 영역 고찰」, 『천관우선생환력기념한국사학논총』, 정음문화사.
25 최몽룡, 1987.
26 사회과학원력사연구소, 1979, 『조선전사』 3(중세편: 고구려사), 과학·백과사전출판사, p.26; 사회과학원력사연구소, 1979, 『조선전사』 4(중세편: 백제 및 전기신라사), 과학·백과사전출판사, p.17, 164.

후진성을 부각시키려는 의식적인 시도이며 다른 부분에서는 전적으로 초기 기록의 내용과 기년을 그대로 인정하고 있다. 연맹왕국, 고대국가 대신 봉건국가라는 용어와 개념을 사용한다는 점에서는 근본적인 시각 차이가 있으나 삼국 개시에 관해서는 앞서 살펴본 한국 학계 연구자들의 견해와 크게 다르지 않다.

이처럼 건국 기년을 비롯하여 정복 활동, 통치 조직의 정비 등 초기 기록의 내용을 전면적으로 수용하여 백제는 1세기에, 신라는 2~3세기경에 주변 세력에 대한 정복을 완료하고 연맹왕국, 고대국가 내지는 봉건국가로 성장했다고 한다면 굳이 1~3세기를 삼국시대 이외의 다른 명칭으로 부를 이유도 없고 타당한 명칭을 모색하기 위해 고민하지 않아도 된다. 그러나 논리의 단순화가 최선은 아니며 이러한 논리를 성립시키기 위해 1~3세기의 소국 분립 상태를 인정하지 않거나 또는 삼한 소국 분립 단계의 연대를 기원전으로 올릴 수밖에 없는 무리수를 감수해야 한다. 최몽룡, 이종욱은 삼한의 존속 연대는 부인하지 않지만 동이전 기록과 같은 소국 분립 상태는 인정하지 않는다. 오히려 『삼국사기』의 소국 정복 기사를 근거로 3세기 이전에 이미 마한과 진한 소국 간에 정치적 통합이 진행되었고 이를 백제, 신라의 초기 형태로 간주한다.[27] 반면 『조선전사』는 삼한의 중심 연대를 기원전 3~기원전 1세기로 올리고 『삼국지』 동이전 대신 『후한서』 동이전의 "삼한三韓 … 모두 옛 진국이다[皆古之辰國]"이란 기록을 취하여 진국을 삼한족이 세운 나라라고 하여 진국시대라 명명하고 있다.[28] 그리고 삼국시대의 시작은 소국 간의 정복 통합이 완료된 시기이므로 기원후 1세기 이후의 삼한 소국 분립 상태를 인정하지 않는다. 사서史書의 자의적 해석을 통한 『조선전사』와 같은 상황과 연대 설정은 『삼국지』 동이전의 사료적 가치를 무시하지 않는 한 성립되기 어렵다.

27 최몽룡, 1985, 「한성시대 백제의 도읍지와 영역」, 『진단학보』 60; 이종욱, 1976; 이종욱, 1982.
28 사회과학원력사연구소, 1979, 『조선전사』 2(고대편), 과학·백과사전출판사, pp.155~174

셋째, 삼한 소국들 사이에 완만하나마 통합적 기능이 발휘되기 시작하는 시기를 기준으로 삼국의 성립 문제를 생각해 볼 수 있다. 사회의 복합도가 진전됨에 따라 교역 활동의 효율적인 관리와 군사 활동의 필요성 등에 의해 지역별로 여러 형태의 연맹체가 결성되었으며, 그 대표적인 것이 고구려의 나집단那集團연맹체, 마한소국연맹체, 진한소국연맹체이다. 나那는 초기 고구려를 구성한 중요 단위 집단들이다. 고구려의 성립 과정에서 비류국, 졸본부여 등 중요 나집단이 성립된 후 이들 사이에 연맹체적 관계가 지속되던 일정 단계가 있었을 것이다. 고구려가 연맹왕국(영역국가, 고대국가)으로 발전해 가는 것은 일반적으로 기원후 1세기 태조왕太祖王 대로 추정되고 있으므로 나집단연맹체의 존속 시기는 그 이전 시기가 될 것이다.[29] 마한과 진한의 경우, 『삼국지』 동이전에 소국 간 연맹체의 존재를 시사하는 단편적인 기록이 나온다. '마한의 진왕은 목지국을 다스렸다'라는 것과 '변진한 24국 중 12국은 진왕에게 속하였다'는 기록이다. 변진한조의 진왕과 마한조의 진왕을 별개의 존재로 보는 견해를[30] 취한다면 진왕에 속하였던 변진한 12국을 진한소국연맹체로, 목지국 진왕을 중심으로 결성된 소국연맹체를 마한소국연맹체 내지는 목지국소국연맹체로 파악할 수 있다. 그리고 정시正始 6~7년(245~246)경 한이 대방군 기리영을 공격하여 대방태수가 전사한 사건도 경기도 일대의 마한 소국들 간에 일정한 통합력이 작용하고 있었음을 입증하는 기록이다.

『삼국지』 다음 단계인 『진서晉書』 사이전四夷傳에는 276~291년에 여러 차례에 걸쳐 마한, 진한으로 추정되는 세력들이 진에 견사하였다는 기록이 실려 있다. 3세기 후반 진과 통교하던 진한의 실체가 경주 사로국 중심의 진한소국연맹체였으리라는 추정에는 별다른 이견이 없다. 그러나 마한은 시대와 지역에 따라 주도적인 세력과 통괄 범위에 적지 않은 변화가 있었으므

29 태조왕 이전 단계를 나집단 성장 이전 단계, 나국那國의 모태가 된 나집단이 성장한 단계, 나국이 존재한 단계로 세분하는 견해도 있다. 여호규, 1992, 「고구려 초기 나부통치체제의 성립과 운영」, 『한국사론』 27, 서울대학교 국사학과, p.17.

30 천관우, 1979, 「목지국고」, 『한국사연구』 24, pp.19~21. 『고조선사·삼한사연구』에 재수록.

로 『진서』의 마한이 모두 한강 유역의 백제국 중심의 소국연맹체였는지 아니면 목지국 진왕 중심의 마한소국연맹체가 섞였는지는 분명하지 않다. 한강 유역의 몽촌토성에서 서진 대(265~316)의 회유전문도기편이 출토된 적이 있고,[31] 3세기 중엽경에는 마한의 중심 세력이 목지국 진왕에서 백제국으로 교체되었을 것이라는 견해도 있어 『진서』의 마한 역시 백제국 중심의 소국연맹체로 보는 견해가 지배적이다.[32]

마한과 진한 소국연맹체의 성립이 언제부터인지, 그리고 그 구성이나 성격이 어떠한 것이었는지 불확실한 점이 많다. 그러나 3세기 중엽 이전부터 각 지역별로 소국들 간에 통합적인 기능을 발휘하는 구심점이 형성되어 있었던 것은 분명하다. 『진서』 마한조에서는 "그들의 주군이 자주 사신을 파견하여 방물을 조공하였다[其主頻遣使入貢方物]"라 하고, 진한조에서는 "그들의 왕이 사신을 보내어 방물을 바쳤다[其王遣使獻方物]"라 하여 견사 주체를 마한주, 진한왕으로 표기함으로써 마한, 진한이 대외적으로는 단일한 정치집단으로 인정받고 있는 듯한 뉘앙스를 풍긴다.[33]

만약 『진서』의 마한이 한강 유역의 백제소국연맹체라는 것이 입증되고, 보다 중요한 것은 이 같은 통합력의 발휘가 일과성이 아니라 지속적인 제도로 정착된 것이라는 확증이 있다면 마한, 진한 소국연맹체를 백제, 신라의 원초적인 형태로 간주하여 이들을 고구려와 더불어 삼국의 초기 단계 내지는 원초 단계로 규정지을 수 있을 것이다.

그러나 마한이나 진한 소국연맹체는 연맹왕국과 달리 소국 간의 병렬적인 연합체 수준을 크게 벗어나는 것이 아니며 연맹체 구성이나 대외 활동의 주체가 유동적이었다. 진晉과의 통교에서 백제국과 사로국이 중심적인 역할

31 몽촌토성발굴조사단·서울특별시 문화과 편, 1985, 『몽촌토성발굴조사보고』, 서울특별시 문화과, p 140, 162.

32 천관우, 1976b, pp.149~151; 노중국, 1987, 「마한의 성립과 변천」, 『마한·백제문화』 10, p.38. 이후의 여러 견해에 대해서는 본서 II부 1장을 참조한다.

33 이외에 "마한 등 11국이 사신을 파견해 와 (공물을) 바쳤다[馬韓等十一國遣使來獻]"는 무제 태강 7년(286)조의 기사에서도 마한을 단일 국명처럼 기록하고 있다.

을 했으리란 추정은 어렵지 않으나 『진서』의 마한으로 표기된 견사 집단을 백제국 대표만으로 구성된 것으로 이해하는 데는 문제가 있다. 『진서』 제기帝紀 무제기武帝紀에는 사이전의 기록과 달리 동이에 대한 구체적인 명시 없이 동이 6국, 동이 10국, 동이 11국, 동이 20국 등 복수의 동이족 정치집단들이 내부內附, 귀화, 조헌朝獻한 것으로 되어 있다. 『진서』 사이전에는 마한, 진한 이외에 부여국, 숙신씨, 왜인, 비리등십국裨離等十國이 있으나 왜와 숙신은 제기에서도 구체적으로 이름이 명기되어 있고 이것이 왜인전이나 숙신전 기록과 일치하여 마한, 진한과는 다르다.[34]

그런데 제기에 기록된 견사한 동이 각국의 숫자가 20~30국에 달하는 것도 있어서 마한, 진한 견사단의 구성이 단순하지 않다는 것을 암시한다. 마한 단독으로 견사한 277년, 278년, 287년, 289년에도 무제기에는 동이 3국, 6국, 2국, 11국으로 기록하고 있으며, 마한과 진한이 함께 나오는 280년, 281년, 286년에도 무제기에는 동이 10국, 20국, 5국, 마한 등 11국으로 기록하고 있다. 마한, 진한의 이름으로 복수의 소국들이 견사 행렬에 공동 참여할 경우 이 같은 표현이 가능할 것으로 생각된다(표 II-2-2 참조). 또한 삼한 소국들 중에는 동이전에 구체적 이름이 실리지 않은 채 진과 통교하던 소국들도 있었을 것이다. 이와 관련하여 『진서』 장화열전의 "동이마한신미제국은 산에 의지하고 바다를 끼고 있었으며 유주에서 4,000여 리 떨어져 있었는데, 지난 세월 동안 내부하지 않던 나라가 20여 국이 되었다[東夷馬韓新彌諸國依山帶海 去州四千餘里 歷世未附者二十餘國]"는 기록이 주목된다. 여기에 나오는 '동이마한신미제국'에 대해서는 마한 54국 중에 신미국이 들어 있지 않으므로 신미국과 마한을 별개로 보기도 한다. 하지만 신미국을 중심으로 하는 20여 소국을 백제국소국연맹체에 포함되지 않은 전라도 일대의 마한 잔여 세

34 왜는 서진 무제 태시 2년(265)에, 숙신은 서진 무제 함녕 5년(279)과 태강(280~282) 초, 그리고 동진 원제 대(317~322)에 견사한 것으로 기록되어 있다. 숙신조 기록에는 무제 원강 초로 되어 있으나 무제 대라면 연호가 태강이라야 하고, 만약 원강이 맞는 것이라면 혜제 대(291~299)가 될 것이다.

력으로 추정하는 견해가 있다.[35] 그리고 "동이 왜노국왕 견사봉헌[東夷倭奴國王遣使奉獻]"과 같은 사서 기록의 예에[36] 비추어 보아도 '마한신미국을 비롯한 20여 국'이 지난 세월 동안 내부하지 않은 것으로 해석하는 것이 타당하다. 『진서』의 이 기록들은 3세기 후반까지도 마한, 진한의 대외 교역의 실체가 백제국, 사로국으로 단일화되어 있지 않고 다수 소국의 연합체였으며, 그 밖의 소국들 중에도 마한의 이름으로 진에 견사할 정도로 독자적인 소국 집단들이 있었다는 사실을 말해 준다.

대외 교역상으로 나타나는 마한, 진한 소국연맹체의 실상이 이와 같다면 그들의 결속 기반은 상당한 한계가 있으며, 강제성을 띤 통합력이 지속적으로 작용한 것으로 보기 어렵다. 대외 교역 관계에서 백제국, 사로국 등 맹주국의 고유 명칭보다 마한, 진한이라는 집합명사가 우선되고 있었다는 것도 이 같은 상황의 반영이라 생각된다. 이는 소국들 나름대로의 독특한 결합 방식과 존재 양태를 가진 삼한 사회의 고유한 특징이며, 마한과 진한이 백제, 신라와는 질적으로 구분되는 측면이다. 삼한이 존속했던 시기의 전체적인 성격을 삼국의 원초 단계 내지는 원삼국시대로 단순화시키기 어려운 이유가 여기에 있다.

넷째, 일정한 범위의 영역 확보와 그 내부에 있는 집단들 사이에 지속적인 상하 위계 관계가 확립된 단계 또는 삼국 모두가 연맹왕국 내지는 영역국가의 체제를 확립하는 단계부터 삼국시대의 시작으로 잡는 경우이다. 고구려는 기원후 1~2세기경 이미 이 같은 발전 단계에 들어갔으나 상대적으로 늦은 신라를 기준으로 4세기부터를 삼국시대로 잡는 것이 종래의 일반적인 인식이었다. 이 시기에 들어오면 문헌 기록에서도 마한, 진한 대신 백제, 신라라는 이름으로 독자적인 외교 활동을 전개하는 주체가 등장한다. 고고학자료상으로도 한강 유역에서는 대규모 적석총이, 경주에서는 적석목곽분이라

35 노중국, 1987, pp.38~39. 신미국을 『일본서기』 신공기 49년조에 나오는 침미다례와 동일한 집단으로 해석한다.
36 『後漢書』 光武帝紀 中元 2年 春正月條.

는 새로운 형태의 대형 분묘가 등장하여 강력한 권력집단의 출현을 뒷받침한다. 동북아시아에 있어서 4세기는 북방으로부터 유목민 세력이 중국 중심부로 들어오면서 5호 16국이 등장하고 진이 남천하며 요서에서 선비鮮卑 모용씨慕容氏가 일어나고, 한반도에서는 낙랑군, 대방군이 축출되는 등 각 지역이 연쇄적인 변화에 휩싸인 시기였다. 이 같은 변화를 수용하고 대응하는 과정에서 고구려는 율령 반포, 불교 수용, 태학太學 설립 등 집권적 귀족국가의 통치체제를 갖추게 된다. 백제국 역시 한강 유역의 소국연맹체 맹주국에서 벗어나 한반도 중서부 일대에 걸치는 확대된 영토와 강력한 통치권을 행사하는 백제라는 영역국가로 발전하게 된다. 사로국 역시 진한 각 소국들의 토착 기반을 해체시키는 데까지 이르지는 못하였으나 이들을 수직적인 위계질서 속에 복속, 편제시켜 신라라는 연맹왕국으로 성장하게 된다. 지역마다 대응 방식은 조금씩 다르나 삼국에서 공통적으로 진행된 이 같은 권력집중화 현상을 4세기 동북아시아 일대에서 진행된 대변동 속에서 파악하고, 삼국시대의 시작을 이러한 변화에 대응한 결과이자 정치적 발전 과정으로 이해할 수 있다. 이는 고구려, 백제, 신라를 하나의 시간대에 묶을 수 있는 중요한 공통분모이다. 이러한 관점에서 보면 4세기를 명실상부한 삼국시대의 시작으로 보아온 종래의 견해는 타당하다고 생각된다.

이 과정에서 고구려, 백제, 신라 모두 영역, 통치 조직, 권력의 성격, 계층구조 등 여러 면에서 이전과 뚜렷하게 다른 요소들을 나타낸다. 예컨대 마한이나 진한 소국연맹체의 본질이 소국 간의 병렬적인 연합체라면 백제 국가와 신라 국가의 출현은 바로 병렬적인 연합체의 극복을 의미한다. 이처럼 마한, 진한에서 백제, 신라로의 변화가 양적인 팽창만이 아니라 질적인 변화를 수반한 획기적인 발전 과정이라는 것을 인정한다면 마한, 진한 소국연맹체를 단순히 백제, 신라의 원초 단계로 파악하는 것이 모순임을 인정하지 않을 수 없다.

이와 같이 삼국시대의 시작을 무엇으로 잡을 것인지, 1~3세기를 삼국시대에 포함시킬 것인지 아니면 원삼국시대로 명명할 것인지 등의 문제는 삼국의 국가형성론과 직접적인 관계가 있다. 특히 1~3세기라는 단계를 어떠한 용어로 칭할 것인가 하는 문제는 이 단계의 역사적 성격을 어떻게 규정하는가 하는 문제와도 직결되어 있다. 그러나 지금까지 살펴본 대로 단순히 왕조사적 시대 구분 내지는 정치집단이나 국가 단위를 기준으로 이 시기를 명명한다면 부여-고구려-삼한시대, 이를 줄여 삼한시대로 명명한 종래의 방식을 답습하든지 아니면 삼국시대로 명명하는 이외의 다른 만족할 만한 대안은 발견되지 않는다. 문헌 기록에 없는 원삼국이라는 절충적인 대안보다는 『삼국지』 또는 『삼국사기』 중 하나를 근거로 하는 것이 일단의 논리는 가질 수 있기 때문이다.

만약 삼국의 성립을 국가형성사의 관점에서 보고, 기점을 가장 선진적인 집단으로부터 잡는다면 고구려의 고대국가 성립 시기가 곧 삼국시대의 시작점이 될 수도 있다. 그러나 역사적으로 일정한 단계를 설정할 때에는 공통 시간대 이외에 정치·문화적으로 그 단계를 특징짓는 공통요소가 있어야 하는데, 1~3세기의 고구려와 삼한을 함께 묶을 수 있는 공통분모의 추출이 쉽지 않다. 특히 『삼국사기』 기록에서 나타나듯이 삼국시대의 개시라는 의미 속에는 '통합된 영역과 위계화가 확립된 정치조직체의 출현'이라는 정치·사회적 특성이 내포되어 있다. 그런데 삼한, 옥저, 동예에 이 기준을 적용할 경우 내용적 모순이 발생한다. 이 같은 문제점에도 불구하고 1~3세기를 삼국시대에 굳이 포함시킨다면 국가 형성이라는 관점에서 삼국 전기나 초기라는 용어보다 삼국 형성기라는 용어가 더 근접한 개념이다.[37] 만약 삼국시대 초기, 전기 또는 원삼국이라는 용어가 1~3세기라는 시간적 개념만을 나타내는 용어로 사용된다면 편의성은 인정될 수 있으나 이는 삼국시대의 의미를

37 전기나 초기라는 구분은 일정한 역사 단계를 시간 배열로 세분하는 개념이다. 예컨대 고려시대 초기, 조선시대 전기라고 하면 이미 고려왕조, 조선왕조가 성립된 이후의 시기를 다시 나누는 것이기 때문에 삼국 전기라는 것은 삼국시대를 전제로 한 용어이다.

지극히 단순화시킨 것으로 시대 구분 용어 자체로서는 별 의미가 없다.

더욱이 고구려, 백제, 신라는 발전 단계의 전개 과정이 다르고 구분 시점이 같지 않다. 서력 기원을 전후한 시기는 삼한 지역의 발전에서는 중요한 획기가 될 수 있으나 고구려사에서는 이와 유사한 변화가 일어나고 역사적 의미가 부여되어야 할 시기는 이보다 앞선 시기가 될 것이다. 또한 기원후 1세기는 고구려가 정복 활동을 통해 연맹왕국으로 도약하는 중요한 발전기에 해당하는 반면, 삼한 지역에서는 3세기 말, 4세기 초가 이 같은 단계로의 변화의 시발점이다. 이처럼 초기 고구려사, 초기 백제사, 초기 신라사의 연대 폭과 전개 과정이 서로 다른 상황 속에서 서력 기원 전후로부터 300년이란 시간대 속에 세 집단을 함께 묶어서 이해하거나 설명해야 할 필요성은 그리 크지 않다.

정치·사회적인 측면뿐 아니라 문화 성격 면에서도 마찬가지의 의문이 제기될 수 있다. 이러한 문제는 고고학자료를 통해 좀 더 자세히 검토되어야 하겠다.

4. 원삼국시대의 문화적 성격

'원삼국시대론'의 또 다른 과제는 문헌자료에 의한 정치사적 측면 이외에 고고학계의 연구 업적들을 토대로 원삼국시대 설정의 문화사적 근거의 당위성을 살펴보는 것이다. 현재(1993년) 한국 고고학계에서 말하는 원삼국시대란 김해시대, 웅천기, 또는 초기 철기시대 등으로 불리던 시기로, 이 단계의 문화적 특징은 "청동기의 소멸과 철기의 발달 및 보급, 철제 농구와 우경牛耕에 의한 농경의 발전,[38] 그리고 저화도의 민패토기가 아니라 높은 온도의 단

38 압록강 중류 유역에서는 한漢의 철제 보습이 발견되고 있으나 현재까지 한반도 남부 지역에서 3세기 이전에 우경이 실시되었다는 증거는 없으므로 우경을 1~3세기 농업 기술상의 특징으로 일반화하기 어렵다(이현혜, 1992,

단한 회색 김해토기의 생산이라고 할 수 있으며", 이러한 변화는 낙랑군을 통한 한漢문화의 자극에 의한 것으로 설명되고 있다.[39] 다시 말하면 원삼국시대란 한의 철기문화에 자극 받아 청동기문화를 바탕으로 하고 있던 토착사회가 본격적인 철기문화 단계로 전환되어 가던 시기를 뜻하며, 철기문화의 확산에 수반하여 생산 도구의 철기화, 새로운 토기 제작 기술의 등장 등 다양한 변화가 일어났던 단계로 이해할 수 있다. 따라서 원삼국문화의 핵심 개념은 '한漢 철기문화의 보급'과 '1~3세기라는 편년' 둘로 요약될 수 있다.

구체적인 문제에 대해서는 여러 가지 다른 기준들이 있을 것이나 기본적으로 원삼국문화의 성격을 이와 같이 이해할 경우 몇 가지 의문이 생긴다. 먼저 원삼국문화라는 용어는 넓게는 원초 단계의 삼국문화, 초기 단계의 삼국문화라는 뜻을 내포하고 좁게는 1~3세기의 고구려, 백제국, 사로국의 문화 내지는 고구려, 삼한의 문화를 의미한다고 하겠다. 그런데 현재 고고학계에서 논의되고 있는 원삼국문화는 고구려를 제외한 중부 이남의 삼한이 그 중심을 이루고 있어 엄격한 의미에서 원삼국문화라는 용어의 요건을 충족시키고 있지 못하다. 그 주된 이유는 고구려와 삼한 지역 간 문화 수준의 편차로 인해 원삼국문화의 기본 요소인 '철기문화의 보급'과 '기원후 1~3세기'라는 두 요소가 고구려의 경우에는 동시에 적용되지 않기 때문이다. 압록강 중류 유역과 한반도 서북 지방에서는 기원전 3세기 이래 이미 전국계 철기문화의 유입으로 본격적으로 철기가 보급되고 승석문회도繩蓆文灰陶가 사용되고 있으며, 위만조선의 철기문화 역시 전국계 철기문화를 기본 바탕으로 한다.[40] 특히 고구려의 중심지인 압록강 중류 유역은 청동기문화 단계에서 철기문화 단계로의 이행이 중부 이남 지방보다 앞서며,[41] 본격적인 철기문화 단계로의 전환을 촉진한 주된 배경도 한의 철기문화에 앞선 전국계戰國

「한국 고대의 이경에 대하여」, 『국사관논총』 37 참조).

39 김원룡, 1986, 『한국고고학개설』 제3판, 일지사, p.129.

40 한과의 교섭으로 위만조선 당시 한의 철기가 부분적으로 유입되었을 것이나 이는 제한적인 품목과 수량에 불과하였을 것이며, 위만조선의 철기 제작 기술의 바탕은 전국계 기술자 집단의 내주와 직접적인 관계가 있다고 하겠다.

系 철기문화 단계부터라고 할 수 있다. 그리하여 현재 고고학계에서는 고구려에서의 이 같은 문화 변동을 원삼국시대의 앞 단계인 초기철기시대(기원전 300~0)로 시대 구분하고 있으며, 1~3세기 고구려의 고고학 유물(묘제)은 삼국시대 항목에서 다루고 있다.[42] 따라서 고구려 지역에서는 중남부 지방의 원삼국시대에 해당하는 공통된 문화가 없는 셈이다.

이러한 문제점을 인식하고 고고학계 일각에서는 '원삼국이라는 개념에서는 고구려를 제외하는 것이 당연하고, 백제, 신라, 가야에 대해서만 적용하여야 한다'는 의견까지 나오고 있어 원삼국이란 용어가 가지는 고민을 단적으로 보여 준다.[43] 만약 원삼국문화를 마한, 진한, 변한의 문화만을 지칭하는 용어로 계속 통용한다면 원삼국과 삼한을 동일시하는 개념상의 부작용이 초래될 위험도 없지 않으며, 이는 원삼국이란 용어를 제안한 본래의 의도와도 전혀 다르다. 이처럼 고고학자료를 통한 문화 성격 면에서 1~3세기라는 틀 안에 고구려, 삼한을 하나로 묶는다는 것이 현실적으로 가능하지 않다면 굳이 이들을 하나의 시대 구분 용어로 포괄해야 할 필요성이 있을지 의문이다. 원삼국문화의 기본 요건이 고구려에는 적용되지 않는다면, 그리고 이 조건을 충족시키는 것이 삼한이라면 그대로 삼한의 문화라고 하는 것이 더 적절한 용어가 아닐까 생각된다.[44]

다음으로 문제 되는 것은 원삼국문화의 실질적인 내용이 삼한의 철기문화라면 중부 이남 지방의 철기문화를 체계화함에 있어서 초기철기문화와 원삼국문화의 분기점을 무엇을 기준으로 어떻게 설정할 것인가 하는 것이다. 고

---

41 중부 이남 지방에서도 전국계 철기문화의 유입을 반영하는 유물들이 최근 늘어나고 있으나 질량 면에서 압록강 중류 유역과는 비교되지 않는 수준이다. 이건무, 1991, 「당진 소소리 유적출토 일괄유물」, 『고고학지』 3, 한국고고미술연구소; 이건무, 1990, 「부여 합송리유적 출토 일괄유물」, 『고고학지』 2, 한국고고미술연구소; 지건길, 1990, 「장수 남양리 출토 청동기·철기 일괄유물」, 『고고학지』 2, 한국고고미술연구소.

42 김원룡, 1986, pp.101~102, pp.146~147.

43 韓炳三, 1989, 「原三國時代」, 金元龍 外, 『韓國の考古學』, 東京: 講談社, p.90.

44 원삼국시대의 대표적인 토기를 삼한토기로 칭하자는 견해도 이미 있다(武末純一, 1985, 「慶尙道の'瓦質土器'と'古式陶質土器'」, 『古文化談叢』 15, p.138).

구려 지역은 초기철기시대에서 삼국 고분기로 이어지는 데 비해 중부 이남 지방에서는 내용적으로 철기문화 단계가 초기철기시대와 원삼국시대로 양분된다. 이 때문에 한반도 중남부 지방의 철기문화 전개 과정을 어떻게 이해할 것인가 하는 문제를 둘러싸고 고고학계 내에서도 다양한 견해가 있다. 즉 원삼국문화의 성격을 규정함에 있어 ① 초기철기시대와 동일한 개념으로 위만조선계 철기문화의 유입과 이로 인한 다양한 변화 현상을 함께 포괄할 것인지, ② 한식漢式 철기문화의 파급 시기를 기준점으로 할 것인지, ③ 원삼국문화의 체계를 토기와 같은 특정 유물의 출현과 변천 과정을 통해 이해할 것인지, ④ 1~3세기라는 시간대 속에서 나타나는 특징들을 종합하여 이를 원삼국문화의 본질로 규정할 것인지 다양한 접근 방법과 기준이 제시되고 있다.

각각의 입장을 좀 더 구체적으로 살펴보면 다음과 같다. ①에 해당되는 예로 최성락의 「전남지방 원삼국문화의 연구」(1992, p.238)에서는 원삼국문화의 성격을 '한漢의 철기문화'와 '1~3세기라는 연대' 두 가지로 국한시키지 않고 한반도에서의 철기문화 유입이라는 포괄적인 시각을 지향함으로써 종래의 초기철기시대와 같은 뜻으로 사용한다. 즉 전남 지역의 철기문화의 유입과 발달 과정을 체계화하는 과정에서 서북한 지방과 달리 전남 지역은 초기철기시대와 원삼국시대의 구분이 유용하지 않은 것으로 보고 그는 원삼국문화를 절대연대나 문화 계통보다 문화 내용을 중심으로 파악하고자 하였다. 한반도 서북 지방은 기원전 4세기경 세형동검, 토광묘 출현기에 이미 철기가 등장하고 있는 데 비해 남부 지방에서는 기원전 2세기경에 이르러 위만조선계 철기문화의 영향이 나타나기 시작하는데 이를 초기철기문화 단계로 구분하지 않고 원삼국문화 단계(1, 2기)에 포함시켰다. 그리고 한漢의 철기문화, 즉 낙랑군의 영향이 증대되는 기원후 1세기 중반~3세기 중반경을 원삼국문화 3, 4기로 하였다.[45] 이러한 최성락의 견해는 남부 지방에서의 원삼국문화의 본질을 철기문화 단계로의 이행과 정착으로 보고, 철기시대를 원삼국시대로 명명하고 서력 기원 전후로 잡혀 있는 원삼국시대의 상한 연대를 올려 문제점을 해결하고자 고심한 결과로 생각된다.

이처럼 중남부 지방의 철기문화를 서력 기원을 전후하여 초기철기시대와 원삼국시대로 나누고 있으나 서력 기원 전후라는 분기점이 도출된 전형적인 유적이나 유물에 대한 설명이 부족하여[46] 구분의 기준이 모호하다. 즉 기원전 2세기 말 이후 약 1세기 동안은 청동기와 철기의 비중이 비슷하고 문화 계통 면에서도 위만조선계 철기문화와 한의 철기문화가 접합되던 시기이다. 한군현이 설치된 것이 기원전 108년이므로 이론상 한의 철기문화가 본격적으로 유입되는 상한은 기원전 2세기 말에서 1세기 초까지 올라갈 수 있다. 그러나 실제로 새로운 문화의 정착에 소요되는 일정한 경과 기간이 감안되어야 할 것이고, 또는 유물에 따라 한문화의 영향이 구체적으로 반영되는 시기도 같지 않다. 그리고 한군현 설치와 위만조선 멸망을 계기로 한의 문화가 유입되는 것에 앞서 위만조선계 철기문화가 중부 이남 지방으로 확산되는 과정도 고려되어야 한다. 그러므로 ②와 같이 원삼국문화의 시작을 한 철기문화 파급 이후로 국한시킨다고 해도 현재와 같은 초기철기시대와 원삼국시대의 경계 시점과 부합되지 않는다.

토기의 경우에도 기원전 2세기 말~기원전 1세기 이래 무문토기가 경질무문토기(말기 무문토기)로 변하고 타날문토기 또는 와질토기가 새로이 출현하는 등 토기의 종류, 형태, 제작 기술에 지속적인 변화가 진행되었다. 토기에 나타나는 이러한 새로운 변화의 배경을 한의 영향으로 간주하는 견해도 있었으나 이보다는 전국계 철기문화 내지는 위만조선 철기문화의 영향을 주목하는 견해가 설득력을 더해 가는 것 같다. 원삼국문화의 상한 연대에 대한 최성락의 입장도 토기에 나타나는 위만조선계 철기문화의 영향에 대한 인식

45 최성락, 1992, 「전남지방 원삼국문화의 연구」, 서울대학교 박사학위논문, p.238. 이와 같은 시기 구분을 하게 된 이유는 전남 지방에서는 초기철기시대를 별도로 설정하기 위한 고고학자료가 절대적으로 적고, 또한 원삼국문화의 형성 과정을 보다 쉽게 해석하기 위해서라고 한다(최성락, 1992, p.12).

46 원삼국시대 유적과 관련하여 제시된 방사성 탄소연대 자료 중에서 가장 이른 것은 경기도 시도패총의 기원전 25년이다(김원룡, 1986, p.129).

을 기본으로 한다. 남부 지방 토기에 낙랑계 토기의 영향이 직접적으로 나타나는 것은 2세기 초라는 연구 결과도 있고[47] 원삼국시대를 특징짓는 타날문토기는 전국시대 회도灰陶의 제작 기법을 토대로 한 것이라는 견해들이[48] 있어 다수가 위만조선 철기문화의 영향을 주목하고 있다. 토기 제작에서 나타나는 전국시대 회도의 영향을 주목한다면 원삼국의 상한은 기원전 1세기경으로 올라갈 수 있으며[49] 역으로 낙랑계 토기의 영향을 주목한다면 기원후 1~2세기경으로 내려올 가능성도 없지 않아 서력 기원 전후로 설정된 원삼국시대의 분기점과 맞지 않는다.

철기의 경우에는 토기와는 달리 한 철기문화의 영향이 일찍부터 확인된다. 성분 분석이나 제작 기술에 대한 정밀 분석이 이루어져야겠지만 외형적인 형태나 수량만으로도 장수 남양리유적이나 당진 소소리유적에서 출토되는 전국계 주조철기가 사용된 단계와 단조철기가 등장하는 시기는 뚜렷이 구분된다. 중남부 지방이 본격적인 철기문화 단계에 들어가면서 새로이 나타나는 철기로 판상철부와 도자刀子, 자루쪽보다 날쪽 너비가 더 넓은 도끼가 있는데 이들은 모두 단조품이며 대표적인 유적으로 경남 삼천포 늑도,[50] 경북 경주 입실리,[51] 경주 구정리,[52] 전남 광주 신창동,[53] 전남 해남 군곡리[54] 등이 있다. 기원전 2세기 말엽에서 기원전 1세기로 편년되고 있는 이 유적들은 철기문화의 계통상 원삼국 초기로 간주되는 경남 의창 다호리유적과

47 이성주, 1991, 「원삼국시대 토기의 유형·계보·편년·생산체제」, 『한국고대사논총』 2, pp.250~251.

48 김원룡, 1973, 『한국고고학개설』, 일지사, pp.109~111; 최병현, 1990, 「진천지역 토기요지와 원삼국시대토기의 문제」, 『창산김정기박사화갑기념논총』, pp.565~573.

49 와질토기문화는 김해기문화라는 고정 관념에서 탈피하여야 하며 중부 지방에서 와질토기의 상한은 기원전 1세기를 상회할 가능성도 높고, 극단적으로 말하면 북부 지방 명도전 출토 유적과 같이 기원전 3세기 유적에서도 출토될 수 있을 것이라고 한다(안재호, 1989, 『늑도주거지』, 부산대학교박물관, p.144).

50 정징원·신경철, 1987, 「종말기 무문토기에 관한 연구」, 『한국고고학보』 20, p.124; 부산대학교박물관, 1989, 『늑도주거지』.

51 朝鮮總督府編, 1925, 『大正十一年度古蹟調査報告』 第2册.

52 김원룡, 1952, 「경주 구정리 출토 금석병용기유물에 대하여」, 『역사학보』 1.

53 조현종·장제근, 1992, 「광주 신창동유적－제1차조사개보－」, 『고고학지』 4, 한국고고미술연구소.

54 목포대학교박물관, 1987, 『해남군곡리패총』 I.

계승적인 발전 관계에 있다. 그러므로 예를 들어 기원전 1세기경으로 편년되는 경주 구정리유적은 편년을 기준으로 하면 초기철기시대 유적으로 분류되나 이곳에서 출토되는 한식 단조철기라는 기준을 적용하면 원삼국시대에 속하게 된다. 이 역시 서력 기원 전후로 설정된 원삼국의 상한 연대와 문화 발전의 실상이 맞지 않는 또 다른 예가 될 것이다.

원삼국시대의 시작점에 대한 이러한 문제점을 해결하는 방안으로 ③과 같이 특정 유물을 선택하여 이를 기준으로 원삼국문화를 설명하고 편년 체계를 확립하는 방법이 있을 수 있다. 고고학계에서는 원삼국시대의 대표적인 토기 문제를 둘러싸고 집중적인 논의가 이루어지고 있는데 이는 원삼국을 대표할 수 있는 유물이 무엇인가 하는 의문의 일환으로 토기를 통해 원삼국문화의 성격과 편년을 체계화하려는 입장이라고 생각된다. 처음 김원룡은 김해패총의 토기 자료를 근거로 "원삼국시대의 표지적 유물은 소위 김해토기라고 불리우는 타날문 경도硬陶"라고 하여 회청색 혹은 적갈색의 타날문이 있는 경질토기를 원삼국의 대표적인 토기로 보았다.[55] 이후 남해안 일대의 패총 유적들과 풍납리토성의 발굴이 이루어져 초기철기시대의 토기 양상에 대한 자료가 늘어났고, 이후 이를 토대로 이 시대의 각종 토기를 김해토기로 통칭하면서 "김해토기金海土器라면 무문토기가 개량된 풍납동식風納洞式 무문토기, 경질硬質의 회색灰色 또는 적갈색 때린무늬(타날문打捺文)토기가 모두 포함되어야 하겠지만 좁은 의미에서는 돗자리문(승석문繩蓆文)을 가진 경질硬質 회색토기灰色土器를 가리키는 것"이라고 하여 원삼국토기의 다양성을 인정하였다.[56] 그런데 1980년대에 들어 경상도 지역에서 출토된 새로운 토기 자료를 토대로 이 시대의 대표적인 토기가 와질토기라는 주장, 즉 와질토기론이 대두되면서 원삼국시대의 토기문화에 대한 활발한 논쟁이 전

55 김원룡, 1973, p.111; 김원룡, 1977, 「철기문화」, 국사편찬위원회, 『한국사 1: 고대—한국의 선사문화—』, 탐구당, pp.414~420.
56 김원룡, 1986, p.133.

개되었다.[57]

이 과정에서 이 시대의 토기 종류에 대한 다각적인 연구가 진행되고 각종 토기의 출현 시기와 문화적 배경, 서로의 발전 관계 등에 대해 여러 견해들이 제시되었다.[58] 비록 연구자에 따라 토기의 분류 기준과 명칭도 다양하고[59] 편년도 조금씩 다르나 논쟁의 핵심은 무엇을 원삼국시대의 대표적인 토기로 간주하느냐 하는 것이다. 그 내용을 좀 더 자세히 살펴보면 다양한 토기의 존재를 인정하면서도 그중 하나인 회색경질의 승석문토기를 이 시대의 대표적인 토기로 설정하거나[60] 아니면 와질토기와 같은 특정 토기만을 기준으로 단선적인 발전 과정을 제시하는 입장으로 나뉜다. 기원전 1세기 후반 고식와질토기의 출현을 원삼국기의 시작으로 보고 와질토기 자체의 변화를 기준으로 각 단계별 편년을 하는 견해가 대표적인 예라 하겠다.[61] 이와 달리 원삼국기에는 단계별로 각 유형의 토기들이 공존하면서 계기적인 발전 과정을 거쳤던 것으로 보는 견해도 있다.[62] 즉 경질무문토기의 출현을 원삼국시대의 시작으로 잡고 이어 경질찰문토기, 적갈색연질토기(타날문토기), 와질토기, 회청색 경질토기 등 각종 토기들이 출현 시기와 유행 시기를 조금씩 달리하면서 공존한다는 것이다. 만약 지역과 시기에 따라 각종 토기의 구성비와 주류를 이루는 토기의 종류가 다른 것으로 파악할 경우 특정 토기만을 기준으로 하는 편년 체계의 지역적·시간적 한계를 보완할 수도 있다.

이와 유사한 접근 방법을 시도하되 여러 가지 유형으로 세분되고 있는 토

57 신경철, 1982, 「부산·경남출토 와질계토기」, 『한국고고학보』 12; 최종규, 1982, 「도질토기 성립전야와 전개」, 『한국고고학보』 12.

58 최성락, 1988, 「원삼국기 토기의 변천과 문제점」, 『영남고고학』 5 참조.

59 예를 들면 연질, 경질, 조질, 정질의 구분은 태토의 질에 근거한 것이고, 적갈색, 회색, 회청색은 토기의 색깔, 그리고 무문, 찰문, 타날문 등은 토기 표면의 무늬 내지는 흔적을 기준으로 한 분류로 연구자에 따라 각 요소를 서로 다르게 조합하여 사용하고 있다.

60 김원룡, 1986.

61 신경철, 1982; 최종규, 1982.

62 김양옥, 1976, 「한반도 철기시대 토기의 연구」, 『백산학보』 20; 한병삼·이건무, 1976, 『조도패총』, 국립박물관 고적조사보고 제9책, 국립중앙박물관; 최성락, 1988.

기들을 대별하여 단순화시킨 견해도 있다. 박순발은 한강 유역 원삼국시대의 토기 자료들을 기술적 유형별로 경질무문토기, 타날문토기, 회(흑)색 무문양토기의 셋으로 나누고[63] 각 토기 출토의 상대적 빈도를 근거로 원삼국시대의 유적 편년을 시도하였다. 그리하여 한강 유역 원삼국시대를 크게 전후기로 구분하여 세 종류의 토기가 모두 나오는 유적들을 전기(기원후 1~200년)로 하고 경질무문토기가 소멸하고 타날문토기와 회(흑)색 무문양토기만이 나타나는 유적들을 후기(기원후 200~300년)로 하였다.[64]

최병현은 원삼국시대의 토기 종류를 좀 더 단순화시켜 경질무문토기와 타날문토기 둘로 나누었다. 경질무문토기 역시 타날문토기와 공반하면서 갑자기 경질화하므로 타날문토기와 같은 요窯에서 소성되었을 가능성이 높은 것으로 보고 타날문토기를 명실상부한 원삼국시대의 표지적 토기로 설정하였다.[65] 비록 태토에 혼합한 석립石粒의 양에 따라 조질, 정질의 구분이 있으나 원삼국 초기부터 새로운 토기의 주류를 이루는 것은 타날문토기이며, 색깔의 차이는 환원염계 저화도 소성과 산화염계 저화도 소성의 차이에 불과하다고 본다. 그리고 김원룡이 원삼국기의 표지적인 토기로 제시한 회청색 경질토기도 타날문토기의 일종으로 연질타날문토기보다 비율은 낮으나 원삼국 초기 단계부터 제작되었으며 와질토기 역시 연질타날문토기의 영남판으로 규정하였다.[66] 즉 타날문토기란 기본적으로 회전판을 사용하여 마무리 성형을 하고 등요登窯에서 구워 내며 이물질 없는 고운 점토를 사용하는 등 전국계 제도 기술을 채용하여 만들어진 새로운 토기를 뜻하며, 타날문토

63 경질무문토기는 무문토기의 제작 전통에 새로이 들어온 고화도 환원소성의 제작 기술이 가해지면서 원삼국시대에 새로이 출현하는 기술적 유형이고, 타날문토기는 철기문화의 파급으로 나타난 기술적 유형이며, 회(흑)색 무문양토기는 낙랑토기의 영향으로 나타나는 기술적 유형으로 본다. 그리고 영남 지방의 와질토기를 회(흑)색 무문양토기의 일종으로 본다(박순발, 1989,「한강유역 원삼국시대의 토기의 양상과 변천」,『한국고고학보』 23, p.23).

64 박순발, 1989, p.46.

65 최병현은 김양옥, 최성락과 달리 경질무문토기를 타날문토기보다 앞선 단계로 보지 않는다.

66 최병현, 1990.

기의 출현을 원삼국시대 토기의 시발점으로 잡고 있다.

원삼국토기의 특성을 파악하는 데 이성주는 토기의 형태나 질 이외에 토기 생산 체제상의 변화를 주목하였다. 원삼국시대 토기의 출현은 기원 전후경 중국 전국계 제도 기술의 영향으로 무문토기의 전통을 계승하면서 새로운 토기 제작 기술과 기형이 시작되는 것을 의미한다. 고식와질토기 단계라고 하는 이 같은 원삼국 초기의 토기상은 원삼국시대 전기라고 하는 편년적 자격을 부여하기 어렵고 초기철기시대로부터 원삼국시대로 넘어가는 과도기의 연장 혹은 원삼국시대의 조기라고 보는 것이 타당하며, 2세기 초 낙랑토기의 제작 기술과 기형의 영향을 받아 나타나는 신식와질토기가 원삼국시대를 대표한다고 한다. 그리고 토기 생산 체제상 원삼국 토기는 비전업적 생산 체제를 기반으로 하는 무문토기 단계와 달리 반전업적 생산 체제를 기반으로 하며 원삼국시대 후기에 들어서야 비로소 전업적 토기 생산 체제가 출현한다고 본다.[67]

이처럼 원삼국시대 토기의 시작을 기원전 2세기 경질무문토기의 출현으로부터 잡는 견해가 있는 반면,[68] 회청색 경질토기 또는 고식와질토기 또는 타날문토기의 출현으로부터 그 시작점을 잡는 견해들이 있다. 타날문토기의 출현 시기에 대해서도 기원전 1세기,[69] 기원후 1~2세기[70] 등으로 편년이 각각 다르다. 뿐만 아니라 가장 주목을 끄는 것은 원삼국시대의 대표적 토기로 주목되어 온 회청색 경질토기의 출현 시기에 대해서도 기원전 1세기부터 기원후 3세기 말에 이르기까지 의견이 다양하고 편년 차이가 심하다는 사실이다(김원룡: 기원 전후, 최병현: 기원전 1세기, 최성락: 2세기 말~3세기 초, 최종규: 3세기 말~4세기). 이러한 현상들은 모두 특정 유물을 통한 원삼국문화의 편년 체계 확립의 어려움을 보여 줄 뿐 아니라 서력 기원 전후로 설정된 원삼국시대

67 이성주, 1991,「원삼국시대 토기의 유형 · 계보 · 편년 · 생산체제」,『한국고대사논총』 2, p.236, 251, 272, 286.
68 최성락, 1988.
69 최병현, 1990.
70 최성락, 1988.

의 편년 근거와 상한 연대가 가지는 문제점을 단적으로 보여 준다.

그러므로 이 같은 상황에서는 1~3세기라는 시간대 속에서 나타나는 특징들을 종합하여 이를 원삼국문화로 규정해 나갈 수밖에 없다는 ④와 같은 발상이 나올 수도 있다. 예컨대 기원후 1~300년이라는 대체적 연대가 원삼국시대에 주어졌으므로 방사성탄소 연대 측정 방법을 활용하여 주어진 기간 내에 속하는 토기를 가려 원삼국토기의 표지적 토기로 하자는 제안이나,[71] "원삼국시대와 삼국시대에 대한 연대상의 문제는 기원 전후~300년, 기원후 300~668년이라는 틀을 놓고 이 기간 내의 시간축 속에 각종 묘제와 유물을 어떻게 배열할 수 있는가의 문제"라고 하는 인식이 그러하다.[72] 원삼국문화의 성격을 이해함에 있어 1~3세기라는 절대 연대를 먼저 설정해 놓고 이 틀에 근거하여 유물·유적 자료를 분석한다는 것은 『삼국사기』의 기년이 고고학적 편년 설정의 기본 전제로 작용한다는 것이다. 이는 원삼국시대를 기원후 1~300년으로 설정해야 하는 근거와 당위성에 대한 문제의식의 결여를 반영한다. 문헌기록이 고고학자료를 이해하는 데 중요한 참고 자료로 활용되는 것은 당연하나 이것이 고고학자료를 해석하는 전제 조건으로 작용한다면 이는 고고학의 학문적 특성 발휘뿐 아니라 고고학 연구를 통한 한국 고대사 이해 자체에도 제약을 줄 수 있다.

원삼국시대의 대표적인 유물과 그 출현 시기를 둘러싸고 이처럼 많은 논쟁이 진행되는 데에는 여러 원인이 있을 것이다. 기본적으로 한반도 내에서도 지역에 따라 철기문화 단계로의 이행 과정이 다양하고 문화 수준의 편차도 적지 않다. 이로 인해 이 단계의 문화 성격을 파악하는 방식에 있어서도 다양한 시각과 서로 다른 접근 방법들이 시도되고 있기 때문일 것이다. 그리고 이에 못지않게 중요한 원인은 기원전 2세기 말 이래 연속선상에 있는 중

71 이희준, 1984, 「한국고고학 편년연구의 몇가지 문제—상대편년을 중심으로—」, 『한국고고학보』 16, pp.39~40.
72 안춘배, 1986, 「원삼국시대·삼국시대」, 『한국고고학 시대구분의 제문제』, 제10회 한국고고학전국대회 발표문. p.46.

남부 지방의 철기문화 발전 과정을 서력 기원을 전후하여 양분한 데 있는 것 같다. 궁극적으로 원삼국문화 연구의 목표는 한반도를 중심으로 철기문화가 본격적으로 유입된 이후 고총고분이 나타나기 이전까지의 다양한 문화 현상을 이해하고 분석하는 데 두어야 할 것이다. 이를 위해 문헌기록이나 특정 유물에 근거한 단선적 이해 방식보다 종합적인 문화 성격의 부각에 역점을 두어야 할 것이다. 그리고 이 단계 문화의 올바른 이해를 위해 문헌자료를 참고하되 이를 우선하는 고고학자료의 해석이나 문화 이해는 바람직하지 않다. 원삼국시대의 상한 연대를 설정함에 있어서 고고학상으로 파악되는 문화 성격의 변천 과정과 『삼국사기』의 건국 기년 간에 나타나는 일정한 차이를 인정함으로써 원삼국시대의 상한 연대 설정에도 상당히 탄력의 폭을 두어야 할 것이다.

5. 맺는말

한국 고고학계에서 널리 사용하는 '원삼국'이라는 시대 구분 용어는 『삼국사기』 초기 기록과 『삼국지』 동이전의 상충된 기록을 절충하는 방안의 하나로 제안된 것이며, 고고학상으로는 고구려와 삼한 지역의 다양한 문화 현상을 포괄할 수 있는 공통의 범주를 모색하기 위한 것이다. 그러나 지금까지 살펴본 대로 문헌상으로도 고구려와 삼한을 원삼국시대, 즉 원초 단계의 삼국시대로 단순화시키기에는 삼국의 국가 형성과 관련하여 선결되어야 할 많은 전제들이 놓여 있다. 그리고 정치·사회적으로도 이들을 하나의 시대로 묶을 수 있는 공통분모의 추출이 어렵다. 고고학상으로도 원삼국이라는 개념 속에 1~3세기 한반도 각지의 집단들 간에 나타나는 문화 현상을 포괄한다는 것이 현실적으로 가능해 보이지 않으며 그렇게 해야 할 필연성도 크지 않다. 특히 중남부 지방의 철기문화의 수용과 전개 과정을 밝혀 나가는 데 있어서도 서력 기원을 전후하여 양분하는 방식은 편의성보다 오히려 문화 변천 과정에 대한 이해를 복잡하게 만들 소지가 있다.

이 같은 문제점에도 불구하고 초기철기시대까지는 고고학 용어로 시대 구분하고 그 이후 시기는 역사시대라 하여 문헌기록을 토대로 시대 구분하겠다면 문헌사적 시기 구분을 따라 '원삼국시대'보다는 '삼국시대' 또는 '삼한시대'로 하는 것이 용어 자체의 모순은 더 적을 것으로 생각된다. 비록 논쟁의 대상이 되고는 있으나 문헌사학 쪽의 연구자 중에는 앞서 살펴본 대로 『삼국사기』의 기년에 따라 삼국의 국가 형성 과정을 체계화한 경우도 있고, 고고학자들 중에도 원삼국시대 대신 삼국시대 전기라는 용어를 사용할 것을 제안하는 경우도 있다.[73] 그러나 원삼국시대의 실질적인 연구 대상이 삼한이므로 낙랑군 문화와 초기 고구려 문화를 제외한 삼한 중심의 원삼국문화의 설정이라는 내용상 불합리를 없애기 위해서는 종래대로 고구려·삼한시대를 줄여 '삼한시대'라는 문헌사적 시기 구분 용어를 사용하는 것도 하나의 방법이다.

그러나 고고학적 시대 구분의 장점이 문헌사에서 나타내지 못하는 각 시대의 문화적 성격을 표현할 수 있는 것이라면 문헌사를 의식하지 않는 고고학적 시대 구분 용어가 바람직하다. 문화 변천 과정에서 볼 때 청동기문화 단계에서 철기문화 단계로의 전환은 정치, 경제, 사회 전반에 걸쳐 광범위한 변화를 수반한다. 철기가 보편화된 이후의 사회는 이전 단계에 비해 여러 가지 측면에서 새로운 성격을 나타낸다. 그런데 현재 고고학계에서 다루고 있는 원삼국시대의 문화 내용은 청동기가 소멸되고 철기의 보편화와 더불어 철기문화 사회 단계로의 전환이 이루어지던 시기이다. 중남부 지방의 경우 이 시기는 초기철기시대와 연속선상에 있다. 이처럼 원삼국문화 연구의 중심이 삼한이고 삼한의 문화 성격이 철기문화 단계로 특징지어지는 것이라면

73 최몽룡, 1987, pp.783~788.

이를 굳이 다른 용어로 명명할 필요가 있을지 의문이다. 1~3세기를 철기문화의 범주 속에서 이해할 경우 문헌 기록이 존재하는 엄연한 역사시대를 고고학적 시대 구분으로 처리한다는 비판이 있을 수 있겠으나 고고학 용어를 사용함으로써 문헌사에서 나타내지 못하는 이 시대의 문화적 성격을 나타낼 수 있는 이점도 있다.

원삼국시대나 삼국시대처럼 고구려, 삼한을 하나로 묶을 수 있는 공통분모를 찾는 것도 중요하다. 하지만 당시의 문화나 역사의 실상을 보다 정확하게 이해하기 위해서는 각 지역의 문화 변천상의 차이를 인정하는 것도 역시 중요하다. 삼한을 삼국이라는 틀 속에 넣어서 이해하기보다는 종래의 방식대로 초기 고구려와 다른 삼한 나름대로의 문화 발전상의 독자성을 인정함으로써 한국 고대사회의 특성에 대한 이해도를 더 높일 수도 있다. 앞으로의 연구를 통해 고구려 지역을 포함하는 명실상부한 원삼국시대의 문화상이 정립될 수 있다면 이 같은 모순은 극복될 것이나 편년이나 문화 성격 면에서 중부 이남 지방과 어느 정도로 공통분모가 찾아질지는 의문이다. 아직은 『삼국사기』를 제외하고는 이들을 함께 수용할 공통분모의 발견과 설정에까지 이르고 있지 못한 것이 학계의 실정이기 때문이다.

1~3세기 한국사를 보다 체계적으로 이해할 수 있는 기준을 모색하는 과정에서 이 글을 작성하였으나 고고학을 전공하지 않은 필자가 잘못 이해한 부분이나 문제점 파악에 미흡한 점도 많았을 것으로 생각된다. 그리고 원삼국시대 설정의 긍정적 측면에 대한 언급이 거의 이루어지지 못하여 논리의 형평을 유지하지 못하였다. 무엇보다 원삼국문화의 성격을 삼국시대 고분문화와 비교 검토함으로써 1~3세기 단계의 문화가 명실상부하게 삼국문화의 원초형으로 규정지어질 수 있는지에 대한 고찰을 결하였다. 이러한 문제점들은 전적으로 필자의 능력 부족에 원인이 있다. 학계의 폭넓은 비판과 도움을 기대한다.

추기追記

28년 전에 쓴 이 글을 다시 읽으면서 여기저기 고치고 싶은 곳이 눈에 띄었으나 꾹 참고 1993년 당시 내용을 그대로 수록하였다. 현재 원삼국시대는 한국 고고학의 시대 구분 용어로서 고고학계에서 널리 통용되고 있다. 특히 이희준이 원삼국시대의 상한을 기원 전후에서 기원전 1세기 초로 올리고,[74] 최병현이[75] 삼한에 국한하지 않고 중국 동북 지방과 한반도에서 일어나 이후 삼국으로 합류되는 모든 정치 세력과 활동 무대를 포괄하는 용어로 그 공간적 범위를 확대시킴으로써 원삼국시대라는 용어가 안정적으로 자리 잡은 것 같다. 상한 연대를 기원전 1세기로 상향 조정함에 따라 『삼국사기』의 건국 연대와의 모순이 해소되고, 고고학자료상으로도 기원전 100년을 전후한 시점이 문화적 획기로서 뚜렷하게 부각됨에 따라 원삼국시대가 지닌 개념상의 모순이 다소 줄어들었다. 여기에 덧붙여 중국의 동북공정(2002~2007년)의 영향도 원삼국시대라는 용어의 확산에 중요한 몫을 하였다. 종래 사용되어 오던 삼한시대라는 용어가 한반도의 일부만을 가리키는 인상을 준다는 것이 치명적인 결함으로 인식되었기 때문이다. 고고학계 내에서 원삼국시대보다는 철기시대라는 용어가 더 적절하다는 주장이 지금까지 이어지고 있는 것도 사실이다.[76] 한국 고고학 시대 구분에서 철기시대는 단지 '초기철기시대'라는 2세기 동안의 짧은 기간만 존속하고 더 이상 설 자리가 없어져 버렸다. 아무튼 절대 다수의 고고학 전공자들 사이에 넓은 공감대가 형성되고 용어의 편의성이 인정된다면 새로운 대안이 나올 때까지 원삼국시대라는 용어는

74 이희준, 2004, 「초기철기시대·원삼국시대 재론」, 『한국고고학보』 52.
75 최병현, 2007, 「원삼국시대」, 한국고고학회, 『한국 고고학 강의』, 사회평론.
76 최성락, 2004, 「"초기철기시대·원삼국시대 재론"에 대한 반론」, 『한국고고학보』 54; 최성락, 2008, 「한국 고고학 선·원사시대구분 재론」, 『한국고고학보』 67; 이청규, 2007, 「선사에서 역사로의 전환—원삼국시대 개념의 문제—」, 『한국고대사연구』 46; 노혁진, 2015, 「한국고고학의 시대구분과 원삼국시대론에 대한 소론」, 『호남고고학보』 51.

여전히 유용하게 사용될 전망이다.

고고학계의 이 같은 추세와는 달리 문헌사학에서는 원삼국시대라는 시대구분 용어를 사용하지 않는다. 처음에도 그러하였고 40여 년이 지난 지금도 마찬가지이다. 이 용어를 처음 제안한 김원룡 선생님의 바람과는 전혀 다른 방향으로 흘러간 셈이다. 혹자는 김원룡 선생님이 원삼국시대라는 용어를 제안하게 된 배경이나 당위성에 대한 좀 더 자세한 논고가 남아 있지 않은 점을 아쉬워한다. 필자가 1993년 「원삼국시대론 검토」를 발표하기 직전 김원룡 선생님께 논고를 미리 보여 드린 적이 있다. 서울대학교 정년 퇴임 후 한림대학교 사학과에 부임하셨을 때 연구실이 같은 층에 있어 매주 한 번씩 얼굴을 뵐 수 있었다. 그때 선생님께서 간단한 코멘트를 주셨는데 다행히 최근 그때 받은 2장의 메모지를 찾아낼 수 있었다. 간략하지만 선생님의 의도와 고심한 흔적이 느껴져 그대로 옮겨 적는다(그림 부록 1-1, 그림 부록 1-2 참조).

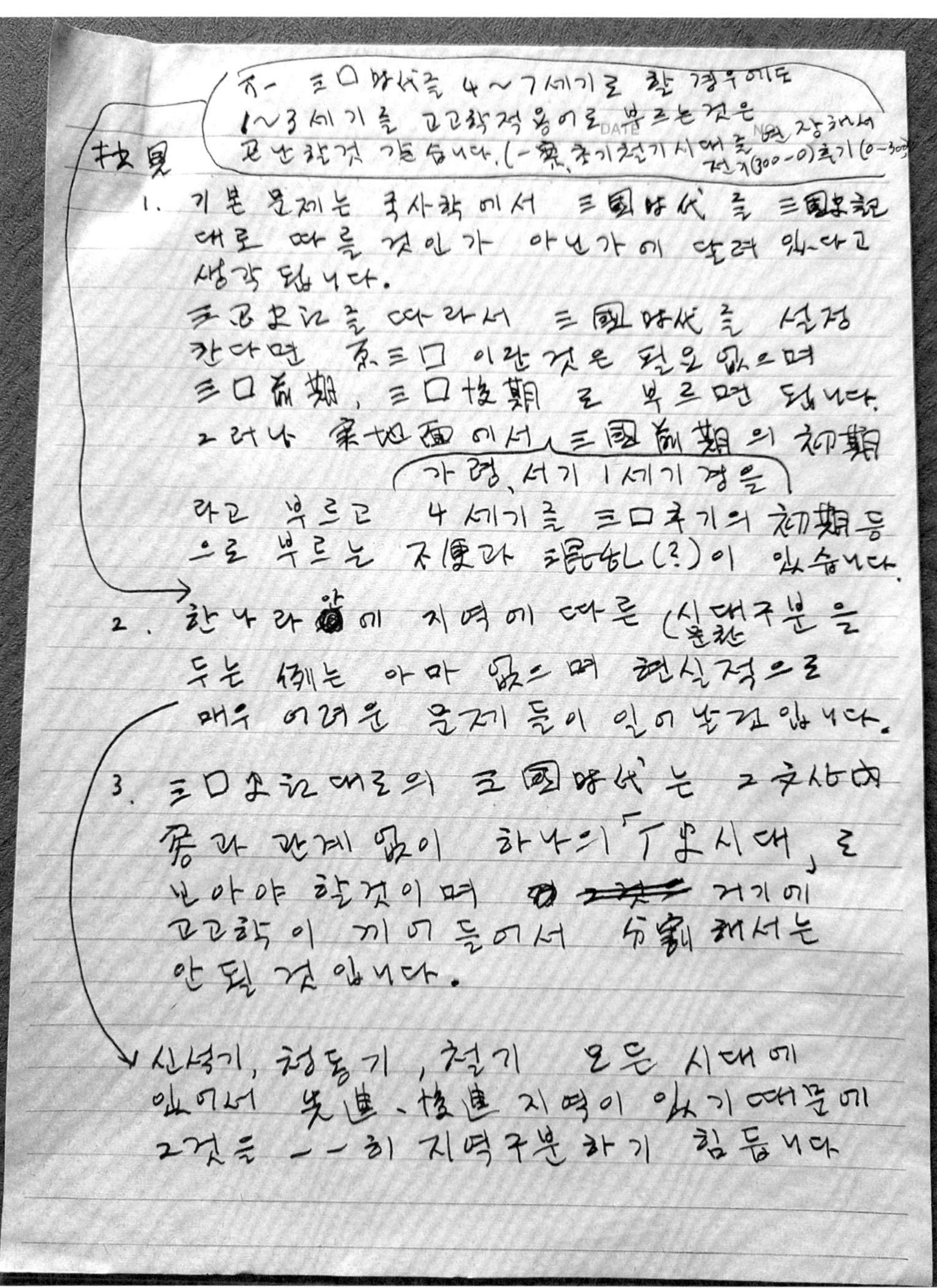

가- 三國時代를 4~7세기로 할 경우에도 1~3세기를 고고학적용어로 부르는 것은 곤난할 것 같습니다. (一案, 초기철기시대를 연장해서 전기(300-0) 후기(0-300))

拙見

1. 기본문제는 국사학에서 三國時代를 三國史記대로 따를 것인가 아닌가에 달려 있다고 생각됩니다.
三國史記를 따라서 三國時代를 설정한다면 原三國이란 것은 필요없으며 三國前期, 三國後期로 부르면 됩니다.
그러나 考古面에서 三國前期의 初期 (가령, 서기 1세기경을) 라고 부르고 4세기를 三國후기의 初期등으로 부르는 不便과 混亂(?)이 있습니다.

2. 한나라 안에 지역에 따른 시대구분을 두는 例는 아마 없으며 현실적으로 매우 어려운 문제들이 일어날 것입니다.

3. 三國史記대로의 三國時代는 그 文化內容과 관계없이 하나의 「歷史시대」로 보아야 할것이며 거기에 고고학이 끼어들어서 分割해서는 안될 것입니다.

신석기, 청동기, 철기 모든 시대에 있어서 先進·後進 지역이 있기 때문에 그것을 一一히 지역구분하기 힘듭니다

그림 부록 1-1
김원룡 선생님 메모 1쪽

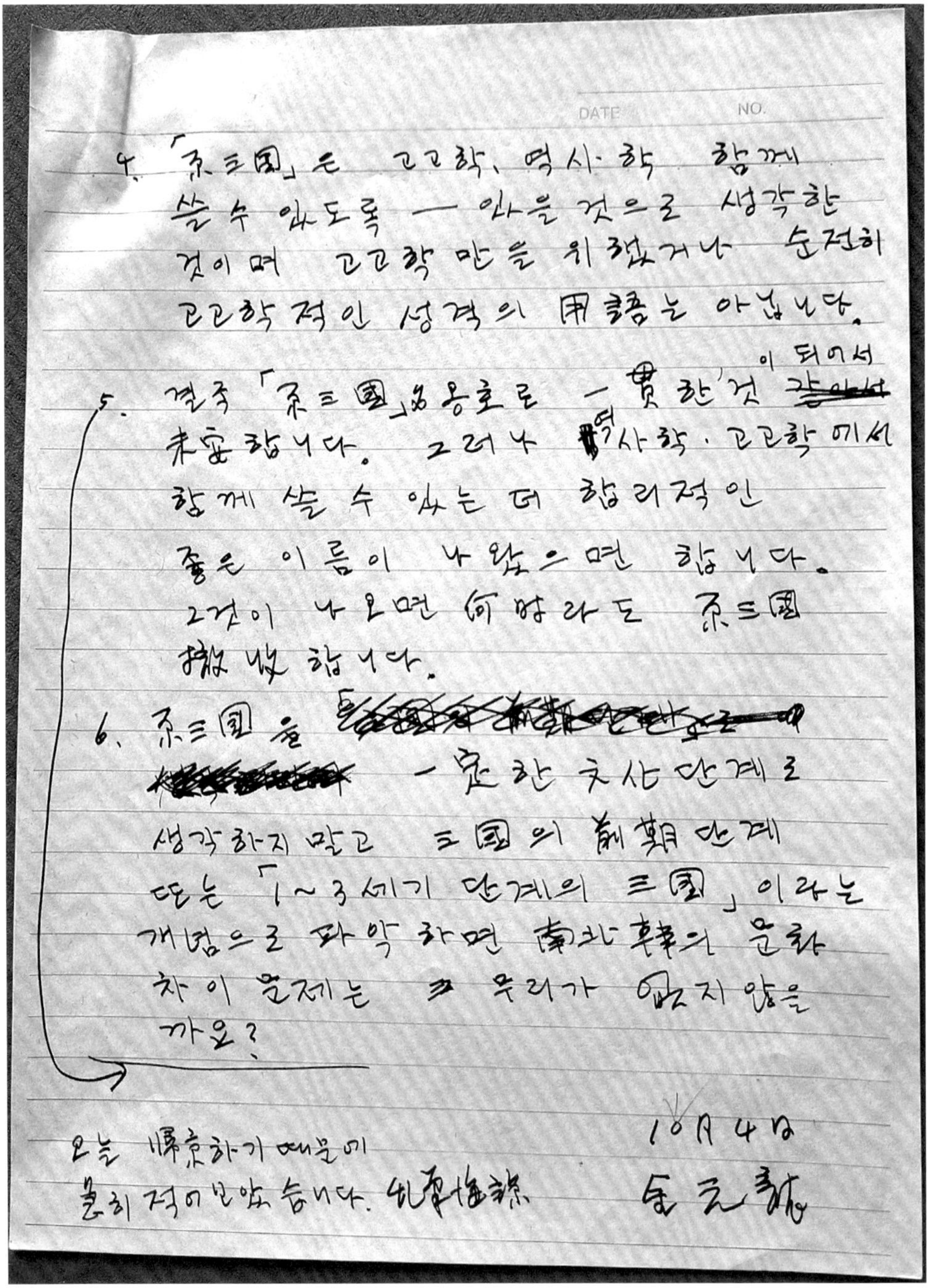

DATE NO.

4. 「原三國」은 고고학, 역사학 함께 쓸 수 있도록 — 만든 것으로 생각한 것이며 고고학만을 위했거나 순전히 고고학적인 성격의 用語는 아닙니다.

5. 결국 「原三國」의 옹호로 一貫한 것 ~~같아서~~ 이 되어서 未安합니다. 그러나 역사학·고고학에서 함께 쓸 수 있는 더 합리적인 좋은 이름이 나왔으면 합니다. 그것이 나오면 何時라도 原三國 撤收합니다.

6. 原三國을 [illegible] 一定한 文化 단계로 생각하지 말고 三國의 前期 단계 또는 「1~3세기 단계의 三國」이라는 개념으로 파악하면 南北韓의 문화 차이 문제는 무리가 없지 않을까요?

오늘 歸京하기 때문에 急히 적어 보았습니다. 失禮海諒

10月4日

金元龍

그림 부록 1-2
김원룡 선생님 메모 2쪽

拙見

1. 기본 문제는 국사학에서 三國時代를 三國史記대로 따를 것인가 아닌가에 달려 있다고 생각됩니다.

三國史記를 따라서 三國時代를 설정한다면 原三國이란 것은 필요 없으며 三國 前期, 三國後期로 부르면 됩니다. 그러나 實地面에서 가령 서기 1세기경을 三國前期의 初期라고 부르고 4세기를 三國 후기의 初期 등으로 부르는 不便과 混亂(?)이 있습니다. 萬一 三國時代를 4~7세기로 할 경우에도 1~3세기를 고고학적 용어로 부르는 것은 곤난할 것 같습니다. 一案, 초기철기시대를 연장해서 전기(300-0) 후기(0-300)

2. 한 나라 안에 지역에 따른 시대구분(문?)을 두는 例는 아마 없으며 현실적으로 매우 어려운 문제들이 일어날 것입니다. 신석기, 청동기, 철기 모든 시대에 있어서 先進, 後進 지역이 있기 때문에 그것을 一一히 지역 구분하기 힘듭니다.

3. 三國史記대로의 三國時代는 그 文化 內容과 관계없이 하나의 「歷史시대」로 보아야 할 것이며 거기에 고고학이 끼어들어서 分割해서는 안 될 것입니다.

4. 「原三國」은 고고학, 역사학 함께 쓸 수 있도록—있을 것으로 생각한 것이며 고고학만을 위했거나 순전히 고고학적인 성격의 用語는 아닙니다.

5. 原三國을 一定한 문화단계로 생각하지 말고 三國의 前期단계 또는 「1-3세기 단계의 三國」이라는 개념으로 파악하면 南北韓의 문화 차이 문제는 무리가 없지 않을까요?

6. 결국 「原三國」名 옹호로 一貫한 것이 되어서 未安합니다. 그러나 역사학·고고학에서 함께 쓸 수 있는 더 합리적인 좋은 이름이 나왔으면 합니다. 그것이 나오면 何時라도 原三國 撤收합니다.

오늘 歸京하기 때문에 急히 적어 보았습니다. 亂筆悔諒

10月 4日 金元龍

참고문헌

권오영, 1986, 「초기백제의 성장과정에 관한 일고찰」, 『한국사론』 15, 서울대학교 국사학과

김영하, 1990, 「신라의 발전단계와 전쟁」, 『한국고대사연구』 4

김양옥, 1976, 「한반도 철기시대 토기의 연구」, 『백산학보』 20

김원룡, 1952, 「경주 구정리 출토 금석병용기유물에 대하여」, 『역사학보』 1

______, 1967, 「삼국시대의 개시에 관한 일고찰—삼국사기와 낙랑군에 대한 재검토—」, 『동아문화』 7

______, 1972, 「석촌동 발견 원삼국시대의 가옥잔구」, 『고고미술』 113·114합집

______, 1973(1986), 『한국고고학개설』, 일지사

______, 1977, 「철기문화」, 국사편찬위원회, 『한국사 1: 고대—한국의 선사문화—』, 탐구당

______, 1981, 「철기문화」, 한국사연구회 편, 『한국사연구입문』, 지식산업사

김원룡·임영진, 1986, 『석촌동3호분동쪽고분군 정리조사보고』, 서울대학교 박물관

김원룡·임효재·박순발, 1988, 『몽촌토성: 동남지구발굴조사보고』, 서울대학교 박물관

김태식, 1991, 「가야사연구의 시간적·공간적 범위」, 『한국고대사논총』 2, 가락국사적개발연구원

노중국, 1987, 「마한의 성립과 변천」, 『마한·백제문화』 10

동아출판사, 1982, 『동아원색대백과사전』

목포대학교박물관, 1987, 『해남군곡리패총』 I

몽촌토성발굴조사단·서울특별시 문화과 편, 1985, 『몽촌토성발굴조사보고』, 서울특별시 문화과

박순발, 1989, 「한강유역 원삼국시대의 토기의 양상과 변천」, 『한국고고학보』 23

부산대학교박물관, 1989, 『늑도주거지』

사회과학원력사연구소, 1977, 『조선통사』(상), 과학·백과사전출판사

______, 1979, 『조선전사』 2(고대편), 과학·백과사전출판사

______, 1979, 『조선전사』 3(중세편: 고구려사), 과학·백과사전출판사

______, 1979, 『조선전사』 4(중세편: 백제 및 전기신라사), 과학·백과사전출판사

신경철, 1982, 「부산·경남출토 와질계토기」, 『한국고고학보』 12

안춘배, 1986, 「원삼국시대·삼국시대」, 『한국고고학 시대구분의 제문제』, 제10회 한국고고학전국대회 발표문

여호규, 1992, 「고구려 초기 나부통치체제의 성립과 운영」, 『한국사론』 27, 서울대학교 국사학과

이건무, 1990, 「부여 합송리유적 출토 일괄유물」, 『고고학지』 2, 한국고고미술연구소

______, 1991, 「당진 소소리 유적출토 일괄유물」, 『고고학지』 3, 한국고고미술연구소

______, 1992, 「다호리유적 출토 붓(筆)에 대하여」, 『고고학지』 4, 한국고고미술연구소

이성주, 1991, 「원삼국시대 토기의 유형·계보·편년·생산체제」, 『한국고대사논총』 2

이송래, 1992, 「고고학적으로 본 고구려 건국 이전의 환인·집안지구의 문화사회 성격(시론)」, 『동북아

고대문화의 원류와 전개』, 제11회 마한·백제문화 국제학술회의 발표문, 원광대학교 마한·백제문화연구소
이종욱, 1976, 「백제의 국가형성—삼국사기 백제본기를 중심으로—」, 『대구사학』 11
______, 1982, 『신라국가형성사연구』, 일조각
이현혜, 1984, 『삼한사회형성과정연구』, 일조각
______, 1992, 「한국 고대의 이경에 대하여」, 『국사관논총』 37
이희준, 1984, 「한국고고학 편년연구의 몇가지 문제—상대편년을 중심으로—」, 『한국고고학보』 16
______, 2004, 「초기철기시대·원삼국시대 재론」, 『한국고고학보』 52
정징원·신경철, 1987, 「종말기 무문토기에 관한 연구」, 『한국고고학보』 20
조현종·장제근, 1992, 「광주 신창동유적—제1차조사개보—」, 『고고학지』 4, 한국고고미술연구소
지건길, 1990, 「장수 남양리 출토 청동기·철기 일괄유물」, 『고고학지』 2, 한국고고미술연구소
천관우, 1975, 「삼한의 성립 과정—「삼한고」 제1부—」, 『사학연구』 26
______, 1976a, 「삼한의 국가형성(상)—「삼한고」 제3부—」, 『한국학보』 2
______, 1976b, 「삼한의 국가 형성(하)—「삼한고」 제3부—」, 『한국학보』 3
______, 1979, 「목지국고」, 「한국사연구』 24
최몽룡, 1985, 「한성시대 백제의 도읍지와 영역」, 『진단학보』 60
______, 1987, 「한국고고학의 시대구분에 대한 약간의 제언」, 『최영희선생화갑기념사학논총』, 탐구당
______, 1989, 「역사고고학 연구의 방향—우리나라에서 역사시대의 시작—」, 『한국상고사』
최몽룡·권오영, 1985, 「고고학적 자료를 통해 본 백제초기의 영역 고찰」, 『천관우선생환력기념한국사학논총』, 정음문화사
최병현, 1990, 「진천지역 토기요지와 원삼국시대토기의 문제」, 『창산김정기박사화갑기념논총』
최성락, 1988, 「원삼국기 토기의 변천과 문제점」, 『영남고고학』 5
______, 1992, 「전남지방 원삼국문화의 연구」, 서울대학교 박사학위논문
최종규, 1982, 「도질토기 성립전야와 전개」, 『한국고고학보』 12
한병삼·이건무, 1976, 『조도패총』, 국립박물관고적조사보고 제9책, 국립중앙박물관

……

武末純一, 1985, 「慶尙道の'瓦質土器'と'古式陶質土器'」, 『古文化談叢』 15
蘇長淸, 1987, 「下古城子 高句麗平原城」, 『桓仁文化史資料』 제2집(遼寧省桓仁縣委員會文化史資料委員會編)
朝鮮總督府編, 1925, 『大正十一年度古蹟調査報告』 第2册
韓炳三, 1989, 「原三國時代」, 金元龍 外, 『韓國の考古學』, 東京: 講談社
Piggot, Stuart, 1965, 『Approach to Archaeology』, New York: McGraw-Hill

〈추기〉

노혁진, 2015,「한국고고학의 시대구분과 원삼국시대론에 대한 소론」,『호남고고학보』51
이청규, 2007,「선사에서 역사로의 전환—원삼국시대 개념의 문제—」,『한국고대사연구』46
최병현, 2007,「원삼국시대」, 한국고고학회,『한국 고고학 강의』, 사회평론
최성락, 2004,「"초기철기시대·원삼국시대 재론"에 대한 반론」,『한국고고학보』54
______, 2008,「한국 고고학 선·원사시대구분 재론」,『한국고고학보』67

부록 2
옥저의 기원과 문화 성격

1. 문제 제기

3세기 중엽의 옥저沃沮는 함흥 일대로부터 동해안을 따라 두만강 유역에 걸쳐 거주하던 주민과 읍락들을 가리킨다. 3세기 중엽경에 편찬된 『삼국지三國志』 동이전東夷傳에는 옥저, 동옥저, 북옥저 등의 이름이 나온다. 남옥저의 중심지는 함흥 일대에, 북옥저의 중심지는 두만강 유역에 비정하는 것이 한국 고대사 연구자들의 일반적인 인식이다. 동옥저에 대해서는 옥저 전체를 가리킨다는 해석과 남옥저를 가리킨다는 서로 다른 해석이 있다.

한반도 동북 지방에 위치한 옥저는 그동안 한국 고대사 연구자들 사이에서 특별히 주목받는 존재는 아니었다. 과거 만주 지역에 대해 높은 관심을 보였던 일본인들도 여진, 말갈의 내력을 밝히는 과정에서 옥저를 부분적으로 언급하는 정도였다. 아직도 한국 내에서는 옥저를 독립 주제로 하는 개별 논문은 그리 많지 않다.[1] 그리고 국사편찬위원회가 간행한 『한국사』 4(1997)

1 옥저에 관한 연구사 정리는 문안식, 2008, 「옥저의 기원과 대외관계의 변화」, 『역사학연구』 32, 호남사학회 참조.

를 제외하고는 옥저를 독립된 항목으로 설정한 통사나 개설서는 거의 없다. 『한국고대사연구』(이병도, 1976)에서도 「후방행열사회後方行列社會」라는 편명 아래 옥저와 동예를 함께 서술하였다. 고조선과 삼국 중심으로 구성된 한국 고대사 서술 체계 속에서 옥저는 고구려가 성장하면서 복속시킨 여러 집단의 하나일 뿐이다. 하지만 집권적인 고대국가로 성장하지 못하고 흡수 통합된 수많은 정치체라는 비슷한 운명임에도 불구하고 삼한 소국에 비해 옥저에 대한 관심이 상대적으로 적었던 것은 사실이다. 정치적인 환경 때문에 1990년대 이전에는 국내 연구자들이 동북한 지방의 역사 무대에 접근하거나 고고학자료를 발굴, 활용할 수 있는 기회를 거의 가지지 못한 것도 한 원인이었을 것이다.

이와 달리 1980~1990년대에 걸쳐 중국, 러시아 연구자들이 중국 길림성吉林省, 흑룡강성黑龍江省 남부 그리고 러시아 연해주 일대의 고고학자료를 토대로 옥저 관련 논고를 다수 발표하였다. 이들은 종래의 견해와는 달리 함경남도 지역을 옥저에서 제외하고 두만강 유역에서 수분하綏芬河를 거쳐 흥개호興凱湖 및 러시아 연해주 남부에 걸쳐 넓게 분포하는 단결團結-크로우노프카kroutovka문화를[2] 옥저, 옥저문화로 간주한다. 그러나 십수 년이 지나도록 이들의 주장을 주목하는 국내 연구자는 별로 없었다. 그런데 2000년대에 들어오면서 중국, 러시아와 왕래가 잦아지고 유물, 유적을 실견하거나 발굴조사에 참여할 기회가 늘어나면서 옥저에 대한 국내 연구자들의 관심이 높아지기 시작하였다. 특히 한반도 중부 지방에 철기문화가 확산되는 과정에서 러시아 연해주와 동북한 사이에 밀접한 교류가 있었다는 사실이 확인되

2 홍개호와 수분하, 두만강 유역, 소련 연해주 일대에 분포하는 초기철기시대문화를 러시아에서는 크로우노프카문화로 부르고, 중국 경내의 유적·유물에 한하여 중국에서는 단결문화라 부른다. 단결문화는 크로우노프카문화와 같은 문화로 알려져 있어서 단결-크로우노프카문화로도 불리우며 중심 연대는 기원전 4, 5세기~기원후 1세기경이다(강인욱, 2008, 「동아시아 고고학·고대사 연구 속에서 옥저문화의 위치」, 강인욱 외, 『고고학으로 본 옥저문화』, 동북아역사재단, pp.31~36). 단결-크로우노프카문화의 주요 분포 지역은 홍개호, 수분하, 홍개호의 평원 지역, 우수리강 상류, 아르테모프카강 상류, 시코토프카 강안 등이다(홍형우, 2009, 「연해주 초기철기시대의 연구현황과 과제」, 환동해고고학연구회 편, 『철기시대 한국과 연해주』, 주류성, p.60, 크로우노프카문화분포도 참조).

면서 옥저문화를 새롭게 조명하려는 시도가 이어지고 있다. 이들 중에는 중국·러시아 연구자들의 주장을 비판적으로 수용하는 입장도 있고,[3] 그들의 견해를 그대로 수용하여 연변 및 연해주 일대의 주민들이 남하하여 함흥 일대의 옥저를 형성하였다는 견해도 있다.[4] 이와 달리 중국 동북 지방과 한반도 중부 지방을 대상으로 광역의 예족 분포권 내지는 예계 문화권을 상정하고, 그 속에서 옥저와 동예의 기원을 구하는 입장도 있다.[5] 이처럼 오랫동안 한국 연구자들의 발길이 거의 닿지 못했던 중국, 러시아의 고고학자료에 힘입어 한국고대사 연구의 지평이 크게 넓어지고 있는 것은 바람직한 일이다. 그리고 주요 관심권 바깥에 있던 옥저라는 존재가 동북한 고대사회 연구의 중요 주제로 떠오르게 된 것도 다행한 일이다. 그러나 고고학자료를 활용하여 도출한 이러한 주장들은 문헌기록을 토대로 한 기존의 견해와 다른 점이 많다. 뿐만 아니라 동일한 고고학자료를 활용함에도 불구하고 옥저의 범위나 옥저문화의 기원에 대한 해석이 각양각색이어서 혼란스럽기까지 하다.

이 장에서는 옥저의 지리적 범위와 문화 성격을 중심으로 현재까지 제시된 중요 논의들을 검토하여 그 타당성을 살펴보고자 한다. 주로 중국 연구자들의 연구에 초점을 맞추어 논의 과정에서 드러나는 중요 문제점을 정리하고 이를 토대로 논지를 전개하고자 한다. 지금까지 이들의 옥저 연구에서 파악되는 중요한 문제 하나는 옥저라고 하는 역사적 실체가 하나의 고정된 형태로 지속된 것이 아니라 시대에 따라 지리적 범위나 성격이 변화해 갔다는 사실을 간과한 것이고, 다른 하나는 고고학자료를 해석하는 논리상의 문제이다. 그러므로 이 장에서는 옥저의 기원과 기층문화의 성격을 검토하고, 3세기 중엽에 이르기까지 옥저의 지리적 범위와 명칭이 확대되는 과정과 그 배경에 초점을 맞추고자 한다. 이와 함께 옥저에 관한 문헌기록과 고고학자

3 강인욱, 2008, p.72.
4 문안식, 2008.
5 송호정, 2008, 「두만강 유역의 고대문화와 정치집단의 성장」, 『호서사학』 50; 김창석, 2008, 「고대 영서지역의 종족과 문화변천」, 『한국고대사연구』 51.

료를 연계시키는 과정에서 어떠한 논리적인 문제가 있는지 살펴보고자 한다. 고대사 연구에서 고고학자료의 중요성이 날이 갈수록 높아지는 추세 속에서 옥저의 역사적 실체를 밝히는 데 있어서 과연 고고학자료들이 합리적으로 활용되고 있는지 되짚어 볼 필요가 있다.

2. 연구 현황과 문제점

중국학계의 옥저 연구

옥저의 역사 무대는 북한, 중국, 러시아에 걸쳐 있기 때문에 옥저 연구에 활용된 고고학자료들도 대부분 이들 각국 고고학자들에 의해 조사된 것들이다. 그리고 고고학자료의 해석 과정에서 각국 연구자들의 주관적 시각이 강하게 반영되고 있다. 지금까지 옥저 연구에서 많은 비중을 차지한 것은 지리적 위치 비정에 관한 것이다. 특히 중국 연구자들의 옥저 연구가 그러하다. 과거 중국에서의 옥저 연구는 주로 문헌기록을 토대로 북옥저, 숙신肅愼의 위치를 간단히 비정하는 정도였다.[6] 예를 들면 북옥저의 범위를 혼춘琿春 또는 좀 더 확대하여 연길延吉, 화룡華龍, 왕청汪淸 등 두만강 유역 일대에 비정하고, 그 북쪽 목단강牧丹江 유역의 영안寧安이나 수분하 유역의 동녕東寧 등지는 숙신의 활동 지역으로 간주하였다. 그러나 1960~1970년대에 걸쳐 목단강 상류, 수분하 유역, 두만강 유역 곳곳에서 고고학 발굴 조사가 이루어지면서[7] 이러한 유적을 남긴 종족 집단에 대한 관심이 높아지기 시작하였다. 특히 1980년대에 들어서면서 이러한 고고학자료들을 활용하여 옥저, 읍루挹婁의 활동 영역을 새롭게 조명해 보려는 논고들이 줄을 이었다.

6 초기 연구사에 대해서는 匡瑜(1982, 「戰國至兩漢的北沃沮文化」, 『黑龍江文物叢刊』 1982-1, p.25), 李强(1986, 「沃沮, 東沃沮考略」, 『北方文物』 1986-1, p.6)의 논문을 참조한다.

7 길림성 왕청현 백초구百草溝유적(1961), 영안현 동강東康유적(1964), 동녕현 대성자大城子유적(1972), 단결유적(1977) 등이 대표적이다.

특히 옥저 연구에 새로운 전기를 제공한 유적은 수분하 유역에 위치한 길림성 동녕현東寧縣 단결유적이다.[8] 이 유적(하층)의 이름을 따서 중국 동북 지방 고고학에서는 홍개호 유역에서 두만강 유역에 걸쳐 분포하는 기원전 4, 5~기원후 1세기의[9] 초기철기문화를 단결문화라고 부르는데, 단결문화의 주인공을 옥저와 연결시키고 있다. 단결문화의 분포권은 수분하를 따라 러시아 연해주 방면으로 이어지는데 러시아에서는 이를 크로우노프카문화라고 부른다. 두 문화를 합쳐 단결-크로우노프카문화로 부르자는 임운林澐의 제안과 함께 현재 중국에서는 단결-크로우노프카 문화를 옥저족의 문화로 보는 견해가 널리 받아들여지고 있고, 러시아 연구자들도[10] 이를 수용하는 추세이다(그림 부록 2-1 참조).[11]

중국 측의 고고학자료 해석 과정을 좀 더 자세히 살펴보면 처음에 일부 연구자들은 숙신의 범위를 아주 넓게 잡아 송화강 유역의 서단산西團山문화, 목단강 유역의 동승東昇유적, 수분하 유역의 단결유적을 모두 숙신, 읍루인의 물질문화로 규정하였다. 그리고 북옥저의 활동 구역을 왕청현 일대에 비정하고 혼춘·왕청현 일대를 북옥저와 읍루의 경계로 보았다.[12] 그러나 1982년 광유匡瑜가 기존 견해를 비판하고 단결문화의 분포권을 북은 홍개호, 남은 두만강 유역, 그리고 서는 장광재령張廣才嶺 이동으로 규정하고 이 구간 내의 물질문화를 '북옥저문화'에 비정하면서 옥저 논쟁이 본격화되었다.[13]

8 단결-크로우노프카문화의 고고학적 특징은 경질의 무문토기, 나무그루터기형 손잡이가 붙은 발형토기, 시루, 고배, 주철제 장방형 철부, 여자형·철자형 주거지, 주거지 내부의 터널식 온돌 시설 등이다(강인욱, 2008, pp.34~36; 匡瑜, 1982, p.26).

9 단결-크로우노프카문화의 편년에 대한 각 설은 김재윤(2008, p.88)과 A. L. 수보티나(2008, 「한반도의 중도식 토기문화와 크로우노프카문화의 비교—옥저문화와 한반도의 상호교류에 대한 실증적 비교연구—」, 강인욱 외, 『고고학으로 본 옥저문화』, 동북아역사재단, pp. 242~243)의 글을 참조한다.

10 D. L. 브로단스끼 저, 정석배 역, 1996, 「오래된 수수께끼에 대한 새로운 시각; 옥저와 동예」, 『연해주의 고고학』, 학연문화사(강인욱, 2008, p.80, 참고문헌 참조).

11 林澐, 1985, 「論團結文化」, 『北方文物』 1985-1, p.36; 吉林大學出版社, 1989, pp.319~321; D. L. 브로단스끼, 1987, 『극동고고학개론』(정석배 역, 1996, 『연해주의 고고학』).

12 黑龍江省博物館, 1979, 「黑龍江東寧大城子新石器時代居住址」, 『考古』 1979-1; 楊保隆, 1980, 「肅愼考略」, 『民族史論叢』, 長春: 吉林人民出版社.

13 匡瑜, 1982, p.27.

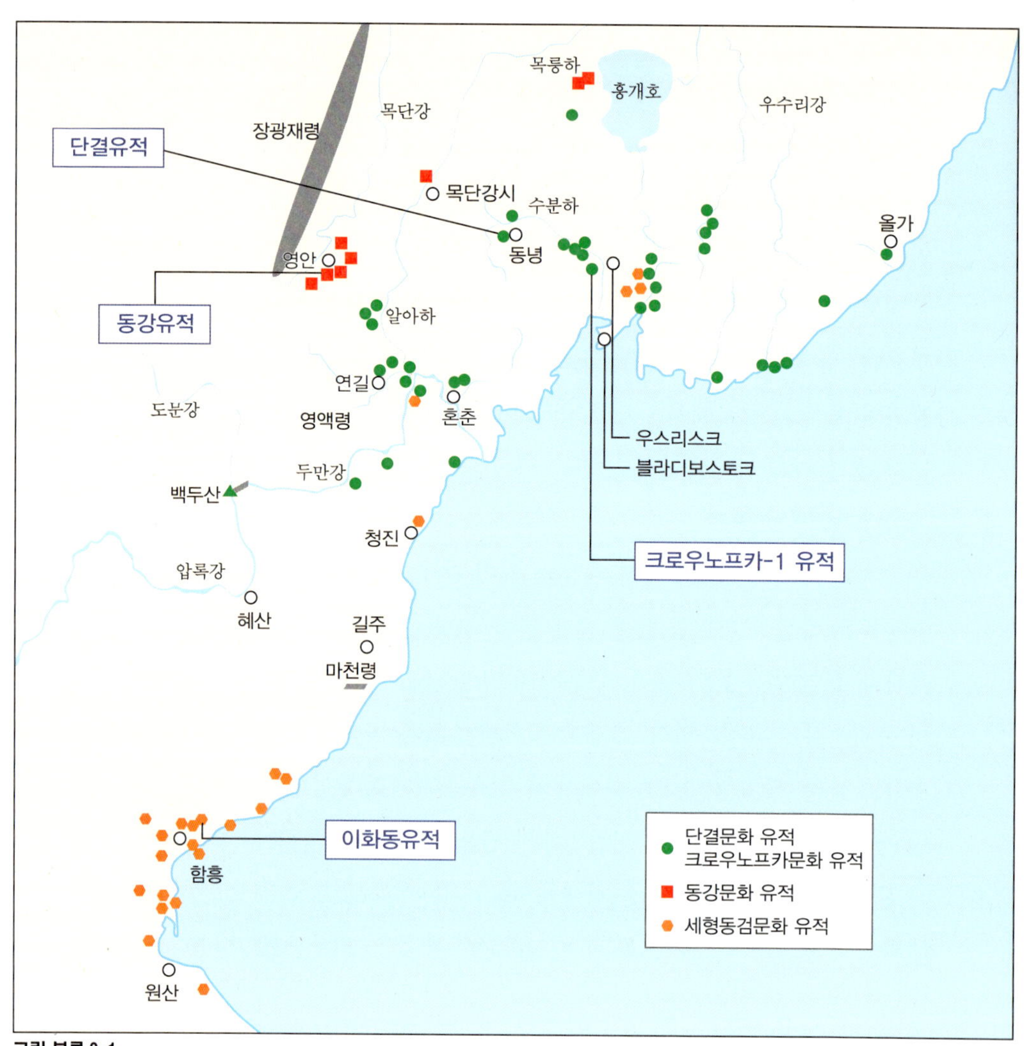

그림 부록 2-1
동북 지역 초기철기문화 유적 분포도
출처: 김재윤, 2008; 홍형우, 2009; 필자 일부 수정

광유의 논문 이후 이를 비판하는 글과 이를 지지하는 글이 연속으로 발표되는 등 찬반 논의가 분분하게 이어졌다.[14] 이들의 중요 쟁점은 단결문화 분포권의 북쪽과 서쪽 경계에 대한 것과 옥저와 읍루 또는 숙신의 경계 지점, 그리고 단결문화의 기원에 관한 것이었다.[15] 예컨대 장광재령 동쪽에 있는 목단강 유역의 동강東康문화를 단결문화의 일부로 포함하는 것에 반대하여 단결문화의 서쪽 경계를 장광재령 이동이 아니라 노부령老爺嶺 이동으로 잡아야 한다거나, 단결문화의 북쪽 경계를 두고 홍개호 유역의 유적을 단결문화 분포권에서 제외해야 한다는 등의 반론이 이어졌다. 그리고 동강문화와 단결문화는 동종 문화에 속하기 어려우며 서로 영향을 준 양종 문화 유형으로 동강문화는 숙신, 읍루문화이고 단결문화는 북옥저문화라는 것이다(그림 부록 2-1 참조).[16]

단결문화의 범위와 이를 남긴 종족에 대한 이 같은 논쟁은 1985년 임운이 목단강 유역의 동강문화를 단결문화 범주에서 제외하고 두만강 유역에서 홍개호, 그리고 러시아 연해주 일대의 단결문화를 옥저문화로 규정하면서 일단락되었다. 단결문화=북옥저문화라는 광유의 주장이 임운에 의해 수정되어 단결문화=옥저문화가 된 것이다(그림 부록2-2 참조).[17] 임운 이후에도 북옥저와 읍루의 경계, 북옥저와 남옥저의 경계, 남옥저의 남계 등에 대해 몇몇 다른 견해들이 제시되기는 하였지만 단결문화=옥저문화라는 대전제에 이의를 제기하는 중국 연구자는 거의 없어 보인다.[18] 결과적으로 옥저의 북쪽 경계선이 두만강 유역 혼춘, 연길 일대에서 수분하 유역으로, 다시 북쪽 홍개호 부근으로 300km 이상 북상하였고, 함경남도 동해안 지역이 옥저의 주 무대에서 제외되었다.

14 于建華, 1982,「對牧丹江中流原始文化的幾點認識」,『黑龍江文物叢刊』1982-2; 楊志軍, 1982.
15 중요 연구사 정리는 정영진, 1991,「옥저, 북옥저 강역고」,『한국상고사학보』7 참조.
16 戚玉箴·孫進己, 1984,「肅愼和挹婁娄的考古文化」,『學習與探索』1984-5.
17 林澐, 1985.
18 정영진(1991)의 연구사 정리 참조.

그림 부록 2-2
단결문화 유적 분포도
출처: 林澐, 1985; 필자 일부 수정

이러한 중국학계의 주장은 남옥저를 함경남도 일대에, 북옥저를 두만강 유역에 비정해 온 종래의 옥저의 지리적 위치 비정과는 크게 다르다. 이전에는 북옥저의 영역을 기껏 확대한다고 해도 경박호鏡泊湖 이남, 영액령英額嶺 이동 두만강 유역 일대의 간도間島 지방에 비정하는 정도였다.[19] 최근에는 중국 연구자들의 옥저 연구를 비판하면서 북옥저 경계를 두만강 지류인 알아하嘎呀河와 수분하를 잇는 선으로 추정하는 한국 연구자도 있다. 단결-크로우노프카문화의 최대 분포지는 수분하 유역과 두만강 유역이므로 수분하를 넘어 홍개호 방면이나 목단강 상류 유역으로 옥저문화의 분포 범위를 넓

19 池內宏, 1951,「曹魏の東方經略」,『滿鮮史研究』上世 第1册, 東京: 吉川弘文館, p.266; 日野開三郎, 1988,『東北アッア民族史』上, 東京: 三一書房, p.104.

히는 것은 무리라는 것이다.[20] 이러한 반론에도 불구하고 중국 고고학자들의 주장은 여러 형태로 국내 연구자들의 옥저 연구에 영향을 끼치고 있다.

2000년대 한국학계의 옥저 연구

2000년대에 들어와 한국 연구자들도 중국 동북 지방과 러시아 연해주 지역의 고고학자료에 대한 정보와 지식이 늘어남에 따라 옥저에 대한 새로운 견해들을 발표하기에 이르렀다. 『고고학으로 본 옥저문화』와[21] 환동해고고학연구회가 편찬한 『철기시대 한국과 연해주』가[22] 대표적인 성과물이다. 이들 역시 소략한 문헌기록에만 의존해 온 기존의 옥저 연구를 극복할 수 있는 돌파구로 고고학자료에 주목하였다. 예를 들면 강인욱은 방법론적으로 함흥, 두만강 유역과 같은 특정 지역을 옥저 또는 특정 종족의 주거지로 가정하고 고고학적 문화를 보는 것을 반대한다. 그는 중국 연구자들이 고고학자료 해석의 궁극적 목표를 종족 비정에 두는 것을 비판하면서 고고학자료를 토대로 문화권[23]을 설정하여 주민의 이동과 같은 여러 요소를 비교함으로써 종족 집단의 존재를 광역의 문화권으로 파악할 것을 주장하였다. 즉 한반도 중부 지방의 경질무문토기문화(중도식토기문화)가 토기, 주거지 평면 형태, 난방 시설, 철기 등 여러 면에서 단결-크로우노프카문화와 유사함에 주목하여 연해주와 한반도 동해안을 잇는 광역의 환동해 지역 철기시대 경질토기문화권을 설정하고 이를 옥저(크로우노프카)문화권으로 명명하였다.[24] 그는 옥저(크로우노프카)문화권을 기원전 4~기원전 1세기 단계와 기원후 1~3세기 단계

20 김재윤, 2009, 「한카호~목단강 유역 초기철기시대의 동강 문화 일고찰」, 환동해고고학연구회 편, 『철기시대 한국과 연해주』, 주류성, p.131, pp.195~196.

21 강인욱 외, 2008.

22 김재윤, 2009.

23 문화권은 비슷한 생계경제에 근거한 토기, 매장, 주거문화 등의 유물 조합에 상사성을 보여 주는 권역이란 뜻으로 사용하고, 이 같은 문화권의 설정은 국가 단계로 진입하지 못한 옥저, 동예, 읍루挹婁와 같이 중국 사서에서 그 실체가 인정되나 중심지나 분포 범위가 서로 다른 집단에 대한 연구에 효과적이라는 입장이다(강인욱, 2008, pp.30~31).

24 강인욱, 2008, pp.28~31.

로 나누었다. 전자의 범위는 북은 홍개호, 서는 장광재령 이동, 동은 러시아 연해주, 남은 함북 지역을 포함하여 광유의 북옥저문화 분포 범위와 대동소이하다(그림 부록 2-3 참조). 이와 달리 기원후 1~3세기의 옥저(크로우노프카)문화권은 함경남북도와 한반도 중부 지방의 중도식토기문화 분포 지역을 포함하여 문화권역이 전체적으로 남쪽으로 축소 이동하였다(그림 부록 2-4 참조).

이들의 견해는 한반도 중부 지방의 초기철기문화의 기원을 동북 방면에서 구하면서 보다 큰 틀에서 옥저를 바라본다는 점에서 기존의 연구들과는 기본 시각을 달리한다. 중부 지방의 철기문화 확산과 경질무문토기의 등장 배경에 대해서는 서로 다른 견해가 있으나, 대개는 서북 지방으로부터 들어온 중국계 철기문화와 타날문토기문화가 주도적인 작용을 한 것으로 이해해 왔다. 이와 달리 동북기원설을 주장하는 입장에서는 기원전 4~기원전 3세기경 연해주 지역에서 연평균 기온이 크게 내려가고 해수면이 강하하는 기후 변화가 일어나면서 농경을 생업으로 하던 크로우노프카문화인들이 해안가로 이동하는 큰 변화가 있었고, 그 여파로 크로우노프카문화가 한반도 동해안 지역으로 유입되었다는 것이다.[25] 특히 기원 전후 시기에 강원 영동 지역과 북한강, 남한강 일대에 경질무문토기문화가 급속히 확산되는 것은 바로 동북 지방에서 일어난 이 같은 변화 때문이라는 것이다.[26] 양 지역의 문화적 상사성이 단순한 문화 수용의 결과인지, 주민 이동에 의한 것인지, 서북계 요소가 우세한지, 동북계 요소가 더 강하게 작용하였는지 다양한 논의가 진행 중이다.[27] 어쨌든 한반도 중부 지방에 유입된 철기문화의 원류가 서북 방면으로부터 들어온 것뿐만 아니라 동북 방면을 통한 또 다른 한 갈래가 있

25 강원도 양양 가평리, 강릉 강문동, 강릉 교항리, 춘천 중도, 춘천 신매리, 횡성 화전리, 횡성 둔내 등지 주거지와 토기를 중요 비교 분석 대상으로 하였다(A. L. 수보티나, 2008, p.244).

26 강인욱, 2008, pp.70~71.

27 박순발, 2001, 『한성백제의 탄생』, 서경문화사, pp.92~93; 노혁진, 2004, 「중도식토기의 유래에 대한 일고」, 『호남고고학보』 19; 심재연, 2009, 「강원도 중도식토기 문화에 보이는 동북지방 요소」, 환동해고고학연구회 편, 『철기시대 한국과 연해주』, 주류성; 강인욱, 2009, 「연해주 초기철기시대 크로우노프카 문화의 확산과 전파」, 환동해고고학연구회 편, 『철기시대 한국과 연해주』, 주류성.

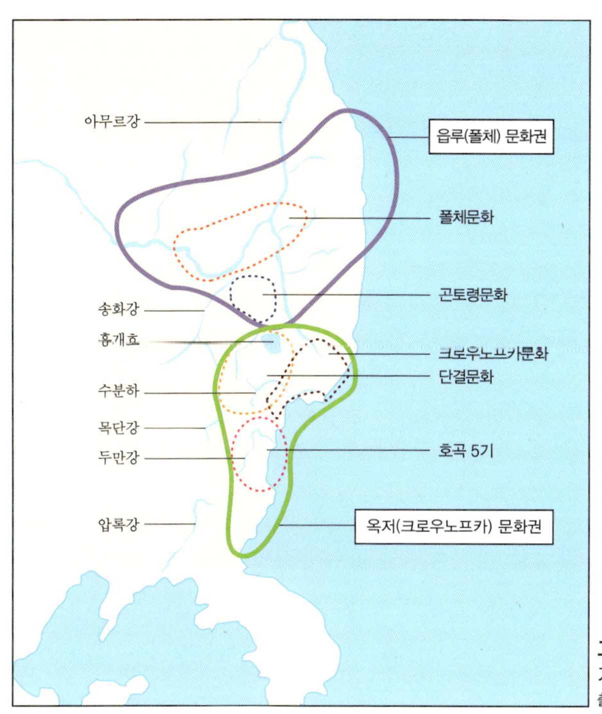

그림 부록 2-3
기원전 4~기원전 1세기 문화권 분포도
출처: 강인욱, 2008; 필자 일부 수정

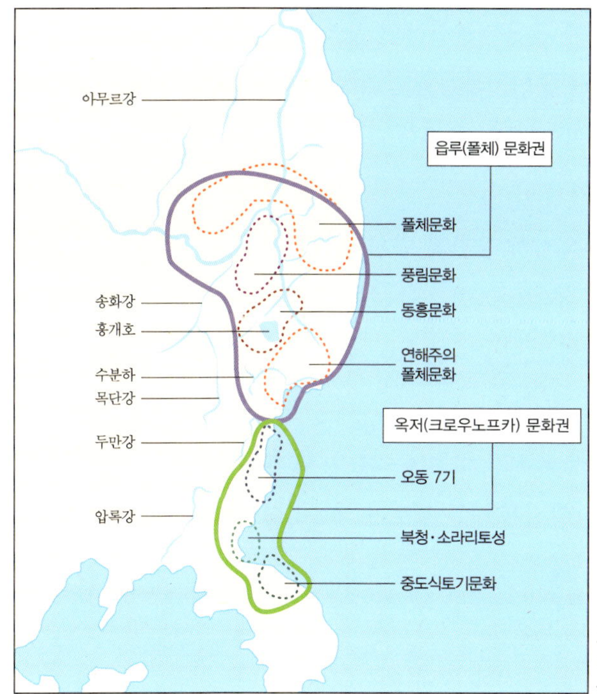

그림 부록 2-4
1~3세기 문화권 분포도
출처: 강인욱, 2008; 필자 일부 수정

었다는 가설을 제기한 것은 주목할만한 성과이다. 만약 이러한 관점을 견지한다면 함홍의 옥저를 포함하여 강원 지역 예족문화의 형성 과정에 대해서도 새로운 시각에서 접근할 수 있을 것이다.

옥저 연구상의 의문점

옥저, 옥저문화에 관한 이러한 연구 결과들을 보면 몇 가지 문제점이 발견된다.

첫째, 남옥저와 북옥저는 기원과 기층문화가 서로 다름에도 불구하고 구분 없이 단결-크로우노프카문화=옥저문화로 단일화함으로써 옥저 지역 물질문화의 형성과 변화 과정을 계기적으로 파악하지 못하였다.

둘째, 문헌기록상 시간적으로 북옥저의 등장 시기와 단결-크로우노프카문화의 시작 시기가 서로 어긋나는 점이다. 단결-크로우노프카문화의 상한은 기원전 4~기원전 5세기 또는 더 이상 올라간다는 견해도 있으므로[28] 단결-크로우노프카문화가 북옥저문화라면 북옥저의 등장 시점도 그만큼 소급되어야 한다.[29] 그러나 문헌기록상으로 북옥저가 등장하는 것은 빨라야 단결-크로우노프카문화가 끝나는 기원후 1세기경이며 북옥저의 이름이 사라지는 것은 기원후 3세기 후반이다.

셋째, 옥저, 특히 북옥저의 공간적 범위가 과연 그들의 주장대로 이처럼 넓었을까 하는 점이다. 3세기 중엽 고구려의 인구가 3만 호이고, 진·변한이 4~5만 호인 것과 비교해 보면 인구 5천여 호에 불과한 옥저의 범위를 그처럼 넓게 설정하는 것은 무리이다.

넷째, 옥저의 실체, 즉 옥저가 정치체 이름인지, 종족 이름인지, 문화권 단위인지, 지역 집단 이름인지에 대한 검토가 부족하다. 만약 종족명으로 간주

28 김재윤, 2008, 「동북한과 중국 연변지구의 초기 철기시대 문화」, 강인욱 외, 『고고학으로 본 옥저문화』, 동북아역사재단, p.88; A. L. 수보티나, 2008, pp.242~243.

29 이러한 문제점을 파악하여 단결문화 2기, 즉 기원전 3세기부터 옥저문화로 해석하고 지리적 범위도 축소해야 한다는 견해도 있지만(김재윤, 2008, p.131) 근본적인 해답은 아니다.

한다면 그렇게 보는 이유라든가 언제부터 이 같은 종족 갈래나 종족명이 성립되었는지 등에 대한 설명이 있어야만 한다. 그러나 대부분의 중국 연구자들은 일말의 의심이나 논증도 없이 옥저를 종족 단위로 간주하여 옥저족이라 부른다. 단결문화라고 하는 고고학자료를 설명하기 위한 방편으로 한족, 예족, 맥족, 읍루 등과 구별되는 옥저라고 하는 하나의 종족 단위를 설정한 것이다.

이처럼 광역에 걸쳐 몇 세기 동안 지속적으로 성장해 온 새로운 옥저상이 그려진 원인의 하나는 문헌기록에 나오는 옥저, 북옥저, 남옥저의 연혁이나 호칭 성립 과정 등에 대한 면밀한 검토를 소홀히 한 때문이다. 다른 하나는 옥저의 지리적 범위를 추정하고 옥저문화의 개념을 설정해 나가는 논리상의 문제이다. 대부분의 중국 연구자들은 두만강 유역은 옥저 지역이고, 이 지역의 초기철기시대문화가 단결-크로우노프카문화에 속하므로 이 유형의 문화가 분포하는 지역은 모두 옥저족의 분포권이라는 논리이다. 단결-크로우노프카문화가 확인되지 않는다고 알려진 함경남도 지역을 옥저의 영역에서 제외하고 북옥저의 영역을 그처럼 넓게 비정하여 옥저의 주체를 북옥저로 옮겨 갈 수밖에 없었던 것은 이러한 논리적인 오류 때문이다.

문헌기록이 아주 부족한 고대사 연구에서 고고학자료를 통해 얻을 수 있는 정보가 얼마나 중요한 것인지는 새삼 강조할 필요가 없다. 옥저나 동예처럼 강대국의 일부로 통합되어 당시의 모습을 복원하기 어려운 존재일수록 고고학자료의 유용성은 더 크다. 고고학자료상으로 나타나는 문화적 유사성이나 차별성을 종족적 정체성을 판가름하는 핵심 기준으로 삼는 데 대해서는 비판적인 시각이[30] 있는 것도 사실이다. 이와 달리 물질 자료 가운데서 관찰되는 양식적인 정형성은 한계는 있지만 사례별로 종족성을 반영할 수

30 김종일, 2008, 「고고학 자료의 역사학적 해석에 대한 비판적 고찰」, 『민족주의 사학과 한국고대사연구』, 제10회 한국고대사학회 하계세미나 자료집.

있다는 긍정적인 입장도 있다.[31] 고고학자료의 활용 효과는 활용 방법이나 적용 대상에 따라 다를 수 있기 때문에 일률적으로 규정하기는 어렵다. 문헌기록이 있는 경우와 문헌기록 없이 고고학자료에만 전적으로 의존하여 당시 사회를 복원하는 경우는 출발 조건이 서로 다르다. 그리고 옥저처럼 신뢰할 만한 문헌기록이 있을 경우에도 고고학자료를 해석할 때 문헌기록을 어떻게 활용하는가에 따라 이처럼 다른 결과가 나올 수 있다. 그러므로 문헌기록을 통해 시간적·공간적 측면에서 옥저의 역사적 실체가 어떻게 변화해 갔는지 먼저 살펴볼 필요가 있다.

3. 옥저의 기원

옥저에 관한 가장 자세한 기록이 실린 것은 『삼국지』 위서 동이전이다. 『삼국지』의 옥저 기사는 주로 한漢 대의 것과 3세기 중엽 위魏 대의 것 두 가지 내용으로 구성되어 있다. 한 대의 것은 대개 한군현 시기에 채록한 것이고, 위 대의 내용은 중국인이 직접 견문한 것을 근거로 한 것이 많다. 242년 고구려가 서안평西安平을 공격하자 유주자사幽州刺史 관구검毌丘儉은 244, 245년 두 차례에 걸쳐 고구려를 공격하였다. 특히 245년 2차 공격 때는 현도태수 왕기王頎의 군대가 옥저로 피신한 동천왕東川王(궁宮)을 추격하여 남옥저에서 북옥저에 이르는 전 구간을 통과하였다. 옥저 읍락들은 큰 피해를 입었지만 이로 인해 옥저에 대해서는 상대적으로 자세한 기록이 남게 되었다. 그리고 위군 공격이 있기 전부터 옥저는 고구려의 간접 지배를 받았고 최종적으로 고구려의 영역으로 편제되었으므로 『삼국사기』 고구려본기에도 옥저 관련 기록이 실려 있다. 이를 토대로 각 시기별로 나누어 옥저의 명

31 박순발, 2006, 「한국 고대사에서 종족성의 인식」, 『한국고대사연구』 44.

칭, 성격, 지리적 범위의 변화 과정을 살펴볼 수 있다.

한군현 시기의 '옥저'

문헌기록상으로만 본다면 옥저라는 명칭은 부조夫租라는 한의 현명縣名에서 유래한다.[32] 『한서漢書』 지리지 낙랑군조에 부조현의 이름이 실려 있고, 평양 시역에서 부조현명이 새겨진 봉니封泥도 출토되었다. 그리고 평양 정백동 364호 무덤에서 초원初元 4년(기원전 45)에 작성된 낙랑군 호구부戶口簿 자료가 출토되었는데 여기에도 부조현으로 기재되어 있다.[33] 이처럼 한 대에는 부조라 했으나 3세기 중엽경에 편찬된 『삼국지』 위서 동이전에 오면 옥저沃沮로 표기가 바뀌었다. 이러한 변화는 다른 현명에서도 찾을 수 있는데 한 대의 '불이不而'가 위魏 대에는 '불내不耐'로 바뀐다. 그 이유는 알 수 없지만 본래의 글자에 자획을 추가하는 정도의 변화이므로 대상 자체가 근본적으로 달라진 것은 아니다. 명칭상의 정확성을 기하려면 한 대에는 부조라 부르는 것이 옳지만 지금은 『삼국지』 단계의 명칭인 옥저라는 이름을 소급하여 사용하는 것이 일반화되어 있다. 이 글에서는 한 대의 옥저, 즉 부조를 편의상 '옥저'로 표기하여 『삼국지』 단계의 옥저와 구분하고자 한다.

옥저의 기원을 밝히려면 부조현에 대한 것을 먼저 검토하고, 다시 부조현의 전신을 검토하는 것이 순서이다. 부조현은 기원전 108~기원전 107년 위만조선 세력권 안에 한이 설치한 현 가운데 하나였다. 부조현이 어느 군에 속했는지에 대해서는 현도군설과 임둔군설이 있지만 임둔군설이[34] 합리적이다. 현도군설은 "옥저성沃沮城을 현도군玄菟郡으로 하였다"는 『삼국지』 위서 동이전 동옥저조의 기록을 근거로 한다.[35] 그러나 『삼국지』의 이 기록을 액면 그대로 현도군 설치 당초부터의 상황이라고 해석하는 데는 문제가 있다.

32 이병도, 1976, 『한국고대사연구』, 박영사, pp.228~289.
33 윤용구, 2009, 「평양출토 '낙랑군초원사년현별호구부' 연구」, 『목간과 문자』 3, 한국목간학회.
34 이병도, 1976, pp.194~195.
35 옥저를 군치郡治로 해석하기도 하고, 그냥 현도군 소속 현의 하나라고 해석하기도 한다.

1차 현도군 지역의 대부분은 앞서 창해군滄海郡이 설치된 곳으로 알려져 있다. 기원전 128년 한漢이 창해군을 설치할 때는 위만조선의 세력권을 깊숙이 파고들어야만 하였기에 그 동쪽 끝이 함흥 지역까지 미쳤을 가능성이 있다. 그러나 현도군을 설치할 때는 동해안 지역을 관할하는 임둔군이 따로 설치되어 있었기 때문에 굳이 현도군의 동쪽 끝을 동해안 지역까지 연장할 필요는 없다.[36] 그리고 '옥저'가 현도군 소속이라고 한다면 강원 북부에서 함경남도 해안 지대에 분포한 것으로 추정되는 임둔군의 영역은(그림 부록 2-5 참조) 함흥을 가운데 두고 남북 두 구간으로 분리되어야 한다. 지리적으로 함흥 일대의 부조는 압록강 방면의 현도군 소속 현들과 동해안 방면의 임둔군을 연결하는 중간 위치에 있다. 만약 임둔군의 일부 현을 현도군에 합속시켜 두 지역을 동시에 관할해야 할 경우, 함흥 일대에 군치를 둔다면 아주 편리할 것이다. 이러한 지리적인 조건을 감안할 때 부조현이 현도군 소속이라는 동이전의 기록은 임둔군이 폐지되고 임둔군 소속 7현이 현도군에 합속되어 현도군의 관할 범위가 최대로 확대된 시기(기원전 82~기원전 75)의 상황으로 해석해야 한다. 임둔군 7현은 기원전 75년 현도군이 옮겨 간 후(제2 현도군) 낙랑군 동부도위東部都尉 관할 아래 있다가 기원후 30년 동부도위가 폐지되면서 독립된 후국이 되었고 이후 고구려에 복속되었다. 이들이 『삼국지』 동이전에 나오는 옥저, 화려華麗, 불내不耐 등이다. 요컨대 부조현이 현도군에 속했느냐 임둔군에 속했느냐에 상관없이 적어도 기원전 2세기 말~기원후 1세기 초반까지 '옥저'가 한군현의 통치 아래 있었다는 것은 간과할 수는 없는 사실이다.

근래 낙랑군이 작성한 호구부 자료가 국내에 소개되어 한군현 시기 '옥저'의 인구 규모를 알 수 있게 되었다. 초원 4년에 작성된 호구부 자료에는 낙랑군 소속 18개 현과 낙랑군 동부도위 관할 7개 현의 호구수가 기재되

36 현도군이 요동에서 동해안에 이르는 좁고 기다란 대상帶狀의 형태라고 한다면 더더욱 군치를 동쪽 맨 끝 임둔군 영역의 한가운데에 둘 이유가 없다.

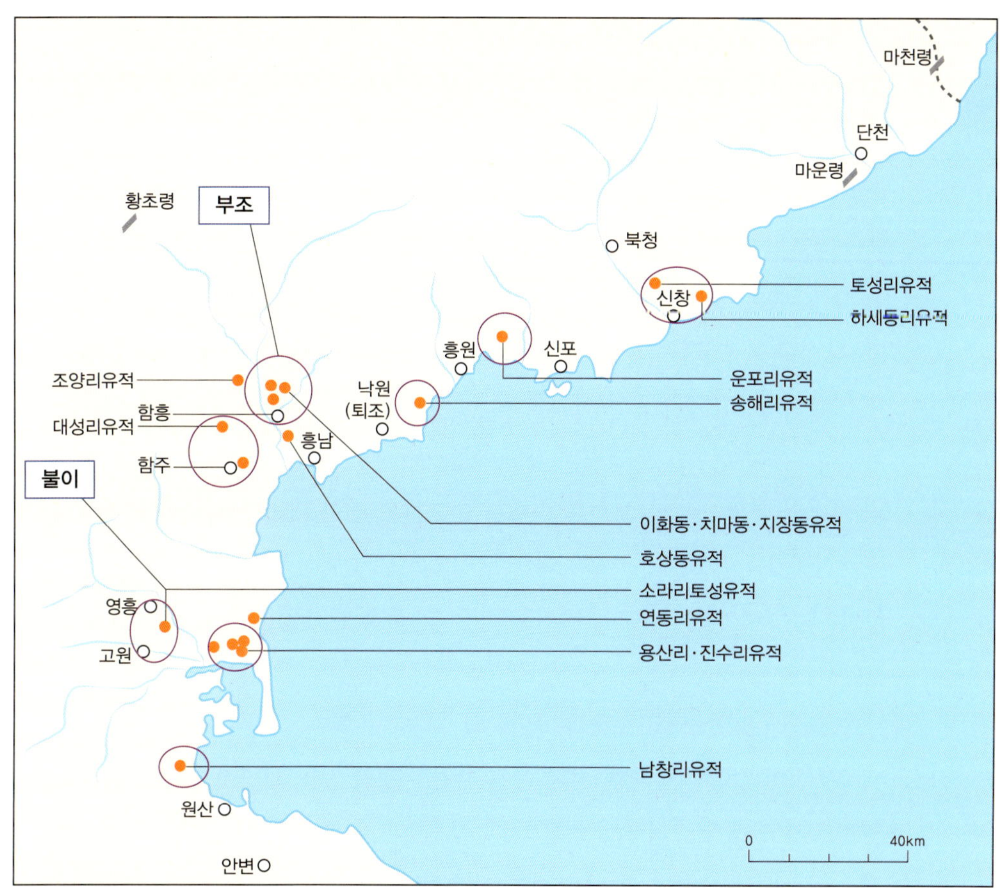

그림 부록 2-5
임둔 지역 세형동검문화 유적과 중요 읍락 분포도
출처: 한석정, 1961; 필자 일부 수정

어 있다.[37] 이 자료에 의하면 기원전 45년 당시 부조현은 1,150호에 인구가 5,111구 되는 중간 크기의 현이었다. 동부도위 소속 7현 중 1,000호가 넘는 것은 불이不而(1,564호), 화려華麗(1,291호), 사두매邪頭昧(1,244호), 부조 4개 현이고, 잠태蠶台, 전막前莫은 500호가량 되고, 임둔군치가 있었던 동이현東暆縣은 279호에 불과하여 현별 인구 편차가 상당히 크다. 『삼국지』 동이전에서 불내, 화려, 부조 등을 영동 7현의 주요 세력으로 언급한 이유를 알 수 있다. 그러나 동부도위 소속 7현의 평균 호수는 945호로 낙랑 지역(1, 3구역) 현의 평균 호수 2,700여 호와 비교할 때 절반도 되지 않는다. 현의 크기에 따라 차이가 있겠지만 진·한 대 현의 중요 성읍들은 현성을 중심으로 반경 30~50리 미만의 범위 안에 분포한다고 한다.[38] 그리고 전한 대는 현성과 취락과의 평균거리가 4~6km이고, 후한 대는 11~12km로 늘어난다고 한다.[39] 이를 참고할 때 부조현의 취락 분포 범위도 직경 20km를 넘지 않았을 것이다.

고조선·위만조선 시기의 '옥저'와 '옥저'문화

부조현의 기원은 한군현 설치 이전 시기로 올라간다. 위만조선이 주변 지역으로 세력 팽창을 하면서 진번眞番과 임둔臨屯을 복속하였고, 임둔의 한 구성원으로 있던 옥저도 위만衛滿에게 복속되었다. "한 초에 연 망인亡人 위만이 조선의 왕 노릇할 때 옥저도 모두 복속하였다"는[40] 기록은 이러한 상황을 전한다. 뒤이어 한이 위만조선을 멸망시키고 군현을 설치할 때 대부분 위만조선 시기의 토착 집단을 기본 단위로 하였다. 임둔군과 진번군은 위만조선에게 복속되어 있던 임둔과 진번을 바탕으로 설치된 것이다.[41] 그러므로 부

37 윤용구, 2009, pp.290~291.

38 이성규, 1989, 「진의 지방행정조직과 그 성격–현의 조직과 그 기능을 중심으로–」, 『동양사학연구』 31, pp.36~37.

39 김병준, 2006, 「한대 취락 분포의 변화–묘장과 현성의 거리 분석을 중심으로–」, 『중국고중세사연구』 15, pp.72~73.

40 『三國志』 魏書 東夷傳 東沃沮條, "漢初 燕亡人衛滿王朝鮮 時沃沮皆屬焉".

41 『史記』 朝鮮列傳, "以故滿得兵威財物 侵降其旁小邑 眞番臨屯皆來服屬".

조를 포함하여 사두매, 동이, 불이, 잠태, 화려, 전막 같은 임둔군의 속현들도 옥저와 마찬가지로 이전부터 존재하던 토착 정치체들로 추정된다. 화려를 제외하고 나머지 6개 현의 이름이 한자식이 아니라 토착 이름을 한자로 음역한 것이라는 점, 그리고 현의 크기가 고르지 않고 대소 격차가 큰 것도 이를 뒷받침한다.

이러한 토착 정치체들이 등장한 중심 시기는 기원전 3~기원전 2세기이며, 이 시기는 고고학상으로 세형동검문화(초기철기시대) 단계에 해당한다. 세형동검문화는 요동 방면에 중심을 두고 있던 고조선이 중국 연나라와의 대결에서 패하여 기원전 4세기 말~기원전 3세기 초 중심지를 평양으로 옮겨 독자적인 금속문화를 꽃피우면서 본격화하였다. 세형동검 관련 유물은 청천강 이북을 제외한 한반도 전역과 일본 열도, 러시아 연해주 지역까지 퍼져 있다. 세형동검 관련 청동기들은 거의 대부분 정치체 수장의 무덤에서 출토된다. 부장된 청동기의 양과 질에 따라 정치체의 규모와 수장의 위상을 가늠할 수 있을 정도로 이들은 정치체의 존재를 반영하는 직접적인 자료이다. 이러한 세형동검문화 단계의 정치체를 편의상 읍락邑落 또는 읍락집단이라 부른다.[42] 문헌에 나오는 진번, 임둔, 진국辰國의 실체는 바로 광역에 걸친 읍락집단들의 연맹체이었다.[43] 그러므로 동북한 지역에서 출토된 세형동검 관련 청동기 유물·유적 자료는 '옥저'를 위시하여 임둔을 구성한 주요 읍락집단의 존재를 뒷받침하는 자료이다.

함경도와 강원 동해안 지역에서도 세형동검 관련 청동기 유물들이 여러 곳에서 출토되었다(그림 부록 2-1, 그림 부록 2-5 참조).[44] 해안을 따라 남으로는 강원도

42 이현혜, 2003, 「한반도 초기철기시대의 정치체 수장에 대한 고찰」, 『역사학보』 180, pp.3~7.

43 이현혜, 2007, 「마한사회의 형성과 발전」, 『백제의 기원과 건국』, 백제문화사대계 연구총서 2, 충청남도역사문화연구원.

44 한석정, 1961, 「함경남도 지역에서 발견된 세형동검유적과 유물」, 『문화유산』 1961-1; 안영준, 1966, 「함경남도에서 새로 알려진 좁은놋단검관계 유적과 유물」, 『고고민속』 1966-4; 박진욱, 1974, 「함경남도일대의 고대유적 조사보고」, 『고고학자료집』 1974-4; 안영준, 1983, 「함경남도에서 새로 알려진 고대유물」, 『고고학자료집』 6.

통천, 양양에 이르고 북으로는 멀리 두만강 하류 함북 종성군 동관리에 이른다. 이 중에서 분포 밀도가 가장 높은 곳은 함흥 일대이고, 그다음은 영흥(금야) 일대이며, 함흥에서 멀어질수록 분포 밀도가 크게 낮아진다. 동북한 지방에서 유물의 질과 양이 가장 우수한 것은 함흥시 이화동(동흥산)유적이다(세형동검 2, 동모 2, 동과 1, 철제 검파두식劍把頭飾 1, 세문경 1, 주조철부 1, 토기편). 이화동유적에서 각각 500m, 800m 떨어진 치마동과 지장동에서도 세형동검과 동과가 출토된 것으로 미루어 이 일대에 집단 묘역이 있었고, 여기에서 멀지 않은 곳에 중심 취락이 있었던 것으로 추정된다. 그리고 이화동유적을 중심으로 직선거리 10km 이내에 조양리, 대성리 1지점·2지점, 호상동 1지점·2지점 등의 동검, 동과, 간두령竿頭鈴 등 각종 청동기가 출토된 유적들이 분포한다. 이화동유적 출토 유물은 진번이나 진국 중심지에서 출토되는 유물과 그 성격이 아주 유사하다.[45] 그러므로 유물의 양과 질, 밀집도 등을 고려할 때 이 일대에 부조, 즉 '옥저'가 있었고, 부조현이 설치된 것으로 생각된다.

그다음은 금야군(영흥) 소라리토성을 중심으로 직선거리 10~15km 거리에 금야군 진수리, 용산리 1·2·3지점, 연동리유적이 분포하여 함흥권 다음으로 높은 분포 밀도를 보인다. 토성 유적과 귀틀무덤이 확인된 소라리토성은 동부도위 치소가 있던 불이현의 중심지로 비정된다. 그리고 소라리와 별개로 집단 무덤이 있었던 것으로 보이는 용산리 일대(1지점: 동검, 동과 / 2지점: 동검, 동모 / 3지점: 동검, 세문경, 검파두식)에도 독립된 읍락이 있었던 것으로 추정된다. 그 나머지는 동남, 동북 해안을 따라 소수의 읍락들이 듬성듬성 분포한다. 동북 방향으로는 낙원 송해리유적, 홍원 운포리유적, 신창 하세동리유적 등이 있고 동남 방향으로는 강원도 동해안을 따라 문천 남창리 유적 등지로 이어진다. 함흥 동북 방면 해안 지역에서 출토 유물이 제일 많은 곳은

45 황해도 봉산군 송산리유적, 충남 당진 소소리유적, 충남 부여 합송리유적 등이다.

신창 하세동리유적이며, 인근 북청 토성리유적에서도 세형동검이 1점 출토되었다.[46]

이러한 분포도만으로는 임둔의 범위가 어디까지인지 단정하기 어렵겠지만 중요 읍락집단의 분포 상황과 중심지를 파악하는 데는 무리가 없다. 임둔군 소속 현들의 분포 범위에 대해서는 여러 설이 있다.[47] 하지만 적어도 고고학자료상으로는 임둔군의 중요 현들은 세형동검 관련 청동 유물이 밀도 높게 출토되는 북청-함흥-원산 일대에 분포하였을 것이다. 이 구간은 청동기시대에는 이른바 금야-토성리유형문화의 분포권으로 비파형동검 관련 청동기가 다량 출토되어 세형동검문화 이전 단계부터 읍락집단 형성의 토대가 잘 갖추어진 곳이다.[48]

이처럼 장황하게 함경도 일대의 초기철기문화 단계의 고고학자료를 언급한 것은 '옥저'의 기원과 문화 성격을 다시금 확인하기 위한 것이다. 기원전 3~기원전 2세기 단계의 부조, 즉 '옥저'의 실체는 세형동검문화권 안에 형성되어 있던 정치체의 하나였고, 이러한 앞 단계의 문화를 계승하면서 기원전 1세기~기원후 1세기 단계는 한의 군현으로서 낙랑문화의 직접적인 영향권 안에 있었다. 기원전 1세기 후반 부조현 읍군邑君의 무덤으로 추정되는 부조예군묘夫租薉君墓(정백동 1호분)의 부장품을 보면 전통 무기인 세형동검, 동모도 있지만 철극鐵戟, 철모鐵鉾, 쇠뇌 등 낙랑 시기의 전형적인 철제 무기가 주류를 이룬다.[49] 묘제는 말할 것도 없고 토기도 서북한 지방 목관묘·목곽묘의 전형적인 부장품인 화분형토기와 호형토기 세트가 부장되어 있다. 부조현의 주민들이 일상생활에서 사용한 토기가 어떠한 종류였는지, 주거지

46 북청 일대에는 이외에도 선사, 고대 유적이 많이 분포한다. 조선력사유적유물지명표(북반부 편5), 『조선고고연구』, 1994-3, pp.47~48.

47 강릉설, 강원도 전역설, 경기도 서부설, 함경남도 및 강원도설. 이병도, 1976, p.194 참조.

48 토성리에서는 20여 점이나 되는 비파형동검문화 단계의 청동 유물이 나왔고, 영흥에서도 비파형동검문화 단계의 동부와 방울 거푸집, 그리고 비파형 동모 등이 출토되었다(김용간·안영준, 1986, 「함경남도, 량강도 일대에서 새로 알려진 청동기시대유물에 대한 고찰」, 『조선고고연구』 1986-1).

49 리순진, 1964, 「부조예군 무덤에 대하여」, 『고고민속』 4.

가 어떠한 형태였는지는 알려지지 않았지만 지배계급의 문화 내지는 선진문화 요소를 해당 집단의 문화 성격을 나타내는 지표로 삼는 것이 일반적이다. 적어도 '옥저' 지배계급의 문화가 세형동검문화에 이어 낙랑문화로 계승되었다는 것은 엄연한 사실이다. 이것은 '옥저' 문화의 정체성을 규정할 때 우선적으로 고려해야 할 사항이다.

4. '옥저'문화와 단결-크로우노프카문화

지금까지 살펴본 대로 고조선, 위만조선, 한군현 시기의 '옥저', 즉 부조는 읍락의 이름이자 현명이었다. 이는 직경 20km 미만의 영역에 인구 1,000호 가량 되는 조그마한 규모의 정치체일 뿐 독립된 종족 단위를 구성하거나 동북한 지방의 특정 문화를 대표하는 집단도 아니었다. '옥저'의 종족 갈래를 보여 주는 가장 오래된 문자 자료는 기원전 1세기 후반 부조현 읍군의 무덤(정백동 1호)에서 나온 '부조예군夫租薉君'이 새겨진 은제 인장이다. '부조예군'의 부조는 현의 이름이고 예군은 예족 출신 읍군이란 뜻이다. 이 무덤에는 세형동검이 부장되어 주인이 토착인 출신임을 말해 준다. "단단대령單單大嶺 이동 7현은 도위都尉가 주관했는데 백성은 모두 예濊인이다"라는 『삼국지』 기록은 영동 7현에서 옥저만 떼어서 별도의 종족 갈래로 인식하지 않았다는 증거이다. 기원후 30년 동부도위가 폐지되고 영동 7현이 독립하여 후국이 된 후, 그중 하나였던 불내의 수장은 후한 왕조로부터 '불내예후不耐濊侯'라는 관작을 받았다.[50] 불내의 예로 미루어 같은 후국이었던 옥저와 화려도 후한 대에는 '부조예후'와 '화려예후華麗濊侯'와 같은 관작을 받았을 가능성이 높다. 후국이라는 표현을 통해 알 수 있듯이 현이 폐지된 이후 중국인

50 『삼국지』 魏書 東夷傳 東沃沮條.

들은 이들을 옥저족, 불내족, 화려족이 아니라 예족으로 구성된 옥저국, 불내국, 화려국으로 인식하고 있었다. 그러므로 후한 초기에도 '옥저'는 예족으로 구성된 후국의 이름이지 종족명은 아니다. 그리고 이 단계의 '옥저'문화의 성격을 굳이 광역의 문화권 속에 넣고자 한다면 기원전 3~기원전 2세기에는 세형동검문화권 속에서, 중국 군현 시기에는 낙랑문화권 내지는 예족문화권 속에서 찾아야 한다.

그런데 다수의 중국 연구자들은 '옥저'와 '옥저'문화의 기원을 함경남도 지역이 아니라 두만강과 수분하 유역의 초기철기문화에서 찾는다. 함경남북도의 경계를 이루는 마천령산맥을 옥저와 동예의 경계로 삼아 마천령 일대에서 두만강 유역까지가 남옥저이고, 두만강 북안으로부터 흥개호까지 북옥저이며, 마천령 남쪽 함경남도 동해안 일대는 동예의 지역이라고 주장한다.[51] 심지어 임운林澐은 남옥저의 중심지는 두만강 유역이며, 현도군의 군치가 설치된 한 대의 '옥저'도 두만강 유역에 있었다고 주장한다.[52] 이들은 연길, 혼춘 지역만이 아니라 함북 무산 호곡동유적, 회령 오동유적, 나진 초도유적에서 단결-크로우노프카문화가 확인되는 것을 중요 논거로 삼고 있다.

그러나 기원전 3~기원후 1세기 단계의 옥저의 중심 무대를 함경북도 이북 지역에 비정하는 것은 본말이 전도된 것이다. 지금까지 살펴본 대로 기원후 1세기 초엽까지도 중국인들이 '옥저'라고 부르고, '옥저'라고 기록한 대상은 함흥 일대의 읍락에 한정되어 있었다.[53] 이 시기 함흥 일대 '옥저'의 문화는 세형동검문화 토대 위에 낙랑문화가 합쳐진 것으로 단결-크로우노프카문화와는 뿌리가 다르고 중심 무대가 다르다. 그리고 함흥과 영흥 일대는 강인욱이 지적한 대로 단결-크로우노프카문화인들이 선호하는 자연적인 지형 조건을 갖춘 곳임에도 불구하고 이 지역에서는 단결-크로우노프카

---

51 匡瑜, 1982; 정영진, 1991.

52 林澐, 1985.

53 앞서 살펴본 대로 기원후 30년까지 '옥저'는 함흥 일대의 옥저현을 가리키고 그 이후에는 옥저라는 후국의 이름이었기 때문이다. 중국 연구자들의 중요한 오류 하나는 정치체 이름인 옥저를 종족명으로 이해하는 것이다.

문화 계통의 유적은 발견되지 않는다.[54] 단순히 문화 성격만 다른 것이 아니라 이화동유적과 같은 청동기 위신재를 풍부하게 소유하는 정치체 수장이 있었고, 수장을 위한 개별 무덤이 널리 만들어지던 사회와 그렇지 않은 사회는 정치·사회적 발전 면에서도 차이가 있다. 그럼에도 불구하고 함흥 일대에 있던 '옥저'라는 정치체의 이름을 따서 기원전 4, 5세기 이래 두만강 유역과 수분하 유역의 초기철기문화인 단결문화나 크로우노프카문화를 옥저문화로 명명하는 것은 합당하지 않다. 만약 특정문화를 옥저문화라고 칭하려면 시공적으로 옥저가 존속한 시기의 옥저 지역 문화를 기본으로 삼고 이것이 대표성이 있을 때 동일한 문화가 분포하는 지역을 옥저문화 분포지로 명명하는 것이 합리적이다.

중국 연구자들의 논리의 출발점은 단결-크로우노프카문화 유적이 분포하는 두만강 유역이 북옥저 지역이었다는 것이다. 그러나 기원후 30년 이전에는 아직 함흥 일대 이외의 다른 지역의 주민을 옥저라고 부르거나 옥저로 인식하지는 않았다. 옥저의 지리적 범위와 명칭이 두만강 유역으로 확대된 것은 적어도 동부도위가 폐지된 기원후 30년 이후의 일이다. 그렇다면 두만강 유역의 주민과 읍락을 옥저에 포함시켜 북옥저라고 부른 것이 언제부터인지, 그 계기가 무엇인지 살펴볼 차례이다.

5. 옥저의 공간적 확대

옥저 명칭의 분화

기원후 1세기를 지나 위 대에 이르면 사서상으로 이전과 다른 성격의 옥저가 등장한다. 먼저 주목되는 것은 옥저 명칭의 분화와 지리적 범위의 확대

54 강인욱, 2008, p.26.

이다. 『삼국지』 위서 동이전에는 옥저, 남옥저, 북옥저, 동옥저 등의 명칭이 등장한다. 이들을 두고 여러 가지 해석들이 있지만 기록을 자세히 검토해 보면 본문 설명 중에서 가장 많이 사용된 것은 그냥 옥저이다. 특히 옥저의 연혁을 설명하거나 함흥 방면의 원옥저, 즉 부조를 지칭할 때는 그냥 옥저라고만 하였다. 이것은 북옥저, 남옥저 등의 이름이 후대에 생겨났음을 뜻한다. 그러므로 옥저 명칭의 분화 과정을 통해 옥저의 공간적 확대 과정을 살필 수 있다.

동옥저는 대개 함흥 방면의 옥저를 가리키는 것으로 이해하고 있지만,[55] 옥저 전체를 가르키는 것으로 해석하는 경우도 종종 있다.[56] 『삼국지』 동이전의 서술 형식을 보면 첫머리에 명칭, 지리적 위치, 자연 지형, 면적, 인구, 언어 등 총론격에 해당하는 내용을 싣고 있다. 부여, 고구려는 물론이고 삼한의 경우에도 "한韓은 대방帶方의 남쪽에 있고 … 사방 4,000리나 되며 세 종류가 있는데 마한, 진한, 변한이다"라고 하였다. 그런데 옥저의 경우, "동옥저는 고구려 개마대산의 동쪽에 있고 큰 바닷가에 접해 산다. 그 지형은 동북은 좁고 서남은 길어 1,000리나 되며 북은 읍루, 부여와 접하고 남은 예맥과 접해 있다. 호戶는 5,000이다 …"라고 하여 서술 내용은 분명 옥저 전체의 상황을 종합 개관한 것임에도 불구하고 첫 문단의 시작을 옥저라 하지 않고 동옥저라 하였다.

동옥저는 옥저 기사 시작 부분에서 딱 한 번만 나온다. 만약 동옥저가 함흥 일대의 옥저를 가리키는 것이라면 한 번 언급으로 끝날 대상이 아니다. 그 이유에 대해서는 두 가지 추정이 가능하다. 하나는 단단대령의 동쪽에 있는 예를 통칭하여 동예라 하듯이[57] 옥저가 개마대산의 동쪽에 있음을 부연

55 『三國史記』 高句麗本紀, 太祖大王 4년조에는 함흥 일대의 옥저를 동옥저라 하였다.

56 日野開三郎, 1988; 林澐, 1982.

57 『三國志』 魏書 東夷傳 濊條, "樂浪太守 … 以領東濊屬句麗 興師伐之"; 『後漢書』 東夷列傳 高句麗條, "其人性凶急 有氣力 … 沃沮東濊皆屬焉".

설명하는 뜻에서 전체 옥저를 동옥저라 불렀을 가능성이다.[58] 다른 하나는 동옥저가 옥저의 본류이자 중심이었기에 동옥저부터 설명하였을 가능성이다. 이 경우 동옥저는 함경남도 일대의 옥저를 가리키는 것이어서 북옥저는 동옥저 설명 대상에 포함되지 않아야 한다. 그러나 동옥저는 북으로 북옥저와 접한다고 하지 않고, 북으로 읍루, 부여와 접한다고 하였으므로 동옥저조의 설명 대상에는 분명 북옥저까지 포함되어 있다. 그리고 함흥 지역 '옥저'의 연혁을 설명하는 부분에서 동옥저라는 표현은 한 번도 없고 단지 옥저라고만 하였다. 이것은 『삼국지』 동이전 찬자가 동옥저라는 칭호를 원옥저와 같은 의미로 사용하지 않았다는 증거이다. 그리고 동옥저와 북옥저가 별개의 대등한 옥저라면 북옥저를 설명하는 부분에서도 면적이나 인구, 동서남북 접경 등 총괄적인 설명이 마땅히 있어야만 하나 그렇지 않다. 더욱이 본문 중에 북옥저와 대비되는 존재로 함흥 일대의 옥저를 남옥저라 하였다. 그러므로 『삼국지』 동이전의 동옥저는 옥저의 일부만을 가리키는 것이 아니라 남옥저와 북옥저 모두를 포괄하는 것으로 해석하는 입장이 옳다.

말하자면 『삼국지』 단계에 오면 옥저라고 칭하는 대상이 그만큼 늘어났다는 뜻이다. 옥저라고 부르는 읍락의 숫자가 하나가 아니라 복수가 된 것이다. 옥저에는 여러 읍락들을 통합하여 다스리는 대군왕大君王이 없고 각 읍락별로 대를 이어 수장들이 있었다고 하는 기록도[59] 이러한 상황을 뒷받침한다. 그리고 기원전 44년 1,150호이던 '옥저'의 호수가 『삼국지』 동이전에서는 5,000여 호로 늘어났다. 일반적으로 고대사회의 자연적인 인구증가율은 연 0.1~0.2% 정도로 알려져 있는데,[60] 이 증가율은 인구가 두 배로 늘어나는 데 250~500년 걸리는 정도의 증가 속도이다. 0.2%의 자연 증가율을 적용한다고 해도 기원후 3세기 전반경 옥저의 인구는 2,500호 정도 되는 것이

58 日野開三郎, 1988.
59 『三國志』 魏書 東夷傳 東沃沮條, "無大君王 世世邑落 各有長帥".
60 Karl Sax, 1956, 『The Population Explosion』 Headline Series #120, New York: Foreign Policy Association, pp.12~13.

정상이다. 물론 국가 행정력에 바탕한 호구 조사 자료와 사서에 기술된 대략적 인구 파악 자료를 액면 그대로 비교한 것이기 때문에 정확성이 떨어지는 면이 있긴 하다. 그렇지만 2,500여 호의 두 배인 5,000여 호로 파악되었다는 것은 호구 파악 대상 영역이 확대되거나 아니면 외부로부터의 인구 유입이 있었음을 시사한다. 한漢, 고구려, 위 등 지속적으로 강대 세력의 지배를 받았던 옥저 지역에 급격한 인구 유입이 있었다고 보기는 어려우므로 옥저의 호구 파악 대상 영역이 확대된 것으로 해석할 수 있다.

비록 통합은 되지 않았지만 함흥에서 두만강 유역 사이에 있는 여러 읍락들, 즉 한 대에는 고유의 이름을 가졌던 읍락들도 옥저 읍락으로 통칭하게 되었던 것이다. 그리고 두만강 하류 유역의 주민 집단들도 언제부터인가 옥저라 부르게 되자 함흥의 옥저와 구분하기 위해 북자를 붙여 북옥저라 하였다. 그리고 함흥의 옥저를 포함하여 남쪽에 있던 읍락들을 북옥저와 구분하기 위해 남옥저라는 명칭이 등장하였다. 남옥저와 북옥저는 각각 다수 읍락을 포함하는 일정 권역을 뜻하는 동시에 좁게는 남옥저와 북옥저의 중심 읍락인 부조현치와 치구루置溝婁(관구검전에는 매구買溝라 함)를 가리킨다. 이처럼 옥저라고 부르는 대상이 확대되어 가는 과정에서 부조 → 옥저 → 북옥저 → 남옥저의 순서로 옥저 명칭도 분화되어 갔다. 남·북옥저를 통칭하여 동옥저라 한 것은 아마도 『삼국지』 찬술 단계에 이르러서였을 것이다. 이와 유사한 명칭 분화 사례는 삼한 지역에서도 찾을 수 있다. 처음에는 한반도 서남부 지방의 일부를 한韓이라 칭하였으나 시간이 지나면서 진한, 변한이 등장하고 한의 지칭 범위가 경상도 방면으로 확대되자 서남부 지방의 본래의 한을 진한·변한과 구별하기 위해 마한이라 부르고 종국에는 삼한을 통칭하여 한이라 부른 것과 비슷하다.[61]

61 이현혜, 2007.

옥저 명칭 확산과 역사적 배경

다음으로 풀어야 할 의문은 옥저의 명칭 확산과 지리적 범위가 확대되는 역사적 배경이다. 3세기 중엽 옥저의 인구는 5,000여 호로 삼한 소국 정도의 규모이다. 삼한 소국은 다수의 읍락으로 구성되어 있었는데 각 읍락은 500~1,000호 규모의 개별 정치체이다.[62] 5,000여 호라면 5~10개 정도의 읍락들로 구성되었다는 뜻인데 읍락 간에 통합이 이루어지지 않은 점이 삼한 소국과 다르다. 삼한 소국은 읍락들이 통합되어 대외적으로 단일한 정치체로 기능하였기에 ○○국이라는 고유의 이름으로 불렸다. 삼한 소국의 읍락들을 하나로 묶어 주는 토대는 군사적인 기능, 대외 교역과 관련된 경제적 기능, 국읍의 제사 권력 등 복합적인 것이다. 함경남도 일대의 중요 읍락들은 본래 고유의 이름을 가지고 있었고 한 대에는 임둔군 소속의 현이 설치된 곳도 있었다. 그러나 『삼국지』 동이전 기록에 나타나는 3세기 중엽경의 이들의 모습은 여전히 읍락별로 분립된 상태이다. 그런데 단일한 대읍락에 불과하던 '옥저'가 다른 읍락들을 무력이나 제사 권력으로 통합한 것도 아니고 교역 등 대외 교섭을 위한 공동조직체를 만든 것도 아닌데 함경남도 일대에서 두만강 유역에 이르는 다른 읍락들을 옥저라는 하나의 범주 안에 묶은 토대가 무엇인지 궁금하다. 그것이 종족적 동질성 때문이 아님은 이미 살펴본 바와 같다.

'옥저'는 한 군현의 통제에서 벗어나 얼마간 독립된 후국侯國으로 존속하다가 고구려에 복속되었다. 기원후 30년 이후 후국으로 존속하는 동안 각 후국들 사이에 무력 경쟁이 있었으며,[63] 이 과정에서 지역별로 다수 읍락들이 통합되어 보다 확대된 정치체로서의 옥저국, 불내국, 화려국 등의 소국이 성립되었을 가능성이 높다. 이 가운데서 화려국이나 불내국은 동해안 방면으

62 이현혜, 1984, 『삼한사회형성과정연구』, 일조각.

63 『三國志』 魏書 東夷傳 東沃沮條, "不耐, 華麗, 沃沮 諸縣 皆爲侯國 夷狄更相攻伐".

로 남하하여 진한의 소국들과 충돌할 정도로 성장하였다.[64] 그러므로 함흥의 옥저가 함경남도 해안 일대의 다른 읍락들을 통합하여 대외적으로 옥저로 불리기 시작한 것은 후국 단계였을 가능성이 높다. 그러나 "나라가 작고, 큰 나라 사이에서 핍박을 받다가 결국 고구려에 신속臣屬되었다"라는[65] 기록에서 알 수 있듯이 후국들의 성장은 고구려와 중국 군현 양자가 세력 균형을 이루는 동안 허용된 잠정적인 것이었다. 그러므로 옥저 명칭이 함경남도를 벗어나서 두만강 유역의 주민과 읍락들에까지 더욱 확대된 것은 고구려의 진출과 밀접한 관계가 있어 보인다.

고구려의 동해안 진출 시기에 대해서는 문헌마다 기록이 조금씩 다르다. 『삼국지』 동이전 예조에는 동예 지역이 고구려에 복속된 것이 후한 말로 기록되어 있고, 『후한서』 동이열전 고구려조에는 원초元初 5년(118) 고구려가 화려성을 공격한 것으로 나오므로 남옥저 복속도 이와 비슷하거나 약간 앞선 시기일 것이다. 반면 『삼국사기』 고구려본기에는 태조왕 4년(56)에 동(남)옥저를[66] 복속하고 태조왕 66년(118)에 화려성을 공격한 것으로 기록되어 있다. 고구려 초기 왕계의 기년 조정안에 의하면 태조왕의 재위 시기는 1세기 말~2세기 초반으로 추정되고 있으므로[67] 고구려의 함흥 지역 진출도 빠르면 1세기 말, 늦으면 2세기 초엽경이 된다.

그런데 『삼국사기』 고구려본기에 태조왕 대의 동(남)옥저 복속에 앞서서 동명성왕東明聖王 대에 북옥저를 먼저 복속시킨 것으로 나온다.[68] 북옥저의 중심지 치구루는 책성柵城으로 추정되고 있으며 책성은 5세기 전반까지도 고구려 영역의 동쪽 경계지였다.[69] 그런데 태조왕 대에 이미 책성으로 왕이

64 『三國史記』 新羅本紀, 儒理尼師今 17년조, "華麗不耐二縣人連謀 率騎兵犯北境".
65 『三國志』 魏書 東夷傳 東沃沮條, "國小 迫于大國之間 遂臣屬句麗".
66 『三國史記』 高句麗本紀, 東川王 20년 10월조에는 함흥의 남옥저를 동옥저라 하였다.
67 노태돈, 1999, 『고구려사 연구』, 사계절, p.62, 80.
68 『三國史記』 高句麗本紀, 東明聖王 10년조, 太祖大王 4년.
69 『魏書』 列傳 高句麗조, "訪其方事云 遼東南一千餘里 東至柵城 南至小海 北至舊夫餘".

순수하였다는 기사가[70] 나오는 것으로 미루어 동명성왕의 북옥저 복속 기사의 절대 연대는 재고할 여지가 있으나[71] 남옥저보다 북옥저가 먼저 복속되었다는 복속 순서는 사실로 인정해도 좋을 것이다.

고구려가 함흥 지역에 앞서 두만강 유역에 먼저 진출한 것은 이 지역이 현도군(제1 현도군) 이동 후 한의 영향력이 거의 미치지 않아 고구려의 진출이 용이하였기 때문이며, 고구려는 두만강 유역의 입지적·물질적 기반을 토대로 함흥 방면으로 세력을 확대해 나갔다는 견해가 있다.[72] 고구려가 두만강 유역으로 진출하였다는 것은 압록강에서 두만강 유역으로 통하는 교통로와 이 일대의 읍락들을 복속시켰다는 뜻이다.[73] 이를 좀 더 구체화하여 고구려가 두만강 유역으로 진출하면서 압록강을 거슬러 올라가 혜산에 이른 다음 마천령산맥을 넘어 길주로 나아가 청진을 지나 두만강 하류에 이르는 동해로東海路를 개척하였고, 동해로 방면 진출을 토대로 남쪽 옥저를 압박하다가 후한의 소극적인 변군 정책을 틈타 전격적으로 이를 점령하였다는 견해도 있다.[74]

고구려 중심지와 두만강 유역을 연결하는 루트 중에는 혜산에서 길주로 통하는 것 이외에 압록강이나 혼강 유역으로부터 연길을 거쳐 두만강 유역에 이르는 길도 있었다.[75] 245년 위군魏軍의 동천왕 추격 루트는 집안集安 → 강계 → 황초령 → 함흥 → 두만강으로 연결된다. 동천왕이 위군을 따돌리고

70 『三國史記』 高句麗本紀, 太祖大王 46년 10월조.

71 이 기사의 기년을 그대로 취하여 계루桂樓 집단의 세력 확장 과정으로 해석하는 입장도 있지만, 기원전 1세기 후반 혼강 유역 환인 지역에 중심지를 두고 있던 고구려가 두만강 유역의 토착 집단을 복속시켰다는 것은 고구려의 성장 과정을 고려할 때 재고할 여지가 있다(김미경, 2000, 「고구려의 옥저복속과 그 성격」, 『한국사의 구조와 전개—하현강교수정년기념논총—』, 혜안, pp.101~103).

72 김미경, 2000, p.101.

73 김미경, 2000, p.102.

74 여호규, 2008, 「압록강 중상류 연안의 고구려 성곽과 동해로」, 『역사문화연구』 29, 한국외국어대학교 역사문화연구소, pp.154·166~167; 여호규, 2005, 「고구려 국내 천도의 시기와 배경」, 『한국고대사연구』 38, p.76.

75 혼강 유역의 백산白山·정우靖宇·무송撫松 → 연변延辺의 안도安圖 → 포이합통하布爾哈通河를 따라 동진하여 혼춘에 이르는 루트이다. 이 길을 따라 고구려 산성이 분포한다(東潮·田中俊明, 1995, 『高句麗の歷史と遺蹟』, 東京: 中央公論社, pp.387~388).

집안으로 돌아올 때 이용한 경로는 불확실하지만[76] 위군의 회군 경로가 남옥저 방면으로 되돌아가지 않은 것은 분명하다. 〈그림 부록 2-1〉에서 보듯이 두만강 유역에는 고구려가 진출하기 직전 초기철기시대 읍락집단들의 존재를 보여 주는 유적들이 여러 곳 있다. 그 대부분이 단결-크로우노프카 문화에 속하며 그중에서도 특히 함북의 무산 호곡동유적과 회령 오동유적에서는 10여 점이 넘는 다량의 철기가 출토되어 단결-크로우노프카문화에 수용된 신종 철기는 두만강 유역으로부터 재분배된 것이라는 견해가[77] 나올 정도이다. 오동과 호곡동 유적에서 나온 기원전 3~기원전 2세기 단계의 철부鐵斧나 철제 반달칼 등은 압록강 중류의 위원 용연동유적에서 나온 것과 동일한 전국계戰國系 철기이다. 그리고 무산 호곡동에서는 한의 오수전이 출토되었다. 이러한 유물들은 두만강 유역과 압록강·혼강 유역을 연결하는 경로가 고구려 진출 이전부터 열려 있었고 이를 통해 철기 등의 물자가 이동하고 있었음을 말해 준다.

요컨대 고구려의 함흥 지역 진출로 집안-함흥-두만강 유역-집안을 연결하는 중요 교통로가 서로 연결되어 고구려에 의해 장악되었고, 경로상의 중요 읍락들은 고구려의 통제 아래 들어갔다. 그리고 이러한 고구려의 교통로 장악과 복속 지역 통치 과정에서 함경남도 일대에 한정하여 사용하던 옥저라는 명칭이 두만강 유역의 주민과 읍락에까지 확산되었을 가능성이 높다. 고구려는 옥저 지역의 인적·물적 자원을 수취하여 1,000여 리나 떨어진 고구려 중심지까지 운송하였고, 이를 위해 각 읍락마다 대인大人을 세워 사자使者로 삼고 그 위에 사자들을 통괄하는 대가大加를 두어 통합 관리하였다. 즉 고구려가 함경도 지역 주민에 대한 집단 관리 시스템을 운용하는 과정에서 함흥에서 두만강 유역에 이르는 주민과 읍락들이 하나의 복속 단위가 되어 옥저로 불리었고, 이들을 서로 구분하기 위해 남옥저, 북옥저 이름이 생

76 해안을 따라 올라가다가 길주로 들어가 혜산으로 통하는 경로를 이용하였을 가능성이 있다.
77 村上恭通, 2000,「團結文化と滾兎嶺文化」, 村上恭通 編著,『東夷世界の考古學』, 東京: 青木書店, pp.115~116.

겨났을 것으로 추정된다.

초기철기문화 단계의 남옥저와 북옥저는 서로 다른 문화에 속하였다. 초기철기시대 함흥 일대의 읍락들은 세형동검문화권에 속하였고 두만강 유역의 읍락들은 단결-크로우노프카문화에 속하였다. 그럼에도 불구하고 이들은 1세기 말 이래 집단 예속민으로 고구려의 통제 아래 함께 들어가게 되었다. 고구려의 지배를 받는 동안 양 지역 간에 인적·물적 교류가 이루어졌을 것이고 이 과정에서 양 지역은 문화적으로도 비슷한 모습을 지니게 되었을 것이다. 3세기 중국인의 눈에 남옥저와 북옥저의 풍속이 거의 같은 것으로 관찰된 것도 이러한 이유에서 비롯된 것이다. 옥저의 언어가 고구려와 대동소이하고 거처, 의복, 예절이 비슷하게 된 것도 상당 부분 두 지역이 함께 고구려의 지배를 받은 것과 관계가 있다. 요컨대 『삼국지』에서 언급한 남·북옥저의 문화적 공통점은 대부분 고구려 지배 아래에서 형성된 것이다. 3세기 남옥저와 북옥저의 읍락들을 하나로 엮어 주는 것은 종족적 일체감이나 공통의 문화 전통이라기보다 복속 주체와 복속 단위가 동일하다는 정치·사회적 범주일 것이다. 북옥저와 달리 읍루는 한 이래 3세기 중엽까지 부여의 지배를 받았다.[78] 복속의 주체가 다르다는 것은 중국인이 북옥저와 읍루를 구별하고 별개의 존재로 인식하는 중요 기준이 될 수 있다. 설령 북옥저와 읍루가 공통의 문화 기반을 지녔다고 할지라도 장기간 고구려와 부여라는 서로 다른 세력의 지배를 받는다면 점차 서로 구분되는 요소가 생겨나게 마련이다.

아무튼 위군에 의해 옥저 읍락들은 크게 파괴되었고 이곳에 구축된 고구려의 지배 기반도 큰 타격을 입었다. 이후 285년(진 무제 태강 6) 길림 지역에 있던 부여국이 모용외慕容廆의 공격으로 왕 의려依慮가 자살하고 나라가 망하게 되자 왕의 자제와 부여국의 중심 세력들이 북옥저로 옮겨 와 다음 해

78 『三國志』魏書 東夷傳 挹婁條, "自漢以來 臣屬夫餘 夫餘責其租賦重 以黃初中叛之 夫餘數伐之".

진晉의 도움으로 나라를 회복할 때까지 머물렀다. 『진서』 사이전 부여국조의 이 기록[79] 이후 옥저 이름은 더 이상 문헌기록에 나오지 않는다.

6. 북옥저의 지리적 범위

지금까지 살펴본 대로 두만강 유역의 주민들을 북옥저로 부르기 시작한 것은 단결-크로우노프카문화가 끝날 즈음 이 지역이 고구려의 지배 아래 들어간 이후이다. 그러므로 두만강 유역의 초기철기문화 단계의 주민은 그냥 단결-크로우노프카문화권에 속하였던 주민 집단, 읍락집단의 하나일 뿐 옥저도 북옥저도 아니다. 이들이 계승적으로 발전하여 2~3세기경 북옥저로 불리게 되었다면 단결-크로우노프카문화는 북옥저의 기층문화로 존속할지언정 이것이 2~3세기 북옥저문화 그 자체는 아니다. 세형동검문화 단계의 읍락집단들이 삼한 소국의 읍락으로 계승적 발전을 했지만 1~3세기 삼한 지역 문화를 세형동검문화라 부르지 않는 것과 마찬가지다. 기원후 1세기 이전의 단결-크로우노프카문화 분포권을 옥저문화권이라 하는 것은 세형동검문화권을 삼한문화권이라 부르는 것과 다를 바 없다. 이처럼 3세기경 두만강 유역이 북옥저 지역이었고, 이 지역의 초기철기문화가 단결-크로우노프카문화에 속하기 때문에 단결-크로우노프카문화는 모두 옥저인이 남긴 문화라는 주장은 논리적 결함만이 아니라 시간대 불일치라는 점에서도 성립하기 어렵다.

또 다른 문제는 북옥저의 공간적 범위에 대한 것이다. 『삼국지』 동이전의 옥저에 대한 설명 첫머리를 다시 한번 살펴보면 옥저의 지형은 "동북은 좁고 서남은 길어 1,000리나 되며 … 북옥저는 남옥저에서 800여 리 떨어져 있

79 『晉書』 四夷傳 東夷 夫餘國條.

다"고 하였다. 이것은 옥저의 지형이 『후한서』의 찬자가 해석한 대로 동서는 좁고 남북은 길다는 뜻이다.[80] 좀 더 정확히 말하면 동북에서 서남 방향으로 좁게 길게 뻗쳐 있으며 그 길이가 1,000리 정도 된다는 것이다. 폭이 좁고 길기 때문에 고구려나 부여처럼 사방 몇 천 리라 하지 않고 남북 간의 길이만 언급한 것이다. 인구 3만 호 되는 고구려가 사방 2,000리, 즉 동서, 남북 너비가 평균 500리 정도인 데 비해 고구려 인구의 1/6에 불과한 옥저가 1,000리나 된다고 했으니 그 지형이 얼마나 좁고 길게 생겼는지 중국인이 보고 특기할 만하다.

위군이 고구려 동천왕을 추격한 경로가 남옥저에서 북옥저로 이어졌으므로 『삼국지』에 나오는 거리는 남옥저를 기점으로 추산한 것이다. 그리고 남옥저에서 북옥저의 일명 치구루까지 800여 리라 했는데, 이는 남옥저에서 북옥저 경계까지의 거리가 아니라 남옥저 중심지에서 북옥저의 중심지인 치구루까지의 거리라고 이해할 수 있다. 구루溝婁는 고구려어로 성을 뜻하므로 치구루는 방어 시설을 갖춘 북옥저의 중심 읍락을 가리킨다. 비슷한 내용이 『삼국지』 관구검조에도 나오는데 "옥저를 지나 1,000여 리를 추격하여 숙신의 남계에 이르렀다"고 하였다. 이 기록의 옥저는 남옥저이므로 두 기록을 종합하면 남옥저 중심지에서 북옥저 중심지 치구루까지 800여 리이고, 치구루에서 숙신(읍루)과의 경계까지 약 200여 리라는 계산이 나온다.

1리를 약 0.25km로 잡으면 1,000리는 약 250km가 되고, 0.4km로 잡으면 약 400km가 된다(위진 대의 1리=0.238~0.245km, 후대척 1리≒0.39km). 치구루의 위치는 함북 종성, 연길 국자가局子街, 혼춘 등으로 추정되고 있는데[81] 이들 모두 함흥으로부터 직선거리 400km 범위 안에 들어간다. 그러나 직선거리가 아니라 해안 길을 따라 실제 이동한 거리를 따지면 함흥에서 함북 나진까지만 해도 300km가 넘고, 혼춘까지는 거의 500km나 된다. 더욱이

80 『後漢書』 東夷列傳 東沃沮條, "其地東西夾 南北長".
81 池內宏, 1951, p.267; 이병도, 1976, p.229.

앞서 살펴본 대로 3세기 중엽 북옥저 주민들의 취락 분포 범위는 200리, 즉 50~80km 정도이다. 북옥저 주민들은 읍루의 침략이 두려워 여름철에는 산속 바위굴에서 살며 겨울철 강물이 얼어 뱃길이 통하지 못할 때 촌락에 내려와 산다고 했으므로[82] 주민들의 실제 거주 범위를 정확히 파악하기 어렵고, 취락의 분포 밀도도 남옥저에 비해 낮았을 것이다. 그리고 800여 리, 1,000여 리라는 것이 대략적인 추산 거리임을 감안하더라도 함흥을 기점으로 잡으면 북옥저의 경계는 혼춘 일대를 크게 벗어나기 어렵다.

그런데 중국 연구자 다수는 1,000여 리의 기점을 함흥 일대로부터 잡지 않고 두만강 유역으로부터 잡는다. 임운林澐은 단결-크로우노프카문화가 분포하는 두만강 유역에서 홍개호까지 직선거리가 남옥저에서 북옥저까지 1,000여 리가 된다는 문헌기록과 잘 부합한다고 주장한다. 마찬가지로 이강李强과[83] 정영진도[84] 단결-크로우노프카문화가 확인되지 않는 함흥 지역을 옥저의 중심 무대에서 제외한다. 문헌기록을 무시하고 고고학적으로 단결-크로우노프카문화 유적이 확인된 지역을 기준으로 옥저의 범위를 추정하다 보니 중국에는 남옥저를 두만강 유역에 비정하고 현도군 시기의 '옥저'성도 두만강 유역에 비정할 수밖에 없는 자기 모순에 빠지고 말았다.

그리고 단결-크로우노프카문화 분포권의 모습과 취락 입지 조건도 문헌기록에 나오는 옥저의 자연 지형 설명과 거리가 멀다. 단결-크로우노프카문화는 존속 시기도 길고 분포 범위도 광역에 걸쳐 있다(그림 부록 2-1 참조). 러시아 연해주에만 단결-크로우노프카문화 유적이 200여 곳이나 알려져 있고,[85] 수분하 유역에만도 지표 조사상으로 110여 곳의 단결-크로우노프카문화

82 『三國志』 魏書 東夷傳 挹婁條.

83 李强, 1986.

84 정영진, 1991.

85 N. A. 클류예프, 2008, 「러시아 연해주 남부 크로우노프카문화의 연구현황」, 강인욱 외, 『고고학으로 본 옥저문화』, 동북아역사재단, p.148.

유적이 확인된다고 한다.[86] 이러한 유적들은 남북으로 좁고 길게 이어져 있는 모양이 아니고 동서남북으로 넓게 퍼져 있다. 이러한 모양새는 옥저의 지형이 동서는 좁고 남북으로 기다랗다고 하는 문헌기록과 전혀 맞지 않는다. 그리고 취락의 입지 조건도 문헌기록과 부합하지 않는다. 옥저는 "큰 바닷가에 접하여 살고 … 토지는 비옥하며 산을 등지고 바다를 향하고 있다"고 하였다. 그러나 지금까지 조사된 단결-크로우노프카문화인들의 주거지나 취락이 조사된 곳은 대부분 강가의 넓은 하안 지대이다. 이 문화의 대표 유적인 동녕 단결유적이나 크로우노프카유적 모두 바다와는 거리가 먼 수분하 유역에 위치한다. 크로우노프카문화인들은 강가 하안 지대라는 취락의 입지 조건을 철저하게 고수한다고 한다.[87] 산을 등지고 바다를 향하고 있다는 『삼국지』와 『후한서』의 동옥저조의 자연경관 설명에 가장 잘 부합하는 것은 함흥에서 두만강 하류에 이르는 구간으로 옥저의 중심 무대는 바로 이 지역이다.

1세기 말 이후 두만강 유역 주민들에게 붙여진 북옥저라는 명칭을 시간적으로 소급하고, 공간적으로 확대하여 단결-크로우노프카문화 전체를 옥저문화 또는 북옥저문화로 부르거나 이 문화의 담당자를 옥저족으로 간주하는 것은 고고학자들의 논문 속에서 만들어진 허구의 옥저 모습이다. 이는 문헌기록에 나오는 옥저, 특히 북옥저의 실체를 정확하게 파악하지 않은 채 성급하게 고고학자료 해석에 적용함으로써 빚어진 결과일 뿐이다.

86 김재윤, 2008, p.99.

87 강인욱, 2009, p.230; A. L. Subbotina, 2009, 「연해주, 두만강 유역, 영동, 영서지역의 생계경제에 대한 차이연구」, 환동해고고학연구회 편, 『철기시대 한국과 연해주』, 주류성, 2009.

7. 맺는말

지금까지 단결-크로우노프카문화의 주인공을 옥저로 해석하는 중국 연구자들의 견해를 검토하고, 그들의 논지의 타당성을 검증하기 위해 옥저의 지리적 범위와 문화 성격이 어떻게 변화해 갔는지 살펴보았다.

다수의 중국 연구자들은 기원전 4, 5~기원후 1세기 두만강, 수분하, 흥개호 유역, 러시아 연해주를 무대로 수백 년간 광역에 걸쳐 거주하던 주민을 옥저족이라고 주장한다. 이러한 주장은 고고학자료를 종족과 연계시켜 해석하려는 의도에서 나온 것으로 시공적인 측면에서 문헌기록과 모순되는 점이 많다.

옥저의 기원은 기원전 3~기원전 2세기경 세형동검문화를 토대로 예족사회에 형성되어 있던 부조라는 읍락집단이었다. 기원전 1~기원후 1세기 단계에는 한의 군현으로 편제되어 낙랑문화의 직접적인 영향권 안에 들어갔다. 부조는 함흥 일대를 중심으로 직경 20km 미만의 영역에 인구 1,000호가량 되는 읍락집단의 하나일 뿐 독립된 종족 단위를 구성하거나 동북한 지역의 특정 문화를 대표하는 집단도 아니었다. 기원후 1세기까지도 중국인들이 '옥저'라고 인식하고, '옥저'라고 기록한 대상은 함흥 일대의 읍락에 한정되어 있었다.

이때까지도 두만강 유역의 주민은 그냥 단결-크로우노프카문화권 안에 있던 주민 집단의 하나일 뿐 옥저도 북옥저도 아니었다. 옥저라는 읍락 명칭이 함경도 해안 지역의 읍락으로 확대되기 시작한 것은 기원후 30년 이후 주변의 읍락을 통합하여 옥저가 후국으로 성장한 단계이다. 더 나아가서 두만강 유역의 주민과 읍락집단들까지 옥저라고 부르기 시작한 것은 단결-크로우노프카문화가 끝날 즈음, 1세기 말~2세기 초엽 고구려가 동해안으로 진출하여 집안-함흥-두만강 일대로 통하는 교통로를 장악하고 이 지역을 지배하면서부터이다. 함흥의 옥저를 북옥저와 구별하여 남옥저라 부르게 된 것도 이때부터이다. 초기철기시대 이래 남옥저와 북옥저 지역은 서로 다른 문화 배경을 가지고 성장해 왔으며, 이들을 하나로 묶은 것은 종족적 일체감도 토착문화도 아니며 고구려의 집단 예속민 통제 시스템 운용 과정에서 형성된 정치·사회적인 것이었다.

시공 양면에서 옥저와 옥저문화의 중심은 일차적으로 3세기 중엽 이전 함흥 및 동해안 일대의 예족 문화에서 찾아야 한다. 함흥 일대는 압록강 유역과도 통하고 두만강 유역과도 쉽게 연결되는 곳이다. 그러므로 설령 함흥 일대의 주민들이 단결-크로우노프카문화인과 교류가 있었고 그들의 주거문화나 토기문화를 일부 받아들였다고 해도,[88] 또 두만강 유역에 단결-크로우노프카문화 유적이 분포한다고 해도 이것은 북옥저의 기층문화로 존속할 뿐 2~3세기 북옥저 문화 그 자체는 아니다. 더욱이 단결-크로우노프카문화가 확인되지 않는다고 해서 함경남도 일대를 옥저에서 제외하고 마천령 일대를 옥저의 남계로 삼아 옥저의 범위를 잡는 것은 본말이 바뀐 것이다. 그리고 남옥저와 북옥저 사이의 거리가 1,000여 리라는 문헌기록을 유념하고, 함흥 일대에 남옥저를 비정하는 한 북옥저의 범위는 두만강 유역을 크게 벗어나는 지역을 포함할 수 없다.

함경남도 해안 일대에는 낙랑문화의 영향인 삼로三老라 부르던 읍락 거수의 무덤이 남아 있을 법하지만 아직 확인되지 않는 것은 그들의 고유한 장례 풍속 탓만은 아닐 것이다. 부장품을 갖춘 단독 무덤이 만들어지기 어려운 정치·경제적인 환경도 함께 고려해야 할 것이다. 만약 삼로의 무덤이 발견된다면 낙랑 유물에서 고구려계 유물로 부장품의 성격이 점차 변화해 갔을 것이다. 단결-크로우노프카문화 이후의 두만강 유역의 고고학적 상황은 아직 자세히 확인되지 않고 있지만, 문화적으로 남·북옥저에 공통되는 물질 자료를 찾는다면 이는 고구려적인 것에서 찾아야 할 것이다.

88 영흥읍 영흥유적에서 꼭지형 파수가 달린 심발형토기와 고배편이 출토되었다고 한다(강인욱, 2009, p.231).

그리고 서력 기원을 전후하여 강원 영동과 영서 지역으로 단결-크로우노프카문화 계통의 경질무문토기문화와 주거문화가 활발하게 확산되는 것에 대해서는 1~3세기 한반도 중부 지방에 분포한 예족의 종족적·문화적 정체성 형성이라는 관점에서 접근할 수 있을 것이다. 함경도 해안 지역은 선사시대 이래 동북 지역의 주민과 문화가 유입되는 통로의 하나였다. 고고학자료를 통해 각 시기별로 문화 유입과 확산의 배경을 좀 더 구체적으로 밝히고 서북과 동북 두 계통의 문화가 서로 만나 지역별로 다양하게 진행되고 있던 중부 지방의 정치·문화적 변동상을 구체적으로 추적하는 것이 앞으로의 과제이다.

참고문헌

강인욱, 2008, 「동아시아 고고학·고대사 연구 속에서 옥저문화의 위치」, 강인욱 외, 『고고학으로 본 옥저문화』, 동북아역사재단

———, 2009, 「연해주 초기철기시대 크로우노프카 문화의 확산과 전파」, 환동해고고학연구회 편, 『철기시대 한국과 연해주』, 주류성

강인욱·천선행, 2003, 「러시아 연해주 세형동검 관계유적의 고찰」, 『한국상고사학보』 42

김미경, 2000, 「고구려의 옥저복속과 그 성격」, 『한국사의 구조와 전개—하현강교수정년기념논총—』, 혜안

김병준, 2006, 「한대 취락 분포의 변화—묘장과 현성의 거리 분석을 중심으로—」, 『중국고중세사연구』 15

김용간·안영준, 1986, 「함경남도, 량강도 일대에서 새로 알려진 청동기시대유물에 대한 고찰」, 『조선고고연구』 1986-1

김원룡, 1967, 「연해주출토의 동검·세문경류 일괄유물」, 『문화재』 3, 국립문화재연구소

김윤우, 1995, 「개마대산과 단단대령에 관한 고찰—옥저의 위치 문제를 중심으로—」, 『민족문화』 18, 민족문화추진위원회

김재윤, 2007, 「동북한과 연변지구의 초기철기시대문화(단결文化)」, 『연해주와 인접지역의 고고학 자료로 본 옥저』, 부경대 해양문화연구소 국제학술대회 발표문

———, 2008, 「동북한과 중국 연변지구의 초기 철기시대 문화」, 강인욱 외, 『고고학으로 본 옥저문화』, 동북아역사재단

———, 2009, 「한카호~목단강 유역 초기철기시대의 동강 문화 일고찰」, 환동해고고학연구회 편, 『철기시대 한국과 연해주』, 주류성

김종일, 2008, 「고고학 자료의 역사학적 해석에 대한 비판적 고찰」, 『민족주의 사학과 한국고대사연구』, 제10회 한국고대사학회 하계세미나 자료집

김창석, 2008, 「고대 영서지역의 종족과 문화변천」, 『한국고대사연구』 51

노태돈, 1989, 「부여국의 경역과 그 변천」, 『국사관논총』 4

———, 1999, 『고구려사 연구』, 사계절

노혁진, 2004, 「중도식토기의 유래에 대한 일고」, 『호남고고학보』 19

도유호, 1962, 「진번과 옥저성의 위치」, 『문화유산』 1962-4

D. L. 브로단스끼, 1987, 『극동고고학개론』; 정석배 역, 1996, 『연해주의 고고학』, 학연문화사

리지린, 1963, 「남옥저의 위치」, 『고조선연구』, 과학원출판사

리순진, 1964, 「부조예군 무덤에 대하여」, 『고고민속』 4

문안식, 2008, 「옥저의 기원과 대외관계의 변화」, 『역사학연구』 32, 호남사학회

박순발, 2001,『한성백제의 탄생』, 서경문화사
______, 2006,「한국 고대사에서 종족성의 인식」,『한국고대사연구』 44
박진욱, 1974,「함경남도일대의 고대유적 조사보고」,『고고학자료집』 1974-4
송기호, 2005,「부여사 연구의 쟁점과 자료 해석」,『한국고대사연구』 37
______, 2006,『한국 고대의 온돌—북옥저, 고구려, 발해—』, 서울대학교 출판부
송호정, 2008,「두만강 유역의 고대문화와 정치집단의 성장」,『호서사학』 50
심재연, 2009,「강원도 중도식토기 문화에 보이는 동북지방 요소」, 환동해고고학연구회 편,『철기시대 한국과 연해주』, 주류성
안영준, 1966,「함경남도에서 새로 알려진 좁은놋단검관계 유적과 유물」,『고고민속』 1966-4
______, 1983,「함경남도에서 새로 알려진 고대유물」,『고고학자료집』 6
A. L. 수보티나, 2008,「한반도의 중도식 토기문화와 크로우노프카문화의 비교—옥저문화와 한반도의 상호교류에 대한 실증적 비교연구—」, 강인욱 외,『고고학으로 본 옥저문화』, 동북아역사재단
______, 2009,「연해주, 두만강 유역, 영동, 영서지역의 생계경제에 대한 차이연구」, 환동해고고학연구회 편,『철기시대 한국과 연해주』, 주류성
N. A. 클류예프, 2008,「러시아 연해주 남부 크로우노프카문화의 연구현황」, 강인욱 외,『고고학으로 본 옥저문화』, 동북아역사재단
여호규, 1997,「1~4세기 고구려 정치체제 연구」, 서울대학교 박사학위논문
______, 2005,「고구려 국내 천도의 시기와 배경」,『한국고대사연구』 38
______, 2008,「압록강 중상류 연안의 고구려 성곽과 동해로」,『역사문화연구』 29, 한국외국어대학교 역사문화연구소
윤용구, 2009,「평양출토 '낙랑군초원사년현별호구부' 연구」,『목간과 문자』 3, 한국목간학회
이병도, 1976,『한국고대사연구』, 박영사
이성규, 1989,「진의 지방행정조직과 그 성격—현의 조직과 그 기능을 중심으로—」,『동양사학연구』 31
이현혜, 1984,『삼한사회형성과정연구』, 일조각
______, 1997,「옥저의 사회와 문화」,『한국사 4: 초기국가—고조선·부여·삼한—』, 국사편찬위원회
______, 2003,「한반도 초기철기시대의 정치체 수장에 대한 고찰」,『역사학보』 180
______, 2007,「마한사회의 형성과 발전」,『백제의 기원과 건국』, 백제문화사대계 연구총서 2, 충청남도역사문화연구원
정영진, 1991,「옥저, 북옥저 강역고」,『한국상고사학보』 7
채태형, 1990,「발해 동경용원부—훈춘 팔련성설—」,『력사과학』 1990-3
최몽룡·이헌종·강인욱, 2003,『시베리아의 선사고고학』, 주류성
한기모, 1995,「옥저사회의 연구」, 성균관대학교 석사학위논문
한석정, 1961,「함경남도 지역에서 발견된 세형동검유적과 유물」,『문화유산』 1961-1
홍형우, 2009,「연해주 초기철기시대의 연구현황과 과제」, 환동해고고학연구회 편,『철기시대 한국과

연해주』, 주류성

……

池內宏, 1951, 「曹魏の東方經略」, 『滿鮮史研究』 上世 第1册, 東京: 吉川弘文館
______, 1928, 『滿鮮歷史地理研究報告』 12
日野開三郎, 1988, 『東北アッア民族史』 上, 東京: 三一書房
東潮·田中俊明, 1995, 『高句麗の歷史と遺蹟』, 東京: 中央公論社
村上恭通, 2000, 「團結文化と滾兎嶺文化」, 村上恭通 編著, 『東夷世界の考古學』, 東京: 青木書店

……

匡瑜, 1982, 「戰國至兩漢的北沃沮文化」, 『黑龍江文物叢刊』 1982-1
楊保隆, 1980, 「肅愼考略」, 『民族史論叢』, 長春: 吉林人民出版社
楊志軍, 1982, 「牧丹江地區原始文化試論」, 『黑龍江文物叢刊』 1982-3
于建華, 1982, 「對牧丹江中游原始文化的幾點認識」, 『黑龍江文物叢刊』 1982-2
李强, 1986, 「沃沮, 東沃沮考略」, 『北方文物』 1986-1
林澐, 1985, 「論團結文化」, 『北方文物』 1985-1
張博泉·魏存成, 1998, 『東北古代民族·考古與疆域』, 長春: 吉林大學出版社
黑龍江省博物館, 1979, 「黑龍江東寧大城子新石器時代居住址」, 『考古』 1979-1
戚玉箴·孫進己, 1984, 「肅愼和挹娄的考古文化」, 『學習與探索』 1984-5

찾아보기

ㄱ

ㄴ

ㄷ

ㅁ

ㅂ

ㅅ

ㅇ

ㅈ

ㅊ

ㅌ

ㅍ

ㅎ

<장별 원출처>

Ⅰ부 한반도 초기철기시대의 사회와 문화

1장: 「한국 초기철기시대의 정치체 수장에 대한 고찰」, 『역사학보』 180, 2003.

2장: 「한반도 서남부지방 청동기 생산활동의 쇠퇴 배경」, 『한국고대사연구』 40, 2005.

Ⅱ부 마한에서 백제로의 발전

1장: 「마한사회의 형성과 발전」, 『백제의 기원과 건국』, 백제문화사대계 연구총서 2, 충청남도 역사문화연구원, 2007.

2장: 「3세기 마한과 백제국」, 『백제의 중앙과 지방』, 백제연구총서 5, 충남대학교 백제연구소, 1997.

3장: 『백제사람들, 서울 역사를 열다』, 국제학술회의 발표문, 한성백제박물관건립추진단·백제학회 주최, 2011. 7.

4장: 「백제 고이왕대 연맹왕국설 검토」, 『백제연구』 58, 2013.

5장: 『백제의 왕권은 어떻게 강화되었나』, 제4회 쟁점 백제사 학술회의 주제발표문, 한성백제박물관 주최, 2014. 4.

6장: 「4~5세기 영산강유역의 토착세력의 성격」, 『역사학보』 166, 2000.

Ⅲ부 진한에서 신라로의 발전

1장: 「고고학자료로 본 사로국 육촌」, 『한국고대사연구』 52, 2008.

2장: 「진한연맹체와 사로국」, 『신라의 건국과 성장』, 신라 천년의 역사와 문화 연구총서 2, 경상북도문화재연구원, 2016.

부록

부록 1: 「원삼국시대론 검토」, 『한국고대사논총』 5, 가락국사적개발연구원, 1993.

부록 2: 「옥저의 기원과 문화 성격에 대한 고찰」, 『한국상고사학보』 70, 2010.

※ 본서에 실린 사진 자료의 출처를 찾기 위해 최선을 다했으나, 혹시 누락이나 착오가 있다면 다음 인쇄 시에 꼭 수정하겠습니다.

이현혜李賢惠

1949년 대구 출생. 영남대학교에서 학사·석사를 마치고 이화여자대학교에서 문학박사 학위를 받았다. 한림대학교 사학과에서 정년을 마치고 현재 한림대학교 명예교수로 재직하고 있다. 문화재청 문화재위원을 거쳐 매장문화재 분과위원장을 역임하였다.
주요 연구 분야는 삼한의 형성과 정치·사회적 발날 과성, 고대사회의 농업기술과 교역체계 등 한국고대의 정치사, 경제사이다. 『삼한사회형성과정연구』, 『한국 고대의 생산과 교역』, 『백제의 왕권은 어떻게 강화되었나』(공저), 『현대한국사학과 사관』(공저), 『한국사 시대구분론』(공저), 『한국고대의 수전농업과 수리시설』(공저), 『강원도사』(공저) 등의 저서와 다수의 논문이 있다.

앞표지

아산 명암리 밖지므레 2-2지점 23호 주구토광묘 출토 토기
(출처: 충청남도역사문화연구원, 2011, 『아산 명암리 밖지므레유적 2-2지점』)

뒤표지

경주 탑동 1호 목관묘 출토 호형대구
(출처: 한국문화재보호재단, 2011, 『2010년도 소규모 발굴조사 보고서 Ⅳ—경북 2—』)

334쪽

경주 사라리 130호분 출토 조합식우각형파수부호
(출처: 영남문화재연구원, 2001, 『경주사라리유적 Ⅱ』)

마한·진한의 정치와 사회

1판 1쇄 펴낸날 2022년 5월 20일

지은이 | 이현혜
펴낸이 | 김시연

펴낸곳 | (주)일조각
등록 | 1953년 9월 3일 제300-1953-1호(구 : 제1-298호)
주소 | 03176 서울시 종로구 경희궁길 39
전화 | 02)734-3545 / 02)733-8811(편집부)
02)733-5430 / 02)733-5431(영업부)
팩스 | 02)735-9994(편집부) / 02)738-5857(영업부)
이메일 | ilchokak@hanmail.net
홈페이지 | www.ilchokak.co.kr

ISBN 978-89-337-0803-3 93910
값 50,000원

* 지은이와 협의하여 인지를 생략합니다.